# 作者简介

孙大明，男，江苏建湖人，复旦大学医学学士（2001年法医学专业），华东政法学院法学硕士（2006年法律史专业），华东政法大学法学博士（2012年司法鉴定专业），马里兰大学博士后（2014年法医学方向）。任华东政法大学司法鉴定中心常务副主任、副教授、副主任法医师、质量负责人，华东政法大学卫生法研究中心研究人员。兼任上海政法学院特聘教官；上海市法医学会理事；上海市司法鉴定协会副会长；参与筹建全国第一家省级司法鉴定理论研究会，并担任秘书长；*Journal of Forensic Science and Medicine* 编委。

专业研究方向和研究兴趣：司法鉴定理论与法医鉴定实务、精神卫生法。在《犯罪研究》《中国司法鉴定》《中国法医学杂志》《法医学杂志》《求索》《中南大学学报》等核心刊物发表论文数十篇。独著、合著和参编《刑事责任能力评定研究》《法医学》《医疗纠纷司法鉴定疑难案例评析》《司法精神医学》《司法鉴定概论》《司法鉴定通论》《司法鉴定实验教程》《强制医疗司法鉴定研究》《司法鉴定法立法研究》《经济案件司法鉴定》《司法鉴定质量监控研究》等多部学术专著、大学教材和全国司法鉴定人培训教材。主持和参与完成"医患纠纷司法解决机制实证研究""司法鉴定质量监控研究""司法鉴定法立法研究""司法精神医学教学体系和方法创新研究""强制医疗实施中的司法鉴定研究"等各级科研项目。

本书受上海市教委重点学科司法鉴定项目J51102的支持

# 人身损害司法鉴定
## 指引与实务

孙大明 编著

# Forensic Personal Injury Assessment

## 内容摘要

本书在内容上,针对我国人身损害司法鉴定(又称"法医临床鉴定")领域最常见的鉴定项目,选取最新版的鉴定技术标准,结合作者多年从事司法鉴定实务和教学、科研的经历,对标准中的若干关键性术语、指标、评判原则、法律和技术要点进行专业化解读,并提出操作性建议。在语言上,力求将专业性和通俗性结合;在编写体例上,力求将完整性和清晰性相结合,基本上采取表格的形式将鉴定技术标准和专业点评、释义、背景资料等融合在一起,便于司法鉴定专业人员、法律从业人员以及诉讼当事人查询和翻阅。

本书的使用对象包括法医司法鉴定人、公安执法人员、侦查员、检察官、法官和执业律师,以及其他有需要的人员,诸如案件的诉讼当事人,各类企业、事业单位的法律顾问、安全员等。

本书吸纳了我国人身伤害方面的最新司法鉴定标准,包括从2014年1月1日开始实施的《人体损伤程度鉴定标准》,从2015年1月1日开始实施的《劳动能力鉴定 职工工伤与职业病致残等级》,从2015年5月1日开始实施的全国首个地方标准上海市《人身损害受伤人员休息期、营养期、护理期评定准则》(DB31/T 875-2015),2016颁布的《人体损伤致残程度分级》《人身损害护理依赖程度评定》(GB/T 31147-2014),以及司法部颁布的有关技术规范、部分地方技术规程等。本书力求实现最新、最全、最方便、最实用的目的,成为鉴定人和法律人的口袋书和案头书。

### 图书在版编目(CIP)数据

人身损害司法鉴定指引与实务/孙大明编著. —北京:北京大学出版社,2016.6
ISBN 978-7-301-27289-3

Ⅰ. ①人… Ⅱ. ①孙… Ⅲ. ①伤害鉴定—司法鉴定—研究—中国 Ⅳ. ①D923.84

中国版本图书馆CIP数据核字(2016)第170063号

| | |
|---|---|
| 书　　　名 | 人身损害司法鉴定指引与实务 |
| | Renshen Sunhai Sifa Jianding Zhiyin yu Shiwu |
| 著作责任者 | 孙大明　编著 |
| 责任编辑 | 朱梅全　徐　音 |
| 标准书号 | ISBN 978-7-301-27289-3 |
| 出版发行 | 北京大学出版社 |
| 地　　　址 | 北京市海淀区成府路205号　100871 |
| 网　　　址 | http://www.pup.cn |
| 电子信箱 | sdyy_2005@126.com |
| 新浪微博 | @北京大学出版社 |
| 电　　　话 | 邮购部 62752015　发行部 62750672　编辑部 021-62071998 |
| 印　刷　者 | 北京中科印刷有限公司 |
| 经　销　者 | 新华书店 |
| | 787毫米×1092毫米　16开本　28印张　729千字 |
| | 2016年6月第1版　2016年6月第1次印刷 |
| 定　　　价 | 160.00元 |

未经许可,不得以任何方式复制或抄袭本书之部分或全部内容。
**版权所有,侵权必究**
举报电话:010-62752024　电子信箱:fd@pup.pku.edu.cn
图书如有印装质量问题,请与出版部联系,电话:010-62756370

# 序

人身损害司法鉴定是我国法医学司法鉴定中独具特色的领域。其基础理论、制度建设和鉴定实务不仅具有悠久的历史,而且在国际法庭科学领域占有重要地位。我国人身损害司法鉴定的法律制度、鉴定实务几乎与我国的法医学发展历史同步。在诸如《法律问答》《唐律疏议》《洗冤集录》等经典文献中都有大量关于人身损害的案例、法条记载,这足以证明我国法医临床学具有深厚的历史积淀。

近年来,我国广大法医学工作者、临床专家在最高人民法院、最高人民检察院、司法部、公安部、国家安全部等有关部门的领导、关心和支持下,潜心研究,不断总结鉴定经验,广泛吸收临床医学的最新科技成果,陆续制定、完善了不少人身损害方面的司法鉴定(评定)标准,提高了行业的标准化规范化水平,有利于从源头上预防和减少鉴定分歧,保障鉴定质量。在提高人身损害类案件的诉讼效率和质量方面发挥了重要作用。

在此背景下,我校司法鉴定中心常务副主任孙大明博士总结了自己多年从事法医学鉴定的实践经验,并吸收借鉴国内外人身损害司法鉴定方面的文献资料,按照不同鉴定项目,将我国目前最新、最全的司法鉴定技术标准全部采取表格化表述,研制出了这本《人身损害司法鉴定指引与实务》。这是一本适合法医学鉴定人、律师、法官、检察官、侦查员、人身损害案件诉讼当事人等使用的内容丰富、便携、快捷的法医学鉴定和司法工具书。全书内容全面,体例新颖,重点突出。使用者可以从各类人身损害案件中涉及的损伤部位、临床诊断名称等关键词出发,进行"按图索骥"式的查找,迅速定位,快速预判损伤程度、伤残等级、三期期限等。尤其是其中的"人体损伤程度鉴定表"可为人民警察在社会治安管理行政执法中及时确定案件的性质提供便利。同时为各类人身损害诉讼当事人和代理人及时、高效、合法地处理有关人身损害案件提供一些思路和帮助。该书可以帮助使用者从浩瀚的医学、法医学专业书籍中聚焦需要重点关注的核心信息,一定程度上打破了人身损害司法鉴定较强的"医学专业技术壁垒";可以帮助不具有医学专业背景的人士加深对人身损害司法鉴定技术标准和法律后果的认知与理解,还可以帮助他们开展对人身损害司法鉴定意见书的审查、质证、认证等相关工作;同时有助于司法鉴定管理干部加强对人身损害司法鉴定执业活动的日常监管,以及做好相关投诉调查工作。书后的附录可供司法鉴定专业人士在鉴定实务中随时备查。

基于该书鲜明的特色和较高的实用价值,在此我愿意向各位司法鉴定人、司法工作者、司法鉴定管理干部以及社会大众推荐该书。

华东政法大学 原党委书记、教授、博士生导师
上海市司法鉴定理论研究会 会长
天册(浙江)律师事务所 律师

2016 年 6 月 1 日

# 研制及使用说明

| | |
|---|---|
| 目的 | 1. 为人身损害案(事)件处置相关人员提供一本内容最新、最全且查阅便捷的工具书；<br>2. 促进人身损害司法鉴定知识的社会普及；<br>3. 提高司法人员、诉讼当事人、执业律师等对人身损害鉴定意见书的审查、质证、查证、认证能力；<br>4. 为将来制定、修改、完善、统一人身损害鉴定标准提供借鉴。 |
| 内容 | 1.《人体损伤程度鉴定标准》(2014年版)及《释义》；<br>2.《道路交通事故受伤人员伤残评定标准》与《宣贯材料》(2002年版)；<br>3.《劳动能力鉴定 职工工伤与职业病致残等级》与《应用指南》(2014年版)；<br>4.《人体损伤致残程度分级标准》(2016年版)；<br>5.《人身损害受伤人员休息期、营养期、护理期评定标准》(上海地标2015年版)；<br>6.《人身损害误工期、护理期、营养期评定规范》(公安行业推荐标准2014年版)；<br>7.《人身损害护理依赖程度评定》(2014年版)；<br>8.《道路交通事故受伤人员治疗终结时间评定》(公安行业推荐标准2013年版)；<br>9. 本书包括以上8大最常用标准的释义与速查指引表，以及常用的医学分级、分度表；<br>10. 其他与人身损害司法鉴定有关的各类法律、法规、司法解释、技术标准、行业规范、技术指南等。 |
| 体例 | 1. 从人身损害司法鉴定实际需求出发，按照常见度，以鉴定项目分章介绍；<br>2. 基本采用表格式编撰方式，便于查阅使用；<br>3. 涵盖标准原文、释义、操作指南及有关临床分级(度)表汇总；<br>4. 力求在有限的篇幅中，最大限度地涵盖足够丰富的技术标准指引信息、释义和操作指南。 |
| 读者对象 | 适用于专业人员和有关诉讼当事人查阅，包括：鉴定人、保险调查员、公估师、律师、法官、侦查员、检察官、公司法务、企事业单位安全员，法学、法医学、司法鉴定等相关专业师生和研究人员，以及工伤认定和鉴定工作人员，民政、残联等系统有关工作人员。 |
| 研制过程 | 本人作为华东政法大学司法鉴定中心的质量负责人，因工作需要，经常编辑技术标准汇编，一直设想研制一本可供同行随手翻阅速查的工具。2015年这一想法在北大出版社编辑徐音女士和出版社的鼓励下再次萌发，研制过程中一直得到她在编辑排版上的专业支持，本书融汇了笔者十几年从事司法鉴定实务、教学和科研工作的经验，吸纳了大量前人的经验和智慧，查阅了大量有关书籍，历经数月编制而成。 |
| 致谢 | 感谢华东政法大学司法鉴定中心闵银龙教授以及诸位同事对本书出版和本人工作、生活、学习上一贯的帮助和支持。感谢家人在工作上的大力支持。感谢上海市司法鉴定协会副秘书长王云介副主任法医师、中央财经大学法学院郭华教授的专业指导和有益建议。鉴定中心焦建萍副主任法医师、刘金霞法医、诸伊凡硕士研究生提供了诸多协助，一并致谢。 |
| 推荐 | 本书得到上海市司法鉴定理论研究会的推荐。 |
| 联系 | 欢迎各位使用者对本书提出批评和改进意见、建议。作者邮箱：daming1575@126.com。 |
| 警示 | 人身损害司法鉴定涉及复杂专业的医学、法医学、法律等领域的知识和技能，本书所提供的信息仅供使用者学习和参考，不作为诊断、治疗、诉讼的证据使用。必要时请向专业机构、人员寻求帮助。作者及出版机构、推荐机构均不对此承担任何法律责任。 |

# 目 录

## 第一章 概论 … 001
- 第一节 基本概念 … 001
- 第二节 基本原则 … 003
- 第三节 司法鉴定分类 … 005
- 第四节 司法鉴定程序 … 006
- 第五节 委托书 … 006
- 第六节 常见的人身损害司法鉴定委托事项 … 009
- 第七节 司法鉴定人出庭作证模式 … 010
- 第八节 道标、工标、通标条款分布统计与对照表 … 011

## 第二章 人体损伤程度鉴定 … 015
- 第一节 总则 … 015
- 第二节 分则(损伤程度分级) … 019
- 第三节 附则 … 031
- 第四节 人体损伤程度鉴定标准速查表 … 032
- 第五节 附表(常用人体功能分度/分级/分型表) … 045

## 第三章 道路交通事故受伤人员伤残评定 … 071
- 第一节 总则 … 071
- 第二节 分则(伤残分级) … 073
- 第三节 附则 … 084
- 第四节 附录 … 085
- 第五节 道标伤残分级速查表(按部位) … 088
- 第六节 附表(常用人体功能分度/分级/分型表) … 097

## 第四章 劳动能力 职工工伤与职业病致残等级鉴定 … 106
- 第一节 总则 … 106
- 第二节 分则(工伤分级) … 109
- 第三节 《工标》2014年版与2006年版对照表 … 122
- 第四节 工伤伤残分级速查表(按部位) … 128
- 第五节 《〈工标〉指南》附表 … 143

## 第五章　人体损伤致残程度分级 ... 145
　　第一节　总则 ... 145
　　第二节　分则(致残程度分级) ... 146
　　第三节　附则 ... 158
　　第四节　附录 ... 158

## 第六章　人身损害受伤人员休息(误工)期、营养期、护理期评定 ... 160
　　第一节　人身损害受伤人员休息期、营养期、护理期评定标准(上海地标) ... 160
　　第二节　人身损害误工期、护理期、营养期评定规范(公安行业推荐标准) ... 180

## 第七章　人身损害护理依赖程度评定 ... 192
　　第一节　总则 ... 192
　　第二节　分则(评定与分级) ... 193
　　第三节　附录 ... 197

## 第八章　人身损害赔偿其他鉴定 ... 198
　　第一节　医疗损害司法鉴定 ... 198
　　第二节　《人身损害医疗费的审核与评定准则》(广东省司法鉴定协会) ... 203
　　第三节　道路交通事故受伤人员治疗终结时间评定 ... 207
　　第四节　残疾辅助器具鉴定(上海市) ... 228
　　第五节　人身保险伤残评定(行标) ... 233

## 附录 ... 242
　　全国人民代表大会常务委员会关于司法鉴定管理问题的决定 ... 243
　　司法鉴定机构登记管理办法(节选) ... 245
　　司法鉴定人登记管理办法(节选) ... 246
　　司法鉴定程序通则(节选) ... 248
　　司法鉴定执业分类规定(试行)(节选) ... 253
　　法医临床检验规范 ... 254
　　司法鉴定文书规范(节选) ... 273
　　视觉功能障碍法医鉴定指南 ... 281
　　听力障碍法医学鉴定规范 ... 298
　　男子性功能障碍法医学鉴定规范 ... 311
　　外伤性癫痫鉴定实施规范 ... 322
　　法医临床影像学检验实施规范 ... 342
　　周围神经损伤鉴定实施规范 ... 355
　　道路交通事故涉案者交通行为方式鉴定规范 ... 381
　　人身保险伤残评定标准 ... 385
　　性侵害案件法医临床学检查指南 ... 398
　　保外就医严重疾病范围 ... 414
　　医疗事故分级标准(试行) ... 422

## 附表索引 ... 430

# 第一章 概论

人身损害司法鉴定主要归属于法医临床鉴定[①],又称为"临床法医鉴定""法医损伤鉴定""活体鉴定"等,在目前司法鉴定行政管理机关的正式文件和国家立法中采用的是"法医临床鉴定"这一名称,但在学术领域也存在着一些其他说法。法医临床鉴定是我国现代法医学领域最为活跃的一个重要分支。在国际视野中,我国的法医临床学研究成果、鉴定制度和服务领域也颇具特色,占有重要地位。

本章主要对法医临床鉴定执业活动中涉及的常见的基本概念、基本原则、鉴定内容、鉴定程序以及委托书、鉴定收费、鉴定人出庭等事项进行总括性的介绍。

## 第一节 基本概念

| 序号 | 术语 | 内涵 |
| --- | --- | --- |
| 1 | 法医学 | 现代法医学是以医学、生物学及物理学、化学等自然科学为基础,研究与解决涉及法律的人身伤、亡、病、生理状态、个体认定及其他医学问题,为立法、司法和行政执法工作提供证据和资料的应用自然科学,是法学与医学交叉的一门学科。<br>在我国专业分类上,法医学既是医学的二级学科,又是法学的二级学科,也是司法鉴定学的骨干学科。法医学有独立的理论体系和专门的检验技术、深厚的理论基础、特定的研究对象和研究内容、明确的服务对象和范围。 |
| 2 | 法医学鉴定 | 指诉讼活动中,具有法医学专门知识与技能的人接受符合法律规范的委托,对涉及法医学专门性问题的客体作出识别与判定。 |
| 3 | 法医学鉴定意见书 | 是法医鉴定人对所委托的专门性问题,经过认真细致的检验,运用专业知识得出鉴定意见后出具的鉴定文书。法医学鉴定是司法鉴定的一种,法医学鉴定意见书是三大诉讼法规定的法定证据种类之一。<br>鉴定意见书的内容包括:(1) 前言。委托人、委托事项、鉴定要求等。(2) 案件摘要。(3) 检验所见。检验方法、检验过程、辅助检查。(4) 分析说明。根据检验所见与案件有关材料,针对鉴定事项作出分析说明。(5) 鉴定意见。根据检验结果与说明的理由,作出鉴定意见。(6) 鉴定人签名。 |

---

① 涉及死亡的一般归属于法医病理鉴定。

(续表)

| 序号 | 术语 | 内涵 |
|---|---|---|
| 4 | 法医学鉴定人 | 俗称"法医"。在我国,指具有法医学专门知识、经验和具有法律规定的相应学历、资历等条件,依法取得鉴定人执业资格的人员。按照具体执业类别的不同,法医鉴定人可以分为法医病理鉴定人、法医临床鉴定人、法医物证鉴定人、法医毒化鉴定人、法医精神病鉴定人等。法医鉴定人依法享有执业权利,并承担相应义务。 |
| 5 | 法医临床鉴定 | 指应用法医学、医学和法学的有关原理、方法和原则对诉讼涉及的有关人体损伤、残疾、病情、因果关系及其他有关情况背景等专门性问题进行鉴别、判断并提供鉴定意见的活动。 |
| 6 | 诈伤 | 指行为人为了达到一定的目的,如逃避责任、经济赔偿、惩罚对方、骗取信任等,在实际没有任何损伤的情况下,虚构、伪装出某种损伤,或者将既往的损伤诈称为本次所受损伤。实践中有时也将行为人夸大实际损伤的程度、范围的情形归入诈伤范畴。笔者认为,诈伤实属"无中生有"。诈伤可以归入广义的诈病范畴。一般以事后诈伤最为常见。 |
| 7 | 造作伤 | 指本人或授意他人在自己身上造成损伤、故意扩大或改变原有损伤。根据损伤部位、性质、程度以及衣服毁坏情况、现场勘验等与受害人陈述比对,一般可以作出判断。笔者认为,造作伤可理解为实际有伤,但性质、成因、程度均属人为造作。 |
| 8 | 匿伤(匿病、瞒病) | 指有意隐匿实际存在的损伤或疾病。犯罪嫌疑人为掩盖罪行,逃避惩罚,常将作案时与被害人搏斗中对其造成的损伤,谎称为作案前或其他原因造成的;亦有被害人因受威胁或利诱而匿伤者;还有证人隐匿精神疾病者。根据案情、损伤特征与伤口的时间变化等,一般不难判断匿伤。匿病的鉴定则相对较复杂,需与临床专家配合进行鉴定。 |
| 9 | 重伤 | 是法律概念,最早由刑法界定,近年来在治安管理、安全生产等行政执法领域也有使用。是指使人肢体残废,容貌毁损,丧失听觉、视觉或其他器官机能及其他对于人身健康有重大伤害的损伤。应依据损伤时的伤情、损伤后的并发症和后遗症等,全面分析,综合评定。按照目前的《人体损伤程度鉴定标准》,重伤分为重伤一级和重伤二级。重伤一级属于重伤中的严重类型,上限是伤害致死。《人体损伤程度鉴定标准》规定的重伤一级和重伤二级的条款属于重伤一级、二级的下限、基线、起点。重伤一级、二级是一个范围、域的概念,而不是一个线性概念。 |
| 10 | 轻伤 | 是法律概念,最早由刑法界定,近年来在治安管理、安全生产等行政执法领域也有使用。是指造成人体组织、器官结构的一定程度的损害或者部分功能障碍,尚未构成重伤又不属轻微伤害的损伤。应依据损伤时的伤情、损伤后的并发症和后遗症等,全面分析,综合评定。按照目前的《人体损伤程度鉴定标准》,轻伤分为轻伤一级和轻伤二级。轻伤一级属于轻伤中的严重类型,上限是重伤二级。《人体损伤程度鉴定标准》规定的轻伤一级和轻伤二级的条款属于轻伤一级、二级的下限。 |
| 11 | 轻微伤 | 指在外界因素作用下,造成人体局部组织结构的轻微损伤,或者轻微短暂的功能障碍,恢复后不遗留明显的后遗症,达不到轻伤标准的损伤。轻微伤的上限是轻伤二级。《人体损伤程度鉴定标准》规定的轻微伤条款属于轻微伤的下限。 |
| 12 | 伤残 | 指机体受到外力作用(致残因素)而引起的器官功能永久障碍。主要是指损伤或其他原因引起功能不同程度地丧失,使人生活能力、工作能力和社会活动能力受损或造成生理上与心理上的缺陷。 |

(续表)

| 序号 | 术语 | 内涵 |
|---|---|---|
| 13 | 三期 | 是损伤后所需的治疗休息、营养、护理期限的简称。其中治疗休息期又称为"误工期""治疗期""休息期"。 |
| 14 | 休息期 | 指人身损害后,受伤人员接受医疗及功能康复,不能参加普通工作、学习、活动的期限。 |
| 15 | 营养期 | 指人身损害后,受伤人员需要补充必需的营养物质,以提高治疗质量或者加速损伤康复的期限。 |
| 16 | 护理期 | 指受害人因遭受人身损害,生活无法自理,需要他人护理的期限。 |
| 17 | 护理依赖 | 躯体日常生活活动能力包括:进食、床上活动、穿衣、修饰、洗澡、床椅转移、行走、大小便等能力。精神日常生活自理能力包括:进食、修饰、更衣、整理个人卫生、大小便、外出行走、使用日常生活工具、乘坐交通工具等能力。根据躯体伤残者或精神障碍者完成相应日常生活活动能力、日常生活自理能力项目的情况,客观确定每项分值,将护理依赖程度分为部分护理依赖、大部分护理依赖、完全护理依赖。 |
| 18 | 医疗纠纷 | 指病员及家属和医疗单位在诊疗护理工作过程中所产生的纠纷。医疗意外、医疗差错及医疗事故等,均可导致医疗纠纷。发生医疗纠纷后,有关各方应及时、认真做好调查、处理及善后工作。病员及家属和医疗单位对医疗事故或事件的确认和处理有争议时,可提请医疗事故技术鉴定委员会进行鉴定。 |
| 19 | 医疗过错 | 指在诊疗护理工作中,医务人员发生的情节较轻,未造成病人明显的痛苦或损害,也不影响对病人治疗措施的过失。 |

## 第二节　基本原则

正如其他司法鉴定类别一样,人身伤害司法鉴定也需要遵循司法鉴定行业的通行原则,主要包括以下12项原则:

| 序号 | 原则 | 内涵 |
|---|---|---|
| 1 | 科学原则 | 司法鉴定过程是科学重现和认识案件事实的过程,是以科学技术为手段,以科学性为其本质特征的,因而要求司法鉴定程序和司法鉴定得出的鉴定意见都必须符合有关科学的规律和原理。 |
| 2 | 合法原则 | 指司法鉴定从程序到实体,从形式到内容,从技术手段到技术标准都必须遵守相关的法律、法规和技术规范的规定。 |
| 3 | 独立原则 | 鉴定人应该站在中立的立场,以个人名义参加案件的鉴定工作,独立作出鉴定意见,对鉴定意见负责。其他任何人都不得干涉或影响鉴定人独立地进行鉴定,更不得指令鉴定人作出某种鉴定意见或代替鉴定人进行鉴定。鉴定活动不受来自行政、金钱、人情等各种因素的干扰。多人参加鉴定,有不同意见的,应注明。 |
| 4 | 客观原则 | 鉴定人针对委托事项作出检验、判断、识别的过程中,不得夸大、提升、拔高鉴定意见在科学上的准确性、可靠性程度,如不确定度、准确率、亲权指数等。鉴定意见必须与检验结果、检测发现之间存在必然的因果关系。 |

(续表)

| 序号 | 原则 | 内涵 |
|---|---|---|
| 5 | 及时原则 | 迟到的正义是非正义,效率也是诉讼活动的目标之一。因此司法鉴定活动也须满足诉讼活动对于时效性的要求,按照现有法律、法规的要求及时完成鉴定事宜。对于鉴定时间的任何延长、变更等应及时与委托人进行沟通,并保留相应的书面记录。 |
| 6 | 公开原则 | 主要是对鉴定活动方式而言,包括鉴定项目公开,鉴定收费标准公开,鉴定方法、手段、标准公开,鉴定程序公开,鉴定人姓名公开等。涉及国家机密、商业秘密和个人隐私等不得公开。 |
| 7 | 公平原则 | 公平是司法鉴定活动永恒的价值追求,也是司法鉴定保障诉讼活动的功能所在。司法鉴定的本质就是借助人类社会的科学技术手段最大限度地实现公平。鉴定人在执业过程中的各项活动也应遵循公平的原则,尤其是在现有法律、法规、标准缺乏明确规定时,应根据法律的基本原则、原理,在公平、合理原则下进行"自由裁量"。 |
| 8 | 公正原则 | 鉴定实施主体在鉴定活动中应保持中立的地位,对不同的委托主体委托的鉴定要一视同仁,不论是来自司法机关委托还是来自企事业单位、社会团体、公民个人甚至是犯罪嫌疑人的委托,在鉴定业务委托的主体上是平等的,应平等地对待,客观地进行鉴定。 |
| 9 | 回避原则 | 鉴定人、鉴定机构应遵守法律关于鉴定人回避的规定,凡符合法律规定的回避情形的,鉴定人应主动回避。有关当事人也可申请鉴定人回避。回避原则是鉴定独立、公正的重要保证。 |
| 10 | 保密原则 | 司法鉴定人及司法鉴定机构的工作人员应当保守在职业活动中知悉的国家机密、商业秘密、个人隐私等各种信息,不得随意透露给无关人员、机构。情节严重者可构成违法、侵权甚至犯罪,导致相应的法律责任。 |
| 11 | 伦理性原则 | 如最小伤害原则等。人身损害司法鉴定都涉及特定的被鉴定人,从世界医学伦理原则的要求出发,应当优先采用无损性检查、检验、检测方法进行鉴定,对于妇女、未成年人、精神障碍失能者等特定人群应有专门的程序规范,来保护其合法权益。对女性的妇科检查应由女性法医进行,或者在女性工作人员、被鉴定人家属在场的情况下进行,对未成年人、精神障碍失能者的检查过程应有其监护人在场。 |
| 12 | 监督原则 | 司法鉴定活动应接受来自委托人、利益相关方、行政管理机关、有关司法机关、认可组织、行业协会、鉴定机构等的内部、外部监督。 |

## 第三节　司法鉴定分类

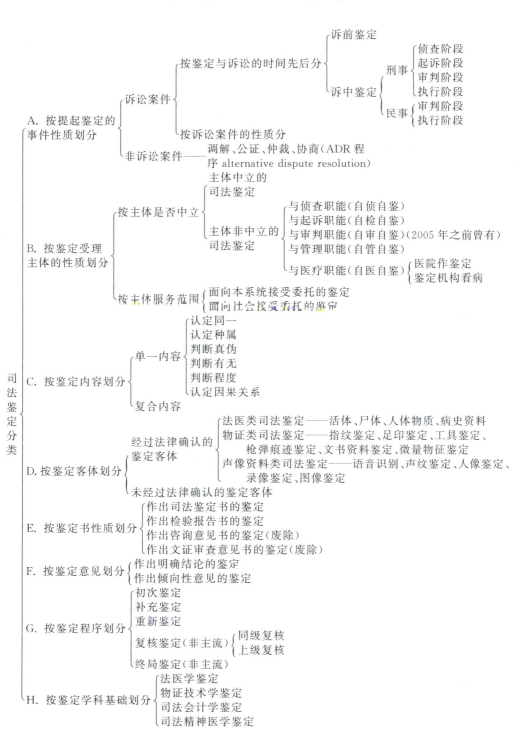

## 第四节　司法鉴定程序

司法鉴定程序
- 前置程序
  - 鉴定材料发现、收集、保管、运送
  - 鉴定需求识别
- 启动程序
  - 申请鉴定：非必经程序，口头或书面
  - 决定鉴定
  - 委托鉴定：填写委托书、收集鉴定资料
  - 受理鉴定：委托协议评审
- 实施程序
  - 鉴定人回避：主动或申请
  - 实施鉴定：检验、会诊、审核、签发
  - 出具鉴定意见书：发送方式
- 后续程序
  - 回访
  - 补充说明
  - 鉴定人出庭作证
  - 投诉接待
  - 申诉受理

## 第五节　委　托　书

1. 委托书（简易格式参考样表）

**司法鉴定委托书**

| 委托单位 | | | 承办人 | | 联系电话 | |
|---|---|---|---|---|---|---|
| 委托事项 | 1.<br>2.<br>3. | | | | | |
| 被鉴定人姓名 | | 身份证号码 | | | | |
| | | 联系电话 | | | | |
| 工作单位 | | | 住址 | | | |
| 送检材料 | 1.<br>2.<br>3. | | | | | |
| 案情简况 | | | | | | |
| | | | | | 单位盖章：<br>　　年　月　日 | |

某某大学司法鉴定中心

地址：上海市某某路某某号　　021-×××××××××

2. 委托书(由原协议书改编的参考样表)

## 司法鉴定委托书

(为职务行为委托方使用)

编号:＿＿＿＿＿＿＿＿＿＿＿＿＿

| 委托单位 | | | 联 系 人 | |
|---|---|---|---|---|
| 联系地址 | | | 联系电话 | |
| 委托日期 | | | 送 检 人 | |
| 司法鉴定机构 | 机构名称:                 许可证号: <br>地　　址:                 邮　　编: <br>联 系 人:                 联系电话: ||||
| 委托鉴定用　途 | □为刑事案件侦查、起诉、审判等程序中查明或认定案件事实使用。<br>□为民商事、行政审判或执行程序中人民法院查明或认定案件事实使用。<br>□为其他行政执法机构履行职务行为时提供客观事实依据使用。 ||||
| 委托事项 | □伤残等级 □伤情程度 □护理依赖 □误工期 □护理期 □营养期 □医疗终结时间 □后续治疗费用 □医疗费用合理性 □伤病关系 □劳动能力 □医疗过错 □因果关系 □参与度 □其他 ||||
| 委托鉴定内容及要求 | ||||
| 是否属于重新鉴定 | □否　□是　原鉴定机构:<br>重新鉴定理由: ||||
| 检案摘要 | □详见案卷材料<br>□表述: ||||
| 鉴定材料目录和数量 | 检材:(序号,名称,数量,状态)(如是复印件请注明原件保存地点)<br><br><br><br><br>样本:(序号,名称,数量,状态)(如是复印件请注明原件保存地点)<br><br><br><br> ||||
| 鉴定费缴费方式 | □由委托单位直接缴费。缴费时限为:□签订本协议即时缴费<br>□领取鉴定意见时缴费<br>□由委托单位在委托函中指定的缴费人缴费。缴费时限为缴费人接到通知后三至十个工作日内,逾期不缴费,作退案处理<br>□其他缴费方式: ||||

(续表)

| 鉴定费缴费标准 | ☐ 按照司法鉴定收费标准对委托鉴定事项分项目进行收费。<br>☐ 按照疑难复杂和重大社会影响的鉴定案件进行收费,具体情形:<br>　☐ 由省级或省级以上相关部门委托的案件<br>　☐ 需组织三名或三名以上相关领域专家共同参与的案件<br>　☐ 案件引起社会普遍关注,并经省级或省级以上电台、电视台报道的<br>　☐ 案件争议时间长,案发时间超过五年(含五年)的案件<br>　☐ 经与委托人协商,共同认定为疑难、复杂和有重大社会影响的其他案件<br>☐ 指定缴费人的,缴费标准见司法鉴定机构《司法鉴定缴费通知书》 |
|---|---|
| 鉴定费缴费项目 | ☐ 直接缴费的,本案预计收费(总计)_____元整;人民币大写:_____元整。其中,鉴定<br>　_____项目_____元<br>　_____项目_____元<br>　_____项目_____元<br>　_____项目_____元<br>☐ 指定缴费人的,鉴定费见司法鉴定机构《司法鉴定缴费通知书》 |
| 鉴定文书发放方式 | ☐ 委托单位自取<br>☐ 邮寄　　　地址:<br>☐ 其他方式(注明) |

| 协议事项:<br>1. 鉴定机构应当严格依照有关技术规范保管和使用鉴定材料。如在鉴定过程中遇因鉴定需要耗尽检材;因鉴定需要可能损坏检材,导致鉴定完成后无法完整退还检材等情形,应函告委托单位,由委托方复函后继续或终止鉴定工作。<br>2. 鉴定时限:<br>☐ 普通鉴定自协议签订之日起 _30_ 个工作日内完成。<br>☐ 复杂、疑难、特殊的技术问题,或者检验过程确需较长时间的,自协议签订之日起 _60_ 个工作日内完成;特别复杂的鉴定确需延长鉴定期限的,鉴定机构应当在上述期限届满前函告委托单位,由协议双方根据具体案情协商确定完成期限。<br>3. 特殊情形鉴定:<br>☐ 需要对女性作妇科检查;<br>☐ 需要对未成年人的身体进行检查;<br>☐ 需要对被鉴定人进行法医精神病鉴定;<br>☐ 需要到现场提取检材;<br>☐ 需要进行尸体解剖。<br>4. 需要委托方补充或者重新提取鉴定材料的,鉴定机构应当函告委托方。补充材料及工作期间不计入鉴定机构的鉴定期限。<br>5. 委托方是否要求鉴定人回避:<br>☐ 不要求回避。<br>☐ 要求回避。要求回避的鉴定人姓名:_____<br>6. 鉴定过程中如需变更协议书内容,由协议双方协议确定。 |
|---|

| 其他约定事项 | |
|---|---|

(续表)

| 协议补充变更事项 | |
|---|---|
| 鉴定风险提示 | 1. 鉴定意见属于专家专业性意见,其是否被采信取决于办案机关的审查和判断,鉴定人和鉴定机构无权干涉;<br>2. 由于鉴定材料或者客观条件限制,并非所有鉴定都能得出明确的鉴定意见;<br>3. 鉴定活动遵循独立、客观、公正的原则,因此鉴定意见对案件任何一方当事人(参与人)而言可能有利,也可能不利;<br>4. 在诉讼中,当事人对鉴定意见有异议的,可向人民法院要求司法鉴定人出庭作证,对鉴定意见进行法庭质证。 |
| 委托人(机构)<br>(签名或者盖章)<br><br><br>年　月　日 | 接受委托的鉴定机构<br>(签名、盖章)<br><br><br>年　月　日 |
| 备注 | |

说明:1. 文内为5号宋体。
　　　2. 涉及选择项目的,确定后需将□涂黑。

## 第六节　常见的人身损害司法鉴定委托事项

| 序号 | 事项 | 用途和法律规定 | 标准和说明 |
|---|---|---|---|
| 1 | 损伤程度鉴定 | 主要用于《刑法》《治安管理处罚法》《交通安全法》《安全生产法》《生产安全事故报告和调查处理条例》等法律实施过程中,追究有关责任人、责任单位的刑事、行政法律责任 | 2014年新标准《人体损伤程度鉴定标准》 |
| 2 | 伤残等级鉴定 | 主要用于各类涉及人体损伤的民事赔偿、保险理赔和行政调处等事宜(分为道标、工标、保险、人身伤害、运动员、革命军人等多种标准) | 目前有多部门颁布的不同标准 |
| 3 | 损伤后的治疗休息、营养、护理期限鉴定 | 主要用于计算人体受到损伤后在治疗康复过程中涉及的误工、营养和护理费用 | 目前有多个地方标准和公安行业推荐标准 |

（续表）

| 序号 | 事项 | 用途和法律规定 | 标准和说明 |
|---|---|---|---|
| 4 | 医疗过错鉴定 | 依据《侵权责任法》《民法通则》《刑法》《医师法》《医疗事故处理条例》[①]等法律规定 | 现有的法律法规及医疗常规 |
| 5 | 因果关系鉴定 | 侵权责任的构成要件之一 | 主要借鉴日本经验和中国实践 |
| 6 | 参与度鉴定 | 因果关系量化分级表述，主要作为计算赔偿数额系数的参考依据 | |
| 7 | 医疗依赖 | 医疗依赖与伤残等级一样属于损害后果的一种，医疗依赖主要用于计算后续治疗的费用 | |
| 8 | 护理依赖程度鉴定 | 主要用于计算今后的护理费用。参见《人身损害护理依赖程度评定》 | 公安行业推荐标准 GA/T800-2008 |
| 9 | 治疗费合理性鉴定 | 主要评价实际发生的医疗、药物、康复等治疗费用是否有必要、与行为人造成的实际后果（损伤、疾病等）之间是否有因果关系及其强度 | 临床各科的诊疗常规、药典、医学教科书等 |
| 10 | 后续治疗费鉴定 | 对于需要继续进行治疗的被鉴定人，根据临床医疗机构的常规，概算出大致的医疗费用，如二期拆除内固定等 | 目前鉴定机构需常规性邀请较高资质的医疗机构专家会诊确定 |
| 11 | 残疾器具费鉴定 | 根据被鉴定人实际损害情况、我国现有残疾器具配置的有关标准，评估被鉴定人配置某种类、型号残疾器具的必要性、使用周期等，便于计算该项赔偿费用。参见《残疾人辅助器具基本配置目录》《工伤保险辅助器具配置目录》等 | 较少开展，主要在一些工伤事故中开展，劳动保障部有相应规定 |
| 12 | 居室改造方案和费用等鉴定 | 今后还可能根据诉讼需要开展，主要包括无障碍通道、卫生间、起居室等的改造必要性、方案和费用（方案和费用涉及建筑工程和司法会计鉴定等学科）。如大面积烫伤者，体温调节能力丧失，需要配置空调、电能等 | 目前我国法律实践中尚未开展，值得今后多加研究 |

## 第七节　司法鉴定人出庭作证模式

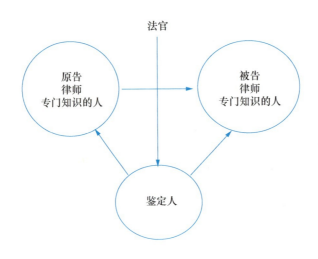

---

[①] 即将被新的国务院行政法规代替，新法规正在制定过程中。

# 第八节 道标、工标、通标条款分布统计与对照表

表 1-1 道标条款分布统计表

| 伤残等级 | 颅脑、脊髓及周围神经损伤 | 眼部及视力损伤致残 | 耳廓及听力损伤致残 | 颌面及口腔损伤致残 | 脊柱损伤致残 | 颈部损伤致残 | 胸部损伤致残 | 腹部损伤致残 | 盆部损伤致残 | 会阴部损伤致残 | 外阴、阴道损伤致残 | 三肢损伤致残 | 二肢损伤致残 | 一肢损伤致残 | 皮肤损伤致残 | 小计 |
|---|---|---|---|---|---|---|---|---|---|---|---|---|---|---|---|---|
| 1 | 4 | 2 | 0 | 0 | 1 | 1 | 2 | 2 | 0 | 0 | 0 | 6 | 0 | 0 | 1 | 19 |
| 2 | 5 | 3 | 1 | 1 | 1 | 1 | 2 | 1 | 0 | 0 | 0 | 0 | 3 | 0 | 1 | 19 |
| 3 | 7 | 4 | 3 | 2 | 1 | 2 | 2 | 2 | 2 | 1 | 0 | 0 | 4 | 0 | 1 | 31 |
| 4 | 5 | 4 | 4 | 1 | 1 | 2 | 2 | 1 | 2 | 1 | 1 | 0 | 1 | 0 | 1 | 24 |
| 5 | 7 | 4 | 4 | 4 | 1 | 2 | 2 | 2 | 4 | 1 | 1 | 0 | 3 | 2 | 1 | 38 |
| 6 | 5 | 4 | 2 | 3 | 1 | 1 | 0 | 1 | 2 | 1 | 1 | 0 | 2 | 1 | 1 | 25 |
| 7 | 7 | 2 | 2 | 6 | 2 | 1 | 2 | 1 | 3 | 2 | 0 | 0 | 3 | 3 | 1 | 34 |
| 8 | 4 | 2 | 2 | 5 | 2 | 2 | 2 | 3 | 3 | 2 | 1 | 0 | 4 | 2 | 1 | 34 |
| 9 | 6 | 3 | 2 | 9 | 2 | 2 | 4 | 4 | 7 | 2 | 0 | 0 | 4 | 5 | 1 | 51 |
| 10 | 10 | 6 | 2 | 11 | 3 | 3 | 4 | 6 | 9 | 5 | 1 | 0 | 4 | 5 | 1 | 70 |
| 小计 | 60 | 34 | 22 | 42 | 14 | 16 | 22 | 23 | 30 | 15 | 5 | 6 | 28 | 18 | 10 | |
| 合计 | | | | | | | | | 345 | | | | | | | |

表 1-2　工标条款分布统计表

| 伤残等级 | 神经内科、外科、精神科门 | 骨科、整形外科、烧伤科门 | 眼科、耳鼻喉科、口腔科门 | 普外、胸外、泌尿生殖科门 | 职业病内科门 | 小计 |
|---|---|---|---|---|---|---|
| 1 | 3 | 5 | 3 | 7 | 7 | 25 |
| 2 | 6 | 9 | 6 | 9 | 13 | 43 |
| 3 | 7 | 10 | 7 | 11 | 11 | 46 |
| 4 | 6 | 9 | 10 | 24 | 7 | 56 |
| 5 | 7 | 13 | 13 | 21 | 10 | 64 |
| 6 | 11 | 21 | 15 | 24 | 11 | 82 |
| 7 | 8 | 21 | 13 | 18 | 10 | 70 |
| 8 | 6 | 25 | 16 | 25 | 9 | 81 |
| 9 | 6 | 17 | 14 | 6 | 0 | 43 |
| 10 | 0 | 13 | 22 | 3 | 8 | 46 |
| 小计 | 60 | 143 | 119 | 148 | 86 | |
| 合计 | | | | | | 556 |

第一章 概论

表 1-3 通标①条款分布统计表

| 伤残等级 | 颅脑、脊髓及周围神经损伤致残 | 头面部损伤致残 | 颈部及胸部损伤致残 | 腹部损伤致残 | 盆部及会阴部损伤致残 | 脊柱、骨盆及四肢损伤致残 | 体表及其他损伤致残 | 小计 |
|---|---|---|---|---|---|---|---|---|
| 1 | 4 | 0 | 5 | 2 | 0 | 3 | 0 | 14 |
| 2 | 5 | 5 | 3 | 3 | 0 | 3 | 2 | 21 |
| 3 | 5 | 4 | 2 | 3 | 3 | 3 | 0 | 20 |
| 4 | 5 | 6 | 3 | 6 | 1 | 3 | 2 | 26 |
| 5 | 10 | 9 | 4 | 7 | 6 | 3 | 0 | 39 |
| 6 | 10 | 9 | 8 | 5 | 7 | 4 | 2 | 45 |
| 7 | 9 | 13 | 8 | 7 | 10 | 7 | 0 | 54 |
| 8 | 9 | 19 | 10 | 10 | 8 | 13 | 1 | 70 |
| 9 | 9 | 25 | 19 | 10 | 10 | 15 | 1 | 89 |
| 10 | 8 | 28 | 9 | 4 | 8 | 19 | 3 | 79 |
| 小计 | 74 | 118 | 71 | 57 | 53 | 73 | 11 | 457 |
| 合计 | | | | 457 | | | | |

通标中伤残条款分布最多的伤残部位依次为头面部（118条）、脊髓周围神经（74条）、脊柱骨盆及四肢（73条）、颈部胸部（71条）、腹部（57条）、盆部会阴（53条）、体表及其他。前三位占据总条款数（457条）的58%。条款分布最多的伤残等级依次为九级（89条）、十级（79条）、八级（70条）、七级（54条）、六级（45条）、五级（39条）、四级、三级、二级、一级。前三位占据总条款数（457条）的52%。

① 此处的"通标"为2016年4月18日最高人民法院、最高人民检察院、公安部、国家安全部、司法部联合发布的《人体损伤致残程度鉴定标准》。该标准将于2017年1月1日实施。

表 1-4 道标、工标、通标伤残部位、条款分布统计对照表

| 伤残等级 | 失能率% | 道标部位/系统数 | 道标条款数 | 工标部位/科目数 | 工标条款数 | 通标部位/系统数 | 通标条款数 |
|---|---|---|---|---|---|---|---|
| 1 | 100 | 8 | 19 | 5 | 25 | 4 | 14 |
| 2 | 90 | 9 | 19 | 5 | 43 | 6 | 21 |
| 3 | 80 | 11 | 31 | 5 | 46 | 6 | 20 |
| 4 | 70 | 12 | 24 | 5 | 56 | 7 | 26 |
| 5 | 60 | 13 | 38 | 5 | 64 | 6 | 39 |
| 6 | 50 | 12 | 25 | 5 | 82 | 6 | 45 |
| 7 | 40 | 13 | 34 | 5 | 70 | 6 | 54 |
| 8 | 30 | 13 | 34 | 5 | 81 | 7 | 70 |
| 9 | 20 | 13 | 51 | 5 | 43 | 7 | 89 |
| 10 | 10 | 13 | 70 | 5 | 46 | 7 | 79 |
| 合计 | | 最多分为14个解剖部位、系统 | **345** | 分为5个临床科目 | **556** | 最多分为7个解剖部位、系统 | **457** |

# 第二章

# 人体损伤程度鉴定

## 第一节 总 则

我国目前人体损伤程度鉴定适用的标准是 2013 年 8 月 30 日最高人民法院、最高人民检察院、公安部、国家安全部、司法部联合发布的《人体损伤程度鉴定标准》(司发通〔2013〕146 号),生效日期是 2014 年 1 月 1 日。对于过渡期的案件适用标准问题,司法部出台了专门文件进行指导和规范。

| 标准内容 | 理解与操作精要 | 相关法规指引 |
| --- | --- | --- |
| 1 范围<br>本标准规定了人体损伤程度鉴定的原则、方法、内容和等级划分。<br>本标准适用于《中华人民共和国刑法》及其他法律、法规所涉及的人体损伤程度鉴定。 | **该条首次以专业标准的形式统一了法医损伤程度鉴定标准的名称**,摒弃了"伤情鉴定""伤情程度鉴定""重伤鉴定""轻伤鉴定""轻微伤鉴定"等用语,将重伤、轻伤、轻微伤进行了统一整合,采用"人体损伤程度鉴定"这一用语,避免了以往用语给人先入为主的感觉,更加准确、客观和中立。<br>在适用范围上,也有新的变化。以往的鉴定标准主要适用于《刑法》关于故意伤害罪的轻伤、重伤的规定,其中轻微伤主要适用于《治安管理处罚法》。本标准作了明显拓展,除了《刑法》,还规定了其他法律、法规涉及的人体损伤程度鉴定,完善了我国人体损伤程度鉴定的标准体系和适用情形。 | 《刑法》《治安管理处罚法》《安全生产法》《生产安全事故报告和调查处理条例》<br>关于安全生产方面的行政管理和行政执法活动涉及的人体损伤程度鉴定、校园伤害事件的处置等也可能会使用本标准。对此,**标准没有专门细化适用范围,只是笼统作了规定,因此其将来的适用范围可能会比以往的标准更宽泛**。 |
| 2 规范性引用文件<br>下列文件对于本文件的应用是必不可少的。本标准引用文件的最新版本适用于本标准。<br>GB 18667 道路交通事故受伤人员伤残评定 | 《人体损伤程度鉴定标准》与本条规定的《道路交通事故受伤人员伤残评定》(简称《道标》)、《劳动能力鉴定职工工伤与职业病致残等级》(简称《工标》)及《残疾人残疾分类和分级》(简称《残标》)等标准虽然适用于不同的情形和法律关系,但因都涉及人体组织、器官的形态改变和功能损害,在很多医学专业术语、解剖部位描述、伤情、病情和器官功能的分级上具有共性,**因此将相关标准文件作为本标准的规范性引用文件,具有创造性意义**。该做法背后折射出的先进理念能为将来制定全国统一的、跨行业的《人体伤残程度鉴定标准》奠定良好的理论和实践基础。 | 《道路交通事故受伤人员伤残评定》(GB 18667-2002)<br>《劳动能力鉴定职工工伤与职业病致残等级》(GB/T 16180-2014)<br>《残疾人残疾分类和分级》(GB/T 26341-2010) |

(续表)

| 标准内容 | 理解与操作精要 | 相关法规指引 |
|---|---|---|
| GB/T 16180 劳动能力鉴定 职工工伤与职业病致残等级<br>GB/T 26341-2010 残疾人残疾分类和分级 | 同时,采取了较为灵活的处理方式,没有具体规定引用文件的版本,只是原则性地规定了"本标准引用文件的最新版本适用于本标准"。因此本标准又具有一定的开放性和兼容性,可以在将来的适用中保持一定的稳定性,不需要过快修订更新。 | |
| 3 术语和定义<br>3.1 重伤<br>使人肢体残废、毁人容貌、丧失听觉、丧失视觉、丧失其他器官功能或者其他对于人身健康有重大伤害的损伤,包括重伤一级和重伤二级。 | 本条重伤的定义,来源于我国《刑法》第95条的规定。这里的"重伤"是具有特定内涵的**法律概念**,区别于生活中的重伤概念。条文对构成重伤的常见情形进行了解释和罗列。主要内容与已被取代的《人体重伤鉴定标准》基本等同。常见构成重伤的情形包括伤害导致人体肢体残废、容貌毁损、听觉丧失、视觉丧失、其他器官功能丧失或其他对于人身健康有重大影响,如危及生命等。<br>新标准首次对重伤进行了细化分级,将其分为两个等级:一级和二级。其中**重伤一级为重伤的严重程度,伤害致死为重伤一级的上限**,重伤一级规定的情形为重伤一级的下限;**重伤二级为重伤的最低要求,与轻伤一级的上限相衔接**。对重伤进行分级主要是满足刑事司法实践中,司法人员对罪犯进行**准确量刑的需要**,实现罪责刑相适应,并有助于实现全国范围内的量刑标准细化和统一。 | 《刑法》第95条 本法所称重伤,是指有下列情形之一的伤害:<br>(一)使人肢体残废或者毁人容貌的;<br>(二)使人丧失听觉、视觉或者其他器官机能的;<br>(三)其他对于人身健康有重大伤害的。<br>在肢体残废的把握上,通常的经验是要求受伤害肢体功能的50%以上丧失。毁容的界定也需要达到相当的严重程度,与下文轻伤条款规定的容貌损害相区别。 |
| 3.2 轻伤<br>使人肢体或者容貌损害,听觉、视觉或者其他器官功能部分障碍或者其他对于人身健康有中度伤害的损伤,包括轻伤一级和轻伤二级。 | 同样,本款所规定的"轻伤"也是刑法上的概念,是具有特定内涵的法律名词。被鉴定人的损伤程度被鉴定为轻伤并不表示损伤不重,而是达到了一定的严重性,通常是确定涉案事件是否构成犯罪的重要条件之一,也被认为是确定罪与非罪的界限。因此**轻伤的把握**就显得非常**关键**。法医鉴定实践中**争议最大**的常常也是对于轻伤和轻微伤的判断。绝大多数鉴定人认可在此问题上宜采取**从严原则**,或称"就低不就高"原则。这一点也与刑法的谦抑原则、疑罪从无原则、存疑利益归于被告规则等相适应。 | 《刑法》第234条【故意伤害罪】故意伤害他人身体的,处三年以下有期徒刑、拘役或者管制。犯前款罪,致人重伤的,处三年以上十年以下有期徒刑;致人死亡或者以特别残忍手段致人重伤造成严重残疾的,处十年以上有期徒刑、无期徒刑或者死刑。本法另有规定的,依照规定。 |
| 3.3 轻微伤<br>各种致伤因素所致的原发性损伤,造成组织器官结构轻微损害或者轻微功能障碍。 | 该条涵盖了人体组织器官结构的轻微损害和/或功能上的轻微障碍三种情形(单纯的结构损害、单纯的功能障碍、结构损害合并功能障碍)。致伤因素上,只是总的规定各种致伤因素,按照学界通说,包括物理因素、化学因素、生物因素或者各因素的综合作用。<br>本标准中关于轻微伤的条款规定本质上是轻微伤的最低要求、下限,轻微伤的上限是轻伤二级。一些损伤没有达到轻微伤的标准,则不能评定为轻微伤。可以只作出临床诊断或描述,不作程度评定,或者评定为"未构成轻微伤"。 | 已废止的《人体轻微伤的鉴定》(GA/T 146-1996)曾规定,轻微伤的鉴定需要在损伤消失之前完成。在新标准中并没有相关要求。只要有相应的病史资料、验伤单、辅助检查结果等能够证明损伤存在,而且达到相应的标准,**在鉴定时损伤虽然已经部分或全部消失**,也可以作出评定意见。但应尽量避免,而且应慎重。 |

(续表)

| 标准内容 | 理解与操作精要 | 相关法规指引 |
| --- | --- | --- |
| 4 总则<br>4.1 鉴定原则<br>4.1.1 遵循实事求是的原则,坚持以致伤因素对人体直接造成的原发性损伤及由损伤引起的并发症或者后遗症为依据,全面分析,综合鉴定。 | 实事求是的原则,是整个司法鉴定行业都应遵循的重要原则之一,也是司法鉴定科学性和法律性的内在要求。在人体损伤程度鉴定领域主要表现为,紧紧抓住**致伤因素对人体直接造成的原发性损伤**以及由损伤引起的**并发症**和**后遗症**这三个方面进行全面分析,综合鉴定。在没有出现并发症和后遗症的情况下,相对比较简单,容易把握。存在上述情况的,需要仔细分析,判断原发性损伤和并发症、后遗症之间的因果关系,只有确定两者之间存在引起和被引起的内在关联性基础之后,才可结合并发症和后遗症进行损伤程度评定。对于有其他伤外因素共同参与作用,多因一果导致并发症和后遗症的,需要科学分析其参与度,综合判断损伤程度。 | 全国人大常委会《关于司法鉴定管理问题的决定》<br>司法部《司法鉴定程序通则》<br>《司法鉴定人登记管理办法》 |
| 4.1.2 对于以原发性损伤及其并发症作为鉴定依据的,鉴定时应以损伤当时伤情为主,损伤的后果为辅,综合鉴定。<br>4.1.3 对于以容貌损害或者组织器官功能障碍作为鉴定依据的,鉴定时应以损伤的后果为主,损伤当时伤情为辅,综合鉴定。 | 4.1.2与4.1.3可以看作4.1.1的具体应用。人体损伤程度鉴定标准的分级条款大致可以分为**两种类型**:一种是以原发损伤及其并发症直接进行评定的,如创口长度、骨折、器官破裂等;另一种是以损伤后遗留的功能障碍以及容貌影响情况进行评定的。本标准将这两种情况进行了明确分类,并提出相应的评定原则。<br>4.1.2与4.1.3两条评定指导原则所提出的鉴定依据中相应地分为主要依据和辅助依据两种情况。 | 《人体重伤鉴定标准》(已被代替)第3条 评定损伤程度,必须坚持实事求是的原则,具体伤情,具体分析。损伤程度包括损伤当时原发性病变、与损伤有直接联系的并发症,以及损伤引起的后遗症。鉴定时,应依据人体损伤当时的伤情及其损伤的后果或者结局,全面分析,综合评定。<br>新旧标准相比较,新标准显得更加明确,具有更强的可操作性。 |
| 4.2 鉴定时机 | 鉴定实务中大量的鉴定意见争议往往与鉴定时机的把握不当、不同有关,与委托实施鉴定的时间节点不同有关。法医临床鉴定人应对此高度重视。 | |
| 4.2.1 以原发性损伤为主要鉴定依据的,伤后即可进行鉴定;以损伤所致的并发症为主要鉴定依据的,在伤情稳定后进行鉴定。 | 明确了损伤程度鉴定的两大类情况,一种是以原发损伤为依据,另一种是以并发症为依据,据此来决定鉴定时机。**前者采取即时鉴定,后者采取愈后鉴定。** | 上海地区曾发布过《上海市司法鉴定协会法医临床专业委员会纪要》等规范性文件对此进行规定。湖北等地也有类似规定。同时《道路交通事故受伤人员治疗终结时间》(GA/T 1088-2013)可供参考。 |

(续表)

| 标准内容 | 理解与操作精要 | 相关法规指引 |
|---|---|---|
| 4.2.2 以容貌损害或者组织器官功能障碍为主要鉴定依据的,在损伤90日后进行鉴定;在特殊情况下可以根据原发性损伤及其并发症出具鉴定意见,但须对有可能出现的后遗症加以说明,必要时应进行复检并予以补充鉴定。 | 对涉及容貌、功能的损伤鉴定,涉及不同部位、器官、组织损伤,损伤治疗恢复所需要的期限不同,甚至同样损伤,在不同个体间存在着个体差异,需要鉴定人依据经验来掌握。希望在条件成熟时能制定专门的鉴定时机标准。在缺乏全国统一技术标准的情况下,采取说明的方式具有可行性和必要性,笔者在执业中也经常采取在鉴定书中注明的办法,提示办案机关必要时及时启动补充鉴定程序。 | 90天是一个统一的规定,但在实践中可能面临一定的操作困难。上海地区对于涉及视力、听力、脑、神经损伤的鉴定通常按照6个月以上,有时需要延长至1年。 |
| 4.2.3 疑难、复杂的损伤,在临床治疗终结或者伤情稳定后进行鉴定。 | 该条弥补了前两条的不足。需要鉴定人依据执业经验进行把握。 | |
| 4.3 伤病关系处理原则 | 本条是新标准中的新内容,对于预防鉴定争议具有重要意义。通过三款将实践中的情况分为三大类。分清伤、病在后果中的**主次作用**是前提和关键。 | |
| 4.3.1 损伤为主要作用的,既往伤/病为次要或者轻微作用的,应依据本标准相应条款进行鉴定。 | 本条的关键是确立损伤在后果中的主要作用。也就是损伤所起的作用要**超过50%以上**,才可使用本条款。既往损伤、疾病或其他损伤意外的因素所起的作用要小于50%。必要时需要借助各临床相关专家的协助,进行会诊来明确因果关系。 | |
| 4.3.2 损伤与既往伤/病共同作用的,即二者作用相当的,应依据本标准相应条款适度降低损伤程度等级,即等级为重伤一级和重伤二级的,可视具体情况鉴定为轻伤一级或者轻伤二级,等级为轻伤一级和轻伤二级的,均鉴定为轻微伤。 | 对于损伤和疾病同等作用的损伤鉴定案件,本条明确规定采取降等处理的方式。在文字上虽然称为"适度降低损伤程度等级",但在列举时明确是只采取"**降等**",而排除采取"**降级**"。鉴定人尤其要引起注意。期望在标准修改时能对前述文字表述进行修正完善。从理论上来说,对于伤病同等作用的鉴定案例,**不可能出现重伤的鉴定结果**。最重的只能是轻伤一级,最轻的是轻微伤。 | |
| 4.3.3 既往伤/病为主要作用的,即损伤为次要或者轻微作用的,不宜进行损伤程度鉴定,只说明因果关系。 | 对于损伤未能在后果中起到主要作用的,不宜进行损伤程度鉴定,但应说明因果关系。因果关系的说明对于事件的处置具有重要意义。刑事诉讼和民事诉讼的基本理念、原则和证据规则存在重要差异。刑诉强调证据确凿充分,疑罪从无;民诉按照优势证据规则,遵循谁主张谁举证原则。 | |

## 第二节 分则（损伤程度分级）

| 部位 | 损伤程度 | 损伤情形 | 理解与操作精要 |
|---|---|---|---|
| 5.1 颅脑、脊髓损伤（三等五级40款） | 5.1.1 重伤一级 ★★★★★ （5款） | a）植物生存状态。<br>b）四肢瘫（三肢以上肌力**3级**以下）。<br>c）偏瘫、截瘫（肌力**2级**以下），伴大便、小便失禁。<br>d）非肢体瘫的运动障碍（重度）。<br>e）重度智能减退或者器质性精神障碍，生活完全不能自理。 | 1. 植物生存状态的诊断要注意与**长期昏迷、低反应状态、脑死亡**的鉴别诊断。植物生存状态可以根据持续时间不同分为（短暂）植物生存状态、持续性植物生存状态和永久植物生存状态。要达到规定的鉴定时机，通常是无意识状态持续90天以上。[①] 最佳鉴定时机为180天以上。其他关于肢体瘫痪和运动障碍的诊断也要掌握好鉴定时机，通常是要求伤后治疗达到伤情稳定，一般在治疗6个月以上。法医鉴定肢体瘫痪要注意区分**部分瘫痪**和**功能性（癔症性）瘫痪**，瘫痪的程度分级详见 附表2-1 。<br>2. 对于e项，重度智能减退或者器质性精神障碍的诊断是精神医学诊断，属于精神损伤程度鉴定范畴。应该进行**智商测定**并由具有**法医精神鉴定资质**的人员进行评定。 |
| | 5.1.2 重伤二级 ★★★★☆ （18款） | a）头皮缺损面积累计**75.0 cm²**以上。<br>b）开放性颅骨骨折伴硬脑膜破裂。<br>c）颅骨凹陷性或者粉碎性骨折，出现脑受压症状和体征，须手术治疗。<br>d）颅底骨折，伴脑脊液漏持续**4周**以上。<br>e）颅底骨折，伴面神经或者听神经损伤引起相应神经功能障碍。<br>f）外伤性蛛网膜下腔出血，伴神经系统症状和体征。<br>g）脑挫（裂）伤，伴神经系统症状和体征。<br>h）颅内出血，伴脑受压症状和体征。<br>i）外伤性脑梗死，伴神经系统症状和体征。<br>j）外伤性脑脓肿。<br>k）外伤性脑动脉瘤，须手术治疗。<br>l）外伤性迟发性癫痫。<br>m）外伤性脑积水，须手术治疗。<br>n）外伤性颈动脉海绵窦瘘。<br>o）外伤性下丘脑综合征。<br>p）外伤性尿崩症。<br>q）单肢瘫（肌力**3级**以下）。<br>r）脊髓损伤致重度肛门失禁或者重度排尿障碍。 | 1. 头皮缺损指帽状腱膜以外头皮全层缺损，需要手术治疗，或永久性缺损。<br>2. 开放性颅骨骨折伴硬脑膜破裂：根据《损伤标准释义》，**排除**损伤造成单纯性气颅，而无脑受压症状和体征的，**排除内开放性**颅骨骨折伴硬脑膜破裂。<br>3. 脑受压症状包括：意识障碍、头晕、头痛、呕吐等；脑受压体征包括：瞳孔大小变化、对光反射迟钝、消失、颈项强直、失语、肢体瘫痪、腱反射亢进、病理征阳性、肌张力增大等。注意标准中用的连接词是"和"，即要求症状和体征都要具备。症状具有一定的主观性，体征具有较强的客观性。<br>4. 脑脊液漏的诊断需要进行**生化检查**，确认是脑**脊液鼻漏、耳漏**，还是**皮肤漏**。<br>5. 外伤性（迟发性）癫痫诊断要点。必备要件：(1) 有明确的颅脑外伤史；(2) 伤后90天以上仍被证实有癫痫的临床表现；(3) 影像学检查有明确颅脑损伤表现（如脑挫裂伤、颅内血肿、颅骨凹陷性骨折、脑水肿、脑软化、脑内异物、慢性硬膜下血肿及脑膜—脑瘢痕等）；(4) 排除其他原因所致癫痫。条件要件：脑电图显示出特异性癫痫发作波或24小时脑电监测出现特异性发作波，癫痫发源于颅脑损伤部位。参见《损伤标准释义》及《外伤性癫痫鉴定实施规范》(SF/Z JD0103007-2014)。 |

---

① 参见公安部刑事侦查局编：《〈人体损伤程度鉴定标准〉释义》，中国人民公安大学出版社2013年版，第18页。本书统一简称为《损伤标准释义》。

(续表)

| 部位 | 损伤程度 | 损伤情形 | 理解与操作精要 |
|---|---|---|---|
| 5.1 颅脑、脊髓损伤（三等五级40款） | 5.1.3 轻伤一级 ★★★☆☆ （8款） | a) 头皮创口或者瘢痕长度累计 **20.0 cm** 以上。<br>b) 头皮撕脱伤面积累计 **50.0 cm²** 以上；头皮缺损面积累计 **24.0 cm²** 以上。<br>c) 颅骨凹陷性或者粉碎性骨折。<br>d) 颅底骨折伴脑脊液漏。<br>e) 脑挫（裂）伤；颅内出血；慢性颅内血肿；外伤性硬脑膜下积液。<br>f) 外伤性脑积水；外伤性颅内动脉瘤；外伤性脑梗死；外伤性颅内低压综合征。<br>g) 脊髓损伤致排便或者排尿功能障碍（轻度）。<br>h) 脊髓挫裂伤。 | 1. 慢性颅内血肿的诊断需要严格按照临床诊断标准，尤其是未经手术证实的情况下，需要排除其他外伤情况。<br>2. **外伤性颅内动脉瘤**可发生于**任何脑动脉**，多发部位为**颅底动脉**或**大脑浅表动脉支**。伤后脑血管造影检查未检出动脉瘤，**数天后或数周后**发生迟发性颅内出血，形成颅内血肿伴蛛网膜下腔出血与脑受压表现，此时再行脑血管造影检查，**比较对照发现动脉瘤者**，即可诊断。<br>3. 外伤性颅内低压综合征相对于高压来说较少见，诊断率较低，鉴定要点包括：(1) 明确的头部外伤史；(2) 外伤后出现体位性头痛、恶心、呕吐、眩晕，神经系统检查无阳性体征；(3) 侧卧位腰椎穿刺颅内压＜70 mmH$_2$O；(4) 排除既往病史。 |
| | 5.1.4 轻伤二级 ★★☆☆☆ （6款） | a) 头皮创口或者瘢痕长度累计 **8.0 cm** 以上。<br>b) 头皮撕脱伤面积累计 **20.0 cm²** 以上；头皮缺损面积累计 **10.0 cm²** 以上。<br>c) 帽状腱膜下血肿范围 **50.0 cm²** 以上。<br>d) 颅骨骨折。<br>e) 外伤性蛛网膜下腔出血。<br>f) 脑神经损伤引起相应神经功能障碍。 | 根据我国《刑法》，轻伤是区分罪与非罪的界限。因此轻伤二级是法医临床鉴定人尤其要关注的内容。此部分内容的把握将直接影响鉴定意见、案件定性和处理。是否构成轻伤常常是公安机关是否立案以及采取强制措施的重要依据。 |
| | 5.1.5 轻微伤 ★☆☆☆☆ （3款） | a) 头部外伤后伴有神经症状。<br>b) 头皮擦伤面积 **5.0 cm²** 以上；头皮挫伤；头皮下血肿。<br>c) 头皮创口或者瘢痕。 | **确证**的头部损伤史，及头痛、头晕、恶心、呕吐、意识障碍、记忆障碍等症状，本条包含了**脑震荡**，将旧标准中的轻伤条款进行了修改降等。 |
| 5.2 面部、耳廓损伤（三等五级65款） | 5.2.1 重伤一级 ★★★★★ （1款） | a) 容貌毁损（重度）。 | 1. 伤后 90 日后鉴定。<br>2. 拍摄带有比例标尺的彩色照片。<br>3. 检查描述指标包括损伤部位、大小、性状、颜色、范围，伤前照片对照。<br>4. 除了形态学，还要关注功能指标。参见 附表 2-17 容貌重度毁损表。 |
| | 5.2.2 重伤二级 ★★★★☆ （17款） | a) 面部条状瘢痕（**50%** 以上位于中心区），单条长度 **10.0 cm** 以上，或者两条以上长度累计 **15.0 cm** 以上。<br>b) 面部块状瘢痕（**50%** 以上位于中心区），单块面积 **6.0 cm²** 以上，或者两块以上面积累计 **10.0 cm²** 以上。<br>c) 面部片状细小瘢痕或者显著色素异常，面积累计达面部 **30%**。<br>d) 一侧眼球萎缩或者缺失。<br>e) 眼睑缺失相当于一侧上眼睑 **1/2** 以上。<br>f) 一侧眼睑重度外翻或者双侧眼睑中度外翻。 | 1. 面部中心区是指：**四线内**。具体为眉弓线，双眼外眦垂直线，下唇唇红缘中点水平线。<br>2. 新标准**不区分瘢痕和创口**，不考虑收缩率，直接以检查到的创口或瘢痕长度、宽度、高度、面积计算。<br>3. 条状疤痕的定义是宽度达到 **2 mm** 以上。<br>4. 面部条状、块状、细小瘢痕损伤程度详见 附表 2-20 、 附表 2-21 、 附表 2-22 。<br>5. 眼睑外翻分度详见 附表 2-13 。<br>6. 张口困难分度详见 附表 2-24 。 |

(续表)

| 部位 | 损伤程度 | 损伤情形 | 理解与操作精要 |
|---|---|---|---|
| 5.2 面部、耳廓损伤（三等五级 65 款） | 5.2.2 重伤二级 ★★★★☆ （17 款） | g）一侧上睑下垂完全覆盖瞳孔。<br>h）一侧眼眶骨折致眼球内陷 0.5 cm 以上。<br>i）一侧鼻泪管和内眦韧带断裂。<br>j）鼻部离断或者缺损 30% 以上。<br>k）耳廓离断、缺损或者挛缩畸形累计相当于一侧耳廓面积 50% 以上。<br>l）口唇离断或者缺损致牙齿外露 3 枚以上。<br>m）舌体离断或者缺损达舌系带。<br>n）牙齿脱落或者牙折共 7 枚以上。<br>o）损伤致张口困难Ⅲ度。<br>p）面神经损伤致一侧面肌大部分瘫痪，遗留眼睑闭合不全和口角歪斜。<br>q）容貌毁损（轻度）。 | 7. 涉及面积测量、时间计算、特定症状、体征的把握等诸多指标体系，需要收集相关的临床证据，如影像学摄片、手术记录、脑电图检查。<br>8. 涉及肌力、肛门失禁判断等功能性指标的应按照总则中的规定把握好鉴定时机。必要时可以先出具相对较低等级的损伤鉴定意见，在鉴定意见书中注明可能出现的不良后果，提示诉讼当事人、受害人、办案机关需要时及时启动补充鉴定程序。 |
| | 5.2.3 轻伤一级 ★★★☆☆ （16 款） | a）面部单个创口或者瘢痕长度 6.0 cm 以上；多个创口或者瘢痕长度累计 10.0 cm 以上。<br>b）面部块状瘢痕，单块面积 4.0 cm² 以上；多块面积累计 7.0 cm² 以上。<br>c）面部片状细小瘢痕或者明显色素异常，面积累计 30.0 cm² 以上。<br>d）眼睑缺失相当于一侧上眼睑 1/4 以上。<br>e）一侧眼睑中度外翻；双侧眼睑轻度外翻。<br>f）一侧上睑下垂覆盖瞳孔超过 1/2。<br>g）两处以上不同眶壁骨折；一侧眶壁骨折致眼球内陷 0.2 cm 以上。<br>h）双侧泪器损伤伴溢泪。<br>i）一侧鼻泪管断裂；一侧内眦韧带断裂。<br>j）耳廓离断、缺损或者挛缩畸形累计相当于一侧耳廓面积 30% 以上。<br>k）鼻部离断或者缺损 15% 以上。<br>l）口唇离断或者缺损致牙齿外露 1 枚以上。<br>m）牙齿脱落或者牙折共 4 枚以上。<br>n）损伤致张口困难Ⅱ度。<br>o）腮腺总导管完全断裂。<br>p）面神经损伤致一侧面肌部分瘫痪，遗留眼睑闭合不全或者口角歪斜。 | |
| | 5.2.4 轻伤二级 ★★☆☆☆ （21 款） | a）面部单个创口或者瘢痕长度 4.5 cm 以上；多个创口或者瘢痕长度累计 6.0 cm 以上。<br>b）面颊穿透创，皮肤创口或者瘢痕长度 1.0 cm 以上。<br>c）口唇全层裂创，皮肤创口或者瘢痕长度 1.0 cm 以上。<br>d）面部块状瘢痕，单块面积 3.0 cm² 以上或多块面积累计 5.0 cm² 以上。<br>e）面部片状细小瘢痕或者色素异常，面积累计 8.0 cm² 以上。<br>f）眶壁骨折（单纯眶内壁骨折除外）。<br>g）眼睑缺损。<br>h）一侧眼睑轻度外翻。<br>i）一侧上睑下垂覆盖瞳孔。<br>j）一侧眼睑闭合不全。<br>k）一侧泪器损伤伴溢泪。<br>l）耳廓创口或者瘢痕长度累计 6.0 cm 以上。<br>m）耳廓离断、缺损或者挛缩畸形累计相当于一侧耳廓面积 15% 以上。<br>n）鼻尖或者一侧鼻翼缺损。<br>o）鼻骨粉碎性骨折；双侧鼻骨骨折；鼻骨骨折合并上颌骨额突骨折；鼻骨骨折合并鼻中隔骨折；双侧上颌骨额突骨折。 | |

（续表）

| 部位 | 损伤程度 | 损伤情形 | 理解与操作精要 |
|---|---|---|---|
| 5.2 面部、耳廓损伤（三等五级65款） | 5.2.4 轻伤二级 ★★☆☆☆ （21款） | p) 舌缺损。<br>q) 牙齿脱落或者牙折共 2 枚以上。<br>r) 腮腺、颌下腺或者舌下腺实质性损伤。<br>s) 损伤致张口困难Ⅰ度。<br>t) 颌骨骨折（牙槽突骨折及一侧上颌骨额突骨折除外）。<br>u) 颧骨骨折。 | |
| | 5.2.5 轻微伤 ★☆☆☆☆ （10款） | a) 面部软组织创。<br>b) 面部损伤留有瘢痕或者色素改变。<br>c) 面部皮肤擦伤，面积 2.0 cm² 以上；面部软组织挫伤；面部划伤 4.0 cm 以上。<br>d) 眶内壁骨折。<br>e) 眼部挫伤；眼部外伤后影响外观。<br>f) 耳廓创。<br>g) 鼻骨骨折；鼻出血。<br>h) 上颌骨额突骨折。<br>i) 口腔黏膜破损；舌损伤。<br>j) 牙齿脱落或者缺损；牙槽突骨折；牙齿松动 2 枚以上或者Ⅲ度松动 1 枚以上。 | |
| 5.3 听器听力损伤（三等五级16款） | 5.3.1 重伤一级 ★★★★★ （1款） | a) 双耳听力障碍（≥91 dB HL）。 | 1. 听力损伤鉴定原则：<br>(1) 了解案情审阅病史，确认耳部损伤的直接证据；<br>(2) 根据损伤史、临床表现、耳科检查以及听力学表现作出损伤类型诊断；<br>(3) 常规拍摄颞骨薄层CT扫描，明确中耳或内耳损伤，排除疾病和先天畸形，必要时行内耳MRI检查；<br>(4) 伤后1周进行常规听力检查，伤后3—6个月进行听力复查；<br>(5) 应以确定的损伤基础为前提，损伤是听力障碍的完全或主要原因，否则不宜作出评定；<br>(6) 听力减退程度主要指言语频率下降的程度，取0.5 kHz、1 kHz、2 kHz、4 kHz 四个频率气导的平均值。<br>2. b、c为新标准新增重伤（二级）条款，平衡功能是新标准新增内容，值得鉴定人进行专题学习。<br>3. 必要时参阅《听力障碍的法医学评定》(GA/T 914-2010)及其最新版本。 |
| | 5.3.2 重伤二级 ★★★★☆ （5款） | a) 一耳听力障碍（≥91 dB HL）。<br>b) 一耳听力障碍（≥81 dB HL），另一耳听力障碍（≥41 dB HL）。<br>c) 一耳听力障碍（≥81 dB HL），伴同侧前庭平衡功能障碍。<br>d) 双耳听力障碍（≥61 dB HL）。<br>e) 双侧前庭平衡功能丧失，睁眼行走困难，不能并足站立。 | |
| | 5.3.3 轻伤一级 ★★★☆☆ （2款） | a) 双耳听力障碍（≥41 dB HL）。<br>b) 双耳外耳道闭锁。 | |
| | 5.3.4 轻伤二级 ★★☆☆☆ （5款） | a) 外伤性鼓膜穿孔 6 周不能自行愈合。<br>b) 听骨骨折或者脱位；听骨链固定。<br>c) 一耳听力障碍（≥41 dB HL）。<br>d) 一侧前庭平衡功能障碍，伴同侧听力减退。<br>e) 一耳外耳道横截面 1/2 以上狭窄。 | 外伤性鼓膜穿孔与病理性鼓膜穿孔的鉴别详见附表2-25，注意排除造作性鼓膜穿孔。 |
| | 5.3.5 轻微伤 ★☆☆☆☆ （3款） | a) 外伤性鼓膜穿孔。<br>b) 鼓室积血。<br>c) 外伤后听力减退。 | 6周内能自行愈合的外伤性鼓膜穿孔属于轻微伤。 |

(续表)

| 部位 | 损伤程度 | 损伤情形 | 理解与操作精要 |
|---|---|---|---|
| 5.4 视器视力损伤（三等五级19款） | 5.4.1 重伤一级 ★★★★★ （3款） | a) 一眼眼球萎缩或者缺失，另一眼盲目3级。<br>b) 一眼视野完全缺损，另一眼视野半径20°以下（视野有效值32%以下）。<br>c) 双眼盲目4级。 | 1. 盲目分级详见附表2-7。<br>2. 视觉功能鉴定的原则：<br>(1) 视力和视野是法医学鉴定中评估视觉功能的主要指标，需要分析损伤的病理基础，对于无法用确定的损伤性质、部位、程度来解释视觉功能障碍，不能认定其因果关系，不宜作出损伤程度评定；<br>(2) 需要进行资料审查、功能检测、结构检查、伪盲检查、因果分析；<br>(3) 鉴定时机：涉及视觉功能障碍或以视觉功能障碍评定的一般在伤后3—6个月评定。 |
| | 5.4.2 重伤二级 ★★★★☆ （4款） | a) 一眼盲目3级。<br>b) 一眼重度视力损害，另一眼中度视力损害。<br>c) 一眼视野半径10°以下（视野有效值16%以下）。<br>d) 双眼偏盲；双眼残留视野半径30°以下（视野有效值48%以下）。 | |
| | 5.4.3 轻伤一级 ★★★☆☆ （4款） | a) 外伤性青光眼，经治疗难以控制眼压。<br>b) 一眼虹膜完全缺损。<br>c) 一眼重度视力损害；双眼中度视力损害。<br>d) 一眼视野半径30°以下（视野有效值48%以下）；双眼视野半径50°以下（视野有效值80%以下）。 | |
| | 5.4.4 轻伤二级 ★★☆☆☆ （7款） | a) 眼球穿通伤或者眼球破裂伤；前房出血须手术治疗；房角后退；虹膜根部离断或者虹膜缺损超过1个象限；睫状体脱离；晶状体脱位；玻璃体积血；外伤性视网膜脱离；外伤性视网膜出血；外伤性黄斑裂孔；外伤性脉络膜脱离。<br>b) 角膜斑翳或者血管翳；外伤性白内障；外伤性低眼压；外伤性青光眼。<br>c) 瞳孔括约肌损伤致瞳孔显著变形或者瞳孔散大（直径0.6 cm以上）。<br>d) 斜视；复视。<br>e) 睑球粘连。<br>f) 一眼矫正视力减退至0.5以下（或者较伤前视力下降0.3以上）；双眼矫正视力减退至0.7以下（或者较伤前视力下降0.2以上）；原单眼中度以上视力损害者，伤后视力降低一个级别。<br>g) 一眼视野半径50°以下（视野有效值80%以下）。 | |
| | 5.4.5 轻微伤 ★☆☆☆☆ （1款） | a) 眼球损伤影响视力。 | |
| 5.5 颈部损伤（三等五级29款） | 5.5.1 重伤一级 ★★★★★ （3款） | a) 颈部大血管破裂。<br>b) 咽喉部广泛毁损，呼吸完全依赖气管套管或者造口。<br>c) 咽或者食管广泛毁损，进食完全依赖胃管或者造口。 | 1. 颈部大血管破裂特指颈总动脉破裂。<br>2. 颈部损伤导致进食、呼吸完全依赖人工设备或者造口的，符合重伤一级。 |
| | 5.5.2 重伤二级 ★★★★☆ （9款） | a) 甲状旁腺功能低下（重度）。<br>b) 甲状腺功能低下，药物依赖。<br>c) 咽部、咽后区、喉或者气管穿孔。<br>d) 咽喉或者颈部气管损伤，遗留呼吸困难（3级）。<br>e) 咽或者食管损伤，遗留吞咽功能障碍（只能进流食）。 | 1. 甲状腺、甲状旁腺损伤评定重伤二级需要满足以下条件：<br>(1) 出现严重的甲状腺、甲状旁腺功能低下的临床症状；<br>(2) 甲状腺功能低下的指标达到重度标准：T3、T4或者FT3、FT4低于正常值，TSH>50 miu/L，甲状旁腺功能低下检查的指标达到重度，空腹血钙<6 mg/dL； |

(续表)

| 部位 | 损伤程度 | 损伤情形 | 理解与操作精要 |
|---|---|---|---|
| 5.5 颈部损伤（三等五级29款） | 5.5.2 重伤二级 ★★★★☆ (9款) | f) 喉损伤遗留发声障碍（重度）。<br>g) 颈内动脉血栓形成，血管腔狭窄（50%以上）。<br>h) 颈总动脉血栓形成，血管腔狭窄（25%以上）。<br>i) 颈前三角区增生瘢痕，面积累计 30.0 cm² 以上。 | (3) 甲状腺损伤后功能低下，终生需要药物依赖或进行甲状腺移植手术。<br>2. 颈部损伤导致进食障碍（只能进流食），呼吸困难3级，重度发声障碍，咽部、咽后区、喉或者气管穿孔等，符合重伤一级。 |
| | 5.5.3 轻伤一级 ★★★☆☆ (5款) | a) 颈前部单个创口或者瘢痕长度 10.0 cm 以上；多个创口或者瘢痕长度累计 16.0 cm 以上。<br>b) 颈前三角区瘢痕，单块面积 10.0 cm² 以上；多块面积累计 12.0 cm² 以上。<br>c) 咽喉部损伤遗留发声或者构音障碍。<br>d) 咽或者食管损伤，遗留吞咽功能障碍（只能进半流食）。<br>e) 颈总动脉血栓形成；颈内动脉血栓形成；颈外动脉血栓形成；椎动脉血栓形成。 | |
| | 5.5.4 轻伤二级 ★★☆☆☆ (8款) | a) 颈前部单个创口或者瘢痕长度 5.0 cm 以上；多个创口或者瘢痕长度累计 8.0 cm 以上。<br>b) 颈前部瘢痕，单块面积 4.0 cm² 以上，或者两块以上面积累计 6.0 cm² 以上。<br>c) 甲状腺挫裂伤。<br>d) 咽喉软骨骨折。<br>e) 喉或者气管损伤。<br>f) 舌骨骨折。<br>g) 膈神经损伤。<br>h) 颈部损伤出现窒息征象。 | |
| | 5.5.5 轻微伤 ★☆☆☆☆ (4款) | a) 颈部创口或者瘢痕长度 1.0 cm 以上。<br>b) 颈部擦伤面积 4.0 cm² 以上。<br>c) 颈部挫伤面积 2.0 cm² 以上。<br>d) 颈部划伤长度 5.0 cm 以上。 | |
| 5.6 胸部损伤（三等五级29款） | 5.6.1 重伤一级 ★★★★★ (2款) | a) 心脏损伤，遗留心功能不全（心功能Ⅳ级）。<br>b) 肺损伤致一侧全肺切除或者双肺三肺叶切除。 | 心功能Ⅳ级，也称Ⅲ度，重度心衰。 |
| | 5.6.2 重伤二级 ★★★★☆ (11款) | a) 心脏损伤，遗留心功能不全（心功能Ⅲ级）。<br>b) 心脏破裂；心包破裂。<br>c) 女性双侧乳房损伤，完全丧失哺乳功能；女性一侧乳房大部分缺失。<br>d) 纵隔血肿或者气肿，须手术治疗。<br>e) 气管或者支气管破裂，须手术治疗。<br>f) 肺破裂，须手术治疗。<br>g) 血胸、气胸或者血气胸，伴一侧肺萎陷 70%以上，或者双侧肺萎陷均在 50%以上。<br>h) 食管穿孔或者全层破裂，须手术治疗。<br>i) 脓胸或者肺脓肿；乳糜胸；支气管胸膜瘘；食管胸膜瘘；食管支气管瘘。<br>j) 胸腔大血管破裂。<br>k) 膈肌破裂。 | 1. 心脏破裂包括心壁穿透伤、室间隔破裂、瓣膜撕裂、腱索断裂等，多因锐器或火器损伤导致，也有钝性外力作用引起，该损伤症状发生迅速，危及生命，需要及时手术治疗。<br>2. 咽部、咽后区、喉或者气管穿孔等，符合重伤一级。而食管穿孔或全层破裂，须手术治疗的属于重伤二级。<br>3. 膈肌破裂者属于重伤二级，此时没有要求一定要经过手术治疗。 |

(续表)

| 部位 | 损伤程度 | 损伤情形 | 理解与操作精要 |
|---|---|---|---|
| 5.6 胸部损伤（三等五级29款） | 5.6.3 轻伤一级 ★★★☆☆ （6款） | a) 心脏挫伤致心包积血。<br>b) 女性一侧乳房损伤，丧失哺乳功能。<br>c) 肋骨骨折 **6处**以上。<br>d) 纵隔血肿；纵隔气肿。<br>e) 血胸、气胸或者血气胸，伴一侧肺萎陷 **30%**以上，或者双侧肺萎陷均在 **20%**以上。<br>f) 食管挫裂伤。 | 1. 轻伤一级中的肋骨骨折6处以上，是新增条款。细化了肋骨骨折导致轻伤的分级，同时将老标准中的根数变为几处，更加科学、客观，便于操作。<br>2. 需排除成人肋软骨骨折，儿童肋软骨骨折可计入。 |
| | 5.6.4 轻伤二级 ★★☆☆☆ （8款） | a) 女性一侧乳房部分缺失或者乳腺导管损伤。<br>b) 肋骨骨折 **2处**以上。<br>c) 胸骨骨折；锁骨骨折；肩胛骨骨折。<br>d) 胸锁关节脱位；肩锁关节脱位。<br>e) 胸部损伤，致皮下气肿 **1周**不能自行吸收。<br>f) 胸腔积血；胸腔积气。<br>g) 胸壁穿透创。<br>h) 胸部挤压出现窒息征象。 | |
| | 5.6.5 轻微伤 ★☆☆☆☆ （2款） | a) 肋骨骨折；肋软骨骨折。<br>b) 女性乳房擦挫伤。 | 包括单处（根）肋骨骨折、单处（根）肋软骨骨折、单处（根）肋骨骨折加单处（根）肋软骨骨折共三种情况。对于存在肿瘤性、感染性、严重骨质疏松等病理性骨折，应首先进行伤病关系分析。 |
| 5.7 腹部损伤（三等五级29款） | 5.7.1 重伤一级 ★★★★★ （3款） | a) 肝功能损害（重度）。<br>b) 胃肠道损伤致消化吸收功能严重障碍，依赖肠外营养。<br>c) 肾功能不全（尿毒症期）。 | 胃肠道损伤致消化吸收功能严重障碍，依赖肠外营养，是指各种损伤导致肠道（尤其是小肠）广泛损伤而不能保留，导致短肠综合征等后遗症，消化吸收功能基本丧失，不能通过经口途径获得足够的营养支持，需完全依赖肠外营养（如静脉营养）支持或依赖肠外营养补充，才能维持生命。 |
| | 5.7.2 重伤二级 ★★★★☆ （11款） | a) 腹腔大血管破裂。<br>b) 胃、肠、胆囊或者胆道全层破裂，须手术治疗。<br>c) 肝、脾、胰或者肾破裂，须手术治疗。<br>d) 输尿管损伤致尿外渗，须手术治疗。<br>e) 腹部损伤致肠瘘或者尿瘘。<br>f) 腹部损伤引起弥漫性腹膜炎或者感染性休克。<br>g) 肾周血肿或者肾包膜下血肿，须手术治疗。<br>h) 肾功能不全（失代偿期）。<br>i) 肾损伤致肾性高血压。<br>j) 外伤性肾积水；外伤性肾动脉瘤；外伤性肾动静脉瘘。<br>k) 腹腔积血或者腹膜后血肿，须手术治疗。 | 弥漫性腹膜炎诊断要点：<br>(1) 腹痛，呈持续性疼痛，程度往往较剧烈；<br>(2) 出现恶心、呕吐等消化道症状，肛门排气、排便可减少或消失，骨盆腹膜炎明显者可出现下坠感或便意，但仅能排出少量黏液便，便后仍不觉轻松；<br>(3) 查体可见腹式呼吸减弱甚至消失，全腹压痛明显，伴腹肌紧张呈"板状腹"；<br>(4) 外周血实验室检验示白细胞计数增高，中性粒细胞比例增高，可含中毒颗粒；<br>(5) 多出现急性痛苦病容，及强迫屈曲体位，可伴体温升高。<br>鉴定要点：<br>(1) 腹部闭合性或穿透性外伤史；<br>(2) 临床症状；<br>(3) 直接因果关系（或可排除自身因素为主）。 |
| | 5.7.3 轻伤一级 ★★★☆☆ （5款） | a) 胃、肠、胆囊或者胆道非全层破裂。<br>b) 肝包膜破裂；肝脏实质内血肿直径 **2.0 cm**以上。<br>c) 脾包膜破裂；脾实质内血肿直径 **2.0 cm**以上。<br>d) 胰腺包膜破裂。<br>e) 肾功能不全（代偿期）。 | |

(续表)

| 部位 | 损伤程度 | 损伤情形 | 理解与操作精要 |
|---|---|---|---|
| 5.7 腹部损伤（三等五级29款） | 5.7.4 轻伤二级 ★★☆☆☆ (9款) | a) 胃、肠、胆囊或者胆道挫伤。<br>b) 肝包膜下或者实质内出血。<br>c) 脾包膜下或者实质内出血。<br>d) 胰腺挫伤。<br>e) 肾包膜下或者实质内出血。<br>f) 肝功能损害（轻度）。<br>g) 急性肾功能障碍（可恢复）。<br>h) 腹腔积血或者腹膜后血肿。<br>i) 腹壁穿透创。 | |
| | 5.7.5 轻微伤 ★☆☆☆☆ (1款) | a) 外伤性血尿。 | 特别注意：该条从原来的轻伤**降格为轻微伤**，但肾脏损伤可视损伤情况另定。 |
| 5.8 盆部及会阴损伤（三等五级48款） | 5.8.1 重伤一级 ★★★★★ (2款) | a) 阴茎及睾丸全部缺失。<br>b) 子宫及卵巢全部缺失。 | |
| | 5.8.2 重伤二级 ★★★★☆ (19款) | a) 骨盆骨折畸形愈合,致双下肢相对长度相差 **5.0 cm** 以上。<br>b) 骨盆不稳定性骨折,须手术治疗。<br>c) 直肠破裂,须手术治疗。<br>d) 肛管损伤致大便失禁或者肛管重度狭窄,须手术治疗。<br>e) 膀胱破裂,须手术治疗。<br>f) 后尿道破裂,须手术治疗。<br>g) 尿道损伤致重度狭窄。<br>h) 损伤致早产或者死胎；损伤致胎盘早期剥离或者流产,合并轻度休克。<br>i) 子宫破裂,须手术治疗。<br>j) 卵巢或者输卵管破裂,须手术治疗。<br>k) 阴道重度狭窄。<br>l) 幼女阴道 **II 度**撕裂伤。<br>m) 女性会阴或者阴道 **III 度**撕裂伤。<br>n) 龟头缺失达冠状沟。<br>o) 阴囊皮肤撕脱伤面积占阴囊皮肤面积 **50%** 以上。<br>p) 双侧睾丸损伤,丧失生育能力。<br>q) 双侧附睾或者输精管损伤,丧失生育能力。<br>r) 直肠阴道瘘；膀胱阴道瘘；直肠膀胱瘘。<br>s) 重度排尿障碍。 | 1. 骨盆骨折分型见 附表2-48。<br>2. 尿道狭窄分度见 附表2-61。<br>3. 阴道狭窄分级见 附表2-47。<br>4. 休克分度见 附表2-34。<br>5. 排尿障碍分级见 附表2-3。<br>6. 男性生育能力的判断需要综合性功能、精子数量、质量、性激素水平等进行判断。<br>7. 勃起功能障碍分度见 附表2-41。器质性勃起功能障碍的条款位于其他损伤部分,因器质性勃起功能障碍常可能有多种损伤性原因。 |

(续表)

| 部位 | 损伤程度 | 损伤情形 | 理解与操作精要 |
|---|---|---|---|
| 5.8 盆部及会阴损伤（三等五级48款） | 5.8.3 轻伤一级 ★★★☆☆ (8款) | a) 骨盆 **2处** 以上骨折；骨盆骨折畸形愈合；髋臼骨折。<br>b) 前尿道破裂，须手术治疗。<br>c) 输尿管狭窄。<br>d) 一侧卵巢缺失或者萎缩。<br>e) 阴道轻度狭窄。<br>f) 龟头缺失 **1/2** 以上。<br>g) 阴囊皮肤撕脱伤面积占阴囊皮肤面积 **30%** 以上。<br>h) 一侧睾丸或者附睾缺失；一侧睾丸或者附睾萎缩。 | |
| | 5.8.4 轻伤二级 ★★☆☆☆ (14款) | a) 骨盆骨折。<br>b) 直肠或者肛管挫裂伤。<br>c) 一侧输尿管挫裂伤；膀胱挫裂伤；尿道挫裂伤。<br>d) 子宫挫裂伤；一侧卵巢或者输卵管挫裂伤。<br>e) 阴道撕裂伤。<br>f) 女性外阴皮肤创口或者瘢痕长度累计 **4.0 cm** 以上。<br>g) 龟头部分缺损。<br>h) 阴茎撕脱伤；阴茎皮肤创口或者瘢痕长度 **2.0 cm** 以上，阴茎海绵体出血并形成硬结。<br>i) 阴囊壁贯通创；阴囊皮肤创口或者瘢痕长度累计 **4.0 cm** 以上；阴囊内积血，**2周** 内未完全吸收。<br>j) 一侧睾丸破裂、血肿、脱位或者扭转。<br>k) 一侧输精管破裂。<br>l) 轻度肛门失禁或者轻度肛门狭窄。<br>m) 轻度排尿障碍。<br>n) 外伤性难免流产；外伤性胎盘早剥。 | **外伤性难免流产**的诊断有以下**注意事项**：<br>(1) 明确的腹部外伤史，非腹部直接外伤一般难以造成外伤性难免流产，除非有习惯性流产史；<br>(2) 无习惯性流产史；<br>(3) 确定是早期流产还是晚期流产（**早期流产大多源于胚胎自身因素**）；<br>(4) 流产发生于外伤后 3 日内；<br>(5) 血 HCG 阳性（一般流产后三周内血 HCG 转为阴性）；<br>(6) 外伤后出现阴道流血或羊水流出；<br>(7) 妇科检查可见宫颈口开大，宫口可见胚胎组织，**若胚胎组织排除体外，病理检查无发育不良**；<br>(8) 若合并轻度休克等症状可构成重伤二级。 |
| | 5.8.5 轻微伤 ★☆☆☆☆ (5款) | a) 会阴部软组织挫伤。<br>b) 会阴创；阴囊创；阴茎创。<br>c) 阴囊皮肤挫伤。<br>d) 睾丸或者阴茎挫伤。<br>e) 外伤性先兆流产。 | |
| 5.9 脊柱四肢损伤（三等五级49款） | 5.9.1 重伤一级 ★★★★★ (2款) | a) 二肢以上离断或者缺失（上肢腕关节以上、下肢踝关节以上）。<br>b) 二肢六大关节功能完全丧失。 | 离断包括经过再植手术成活的情况，仍定为重伤。 |
| | 5.9.2 重伤二级 ★★★★☆ (17款) | a) 四肢任一大关节强直畸形或者功能丧失 **50%** 以上。<br>b) 臂**丛**神经干性或者束性损伤，遗留肌瘫（肌力 **3** 级以下）。<br>c) 正中神经肘部以上损伤，遗留肌瘫（肌力 **3** 级以下）。<br>d) 桡神经肘部以上损伤，遗留肌瘫（肌力 **3** 级以下）。<br>e) 尺神经肘部以上损伤，遗留肌瘫（肌力 **3** 级以下）。<br>f) 骶**丛**神经或者坐骨神经损伤，遗留肌瘫（肌力 **3** 级以下）。<br>g) 股骨干骨折缩短 **5.0 cm** 以上、成角畸形 **30°** 以上或者严重旋转畸形。 | |

(续表)

| 部位 | 损伤程度 | 损伤情形 | 理解与操作精要 |
|---|---|---|---|
| 5.9 脊柱四肢损伤（三等五级49款） | 5.9.2 重伤二级 ★★★★☆ （17款） | h) 胫腓骨骨折缩短 **5.0 cm** 以上、成角畸形 **30°** 以上或者严重旋转畸形。<br>i) 膝关节挛缩畸形屈曲 **30°** 以上。<br>j) 一侧膝关节交叉韧带完全断裂遗留旋转不稳。<br>k) 股骨颈骨折或者髋关节脱位，致股骨头坏死。<br>l) 四肢长骨骨折不愈合或者假关节形成；四肢长骨骨折并发慢性骨髓炎。<br>m) 一足离断或者缺失 **50%** 以上；足跟离断或者缺失 **50%** 以上。<br>n) 一足的第一趾和其余任何二趾离断或者缺失；一足除第一趾外，离断或者缺失 **4 趾**。<br>o) 两足 **5** 个以上足趾离断或者缺失。<br>p) 一足第一趾及其相连的跖骨离断或者缺失。<br>q) 一足除第一趾外，任何三趾及其相连的跖骨离断或者缺失。 | |
| | 5.9.3 轻伤一级 ★★★☆☆ （12款） | a) 四肢任一大关节功能丧失 **25%** 以上。<br>b) 一节椎体压缩骨折超过 **1/3** 以上；二节以上椎体骨折；三处以上横突、棘突或者椎弓骨折。<br>c) 膝关节韧带断裂伴半月板破裂。<br>d) 四肢长骨骨折畸形愈合。<br>e) 四肢长骨粉碎性骨折或者两处以上骨折。<br>f) 四肢长骨骨折累及关节面。<br>g) 股骨颈骨折未见股骨头坏死，已行假体置换。<br>h) 髌板断裂。<br>i) 一足离断或者缺失 **10%** 以上；足跟离断或者缺失 **20%** 以上。<br>j) 一足的第一趾离断或者缺失；一足除第一趾外的任何二趾离断或者缺失。<br>k) 三个以上足趾离断或者缺失。<br>l) 除第一趾外任何一趾及其相连的跖骨离断或者缺失。<br>m) 肢体皮肤创口或者瘢痕长度累计 **45.0 cm** 以上。 | |
| | 5.9.4 轻伤二级 ★★☆☆☆ （12款） | a) 四肢任一大关节功能丧失 **10%** 以上。<br>b) 四肢重要神经损伤。<br>c) 四肢重要血管破裂。<br>d) 椎骨骨折或者脊椎脱位（尾椎脱位不影响功能的除外）；外伤性椎间盘突出。<br>e) 肢体大关节韧带断裂；半月板破裂。<br>f) 四肢长骨骨折；髌骨骨折。<br>g) 骨骺分离。<br>h) 损伤致肢体大关节脱位。<br>i) 第一趾缺失超过趾间关节；除第一趾外，任何二趾缺失超过趾间关节；一趾缺失。<br>j) 两节趾骨骨折；一节趾骨骨折合并一跖骨骨折。<br>k) 两跖骨骨折或者一跖骨完全骨折；距骨、跟骨、骰骨、楔骨或者足舟骨骨折；跗跖关节脱位。<br>l) 肢体皮肤一处创口或者瘢痕长度 **10.0 cm** 以上；两处以上创口或者瘢痕长度累计 **15.0 cm** 以上。 | |
| | 5.9.5 轻微伤 ★☆☆☆☆ （6款） | a) 肢体一处创口或者瘢痕长度 **1.0 cm** 以上；两处以上创口或者瘢痕长度累计 **1.5 cm** 以上；刺创深达肌层。<br>b) 肢体关节、肌腱或者韧带损伤。<br>c) 骨挫伤。<br>d) 足骨骨折。<br>e) 外伤致趾甲脱落，甲床暴露；甲床出血。<br>f) 尾椎脱位。 | |

(续表)

| 部位 | 损伤程度 | 损伤情形 | 理解与操作精要 |
|---|---|---|---|
| 5.10 手损伤（三等五级 20 款） | 5.10.1 重伤一级 ★★★★★ （1 款） | a）双手离断、缺失或者功能完全丧失。 | 离断包括再植手术成活，仍按重伤定。 |
| | 5.10.2 重伤二级 ★★★★☆ （6 款） | a）手功能丧失累计达一手功能 **36%**。<br>b）一手拇指挛缩畸形不能对指和握物。<br>c）一手除拇指外，其余任何三指挛缩畸形，不能对指和握物。<br>d）一手拇指离断或者缺失超过指间关节。<br>e）一手示指和中指全部离断或者缺失。<br>f）一手除拇指外的任何三指离断或者缺失均超过近侧指间关节。 | 1. 手功能分级见附表 2-56。<br>2. 对指和握物功能是手部核心功能。<br>3. d 项延续了以往《重伤鉴定标准》的内容，要求离断或缺失的部位超过指间关节，如果正好在拇指指间关节处离断或缺失的，不能评定为重伤二级。可以引用 5.10.3a 或 b 条评定为轻伤一级。 |
| | 5.10.3 轻伤一级 ★★★☆☆ （4 款） | a）手功能丧失累计达一手功能 **16%**。<br>b）一手拇指离断或者缺失未超过指间关节。<br>c）一手除拇指外的示指和中指离断或者缺失均超过远侧指间关节。<br>d）一手除拇指外的环指和小指离断或者缺失均超过近侧指间关节。 | |
| | 5.10.4 轻伤二级 ★★☆☆☆ （4 款） | a）手功能丧失累计达一手功能 **4%**。<br>b）除拇指外的一个指节离断或者缺失。<br>c）两节指骨线性骨折或者一节指骨粉碎性骨折（不含第 2 至 5 指末节）。<br>d）舟骨骨折、月骨脱位或者掌骨完全性骨折。 | |
| | 5.10.5 轻微伤 ★☆☆☆☆ （5 款） | a）手擦伤面积 **10.0 cm²** 以上或者挫伤面积 **6.0 cm²** 以上。<br>b）手一处创口或者瘢痕长度 **1.0 cm** 以上；两处以上创口或者瘢痕长度累计 **1.5 cm** 以上；刺伤深达肌层。<br>c）手关节或者肌腱损伤。<br>d）腕骨、掌骨或者指骨骨折。<br>e）外伤致指甲脱落，甲床暴露；甲床出血。 | |
| 5.11 体表损伤（三等四级 13 款） | 5.11.1 重伤二级 （2 款） | a）挫伤面积累计达体表面积 **30%**。<br>b）创口或者瘢痕长度累计 **200.0 cm** 以上。 | 1. 体表损伤部分最重的损伤程度为重伤二级，没有重伤一级。<br>2. 胸腹部穿透创的测量需要分别测量胸腹壁厚度、创出入口长度和、疤痕长度和，以长者定。<br>3. 清创导致的延长部分计入创口长度。 |
| | 5.11.2 轻伤一级 ★★★☆☆ （4 款） | a）挫伤面积累计达体表面积 **10%**。<br>b）创口或者瘢痕长度累计 **40.0 cm** 以上。<br>c）撕脱伤面积 **100.0 cm²** 以上。<br>d）皮肤缺损 **30.0 cm²** 以上。 | |
| | 5.11.3 轻伤二级 ★★☆☆☆ （4 款） | a）挫伤面积达体表面积 **6%**。<br>b）单个创口或者瘢痕长度 **10.0 cm** 以上；多个创口或者瘢痕长度累计 **15.0 cm** 以上。<br>c）撕脱伤面积 **50.0 cm²** 以上。<br>d）皮肤缺损 **6.0 cm²** 以上。 | 1. 撕脱伤面积按照游离组织面积计算。<br>2. 肢体包括躯干和四肢。 |
| | 5.11.4 轻微伤 ★☆☆☆☆ （3 款） | a）擦伤面积 **20.0 cm²** 以上或者挫伤面积 **15.0 cm²** 以上。<br>b）一处创口或者瘢痕长度 **1.0 cm** 以上；两处以上创口或者瘢痕长度累计 **1.5 cm** 以上；刺创深达肌层。<br>c）咬伤致皮肤破损。 | 咬伤致皮肤破损，包括表皮剥脱。 |

(续表)

| 部位 | 损伤程度 | 损伤情形 | 理解与操作精要 |
|---|---|---|---|
| 5.12 其他损伤（三等五级31款） | 5.12.1 重伤一级 ★★★★★ （1款） | a) 深 II° 以上烧烫伤面积达体表面积 **70%** 或者 III° 面积达 **30%**。 | 1. 烧伤分度和面积计算详见 附表 2-35 。<br>2. 手掌法应以被鉴定人本人的手掌，五指并拢进行测量。 |
| | 5.12.2 重伤二级 ★★★★☆ （11款） | a) II° 以上烧烫伤面积达体表面积 **30%** 或者 III° 面积达 **10%**；面积低于上述程度但合并吸入有毒气体中毒或者严重呼吸道烧烫伤。<br>b) 枪弹创，创道长度累计 **180.0 cm**。<br>c) 各种损伤引起脑水肿（脑肿胀），脑疝形成。<br>d) 各种损伤引起休克（中度）。<br>e) 挤压综合征（II 级）。<br>f) 损伤引起脂肪栓塞综合征（完全型）。<br>g) 各种损伤致急性呼吸窘迫综合征（重度）。<br>h) 电击伤（II°）。<br>i) 溺水（中度）。<br>j) 脑内异物存留；心脏异物存留。<br>k) 器质性阴茎勃起障碍（重度）。 | |
| | 5.12.3 轻伤一级 ★★★☆☆ （3款） | a) II° 以上烧烫伤面积达体表面积 **20%** 或者 III° 面积达 **5%**。<br>b) 损伤引起脂肪栓塞综合征（不完全型）。<br>c) 器质性阴茎勃起障碍（中度）。 | 阴茎勃起障碍的判断可参考《男性性功能障碍法医学鉴定》GA/T 1188-2014。 |
| | 5.12.4 轻伤二级 ★★☆☆☆ （12款） | a) II° 以上烧烫伤面积达体表面积 **5%** 或者 III° 面积达 **0.5%**。<br>b) 呼吸道烧伤。<br>c) 挤压综合征（I 级）。<br>d) 电击伤（I°）。<br>e) 溺水（轻度）。<br>f) 各种损伤引起休克（轻度）。<br>g) 呼吸功能障碍，出现窒息征象。<br>h) 面部异物存留；眶内异物存留；鼻窦异物存留。<br>i) 胸腔内异物存留；腹腔内异物存留；盆腔内异物存留。<br>j) 深部组织内异物存留。<br>k) 骨折内固定物损坏需要手术更换或者修复。<br>l) 各种置入式假体装置损坏需要手术更换或者修复。<br>m) 器质性阴茎勃起障碍（轻度）。 | |
| | 5.12.5 轻微伤 ★☆☆☆☆ （4款） | a) 身体各部位骨皮质的砍（刺）痕；轻微撕脱性骨折，无功能障碍。<br>b) 面部 I° 烧烫伤面积 **10.0 cm²** 以上；浅 II° 烧烫伤。<br>c) 颈部 I° 烧烫伤面积 **15.0 cm²** 以上；浅 II° 烧烫伤面积 **2.0 cm²** 以上。<br>d) 体表 I° 烧烫伤面积 **20.0 cm²** 以上；浅 II° 烧烫伤面积 **4.0 cm²** 以上；深 II° 烧烫伤。 | |

## 第三节　附　则

| 条标 | 内容 | 理解与操作精要 |
|---|---|---|
| 6.1 | 伤后因其他原因死亡的个体,其生前损伤比照本标准相关条款综合鉴定。 | 对于实践中客观存在的因其他原因死亡的缺席鉴定作出了规定。对于道路交通事故受伤人员因其他原因死亡的缺席鉴定也有借鉴参考价值。 |
| 6.2 | 未列入本标准中的物理性、化学性和生物性等致伤因素造成的人体损伤,比照本标准中的相应条款综合鉴定。 | 与6.4互补。 |
| 6.3 | 本标准所称的损伤是指各种致伤因素所引起的人体组织器官结构破坏或者功能障碍。反应性精神病、癔症等,均为内源性疾病,不宜鉴定损伤程度。 | "反应性精神病"这一名称是较为陈旧的说法,按照新的精神医学诊断用语,通常是诊断为**应激障碍**、**适应障碍**。 |
| 6.4 | 本标准未作具体规定的损伤,可以遵循损伤程度等级划分原则,比照本标准相近条款进行损伤程度鉴定。 | 与6.2互补。为了弥补人体损伤种类表现程度的复杂性、多样性,标准可能存在列举上的困难,故作出本条比照规定。 |
| 6.5 | 盲管创、贯通创,其创道长度可视为皮肤创口长度,并参照皮肤创口长度相应条款鉴定损伤程度。 | 本条吸收了多年来全国法医鉴定的经验,深度可以视为长度。 |
| 6.6 | 牙折包括冠折、根折和根冠折,冠折须暴露髓腔。 | 需要仔细核查病史记录,必要时需要向经治医生求证。 |
| 6.7 | 骨皮质的砍(刺)痕或者轻微撕脱性骨折(无功能障碍)的,不构成本标准所指的轻伤。 | 骨皮质的砍(刺)痕或者轻微撕脱性骨折,虽然在临床上可以诊断为骨折,但不符合本标准规定的轻伤条款中的骨折。 |
| 6.8 | 本标准所称大血管是指胸主动脉、主动脉弓分支、肺动脉、肺静脉、上腔静脉和下腔静脉,腹主动脉、髂总动脉、髂外动脉、髂外静脉。 | 颈部大血管特指颈总动脉。 |
| 6.9 | 本标准四肢大关节是指肩、肘、腕、髋、膝、踝等六大关节。 | |
| 6.10 | 本标准四肢重要神经是指臂丛及其分支神经(包括正中神经、尺神经、桡神经和肌皮神经等)和腰骶丛及其分支神经(包括坐骨神经、腓总神经、腓浅神经和胫神经等)。 | 四肢重要神经:臂丛及其分支神经和腰骶丛及其分支神经。 |
| 6.11 | 本标准四肢重要血管是指与四肢重要神经伴行的同名动、静脉。 | 必要时需要查询人体结构图谱和书籍确认。 |
| 6.12 | 本标准幼女或者儿童是指年龄不满14周岁的个体。 | 儿童年龄的确定一般以法定身份证明文件,如身份证、出生证、护照等,必要时可通过骨龄鉴定等方式确定。 |
| 6.13 | 本标准所称的假体是指植入体内替代组织器官功能的装置,如:颅骨修补材料、人工晶体、义眼座、固定义齿(种植牙)、阴茎假体、人工关节、起搏器、支架等,但可摘式义眼、义齿等除外。 | 1. 排除可摘式义眼、义齿、义肢、义指(趾)等。本条强调的是通过手术(直视手术或介入手术等)方式植入或放置的人工假体或材料等。<br>2. 骨折内固定物损坏需要手术更换或修复构成**重伤二级**;该条款比通常的骨折损伤评定的**等级要高许多**。<br>3. 各种置入式假体装置损坏需要手术更换或者修复属于**轻伤二级**。注意心脏起搏器损害需更换,虽然危及生命,但目前只能评定为轻伤二级,或许会与重伤定义之间有冲突。 |

(续表)

| 条标 | 内容 | 理解与操作精要 |
|---|---|---|
| 6.14 | 移植器官损伤参照相应条款综合鉴定。 | 移植、再造器官、组织视同受体自身原有器官。 |
| 6.15 | 本标准所称组织器官包括再植或者再造成活的。 | |
| 6.16 | 组织器官缺失是指损伤当时完全离体或者仅有少量皮肤和皮下组织相连，或者因损伤经手术切除的。器官离断(包括牙齿脱落)，经再植、再造手术成功的，按损伤当时情形鉴定损伤程度。 | |
| 6.17 | 对于两个部位以上同类损伤可以累加，比照相关部位数值规定高的条款进行评定。 | 同类损伤采取累加和重伤优先原则。仅限于同类型损伤，不同类损伤需要分别评定。 |
| 6.18 | 本标准所涉及的体表损伤数值，0～6岁按50%计算，7～10岁按60%计算，11～14岁按80%计算。 | 1. 标准中专门设置了儿童、未成年条款，在原有标准统一规定50%的基础上，按照年龄段不同设置了比例系数进行处理。更加细化和科学。<br>2. 儿童肋软骨骨折区别于成人的处理原则。 |
| 6.19 | 本标准中出现的数字均含本数。 | 该规定延续了损伤程度鉴定的老标准和我国立法传统。 |

## 第四节 人体损伤程度鉴定标准速查表

为了便于法医临床鉴定人在执业中查阅和对照《人体损伤程度鉴定标准》，本节将该标准中除总则、附则、附录等具有原则性、指导性和资料性以外的内容进行了归总。采用了表格化的方式，将条款编号、条款内容和损伤等级分三列汇总，加强直观性。本节与第一节的最大不同是，本节内容没有任何释义，所有文字内容均来源于标准本身。

| 条标 | 条款内容(主要包括损伤部位、诊断、严重性指标三要素) | 损伤等级 |
|---|---|---|
| 颅脑、脊髓损伤 | | |
| 头皮损伤 | | |
| 5.1.2a | 头皮缺损面积累计 **75.0 cm²** 以上 | 重伤二级 |
| 5.1.3a | 头皮创口或者瘢痕长度累计 **20.0 cm** 以上 | 轻伤一级 |
| 5.1.3b | 头皮撕脱伤面积累计 **50.0 cm²** 以上；头皮缺损面积累计 **24.0 cm²** 以上 | 轻伤一级 |
| 5.1.4a | 头皮创口或者瘢痕长度累计 **8.0 cm** 以上 | 轻伤一级 |
| 5.1.4b | 头皮撕脱伤面积累计 **20.0 cm²** 以上；头皮缺损面积累计 **10.0 cm²** 以上 | 轻伤二级 |
| 5.1.4c | 帽状腱膜下血肿范围 **50.0 cm²** 以上 | 轻伤二级 |
| 5.1.5b | 头皮擦伤面积 **5.0 cm²** 以上；头皮挫伤；头皮下血肿 | 轻微伤 |
| 5.1.5c | 头皮创口或者瘢痕 | 轻微伤 |
| 颅骨骨折 | | |
| 5.1.2b | 开放性颅骨骨折伴硬脑膜破裂 | 重伤二级 |
| 5.1.2c | 颅骨凹陷或者粉碎性骨折，出现脑受压症状和体征，须手术治疗 | 重伤二级 |
| 5.1.2d | 颅底骨折，伴脑脊液漏持续 **4周** 以上 | 重伤二级 |
| 5.1.2e | 颅骨骨折，伴面神经或者听神经损伤引起相应神经功能障碍 | 重伤二级 |
| 5.1.3c | 颅骨凹陷性或者粉碎性骨折 | 轻伤一级 |
| 5.1.3d | 颅底骨折伴脑脊液漏 | 轻伤一级 |

(续表)

| 条标 | 条款内容(主要包括损伤部位、诊断、严重性指标三要素) | 损伤等级 |
| --- | --- | --- |
| 5.1.4d | 颅骨骨折 | 轻伤二级 |
| 脑损伤 | | |
| 5.1.2f | 外伤性蛛网膜下腔出血,伴神经系统症状和体征 | 重伤二级 |
| 5.1.2g | 脑挫(裂)伤,伴神经系统症状和体征 | 重伤二级 |
| 5.1.2h | 颅内出血,伴脑受压症状和体征 | 重伤二级 |
| 5.1.2i | 外伤性脑梗死,伴神经系统症状和体征 | 重伤二级 |
| 5.1.3e | 脑挫(裂)伤;颅内出血;慢性颅内血肿;外伤性硬脑膜下积液 | 轻伤一级 |
| 5.1.4e | 外伤性蛛网膜下腔出血 | 轻伤二级 |
| 5.1.4f | 脑神经损伤引起相应神经功能障碍 | 轻伤二级 |
| 5.1.5a | 头部外伤后伴有神经症状 | 轻微伤 |
| 颅脑外伤性疾病 | | |
| 5.1.2j | 外伤性脑脓肿 | 重伤二级 |
| 5.1.2k | 外伤性脑动脉瘤,须手术治疗 | 重伤二级 |
| 5.1.2l | 外伤性迟发性癫痫 | 重伤二级 |
| 5.1.2m | 外伤性脑积水,须手术治疗 | 重伤二级 |
| 5.1.2n | 外伤性颈动脉海绵窦瘘 | 重伤二级 |
| 5.1.2o | 外伤性下丘脑综合征 | 重伤二级 |
| 5.1.2p | 外伤性尿崩症 | 重伤二级 |
| 5.1.3f | 外伤性脑积水;外伤性颅内动脉瘤;外伤性脑梗死;外伤性颅内低压综合征 | 轻伤一级 |
| 智能减退或精神障碍 | | |
| 5.1.1a | 植物生存状态 | 重伤一级 |
| 5.1.1e | 重度智能减退者器质性精神障碍,生活完全不能自理 | 重伤一级 |
| 肢体瘫 | | |
| 5.1.1b | 四肢瘫(三肢以上肌力 **3 级**以下) | 重伤一级 |
| 5.1.1c | 偏瘫、截瘫(肌力 **2 级**以下),伴大便、小便失禁 | 重伤一级 |
| 5.1.2q | 单肢瘫(肌力 **3 级**以下) | 重伤二级 |
| 5.1.1d | 非肢体瘫的运动障碍(重度) | 重伤一级 |
| 脊髓损伤 | | |
| 5.1.2r | 脊髓损伤致重度肛门失禁或者重度排尿障碍 | 重伤二级 |
| 5.1.3g | 脊髓损伤致排便或者排尿功能障碍(轻度) | 轻伤一级 |
| 5.1.3h | 脊髓挫裂伤 | 轻伤一级 |
| 面部、耳廓损伤 | | |
| 容貌毁损 | | |
| 5.1.2a | 容貌毁损(重度) | 重伤一级 |
| 5.2.2q | 容貌毁损(轻度) | 重伤二级 |
| 面部条状创口或者瘢痕 | | |
| 5.2.2a | 面部条状瘢痕(**50%**以上位于中心区),单条长度 **10.0 cm** 以上,或者两条以上长度累计 **15.0 cm** 以上 | 重伤二级 |

(续表)

| 条标 | 条款内容(主要包括损伤部位、诊断、严重性指标三要素) | 损伤等级 |
| --- | --- | --- |
| 5.2.3a | 面部单个创口或者瘢痕长度 6.0 cm 以上；多个创口或者瘢痕长度累计 10.0 cm 以上 | 轻伤二级 |
| 5.2.4a | 面部单个创口或者瘢痕长度 4.5 cm 以上；多个创口或者瘢痕长度累计 6.0 cm 以上 | 轻伤二级 |
| 5.2.4b | 面颊穿透创，皮肤创口或者瘢痕长度 1.0 cm 以上 | 轻伤二级 |
| 5.2.4c | 口唇全层裂创，皮肤创口或者瘢痕长度 1.0 cm 以上 | 轻伤二级 |
| 5.2.5a | 面部软组织创 | 轻微伤 |
| 面部块状瘢痕 | | |
| 5.2.2b | 面部块状瘢痕(50%以上位于中心区)，单块面积 6.0 cm² 以上，或者两块以上面积累计 10.0 cm² 以上 | 重伤二级 |
| 5.2.3b | 面部块状瘢痕，单块面积 4.0 cm² 以上；多块面积累计 7.0 cm² 以上 | 轻伤一级 |
| 5.2.4d | 面部块状瘢痕，单块面积 3.0 cm² 以上或多块面积累计 5.0 cm² 以上 | 轻伤一级 |
| 面部细小瘢痕或者色素异常 | | |
| 5.2.2c | 面部片状细小瘢痕或者显著色素异常，面积累计达面部 30% | 重伤二级 |
| 5.2.3c | 面部片状细小瘢痕或者明显色素异常，面积累计 30.0 cm² 以上 | 轻伤二级 |
| 5.2.4e | 面部片状细小瘢痕或者色素异常，面积累计 8.0 cm² 以上 | 轻伤二级 |
| 5.2.5b | 面部损伤留有瘢痕或者色素改变 | 轻微伤 |
| 5.2.5c | 面部皮肤擦伤，面积 2.0 cm²；面部软组织挫伤；面部划伤 4.0 cm 以上 | 轻微伤 |
| 面神经损伤 | | |
| 5.2.2p | 面神经损伤致一侧面肌大部分瘫痪，遗留眼睑闭合不全和口角 | 重伤二级 |
| 5.2.3p | 面神经损伤致一侧面肌部分瘫痪，遗留眼睑闭合不全或者口角歪斜 | 轻伤一级 |
| 眼损伤 | | |
| 5.2.2d | 一侧眼球萎缩或者缺失 | 重伤二级 |
| 5.2.2e | 眼睑缺失相当于一侧上眼睑 1/2 以上 | 重伤二级 |
| 5.2.2f | 一侧眼睑重度外翻或者双侧眼睑中度外翻 | 重伤二级 |
| 5.2.2g | 一侧上睑下完全覆盖瞳孔 | 重伤二级 |
| 5.2.2h | 一侧眼骨折致眼球内陷 0.5 cm 以上 | 重伤二级 |
| 5.2.2i | 一侧鼻泪管和内眦韧带断裂 | 重伤二级 |
| 5.2.3d | 眼睑缺失相当于一侧上眼睑 1/4 以上 | 轻伤一级 |
| 5.2.3e | 一侧眼睑中度外翻；双侧眼睑轻度外翻 | 轻伤一级 |
| 5.2.3f | 一侧上眼睑下垂覆盖瞳孔超过 1/2 | 轻伤一级 |
| 5.2.3g | 两处以上不同眶壁骨折；一侧眶壁骨折致眼球内陷 0.2 cm 以上 | 轻伤一级 |
| 5.2.3h | 双侧泪器损伤伴溢泪 | 轻伤一级 |
| 5.2.3i | 一侧鼻泪管断裂；一侧内眦韧带断裂 | 轻伤一级 |
| 5.2.4f | 眶壁骨折(单纯眶内壁骨折除外) | 轻伤二级 |
| 5.2.4g | 眼睑缺损 | 轻伤二级 |
| 5.2.4h | 一侧眼睑轻度外翻 | 轻伤二级 |
| 5.2.4i | 一侧上眼睑下垂覆盖瞳孔 | 轻伤二级 |
| 5.2.4j | 一侧眼睑闭合不全 | 轻伤二级 |
| 5.2.4k | 一侧泪器损伤伴溢泪 | 轻伤二级 |

(续表)

| 条标 | 条款内容(主要包括损伤部位、诊断、严重性指标三要素) | 损伤等级 |
| --- | --- | --- |
| 5.2.5d | 眶内壁骨折 | 轻微伤 |
| 5.2.5e | 眼部挫伤；眼部外伤后影响外观 | 轻微伤 |
| 鼻损伤 | | |
| 5.2.2j | 鼻部离断或者缺损30%以上 | 重伤二级 |
| 5.2.3k | 鼻部离断或者缺损15%以上 | 轻伤一级 |
| 5.2.4n | 鼻尖或者一侧鼻翼缺损 | 轻伤二级 |
| 5.2.4o | 鼻骨粉碎性骨折；双侧鼻骨骨折；鼻骨骨折合并上颌骨额突骨折；鼻骨骨折合并鼻中隔骨折；双侧上颌骨额突骨折 | 轻伤二级 |
| 5.2.5g | 鼻骨骨折；鼻出血 | 轻微伤 |
| 5.2.5h | 上颌骨额突骨折 | 轻微伤 |
| 耳廓损伤 | | |
| 5.2.2k | 耳廓离断、缺损或者挛缩畸形累计相当于一侧耳廓面积50%以上 | 重伤二级 |
| 5.2.3j | 耳廓离断、缺损或者挛缩畸形累计相当于一侧耳廓面积30%以上 | 轻伤一级 |
| 5.2.4l | 耳廓创口或者瘢痕长度累计6.0 cm以上 | 轻伤二级 |
| 5.2.4m | 耳廓离断、缺损或者挛缩畸形累计相当于一侧耳廓面积15%以上 | 轻伤二级 |
| 5.2.5f | 耳廓创 | 轻微伤 |
| 口损伤 | | |
| 5.2.2l | 口唇离断或者缺损致牙齿外露3枚以上 | 重伤二级 |
| 5.2.3l | 口唇离断或者缺损致牙齿外露1枚以上 | 重伤二级 |
| 5.2.2m | 舌体离断或者缺损达舌系带 | 轻伤一级 |
| 5.2.4p | 舌缺损 | 轻伤一级 |
| 5.2.2n | 牙齿脱落或者牙折共7枚以上 | 轻伤一级 |
| 5.2.3m | 牙齿脱落或者牙折共4枚以上 | 轻伤一级 |
| 5.2.4q | 牙齿脱落或者牙折共2枚以上 | 轻伤一级 |
| 5.2.3o | 腮腺总导管完全断裂 | 轻伤二级 |
| 5.2.2o | 损伤致张口困难III度 | 轻伤二级 |
| 5.2.3n | 损伤致张口困难II度 | 轻伤二级 |
| 5.2.4s | 损伤致张口困难I度 | 轻伤二级 |
| 5.2.4r | 腮腺、颌下腺或者舌下腺实质性损伤 | 轻伤二级 |
| 5.2.1t | 颌骨骨折(牙槽突骨折及一侧上颌骨额突骨折除外) | 轻伤二级 |
| 5.2.4u | 颧骨骨折 | 轻伤二级 |
| 5.2.5i | 口腔黏膜破损；舌损伤 | 轻微伤 |
| 5.2.5j | 牙齿脱落或者缺损；牙槽突骨折；牙齿松动2枚以上或者III度松动1枚以上 | 轻微伤 |
| 听器听力损伤 | | |
| 外耳道及中耳损伤 | | |
| 5.3.3b | 双侧外耳道闭锁 | 轻伤一级 |
| 5.3.4e | 一侧外耳道横截面1/2以上狭窄 | 轻伤二级 |
| 5.3.4a | 外伤性鼓膜穿孔6周不能自行愈合 | 轻伤二级 |

(续表)

| 条标 | 条款内容(主要包括损伤部位、诊断、严重性指标三要素) | 损伤等级 |
|---|---|---|
| 5.3.4b | 听骨骨折或者脱位;听骨链固定 | 轻伤二级 |
| 5.3.5a | 外伤性鼓膜穿孔 | 轻微伤 |
| 5.3.5b | 鼓室积血 | 轻微伤 |
| 听力损伤 | | |
| 5.3.1a | 双耳听力障碍(≥91 dB HL) | 重伤一级 |
| 5.3.2a | 一耳听力障碍(≥91 dB HL) | 重伤二级 |
| 5.3.2b | 一耳听力障碍(≥81 dB HL),另一耳听力障碍(≥41 dB HL) | 重伤二级 |
| 5.3.2c | 一耳听力障碍(≥81 dB HL),伴同侧前庭平衡功能障碍 | 重伤二级 |
| 5.3.2d | 双耳听力障碍(≥61 dB HL) | 重伤二级 |
| 5.3.3a | 双耳听力障碍(≥41 dB HL) | 轻伤一级 |
| 5.3.4c | 一耳听力障碍(≥41 dB HL) | 轻伤二级 |
| 5.3.5c | 外伤后听力减退 | 轻微伤 |
| 前庭、平衡功能损伤 | | |
| 5.3.2e | 双侧前庭平衡功能丧失,睁眼行走困难,不能并足立 | 重伤二级 |
| 5.3.4d | 一侧前庭平衡功能障碍,伴同侧听力减退 | 轻伤二级 |
| **视器视力损伤** | | |
| 视力损害 | | |
| 5.4.1a | 一眼眼球萎缩或者缺失,另一眼盲目3级 | 重伤一级 |
| 5.4.1c | 双眼盲目4级 | 重伤一级 |
| 5.4.2a | 一眼盲目3级 | 重伤二级 |
| 5.4.2b | 一眼重度视力损害,另一眼中度视力损害 | 重伤二级 |
| 5.4.3c | 一眼重度视力损害;双眼中度视力损害 | 轻伤一级 |
| 5.4.4f | 一眼矫正视力减退至0.5以下(或者较伤前视力下下降0.3以上);双眼矫正视力减退至0.7以下(或者较伤前视力下降0.2以上);原单眼中度以上视力损害者,伤后视力降低一个级别 | 轻伤二级 |
| 5.4.5a | 眼球损伤影响视力 | 轻微伤 |
| 视野缺损 | | |
| 5.4.1b | 一眼视野完全缺损,另一眼视野半径20°以下(视野有效值32%以下) | 重伤一级 |
| 5.4.2c | 一眼视野半径10°以下(视野有效值16%以下) | 重伤二级 |
| 5.4.2d | 双眼偏盲;双眼残留视野半径30°以下(视野有效值48%以下) | 重伤二级 |
| 5.4.3d | 一眼视野半径30°以下(视野有效值48%以下);双眼视野半径50°以下(视野有效值80%以下) | 轻伤一级 |
| 5.4.4g | 一眼视野半径50°以下(视野有效值80%以下) | 轻伤二级 |
| 眼球部分结构损伤 | | |
| 5.4.3a | 外伤性青光眼,经治疗难以控制眼压 | 轻伤一级 |
| 5.4.3b | 一眼虹膜完全缺损 | 轻伤一级 |
| 5.4.4a | 眼球穿通伤或者眼球破裂伤;前房出血须手术治疗;房角后退;虹膜根部离断或者虹膜缺损超过1个象限;睫状体脱离;晶状体脱位;玻璃体积血;外伤性视网膜脱离;外伤性视网膜出血;外伤性黄裂孔;外伤性脉络膜脱离 | 轻伤二级 |

(续表)

| 条标 | 条款内容（主要包括损伤部位、诊断、严重性指标三要素） | 损伤等级 |
| --- | --- | --- |
| 5.4.4b | 角膜斑翳或者血管翳；外伤性低眼压；外伤性青光眼 | 轻伤二级 |
| 5.4.4c | 瞳孔括约肌损伤致瞳孔显著变形或者瞳孔散大（直径 0.6 cm 以上） | 轻伤二级 |
| 5.4.4d | 斜视；复视 | 轻伤二级 |
| 5.4.4e | 睑球黏连 | 轻伤二级 |
| 颈部损伤 | | |
| 大血管损伤 | | |
| 5.5.1a | 颈部大血管破裂 | 重伤一级 |
| 5.5.2g | 颈内动脉血栓形成，血管腔狭窄（50%以上） | 重伤二级 |
| 5.5.2h | 颈总动脉血栓形成，血管腔狭窄（25%以上） | 重伤二级 |
| 5.5.3e | 颈总动脉血栓形成；颈内动脉血栓形成；颈外动脉血栓形成；椎动脉血栓形成 | 轻伤一级 |
| 甲状腺及甲状旁腺损伤 | | |
| 5.5.2a | 甲状腺旁腺功能低下（重度） | 重伤一级 |
| 5.5.2b | 甲状腺功能低下，药物依赖 | 重伤二级 |
| 5.5.4c | 甲状腺挫裂伤 | 轻伤二级 |
| 咽喉部损伤 | | |
| 5.5.1b | 咽喉部广泛毁损，呼吸完全依赖气管套管或者造口 | 重伤一级 |
| 5.5.1c | 咽或者食管广泛毁损，进食完全依赖胃管或者造口 | 重伤一级 |
| 5.5.2c | 咽部、咽后区、喉或者气管穿孔 | 重伤二级 |
| 5.5.2d | 咽喉或者颈部气管损伤，遗留呼吸困难（3 级） | 重伤二级 |
| 5.5.2e | 咽或者食管损伤，遗留吞咽功能障碍（只能进流食） | 重伤二级 |
| 5.5.2f | 喉损伤遗留发声障碍（重度） | 重伤二级 |
| 5.5.3c | 咽喉部损遗留发声或者构音障碍 | 轻伤一级 |
| 5.5.3d | 咽或者食管损伤，遗留吞咽功能障碍（只能进半流食） | 轻伤一级 |
| 5.5.4d | 咽喉软骨骨折 | 轻伤二级 |
| 5.5.4e | 喉或者气管损伤 | 轻伤二级 |
| 5.5.4f | 舌骨骨折 | 轻伤二级 |
| 5.5.4h | 颈部损伤出现窒息征象 | 轻伤二级 |
| 颈部皮肤损伤 | | |
| 5.5.2i | 颈前三角区增生瘢痕，面积累计 30.0 cm² 以上 | 重伤二级 |
| 5.5.3a | 颈前部单个创口或者瘢痕长度 10.0 cm 以上，多个创口或者瘢痕长度累计 16.0 cm 以上 | 轻伤一级 |
| 5.5.3b | 颈前三角区瘢痕，单块面积 10.0 cm² 以上；多块面积累计 12.0 cm² 以上 | 轻伤一级 |
| 5.5.4a | 颈前部单个创口或者瘢痕长度 5.0 cm 以上；多个创口或者瘢痕长度累计 8.0 cm 以上 | 轻伤二级 |
| 5.5.4b | 颈前部瘢痕，单块面积 4.0 cm² 以上，或者两块以上面积累计 6.0 cm² 以上 | 轻伤二级 |
| 5.5.5a | 颈部创口或者瘢痕长度 1.0 cm 以上 | 轻微伤 |
| 5.5.5b | 颈部擦伤面积 4.0 cm² 以上 | 轻微伤 |
| 5.5.5c | 颈部挫伤面积 2.0 cm² 以上 | 轻微伤 |
| 5.5.5d | 颈部划伤长度 5.0 cm 以上 | 轻微伤 |

(续表)

| 条标 | 条款内容（主要包括损伤部位、诊断、严重性指标三要素） | 损伤等级 |
|---|---|---|
| \multicolumn{3}{胸部损伤} |
| \multicolumn{3}{心脏损伤} |
| 5.6.1a | 心脏损伤,遗留心功能不全(心功能 IV 级) | 重伤一级 |
| 5.6.2a | 心脏损伤,遗留心功能不全(心功能 III 级) | 重伤二级 |
| 5.5.4c | 心脏破裂,心包破裂 | 重伤二级 |
| \multicolumn{3}{胸腔大血管损伤} |
| 5.6.2j | 胸腔大血管破裂 | 重伤二级 |
| \multicolumn{3}{肺、气管、支气管损伤} |
| 5.6.1b | 肺损伤致一侧全肺切除或者双肺三肺叶切除 | 重伤一级 |
| 5.6.2e | 气管或者支气管破裂,须手术治疗 | 重伤二级 |
| 5.6.2f | 肺破裂,须手术治疗 | 重伤二级 |
| \multicolumn{3}{血、气胸} |
| 5.6.1g | 血胸、气胸或者血气胸,伴一侧肺萎陷 70% 以上,或者双侧肺萎陷均在 50% 以上 | 重伤二级 |
| 5.6.3e | 血胸、气胸或者血气胸,伴一侧肺萎陷 30% 以上,或者双侧肺萎陷均在 20% 以上 | 轻伤一级 |
| 5.6.4f | 胸腔积血,胸腔积气 | 轻伤二级 |
| \multicolumn{3}{纵膈损伤} |
| 5.6.2d | 纵膈血肿或者气肿,须手术治疗 | 重伤二级 |
| 5.6.3d | 纵膈血肿;纵膈气肿 | 轻伤一级 |
| \multicolumn{3}{食管损伤} |
| 5.6.2h | 食管穿孔或者全层破裂,须手术治疗 | 重伤二级 |
| 5.6.3f | 食管挫裂伤 | 轻伤一级 |
| \multicolumn{3}{胸部骨折、脱位} |
| 5.6.3c | 肋骨骨折 6 处以上 | 轻伤一级 |
| 5.6.4b | 肋骨骨折 2 处以上 | 轻伤二级 |
| 5.6.4c | 胸骨骨折;锁骨骨折;肩胛骨骨折 | 轻伤二级 |
| 5.6.4d | 胸锁关节脱位;肩锁关节脱位 | 轻伤二级 |
| 5.6.5a | 肋骨骨折;肋软骨骨折 | 轻微伤 |
| \multicolumn{3}{女性乳房损伤} |
| 5.6.2c | 女性双侧乳房损伤,完全丧失哺乳功能;女性一侧乳房大部分缺失 | 重伤二级 |
| 5.6.3b | 女性一侧乳房损伤,丧失哺乳功能 | 轻伤一级 |
| 5.6.4a | 女性一侧乳房部分缺失或者乳腺导管损伤 | 轻伤二级 |
| 5.6.5b | 女性乳房挫伤 | 轻微伤 |
| \multicolumn{3}{胸部其他损伤} |
| 5.6.2i | 脓胸或者肺脓肿;乳糜胸;支气管胸膜瘘;食管胸膜瘘;食管支气管瘘 | 重伤二级 |
| 5.6.2k | 膈肌破裂 | 重伤二级 |
| 5.5.4g | 膈神经损伤 | 轻伤二级 |
| 5.6.4e | 胸部损伤,致皮下气肿 1 周不能自行吸收 | 轻伤二级 |
| 5.6.4g | 胸壁穿透创 | 轻伤二级 |

(续表)

| 条标 | 条款内容(主要包括损伤部位、诊断、严重性指标三要素) | 损伤等级 |
|---|---|---|
| 5.6.4h | 胸部挤压出现窒息征象 | 轻伤二级 |
| 腹部损伤 | | |
| 腹腔实质性器官损伤 | | |
| 5.7.1a | 肝功能损害(重度) | 重伤一级 |
| 5.7.2c | 肝、脾(或者)胰或者肾破裂,须手术治疗 | 重伤二级 |
| 5.7.3b | 肝包膜破裂;肝脏实质内血肿直径 2.0 cm 以上 | 轻伤一级 |
| 5.7.3c | 脾包膜破裂;脾实质内血肿直径 2.0 cm 以上 | 轻伤一级 |
| 5.7.3d | 胰腺包膜破裂 | 轻伤一级 |
| 5.7.4b | 肝包膜下或者实质内出血 | 轻伤二级 |
| 5.7.4c | 脾包膜下或者实质内出血 | 轻伤二级 |
| 5.7.4e | 肾包膜下或者实质内出血 | 轻伤二级 |
| 5.7.4f | 肝功能损害(轻度) | 轻伤二级 |
| 5.7.4d | 胰腺挫伤 | 轻伤二级 |
| 腹腔空腔器官损伤 | | |
| 5.7.1b | 胃肠道损伤致消化吸收功能严重障碍,依赖肠外营养 | 重伤一级 |
| 5.7.2b | 胃、肠、胆囊或者胆道全层破裂,须手术治疗 | 重伤二级 |
| 5.7.2e | 腹部损伤致肠瘘或者尿瘘 | 重伤二级 |
| 5.7.3a | 胃、肠、胆囊或者胆道非全层破裂 | 轻伤一级 |
| 5.7.4a | 胃、肠、胆囊或者胆道挫伤 | 轻伤二级 |
| 泌尿系统损伤 | | |
| 5.7.1c | 肾功能不全(尿毒症期) | 重伤一级 |
| 5.7.2d | 输尿管损伤致尿外渗,须手术治疗 | 重伤二级 |
| 5.7.2g | 肾周血肿或者肾包膜下血肿,须手术治疗 | 重伤二级 |
| 5.7.2h | 肾功能不全(失代偿期) | 重伤二级 |
| 5.7.2i | 肾损伤致肾性高血压 | 重伤二级 |
| 5.7.2j | 外伤性肾积水;外伤性肾动脉瘤;外伤性肾动静脉瘘 | 重伤二级 |
| 5.7.3e | 肾功能不全(代偿期) | 轻伤一级 |
| 5.7.4g | 急性肾功能障碍(可恢复) | 轻伤二级 |
| 5.7.5a | 外伤性血尿 | 轻微伤 |
| 腹腔大血管损伤 | | |
| 5.7.2a | 腹腔大血管破裂 | 重伤二级 |
| 腹部其他损伤 | | |
| 5.7.2f | 腹部损伤引起弥漫性腹膜炎或者感染性休克 | 重伤二级 |
| 5.7.2k | 腹腔积血或者腹膜后血肿,须手术治疗 | 重伤二级 |
| 5.7.4h | 腹腔积血或者腹膜后血肿 | 轻伤二级 |
| 5.7.4i | 腹部穿透创 | 轻伤二级 |

(续表)

| 条标 | 条款内容（主要包括损伤部位、诊断、严重性指标三要素） | 损伤等级 |
|---|---|---|
| 骨盆及会阴部损伤 ||| 
| 骨盆骨折 |||
| 5.8.2a | 骨盆骨折畸形愈合,致双下肢相对长度相差 5.0 cm 以上 | 重伤二级 |
| 5.8.2b | 骨盆不稳定性骨折,须手术治疗 | 重伤二级 |
| 5.8.3a | 骨盆 2 处以上骨折;骨盆骨折畸形愈合;髋臼骨折 | 轻伤一级 |
| 5.8.4a | 骨盆骨折 | 轻伤一级 |
| 骨盆内组织器官、尿道及输尿管损伤 |||
| 5.8.1b | 子宫及卵巢全部缺失 | 重伤一级 |
| 5.8.2c | 直肠破裂,须手术治疗 | 重伤二级 |
| 5.8.2e | 膀胱破裂,须手术治疗 | 重伤二级 |
| 5.8.2f | 后尿道破裂,须手术治疗 | 重伤二级 |
| 5.8.2g | 尿道损伤致重度狭窄 | 重伤二级 |
| 5.8.2h | 损伤致早产或者死胎;损伤致胎盘早期剥离或者流产,合并轻度休克 | 重伤二级 |
| 5.8.2i | 子宫破裂,须手术治疗 | 重伤二级 |
| 5.8.2j | 卵巢或者输卵管破裂,须手术治疗 | 重伤二级 |
| 5.8.2r | 直肠阴道瘘;膀胱阴道瘘;直肠膀胱瘘 | 重伤二级 |
| 5.8.2s | 重度排尿尿困难 | 重伤二级 |
| 5.8.3b | 前尿道破裂,须手术治疗 | 轻伤一级 |
| 5.8.3c | 输尿管狭窄 | 轻伤一级 |
| 5.8.3d | 一侧卵巢缺失或者萎缩 | 轻伤一级 |
| 5.8.4c | 一侧输尿管挫裂伤;膀胱挫裂伤;尿道挫裂伤 | 轻伤二级 |
| 5.8.4d | 子宫挫裂伤;一侧卵巢或者输卵管挫裂伤 | 轻伤二级 |
| 5.8.4k | 一侧输精管破裂 | 轻伤二级 |
| 5.8.4m | 轻度排尿障碍 | 轻伤二级 |
| 5.8.4n | 外伤性难免流产;外伤性胎盘早剥 | 轻伤二级 |
| 5.8.5e | 外伤性先兆流产 | 轻微伤 |
| 会阴部损伤 |||
| 5.8.1a | 阴茎及睾丸全部缺失 | 重伤一级 |
| 5.8.2d | 肛管损伤致大便失禁或者肛管重度狭窄,须手术治疗 | 重伤二级 |
| 5.8.2k | 阴道重度狭窄 | 重伤二级 |
| 5.8.2l | 幼女阴道 II 度撕裂伤 | 重伤二级 |
| 5.8.2m | 女性会阴或者阴道 III 度撕裂伤 | 重伤二级 |
| 5.8.2n | 龟头缺失达冠状沟 | 重伤二级 |
| 5.8.2o | 阴囊皮肤撕脱伤面积占阴囊皮肤面积 50% 以上 | 重伤二级 |
| 5.8.2p | 双侧睾丸损伤,丧失生育能力 | 重伤二级 |
| 5.8.2q | 双侧睾丸损伤或者输精管损伤,丧失生育能力 | 重伤二级 |
| 5.8.3e | 阴道轻度狭窄 | 轻伤一级 |
| 5.8.3f | 龟头缺失 1/2 以上 | 轻伤一级 |

(续表)

| 条标 | 条款内容（主要包括损伤部位、诊断、严重性指标三要素） | 损伤等级 |
|---|---|---|
| 5.8.3g | 阴囊皮肤撕脱伤面积占阴囊皮肤面积30%以上 | 轻伤一级 |
| 5.8.3h | 一侧睾丸或者附睾丸缺失；一侧睾丸或者附睾丸萎缩 | 轻伤一级 |
| 5.8.4b | 直肠或者肛管挫伤 | 轻伤二级 |
| 5.8.4e | 阴道撕裂伤 | 轻伤二级 |
| 5.8.4f | 女性外阴皮肤创口或者瘢痕长度累计4.0 cm以上 | 轻伤二级 |
| 5.8.4g | 龟头部分缺损 | 轻伤二级 |
| 5.8.4h | 阴茎撕脱伤；阴茎皮肤创口或者瘢痕长度累计2.0 cm以上；阴茎海绵体出血并形成硬结 | 轻伤二级 |
| 5.8.4i | 阴囊壁贯通创；阴囊皮肤创口或者瘢痕长度累计4.0 cm以上；阴囊内积血，2周内未完全吸收 | 轻伤二级 |
| 5.8.4j | 一侧睾丸破裂、血肿、脱位或者扭转 | 轻伤二级 |
| 5.8.4l | 轻度肛门失禁或者轻度肛管狭窄 | 轻伤二级 |
| 5.8.5a | 会阴部软组织挫伤 | 轻微伤 |
| 5.8.5b | 会阴创；阴囊创；阴茎创 | 轻微伤 |
| 5.8.5c | 阴囊皮挫伤 | 轻微伤 |
| 5.8.5d | 睾丸或者阴茎挫伤 | 轻微伤 |
| **脊柱及四肢损伤** | | |
| **骨关节损伤** | | |
| 5.9.2g | 股骨干骨折缩短5.0 cm以上、成角畸形30°以上或者严重旋转畸形 | 重伤二级 |
| 5.9.2h | 胫腓骨骨折缩短5.0 cm以上、成角畸形30°以上或者严重旋转畸形 | 重伤二级 |
| 5.9.2i | 膝关节挛缩畸形屈曲30°以上 | 重伤二级 |
| 5.9.2j | 一侧关节交叉韧带完全正断裂遗留旋转不稳 | 重伤二级 |
| 5.9.2k | 股骨颈骨折或者髋关节脱位，致股骨头坏死 | 重伤二级 |
| 5.9.2l | 四肢长骨骨折不愈合或者假关节形成；四肢长骨骨折并发慢性骨髓炎 | 重伤二级 |
| 5.9.3b | 一节椎体压缩骨折超过1/3以上；二节以上椎体骨折；三处以上横突、棘突或者椎弓骨折 | 轻伤一级 |
| 5.9.3c | 膝关节韧带断裂伴半月板破裂 | 轻伤一级 |
| 5.9.3d | 四肢长骨骨折畸形愈合 | 轻伤一级 |
| 5.9.3e | 四肢长骨粉碎性骨折或者两处以上骨折 | 轻伤一级 |
| 5.9.3f | 四肢长骨骨折累及关节面 | 轻伤一级 |
| 5.9.3g | 股骨颈骨折未见骨头坏死，已行假体置换 | 轻伤一级 |
| 5.9.3h | 髌板断裂 | 轻伤一级 |
| 5.9.4d | 椎骨骨折或者脊椎脱位（尾椎脱位不影响功能的除外）；外伤性椎间盘突出 | 轻伤二级 |
| 5.9.4e | 肢体大关节韧带断裂；半月板破裂 | 轻伤二级 |
| 5.9.4f | 四肢长骨骨折；髌骨骨折 | 轻伤二级 |
| 5.9.4g | 髌骨分离 | 轻伤二级 |
| 5.9.4h | 损伤致肢体大关节脱位 | 轻伤二级 |

(续表)

| 条标 | 条款内容(主要包括损伤部位、诊断、严重性指标三要素) | 损伤等级 |
|---|---|---|
| 肢体离断与关节功能评定 | | |
| 5.9.1a | 二肢以上离断或者缺失(上肢腕关节以上、下肢踝关节以上) | 重伤二级 |
| 5.9.1b | 二肢六大关节功能完全丧失 | 重伤二级 |
| 5.9.2a | 四肢任一大关节强直畸形或者功能丧失50%以上 | 轻伤二级 |
| 5.9.3a | 四肢任一大关节功能丧失25%以上 | 轻伤二级 |
| 5.9.4a | 四肢任一大关节功能丧失10%以上 | 轻伤二级 |
| 重要神经及血管损伤 | | |
| 5.9.2b | 臂丛神经干性或者束性损伤,遗留肌瘫(肌力3级以下) | 重伤二级 |
| 5.9.2c | 正中神经肘部以上损伤,遗留肌瘫(肌力3级以下) | 重伤二级 |
| 5.9.2d | 桡神经肘部以上损伤,遗留肌瘫(肌力3级以下) | 重伤二级 |
| 5.9.2e | 尺神经肘部以上损伤,遗留肌瘫(肌力3级以下) | 重伤二级 |
| 5.9.4f | 骶丛神经或者坐骨神经损伤,遗留肌瘫(肌力3级以下) | 重伤二级 |
| 5.9.4b | 四肢重要神经损伤 | 轻伤二级 |
| 5.9.4c | 四肢重要血管破裂 | 轻伤二级 |
| 手损伤 | | |
| 手部离断或缺失 | | |
| 5.10.1a | 双手离断、缺失或者功能完全丧失 | 重伤一级 |
| 5.10.2d | 一手拇指离断或者缺失超过指间关节 | 重伤二级 |
| 5.10.2e | 一手示指和中指全部离断或者缺失 | 重伤二级 |
| 5.10.2f | 一手除拇指外的任何三指离断或者缺失均超过近侧指间关节 | 重伤二级 |
| 5.10.3b | 一手拇指离断或者缺失未超过指间关节 | 轻伤一级 |
| 5.10.3c | 一手除拇指外的示指和中指离断或者缺失均超过远侧指间关节 | 轻伤一级 |
| 5.10.3d | 一手除拇指外的环指和小指离断或者缺失均超过近侧指间关节 | 轻伤一级 |
| 5.10.4b | 除拇指外的一个指节离断或者缺失 | 轻伤二级 |
| 手部骨折 | | |
| 5.10.4c | 两节指骨线性骨折或者一节指骨粉碎性骨折(不含第2至5指末节) | |
| 5.10.4d | 舟骨骨折、月骨脱位或者掌骨完全性骨折 | |
| 手部功能丧失 | | |
| 5.10.2a | 手功能丧失累计达一手功能36% | 重伤二级 |
| 5.10.2b | 一手拇指挛缩畸形不能对指和握物 | 重伤二级 |
| 5.10.2c | 一手除拇指外,其余任何三指挛缩畸形,不能对指和握物 | 重伤二级 |
| 5.10.3a | 手功能丧失累计达一手功能16% | 轻伤一级 |
| 5.10.4a | 手功能丧失累计达一手功能4% | 轻伤二级 |
| 足损伤 | | |
| 5.9.2m | 一足离断或者缺失50%以上;足跟离断或者缺失50%以上 | 重伤二级 |
| 5.9.3i | 一足离断或者缺失10%以上;足跟离断或者缺失20%以上 | 轻伤一级 |
| 5.9.2n | 一足的第一趾和其余任何两趾离断或者缺失;一足除第一趾外,离断或者缺失4趾 | 重伤二级 |
| 5.9.2o | 两足5个以上足趾离断或者缺失 | 重伤二级 |

(续表)

| 条标 | 条款内容(主要包括损伤部位、诊断、严重性指标三要素) | 损伤等级 |
|---|---|---|
| 5.9.2p | 一足第一趾及其相连的跖骨离断或者缺失 | 重伤二级 |
| 5.9.2q | 一足除第一趾外,任何三趾及其他相连的跖骨离断或者缺失 | 重伤二级 |
| 5.9.3j | 一足的第一趾离断或者缺失,一足除第一趾外任何两趾离断或者缺失 | 轻伤一级 |
| 5.9.3k | 三个以上足趾离断或者缺失 | 轻伤一级 |
| 5.9.3l | 一足除第一趾外,任何一趾及其他相连的跖骨离断或者缺失 | 轻伤一级 |
| 5.9.4i | 第一趾缺失超过趾间关节;一足除第一趾外任何二两趾缺失超过趾间关节;一趾缺失 | 轻伤二级 |
| 5.9.4j | 两节趾骨骨折;一节趾骨骨折合并一跖骨骨折 | 轻伤二级 |
| 5.9.4k | 两跖骨骨折或者一跖骨完全骨折;距骨、跟骨、骰骨、楔骨、足舟骨骨折;跗跖关节脱位 | 轻伤二级 |
| 5.9.5b | 肢体关节、肌腱或者韧带损伤 | 轻微伤 |
| 5.9.5c | 骨挫伤 | 轻微伤 |
| 5.9.5d | 足骨骨折 | 轻微伤 |
| 5.9.5e | 外伤致趾甲脱落,甲床暴露;甲床出血 | 轻微伤 |
| 体表损伤 | | |
| 5.11.1a | 挫伤面积累计达体面积 30% | 重伤二级 |
| 5.11.2a | 挫伤面积累计达体面积 10% | 轻伤一级 |
| 5.11.3a | 挫伤面积累计达体面积 6% | 轻伤二级 |
| 5.11.4a | 擦伤面积 $20.0\ cm^2$ 以上或者挫伤面积 $15.0\ cm^2$ 以上 | 轻微伤 |
| 5.11.1b | 创口或者瘢痕长度累计 200.0 cm 以上 | 重伤二级 |
| 5.11.2b | 创口或者瘢痕长度累计 40.0 cm 以上 | 轻伤一级 |
| 5.11.3b | 单个创口或者瘢痕长度累计 10.0 cm 以上;多个创口或者瘢痕长度累计 15.0 cm 以上 | 轻伤二级 |
| 5.11.4b | 一处创口或者瘢痕长度累计 1.0 cm 以上;两处以上创口或者瘢痕长度累计 15.0 cm 以上;刺创深达肌层 | 轻微伤 |
| 5.11.2c | 撕脱伤面积 $100.0\ cm^2$ 以上 | 轻伤一级 |
| 5.11.3c | 撕脱伤面积 $50.0\ cm^2$ 以上 | 轻伤二级 |
| 5.11.2d | 皮肤缺损 $30.0\ cm^2$ 以上 | 轻伤一级 |
| 5.11.3d | 皮肤缺损 $6.0\ cm^2$ 以上 | 轻伤二级 |
| 5.11.4c | 咬伤致皮肤破损 | 轻微伤 |
| 其他损伤 | | |
| 烧烫伤 | | |
| 5.12.1a | 深 II° 以上烧烫伤面积达体表面积 70% 或者 III° 面积达 30% | 重伤一级 |
| 5.12.2a | II° 以上烧烫伤面积达体表面积 30% 或者 III° 面积达 10%;面积低于上述程度但合并吸入有毒气体中毒或严重呼吸道烧烫伤 | 重伤二级 |
| 5.12.3a | II° 以上烧烫伤面积体表面积 20% 或者 III° 面积达 5% | 轻伤一级 |
| 5.12.4a | II° 以上烧烫伤面积体表面积 5% 或者 III° 面积达 0.5% | 轻伤二级 |
| 5.12.4b | 呼吸道烧烫伤 | 轻伤二级 |

(续表)

| 条标 | 条款内容(主要包括损伤部位、诊断、严重性指标三要素) | 损伤等级 |
|---|---|---|
| 5.12.5b | 面部 $I°$ 烧伤面积 $10.0 cm^2$ 以上;浅 $II°$ 烧烫伤 | 轻微伤 |
| 5.12.5c | 颈部 $I°$ 烧伤面积 $15.0 cm^2$ 以上;浅 $II°$ 烧烫伤面积 $2.0 cm^2$ 以上 | 轻微伤 |
| 5.12.5d | 体表 $I°$ 烧伤面积 $20.0 cm^2$ 以上;浅 $II°$ 烧烫伤面积 $4.0 cm^2$ 以上;深 $II°$ 烧烫伤 | 轻微伤 |
| 枪弹损伤 | | |
| 5.12.2b | 枪弹创,创道长度累计 $180.0 cm$ | 重伤二级 |
| 损伤所致脑水肿、脑疝 | | |
| 5.12.2c | 各种损伤引起脑水肿(脑肿胀)脑疝形成 | 重伤二级 |
| 损伤所致休克 | | |
| 5.12.2d | 各种损伤引起休克(中度) | 重伤二级 |
| 5.12.4f | 各种损伤引起休克(轻度) | 轻伤二级 |
| 挤压综合征 | | |
| 5.12.2e | 挤压综合征($II$级) | 重伤二级 |
| 5.12.4c | 挤压综合征($I$级) | 轻伤二级 |
| 脂肪栓塞综合征 | | |
| 5.12.2f | 损伤引起脂肪栓塞综合征(完全型) | 重伤二级 |
| 5.12.3b | 损伤引起脂肪栓塞综合征(不完全型) | 轻伤二级 |
| 呼吸功能障碍 | | |
| 5.12.2g | 各种损伤致急性呼吸窘迫综合征(重度) | 重伤二级 |
| 5.12.4g | 呼吸功能障碍,出现窒息征象 | 轻伤二级 |
| 电击伤 | | |
| 5.12.2h | 电击伤($II°$) | 重伤二级 |
| 5.12.4d | 电击伤($I°$) | 轻伤二级 |
| 溺水 | | |
| 5.12.2i | 溺水(中度) | 重伤二级 |
| 5.12.4e | 溺水(轻度) | 轻伤二级 |
| 异物存留 | | |
| 5.12.2j | 脑内异物存留;心脏异物存留 | 重伤二级 |
| 5.12.4h | 面部异物存留;眶内异物存留;鼻窦异物存留 | 轻伤二级 |
| 5.12.4i | 胸腔内异物存留;腹腔内异物存留;盆腔内异物存留 | 轻伤二级 |
| 5.12.4j | 深部组织内异物存留 | 轻伤二级 |
| 阴茎勃起功能障碍 | | |
| 5.12.2k | 器质性阴茎勃起障碍(重度) | 重伤二级 |
| 5.12.3c | 器质性阴茎勃起障碍(中度) | 轻伤二级 |
| 5.12.4m | 器质性阴茎勃起障碍(轻度) | 轻伤二级 |
| 假体或内固定装置损坏 | | |
| 5.12.4k | 骨折内固定物损坏需要手术更换或修复 | 重伤二级 |
| 5.12.4l | 各种置入式假体装置损坏需要手术更换或者修复 | 轻伤二级 |

## 第五节　附表（常用人体功能分度/分级/分型表）

表 2-1　肌肉瘫痪与肌力分级表

| 肌力分级 | 肌力描述 |
| --- | --- |
| 0 | 肌肉完全瘫痪，毫无收缩 |
| 1 | 可以看到或者触及肌肉轻微收缩，但不能产生动作 |
| 2 | 肌肉在不受重力影响下，可进行运动，即肢体能在床面上移动，但不能抬高 |
| 3 | 在和地心引力相反的方向中尚能完成其动作，但不能对抗外加的阻力 |
| 4 | 能对抗一定的阻力，但较正常人为低 |
| 5 | 正常肌力 |

表 2-2　肛门失禁分级表

| 分级 | 描述 | 注意事项 |
| --- | --- | --- |
| 重度 | 大便不能控制；<br>肛门括约肌收缩力很弱或丧失；<br>肛门括约肌收缩反射很弱或者消失；<br>直肠内压力测定，肛门注水法<20 cmH$_2$O。 | 1. 脊髓损伤应有客观检查证实，包括影像学检查或电生理检查等。<br>2. 应当在临床治疗终极后进行鉴定。 |
| 轻度 | 稀便不能控制；<br>肛门括约肌收缩力较弱；<br>肛门括约肌收缩反射较弱；<br>直肠内压力测定，肛门注水法 20～30 cmH$_2$O。 | |

表 2-3　排尿障碍分级表

| 分级 | 描述 | 注意事项 |
| --- | --- | --- |
| 重度 | 出现真性重度尿失禁或者尿潴留残余尿≥50 ml | 1. 脊髓损伤应有客观检查证实，包括影像学检查或电生理检查等。<br>2. 应当在临床治疗终极后进行鉴定。 |
| 轻度 | 出现真性轻度尿失禁或者尿潴留残余尿<50 ml | |

表 2-4　（张力性）尿失禁分级(度)表

| 分级 | 分度 | 症状表现 |
| --- | --- | --- |
| 一级 | 轻度 | 负重时才有小便失禁 |
| 二级 | 中度 | 在走路、站立、购物等轻微活动时小便就往外流 |
| 三级 | 重度 | 在任何姿势下，哪怕坐着、躺着，尿都会不由自主地往外流 |

表 2-5　智能障碍(减退)/智力缺陷分度表

| 智能障碍分级 | IQ | 功能表现指标 |
| --- | --- | --- |
| 极重度 | <25 | 语言功能丧失；生活完全不能自理 |
| 重度 | 25～39 | 语言功能严重受损，不能进行有效的语言交流；生活大部分不能自理 |
| 中度 | 40～54 | 能掌握日常生活用语，但词汇贫乏，对周围环境辨别能力差，只能以简单的方式与人交往；生活能部分自理，能做简单劳动 |

(续表)

| 智能障碍分级 | IQ | 功能表现指标 |
|---|---|---|
| 轻度 | 55～69 | 无明显语言障碍,对周围环境有较好的辨别能力,能比较恰当地与人交往;生活能自理,能做一般非技术性工作 |
| 边缘智能状态 | 70～84 | 抽象思维能力或思维广度、深度机敏性显示不良;不能完成高级复杂的脑力劳动 |

**表 2-6　纯音气导阈值的年龄修正值(GB 7582-87)**

| 年龄 | 男 | | | 女 | | |
|---|---|---|---|---|---|---|
| | 500 Hz | 1000 Hz | 2000 Hz | 500 Hz | 1000 Hz | 2000 Hz |
| 30 | 1 | 1 | 1 | 1 | 1 | 1 |
| 40 | 2 | 2 | 3 | 2 | 2 | 3 |
| 50 | 4 | 4 | 7 | 4 | 4 | 6 |
| 60 | 6 | 7 | 12 | 6 | 7 | 11 |
| 70 | 10 | 11 | 19 | 10 | 11 | 16 |

**表 2-7　盲及视力损害分级表**

| 分类 | 远视力低于 | 远视力等于或优于 |
|---|---|---|
| 轻度或无力损害 | | 0.3 |
| 中度视力损害(视力损害 1 级) | 0.3 | 0.1 |
| 重度视力损害(视力损害 2 级) | 0.1 | 0.05 |
| 盲(盲目 3 级) | 0.05 | 0.02 |
| 盲(盲目 4 级) | 0.2 | 光感 |
| 盲(盲目 5 级) | | 无光感 |

**表 2-8　视野有效值与半径的换算表**

| 视野有效值(%) | 视野度数(半径) |
|---|---|
| 8 | 5° |
| 16 | 10° |
| 24 | 15° |
| 32 | 20° |
| 40 | 25° |
| 48 | 30° |
| 56 | 35° |
| 64 | 40° |
| 72 | 45° |
| 80 | 50° |
| 88 | 55° |
| 96 | 60° |

表 2-9　视力小数记录结果换算表

| 小数视力 | 5 分记录 |
| --- | --- |
| 无光感 | 0 |
| 光感 | 1 |
| 手动 | 2 |
| 0.01(数指/50 cm) | 3 |
| 0.02(走进至 1 m 距离看清 0.1 视标) | 3.3 |
| 0.05(走进至 2.5 m 距离看清 0.1 视标) | 3.7 |
| 0.1 | 4.0 |
| 0.15 | 4.2 |
| 0.2 | 4.3 |
| 0.25 | 4.4 |
| 0.3 | 4.5 |
| 0.4 | 4.6 |
| 0.5 | 4.7 |
| 0.6 | 4.8 |
| 0.8 | 4.9 |
| 1.0 | 5.0 |
| 1.2 | 5.1 |
| 1.5 | 5.2 |

表 2-10　视野有效值与残存视野半径、直径对照表

| 视野有效值(%) | 视野度数(半径) | 视野度数(直径) |
| --- | --- | --- |
| 8 | 5° | 10° |
| 16 | 10° | 20° |
| 24 | 15° | 30° |
| 32 | 20° | 40° |
| 40 | 25° | 50° |
| 48 | 30° | 60° |
| 56 | 35° | 70° |
| 64 | 40° | 80° |
| 72 | 45° | 90° |
| 80 | 50° | 100° |
| 88 | 55° | 110° |
| 96 | 60° | 120° |

表 2-11　视野缺损的程度分级表

| 视野缺损程度 | 视野度数(直径) |
| --- | --- |
| 视野接近完全缺损 | 小于 5° |
| 视野极度缺损 | 小于 10° |
| 视野重度缺损 | 小于 20° |

(续表)

| 视野缺损程度 | 视野度数(直径) |
|---|---|
| 视野中度缺损 | 小于60° |
| 视野轻度缺损 | 小于120° |

表2-12　视力障碍与视野缺损相应关系对照表

| 视力损害分级 | 视野缺损分级 |
|---|---|
| 轻度或无视力损害 | 轻度缺损或无缺损 |
| 中度视力损害(视力损害1级) |  |
| 重度视力损害(视力损害2级) | 中度缺损 |
| 盲目3级 | 重度缺损 |
| 盲目4级 | 极度缺损 |
| 盲目5级 | 接近完全缺损 |

表2-13　眼睑外翻分度表

| 分度 | 表现 | 注意事项 |
|---|---|---|
| 轻度 | 睑结膜与眼睑分离,破坏了眼睑与眼球之间的毛细血管作用,泪点脱离泪阜基部而导致溢泪 | 因睑板、睑结膜损伤后瘢痕收缩造成睑内翻的,比照睑外翻作出评定 |
| 中度 | 眼缘结膜、睑板下沟和睑板结膜外翻 | |
| 重度 | 穹窿结膜外翻暴露、结膜穹窿消失 | |

表2-14　眼睑闭合不全分度表

| 定义 | 分度 | 表现 |
|---|---|---|
| 上下眼睑不能完全闭合,导致部分眼球暴露 | 轻度 | 因闭眼时眼球反射性上转,只有下方球结膜暴露,引起结膜充血、干燥、肥厚和角化,用力紧闭尚可使睑裂闭合 |
| | 重度 | 用力闭眼也不能使眼睑闭合,导致角膜暴露引起暴露性角膜炎,甚至角膜溃疡,大多数伴睑外翻,眼睑不能紧贴眼球,泪小点也不能与泪湖密切接触,引起溢泪 |

表2-15　外伤性白内障分类表

| 序号 | 分类 | 鉴定要点 | 注意点 |
|---|---|---|---|
| 1 | 晶体表面出现浅淡的Vossius环 | 对视力影响一般不明显,一般不属于轻伤范畴 | 需排除先天性、年龄相关性和并发白内障 |
| 2 | 玫瑰花样(或放射状)浑浊 | | |
| 3 | 点状白内障 | | |
| 4 | 板层白内障 | 对视力有一定影响,可直接依据相应条款鉴定为轻伤二级 | |
| 5 | 全白内障 | | |

表2-16　外伤性低眼压分类表

| 定义 | 分类 | 预后 |
|---|---|---|
| 眼球外伤后在未发生葡萄膜炎或者虹膜睫状体炎的基础上,眼压显著减低至8 mmHg(1.07 kPa)以下 | 暂时性低眼压 | 一般无眼球后极部损害,短暂治疗后眼压可恢复正常,视功能多属正常 |
| | 顽固性低眼压 | 经治疗后效果不显著,长期眼压低于正常,导致视乳头、视网膜、脉络膜以黄斑部水肿,并发晶状体浑浊,导致永久性视功能损害 |

注:眼压降低提示存在隐匿的眼球壁不完整、睫状体功能障碍、视网膜脱离等。

表 2-17 容貌重度毁损表

| 共性前提 | 合并指标(≥4/6) | | 释义 |
| --- | --- | --- | --- |
| 面部损伤后遗留面部疤痕畸形 | 右侧 6 项中的 4 项及以上 | 1. 眉毛缺失 | 包括一侧眉毛完全缺失 |
| | | 2. 双睑外翻或者缺失 | |
| | | 3. 外耳缺失 | 包括一耳廓完全缺失 |
| | | 4. 鼻缺失 | 包括外鼻完全缺失 |
| | | 5. 上、下唇外翻或者小口畸形 | |
| | | 6. 颈颏黏连 | 属于中度黏连 |

表 2-18 容貌显著变形评定表

| | | 7 种情形 | 评定方法 | 结果 |
| --- | --- | --- | --- | --- |
| 损伤 | 骨折愈合后 | 颧部内陷达 0.5 cm 以上且范围达 3 cm² 以上 | 采取几何图形法、坐标法或头面部 X 线或 CT 摄片作卡尺测量(需注意缩放比例)(引用 5.2.2q 条款) | 评定重伤二级 |
| | | 颧部外凸达 0.5 cm 以上且范围达 3 cm² 以上 | | |
| | | 颧骨骨折错位愈合达 0.7 cm 以上 | | |
| | 骨折畸形愈合导致 | 上颌骨的中线偏离面部中心线达 0.7 cm 以上 | | |
| | | 下颌骨的中线偏离面部中心线达 0.7 cm 以上 | | |
| | | 儿童上颌骨的中线偏离面部中心线达 0.5 cm 以上 | | |
| | | 儿童下颌骨的中线偏离面部中心线达 0.5 cm 以上 | | |
| | 眼眶骨折导致 | 两眼球凸出度相差 0.5 cm 以上 | | |

注:1. 面部中心线:以鼻根点作眼耳平面的垂线所形成的直线。
2. 眼耳平面:又称"法兰克福平面"。活体上相当于人体站立时,臀部和背部靠墙,两眼向前平视时颅骨的位置,与左右外侧耳门上缘点和左侧眶下缘点三点确定的一个平面。

表 2-19 瘢痕分类表

| 瘢痕类型 | 出现情形与组织特点 | 表现 | 注意点 |
| --- | --- | --- | --- |
| 浅表性 | 浅表的切创,浅Ⅱ度烧伤或表浅的皮肤挫裂创在没有感染的情况下形成 | 位置表浅,局部平而软,皮肤的切划创愈合后留下的瘢痕呈线条状,与皮下组织无黏连 | 不发生功能障碍 |
| 增殖性 | 挫裂创、砍创或大面积烧伤时,由于软组织损伤严重,创口有异物而易于并发感染。此类创口通过肉芽组织生长形成瘢痕 | 面积大,肥厚,高出皮肤表面有时高达 1~2 cm,外观呈肉红色或紫红色,质地较硬,与皮下组织黏连不紧。有的在 6 个月开始消退,有的在 1~2 年后仍有增殖反应 | 不向邻近健康组织生长;位于面部可致容貌毁损;位于关节部位可致关节僵硬及畸形 |
| 瘢痕疙瘩 | 与瘢痕体质、年龄、内分泌等因素有关,与创的轻重关系不大。具有肿瘤样组织增生的特性 | 外观呈肉红色或紫红色,软骨样硬,弹性和血液循环差,向周围正常皮肤扩张,边缘明显隆起,边缘有时可见瘢痕组织条索向邻近健康组织内伸入 | 瘢痕疙瘩的瘢痕组织大于原创口面积 |
| 萎缩性 | 皮肤大面积损伤、全层皮肤缺损,特别是深及皮下脂肪层的床面,未经植皮,经过较长时间愈合者;常见于**大面积Ⅲ度烧伤、撕脱伤、头皮颅骨的电击伤、肢体长期慢性溃疡** | 组织很薄,表面平坦,局部供血差,表皮层、基底层有大量胶原纤维增生并与深部组织黏连紧密,具有很强的收缩性。瘢痕硬而不活动,表面易发生磨损破溃,形成经久不愈的溃疡 | 可牵拉邻近的正常组织而导致较严重的功能障碍 |

(续表)

| 瘢痕类型 | 出现情形与组织特点 | 表现 | 注意点 |
|---|---|---|---|
| 凹陷性 | 伴有皮下组织、肌肉、骨骼等深部组织缺损的严重创伤 | 瘢痕表面低于正常皮肤表面,瘢痕基底部常与周围组织的肌肉、神经、骨膜黏连,引起疼痛或局部功能障碍 | 体表的凹陷性瘢痕影响轻;面部的凹陷性瘢痕可构成毁容 |

**表 2-20　面部条状瘢痕损伤程度分级表**

| 质标 | 量标 | | 位标 | 损伤等级 |
|---|---|---|---|---|
| | 单个(条)长度 | 累计长度 | | |
| 条状瘢痕(宽 2 mm 以上) | 10.0 cm 以上 | 15.0 cm 以上 | 面部(50%以上位于中心区) | 重伤二级 |
| 创口或瘢痕 | 6.0 cm 以上 | 10.0 cm 以上 | 面部 | 轻伤一级 |
| 创口或瘢痕 | 4.5 cm 以上 | 6.0 cm 以上 | 面部 | 轻伤二级 |
| 穿透创 | 创口或瘢痕长 1.0 cm 以上 | | 面颊 | 轻伤二级 |
| 全层裂创 | 皮肤(或唇红)创口或瘢痕长 1.0 cm 以上 | | 口唇(皮肤或唇红) | 轻伤二级 |
| 软组织创 | 有 | | 面部 | 轻微伤 |

**表 2-21　面部块状瘢痕损伤程度分级表**

| 质标 | 量标 | | 位标 | 损伤等级 |
|---|---|---|---|---|
| | 单块长度 | 累计长度 | | |
| 增生瘢痕、瘢痕疙瘩、凹陷瘢痕、桥状瘢痕、赘状瘢痕、蹼状瘢痕、挛缩瘢痕等 | 6.0 cm² 以上 | 10.0 cm² 以上 | 面部(其中 50%以上在中心区) | 重伤二级 |
| | 4.0 cm² 以上 | 7.0 cm² 以上 | 面部 | 轻伤一级 |
| | 3.0 cm² 以上 | 5.0 cm² 以上 | 面部 | 轻伤二级 |

注:线性瘢痕除外,涉及跨界瘢痕按照跨界原则计算。

**表 2-22　面部细小瘢痕损伤程度分级表**

| 质标 | 量标(累计面积) | 位标 | 损伤等级 |
|---|---|---|---|
| 细小瘢痕、色素沉着、色素减退 | 面部 30%以上 | 面部 | 重伤二级 |
| | 30.0 cm² 以上 | 面部 | 轻伤一级 |
| | 8.0 cm² 以上 | 面部 | 轻伤二级 |
| | 有瘢痕或色素改变 | 面部 | 轻微伤 |
| 擦伤、挫伤、划伤 | 面部皮肤擦伤,面积 2.0 cm² 以上 | 面部 | 轻微伤 |
| | 面部软组织挫伤 | | |
| | 面部划伤 4.0 cm 以上 | | |

表 2-23  外周性面瘫分级与症状体征表[1]

| 分级 | 神经分支 | 表现 | |
| --- | --- | --- | --- |
| | | 静态 | 动态 |
| 完全性 | 面神经5个分支支配的全部颜面肌肉瘫痪 | 额纹消失；鼻唇沟变浅；口角下垂 | 不能皱眉；眼睑不能闭合，不能示齿、鼓腮、吹口哨、饮食时汤水流逸 |
| 不完全性 | 面神经颧支、下颌缘支或者颞支和颊支损伤出现部分上述症状和体征 | 部分上述表现 | 部分上述表现 |
| 一侧面肌大部分瘫痪 | 3个以上分支支配的颜面肌肉瘫痪 | 遗留眼睑闭合不全和口角歪斜；眼睑闭合不全是指平视闭目时部分眼球暴露；口角歪斜是指口唇中线偏离面部中线 0.7 cm 以上（静态时健侧口角偏离中线） | |

表 2-24  张口困难分度表

| 分度 | 表现 | 备注 |
| --- | --- | --- |
| Ⅰ度 | 大张口时，只能垂直置入食指和中指 | 正常情况下，大张口时，一般可垂直置入 3 指 |
| Ⅱ度 | 大张口时，只能垂直置入食指 | |
| Ⅲ度 | 大张口时，上、下切牙间距小于食指之横径 | |

表 2-25  外伤性鼓膜穿孔与病理性鼓膜穿孔的鉴别表

| | 外伤性 | 病理性 | 注意点 |
| --- | --- | --- | --- |
| 病因 | 间接或直接外力 | 慢性化脓性中耳炎 | 需排除造作伤 |
| 症状 | 立即出现耳痛、耳鸣、听力减退 | 伤前曾有液体流出 | 询问病史 |
| 部位 | 间接外力：紧张部前下象限多见（左耳较右耳常见）<br>直接外力：紧张部后上象限 | 松弛部、紧张部中央 | 结合高清内窥镜照相 |
| 形态 | 裂隙状、不规则形、放射状或肾形 | 圆形、椭圆形，穿孔部位的鼓膜厚薄不一 | |
| 边缘 | 呈撕裂状 | 圆钝，有时可见钙化斑 | |
| 出血 | 伴有新鲜血迹、凝血块、血痂 | 无出血，可有脓性分泌物 | |
| 对侧 | 除非同时受伤，一般无穿孔 | 常显示双侧穿孔 | 需双侧检查对照 |
| 转归 | 小穿孔常可自愈，大穿孔需要手术修补，愈后常无明显功能障碍 | 与原有病情及治疗情况相关，治愈后听力大多可恢复 | 确定属外伤性后，需等至伤后 6 周，确定不能自愈才能评定轻伤二级 |

---

[1] 参见崔永华等：《耳鼻喉、头颈外科疾病诊疗指南》，科学出版社 2015 年版，第 129—130 页。

表 2-26 眼球缺失认定表

| 定义 | 包含情形 |
| --- | --- |
| 眼球作为视功能的主要结构已经缺失,不存在任何视功能 | 眼球完全摘除,尚未行义眼植入术 |
| | 眼球完全摘除,已行义眼植入术 |
| | 眼内容物剜除,未行进一步整形治疗的 |
| | 眼内容物剜除,已行整形治疗的 |

表 2-27 眼球萎缩认定表

| 定义 | 包含情形 |
| --- | --- |
| 作为视功能的主要结构虽然存在或部分存在,但视功能已经消失或者仅存在定位不准确的弱光感视力 | 眼球外形改变、全面缩小,继续保留影响容貌 |
| | 眼球突出度较健眼明显减低 |
| | 通过超声或CT等影像学检查可以发现眼球内结构萎缩、毁损,不再能清晰辨认 |
| | 眼球无功能,视力在光感以下 |
| | 眼压改变,通常表现为眼压降低 |
| | 无继续治疗价值,具有眼球摘除的手术适应征 |

表 2-28 前房出血分度表

| 分度 | 指标 | 依据和预后 |
| --- | --- | --- |
| Ⅰ度 | 少于 1/3 | 依据是积血占前房容量的比例。少量出血可自行吸收,不留下后遗症;中至大量出血可引起继发性青光眼、角膜血染等,必要时需要手术冲洗和清除凝血块 |
| Ⅱ度 | 1/3 到 2/3 | |
| Ⅲ度 | 多于 2/3 | |

表 2-29 心功能分度表

| 分度 | 依据 | 临床表现与指标 |
| --- | --- | --- |
| Ⅰ度 | 根据体力活动受限的程度 | 无症状,体力活动不受限 |
| Ⅱ度 | | 较重体力活动则有症状,体力活动稍受限 |
| Ⅲ度 | | 轻微体力活动即有明显症状,休息后稍减轻,体力活动大部分受限 |
| Ⅳ度 | | 即使在安静状态下亦有明显症状,体力活动完全受限 |

表 2-30 肝功能损害分度表

| 程度 | 血清清蛋白 | 血清总胆红素 | 腹水 | 脑症 | 凝血酶原时间 |
| --- | --- | --- | --- | --- | --- |
| 重度(3分) | <2.5g/dL | >3.0mg/dL | 顽固性 | 明显 | 明显延长(较对照组>9秒) |
| 中度(2分) | 2.5~3.0 g/dL | 2.0~3.0 mg/dL | 无或者少量,治疗后消失 | 无或者轻度 | 延长(较对照组>6秒) |
| 轻度(1分) | 3.1~3.5 g/dL | 1.5~2.0 mg/dL | 无 | 无 | 稍延长(较对照组>3秒) |

表 2-31　肾功能障碍分期分级表

| 分期 | 内生肌酐清除率 | 血尿素氮浓度 | 血肌酐浓度 | 临床症状 |
| --- | --- | --- | --- | --- |
| 代偿期 | 降至正常的50%,50~70 mL/min | 正常 | 正常 | 通常无明显临床症状 |
| 失代偿期 | 25~49 mL/min | | >177 μmol/L(2 mg/dL)但<450 μmol/L(5 mg/dL) | 无明显临床症状,可有轻度贫血夜尿,多尿 |
| 尿毒症期 | <25 mL/min | >21.4 mmol/L(60 mg/dL) | 450~707 μmol/L(5~8 mg/dL) | 常伴有酸中毒和严重尿毒症临床症状 |

表 2-32　急性呼吸窘迫综合征分度表

| 程度 | 临床分级 | | 血气分析分级 | | |
| --- | --- | --- | --- | --- | --- |
| | 呼吸频率 | 临床表现 | X线示 | 吸空气 | 吸纯氧15分钟后 |
| 轻度 | >35次/分 | 无发绀 | 无异常或者纹理增多、边缘模糊 | 氧分压<8.0 kPa 二氧化碳分压<4.7 kPa | 氧分压<46.7 kPa Qs/Qt>10% |
| 中度 | >40次/分 | 发绀,肺部有异常体征 | 斑片状阴影或者呈磨玻璃样改变,可见支气管气相 | 氧分压<6.7 kPa 二氧化碳分压<5.3 kPa | 氧分压<20.0 kPa Qs/Qt>10% |
| 重度 | 呼吸极度窘迫 | 发绀进行性加重,肺广泛湿罗音或者实变 | 双肺大部分密度普遍增高,支气管气相明显 | 氧分压<5.3 kPa(40 mmHg) 二氧化碳分压>6.0 kPa | 氧分压<13.3 kPa Qs/Qt>30% |

表 2-33　呼吸困难分级表

| 分级 | 判断标准 |
| --- | --- |
| 1级 | 与同年龄健康者在平地一同步行无气短,但登山或者上楼时呈气短 |
| 2级 | 平路步行100 m无气短,但不能与同龄健康者保持同样速度,平路快步长走呈现气短,登山或者上楼时气短明显 |
| 3级 | 平路步行100 m即有气短 |
| 4级 | 稍活动(如穿衣、谈话)即气短 |

表 2-34　休克分度表

| 分度 | 血压(收缩压)kPa | 脉搏(次/分) | 全身状况 |
| --- | --- | --- | --- |
| 轻度 | 12~13.3(90~100 mmHg) | 90~100 | 尚好 |
| 中度 | 10~12(75~90 mmHg) | 110~130 | 抑制、苍白、皮肤冷 |
| 重度 | <10(<75 mmHg) | 120~160 | 明显抑制 |
| 垂危 | 0 | | 呼吸障碍、意识模糊 |

表 2-35　烧伤深度分度表

| 分度 | | 损伤组织 | 烧伤部位特点 | 愈后情况 |
|---|---|---|---|---|
| Ⅰ度 | | 表皮 | 皮肤红肿,有热、痛感,无水疱,干燥,局部温度稍有增高 | 不留瘢痕 |
| Ⅱ度 | 浅Ⅱ度 | 真皮浅层 | 剧痛,表皮有大而薄的水疱,疱底有组织充血和明显水肿;组织坏死仅限于皮肤的真皮层,局部温度明显增高 | 不留瘢痕 |
| | 深Ⅱ度 | 真皮深层 | 痛,损伤已达真皮深层,水疱较小,表皮和真皮层大部分凝固和坏死。将已分离的表皮揭去,可见基底微湿,色泽苍白,上有红出血点,局部温度较低 | 可留下瘢痕 |
| Ⅲ度 | | 全层皮肤或者皮下组织、肌肉、骨骼 | 不痛,皮肤全层坏死,干燥如皮革样,不起水疱,蜡白或者焦黄、炭化,知觉丧失,脂肪层的大静脉全部坏死,局部温度低、发凉 | 需自体皮肤移植,有瘢痕或者畸形 |

表 2-36　电击伤分度表

| 分度 | 症状 |
|---|---|
| Ⅰ度 | 全身症状轻微,只有轻度心悸。触电肢体麻木,全身无力,如极短时间内脱离电源,稍休息可恢复正常 |
| Ⅱ度 | 触电肢体麻木,面色苍白,心跳、呼吸增快,甚至昏厥、意识丧失,但瞳孔不散大。对光反射存在 |
| Ⅲ度 | 呼吸浅而弱、不规则,甚至呼吸骤停。心律不齐,有室颤或者心跳骤停 |

表 2-37　溺水分度表

| 分度 | 落水时间 | 症状 |
|---|---|---|
| 重度 | 3—4 分钟 | 神志昏迷,呼吸不规则,上腹部膨胀,心音减弱或者心跳、呼吸停止。淹溺到死亡的时间一般为 5—6 分钟 |
| 中度 | 1—2 分钟 | 神志模糊,呼吸不规则或者表浅,血压下降,心跳减慢,反射减弱 |
| 轻度 | 刚落水片刻 | 神志清,血压升高,心率、呼吸增快 |

表 2-38　挤压综合征分级表

| 病因与定义 | 分级 | 表现 |
|---|---|---|
| 人体肌肉丰富的四肢与躯干部位因长时间受压(如暴力挤压)或者其他原因造成局部血液循环障碍,结果引起肌肉缺血坏死,出现肢体明显肿胀、肌红蛋白尿及高血钾等特征的急性肾功能衰竭 | Ⅰ度 | 肌红蛋白尿试验阳性,肌酸磷酸激酶 CPK 增高,无肾衰等全身反应 |
| | Ⅱ度 | 肌红蛋白尿试验阳性,肌酸磷酸激酶 CPK 明显升高,血肌酐和尿素氮增高,少尿,有明显血浆渗入组织间隙,致有效血容量减少,出现低血压 |
| | Ⅲ度 | 肌红蛋白尿试验阳性,肌酸磷酸激酶 CPK 显著升高,少尿或尿闭,休克,代谢性酸中毒以及高血钾 |

表 2-39 脂肪栓塞分型表

| 分型 | 症状 | 实验室检查 | 愈后 |
|---|---|---|---|
| 不完全型（部分症候群型） | 骨折后出现胸部疼痛,咳呛震痛,胸闷气急,痰中带血,神疲身软,面色苍白,皮肤出现淤血点,上肢无力伸举,脉多细涩 | 明显低氧血症 | 一般良好 |
| 完全型（典型症候群型） | 神志恍惚,严重呼吸困难,口唇紫绀,胸闷欲绝,脉细涩。初期表现为呼吸和心动火速、高热等非特异症状,后出现呼吸窘迫、神志不清、昏迷等神经系统症状,眼结膜和肩、胸皮下可见散在淤血点 | 血色素减低,血小板较少,血沉增快、低氧血症,胸部 X 线可见肺部多变的、进行性的、斑片状阴影改变和右心扩大 | 不及时治疗愈后不良 |

表 2-40 人体表面积的九分法表

| 部位 | 面积(%) | 按九分法面积(%) |
|---|---|---|
| 头 | 6 | (1×9)=9 |
| 颈 | 3 | |
| 前躯 | 13 | (3×9)=27 |
| 后躯 | 13 | |
| 会阴 | 1 | |
| 双上臂 | 7 | (2×9)=18 |
| 双前臂 | 6 | |
| 双手 | 5 | |
| 臀 | 5(男)6(女) | (5×9+1)=46 |
| 双大腿 | 21 | |
| 双小腿 | 13 | |
| 双足 | 7(男)6(女) | |
| 全身合计 | 100 | (11×9+1)=100 |

表 2-41 器质性阴茎勃起障碍分度表

| 分度 | 勃起硬度 | 持续时间 |
|---|---|---|
| 重度 | 阴茎无勃起反应 | 阴茎硬度及周长均无改变 |
| 中度 | 0＜阴茎勃起时最大硬度＜40% | 每次勃起持续时间＜10 分钟 |
| 轻度 | 40%≤阴茎勃起时最大硬度＜60% | 每次勃起持续时间＜10 分钟 |

表 2-42 营养不良分度表

| 指标 | 轻度 | 中度 | 重度 |
|---|---|---|---|
| 体重(kg) | 标准体重的 80%～90% | 标准体重的 60%～80% | 低于标准体重的 60% |
| 肌酐—身高指数(%) | 60～80 | 40～60 | 40 |
| 白蛋白浓度(g/L) | 0.30～0.35 | 0.21～0.30 | 21 |
| 铁蛋白浓度(g/L) | 1.50～1.75 | 1.00～1.50 | 1.00 |
| 总淋巴细胞(×10/L) | 1.2～1.5 | 0.8～1.2 | 0.8 |

表 2-43 肩锁关节脱位分型表

| 损伤机制 | 分型 | 临床表现、治疗与预后 | 鉴定要点 |
|---|---|---|---|
| 直接和间接暴力均可导致肩锁关节脱位 | Ⅰ型 | 肩锁关节囊、韧带挫伤,尚未断裂,临床表现为肩锁关节处疼痛、肿胀,肩部活动时加重,局部压痛明显,摄片无明显移位,制动治疗2—3周,均可恢复 | 不属于轻伤 |
| | Ⅱ型 | 肩锁关节囊破裂,部分韧带损伤或者断裂,关节半脱位,在具备Ⅰ型的临床症状外,手指按压锁骨外端有弹性感,CR拍片可见锁骨外端向上翘起,为半脱位,常需手术治疗 | 如经手术治疗,可定轻伤 |
| | Ⅲ型 | 完全脱位 | 轻伤 |

注:习惯性肩锁关节脱位不属于本条规定的情形,除非有关节囊破裂、韧带损伤的损伤性改变存在。

表 2-44 慢性脓胸分型表

| 定义 | 分型 | 临床表现 | 诊断要点 |
|---|---|---|---|
| 创伤性脓胸是指胸段气管或者食管损伤累及胸腔导致胸腔细菌感染、充血、渗出,渗出液含白细胞及纤维蛋白,积液多为脓液性。急性脓胸多为全脓胸、大部脓胸。 | 轻型 | 全身消耗不重,脓腔为200—300ml,多为包裹型 | 血常规白细胞计数明显增高,X线检查可辅助确诊,结合原发损伤基础 |
| | 重型 | 经常有恶化过程,39℃以上的高热,有全身消耗,脓腔为500—1000 ml,大部分为多房型 | |
| | 脓毒症状 | 全身消耗,有严重并发症 | |

表 2-45 肾脏损伤分类分级表

| 分类方式 | 分类 | 临床特点 |
|---|---|---|
| 按程度不同粗略划分 | 轻度损伤 | 包括肾挫伤,1cm以下肾裂伤 |
| | 严重损伤 | 包括1cm以上肾裂伤,贯通收集系统的损伤,粉碎性损伤及血管性损伤 |
| 按损伤程度不同细分 | Ⅰ级 | 挫伤 |
| | Ⅱ级 | 无肾实质裂伤的局限性包膜下血肿或局限性肾周围血肿 |
| | Ⅲ级 | 肾皮质裂伤深度<1cm,无尿外渗 |
| | Ⅳ级 | 肾皮质裂伤深度>1cm而无收集系统裂伤或尿外渗以及贯通肾皮质、髓质、收集系统的裂伤 |
| | Ⅴ级 | 肾动、静脉主干损伤出血、肾粉碎性损伤或者肾蒂断裂 |

表 2-46 会阴撕裂伤(创)分级表

| 分级 | 损伤范围 | 鉴定注意点 |
|---|---|---|
| Ⅰ级 | 会阴部黏膜、阴唇系带、前庭黏膜、阴道黏膜等处有撕裂,但未累及肌层及筋膜 | 鉴定人应在临床诊断基础上,对损伤部位实施阴道、肛门指诊检查,不能仅凭临床检查确定 |
| Ⅱ级 | 撕裂伤累及盆底肌肉筋膜,但未累及肛门括约肌 | |
| Ⅲ级 | 肛门括约肌全部或者部分撕裂,甚至直肠前壁亦被撕裂 | |

表 2-47 阴道狭窄分度表

| 分度 | 指标 |
|---|---|
| 正常阴道 | 成人阴道宽5.0 cm,深10.0~15.0 cm |
| 轻度狭窄 | 最大宽度小于或等于4.0 cm |
| 重度狭窄 | 最大宽度小于或等于2.0 cm |

表 2-48　骨盆骨折分型表

| 分型 | 亚型 | 特点 | |
|---|---|---|---|
| A（稳定型） | 无 | 如耻骨支、坐骨支骨折，髂前上棘撕脱性骨折，髂翼骨折等 | 骨盆环骨折，移位不大未破坏骨盆环的稳定性 |
| B（旋转不稳定型） | B1 | 分离型 | 旋转稳定性遭受破坏，垂直方向并无移位仅发生了旋转不稳定 |
| | B2 | 压缩型 | |
| | B3 | 侧方压缩使对侧发生骨折 | |
| C 旋转与垂直不稳定型 | C1 | 单侧骶髂关节脱位 | 既发生旋转移位，又发生垂直移位 |
| | C2 | 双侧骶髂关节脱位、骶髂关节脱位并有髋臼骨折 | |

表 2-49　关节活动检测方法汇总表[①]

| 关节部位 | 图例示范 | 检查指南和正常参考值 |
|---|---|---|
| 颈部活动度 | 后伸 30°-45°　0　前屈 35°-45°　右旋转 45°　0　左侧屈 45°　左旋 60°-80°　0　右旋 60°-80° | 中立位：面向前，眼平视，下颌内收。颈部活动度为：前屈 35°～45°；后伸 35°～45°；左、右侧屈各 45°；左、右旋转各 60°～80°。 |
| 腰部活动度 | 屈 90°　伸 30°　屈侧 30°　旋转 30° | 腰椎中立位不易确定。前屈：测量数值不易准确，患者直立，向前弯腰，正常时中指尖可达足面，腰椎呈弧形。一般称之为 90°；后伸：30°；侧屈：左、右各 20°～30°；侧旋：固定骨盆后脊柱左、右旋转的程度，应依据旋转后两肩连线与骨盆横径所成角度计算，正常为 30°。 |

---

[①] 改编自朱广友主编：《法医临床司法鉴定实务》，法律出版社 2009 年版，第 71—83 页。

(续表)

| 关节部位 | 图例示范 | 检查指南和正常参考值 |
|---|---|---|
| 肩关节活动度 | | 前屈上举:150°~170°。测量方法:量角器轴心位于关节侧方肩峰下方,固定臂平行于躯干腋中线,活动臂平行于肱骨中线。 |
| | | 后伸:40°~45°。测量方法:量角器轴心位于关节侧方肩峰下方,固定臂平行于躯干腋中线,活动臂平行于肱骨中线。 |
| | | 外展上举:160°~180°。测量方法:量角器轴心位于肩关节前面,并与肩峰成一直线,固定臂平行于躯干腋中线,活动臂平行于肱骨中线。 |
| | | 内收:20°~40°。测量方法:量角器轴心位于肩关节前面,并与肩峰成一直线,固定臂平行于躯干腋前线,活动臂平行于肱骨中线。 |
| | | 水平位内旋:70°~90°。测量方法:量角器轴心通过肱骨纵轴,固定臂垂直于地面,活动臂平行于前臂中线。 |

| 关节部位 | 图例示范 | 检查指南和正常参考值 |
| --- | --- | --- |
| 肩关节活动度 | | 水平位外旋:60°~80°。测量方法:量角器轴心通过肱骨纵轴,固定臂垂直于地面,活动臂平行于前臂中线。 |
| | | 贴臂位内旋、外旋:45°~70°、45°~60°。测量方法:固定臂通过肩峰的冠状轴,活动臂平行于前臂中线。 |
| 肘关节活动度 | | 屈曲:135°~150°。测量方法:量角器轴心位于肘关节侧方并通过肱骨上髁,固定臂平行于肱骨中线,活动臂平行于前臂。 |
| | | 伸展:0°~10°。测量方法:量角器轴心位于肘关节侧方并通过肱骨上髁,固定臂平行于肱骨中线,活动臂平行于前臂。 |
| | | 旋前:80°~90°。测量方法:量角器轴心通过前臂纵轴,固定臂平行于肱骨中线,活动臂平行于所握铅笔(拇指侧)。 |
| | | 旋后:80°~90°。测量方法:量角器轴心通过前臂纵轴,固定臂平行于肱骨中线,活动臂平行于所握铅笔(拇指侧)。 |

(续表)

| 关节部位 | 图例示范 | 检查指南和正常参考值 |
| --- | --- | --- |
| 腕关节活动度 | | 掌屈:50°～60°。测量方法:量角器轴心位于腕关节背侧(与第三掌骨成一线),固定臂紧贴前臂中线,活动臂紧贴手背正中。 |
| | | 背伸:50°～60°。测量方法:量角器轴心腕关节背侧(与第三掌骨成一线),固定臂紧贴前臂中线,活动臂紧贴手掌正中。 |
| | | 桡偏:25°～30°。测量方法:量角器轴心腕骨的中点,固定臂紧贴前臂中线,活动臂平行于第三掌骨。 |
| | | 尺偏:25°～30°。测量方法:量角器轴心腕关节侧腕骨的中点,固定臂紧贴前臂中线,活动臂平行于第三掌骨。 |
| 髋关节活动度 | | 伸展:25°～30°。测量方法:矢状面画一条髂前上棘与髂后上棘的连线(B—A),画一条垂线至股骨大转子(C—D)量角器轴心位于股骨大转子。 |
| | | (D),固定臂位于垂线(C—D),活动臂平行于股骨中线。 |

（续表）

| 关节部位 | 图例示范 | 检查指南和正常参考值 |
|---|---|---|
| 髋关节活动度 |  | 前屈:130°～140°。测量方法:矢状面画一条髂前上棘与髂后上棘的连线(B—A),画一条垂线至股骨大转子(C—D)量角器轴心位于股骨大转子(D),固定臂位于垂线(C—D),活动臂平行于股骨中线。 |
| | | 外展:35°～45°。前面画一条双侧髂前上棘的连线,量角器轴心位于髋关节上,固定臂平行于双侧髂前上棘的迦线,活动臂平行于股骨中线。 |
| | | 内收:20°～30°。测量方法:前面画一条双侧髂前上棘的连线,量角器轴心位于髋关节上,固定臂平行于双侧髂前上棘的迦线,活动臂平行于股骨中线。 |
| 膝关节活动度 | | 内旋:40°～50°。测量方法:量角器轴心通过前臂纵轴,固定臂平行于台面,活动臂平行于小臂中线。 |
| | | 外旋:30°～40°。测量方法:量角器轴心通过前臂纵轴,固定臂平行于台面,活动臂平行于小臂中线。 |

（续表）

| 关节部位 | 图例示范 | 检查指南和正常参考值 |
|---|---|---|
| 膝关节活动度 | | **屈曲**：120°～150°。测量方法：量角器轴心通过膝关节，固定臂平行骨中线，活动臂平行于腓骨中线。 |
| 踝关节活动度 | | **背屈**：20°～30°。测量方法：量角器轴心紧靠足部，固定臂平行于腓骨，活动臂平行于第五跖骨。 |
| | | **跖屈**：40°～50°。测量方法：量角器轴心紧靠足部，固定臂平行于腓骨，活动臂平行于第五跖骨。 |
| 指关节活动度 | | **第一掌指关节屈曲**：60°。测量方法：量角器轴心位于第一掌指关节侧方，固定臂平行于第一掌骨中线，活动平行于近节指骨中线。 |
| | | **第二、三、四、五掌指关节屈曲**：90°。测量方法：量角器轴心位于对应掌指关节背侧的中点，固定臂紧贴对应掌骨背中线，活动臂紧贴对就近节指骨侧中线。 |

（续表）

| 关节部位 | 图例示范 | 检查指南和正常参考值 |
|---|---|---|
| 指关节活动度 | | 第一指间关节屈曲：80°。测量方法：量角器轴心位于指间关节的侧方，固定臂平行于近节指骨中线，活动臂平行于远节指骨中线。 |
| | | 第二、三、四、五指间关节屈曲：100°（近侧指关节）、70°（远侧指间关节）。测量方法：量角器轴心位于对应指间关节背面，固定臂紧贴对应近节（或中节）指骨背侧中线，活动臂紧贴对在中节（或远节）指骨背侧中线。 |

注：图中度数仅供参考，因为同一关节主动活动与被动活动的活动度是不同的，正常时被动大于主动，骨关节损伤以检查被动活动为主，神经损伤以检查主动活动为主，检查结果应注明。单侧损伤必须检查健侧，并以健侧检查结果为正常参考值，双侧均损伤一般引用参考值的平均值/上限。

表 2-50　肩关节功能丧失程度表（%）

| | 关节运动活动度 | 肌力 | | | | |
|---|---|---|---|---|---|---|
| | | ≤M1 | M2 | M3 | M4 | M5 |
| 前屈 | ≥171 | 100 | 75 | 50 | 25 | 0 |
| | 151～170 | 100 | 77 | 55 | 32 | 10 |
| | 131～150 | 100 | 80 | 60 | 40 | 20 |
| | 111～130 | 100 | 82 | 62 | 47 | 30 |
| | 91～110 | 100 | 85 | 70 | 55 | 40 |
| | 71～90 | 100 | 87 | 75 | 62 | 50 |
| | 51～70 | 100 | 90 | 80 | 70 | 60 |
| | 31～50 | 100 | 92 | 85 | 77 | 70 |
| | ≤30 | 100 | 95 | 90 | 85 | 80 |
| 内收 | ≥41 | 100 | 75 | 50 | 25 | 0 |
| | 31～40 | 100 | 80 | 60 | 40 | 20 |
| | 21～30 | 100 | 85 | 70 | 55 | 40 |
| | 11～20 | 100 | 90 | 80 | 70 | 60 |
| | ≤10 | 100 | 95 | 90 | 85 | 80 |

（续表）

| 关节运动活动度 | | 肌力 | | | | |
|---|---|---|---|---|---|---|
| | | ≤M1 | M2 | M3 | M4 | M5 |
| 外展 | ≥171 | 100 | 75 | 50 | 25 | 0 |
| | 151～170 | 100 | 77 | 55 | 32 | 10 |
| | 131～150 | 100 | 80 | 60 | 40 | 20 |
| | 111～130 | 100 | 82 | 65 | 47 | 30 |
| | 91～110 | 100 | 85 | 70 | 55 | 40 |
| | 71～90 | 100 | 87 | 75 | 62 | 50 |
| | 51～70 | 100 | 90 | 80 | 70 | 60 |
| | 31～50 | 100 | 92 | 85 | 77 | 70 |
| | ≤30 | 100 | 95 | 90 | 85 | 80 |
| 内收 | ≥41 | 100 | 75 | 50 | 25 | 0 |
| | 31～40 | 100 | 80 | 60 | 40 | 20 |
| | 21～30 | 100 | 85 | 70 | 55 | 40 |
| | 11～20 | 100 | 90 | 80 | 70 | 60 |
| | ≤10 | 100 | 95 | 90 | 85 | 80 |
| 内旋 | ≥81 | 100 | 75 | 50 | 25 | 0 |
| | 71～80 | 100 | 77 | 55 | 32 | 10 |
| | 61～70 | 100 | 80 | 60 | 40 | 20 |
| | 51～60 | 100 | 82 | 65 | 47 | 30 |
| | 41～50 | 100 | 85 | 70 | 55 | 40 |
| | 31～40 | 100 | 87 | 75 | 62 | 50 |
| | 21～30 | 100 | 90 | 80 | 70 | 60 |
| | 11～20 | 100 | 92 | 85 | 77 | 70 |
| | ≤10 | 100 | 95 | 90 | 85 | 80 |
| 外旋 | ≥81 | 100 | 75 | 50 | 25 | 0 |
| | 71～80 | 100 | 77 | 55 | 32 | 10 |
| | 61～70 | 100 | 80 | 60 | 40 | 20 |
| | 51～60 | 100 | 82 | 65 | 47 | 30 |
| | 41～50 | 100 | 85 | 70 | 55 | 40 |
| | 31～40 | 100 | 87 | 75 | 62 | 50 |
| | 21～30 | 100 | 90 | 80 | 70 | 60 |
| | 11～20 | 100 | 92 | 85 | 77 | 70 |
| | ≤10 | 100 | 95 | 90 | 85 | 80 |

表 2-51 肘关节功能丧失程度表(%)

| | 关节运动活动度 | 肌力 | | | | |
|---|---|---|---|---|---|---|
| | | ≤M1 | M2 | M3 | M4 | M5 |
| 屈曲 | ≥41 | 100 | 75 | 50 | 25 | 0 |
| | 36～40 | 100 | 77 | 55 | 32 | 10 |
| | 31～35 | 100 | 80 | 60 | 40 | 20 |
| | 26～30 | 100 | 82 | 65 | 47 | 30 |
| | 21～25 | 100 | 85 | 70 | 55 | 40 |
| | 16～20 | 100 | 87 | 75 | 62 | 50 |
| | 11～15 | 100 | 90 | 80 | 70 | 60 |
| | 6～10 | 100 | 92 | 85 | 77 | 70 |
| | ≤5 | 100 | 95 | 90 | 85 | 80 |
| 伸展 | 81～90 | 100 | 75 | 50 | 25 | 0 |
| | 71～80 | 100 | 77 | 55 | 32 | 10 |
| | 61～70 | 100 | 80 | 60 | 40 | 20 |
| | 51～60 | 100 | 82 | 70 | 47 | 30 |
| | 41～50 | 100 | 85 | 75 | 55 | 40 |
| | 31～40 | 100 | 87 | 80 | 62 | 50 |
| | 21～30 | 100 | 90 | 85 | 70 | 60 |
| | 11～20 | 100 | 92 | 90 | 77 | 70 |
| | ≤10 | 100 | 95 | 95 | 85 | 80 |

表 2-52 腕关节功能丧失程度表(%)

| | 关节运动活动度 | 肌力 | | | | |
|---|---|---|---|---|---|---|
| | | ≤M1 | M2 | M3 | M4 | M5 |
| 掌屈 | ≥61 | 100 | 75 | 50 | 25 | 0 |
| | 51～60 | 100 | 77 | 55 | 32 | 10 |
| | 41～50 | 100 | 80 | 60 | 40 | 20 |
| | 31～40 | 100 | 82 | 65 | 47 | 30 |
| | 26～30 | 100 | 85 | 70 | 55 | 40 |
| | 21～25 | 100 | 87 | 75 | 62 | 50 |
| | 16～20 | 100 | 90 | 80 | 70 | 60 |
| | 11～15 | 100 | 92 | 85 | 77 | 70 |
| | ≤10 | 100 | 95 | 90 | 85 | 80 |
| 背屈 | ≥61 | 100 | 75 | 50 | 25 | 0 |
| | 51～60 | 100 | 77 | 55 | 32 | 10 |
| | 41～50 | 100 | 80 | 60 | 40 | 20 |
| | 31～40 | 100 | 82 | 70 | 47 | 30 |
| | 26～30 | 100 | 85 | 75 | 55 | 40 |
| | 21～25 | 100 | 87 | 80 | 62 | 50 |
| | 16～20 | 100 | 90 | 85 | 70 | 60 |
| | 11～15 | 100 | 92 | 90 | 77 | 70 |
| | ≤10 | 100 | 95 | 95 | 85 | 80 |

（续表）

| 关节运动活动度 | | 肌力 | | | | |
|---|---|---|---|---|---|---|
| | | ≤M1 | M2 | M3 | M4 | M5 |
| 桡展 | ≥21 | 100 | 75 | 50 | 25 | 0 |
| | 16~20 | 100 | 80 | 60 | 40 | 20 |
| | 11~15 | 100 | 85 | 70 | 55 | 40 |
| | 6~10 | 100 | 90 | 80 | 70 | 60 |
| | ≤5 | 100 | 95 | 90 | 85 | 80 |
| 尺屈 | ≥41 | 100 | 75 | 50 | 25 | 0 |
| | 31~40 | 100 | 80 | 60 | 40 | 20 |
| | 21~30 | 100 | 85 | 70 | 55 | 40 |
| | 11~20 | 100 | 90 | 80 | 70 | 60 |
| | ≤10 | 100 | 95 | 90 | 85 | 80 |

表 2-53 髋关节功能丧失程度表(%)

| 关节运动活动度 | | 肌力 | | | | |
|---|---|---|---|---|---|---|
| | | ≤M1 | M2 | M3 | M4 | M5 |
| 前屈 | ≥121 | 100 | 75 | 50 | 25 | 0 |
| | 106~120 | 100 | 77 | 55 | 32 | 10 |
| | 91~105 | 100 | 80 | 60 | 40 | 20 |
| | 76~90 | 100 | 82 | 65 | 47 | 30 |
| | 91~110 | 100 | 85 | 70 | 55 | 40 |
| | 61~75 | 100 | 87 | 75 | 62 | 50 |
| | 46~60 | 100 | 90 | 80 | 70 | 60 |
| | 31~45 | 100 | 92 | 85 | 77 | 70 |
| | ≤15 | 100 | 95 | 90 | 85 | 80 |
| 后伸 | ≥11 | 100 | 75 | 50 | 25 | 0 |
| | 6~10 | 100 | 85 | 70 | 55 | 20 |
| | 1~5 | 100 | 90 | 80 | 70 | 50 |
| | 0 | 100 | 95 | 90 | 85 | 80 |
| 外展 | ≥41 | 100 | 75 | 50 | 25 | 0 |
| | 31~40 | 100 | 80 | 60 | 40 | 20 |
| | 21~30 | 100 | 85 | 70 | 55 | 40 |
| | 11~20 | 100 | 90 | 80 | 70 | 60 |
| | ≤10 | 100 | 95 | 90 | 85 | 80 |
| 内收 | ≥16 | 100 | 75 | 50 | 25 | 0 |
| | 11~15 | 100 | 80 | 60 | 40 | 20 |
| | 6~10 | 100 | 85 | 70 | 55 | 40 |
| | 1~5 | 100 | 90 | 80 | 70 | 60 |
| | 0 | 100 | 95 | 90 | 85 | 80 |

(续表)

| | 关节运动活动度 | 肌力 | | | | |
|---|---|---|---|---|---|---|
| | | ≤M1 | M2 | M3 | M4 | M5 |
| 外旋 | ≥41 | 100 | 75 | 50 | 25 | 0 |
| | 31~40 | 100 | 80 | 60 | 40 | 20 |
| | 21~30 | 100 | 85 | 70 | 55 | 40 |
| | 11~20 | 100 | 90 | 80 | 70 | 60 |
| | ≤10 | 100 | 95 | 90 | 85 | 80 |
| 内旋 | ≥41 | 100 | 75 | 50 | 25 | 0 |
| | 31~40 | 100 | 80 | 60 | 40 | 20 |
| | 21~30 | 100 | 85 | 70 | 55 | 40 |
| | 11~20 | 100 | 90 | 80 | 70 | 60 |
| | ≤10 | 100 | 95 | 90 | 85 | 80 |

表 2-54 膝关节功能丧失程度表(%)

| | 关节运动活动度 | 肌力 | | | | |
|---|---|---|---|---|---|---|
| | | ≤M1 | M2 | M3 | M4 | M5 |
| 屈曲 | ≥130 | 100 | 75 | 50 | 25 | 0 |
| | 116~129 | 100 | 77 | 55 | 32 | 10 |
| | 101~115 | 100 | 80 | 60 | 40 | 20 |
| | 86~100 | 100 | 82 | 65 | 47 | 30 |
| | 71~85 | 100 | 85 | 70 | 55 | 40 |
| | 61~70 | 100 | 87 | 75 | 62 | 50 |
| | 46~60 | 100 | 90 | 80 | 70 | 60 |
| | 31~45 | 100 | 92 | 85 | 77 | 70 |
| | 30 | 100 | 95 | 90 | 85 | 80 |
| 伸展 | ≤-5 | 100 | 75 | 50 | 25 | 0 |
| | -6~-20 | 100 | 77 | 55 | 32 | 10 |
| | -11~-20 | 100 | 80 | 60 | 40 | 20 |
| | -21~-25 | 100 | 82 | 65 | 47 | 30 |
| | -26~-30 | 100 | 85 | 70 | 55 | 40 |
| | -31~-35 | 100 | 87 | 75 | 62 | 50 |
| | -36~-40 | 100 | 90 | 80 | 70 | 60 |
| | -41~-45 | 100 | 92 | 85 | 77 | 70 |
| | ≥-46 | 100 | 95 | 90 | 85 | 80 |

表 2-55  踝关节功能丧失程度表(%)

| 关节运动活动度 | | 肌力 | | | | |
|---|---|---|---|---|---|---|
| | | ≤M1 | M2 | M3 | M4 | M5 |
| 背屈 | ≥16 | 100 | 75 | 50 | 25 | 0 |
| | 11~15 | 100 | 80 | 60 | 40 | 20 |
| | 6~10 | 100 | 85 | 70 | 55 | 40 |
| | 1~5 | 100 | 90 | 80 | 70 | 60 |
| | 0 | 100 | 95 | 90 | 85 | 80 |
| 跖屈 | ≥41 | 100 | 75 | 50 | 25 | 0 |
| | 31~40 | 100 | 80 | 60 | 40 | 20 |
| | 21~30 | 100 | 85 | 70 | 55 | 40 |
| | 11~20 | 100 | 90 | 80 | 70 | 60 |
| | ≤10 | 100 | 95 | 90 | 85 | 80 |

表 2-56  手部功能的占比表(%)

| 部位 | 比例 | 指节 | 比例 | 鉴定要点 |
|---|---|---|---|---|
| 拇指 | 36 | 末节 | 18 | |
| | | 近节 | 18 | |
| 示指 | 18 | 末节 | 8 | |
| | | 中节 | 7 | |
| | | 近节 | 3 | 1. 指节部分缺失时按照以下公式计算：指节部分缺失丧失功能＝该指节缺失长度/健侧同名指节正常长度×该指节所占一手功能的比例<br>2. 掌骨部分缺失功能计算同指节部分缺失处理原则。<br>3. 手部感觉功能包括手掌和手背感觉功能，其中以手掌为主，手背可忽略不计。通常认为**手掌感觉功能占一手感觉功能的100%，占一手功能的50%**。<br>4. 对指是指拇指的指腹与其余各指指腹之间的对合运动。<br>5. 握物是指一手五指与手掌之间的对合运动。**不能完成对指和握物两项功能时才可依据标准评定重伤二级。** |
| 中指 | 18 | 末节 | 8 | |
| | | 中节 | 7 | |
| | | 近节 | 3 | |
| 环指 | 9 | 末节 | 4 | |
| | | 中节 | 3 | |
| | | 近节 | 2 | |
| 小指 | 9 | 末节 | 4 | |
| | | 中节 | 3 | |
| | | 近节 | 2 | |
| 手掌 | 10 | 第一掌骨 | 4 | |
| | | 第二掌骨 | 2 | |
| | | 第三掌骨 | 2 | |
| | | 第四掌骨 | 1 | |
| | | 第五掌骨 | 1 | |
| 合计 | 100 | 一手 | 100 | |

表 2-57　呼吸道烧伤分度表

| 定义 | 分度 | 临床表现 |
| --- | --- | --- |
| 多见于头面部伤员,大多数见于吸入火焰、干热空气、热蒸汽,以及有毒或刺激性烟雾或者气体所致 | 轻度 | 位于咽喉以上,表现为口、鼻、咽黏膜发白或脱落,充血水肿,分泌物增多,鼻毛烧焦并有刺激性咳嗽,吞咽困难或疼痛 |
| | 中度 | 位于支气管以上,出现声嘶和呼吸困难,早起痰液较稀薄,往往包含黑色碳粒,肺部偶有哮鸣音或干啰音,经气切开后严重呼吸困难往往可改善 |
| | 重度 | 深及小支气管,呼吸困难发生较早而且严重,往往不能因气管切开而改善,肺水肿出现亦较早,肺部呼吸音减低并有干湿啰音 |

表 2-58　休克分度表

| 程度 | 血压(收缩压)kPa | 脉搏(次/分) | 全身状况 |
| --- | --- | --- | --- |
| 轻度 | 12~13.3(100 mmHg) | 90~100 | 尚好 |
| 中度 | 10~12(75~90 mmHg) | 110~130 | 抑制、苍白、皮肤冷 |
| 重度 | <10(<75 mmHg) | 120~160 | 明显抑制 |
| 垂危 | 测不到 | 测不到 | 呼吸障碍、意识模糊 |

表 2-59　急性呼吸窘迫综合征分度表

| 程度 | 临床分级 | | 血气分析分级 | | |
| --- | --- | --- | --- | --- | --- |
| | 呼吸频率 | 临床表现 | X 线示 | 吸空气 | 吸纯氧 15 分钟后 |
| 轻度 | >35 次/分 | 无发绀 | 无异常或者纹理增多边缘模糊 | 氧分<8.0 kPa 二氧化碳分压<4.7 kPa | 氧分压<46.7 kPa Qs/Qt>10% |
| 中度 | >40 次/分 | 发绀,肺部有异常体征 | 斑片状阴影或者呈磨玻璃样改变,可见支气管气相 | 氧分压<6.7 kPa 二氧化碳分压<5.3 kPa | 氧分压<20.0 kPa Qs/Qt>10% |
| 重度 | 呼吸极度窘迫 | 发绀进行性加重,肺广泛湿罗音或者实变 | 双肺大部分密度普遍增高,支气管气相明显 | 氧分压<5.3 kPa (40 mmHg) 二氧化碳分压>6.0 kPa | 氧分压<13.3 kPa Qs/Qt>30% |

表 2-60　人体非致命伤损伤程度划分原则表[①]

| 等级 | 定义 | 上下限 | 范围 |
| --- | --- | --- | --- |
| 重伤一级 | 各种致伤因素所致的原发性损伤或者由原发性损伤引起的并发症,严重危及生命;遗留肢体严重残废或者重度容貌毁损;严重丧失听觉、视觉或者其他重要器官功能 | 下限:重伤一级条款规定的损伤情形或同等程度损伤<br>上限:致命伤(不包括绝对致命伤,实际致死损伤) | 所有达到或超过重伤一级条款规定的损伤情形,但未死亡的,均属于重伤一级范畴 |
| 重伤二级 | 各种致伤因素所致的原发性损伤或者由原发性损伤引起的并发症,危及生命;遗留肢体残废或者轻度容貌毁损;丧失听觉、视觉或者其他重要器官功能 | 下限:重伤二级条款列明的或同等程度损伤<br>上限:重伤一级条款(不包括) | 所有达到或超过重伤二级条款规定的损伤情形,但未达重伤一级条款的,均属于重伤二级范畴 |

---

① 提示:本表根据《人体损伤程度鉴定标准》附录 A(规范性附录)整理而成,其中上下限和范围部分有个人对标准的理解性内容,供鉴定人参考。

（续表）

| 等级 | 定义 | 上下限 | 范围 |
|---|---|---|---|
| 轻伤一级 | 各种致伤因素所致的原发性损伤或者由原发性损伤引起的并发症，未危及生命；遗留组织器官结构、功能中度损害或者明显影响容貌 | 下限：达到或超过轻伤一级条款<br>上限：重伤二级条款（不包括） | 所有达到或超过轻伤一级条款规定的损伤情形，但未达重伤二级条款的，均属于轻伤一级范畴 |
| 轻伤二级 | 各种致伤因素所致的原发性损伤或者由原发性损伤引起的并发症，未危及生命；遗留组织器官结构、功能轻度损害或者影响容貌 | 下限：达到或超过轻伤二级条款<br>上限：轻伤一级条款（不包括） | 所有达到或超过轻伤二级条款规定的损伤情形，但未达轻伤一级条款的，均属于轻伤二级范畴 |
| 轻微伤 | 各种致伤因素所致的原发性损伤，造成组织器官结构轻微损害或者轻微功能障碍 | 下限：达到或超过轻微伤条款<br>上限：轻伤二级条款（不包括） | 所有达到或超过轻微伤条款规定的损伤情形，但未达轻伤二级条款的，均属于轻微伤范畴 |
| 未构成轻微伤 | 未定义，但实践中存在 | 下限：有损伤<br>上限：轻微伤条款（不包括） | 所有未达轻微伤条款规定程度的实际损伤 |

表 2-61　尿道狭窄分度表

| 分度 | 诊断指标 | 备注 |
|---|---|---|
| 尿道轻度狭窄 | 1. 临床表现为尿流变细、尿不尽等；<br>2. 尿道造影检查示尿道狭窄，狭窄部位尿道内径小于正常管径的2/3；<br>3. 超声检查示膀胱残余尿阳性；<br>4. 尿流动力学检查示排尿功能障碍；<br>5. 有尿道扩张治疗适应征。 | 尿道狭窄应以尿道造影等客观检查为主，结合临床表现综合评判。 |
| 尿道重度狭窄 | 1. 临床表现为尿不成线、滴沥，伴有尿急、尿不尽或者遗尿等症状；<br>2. 尿道造影检查显示尿道明显狭窄，狭窄部位尿道内径小于正常管径的1/3；<br>3. 超声检查示膀胱残余尿阳性；<br>4. 尿流动力学检查示严重排尿功能障碍；<br>5. 经常行尿道扩张效果不佳，有尿道成形术适应征。 | |

# 第三章

# 道路交通事故受伤人员伤残评定

## 第一节 总 则

| 标题 | 内容 | 理解与操作精要 |
|---|---|---|
| 1. 范围 | 本标准规定了道路交通事故受伤人员伤残评定的原则、方法和内容。<br>本标准适用于道路交通事故受伤人员的伤残程度评定。 | 本标准作为道路交通事故受伤人员的伤残程度评定的**国家强制性标准**,还被**参照适用**于非道路交通事故和其他非交通事故类的受伤人员伤残评定。 |
| 2. 术语和定义 | 下列述评和定义适用于本标准。 | 1. 包括撞车、翻车、碾压、事故失火、撞击行人、因事故所致的酸碱损伤等。对非道路交通或者道路交通中非事故所致的人员损伤,则不称为道路交通事故受伤人员。这一定义主要与适用范围有关。<br>2. 伤残概念起源于自世界卫生组织(WHO)1979年"国际残疾分类"(ICIDH)标准。本标准**以精神的、生理功能的和解剖结构的异常为主**,同时将这种异常所致的**生活、工作和社会活动能力的不同程度的丧失融会其中,涵盖了精神功能、生理和社会功能、解剖结构损害**等。<br>3. 评定包括:(1) 客观检验。即依照医学原理和方法,对伤残者的损伤、功能状态等指标进行严格、客观、科学的检查、描述和记录。这是数据收集的过程。(2) 评定。即**根据**前述客观检查的结果,**结合**所提供的案情资料、病历资料进行综合分析研究,**对照伤残标准**,评价确定伤残者伤残等级的过程。这是符合性判断的过程。<br>4. 临床治疗是使创伤愈合,尽量恢复其功能,而不是治疗复原。 |
| 2.1 道路交通事故受伤人员 | 在道路交通事故中遭受各种暴力致伤的人员。 | |
| 2.2 伤残 | 因道路交通事故损伤所致的人体残废。<br>包括:精神的、生理功能的和解剖结构的异常及其导致的生活、工作和社会活动能力不同程度丧失。 | |
| 2.3 评定 | 在客观检验的基础上,评价确定道路交通事故受伤人员伤残等级的过程。 | |
| 2.4 评定人 | 办案机关依法指派或聘请符合评定人条件,承担道路交通事故受伤人员伤残评定的人员。 | |
| 2.5 评定结论 | 评定人根据检验结果,按照伤残评定标准,运用专门知识进行分析所得出的综合性判断。 | |
| 2.6 评定书 | 评定人将检验结果、分析意见和评定结论所形成的书面文书。 | |
| 2.7 治疗终结 | 临床医学一般原则所承认的临床效果稳定。 | |

(续表)

| 标题 | 内容 | 理解与操作精要 |
| --- | --- | --- |
| 3. 评定总则<br>3.1 评定原则 | 伤残评定应以人体伤后治疗效果为依据,认真分析残疾与事故、损伤之间的关系,实事求是地评定。 | 评定原则是伤残评定最为重要的问题。奠定了整个伤残评定体系的基础。评定原则主要是以治疗效果为依据,即经治疗后遗留下的后遗障碍程度。 |
| 3.2 评定时机 | 评定时机应以事故直接所致的损伤或确因损伤所致的并发症治疗终结为准。对治疗终结意见不一致时,可由办案机关组织有关专业人员进行鉴定,确定其是否治疗终结。 | 1. 过早评定,可能等级偏高;反之,可能等级偏低或不构成等级。公安行业推荐标准《道路交通事故受伤人员治疗终结时间》(GA/T 1088-2013)可供参考。但**不构成本标准使用的强制性要求**。《道标宣贯材料》[①]**不提倡**使用统一规定的方式解决评定时机问题。<br>2. 是否达到治疗终结鉴定是该标准提出的重要鉴定项目。与中国古代保辜制度中的"辜限鉴定"相似。 |
| 3.3 评定人条件 | 评定人应当具有法医学鉴定资格的人员担任。 | 满足《关于司法鉴定管理问题的决定》中的鉴定人条件,获得执业证。 |
| 3.4 评定人权利和义务<br>3.4.1 评定人权利 | a) 有权了解与评定有关的案情和其他材料;<br>b) 有权向当事人询问与评定有关的问题;<br>c) 有权依照医学原则对道路交通事故受伤人员进行身体检查和要求进行必要的特殊仪器检查等;<br>d) 有权因专门知识的限制或鉴定材料的不足而拒绝评定。 | 1. 司法部《司法鉴定人登记管理办法》中关于司法鉴定人执业权利的规定,共计9条。可供鉴定人执业中参考。<br>2. 拒绝权,是指因专门知识限制或评定材料的不足,评定人有权拒绝评定。在实践中,有的部门或办案单位利用行政命令或部门影响,强加一些评定人并不熟悉的专门知识领域或者不能提供相关案情的案例给评定人评定,造成错案。 |
| 3.4.2 评定人义务 | a) 全面、细致、科学、客观地对道路交通事故受伤人员进行检验和记录;<br>b) 正确及时地作出评定结论;<br>c) 回答办案机关提出的与评定有关的问题;<br>d) 保守案件秘密;<br>e) 严格遵守国家法律法规和有关回避原则的规定;<br>f) 妥善保管提交评定的物品和材料。 | 1. 实践中反映评定方面的问题,主要在检验和记录的完整性、细致程度、客观性和检验方法手段的科学性方面。也是科学评定的核心。<br>2. 评定人作出的评定意见应当与检验结果、科学分析从逻辑上讲是一致的。<br>3. 要妥善保管提交评定的物品和材料,在评定结束后,按规定退还,并作出、保留相应记录。 |
| 3.5 评定书<br>3.5.1 | 评定人评定结束后,应制作评定书并签名。 | 司法部《司法鉴定文书示范文本》中关于司法鉴定文书的通用格式规范和主要内容模块,可供鉴定人参考。 |
| 3.5.2 | 评定书包括一般情况、案情介绍、病历摘抄、检验结果记录、分析意见和结论等内容。 | |

---

① 赵新才主编:《道路交通事故受伤人员伤残评定宣贯材料》,四川辞书出版社2002年出版。本书统一简称《道标宣贯材料》。

(续表)

| 标题 | 内容 | 理解与操作精要 |
|---|---|---|
| 3.6 伤残等级划分 | 本标准根据道路交通事故受伤人员的伤残状况,将受伤人员伤残程度划分为10级,从第1级(100%)到第Ⅹ级(10%),每级相差10%。伤残等级划分依据见附录A。 | WHO在ICIDH中已明确指出了伤残的内容,包括精神的、生理的、解剖结构的异常以及能力低下和社会不利。这是本标准确定伤残程度等级划分依据的重要基础。解剖结构、生理功能的伤残划分依据较为明确。能力低下和社会不利的划分依据则比较复杂。ICIDH指出,能力低下主要反映身体障碍后果引起的个体在功能的行使和活动方面的无能,它是身体障碍的直接结果,反映和表现了因身体障碍引起的与个体直接相关的行为和活动能力的不能或低下。**能力低下通常认为是组成日常生活的基本成分的不能**。社会不利是对个体处境和经济方面的评价,是指因身体障碍或能力低下所致的个体对环境的相互影响和不适应。**社会不利所考虑的不是个体本身,而是个体与环境的关系**。当其身体出现障碍后,除造成个体本身的各种能力低下外,还造成个体与周围环境的不适应和相互影响。[①] |

## 第二节　分则（伤残分级）

| 伤残等级/部位 | 诊断与残情描述 | 操作精要 |
|---|---|---|
| **4.1　Ⅰ级伤残　失能率100%（8类19款）** | | |
| 4.1.1　颅脑、脊髓及周围神经损伤致： | a. 植物状态；<br>b. 极度智力缺损(智商20以下)或精神障碍,日常生活完全不能自理；<br>c. 四肢瘫(三肢以上肌力3级以下)；<br>d. 截瘫(肌力2级以下)伴大便和小便失禁。 | • 4款<br>植物状态诊断要把握6个月以上(神经损伤常规时间),大脑皮层无自主意识,肢体无自主活动,脑电地形图无生物电测出或呈现偶发、散在性低幅、慢波、α波等。CT、MRI检查也有辅助意义 |
| 4.1.2　头面部损伤致： | a. 双侧眼球缺失；<br>b. 一侧眼球缺失,另一侧眼严重畸形伴盲目5级。 | • 2款<br>盲目分级见 附表3-9 |
| 4.1.3　脊柱胸段损伤致： | 严重畸形愈合,呼吸功能严重障碍。 | • 1款<br>指自主呼吸 |
| 4.1.4　颈部损伤致： | 呼吸和吞咽功能严重障碍。 | • 1款<br>指自主呼吸和吞咽 |
| 4.1.5　胸部损伤致： | a. 肺叶切除或双侧胸膜广泛严重黏连或胸廓严重畸形,呼吸功能严重障碍；<br>b. 心功能不全,心功能Ⅳ级；或心功能不全,心功能Ⅲ级伴明显器质性心律失常。 | • 2款<br>需要进行临床呼吸功能检查,呼吸功能分级见 附表3-17 |

---

① 参见《道标宣贯材料》,第10—11页。

(续表)

| 伤残等级/部位 | 诊断与残情描述 | 操作精要 |
|---|---|---|
| 4.1.6 腹部损伤致： | a. 胃、肠、消化腺等部分切除，消化吸收功能严重障碍，日常生活完全不能自理；<br>b. 双侧肾切除或完全丧失功能，日常生活完全不能自理。 | • 2款<br>《道标》评残中双肾切除或完全丧失功能者较少见，必须依赖透析或肾移植 |
| 4.1.7 肢体损伤致： | a. 三肢以上缺失（上肢在腕关节以上，下肢在踝关节以上）；<br>b. 二肢缺失（上肢在肘关节以上，下肢在膝关节以上），另一肢丧失功能 50% 以上；<br>c. 二肢缺失（上肢在腕关节以上，下肢在踝关节以上），第三肢完全丧失功能；<br>d. 一肢缺失（上肢在肘关节以上，下肢在膝关节以上），第二肢完全丧失功能，第三肢丧失功能 50% 以上；<br>e. 一肢缺失（上肢在腕关节以上，下肢在踝关节以上），另二肢完全丧失功能；<br>f. 三肢完全丧失功能。 | • 6款<br>注意缺失部位。可见第五节三肢、两肢、一肢缺失致残分级表 |
| 4.1.8 皮肤损伤致： | 瘢痕形成达体表面积 76% 以上。 | • 1款<br>注意瘢痕的诊断和面积计算。参见人体表面积计算方法，九分法、手掌法或测量公式法 |
| 4.2　Ⅱ级伤残　失能率90%（8类18款） | | |
| 4.2.1 颅脑、脊髓及周围神经损伤致： | a. 重度智力缺损（智商 34 以下）或精神障碍，日常生活需随时有人帮助才能完成；<br>b. 完全性失语；<br>c. 双眼盲目 5 级；<br>d. 四肢瘫（二肢以上肌力 2 级以下）；<br>e. 偏瘫或截瘫（肌力 2 级以下）。 | • 5款<br>1. 智力缺损分级见 附表3-2<br>2. 精神障碍分级<br>3. 瘫痪分级详见本章附表 |
| 4.2.2 头面部损伤致： | a. 一侧眼球缺失，另一眼盲目 4 级；或一侧眼球缺失，另一眼严重畸形伴盲目 3 级以上；<br>b. 双侧眼睑重度下垂（或严重畸形）伴双眼盲目 4 级以上；或一侧眼睑重度下垂（或严重畸形），该眼盲目 4 级以上，另一眼盲目 5 级；<br>c. 双眼盲目 5 级；<br>d. 双耳极度听觉障碍伴双侧耳廓缺失（或严重畸形）；或双耳极度听觉障碍伴一侧耳廓缺失，另一耳廓严重畸形；<br>e. 全面部瘢痕形成。 | • 5款<br>1. 盲目分级见 附表3-9<br>2. 听力损失分级见 附表3-13<br>3. 眼畸形包括外伤性眼球脱位、内陷、萎缩、外伤性角膜混浊等 |
| 4.2.3 脊柱胸段损伤致： | 严重畸形愈合，呼吸功能障碍。 | • 1款 |
| 4.2.4 颈部损伤致： | 呼吸和吞咽功能障碍。 | • 1款<br>注意损伤基础 |
| 4.2.5 胸部损伤致： | a. 肺叶切除或胸膜广泛严重黏连或胸廓畸形，呼吸功能障碍；<br>b. 心功能不全，心功能Ⅲ级；或心功能不全，心功能Ⅱ级伴明显器质性心律失常。 | • 2款<br>胸膜黏连可借助影像摄片诊断 |

(续表)

| 伤残等级/部位 | 诊断与残情描述 | 操作精要 |
|---|---|---|
| 4.2.6 腹部损伤致： | 一侧肾切除或完全丧失功能，另一侧肾功能重度障碍。 | • 1 款<br>肾功能障碍分度见 附表 3-21 |
| 4.2.7 肢体损伤致： | a. 二肢缺失（上肢在肘关节以上，下肢在膝关节以上）；<br>b. 一肢缺失（上肢在肘关节以上，下肢在膝关节以上），另一肢完全丧失功能；<br>c. 二肢以上完全丧失功能。 | • 3 款<br>见第五节三肢、两肢、一肢缺失致残分级表 |
| 4.2.8 皮肤损伤致： | 瘢痕形成达体表面积 68%以上。 | • 1 款<br>同上，含皮肤移植等治疗需要引起的继发性瘢痕 |
| **4.3　Ⅲ级伤残　失能率80%（10类31款）** | | |
| 4.3.1 颅脑、脊髓及周围神经损伤致： | a. 重度智力缺损或精神障碍，不能完全独立生活，需经常有人监护；<br>b. 严重外伤性癫痫，药物不能控制，大发作平均每月一次以上或局限性发作平均每月四次以上或小发作平均每周七次以上或精神运动性发作平均每月三次以上；<br>c. 双侧严重面瘫，难以恢复；<br>d. 严重不自主运动或共济失调；<br>e. 四肢瘫（二肢以上肌力 3 级以下）；<br>f. 偏瘫或截瘫（肌力 3 级以下）；<br>g. 大便和小便失禁，难以恢复。 | • 7 款<br>外伤性癫痫中的精神运动性发作的临床表现内容多种多样，常见的有癫痫性朦胧状态、精神性发作及癫痫性自动症，尤以癫痫性朦胧状态为最常见。应由法医精神病鉴定人评定 |
| 4.3.2 头面部损伤致： | a. 一侧眼球缺失，另一眼盲目 3 级；或一侧眼球缺失，另一侧眼严重畸形伴低视力 2 级；<br>b. 双侧眼睑重度下垂（或严重畸形）伴双眼盲目 3 级以上；或一侧眼睑重度下垂（或严重畸形），该眼盲目 3 级以上，另一眼盲目 4 级以上；<br>c. 双眼盲目 4 级以上；<br>d. 双眼视野接近完全缺损（直径小于 5°）；<br>e. 上颌骨、下颌骨缺损，牙齿脱落 24 枚以上；<br>f. 双耳极度听觉障碍伴一侧耳廓缺失（或严重畸形）；<br>g. 一耳极度听觉障碍，另一耳重度听觉障碍，伴一侧耳廓缺失（或严重畸形），另一侧耳廓缺失（或畸形）50%以上；<br>h. 双耳重度听觉障碍伴双侧耳廓缺失（或严重畸形）；或双耳重度听觉障碍伴一侧耳廓缺失，另一侧耳廓严重畸形；<br>i. 面部瘢痕形成 80%以上。 | • 9 款<br>面部细小瘢痕（或色素明显改变）指面部较密集散在瘢痕或色素沉着（或减退），其间可见正常皮肤。在计算面部细小瘢痕（或色素明显改变）面积时，**以其外围分布面积计算**。除面部细小瘢痕（或色素明显改变）外的其他瘢痕形式，只能**以单个瘢痕面积计算，不得多处相加；对于一次性暴力形成的损伤瘢痕**，如瘢痕有间断，可**累加计算瘢痕面积** |
| 4.3.3 脊柱胸段损伤致： | 严重畸形愈合，严重影响呼吸功能。 | • 1 款 |
| 4.3.4 颈部损伤致： | a. 瘢痕形成，颈部活动度完全丧失；<br>b. 严重影响呼吸和吞咽功能。 | • 2 款 |
| 4.3.5 胸部损伤致： | a. 肺叶切除或胸膜广泛黏连或胸廓畸形，严重影响呼吸功能；<br>b. 心功能不全，心功能Ⅱ级伴器质性心律失常；或心功能Ⅰ级伴明显器质性心律失常。 | • 2 款<br>**器质性心律失常需要以明确的因果关系为前提** |

（续表）

| 伤残等级/部位 | 诊断与残情描述 | 操作精要 |
|---|---|---|
| 4.3.6 腹部损伤致： | a. 胃、肠、消化腺等部分切除，消化吸收功能障碍；<br>b. 一侧肾切除或完全丧失功能，另一侧肾功能中度障碍；或双侧肾功能重度障碍。 | • 2款<br>肾功能障碍分度见 附表3-21 |
| 4.3.7 盆部损伤致： | a. 女性双侧卵巢缺失或完全萎缩；<br>b. 大便和小便失禁，难以恢复。 | • 2款<br>达到伤后6个月 |
| 4.3.8 会阴部损伤致： | 双侧睾丸缺失或完全萎缩。 | • 1款 |
| 4.3.9 肢体损伤致： | a. 二肢缺失（上肢在腕关节以上，下肢在踝关节以上）；<br>b. 一肢缺失（上肢在肘关节以上，下肢在膝关节以上），另一肢丧失功能50%以上；<br>c. 一肢缺失（上肢在腕关节以上，下肢在踝关节以上），另一肢完全丧失功能；<br>d. 一肢完全丧失功能，另一肢丧失功能50%以上。 | • 4款 |
| 4.3.10 皮肤损伤致： | 瘢痕形成达体表面积60%以上。 | • 1款 |
| **4.4　Ⅳ级伤残　失能率70%（10类24款）** | | |
| 4.4.1 颅脑、脊髓及周围神经损伤致： | a. 中度智力缺损（智商49以下）或精神障碍，日常生活能力严重受限，间或需要帮助；<br>b. 严重运动性失语或严重感觉性失语；<br>c. 四肢瘫（二肢以上肌力4级以下）；<br>d. 偏瘫或截瘫（肌力4级以下）；<br>e. 阴茎勃起功能完全丧失。 | • 5款<br>四肢瘫又名双侧偏瘫。见于以下部位的损伤：(1) 两侧大脑或脑干病变；(2) 颈髓横贯性外伤；(3) 其他疾病也可造成四肢瘫，如周围神经病变（多发性神经炎等）和肌肉病变 |
| 4.4.2 头面部损伤致： | a. 一侧眼球缺失，另一眼低视力2级；或一侧眼球缺失，另一侧眼严重畸形伴低视力1级；<br>b. 双侧眼睑重度下垂（或严重畸形）伴双眼低视力2级以上；或一侧眼睑重度下垂（或严重畸形），该眼低视力2级以上，另一眼盲目3级以上；<br>c. 双眼盲目3级以上；<br>d. 双眼视野极度缺损（直径小于10°）；<br>e. 双耳极度听觉障碍；<br>f. 一耳极度听觉障碍，另一耳重度听觉障碍伴一侧耳廓缺失（或畸形）50%以上；<br>g. 双耳重度听觉障碍伴一侧耳廓缺失（或严重畸形）；<br>h. 双耳中等重度听觉障碍伴双侧耳廓缺失（或严重畸形）；或双耳中等重度听觉障碍伴一侧耳廓缺失，另一侧耳廓严重畸形；<br>i. 面部瘢痕形成60%以上。 | • 9款<br>1. 视野缺损分级见附表<br>2. 听力障碍分级见附表<br>3. 耳廓畸形需要拍摄并保留面部正、侧面彩色照片，最好能进行伤前、伤后，健侧、伤侧对照<br>4. 面部瘢痕对容貌有较大影响，比躯体瘢痕影响大，因此单独规定。必要时可"下放"至躯体条款进行累计。反之不可 |
| 4.4.3 脊柱胸段损伤致： | 严重畸形愈合，影响呼吸功能。 | • 1款 |
| 4.4.4 颈部损伤致： | a. 瘢痕形成，颈部活动度丧失75%以上；<br>b. 影响呼吸和吞咽功能。 | • 2款 |
| 4.4.5 胸部损伤致： | a. 肺叶切除或胸膜黏连或胸廓畸形，影响呼吸功能；<br>b. 明显器质性心律失常。 | • 2款 |
| 4.4.6 腹部损伤致： | 一侧肾功能重度障碍，另一侧肾功能中度障碍。 | • 1款 |

(续表)

| 伤残等级/部位 | 诊断与残情描述 | 操作精要 |
|---|---|---|
| 4.4.7 会阴部损伤致： | 阴茎体完全缺失或严重畸形。 | • 1款 |
| 4.4.8 外阴、阴道损伤致： | 阴道闭锁。 | • 1款<br>标准并未考虑年龄、婚育情况 |
| 4.4.9 肢体损伤致： | 双手完全缺失或丧失功能。 | • 1款 |
| 4.4.10 皮肤损伤致： | 瘢痕形成达体表面积 **52%** 以上。 | • 1款 |
| **4.5　Ⅴ级伤残　失能率60%（11类37款）** | | |
| 4.5.1 颅脑、脊髓及周围神经损伤致： | a. 中度智力缺损或精神障碍，日常生活能力明显受限，需要指导；<br>b. 外伤性癫痫，药物不能完全控制，大发作平均每三月一次以上或局限性发作平均每月二次以上或小发作平均每周四次以上或精神运动性发作平均每月一次以上；<br>c. 严重失用或失认症；<br>d. 单侧严重面瘫，难以恢复；<br>e. 偏瘫或截瘫（一肢肌力 **2级** 以下）；<br>f. 单瘫（肌力 **2级** 以下）；<br>g. 大便或小便失禁，难以恢复。 | • 7款<br>1. 偏瘫是指一侧上下肢瘫痪，主要是由锥体束损害引起，不同的损害部位症状不同，具体可见《道标宣贯材料》。检查方法同四肢瘫<br>2. **尿失禁为上运动神经元膀胱时，其反射性排尿可通过徒手刺激技术触发，如按压或有节律地扣打下腹部，或牵拉阴毛等** |
| 4.5.2 头面部损伤致： | a. 一侧眼球缺失伴另一眼低视力 **1级**；一侧眼球缺失伴一侧眼严重畸形且视力接近正常；<br>b. 双侧眼睑重度下垂（或严重畸形）伴双眼低视力 **1级** 以上；或一侧眼睑重度下垂（或严重畸形），该眼低视力 **1级** 以上，另一眼低视力 **2级** 以上；<br>c. 双眼低视力 **2级** 以上；<br>d. 双眼视野重度缺损（直径小于 **20°**）；<br>e. 舌肌完全麻痹或舌体缺失（或严重畸形）**50%** 以上；<br>f. 上颌骨、下颌骨缺损，牙齿脱落 **20枚** 以上；<br>g. 一耳极度听觉障碍，另一耳重度听觉障碍；<br>h. 双耳重度听觉障碍伴一侧耳廓缺失（或畸形）**50%** 以上；<br>i. 双耳中等重度听觉障碍伴一侧耳廓缺失（或严重畸形）；<br>j. 双侧耳廓缺失（或严重畸形）；<br>k. 外鼻部完全缺损（或严重畸形）；<br>i. 面部瘢痕形成 **40%** 以上。 | • 12款<br>舌因口腔的保护，其机械性损伤多为继发性损伤，如上、下颌骨骨折碎片、牙齿碎片等导致的舌损伤，或上、下颌牙齿将舌咬伤等。外伤致**舌前段 50% 缺失**时，发音和语言功能将严重障碍。**舌的半侧缺损**后，舌的长度未受影响时，由于舌的运动代偿能力较强，故语言和舌咽功能影响较小。**舌系带受伤**后，如瘢痕挛缩、舌系带变短，可致舌体严重畸形，舌向前、向上运动障碍，发音不清。**舌缺失分为：**① 舌体缺失（或严重畸形）50%；② 舌尖缺失（或畸形）；③ 舌尖部分缺失（或畸形）<br>**一侧周围性舌下神经损伤**，可致同侧舌肌瘫痪，伸舌时偏向患侧。**双侧周围性舌下神经损伤**，舌肌松弛，伸舌受限，舌体后缩，可压迫会厌，影响呼吸、发音等功能。**一侧中枢性舌下神经损伤**，可致对侧舌肌瘫痪，但舌常无萎缩 |
| 4.5.3 脊柱胸段损伤致： | 畸形愈合，影响呼吸功能。 | • 1款 |

(续表)

| 伤残等级/部位 | 诊断与残情描述 | 操作精要 |
|---|---|---|
| 4.5.4 颈部损伤致： | a. 瘢痕形成,颈部活动度丧失50%以上；<br>b. 影响呼吸功能。 | • 2款 |
| 4.5.5 胸部损伤致： | a. 肺叶切除或胸膜黏连或胸廓畸形,轻度影响呼吸功能；<br>b. 器质性心律失常。 | • 2款 |
| 4.5.6 腹部损伤致： | a. 胃、肠、消化腺等部分切除,严重影响消化吸收功能；<br>b. 一侧肾切除或完全丧失功能,另一侧肾功能轻度障碍。 | • 2款 |
| 4.5.7 盆部损伤致： | a. 双侧输尿管缺失或闭锁；<br>b. 膀胱切除；<br>c. 尿道闭锁；<br>d. 大便或小便失禁,难以恢复。 | • 4款<br>检查下运动神经元膀胱引起的尿失禁时,应检查是否随身携带尿瓶。对大便失禁者作肛指检查,明确肛门括约肌功能 |
| 4.5.8 会阴部损伤致： | 阴茎体大部分缺失(或畸形)。 | • 1款 |
| 4.5.9 外阴、阴道损伤致： | 阴道严重狭窄,功能严重障碍。 | • 1款 |
| 4.5.10 肢体损伤致： | a. 双手缺失(或丧失功能)90%以上；<br>b. 一肢缺失(上肢在肘关节以上,下肢在膝关节以上)；<br>c. 一肢缺失(上肢在腕关节以上,下肢在踝关节以上),另一肢丧失功能50%以上；<br>d. 一肢完全丧失功能。 | • 4款 |
| 4.5.11 皮肤损伤致： | 瘢痕形成达体表面积44%以上。 | • 1款 |
| 4.6 Ⅵ级伤残 失能率50%(10类25款) | | |
| 4.6.1 颅脑、脊髓及周围神经损伤致： | a. 中度智力缺损或精神障碍,日常生活能力部分受限,但能部分代偿,部分日常生活需要帮助；<br>b. 严重失读伴失写症；或中度运动性失语或中度感觉性失语；<br>c. 偏瘫或截瘫(一肢肌力3级以下)；<br>d. 单瘫(肌力3级以下)；<br>e. 阴茎勃起功能严重障碍。 | • 5款<br>由于大脑皮质言语功能区损害使其说话、听话、阅读和书写能力残缺或丧失称为失语。详见失语征分类表 附表3-3 |
| 4.6.2 头面部损伤致： | a. 一侧眼球缺失伴另一眼视力接近正常；或一侧眼球缺失伴另一侧眼严重畸形；<br>b. 双侧眼睑重度下垂(或严重畸形)伴双眼视力接近正常；或一侧眼睑重度下垂(或严重畸形),该眼视力接近正常,另一眼低视力1级以上；<br>c. 双眼低视力1级以上；<br>d. 双眼视野中度缺损(直径小于60°)；<br>e. 颞下颌关节强直,牙关紧闭；<br>f. 一耳极度听觉障碍,另一耳中等重度听觉障碍；或双耳重度听觉障碍；<br>g. 一侧耳廓缺失(或严重畸形),另一侧耳廓缺失(或畸形)50%以上；<br>h. 面部瘢痕形成面积20%以上；<br>i. 面部大量细小瘢痕(或色素明显改变)75%以上。 | • 9款 |
| 4.6.3 脊柱损伤致： | 颈椎或腰椎严重畸形愈合,颈部或腰部活动度完全丧失。 | • 1款 |

（续表）

| 伤残等级/部位 | 诊断与残情描述 | 操作精要 |
| --- | --- | --- |
| 4.6.4 颈部损伤致： | 瘢痕形成,颈部活动度丧失 **25%** 以上。 | • 1款 |
| 4.6.5 腹部损伤致： | 一侧肾功能重度障碍,另一侧肾功能轻度障碍。 | • 1款 |
| 4.6.6 盆部损伤致： | a. 双侧输卵管缺失或闭锁；<br>b. 子宫全切。 | • 2款 |
| 4.6.7 会阴部损伤致： | 双侧输精管缺失或闭锁。 | • 1款 |
| 4.6.8 外阴、阴道损伤致： | 阴道狭窄,功能障碍。 | • 1款 |
| 4.6.9 肢体损伤致： | a. 双手缺失(或丧失功能)**70%** 以上；<br>b. 双足跗跖关节以上缺失；<br>c. 一肢缺失(上肢在腕关节以上,下肢在踝关节以上)。 | • 3款 |
| 4.6.10 皮肤损伤致： | 瘢痕形成达体表面积 **36%** 以上。 | • 1款 |
| **4.7 Ⅶ级伤残 失能率 40%(10类 34款)** | | |
| 4.7.1 颅脑、脊髓及周围神经损伤致： | a. 轻度智力缺损(智商 **70** 以下)或精神障碍,日常生活有关的活动能力严重受限；<br>b. 外伤性癫痫,药物不能完全控制,大发作平均每六月一次以上或局限性发作平均每月二次以上或小发作平均每周二次以上或精神运动性发作平均每二月一次以上；<br>c. 中度失用或失认症；<br>d. 严重构音障碍；<br>e. 偏瘫或截瘫(一肢肌力 **4** 级)；<br>f. 单瘫(肌力 **4** 级)；<br>g. 半身或偏身型完全性感觉缺失。 | • 7款 |
| 4.7.2 头面部损伤致： | a. 一侧眼球缺失；<br>b. 双侧眼睑重度下垂(或严重畸形)；<br>c. 口腔或颞下颌关节损伤,重度张口受限；<br>d. 上颌骨、下颌骨缺损,牙齿脱落 **16** 枚以上；<br>e. 一耳极度听觉障碍,另一耳中度听觉障碍；或一耳重度听觉障碍,另一耳中等重度听觉障碍；<br>f. 一侧耳廓缺失(或严重畸形),另一侧耳廓缺失(或畸形)**10%** 以上；<br>g. 外鼻部大部分缺损(或畸形)；<br>h. 面部瘢痕形成,面积 **24 cm²** 以上；<br>i. 面部大量细小瘢痕(或色素明显改变)**50%** 以上；<br>j. 头皮无毛发 **75%** 以上。 | • 10款<br>头皮皮肤较厚,毛囊较深,一般Ⅱ度烧伤后也不至于毛发缺失。瘢痕性头皮无毛发(秃发)见于Ⅲ度烧伤、感染后遗留的**瘢痕区、创伤性头皮缺损**等。头皮无毛发按毛发缺失占整个头皮的**比例和实测头皮无毛发面积**的方法计算 |
| 4.7.3 脊柱损伤致： | 颈椎或腰椎畸形愈合,颈部或腰部活动度丧失 **75%** 以上。 | • 1款 |
| 4.7.4 颈部损伤致： | 颈前三角区瘢痕形成 **75%** 以上。 | • 1款 |
| 4.7.5 胸部损伤致： | a. 女性双侧乳房缺失(或严重畸形)；<br>b. 心功能不全,心功能Ⅱ级。 | • 2款 |
| 4.7.6 腹部损伤致： | 双侧肾功能中度障碍。 | • 1款 |
| 4.7.7 盆部损伤致： | a. 骨盆倾斜,双下肢长度相差 **8 cm** 以上；<br>b. 女性骨盆严重畸形,产道破坏；<br>c. 一侧输尿管缺失或闭锁,另一侧输尿管严重狭窄。 | • 3款 |
| 4.7.8 会阴部损伤致： | a. 阴茎体部分缺失(或畸形)；<br>b. 阴茎包皮损伤,瘢痕形成,功能障碍。 | • 2款 |

(续表)

| 伤残等级/部位 | 诊断与残情描述 | 操作精要 |
| --- | --- | --- |
| 4.7.9 肢体损伤致： | a. 双手缺失（或丧失功能）50%以上；<br>b. 双手感觉完全缺失；<br>c. 双足足弓结构完全破坏；<br>d. 一足跗跖关节以上缺失；<br>e. 双下肢长度相差8 cm以上；<br>f. 一肢丧失功能75%以上。 | • 6款 |
| 4.7.10 皮肤损伤致： | 瘢痕形成达体表面积28%以上。 | • 1款 |
| **4.8　Ⅷ级伤残　失能率30%（11类35款）** | | |
| 4.8.1 颅脑、脊髓及周围神经损伤致： | a. 轻度智力缺损或精神障碍，日常生活有关的活动能力部分受限；<br>b. 中度失读伴失写症；<br>c. 半身或偏身型深感觉缺失；<br>d. 阴茎勃起功能障碍。 | • 4款<br>阴茎勃起功能障碍需要检查神经诱发电位、海绵体肌电图、阴茎夜间勃起（NPT） |
| 4.8.2 头面部损伤致： | a. 一眼盲目4级以上；<br>b. 一眼视野接近完全缺损（直径小于5°）；<br>c. 上颌骨、下颌骨缺损，牙齿脱落12枚以上；<br>d. 一耳极度听觉障碍，或一耳重度听觉障碍，另一耳中度听觉障碍；或双耳中等重度听觉障碍；<br>e. 一侧耳廓缺失（或严重畸形）；<br>f. 鼻尖及一侧鼻翼缺损（或畸形）；<br>g. 面部瘢痕形成，面积18 cm²以上；<br>h. 面部大量细小瘢痕（或色素明显改变）25%以上；<br>i. 头皮无毛发50%以上；<br>j. 颌面部骨或软组织缺损32 cm³以上。 | • 10款 |
| 4.8.3 脊柱损伤致： | a. 颈椎或腰椎畸形愈合，颈部或腰部活动度丧失50%以上；<br>b. 胸椎或腰椎二椎体以上压缩性骨折。 | • 2款 |
| 4.8.4 颈部损伤致： | 颈前三角区瘢痕形成50%以上。 | • 1款 |
| 4.8.5 胸部损伤致： | a. 女性一侧乳房缺失（或严重畸形），另一侧乳房部分缺失（或畸形）；<br>b. 12肋以上骨折。 | • 2款 |
| 4.8.6 腹部损伤致： | a. 胃、肠、消化腺等部分切除，影响消化吸收功能；<br>b. 脾切除；<br>c. 一侧肾切除或肾功能重度障碍。 | • 3款 |
| 4.8.7 盆部损伤致： | a. 骨盆倾斜，双下肢长度相差6 cm以上；<br>b. 双侧输尿管严重狭窄，或一侧输尿管缺失（或闭锁），另一侧输尿管狭窄；<br>c. 尿道严重狭窄。 | • 3款 |
| 4.8.8 会阴部损伤致： | a. 阴茎龟头缺失（或畸形）；<br>b. 阴茎包皮损伤，瘢痕形成，严重影响功能。 | • 2款 |
| 4.8.9 外阴、阴道损伤致： | 阴道狭窄，严重影响功能。 | • 1款 |

(续表)

| 伤残等级/部位 | 诊断与残情描述 | 操作精要 |
|---|---|---|
| 4.8.10　肢体损伤致： | a. 双手缺失(或丧失功能)30%以上；<br>b. 双手感觉缺失75%以上；<br>c. 一足足弓结构完全破坏,另一足足弓结构破坏1/3以上；<br>d. 双足十趾完全缺失或丧失功能；<br>e. 双下肢长度相差6 cm以上；<br>f. 一肢丧失功能50%以上。 | • 6款 |
| 4.8.11　皮肤损伤致： | 瘢痕形成达体表面积20%以上。 | • 1款 |
| **4.9　Ⅸ级伤残　失能率20%(10类51款)** | | |
| 4.9.1　颅脑、脊髓及周围神经损伤致： | a. 轻度智力缺损或精神障碍,日常活动能力部分受限；<br>b. 外伤性癫痫,药物不能完全控制,大发作一年一次以上或局限性发作平均每六月三次以上或小发作平均每月四次以上或精神运动性发作平均每六月二次以上；<br>c. 严重失读或严重失写症；<br>d. 双侧轻度面瘫,难以恢复；<br>e. 半身或偏身型浅感觉缺失；<br>f. 严重影响阴茎勃起功能。 | • 6款 |
| 4.9.2　头面部损伤致： | a. 一眼盲目3级以上；<br>b. 双侧眼睑下垂(或畸形)；或一侧眼睑重度下垂(或严重畸形)；<br>c. 一眼视野极度缺损(直径小于10°)；<br>d. 上颌骨、下颌骨缺损,牙齿脱落8枚以上；<br>e. 口腔损伤,牙齿脱落16枚以上；<br>f. 口腔或颞下颌关节损伤,中度张口受限；<br>g. 舌尖缺失(或畸形)；<br>h. 一耳重度听觉障碍；或一耳中等重度听觉障碍,另一耳中度听觉障碍；<br>i. 一侧耳廓缺失(或畸形)50%以上；<br>j. 一侧鼻翼缺损(或畸形)；<br>k. 面部瘢痕形成,面积12 cm² 以上；或面部线条状瘢痕20 cm以上；<br>l. 面部细小瘢痕(或色素明显改变)面积30 cm² 以上；<br>m. 头皮无毛发25%以上；<br>n. 颌面部骨及软组织缺损16 cm³ 以上。 | • 14款<br>耳廓因个体不同,有大小、形态差异,因而其缺失及畸形面积测量应自身对照比较,先测出伤者正常耳廓和缺损耳廓残存部分的面积,再计算缺损耳廓的缺损面积。在评定耳廓缺损或畸形中,**不能因头发的遮掩而减轻**其程度。耳廓显著变形应理解为外伤愈合后解剖结构破坏消失,且范围达一耳50%以上 |
| 4.9.3　脊柱损伤致： | a. 颈椎或腰椎畸形愈合,颈部或腰部活动度丧失25%以上；<br>b. 胸椎或腰椎一椎体粉碎性骨折。 | • 2款 |
| 4.9.4　颈部损伤致： | a. 严重声音嘶哑；<br>b. 颈前三角区瘢痕形成25%以上。 | • 2款 |
| 4.9.5　胸部损伤致： | a. 女性一侧乳房缺失(或严重畸形)；<br>b. 8肋以上骨折或4肋以上缺失；<br>c. 肺叶切除；<br>d. 心功能不全,心功能Ⅰ级。 | • 4款 |

(续表)

| 伤残等级/部位 | 诊断与残情描述 | 操作精要 |
|---|---|---|
| 4.9.6 腹部损伤致： | a. 胃、肠、消化腺等部分切除；<br>b. 胆囊切除；<br>c. 脾部分切除；<br>d. 一侧肾部分切除或肾功能中度障碍。 | • 4 款 |
| 4.9.7 盆部损伤致： | a. 骨盆倾斜,双下肢长度相差 4 cm 以上；<br>b. 骨盆严重畸形愈合；<br>c. 尿道狭窄；<br>d. 膀胱部分切除；<br>e. 一侧输尿管缺失或闭锁；<br>f. 子宫部分切除；<br>g. 直肠、肛门损伤,遗留永久性乙状结肠造口。 | • 7 款 |
| 4.9.8 会阴部损伤致： | a. 阴茎龟头缺失(或畸形)50% 以上；<br>b. 阴囊损伤,瘢痕形成 75% 以上。 | • 2 款 |
| 4.9.9 肢体损伤致： | a. 双手缺失(或丧失功能)10% 以上；<br>b. 双手感觉缺失 50% 以上；<br>c. 双上肢前臂旋转功能完全丧失；<br>d. 双足十趾缺失(或丧失功能)50% 以上；<br>e. 一足足弓构破坏；<br>f. 双上肢长度相差 10 cm 以上；<br>g. 双下肢长度相差 4 cm 以上；<br>h. 四肢长骨一骺板以上粉碎性骨折；<br>i. 一肢丧失功能 25% 以上。 | • 9 款 |
| 4.9.10 皮肤损伤致： | 瘢痕形成达体表面积 12% 以上。 | • 1 款 |
| **4.10　Ⅹ级伤残　失能率 10%(11 类 70 款)** | | |
| 4.10.1 颅脑、脊髓及周围神经损伤致： | a. 神经功能障碍,日常活动能力轻度受限；<br>b. 外伤性癫痫,药物能够控制,但遗留脑电图中度以上改变；<br>c. 轻度失语或构音障碍；<br>d. 单侧轻度面瘫,难以恢复；<br>e. 轻度不自主运动或共济失调；<br>f. 斜视、复视、视错觉、眼球震颤等视觉障碍；<br>g. 半身或偏身型浅感觉分离性缺失；<br>h. 一肢体完全性感觉缺失；<br>i. 节段性完全性感觉缺失；<br>j. 影响阴茎勃起功能。 | • 10 款<br>**不自主运动与共济失调的检查方法见** 附表 3-10、附表 3-11。<br>严重程度者构成**三级**伤残,轻度为**十级**伤残。标准共分两个等级 |

(续表)

| 伤残等级/部位 | 诊断与残情描述 | 操作精要 |
|---|---|---|
| 4.10.2 头面部损伤致： | a. 一眼低视力 **1级** 以上；<br>b. 一侧眼睑下垂或畸形；<br>c. 一眼视野中度缺损（直径小于 **60°**）；<br>d. 泪小管损伤，遗留溢泪症状；<br>e. 眼内异物存留；<br>f. 外伤性白内障；<br>g. 外伤性脑脊液鼻漏或耳漏；<br>h. 上颌骨、下颌骨缺损，牙齿脱落 **4枚** 以上；<br>i. 口腔损伤，牙齿脱落 **8枚** 以上；<br>j. 口腔或颞下颌关节损伤，轻度张口受限；<br>k. 舌尖部分缺失（或畸形）；<br>l. 一耳中等重度听觉障碍，或双耳中度听觉障碍；<br>m. 一侧耳廓缺失（或畸形）**10%** 以上；<br>n. 鼻尖缺失（或畸形）；<br>o. 面部瘢痕形成，面积 **6 cm²** 以上；或面部线条状瘢痕 **10 cm** 以上；<br>p. 面部细小瘢痕（或色素明显改变）面积 **15 cm²** 以上；<br>q. 头皮无毛发 **40 cm²** 以上；<br>r. 颅骨缺损 **4 cm²** 以上，遗留神经系统轻度症状和体征；或颅骨缺损 **6 cm²** 以上，无神经系统症状和体征；<br>s. 颌面部骨及软组织缺损 **8 cm³** 以上。 | • 19款<br>**1. 外伤性颅骨缺损** 常见于颅脑手术后、严重开放性颅脑损伤、手术去除缺乏生机或有感染可能的骨折碎片、重型闭合性颅脑损伤后的去骨瓣减压术、不能复位的粉碎性颅骨骨折等<br>2. 外伤性脑脊液鼻漏或耳漏指开放性颅骨骨折同时伴硬脑膜和蛛网膜破裂，致脑脊液经鼻、耳流出颅外。多见颅底前窝与中窝的骨折。**多数** 外伤性脑脊液漏会 **自行愈合**。对于鼻腔或耳道流出的液体 **应进行生化检查**，以明确是否为脑脊液漏 |
| 4.10.3 脊柱损伤致： | a. 颈椎或腰椎畸形愈合，颈部或腰部活动度丧失 **10%** 以上；<br>b. 胸椎畸形愈合，轻度影响呼吸功能；<br>c. 胸椎或腰椎一椎体 **1/3** 以上压缩性骨折。 | • 3款 |
| 4.10.4 颈部损伤致： | a. 瘢痕形成，颈部活动度丧失 **10%** 以上；<br>b. 轻度影响呼吸和吞咽功能；<br>c. 颈前三角区瘢痕面积 **20 cm²** 以上。 | • 3款 |
| 4.10.5 胸部损伤致： | a. 女性一侧乳房部分缺失（或畸形）；<br>b. **4肋** 以上骨折或 **2肋** 以上缺失；<br>c. 肺破裂修补；<br>d. 胸膜黏连或胸廓畸形。 | • 4款 |
| 4.10.6 腹部损伤致： | a. 胃、肠、消化腺等破裂修补；<br>b. 胆囊破裂修补；<br>c. 肠系膜损伤修补；<br>d. 脾破裂修补；<br>e. 肾破裂修补或肾功能轻度障碍；<br>f. 膈肌破裂修补。 | • 6款 |

(续表)

| 伤残等级/部位 | 诊断与残情描述 | 操作精要 |
|---|---|---|
| 4.10.7 盆部损伤致： | a. 骨盆倾斜,双下肢长度相差 **2 cm** 以上；<br>b. 骨盆畸形愈合；<br>c. 一侧卵巢缺失或完全萎缩；<br>d. 一侧输卵管缺失或闭锁；<br>e. 子宫破裂修补；<br>f. 一侧输尿管严重狭窄；<br>g. 膀胱破裂修补；<br>h. 尿道轻度狭窄；<br>i. 直肠、肛门损伤,瘢痕形成,排便功能障碍。 | • 9 款 |
| 4.10.8 会阴部损伤致： | a. 阴茎龟头缺失(或畸形)**25%**以上；<br>b. 阴茎包皮损伤,瘢痕形成,影响功能；<br>c. 一侧输精管缺失(或闭锁)；<br>d. 一侧睾丸缺失或完全萎缩；<br>e. 阴囊损伤,瘢痕形成 **50%** 以上。 | • 5 款 |
| 4.10.9 外阴、阴道损伤致： | 阴道狭窄,影响功能。 | • 1 款 |
| 4.10.10 肢体损伤致： | a. 双手缺失(或丧失功能)**5%** 以上；<br>b. 双手感觉缺失 **25%** 以上；<br>c. 双上肢前臂旋转功能丧失 **50%** 以上；<br>d. 一足足弓结构破坏 **1/3** 以上；<br>e. 双足十趾缺失(或丧失功能)**20%** 以上；<br>f. 双上肢长度相差 **4 cm** 以上；<br>g. 双下肢长度相差 **2 cm** 以上；<br>h. 四肢长骨一骺板以上线性骨折；<br>i. 一肢丧失功能 **10%** 以上。 | • 9 款 |
| 4.10.11 皮肤损伤致： | 瘢痕形成达体表面积 **4%** 以上。 | • 1 款 |

## 第三节 附 则

| 条标 | 内容 | 精要 |
|---|---|---|
| 5.1 | 遇有本标准以外的伤残程度者可根据伤残的实际情况,比照本标准中最相似等级的伤残内容和附录 A 的规定,确定其相当的伤残等级。<br>同一部位和性质的伤残,不应采用本标准条文两条以上或者同一条文两次以上进行评定。 | 人体损伤千差万别,各不相同,标准从实际出发,规定了比照原则。比照需要依据最相似条款和附录 A 的规定进行。最相似条款可以是一条或两条,可以来源于不同等级,类似以往法律中的类推制度。 |
| 5.2 | 受伤人员符合 2 处以上伤残等级者,评定结论中应当写明各处的伤残等级。两处以上伤残等级的综合计算方法可参见附录 B。 | 首次提出了综合计算的方法,提出伤残赔偿系数的概念。 |
| 5.3 | 评定道路交通事故受伤人员伤残程度时,应排除其原有伤、病等进行评定。 | 只对损伤所造成的残障进行程度评定,必要时应予以分辨、说明,或通过参与度进行因果关系评定。 |
| 5.4 | 本标准备等级间有关伤残程度的区分见附录 C。<br>本标准中"以上""以下"等均包括本数。 | 附录 C 是有关定义和临床分级表。 |

## 第四节  附  录

### 一、附录 A（规范性附录）伤残等级划分依据

| 序号 | 等级 | 评价指标 | 精要 |
| --- | --- | --- | --- |
| A1 | Ⅰ级伤残划分依据 | a. 日常生活完全不能自理；<br>b. 意识消失；<br>c. 各种活动均受到限制而卧床；<br>d. 社会交往完全丧失。 | 最严重伤残，以植物人及其类似情况为代表。属于完全丧失劳动能力。 |
| A2 | Ⅱ级伤残划分依据 | a. 日常生活需要随时有人帮助；<br>b. 仅限于床上或椅上的活动；<br>c. 不能工作；<br>d. 社会交往极度困难。 | 属于完全丧失劳动能力。 |
| A3 | Ⅲ级伤残划分依据 | a. 不能完全独立生活，需经常有人监护；<br>b. 仅限于室内的活动；<br>c. 明显职业受限；<br>d. 社会交往困难。 | |
| A4 | Ⅳ级伤残划分依据 | a. 日常生活能力严重受限，间或需要帮助；<br>b. 仅限于居住范围内的活动；<br>c. 职业种类受限；<br>d. 社会交往严重受限。 | |
| A5 | Ⅴ级伤残划分依据 | a. 日常生活能力部分受限，需要指导；<br>b. 仅限于就近的活动；<br>c. 需要明显减轻工作；<br>d. 社会交往贫乏。 | |
| A6 | Ⅵ级伤残划分依据 | a. 日常生活能力部分受限，但能部分代偿，部分日常生活需要帮助；<br>b. 各种活动降低；<br>c. 不能胜任原工作；<br>d. 社会交往狭窄。 | |
| A7 | Ⅶ级伤残划分依据 | a. 日常生活有关的活动能力严重受限；<br>b. 短暂活动不受限，长时间活动受限；<br>c. 不能从事复杂工作；<br>d. 社会交往能力降低。 | |
| A8 | Ⅷ级伤残划分依据 | a. 日常生活有关的活动能力部分受限；<br>b. 远距离活动受限；<br>c. 能从事复杂工作，但效率明显降低；<br>d. 社会交往受约束。 | |
| A9 | Ⅸ级伤残划分依据 | a. 日常生活能力部分受限；<br>b. 工作和学习能力下降；<br>c. 社会交往能力部分受限； | |
| A10 | Ⅹ级伤残划分依据 | a. 日常活动能力轻度受限；<br>b. 工作和学习能力有所下降；<br>c. 社会交往能力轻度受限。 | 十级伤残为伤残赔偿的最低线，是起点，在鉴定实践中引用率最高，掌握的宽严尺度不同带来的社会影响力也最大。 |

## 二、附录B（资料性附录）多等级伤残的综合计算方法

| 标题 | 内容 | 精要 |
|---|---|---|
| B.1 多等级伤残的综合计算 | 多等级伤残的综合计算是按伤者的伤残赔偿计算方法加以计算。 | 该公式本身并不能计算出一个准确的数额,只是一个导向。其核心是伤残赔偿附加指数,一般以最重的伤残等级为基数,其他有额外的伤残等级的,适当增加一个附加指数,一般为十级伤残的10%—50%。具体根据各地法院的实际情况进行确定。一般无须鉴定人作出意见。 |
| B.2 | 根据伤残赔偿总额、赔偿责任系数、赔偿指数等,有下式: $$C = C_t \times C_1 \times \left( Ih + \sum_{i=1}^{n} Ia, i \right)$$ $$\left( \sum_{i=1}^{n} Ia, i \leqslant 10\%, i = 1, 2, 3, \cdots, n, 多处伤残 \right)$$ 式中:$C$——伤残者的伤残实际赔偿额,元;<br>$C_t$——伤残赔偿总额,元;<br>$C_1$——赔偿责任系数,即赔偿义务主体对造成事故负有责任的程度;<br>$Ih$——伤残等级最高处的伤残赔偿指数,即多等级伤残者,最高伤残等级的赔偿比例,用百分比(%)表示;<br>$Ia$——伤残赔偿附加指数,即增加一处伤残所增加的赔偿比例,用百分比表示 | |
| B.3 伤残赔偿指数 | 伤残赔偿指数是指伤残者应当得到伤残赔偿的比例。B.2中的伤残赔偿指数是按本标准3.6条规定,以伤残者的伤残程度比例作为伤残者的伤残赔偿比例。 | |

## 三、附录C(规范性附录)有关伤残程度的区分

| 序号 | 区分点 | | 精要 |
|---|---|---|---|
| C.1 面部的范围和瘢痕面积的计算 | C.1.1 面部的范围 | 面部的范围指上至发际、下至下颌下缘、两侧至下颌支后缘之间的区域,包括额部、眼部、眶部、鼻部、口唇部、颏部、颧部、颊部和腮腺咬肌部。 | 面部范围的界定同损伤程度鉴定标准。 |
| | C.1.2 面部瘢痕面积的计算 | 本标准采用全面部和5等分面部以及实测瘢痕面积的方法,分别计算瘢痕面积。面部多处瘢痕,其面积可以累加计算。 | |
| C.2 心脏功能的区分 | 根据体力活动受限的程度,将心脏功能分为: | a. Ⅰ级:无症状,体力活动不受限;<br>b. Ⅱ级:较重体力活动则有症状,体力活动稍受限;<br>c. Ⅲ级:轻微体力活动即有明显症状,休息后稍减轻,体力活动大受限;<br>d. Ⅳ级:即使在安静休息状态下亦有明显症状,体力活动完全受限。 | |

（续表）

| 序号 | | 区分点 | 精要 |
|---|---|---|---|
| C.3 呼吸功能障碍程度的区分 | C.3.1 呼吸功能障碍 | 因事故损伤所致的呼吸功能的改变。 | |
| | C.3.2 呼吸功能障碍程度的区分<br>本标准根据体力活动受限的程度，将呼吸功能障碍分为： | a. 呼吸功能严重障碍：安静卧时亦有呼吸困难出现，体力活动完全受限。<br>b. 呼吸功能障碍：室内走动出现呼吸困难，体力活动极度受限；<br>c. 呼吸功能严重受影响，一般速度步行有呼吸困难，体力活动大部分受限；<br>d. 呼吸功能受影响，包括两种情况：<br>第一种情况：蹬楼梯出现呼吸困难[4.4.3,4.4.4b)，4.4.5a)，4.5.3，4.5.4b)属此情况]；<br>第二种情况：快步行走出现呼吸困难[4.5.5a)，4.10.3b)，4.10.4b)属此情况]。 | |
| C.4 手缺失和丧失功能的计算 | C.4.1 手缺失和丧失功能 | 指因事故损伤所致的手掌和手指的缺失或丧失功能。 | |
| | C.4.2 手缺失和丧失功能的计算 | 手拇指占一手功能的 **36%**，其中末节和近节指节各占 **18%**；食指、中指各占一手功能的 **18%**，其中末节指节占 **8%**，中节指节占 **7%**，近节指节占 **3%**；无名指和小指各占一手功能的 **9%**，其中末节指节占 **4%**，中节指节占 **3%**，近节指节占 **2%**。一手掌占一手功能的 **10%**，其中第一掌骨占 **4%**，第二、第三掌骨各占 **2%**，第四、第五掌骨各占 **1%**。本标准中，双手缺失或丧失功能的程度是按前面方面累加计算的结果。 | |
| C.5 手感觉丧失功能的计算 | C.5.1 手感觉丧失功能 | 指因事故损伤所致手的掌侧感觉功能的丧失。 | |
| | C.5.2 手感觉丧失功能的计算 | 手感觉丧失功能的计算是相应手功能丧失程度的 **50%** 计算。 | |
| C.6 肩关节、肩关节复合体丧失功能的计算 | C.6.1 肩关节及肩关节复合体 | 肩关节指由肩胛骨的盂白与肱骨头之间形成的关节，它与肩锁关节、胸锁关节、肩胛胸关节共同组成肩关节复合体。肩关节功能受肩关节复合体其他关节功能的制约；肩关节复合体其他关节功能通过肩关节功能予以体现。 | 首次在人体伤残标准中提出该概念，对于今后完善其他有关法医损伤、伤残类鉴定标准有借鉴意义。 |
| | C.6.2 肩关节及肩关节复合体丧失功能 | 因事故损伤所致肩关节及肩关节复合体其他关节的功能丧失。 | |
| | C.6.3 肩关节及肩关节复合体丧失功能的计算 | 肩关节复合体丧失功能的计算是通过测量肩关节丧失功能的程度，加以计算。 | |
| C.7 足弓结构破坏程度的区分 | C.7.1 足弓结构破坏 | 因事故损伤所致的足弓缺失或丧失功能。 | |
| | C.7.2 足弓结构破坏程度的区分 | a. 足弓结构完全破坏：足的内、外侧纵弓和横弓结构完全破坏，包括缺失和丧失功能。<br>b. 足弓 **1/3** 结构破坏或 **2/3** 结构破坏，指足三弓的任一或二弓的结构破坏。 | |

(续表)

| 序号 | 区分点 | | 精要 |
|---|---|---|---|
| C.8 肢体丧失功能的计算 | C.8.1 肢体丧失功能 | 因事故损伤所致肢体三大关节（上肢腕关节、肘关节、肩关节或下肢踝关节、膝关节、髋关节）功能的丧失。 | 本条也是一个重大改变。实际上提高了十级伤残的要求。提出系数概念具有一定先进性，但对于如何测量评估有关关节功能，标准并未明确，值得今后研究改进。 |
| | C.8.2 肢体丧失功能的计算 | 肢体丧失功能的计算是用肢体三大关节丧失功能程度的比例分别乘以肢体三大关节相应的权重指数（腕关节 0.18，肘关节 0.12，肩关节 0.7，踝关节 0.12，膝关节 0.28，髋关节 0.6），再用它们的积相加，分别算出各肢体丧失功能的比例。 | |

## 第五节 道标伤残分级速查表（按部位）

| 条标 | 残情描述（速查核心词、量化指标） | 伤残等级 |
|---|---|---|
| | 颅脑、脊髓及周围神经 损伤致残 | |
| 4.1.1 | a) 植物状态；<br>b) 极度智力缺损（智商 20 以下）或精神障碍，日常生活完全不能自理；<br>c) 四肢瘫（三肢以上肌力 3 级以下）；<br>d) 截肢（肌力 2 级以下）伴大便和小便失禁。 | Ⅰ级 |
| 4.2.1 | a) 重度智力缺损（智商 34 以下）或精神障碍，日常生活需随时有人帮助才能完成；<br>b) 完全性失语；<br>c) 双眼盲目 5 级；<br>d) 四肢瘫（二肢以上肌力 2 级以下）；<br>e) 偏瘫或截瘫（肌力 2 级以下）。 | Ⅱ级 |
| 4.3.1 | a) 重度智力缺损或精神障碍，不能完全独立生活，需经常有人监护；<br>b) 严重外伤性癫痫，药物不能控制，大发作平均每月一次以上或局限性发作平均每月四次以上或小发作平均每周七次以上或精神运动性发作平均每月三次以上；<br>c) 双侧严重面瘫，难以恢复；<br>d) 严重不自主运动或共济失调；<br>e) 四肢瘫（二肢以上肌力 3 级以下）；<br>f) 偏瘫或截瘫（肌力 3 级以下）；<br>g) 大便和小便失禁，难以恢复。 | Ⅲ级 |
| 4.4.1 | a) 中度智力缺损（智商 49 以下）或精神障碍，日常生活能力严重受限，间或需要帮助；<br>b) 严重运动性失语或严重感觉性失语；<br>c) 四肢瘫（二肢以上肌力 4 级以下）；<br>d) 偏瘫或截瘫（肌力 4 级以下）；<br>e) 阴茎勃起功能完全丧失。 | Ⅳ级 |

（续表）

| 条标 | 残情描述（速查核心词、量化指标） | 伤残等级 |
|---|---|---|
| 4.5.1 | a) 中度智力缺损或精神障碍,日常生活能力明显受限,需要指导;<br>b) 外伤性癫痫,药物不能完全控制,大发作平均每三月一次以上或局限性发作平均每月二次以上或小发作平均每周四次以上或精神运动性发作平均每月一次以上;<br>c) 严重失用或失认症;<br>d) 单侧严重面瘫,难以恢复;<br>e) 偏瘫或截瘫(一肢肌力 2 级以下);<br>f) 单瘫(肌力 2 级以下);<br>g) 大便或小便失禁,难以恢复。 | Ⅴ级 |
| 4.6.1 | a) 中度智力缺损或精神障碍,日常生活能力部分受限,但能部分代偿,部分日常生活需要帮助;<br>b) 严重失读伴失写症;或中度运动性失语或中度感觉性失语;<br>c) 偏瘫或截瘫(一肢肌力 3 级以下);<br>d) 单瘫(肌力 3 级以下);<br>e) 阴茎勃起功能严重障碍。 | Ⅵ级 |
| 4.7.1 | a) 轻度智力缺损(智商 70 以下)或精神障碍,日常生活有关的活动能力严重受限;<br>b) 外伤性癫痫,药物不能完全控制,大发作平均每六月一次以上或局限性发作平均每二月二次以上或小发作平均每周二次以上或精神运动性发作平均每二月一次以上;<br>c) 中度失用或失认症;<br>d) 严重构音障碍;<br>e) 偏瘫或截瘫(一肢肌力 4 级);<br>f) 单瘫(肌力 4 级);<br>g) 半身或偏身型完全性感觉缺失。 | Ⅶ级 |
| 4.8.1 | a) 轻度智力缺损或精神障碍,日常生活有关的活动能力部分受限;<br>b) 中度失读伴失写症;<br>c) 半身或偏身型深感觉缺失;<br>d) 阴茎勃起功能障碍。 | Ⅷ级 |
| 4.9.1 | a) 轻度智力缺损或精神障碍,日常生活能力部分受限;<br>b) 外伤性癫痫,药物不能完全控制,大发作一年一次以上或局限性发作平均每六月三次以上或小发作平均每月四次以上或精神运动性发作平均每六月二次以上;<br>c) 严重失读或严重失写症;<br>d) 双侧轻度面瘫,难以恢复;<br>e) 半身或偏身型浅感觉缺失;<br>f) 严重影响阴茎勃起功能。 | Ⅸ级 |
| 4.10.1 | a) 神经功能障碍,日常活动能力轻度受限;<br>b) 外伤性癫痫,药物能够控制,但遗留脑电图中度以上改变;<br>c) 轻度失语或构音障碍;<br>d) 单侧轻度面瘫,难以恢复;<br>e) 轻度不自主运动或共济失调;<br>f) 斜视、复视、视错觉、眼球震颤等视觉障碍;<br>g) 半身或偏身型浅感觉分离性缺失;<br>h) 一肢体完全性感觉缺失;<br>i) 节段性完全性感觉缺失;<br>j) 影响阴茎勃起功能。 | Ⅹ级 |

(续表)

| 条标 | 残情描述（速查核心词、量化指标） | 伤残等级 |
|---|---|---|
| 眼部及视力　损伤致残 | | |
| 4.1.2 | a) 双侧眼球缺失；<br>b) 一侧眼球缺失，另一侧眼严重畸形伴盲目 **5** 级。 | I 级 |
| 4.2.2 | a) 一侧眼球缺失，另一眼盲目 **4** 级；或一侧眼球缺失，另一侧眼严重畸形伴盲目 **3** 级以上；<br>b) 双侧眼睑重度下垂（或严重畸形）伴双眼盲目 **4** 级以上；或一侧眼睑重度下垂（或严重畸形），该眼盲目 **4** 级以上，另一眼盲目 **5** 级；<br>c) 双眼盲目 **5** 级。 | II 级 |
| 4.3.2 | a) 一侧眼球缺失，另一眼盲目 **3** 级；或一侧眼球缺失，另一侧眼严重畸形伴低视力 **2** 级；<br>b) 双侧眼睑重度下垂（或严重畸形）伴双眼盲目 **3** 级以上；或一侧眼睑重度下垂（或严重畸形），该眼盲目 **3** 级以上，另一眼盲目 **4** 级以上；<br>c) 双眼盲目 **4** 级以上；<br>d) 双眼视野接近完全缺损（直径小于 **5°**）。 | III 级 |
| 4.4.2 | a) 一侧眼球缺失，另一眼低视力 **2** 级；或一侧眼球缺失，另一侧眼严重畸形伴低视力 **1** 级；<br>b) 双侧眼睑重度下垂（或严重畸形）伴双眼低视力 **2** 级以上；或一侧眼睑重度下垂（或严重畸形），该眼低视力 **2** 级以上，另一眼盲目 **3** 级以上；<br>c) 双眼盲目 **3** 级以上；<br>d) 双眼视野极度缺损（直径小于 **10°**）。 | IV 级 |
| 4.5.2 | a) 一侧眼球缺失伴另一眼低视力 **1** 级；或一侧眼球缺失伴另一侧眼严重畸形且视力接近正常；<br>b) 双侧眼睑重度下垂（或严重畸形）伴双眼低视力 **1** 级以上；或一侧眼睑重度下垂（或严重畸形），该眼低视力 **1** 级以上，另一眼低视力 **2** 级以上；<br>c) 双眼低视力 **2** 级以上；<br>d) 双眼视野极度缺损（直径小于 **20°**）。 | V 级 |
| 4.6.2 | a) 一侧眼球缺失伴另一眼视力接近正常；或一侧眼球缺失伴另一侧眼严重畸形；<br>b) 双侧眼睑重度下垂（或严重畸形）伴双眼低视力接近正常；或一侧眼睑重度下垂（或严重畸形），该眼视力接近正常，另一眼低视力 **1** 级以上；<br>c) 双眼低视力 **1** 级以上；<br>d) 双眼视野极度缺损（直径小于 **60°**）。 | VI 级 |
| 4.7.2 | a) 一侧眼球缺失；<br>b) 双侧眼睑重度下垂（或严重畸形）。 | VII 级 |
| 4.8.2 | a) 一眼盲目 **4** 级以上；<br>b) 一眼视野接近完全缺损（直径小于 **5°**）。 | VIII 级 |
| 4.9.2 | a) 一眼盲目 **3** 级以上；<br>b) 双侧眼睑重度下垂（或严重畸形）；或一侧眼睑重度下垂（或严重畸形）；<br>c) 一眼视野极度缺损（直径小于 **10°**）。 | IX 级 |
| 4.10.2 | a) 一眼低视力 **1** 级以上；<br>b) 一侧眼睑下垂或畸形；<br>c) 一眼视野中度缺损（直径小于 **60°**）；<br>d) 泪小管损伤，遗留溢泪症状；<br>e) 眼内异物存留；<br>f) 外伤性白内障。 | X 级 |

# 人体损伤程度鉴定标准——分级速查表(2014年版)

| 条款编号 | 伤情描述(主要包括损伤部位、诊断、严重性指标三要素) | 损伤等级 |
|---|---|---|
| **颅脑、脊髓损伤** | | |
| **头皮损伤** | | |
| 5.1.2a | 头皮缺损面积累计 **75.0 cm²** 以上 | 重伤二级 |
| 5.1.3a | 头皮创口或者瘢痕长度累计 **20.0 cm²** | 轻伤一级 |
| 5.1.3b | 头皮撕脱伤面积累计 **50.0 cm²** 以上;头皮缺损面积累计 **24.0 cm²** | 轻伤一级 |
| 5.1.4a | 头皮创口或者瘢痕长度累计 **8.0 cm** 以上 | 轻伤二级 |
| 5.1.4b | 头皮撕脱伤面积累计 **20.0 cm²** 以上;头皮缺损面积累计 **10.0 cm²** 以上 | 轻伤二级 |
| 5.1.4c | 帽状腱膜下血肿范围 **50.0 cm²** 以上 | 轻伤二级 |
| 5.1.5b | 头皮擦伤面积 **5.0 cm²** 以上;头皮挫伤;头皮下血肿 | 轻微伤 |
| 5.1.5c | 头皮创口或者瘢痕 | 轻微伤 |
| **颅骨骨折** | | |
| 5.1.2b | 开放性颅骨骨折伴硬脑膜破裂 | 重伤二级 |
| 5.1.2c | 颅骨凹陷或者粉碎性骨折,出现脑受压症状和体征,须手术治疗 | 重伤二级 |
| 5.1.2b | 颅底骨折,伴脑脊液漏持续 **4周** 以上 | 重伤二级 |
| 5.1.2e | 颅底骨折,伴面神经或者听神经损伤引起相应神经功能障碍 | 重伤二级 |
| 5.1.3c | 颅骨凹陷性或者粉碎性骨折 | 轻伤一级 |
| 5.1.3d | 颅底骨折伴脑脊液漏 | 轻伤一级 |
| 5.1.4d | 颅骨骨折 | 轻伤二级 |
| **脑损伤** | | |
| 5.1.2f | 外伤性蛛网膜下腔出血,伴神经系统症状和体征 | 重伤二级 |
| 5.1.2g | 脑挫(裂)伤,伴神经系统症状和体征 | 重伤二级 |
| 5.1.2h | 颅内出血,伴脑受压症状和体征 | 重伤二级 |
| 5.1.2i | 外伤性脑梗死,伴神经系统症状和体征 | 重伤二级 |
| 5.1.3e | 脑挫(裂)伤;颅内出血;慢性颅内血肿;外伤性硬脑膜下积液 | 轻伤一级 |
| 5.1.4e | 外伤性蛛网膜下腔出血 | 轻伤二级 |
| 5.1.4f | 脑神经损伤引起相应神经功能障碍 | 轻伤二级 |
| 5.1.5a | 头部外伤后伴有神经症状 | 轻微伤 |
| **颅脑外伤性疾病** | | |
| 5.1.2j | 外伤性脑脓肿 | 重伤二级 |
| 5.1.2k | 外伤性脑动脉瘤,须手术治疗 | 重伤二级 |
| 5.1.2l | 外伤性迟发性癫痫 | 重伤二级 |
| 5.1.2m | 外伤性脑积水,须手术治疗 | 重伤二级 |
| 5.1.2n | 外伤性颈动脉海绵窦瘘 | 重伤二级 |
| 5.1.2o | 外伤性下丘脑综合征 | 重伤二级 |
| 5.1.2p | 外伤性尿崩症 | 重伤二级 |
| 5.1.3f | 外伤性脑积水;外伤性颅内动脉瘤;外伤性脑梗死;外伤性颅内低压综合征 | 轻伤一级 |
| **智能减退或精神障碍** | | |
| 5.1.1a | 植物生存状态 | 重伤一级 |
| 5.1.1e | 重度智能减退或者器质性精神障碍,生活完全不能自理 | 重伤一级 |
| **肢体瘫** | | |
| 5.1.1b | 四肢瘫(三肢以上肌力 **3 级** 以下) | 重伤一级 |
| 5.1.1c | 偏瘫、截瘫(肌力 **2 级** 以下),伴大便、小便失禁 | 重伤一级 |
| 5.1.2q | 单肢瘫(肌力 **3 级** 以下) | 重伤二级 |
| 5.1.1d | 非肢体瘫的运动障碍(重度) | 重伤一级 |
| **脊髓损伤** | | |
| 5.1.2r | 脊髓损伤致重度肛门失禁或者重度排尿障碍 | 重伤二级 |
| 5.1.3g | 脊髓损伤致排便或者排尿功能障碍(轻度) | 轻伤一级 |
| 5.1.3h | 脊髓挫裂伤 | 轻伤一级 |
| **面部、耳廓损伤** | | |
| **容貌毁损** | | |
| 5.2.1a | 容貌毁损(重度) | 重伤一级 |
| 5.2.2q | 容貌毁损(轻度) | 重伤二级 |
| **面部条状创口或者瘢痕** | | |
| 5.2.2a | 面部条状瘢痕(**50%** 以上位于中心区),单条长度 **10.0 cm** 以上,或者两条以上长度累计 **15.0 cm** 以上 | 重伤二级 |
| 5.2.3a | 面部单个创口或者瘢痕长度 **6.0 cm** 以上;多个创口或者瘢痕长度累计 **10.0 cm** 以上 | 轻伤一级 |
| **面部条状创口或者瘢痕** | | |
| 5.2.4a | 面部单个创口或者瘢痕长度 **4.5 cm**;多个创口或者瘢痕长度累计 **6.0 cm** 以上 | 轻伤二级 |
| 5.2.4b | 面颊穿透创,皮肤创口或者瘢痕长度 **1.0 cm** 以上 | 轻伤二级 |
| 5.2.4c | 口唇全层裂创,皮肤创口或者瘢痕长度 **1.0 cm** 以上 | 轻伤二级 |
| 5.2.5a | 面部软组织创 | 轻微伤 |

(续表)

| 条款编号 | 伤情描述（主要包括损伤部位、诊断、严重性指标三要素） | 损伤等级 |
|---|---|---|
| 面部块状瘢痕 | | |
| 5.2.2b | 面部块状瘢痕（50%以上位于中心区），单块面积 6.0 cm 以上，或者两块以上面积累计 10.0 cm 以上 | 重伤二级 |
| 5.2.3b | 面部块状瘢痕，单块面积 4.0 cm² 以上；多块面积累计 7.0 cm² 以上 | 轻伤一级 |
| 5.2.4d | 面部块状瘢痕，单块面积 3.0 cm² 以上或者多块面积累计 5.0 cm² 以上 | 轻伤一级 |
| 面部细小瘢痕或者色素异常 | | |
| 5.2.2c | 面部片状细小瘢痕或者显著色素异常，面积累计达面部 30% | 重伤二级 |
| 5.2.3c | 面部片状细小瘢痕或者明显色素异常，面积累计 30.0 cm² 以上 | 轻伤二级 |
| 5.2.4e | 面部片状细小瘢痕或者色素异常，面积累计 8.0 cm² 以上 | 轻伤二级 |
| 5.2.5b | 面部损伤留有瘢痕或者色素改变 | 轻微伤 |
| 5.2.5c | 面部皮肤擦伤，面积 2.0 cm²；面部软组织挫伤；面部划伤 4.0 cm² 以上 | 轻微伤 |
| 面神经损伤 | | |
| 5.2.2p | 面神经损伤致一侧面肌大部分瘫痪，遗留眼睑闭合不全和口角歪斜 | 重伤二级 |
| 5.2.3p | 面神经损伤致一侧面肌部分瘫痪，遗留眼睑闭合不全或者口角歪斜 | 轻伤一级 |
| 眼损伤 | | |
| 5.2.2d | 一侧眼球萎缩或者缺失 | 重伤二级 |
| 5.2.2e | 眼睑缺失相当于一侧上眼睑 1/2 以上 | 重伤二级 |
| 5.2.2f | 一侧眼睑重度外翻或者双侧眼睑中度外翻 | 重伤二级 |
| 5.2.2g | 一侧上睑下垂完全覆盖瞳孔 | 重伤二级 |
| 5.2.2h | 一侧眼眶骨折致眼球内陷 0.5 cm 以上 | 重伤二级 |
| 5.2.2i | 一侧鼻泪管和内眦韧带断裂 | 重伤二级 |
| 5.2.3d | 眼睑缺失相当于一侧上眼睑 1/4 以上 | 轻伤一级 |
| 5.2.3e | 一侧眼睑中度外翻；双侧眼睑轻度外翻 | 轻伤一级 |
| 5.2.3f | 一侧上眼睑下垂覆盖瞳孔超过 1/2 | 轻伤一级 |
| 5.2.3g | 两处以上不同眶壁骨折；一侧眶壁骨折致眼球内陷 0.2 cm 以上 | 轻伤一级 |
| 5.2.3h | 双侧泪器损伤伴溢泪 | 轻伤一级 |
| 5.2.3i | 一侧鼻泪管断裂；一侧内眦韧带断裂 | 轻伤二级 |
| 5.2.4f | 眶壁骨折（单纯眶内壁骨折除外） | 轻伤二级 |
| 5.2.4g | 眼睑缺损 | 轻伤二级 |
| 5.2.4h | 一侧眼睑轻度外翻 | 轻伤二级 |
| 5.2.4i | 一侧上眼睑下垂覆盖瞳孔 | 轻伤二级 |
| 5.2.4j | 一侧眼睑闭合不全 | 轻伤二级 |
| 5.2.4k | 一侧泪器损伤伴溢泪 | 轻伤二级 |
| 5.2.5d | 眶内壁骨折 | 轻微伤 |
| 5.2.5e | 眼部挫伤；眼部外伤后影响外观 | 轻微伤 |
| 鼻损伤 | | |
| 5.2.2j | 鼻部离断或者缺损 30% 以上 | 重伤二级 |
| 5.2.3k | 鼻部离断或者缺损 15% 以上 | 轻伤一级 |
| 5.2.4n | 鼻尖或者一侧鼻翼缺损 | 轻伤二级 |
| 5.2.4o | 鼻骨粉碎性骨折；双侧鼻骨骨折；鼻骨骨折合并上颌骨额突骨折；鼻骨骨折合并鼻中隔骨折；双侧上颌骨额突骨折 | 轻伤二级 |
| 5.2.5g | 鼻骨骨折；鼻出血 | 轻微伤 |
| 5.2.5h | 上颌骨额突骨折 | 轻微伤 |
| 耳廓损伤 | | |
| 5.2.2k | 耳廓离断、缺损或者挛缩畸形累计相当于一侧耳廓面积 50% 以上 | 重伤二级 |
| 5.2.3j | 耳廓离断、缺损或者挛缩畸形累计相当于一侧耳廓面积 30% 以上 | 轻伤一级 |
| 5.2.4l | 耳廓创口或者瘢痕长度累计 6.0 cm 以上 | 轻伤二级 |
| 5.2.4m | 耳廓离断、缺损或者挛缩畸形累计相当于一侧耳廓面积 15% 以上 | 轻伤二级 |
| 5.2.5f | 耳廓创 | 轻微伤 |
| 口损伤 | | |
| 5.2.2l | 口唇离断或者缺损致牙齿外露 3 枚以上 | 重伤二级 |
| 5.2.3l | 口唇离断或者缺损致牙齿外露 1 枚以上 | 重伤二级 |
| 5.2.2m | 舌体离断或者缺损达舌系带 | 轻伤一级 |
| 5.2.4p | 舌缺损 | 轻伤一级 |
| 5.2.2n | 牙齿脱落或者折共 7 枚以上 | 轻伤一级 |
| 5.2.3m | 牙齿脱落或者折共 4 枚以上 | 轻伤一级 |
| 5.2.4q | 牙齿脱落或者折共 2 枚以上 | 轻伤一级 |
| 5.2.3o | 腮腺总导管完全断裂 | 轻伤二级 |
| 5.2.2o | 损伤致张口困难 III 度 | 轻伤二级 |
| 5.2.3n | 损伤致张口困难 II 度 | 轻伤二级 |

(续表)

| 条款编号 | 伤情描述(主要包括损伤部位、诊断、严重性指标三要素) | 损伤等级 |
|---|---|---|
| 5.2.4s | 损伤致张口困难 I 度 | 轻伤二级 |
| 5.2.4r | 腮腺、颌下腺或者舌下腺实质性损伤 | 轻伤二级 |
| 5.2.4t | 颌骨骨折(牙槽突骨折及一侧上颌骨额突骨折除外) | 轻伤二级 |
| 5.2.4u | 颧骨骨折 | 轻伤二级 |
| 5.2.5i | 口腔粘膜破损;舌损伤 | 轻微伤 |
| 5.2.5j | 牙齿脱落或者缺损;牙槽突骨折;牙齿松动 2 枚以上或者 III 度松动 1 枚以上 | 轻微伤 |
| 听器听力损伤 | | |
| 外耳道及中耳损伤 | | |
| 5.3.3b | 双侧外耳道闭锁 | 轻伤一级 |
| 5.3.4e | 一侧外耳道横截面 1/2 以上狭窄 | 轻伤二级 |
| 5.3.4a | 外伤性鼓膜穿孔 6 周不能自行愈合 | 轻伤二级 |
| 5.3.4b | 听骨骨折或者脱位;听骨链固定 | 轻伤二级 |
| 5.3.5a | 外伤性鼓膜穿孔 | 轻微伤 |
| 5.3.5b | 鼓室积血 | 轻微伤 |
| 听力损伤 | | |
| 5.3.1a | 双耳听力障碍(≥91 dB HL) | 重伤一级 |
| 5.3.2a | 一耳听力障碍(≥91 dB HL) | 重伤二级 |
| 5.3.2b | 一耳听力障碍(≥81 dB HL),另一耳听力障碍(≥41 dB HL) | 重伤二级 |
| 5.3.2c | 一耳听力障碍(≥81 dB HL),伴同侧前庭平衡功能障碍 | 重伤二级 |
| 5.3.2d | 双耳听力障碍(≥61 dB HL) | 重伤二级 |
| 5.3.3a | 双耳听力障碍(≥41 dB HL) | 轻伤一级 |
| 5.3.4c | 一耳听力障碍(≥41 dB HL) | 轻伤二级 |
| 5.3.5c | 外伤后听力减退 | 轻微伤 |
| 前庭、平衡功能损伤 | | |
| 5.3.2e | 双侧前庭平衡功能丧失,睁眼行走困难,不能并足站立 | 重伤二级 |
| 5.3.4d | 一侧前庭平衡功能障碍,伴同侧听力减退 | 轻伤二级 |
| 视器视力损伤 | | |
| 视力损害 | | |
| 5.4.1a | 一眼眼球萎缩或者缺失,另一眼盲目 3 级 | 重伤一级 |
| 5.4.1c | 双眼盲目 4 级 | 重伤一级 |
| 5.4.2a | 一眼盲目 3 级 | 重伤二级 |
| 5.4.2b | 一眼重度视力损害,另一眼中度视力损害 | 重伤二级 |
| 5.4.3c | 一眼重度视力损害;双眼中度视力损害 | 轻伤一级 |
| 5.4.4f | 一眼矫正视力减退至 0.5 以下(或者较伤前视力下降 0.3 以上);双眼矫正视力减退至 0.7 以下(或者较伤前视力下降 0.2 以上);原单眼中度以上视力损害者,伤后视力降低一个级别 | 轻伤二级 |
| 5.4.5a | 眼球损伤影响视力 | 轻微伤 |
| 视野缺损 | | |
| 5.4.1b | 一眼视野完全缺损,另一眼视野半径 20°以下(视野有效值 32%以下) | 重伤一级 |
| 5.4.2c | 一眼视野半径 10°以下(视野有效值 16%以下) | 重伤二级 |
| 5.4.2d | 双眼偏盲;双眼残留视野半径 30°以下(视野有效值 48%以下) | 重伤二级 |
| 5.4.3d | 一眼视野半径 30°以下(视野有效值 48%以下);双眼视野半径 50°以下(视野有效值 80%以下) | 轻伤一级 |
| 5.4.4g | 一眼视野半径 50°以下(视野有效值 80%以下) | 轻伤二级 |
| 眼球部分结构损伤 | | |
| 5.4.3a | 外伤性青光眼,经治疗难以控制眼压 | 轻伤一级 |
| 5.4.3b | 一眼虹膜完全缺损 | 轻伤一级 |
| 5.4.4a | 眼球穿通伤或者眼球破裂伤;前房出血须手术治疗;房角后退;虹膜根部离断或者虹膜缺损超过 1 个象限;睫状体脱离;晶状体脱位;玻璃体积血;外伤性视网膜脱离;外伤性视网膜出血;外伤性黄斑孔;外伤性脉络膜脱离 | 轻伤二级 |
| 5.4.4b | 角膜斑翳或者血管翳;外伤性白内障;外伤性低眼压;外伤性青光眼 | 轻伤二级 |
| 5.4.4c | 瞳孔括约肌损伤致瞳孔显著变形或者瞳孔散大(直径 0.6 cm 以上) | 轻伤二级 |
| 5.4.4d | 斜视;复视 | 轻伤二级 |
| 5.4.4e | 睑球粘连 | 轻伤二级 |
| 颈部损伤 | | |
| 大血管损伤 | | |
| 5.5.1a | 颈部大血管破裂 | 重伤一级 |
| 5.5.2g | 颈内动脉血栓形成,血管腔狭窄(50%以上) | 重伤二级 |
| 5.5.2h | 颈总动脉血栓形成,血管腔狭窄(25%以上) | 重伤二级 |
| 5.5.3e | 颈总动脉血栓形成;颈内动脉血栓形成;颈外动脉血栓形成;椎动脉血栓形成 | 轻伤一级 |

(续表)

| 条款编号 | 伤情描述(主要包括损伤部位、诊断、严重性指标三要素) | 损伤等级 |
|---|---|---|
| 甲状腺及甲状旁腺损伤 | | |
| 5.5.2a | 甲状腺旁腺功能低下(重度) | 重伤一级 |
| 5.5.2b | 甲状腺功能低下,药物依赖 | 重伤二级 |
| 5.5.4c | 甲状腺挫裂伤 | 轻伤二级 |
| 咽喉部损伤 | | |
| 5.5.1b | 咽喉部广泛毁损,呼吸完全依赖气管套管或者造口 | 重伤一级 |
| 5.5.1c | 咽或者食管广泛毁损,进食完全依赖胃管或者造口 | 重伤一级 |
| 5.5.2c | 咽部、咽后区、喉或者气管穿孔 | 重伤二级 |
| 5.5.2d | 咽喉或者颈部气管损伤,遗留呼吸困难(3级) | 重伤二级 |
| 5.5.2e | 咽或者食管损伤,遗留吞咽功能障碍(只能进流食) | 重伤二级 |
| 5.5.2f | 喉损伤遗留发声障碍(重度) | 重伤二级 |
| 5.5.3c | 咽喉部损伤遗留发声或者构音障碍 | 轻伤一级 |
| 5.5.3d | 咽或者食管损伤,遗留吞咽功能障碍(只能进半流食) | 轻伤一级 |
| 5.5.4d | 咽喉软骨骨折 | 轻伤二级 |
| 5.5.4e | 喉或者气管损伤 | 轻伤二级 |
| 5.5.4f | 舌骨骨折 | 轻伤二级 |
| 5.5.4h | 颈部损伤出现窒息征象 | 轻伤二级 |
| 颈部皮肤损伤 | | |
| 5.5.2i | 颈前三角区增生瘢痕,面积累计 30.0 cm² 以上 | 重伤二级 |
| 5.5.3a | 颈前部单个创口或者瘢痕长度 10.0 cm 以上;多个创口或者瘢痕长度累计 16.0 cm 以上 | 轻伤一级 |
| 5.5.3b | 颈前三角区瘢痕长度单块面积 10.0 cm²;多块面积累计 12.0 cm² 以上 | 轻伤一级 |
| 5.5.4a | 颈前部单个创口或者瘢痕长度 5.0 cm 以上;多个创口或者瘢痕长度累计 8.0 cm 以上 | 轻伤二级 |
| 5.5.4 b | 颈前部瘢痕,单块面积 4.0 cm² 以上;或者两块以上累计 6.0 cm² 以上 | 轻伤二级 |
| 5.5.5a | 颈部创口或者瘢痕长度 1.0 cm 以上 | 轻微伤 |
| 5.5.5b | 颈部擦伤面积 4.0 cm² 以上 | 轻微伤 |
| 5.5.5c | 颈部挫伤面积 2.0 cm² 以上 | 轻微伤 |
| 5.5.5b | 颈部划伤长度 5.0 cm 以上 | 轻微伤 |
| 胸部损伤 | | |
| 心脏损伤 | | |
| 5.6.1a | 心脏损伤,遗留心功能不全(心功能 IV 级) | 重伤一级 |
| 5.6.2a | 心脏损伤,遗留心功能不全(心功能 III 级) | 重伤二级 |
| 5.6.2b | 心脏破裂,心包破裂 | 重伤二级 |
| 5.6.3a | 心脏挫伤致心包积血 | 轻伤一级 |
| 胸腔大血管损伤 | | |
| 5.6.2j | 胸腔大血管破裂 | 重伤二级 |
| 肺、气管、支气管损伤 | | |
| 5.6.1b | 肺损伤致一侧全肺切除或者双肺三肺叶切除 | 重伤一级 |
| 5.6.2e | 气管或者支气管破裂,须手术治疗 | 重伤二级 |
| 5.6.2f | 肺破裂,须手术治疗 | 重伤二级 |
| 血、气胸 | | |
| 5.6.1g | 血胸、气胸或者血气胸,伴一侧肺萎陷 70% 以上,或者双侧肺萎陷均在 50% 以上 | 重伤二级 |
| 5.6.3e | 血胸、气胸或者血气胸,伴一侧肺萎陷 30% 以上,或者双侧肺萎陷均在 20% 以上 | 轻伤一级 |
| 5.6.4f | 胸腔积血、胸腔积气 | 轻伤二级 |
| 纵膈损伤 | | |
| 5.6.2d | 纵膈血肿或者气肿,须手术治疗 | 重伤二级 |
| 5.6.3d | 纵膈血肿;纵膈气肿 | 轻伤一级 |
| 食管损伤 | | |
| 5.6.2h | 食管穿孔或者全层破裂,须手术治疗 | 重伤二级 |
| 5.6.3f | 食管挫裂伤 | 轻伤一级 |
| 胸部骨折、脱位 | | |
| 5.6.3c | 肋骨骨折 6 处以上 | 轻伤一级 |
| 5.6.4b | 肋骨骨折 2 处以上 | 轻伤二级 |
| 5.6.4c | 胸骨骨折;锁骨骨折;肩胛骨骨折 | 轻伤二级 |
| 5.6.4d | 胸锁关节脱位;肩锁关节脱位 | 轻伤二级 |
| 5.6.5a | 肋骨骨折;肋软骨骨折 | 轻微伤 |
| 女性乳房损伤 | | |
| 5.6.2c | 女性双侧乳房损伤,完全丧失哺乳功能;女性一侧乳房大部分缺失 | 重伤二级 |
| 5.6.3b | 女性一侧乳房损伤,丧失哺乳功能 | 轻伤一级 |
| 5.6.4a | 女性一侧乳房部分缺失或者乳腺导管损伤 | 轻伤二级 |
| 5.6.5b | 女性乳房擦挫伤 | 轻微伤 |

(续表)

| 条款编号 | 伤情描述(主要包括损伤部位、诊断、严重性指标三要素) | 损伤等级 |
|---|---|---|
| 胸部其他损伤 | | |
| 5.6.2i | 脓胸或者肺脓肿;乳糜胸;支气管胸膜瘘;食管胸膜瘘;食管支气管瘘 | 重伤二级 |
| 5.6.2k | 膈肌破裂 | 重伤二级 |
| 5.5.4g | 膈神经损伤 | 轻伤二级 |
| 5.6.4e | 胸部损伤,致皮下气肿 1 周不能自吸收 | 轻伤二级 |
| 5.6.4g | 胸壁穿透创 | 轻伤二级 |
| 5.6.4h | 胸部挤压出现窒息征象 | 轻伤二级 |
| 腹部损伤 | | |
| 腹腔实质性器官损伤 | | |
| 5.7.1a | 肝功能损害(重度) | 重伤一级 |
| 5.7.2c | 肝、脾(或者)胰或者肾破裂,须手术治疗 | 重伤二级 |
| 5.7.3b | 肝包膜破裂;肝脏实质内血肿直径 2.0 cm 以上 | 轻伤一级 |
| 5.7.3c | 脾包膜破裂;脾实质内血肿直径 2.0 cm 以上 | 轻伤一级 |
| 5.7.3d | 胰腺包膜破裂 | 轻伤一级 |
| 5.7.4b | 肝包膜下或者实质内出血 | 轻伤二级 |
| 5.7.4c | 脾包膜下或者实质内出血 | 轻伤二级 |
| 5.7.4e | 肾包膜下或者实质内出血 | 轻伤二级 |
| 5.7.4f | 肝功能损害(轻度) | 轻伤二级 |
| 5.7.4d | 胰腺挫伤 | 轻伤二级 |
| 腹腔空腔器官损伤 | | |
| 5.7.1b | 胃肠道损伤致消化吸收功能严重障碍,依赖肠外营养 | 重伤一级 |
| 5.7.2b | 胃、肠、胆囊或者胆道全层破裂,须手术治疗 | 重伤二级 |
| 5.7.2e | 腹部损伤致肠瘘或者尿瘘 | 重伤二级 |
| 5.7.3a | 胃、肠、胆囊或者胆道非全层破裂 | 轻伤一级 |
| 5.7.4a | 胃、肠、胆囊或者胆道挫伤 | 轻伤二级 |
| 泌尿系统损伤 | | |
| 5.7.1c | 肾功能不全(尿毒症期) | 重伤一级 |
| 5.7.2d | 输尿管损伤致尿外渗,须手术治疗 | 重伤二级 |
| 5.7.2g | 肾周血肿或者肾包膜下血肿,须手术治疗 | 重伤二级 |
| 5.7.2h | 肾功能不全(失代偿期) | 重伤二级 |
| 5.7.2i | 肾损伤致肾性高血压 | 重伤二级 |
| 5.7.2j | 外伤性肾积水;外伤性肾动脉瘤;外伤性肾动静脉动瘘 | 重伤二级 |
| 5.7.3e | 肾功能不全(代偿期) | 轻伤一级 |
| 5.7.4g | 急性肾功能障碍(可恢复) | 轻伤二级 |
| 5.7.5a | 外伤性血尿 | 轻微伤 |
| 腹腔大血管损伤 | | |
| 5.7.2a | 腹腔大血管破裂 | 重伤二级 |
| 腹部其他损伤 | | |
| 5.7.2f | 腹部损伤引起弥漫性腹膜炎或者感染性休克 | 重伤二级 |
| 5.7.2k | 腹腔积血或者腹膜后血肿,须手术治疗 | 重伤二级 |
| 5.7.4h | 腹腔积血或者腹膜后血肿 | 轻伤二级 |
| 5.7.4i | 腹壁穿透创 | 轻伤二级 |
| 骨盆及会阴部损伤 | | |
| 骨盆骨折 | | |
| 5.8.2a | 骨盆骨折畸形愈合,致双下肢相对长度相差 5.0 cm 以上 | 重伤二级 |
| 5.8.2b | 骨盆不稳定性骨折,须手术治疗 | 重伤二级 |
| 5.8.3a | 骨盆 2 处以上骨折;骨盆骨折畸形愈合;髋臼骨折 | 轻伤一级 |
| 5.8.4a | 骨盆骨折 | 轻伤一级 |
| 骨盆内组织器官、尿道及输尿管损伤 | | |
| 5.8.1b | 子宫及卵巢全部缺失 | 重伤一级 |
| 5.8.2c | 直肠破裂,须手术治疗 | 重伤二级 |
| 5.8.2e | 膀胱破裂,须手术治疗 | 重伤二级 |
| 5.8.2f | 后尿道破裂,须手术治疗 | 重伤二级 |
| 5.8.2g | 尿道损伤致重度狭窄 | 重伤二级 |
| 5.8.2h | 损伤致早产或者死胎;损伤致胎盘早期剥离或者流产,合并轻度休克 | 重伤二级 |
| 5.8.2i | 子宫破裂,须手术治疗 | 重伤二级 |
| 5.8.2j | 卵巢或者输卵管破裂,须手术治疗 | 重伤二级 |
| 5.8.2r | 直肠阴道瘘;膀胱阴道瘘;直肠膀胱瘘 | 重伤二级 |
| 5.8.2s | 重度排尿障碍 | 重伤二级 |
| 5.8.3b | 前尿道破裂,须手术治疗 | 轻伤一级 |
| 5.8.3c | 输尿管狭窄 | 轻伤一级 |

(续表)

| 条款编号 | 伤情描述（主要包括损伤部位、诊断、严重性指标三要素） | 损伤等级 |
| --- | --- | --- |
| 5.8.3d | 一侧卵巢缺失或者萎缩 | 轻伤一级 |
| 5.8.4c | 一侧输尿管挫裂伤；膀胱挫裂伤；尿道挫裂伤 | 轻伤二级 |
| 5.8.4d | 子宫挫裂伤；一侧卵巢或者输卵管挫裂伤 | 轻伤二级 |
| 5.8.4k | 一侧输精管破裂 | 轻伤二级 |
| 5.8.4m | 轻度排尿障碍 | 轻伤二级 |
| 5.8.4n | 外伤性难免流产；外伤性胎盘早剥 | 轻伤二级 |
| 5.8.5e | 外伤性先兆流产 | 轻微伤 |
| 会阴部损伤 | | |
| 5.8.1a | 阴茎及睾丸全部缺失 | 重伤一级 |
| 5.8.2d | 肛管损伤致大便失禁或者肛管重度狭窄，须手术治疗 | 重伤二级 |
| 5.8.2k | 阴道重度狭窄 | 重伤二级 |
| 5.8.2l | 幼女阴道 II 度撕裂伤 | 重伤二级 |
| 5.8.2m | 女性会阴或者阴道 III 度撕裂伤 | 重伤二级 |
| 5.8.2n | 龟头缺失达冠状沟 | 重伤二级 |
| 5.8.2o | 阴囊皮肤撕脱伤面积占阴囊皮肤面积 50% 以上 | 重伤二级 |
| 5.8.2p | 双侧睾丸损伤，丧失生育能力 | 重伤二级 |
| 5.8.2q | 双侧睾丸损伤或者输精管损伤，丧失生育能力 | 重伤二级 |
| 5.8.3e | 阴道轻度狭窄 | 轻伤一级 |
| 5.8.3f | 龟头缺失 1/2 以上 | 轻伤一级 |
| 5.8.3g | 阴囊皮肤撕脱伤面积占阴囊皮肤面积 30% 以上 | 轻伤一级 |
| 5.8.3h | 一侧睾丸或者附睾丸缺失；一侧睾丸或者附睾丸萎缩 | 轻伤一级 |
| 5.8.4b | 直肠或者肛管挫裂伤 | 轻伤二级 |
| 5.8.4e | 阴道撕裂伤 | 轻伤二级 |
| 5.8.4f | 女性外阴皮肤创口或者瘢痕长度累计 4.0 cm 以上 | 轻伤二级 |
| 5.8.4g | 龟头部分缺损 | 轻伤二级 |
| 5.8.4h | 阴茎撕脱伤；阴茎皮肤创口或者瘢痕长度累计 2.0 cm 以上；阴茎海绵体出血并形成硬结 | 轻伤二级 |
| 5.8.4i | 阴囊壁贯通伤；阴囊皮肤创口或者瘢痕长度累计 4.0 cm 以上；阴囊内积血，2 周内未完全吸收 | 轻伤二级 |
| 5.8.4j | 一侧睾丸破裂、血肿、脱位或者扭转 | 轻伤二级 |
| 5.8.4l | 轻度肛门失禁或者轻度肛管狭窄 | 轻伤二级 |
| 5.8.5a | 会阴部软组织挫伤 | 轻微伤 |
| 会阴部损伤 | | |
| 5.8.5b | 会阴创；阴囊创；阴茎创 | 轻微伤 |
| 5.8.5c | 阴囊皮肤挫伤 | 轻微伤 |
| 5.8.5d | 睾丸或者阴茎挫伤 | 轻微伤 |
| 脊柱及四肢损伤 | | |
| 骨关节损伤 | | |
| 5.9.2g | 股骨干骨折缩短 5.0 cm 以上、成角畸形 30°以上或者严重旋转畸形 | 重伤二级 |
| 5.9.2h | 胫腓骨骨折缩短 5.0 cm 以上、成角畸形 30°以上或者严重旋转畸形 | 重伤二级 |
| 5.9.2i | 膝关节挛缩畸形屈曲 30°以上 | 重伤二级 |
| 5.9.2j | 一侧膝关节交叉韧带完全断裂遗留旋转不稳 | 重伤二级 |
| 5.9.2k | 股骨颈骨折或者髋关节脱位，致股骨头坏死 | 重伤二级 |
| 5.9.2l | 四肢长骨骨折不愈合或者假关节形成；四肢长骨骨折并发慢性骨髓炎 | 重伤二级 |
| 5.9.3b | 一节椎体压缩骨折超过 1/3 以上；二节以上椎体骨折；三处以上横突、棘突或者椎弓骨折 | 轻伤一级 |
| 5.9.3c | 膝关节韧带断裂伴半月板破裂 | 轻伤一级 |
| 5.9.3d | 四肢长骨骨折畸形愈合 | 轻伤一级 |
| 5.9.3e | 四肢长骨粉碎性骨折或者两处以上骨折 | 轻伤一级 |
| 5.9.3f | 四肢长骨骨折累及关节面 | 轻伤一级 |
| 5.9.3g | 股骨颈骨折未见股骨头坏死，已行假体置换 | 轻伤一级 |
| 5.9.3h | 骶板断裂 | 轻伤一级 |
| 5.9.4d | 椎骨骨折或者脊椎脱位(尾椎脱位不影响功能的除外)；外伤性椎间盘突出 | 轻伤二级 |
| 5.9.4e | 肢体大关节韧带断裂；半月板破裂 | 轻伤二级 |
| 5.9.4f | 四肢长骨骨折；髌骨骨折 | 轻伤二级 |
| 5.9.4g | 骨骺分离 | 轻伤二级 |
| 5.9.4h | 损伤致肢体大关节脱位 | 轻伤二级 |
| 5.9.5f | 尾椎脱位 | 轻微伤 |
| 肢体离断与关节功能评定 | | |
| 5.9.1a | 二肢以上离断或者缺失(上肢腕关节以上、下肢踝关节以上) | 重伤二级 |
| 5.9.1b | 二肢六大大关节功能完全正丧失 | 重伤二级 |
| 5.9.2a | 四肢任一大关节强直畸形或者功能丧失 50% 以上 | 轻伤二级 |

(续表)

| 条款编号 | 伤情描述（主要包括损伤部位、诊断、严重性指标三要素） | 损伤等级 |
|---|---|---|
| 5.9.3a | 四肢任一大关节功能丧失 25% 以上 | 轻伤二级 |
| 5.9.4a | 四肢任一大关节功能丧失 10% 以上 | 轻伤二级 |
| 重要神经及血管损伤 | | |
| 5.9.2b | 臂丛神经干性或者束性损伤，遗留肌瘫（肌力 3 级以下） | 重伤二级 |
| 5.9.2c | 正中神经肘部以上损伤，遗留肌瘫（肌力 3 级以下） | 重伤二级 |
| 5.9.2d | 桡神经肘部以上损伤，遗留肌瘫（肌力 3 级以下） | 重伤二级 |
| 5.9.2e | 尺神经肘部以上损伤，遗留肌瘫（肌力 3 级以下） | 重伤二级 |
| 5.9.2f | 骶丛神经或者坐骨神经损伤，遗留肌瘫（肌力 3 级以下） | 重伤二级 |
| 5.9.4b | 四肢重要神经损伤 | 轻伤二级 |
| 5.9.4c | 四肢重要血管破裂 | 轻伤二级 |
| 手损伤 | | |
| 手部离断或缺失 | | |
| 5.10.1a | 双手离断、缺失或者功能完全丧失 | 重伤一级 |
| 5.10.2d | 一手拇指离断或者缺失超过指间关节 | 重伤二级 |
| 5.10.2e | 一手示指和中指全部离断或者缺失 | 重伤二级 |
| 5.10.2f | 一手除拇指外的任何三指离断或者缺失均超过近侧指间关节 | 重伤二级 |
| 5.10.3b | 一手拇指离断或者缺失未超过指间关节 | 轻伤一级 |
| 5.10.3c | 一手除拇指外的示指和中指离断或者缺失均超过远侧指间关节 | 轻伤一级 |
| 5.10.3d | 一手除拇指外的环指和小指离断或者缺失均超过近侧指间关节 | 轻伤一级 |
| 5.10.4b | 除拇指外的一个指节离断或者缺失 | 轻伤二级 |
| 手部骨折 | | |
| 5.10.4c | 两节指骨线性骨折或者一节指骨粉碎性骨折（不含第 2 至 5 指末节） | 轻伤二级 |
| 5.10.4d | 舟骨骨折、月骨脱位或者掌骨完全性骨折 | 轻伤二级 |
| 5.10.5d | 腕骨、掌骨或者指骨骨折 | 轻微伤 |
| 手部功能丧失 | | |
| 5.10.2a | 手功能丧失累计达一手功能 36% | 重伤二级 |
| 5.10.2b | 一手拇指挛缩畸形不能对指和握物 | 重伤二级 |
| 5.10.2c | 一手除拇指外，其余任何三指挛缩畸形，不能对指和握物 | 重伤二级 |
| 5.10.3a | 手功能丧失累计达一手功能 16% | 轻伤一级 |
| 5.10.4a | 手功能丧失累计达一手功能 4% | 轻伤二级 |
| 手部其他损伤 | | |
| 5.10.5a | 手擦伤面积 10.0 cm² 以上或者挫伤面积 6.0 cm² 以上 | 轻微伤 |
| 5.10.5b | 手一处创口或者瘢痕长度 1.0 cm 以上；两处以上创口或者瘢痕长度累计 1.5 cm 以上；刺伤深达肌层 | 轻微伤 |
| 5.10.5c | 手关节或者肌腱损伤 | 轻微伤 |
| 5.10.5e | 外伤致指甲脱落，甲床暴露；甲床出血 | 轻微伤 |
| 足损伤 | | |
| 5.9.2m | 一足离断或者缺失 50% 以上；足跟离断或者缺失 50% 以上 | 重伤二级 |
| 5.9.3i | 一足离断或者缺失 10% 以上；足跟离断或者缺失 20% 以上 | 轻伤一级 |
| 5.9.2n | 一足的第一趾和其余任何两趾离断或者缺失；一足除第一趾外，离断或者缺失 4 趾 | 重伤二级 |
| 5.9.2o | 两足 5 个以上足趾离断或者缺失 | 重伤二级 |
| 5.9.2p | 一足第一趾及其相连的跖骨离断或者缺失 | 重伤二级 |
| 5.9.2q | 一足除第一趾外，任何三趾及其相连的跖骨离断或者缺失 | 重伤二级 |
| 5.9.3j | 一足的第一趾离断或者缺失，一足除第一趾外任何两趾离断或者缺失 | 轻伤一级 |
| 5.9.3k | 三个以上足趾离断或者缺失 | 轻伤一级 |
| 5.9.3l | 一足除第一趾外，任何一趾及其相连的跖骨离断或者缺失 | 轻伤一级 |
| 5.9.4i | 第一趾缺失超过趾间关节；除第一趾外，任何二两趾缺失超过趾间关节；一趾缺失 | 轻伤二级 |
| 5.9.4j | 网节趾骨骨折；一节趾骨骨折合并一跖骨骨折 | 轻伤二级 |
| 5.9.4k | 两跖骨骨折或者一跖骨完全性骨折；距骨、跟骨、骰骨、楔骨、足舟骨骨折；跗跖关节脱位 | 轻伤二级 |
| 5.9.5b | 肢体关节、肌腱或者韧带损伤 | 轻微伤 |
| 5.9.5c | 骨挫伤 | 轻微伤 |
| 5.9.5d | 足骨骨折 | 轻微伤 |
| 5.9.5e | 外伤致趾甲脱落，甲床暴露；甲床出血 | 轻微伤 |
| 体表损伤（含部分肢体） | | |
| 5.11.1a | 挫伤面积累计达体面积 30% | 重伤二级 |
| 5.11.2a | 挫伤面积累计达体面积 10% | 轻伤一级 |
| 5.11.3a | 挫伤面积累计达体面积 6% | 轻伤二级 |
| 5.11.4a | 擦伤面积 20.0 cm² 以上 | 轻微伤 |
| 5.11.1b | 创口或者瘢痕长度累计 200.0 cm 以上 | 重伤二级 |
| 5.11.2b | 创口或者瘢痕长度累计 40.0 cm 以上 | 轻伤一级 |

（续表）

| 条款编号 | 伤情描述（主要包括损伤部位、诊断、严重性指标三要素） | 损伤等级 |
|---|---|---|
| 5.9.4l | 肢体皮肤一处创口或者瘢痕长度 10.0 cm 以上；两处以上创口或者瘢痕长度累计 15.0 cm 以上 | 轻伤二级 |
| 5.11.3b | 单个创口或者瘢痕长度累计 10.0 cm 以上；多个创口或者瘢痕长度累计 15.0 cm 以上 | 轻伤二级 |
| 5.9.5a | 肢体一处创口或者瘢痕长度累计 1.0 cm 以上；两处以上创口或者瘢痕长度累计 1.5 cm 以上；刺创深达肌层 | 轻微伤 |
| 5.11.4b | 一处创口或者瘢痕长度累计 1.0 cm 以上；两处以上创口或者瘢痕长度累计 1.5 cm 以上；刺创深达肌层 | 轻微伤 |
| 5.11.2c | 撕脱伤面积 100.0 cm² 以上 | 轻伤一级 |
| 5.11.3c | 撕脱伤面积 50.0 cm² 以上 | 轻伤二级 |
| 5.11.2d | 皮肤缺损 30.0 cm² 以上 | 轻伤一级 |
| 5.11.3d | 皮肤缺损 6.0 cm² 以上 | 轻伤二级 |
| 5.11.4c | 咬伤致皮肤破损 | 轻微伤 |
| **其他损伤伤** | | |
| **骨质损伤** | | |
| 5.12.5a | 身体各部位骨皮质的砍（刺）痕；轻微撕脱性骨折，无功能障碍。 | 轻微伤 |
| **烧烫伤** | | |
| 5.12.1a | 深 Ⅱ° 以上烧烫伤面积达体表面积 70% 或者 Ⅲ° 面积 30% | 重伤一级 |
| 5.12.2a | Ⅱ° 以上烧烫伤面积达体表面积 30% 或者 Ⅲ° 面积 10%。面积低于上述程度但合并吸入有毒气体中毒或严重呼吸道烧烫伤 | 重伤二级 |
| 5.12.3a | Ⅱ° 以上烧烫伤面积体表面积 20% 或者 Ⅲ° 面积 5% | 轻伤一级 |
| 5.12.4a | Ⅱ° 以上烧烫伤面积体表面积 5% 或者 Ⅲ° 面积 0.5% | 轻伤二级 |
| 5.12.4b | 呼吸道烧伤 | 轻伤二级 |
| 5.12.5b | 面部 I° 烧伤面积 10.0 cm² 以上；浅 Ⅱ° 烧烫伤 | 轻微伤 |
| 5.12.5c | 劲部 I° 烧伤面积 15.0 cm² 以上；浅 Ⅱ° 烧烫伤面积 2.0 cm² 以上 | 轻微伤 |
| 5.12.5d | 体表 I° 烧伤面积 20.0 cm² 以上；浅 Ⅱ° 烧烫伤面积 4.0 cm² 以上；深 Ⅱ° 烧烫伤 | 轻微伤 |
| **枪弹损伤** | | |
| 5.12.2b | 枪弹创，创道长度累计 180.0 cm | 重伤二级 |
| **损伤所致脑水肿、脑疝** | | |
| 5.12.2c | 各种损伤引起脑水肿（脑肿胀）脑疝形成 | 重伤二级 |
| **损伤所致体克** | | |
| 5.12.2d | 各种损伤引起体克（中度） | 重伤二级 |
| 5.12.4f | 各种损伤引起体克（轻度） | 轻伤二级 |
| **挤压综合征** | | |
| 5.12.2e | 挤压综合征（Ⅱ级） | 重伤二级 |
| 5.12.4c | 挤压综合征（Ⅰ级） | 轻伤二级 |
| **脂肪栓塞综合征** | | |
| 5.12.2f | 损伤引起脂肪栓塞综合征（完全型） | 重伤二级 |
| 5.12.3b | 损伤引起脂肪栓塞综合征（不完全型） | 轻伤一级 |
| **呼吸功能障碍** | | |
| 5.12.2g | 各种损伤致急性呼吸窘迫综合征（重度） | 重伤二级 |
| 5.12.4g | 呼吸功能障碍，出现窒息征象 | 轻伤二级 |
| **电击伤** | | |
| 5.12.2h | 电击伤（Ⅱ°） | 重伤二级 |
| 5.12.4d | 电击伤（Ⅰ°） | 轻伤二级 |
| **溺水** | | |
| 5.12.2i | 溺水（中度） | 重伤二级 |
| 5.12.4e | 溺水（轻度） | 轻伤二级 |
| **异物存留** | | |
| 5.12.2j | 脑内异物存留；心脏异物存留 | 重伤二级 |
| 5.12.4h | 面部异物存留；眶内异物存留；鼻窦异物存留 | 轻伤二级 |
| 5.12.4i | 胸腔内异物存留；腹腔内异物存留；盆腔内异物存留 | 轻伤二级 |
| 5.12.4j | 深部组织内异物存留 | 轻伤二级 |
| **阴茎勃起功能障碍** | | |
| 5.12.2k | 器质性阴茎勃起障碍（重度） | 重伤二级 |
| 5.12.3c | 器质性阴茎勃起障碍（中度） | 轻伤一级 |
| 5.12.4m | 器质性阴茎勃起障碍（轻度） | 轻伤二级 |
| **假体或内固定装置损坏** | | |
| 5.12.4k | 骨折内固定物损坏需要手术更换或修复 | 重伤二级 |
| 5.12.4l | 各种置入式假体装置损坏需要手术更换或者修复 | 轻伤二级 |

(续表)

| 条标 | 残情描述（速查核心词、量化指标） | 伤残等级 |
|---|---|---|
| 耳廓及听力　损伤致残 | | |
| 4.2.2 | d) 双耳极度听觉障碍伴双侧耳廓缺失（或严重畸形）；或双耳极度听觉障碍伴一侧耳廓缺失，另一侧耳廓严重畸形。 | Ⅱ级 |
| 4.3.2 | f) 双耳极度听觉障碍伴一侧耳廓缺失（或严重畸形）；<br>g) 一耳极度听觉障碍，另一耳重度听觉障碍，伴一侧耳廓缺失（或严重畸形），另一侧耳廓缺失（或畸形）50%以上；<br>h) 双耳重度听觉障碍伴双侧耳廓缺失（或严重畸形）；或双耳重度听觉障碍伴一侧耳廓缺失，另一侧耳廓严重畸形。 | Ⅲ级 |
| 4.4.2 | e) 双耳极度听觉障碍；<br>f) 一耳极度听觉障碍，另一耳重度听觉障碍伴一侧耳廓缺失（或畸形）50%以上；<br>g) 双耳重度听觉障碍伴一侧耳廓缺失（或严重畸形）；<br>h) 双耳中等重度听觉障碍伴双侧耳廓缺失（或严重畸形）；或双耳中等重度听觉障碍伴一侧耳廓缺失，另一侧耳廓严重畸形。 | Ⅳ级 |
| 4.5.2 | g) 一耳极度听觉障碍，另一耳重度听觉障碍；<br>h) 双耳重度听觉障碍伴一侧耳廓缺失（或畸形）50%以上；<br>i) 双耳中等重度听觉障碍伴一侧耳廓缺失（或严重畸形）；<br>j) 双侧耳廓缺失（或严重畸形）。 | Ⅴ级 |
| 4.6.2 | f) 一耳极度听觉障碍，另一耳中等重度听觉障碍；或双耳重度听觉障碍；<br>g) 一侧耳廓缺失（或严重畸形），另一侧耳廓缺失（或畸形）50%以上。 | Ⅵ级 |
| 4.7.2 | e) 一耳极度听觉障碍，另一耳中度听觉障碍；或一耳重度听觉障碍，另一耳中等重度听觉障碍；<br>f) 一侧耳廓缺失（或严重畸形），另一侧耳廓缺失（或畸形）10%以上。 | Ⅶ级 |
| 4.8.2 | d) 一耳极度听觉障碍；或一耳重度听觉障碍，另一耳中度听觉障碍；或双耳中等重度听觉障碍；<br>e) 一侧耳廓缺失（或严重畸形）。 | Ⅷ级 |
| 4.9.2 | h) 一耳重度听觉障碍；或一耳中等重度听觉障碍，另一耳中度听觉障碍；<br>i) 一侧耳廓缺失（或畸形）50%以上。 | Ⅸ级 |
| 4.10.2 | l) 一耳中等重度听觉障碍；或双耳中度听觉障碍；<br>m) 一侧耳廓缺失（或畸形）10%以上。 | Ⅹ级 |
| 颌面及口腔　损伤致残 | | |
| 4.2.2 | e) 全面部瘢痕形成。 | Ⅱ级 |
| 4.3.2 | e) 上颌骨、下颌骨缺损，牙齿脱落24枚以上；<br>i) 面部瘢痕形成80%以上。 | Ⅲ级 |
| 4.4.2 | i) 面部瘢痕形成60%以上。 | Ⅳ级 |
| 4.5.2 | e) 舌肌完全麻痹或舌体缺失（或严重畸形）50%以上；<br>f) 上颌骨、下颌骨缺损，牙齿脱落20枚以上；<br>k) 外鼻部完全缺损（或严重畸形）；<br>l) 面部瘢痕形成40%以上。 | Ⅴ级 |
| 4.6.2 | e) 颞下颌关节强直，牙关紧闭；<br>h) 面部瘢痕形成面积20%以上；<br>i) 面部大量细小瘢痕（或色素明显改变）75%以上。 | Ⅵ级 |

（续表）

| 条标 | 残情描述（速查核心词、量化指标） | 伤残等级 |
|---|---|---|
| 4.7.2 | c) 口腔或颞下颌关节损伤，重度张口受限；<br>d) 上颌骨、下颌骨缺损，牙齿脱落 **16 枚** 以上；<br>g) 外鼻部大部分缺损（或畸形）；<br>h) 面部瘢痕形成，面积 **24 cm²** 以上；<br>i) 面部大量细小瘢痕（或色素明显改变）**50%** 以上；<br>j) 头皮无毛发 **75%** 以上。 | VII级 |
| 4.8.2 | f) 鼻尖及一侧鼻翼缺损（或畸形）；<br>g) 面部瘢痕形成，面积 **18 cm²** 以上；<br>h) 面部大量细小瘢痕（或色素明显改变）**25%** 以上；<br>i) 头皮无毛发 **50%** 以上；<br>j) 颌面部骨或软组织缺损 **32 cm²** 以上。 | VIII级 |
| 4.9.2 | d) 上颌骨、下颌骨缺损，牙齿脱落 **8 枚** 以上；<br>e) 口腔损伤，牙齿脱落 **16 枚** 以上；<br>f) 口腔或颞下颌关节损伤，中度张口受限；<br>g) 舌尖缺失（或畸形）；<br>j) 一侧鼻翼缺损（或畸形）；<br>k) 面部瘢痕形成，面积 **12 cm²** 以上；或面部线条状瘢痕 **20 cm** 以上；<br>l) 面部细小瘢痕（或色素明显改变）面积 **30 cm²** 以上；<br>m) 头皮无毛发 **25%** 以上；<br>n) 颌面部骨或软组织缺损 **16 cm³** 以上。 | IX级 |
| 4.10.2 | g) 外伤性脑脊液鼻漏或耳漏；<br>h) 上颌骨、下颌骨缺损，牙齿脱落 **4 枚** 以上；<br>i) 口腔损伤，牙齿脱落 **8 枚** 以上；<br>j) 口腔或颞下颌关节损伤，轻度张口受限；<br>k) 舌尖部分缺失（或畸形）；<br>n) 鼻尖缺失（或畸形）；<br>o) 面部瘢痕形成，面积 **6 cm²** 以上；或面部线条状瘢痕 **10 cm** 以上；<br>p) 面部细小瘢痕（或色素明显改变）面积 **15 cm²** 以上；<br>q) 头皮无毛发 **40 cm²** 以上；<br>r) 颅骨缺损 **4 cm²** 以上，遗留神经系统轻度症状和体征，或颅骨缺损 **6 cm²** 以上，无神经系统症状和体征；<br>s) 颌面部骨或软组织缺损 **8 cm³** 以上。 | X级 |
| 脊柱　损伤致残 | | |
| 4.1.3 | 严重畸形愈合，呼吸功能严重障碍。 | I级 |
| 4.2.3 | 严重畸形愈合，呼吸功能障碍。 | II级 |
| 4.3.3 | 严重畸形愈合，严重影响呼吸功能。 | III级 |
| 4.4.3 | 严重畸形愈合，影响呼吸功能。 | IV级 |
| 4.5.3 | 畸形愈合，影响呼吸功能。 | V级 |
| 4.6.3 | 颈椎或腰椎严重畸形愈合，颈部或腰部活动度完全丧失。 | VI级 |
| 4.7.3 | 颈椎或腰椎畸形愈合，颈部或腰部活动度丧失 **75%** 以上。 | VII级 |
| 4.8.3 | a) 颈椎或腰椎畸形愈合，颈部或腰部活动度丧失 **50%** 以上。<br>b) 胸椎或腰椎二椎体以上压缩性骨折。 | VIII级 |
| 4.9.3 | a) 颈椎或腰椎畸形愈合，颈部或腰部活动度丧失 **25%** 以上。<br>b) 胸椎或腰椎一椎体粉碎性骨折。 | IX级 |

(续表)

| 条标 | 残情描述（速查核心词、量化指标） | 伤残等级 |
|---|---|---|
| 4.10.3 | a) 颈椎或腰椎畸形愈合，颈部或腰部活动度丧失10%以上；<br>b) 胸椎畸形愈合，轻度影响呼吸功能；<br>c) 胸椎或腰椎一椎体1/3以上压缩性骨折。 | X级 |
| 颈部　损伤伤残 | | |
| 4.1.4 | 呼吸和吞咽功能严重障碍。 | I级 |
| 4.2.4 | 呼吸和吞咽功能障碍。 | II级 |
| 4.3.4 | a) 瘢痕形成，颈部活动度完全丧失；<br>b) 严重影响呼吸和吞咽功能。 | III级 |
| 4.4.4 | a) 瘢痕形成，颈部活动度丧失75%以上；<br>b) 影响呼吸和吞咽功能。 | IV级 |
| 4.5.4 | a) 瘢痕形成，颈部活动度丧失50%以上；<br>b) 影响呼吸功能。 | V级 |
| 4.6.4 | 瘢痕形成，颈部活动度丧失25%以上。 | VI级 |
| 4.7.4 | 颈前三角区瘢痕形成75%以上。 | VII级 |
| 4.8.4 | 颈前三角区瘢痕形成50%以上。 | VIII级 |
| 4.9.4 | a) 严重声音嘶哑；<br>b) 颈前三角区瘢痕形成25%以上。 | IX级 |
| 4.10.4 | a) 瘢痕形成，颈部活动度丧失10%以上；<br>b) 轻重影响呼吸和吞咽功能；<br>c) 颈前三角区瘢痕面积20 cm²以上。 | X级 |
| 胸部　损伤致残 | | |
| 肺叶切除与胸膜黏连 | | |
| 4.1.5 | a) 肺叶切除或双侧胸膜广泛严重黏连或胸廓严重畸形，呼吸功能严重障碍。 | I级 |
| 4.2.5 | a) 肺叶切除或胸膜广泛严重黏连或胸廓畸形，呼吸功能障碍。 | II级 |
| 4.3.5 | a) 肺叶切除或胸膜广泛黏连或胸廓畸形，严重影响呼吸功能。 | III级 |
| 4.4.5 | a) 肺叶切除或胸膜黏连或胸廓畸形，影响呼吸功能。 | IV级 |
| 4.5.5 | a) 肺叶切除或胸膜黏连或胸廓畸形，轻度影响呼吸功能。 | V级 |
| 4.9.5 | c) 肺叶切除。 | IX级 |
| 4.10.5 | c) 肺破裂修补。 | X级 |
| 4.10.5 | d) 胸膜黏连或胸廓畸形。 | X级 |
| 心功能不全 | | |
| 4.1.5 | b) 心功能不全，心功能IV级；或心功能不全，心功能III级伴明显器质性心律失常。 | I级 |
| 4.2.5 | b) 心功能不全，心功能III级；或心功能不全，心功能II级伴明显器质性心律失常。 | II级 |
| 4.3.5 | b) 心功能不全，心功能II级伴明显器质性心律失常；或心功能I级伴明显器质性心律失常。 | III级 |
| 4.7.5 | b) 心功能不全，心功能II级。 | VII级 |
| 4.9.5 | d) 心功能不全，心功能I级。 | IX级 |
| 器质性心律失常 | | |
| 4.4.5 | b) 明显器质性心律失常。 | IV级 |
| 4.5.5 | b) 器质性心律失常。 | V级 |

(续表)

| 条标 | 残情描述(速查核心词、量化指标) | 伤残等级 |
|---|---|---|
| 女性乳房损伤 | | |
| 4.7.5 | a) 女性双侧乳房缺失(或严重畸形)。 | VII级 |
| 4.8.5 | a) 女性一侧乳房缺失(或严重畸形),另一侧乳房部分缺失(或畸形)。 | VIII级 |
| 4.9.5 | a) 女性一侧乳房缺失(或严重畸形)。 | IX级 |
| 4.10.5 | a) 女性一侧乳房部分缺失(或畸形)。 | X级 |
| 肋骨骨折 | | |
| 4.8.5 | b) 12肋以上骨折。 | VIII级 |
| 4.9.5 | b) 8肋以上骨折或4肋以上缺失。 | IX级 |
| 4.10.5 | b) 4肋以上骨折或2肋以上缺失。 | X级 |
| 腹部 损伤致残 | | |
| 4.1.6 | a) 胃、肠、消化腺等部分切除,消化吸收功能严重障碍,日常生活完全不能自理;<br>b) 双侧肾切除或完全丧失功能,日常生活完全不能自理。 | I级 |
| 4.2.6 | 一侧肾切除或完全丧失功能,另一侧肾功能重度障碍。 | II级 |
| 4.3.6 | a) 胃、肠、消化腺等部分切除,消化吸收功能障碍;<br>b) 一侧肾切除或完全丧失功能,另一侧肾功能中度障碍;或双侧肾功能重度障碍。 | III级 |
| 4.4.6 | 一侧肾功能重度障碍,另一侧肾功能中度障碍。 | IV级 |
| 4.5.6 | a) 胃、肠、消化腺等部分切除,严重影响消化吸收功能;<br>b) 一侧肾切除或完全丧失功能,另一侧肾功能轻度障碍。 | V级 |
| 4.6.5 | 一侧肾功能重度障碍,另一侧肾功能轻度障碍。 | VI级 |
| 4.7.6 | 双侧肾功能中度障碍。 | VII级 |
| 4.8.6 | a) 胃、肠、消化腺等部分切除,影响消化吸收功能;<br>b) 脾切除;<br>c) 一侧肾切除或肾功能重度障碍。 | VIII级 |
| 4.9.6 | a) 胃、肠、消化腺等部分切除;<br>b) 胆囊切除;<br>c) 脾部分切除;<br>d) 一侧肾切除或肾功能中度障碍。 | IX级 |
| 4.10.6 | a) 胃、肠、消化腺等破裂修补;<br>b) 胆囊破裂修补;<br>c) 肠系膜损伤修补;<br>d) 脾破裂修补;<br>e) 肾破裂修补或者肾功能轻度障碍;<br>f) 膈肌破裂修补。 | X级 |
| 盆部 损伤致残 | | |
| 4.3.7 | a) 女性双侧卵巢缺失或完全萎缩;<br>b) 大便和小便失禁,难以恢复。 | III级 |
| 4.5.7 | a) 双侧输尿管缺失或闭锁;<br>b) 膀胱切除;<br>c) 尿道闭锁;<br>d) 大便或小便失禁,难以恢复。 | V级 |
| 4.6.6 | a) 双侧输卵管缺失或闭锁;<br>b) 子宫全切。 | VI级 |

(续表)

| 条标 | 残情描述（速查核心词、量化指标） | 伤残等级 |
| --- | --- | --- |
| 4.7.7 | a) 骨盆倾斜,双下肢长度相差 **8 cm** 以上；<br>b) 女性骨盆严重畸形,产道破坏；<br>c) 一侧输尿管缺失或闭锁,另一侧输尿管严重狭窄。 | Ⅶ级 |
| 4.8.7 | a) 骨盆倾斜,双下肢长度相差 **6 cm** 以上；<br>b) 双侧输尿管严重狭窄；或一侧输尿管缺失（或闭锁）,另一侧输尿管狭窄；<br>c) 尿道严重狭窄。 | Ⅷ级 |
| 4.9.7 | a) 骨盆倾斜,双下肢长度相差 **4 cm** 以上；<br>b) 骨盆严重畸形愈合；<br>c) 尿道狭窄；<br>d) 膀胱部分切除；<br>e) 一侧输尿管缺失或闭锁；<br>f) 子宫部分切除；<br>g) 直肠、肛门损伤,遗留永久性乙状结肠造口。 | Ⅸ级 |
| 4.10.7 | a) 骨盆倾斜,双下肢长度相差 **2 cm** 以上；<br>b) 骨盆畸形愈合；<br>c) 一侧卵巢缺失或完全萎缩；<br>d) 一侧输卵管缺失或闭锁；<br>e) 子宫破裂修补；<br>f) 一侧输尿管严重狭窄；<br>g) 膀胱破裂修补；<br>h) 尿道轻度狭窄；<br>i) 直肠、肛门损伤,瘢痕形成,排便功能障碍。 | Ⅹ级 |
| \multicolumn{3}{c}{会阴部　损伤致残} |||
| 4.3.8 | 双侧睾丸缺失或完全萎缩。 | Ⅲ级 |
| 4.4.7 | 阴茎体完全缺失或严重畸形。 | Ⅳ级 |
| 4.5.8 | 阴茎体大部分缺失（或畸形）。 | Ⅴ级 |
| 4.6.7 | 双侧输精管缺失或闭锁。 | Ⅵ级 |
| 4.7.8 | a) 阴茎体部分缺失（或畸形）；<br>b) 阴茎包皮损伤,瘢痕形成,功能障碍。 | Ⅶ级 |
| 4.8.8 | a) 阴茎龟头缺失（或畸形）；<br>b) 阴茎包皮损伤,瘢痕形成,严重影响功能。 | Ⅷ级 |
| 4.9.8 | a) 阴茎龟头缺失（或畸形）**50%** 以上；<br>b) 阴囊损伤,瘢痕形成 **75%** 以上。 | Ⅸ级 |
| 4.10.8 | a) 阴茎龟头缺失（或畸形）**25%** 以上；<br>b) 阴茎包皮损伤,瘢痕形成,影响功能；<br>c) 一侧输精管缺失（或闭锁）；<br>d) 一侧睾丸缺失或完全萎缩；<br>e) 阴囊损伤,瘢痕形成 **50%** 以上。 | Ⅹ级 |
| \multicolumn{3}{c}{外阴、阴道　损伤致残} |||
| 4.4.8 | 阴道闭锁。 | Ⅳ级 |
| 4.5.9 | 阴道严重狭窄,功能严重障碍。 | Ⅴ级 |
| 4.6.8 | 阴道狭窄,功能障碍。 | Ⅵ级 |
| 4.8.9 | 阴道狭窄,严重影响功能。 | Ⅷ级 |

(续表)

| 条标 | 残情描述(速查核心词、量化指标) | 伤残等级 |
|---|---|---|
| 4.10.9 | 阴道狭窄,影响功能。 | X级 |
| 三肢 损伤致残 | | |
| 4.1.7 | a) 三肢以上缺失(上肢在腕关节以上,下肢在踝关节以上);<br>b) 二肢缺失(上肢在肘关节以上,下肢在膝关节以上),另一肢丧失功能50%以上;<br>c) 二肢缺失(上肢在腕关节以上,下肢在踝关节以上),第三肢完全丧失功能;<br>d) 一肢缺失(上肢在肘关节以上,下肢在膝关节以上),第二肢完全丧失功能,第三肢丧失功能50%以上;<br>e) 一肢缺失(上肢在腕关节以上,下肢在踝关节以上),另二肢完全丧失功能;<br>f) 三肢完全丧失功能。 | I级 |
| 二肢 损伤致残 | | |
| 4.2.7 | a) 二肢缺失(上肢在肘关节以上,下肢在膝关节以上);<br>b) 一肢缺失(上肢在肘关节以上,下肢在膝关节以上),另一肢完全丧失功能;<br>c) 二肢以上完全丧失功能。 | II级 |
| 4.3.9 | a) 二肢缺失(上肢在腕关节以上,下肢在踝关节以上);<br>b) 一肢缺失(上肢在肘关节以上,下肢在膝关节以上),另一肢丧失功能50%以上;<br>c) 一肢缺失(上肢在腕关节以上,下肢在踝关节以上),另一肢完全丧失功能;<br>d) 一肢完全丧失功能,另一肢丧失功能50%以上。 | III级 |
| 4.4.9 | 双手完全缺失或丧失功能。 | IV级 |
| 4.5.10 | a) 双手缺失(或丧失功能)90%以上;<br>b) 一肢缺失(上肢在肘关节以上,下肢在膝关节以上);<br>c) 一肢缺失(上肢在腕关节以上,下肢在踝关节以上),另一肢丧失功能50%以上。 | V级 |
| 4.6.9 | a) 双手缺失(或丧失功能)70%以上;<br>b) 双足跗跖关节以上缺失。 | VI级 |
| 4.7.9 | a) 双手缺失(或丧失功能)50%以上;<br>b) 双手感觉完全缺失;<br>c) 双足足弓结构完全破坏。 | VII级 |
| 4.8.10 | a) 双手缺失(或丧失功能)30%以上;<br>b) 双手感觉缺失75%以上;<br>c) 一足足弓结构完全破坏,另一足足弓结构破坏1/3以上;<br>d) 双足十趾完全缺失或丧失功能。 | VIII级 |
| 4.9.9 | a) 双手缺失(或丧失功能)10%以上;<br>b) 双手感觉缺失50%以上;<br>c) 双上肢前臂旋转功能完全丧失;<br>d) 双足十趾缺失(或丧失功能)50%以上。 | IX级 |
| 4.10.10 | a) 双手缺失(或丧失功能)5%以上;<br>b) 双手感觉缺失25%以上;<br>c) 双上肢前臂旋转功能丧失50%以上;<br>e) 双足十趾缺失(或丧失功能)20%以上。 | X级 |
| 一肢 损伤致残 | | |
| 4.5.10 | b) 一肢缺失(上肢在肘关节以上,下肢在膝关节以上);<br>d) 一肢完全丧失功能。 | V级 |
| 4.6.9 | c) 一肢缺失(上肢在腕关节以上,下肢在踝关节以上)。 | VI级 |

(续表)

| 条标 | 残情描述(速查核心词、量化指标) | 伤残等级 |
|---|---|---|
| 4.7.9 | d) 一足跗跖关节以上缺失；<br>e) 双下肢长度相差 **8 cm** 以上；<br>f) 一肢丧失功能 **75%** 以上。 | Ⅶ级 |
| 4.8.10 | e) 双下肢长度相差 **6 cm** 以上；<br>f) 一肢丧失功能 **50%** 以上。 | Ⅷ级 |
| 4.9.9 | e) 一足足弓结构破坏；<br>f) 双上肢长度相差 **10 cm** 以上；<br>g) 双下肢长度相差 **4 cm** 以上；<br>h) 四肢长骨一骺板以上粉碎性骨折；<br>i) 一肢丧失功能 **25%** 以上。 | Ⅸ级 |
| 4.10.10 | d) 一足足弓结构破坏 **1/3** 以上；<br>f) 双上肢长度相差 **4 cm** 以上；<br>g) 双下肢长度相差 **2 cm** 以上；<br>h) 四肢长骨一骺板以上线性骨折；<br>i) 一肢丧失功能 **10%** 以上。 | Ⅹ级 |
| 皮肤　损伤致残 | | |
| 4.1.8 | 瘢痕形成达体表面积 **76%** 以上。 | Ⅰ级 |
| 4.2.8 | 瘢痕形成达体表面积 **68%** 以上。 | Ⅱ级 |
| 4.3.10 | 瘢痕形成达体表面积 **60%** 以上。 | Ⅲ级 |
| 4.4.10 | 瘢痕形成达体表面积 **52%** 以上。 | Ⅳ级 |
| 4.5.11 | 瘢痕形成达体表面积 **44%** 以上。 | Ⅴ级 |
| 4.6.10 | 瘢痕形成达体表面积 **36%** 以上。 | Ⅵ级 |
| 4.7.10 | 瘢痕形成达体表面积 **28%** 以上。 | Ⅶ级 |
| 4.8.11 | 瘢痕形成达体表面积 **20%** 以上。 | Ⅷ级 |
| 4.9.10 | 瘢痕形成达体表面积 **12%** 以上。 | Ⅸ级 |
| 4.10.11 | 瘢痕形成达体表面积 **4%** 以上。 | Ⅹ级 |

## 第六节　附表（常用人体功能分度/分级/分型表）

表 3-1　脑神经的分布及功能表

| 脑神经名称 | 属性 | 核的位置 | 链接的脑部 | 分布及功能 |
|---|---|---|---|---|
| 嗅 N(Ⅰ) | 感觉 | 大脑半球 | 端脑 | 鼻腔上部黏膜,嗅觉 |
| 视 N(Ⅱ) | 感觉 | 间脑 | 间脑 | 视网膜,视觉 |
| 动眼 N(Ⅲ) | 运动 | 中脑上丘 | 中脑 | 除上斜肌和外直肌以外的眼外肌,以及提上睑肌、瞳孔括约肌、睫状肌 |
| 滑车 N(Ⅳ) | 运动 | 中脑下丘 | 中脑 | 眼上斜肌,使眼球转向下外 |
| 三叉 N(Ⅴ) | 混合 | 脑桥中部 | 脑桥 | 咀嚼肌运动；脸部皮肤、上颌黏膜、牙龈、角膜等的浅感觉；舌前 2/3 一般感觉 |
| 外展 N(Ⅵ) | 运动 | 脑桥中下部 | 脑桥 | 眼外直肌,使眼球转向外 |
| 面 N(Ⅶ) | 混合 | 脑桥中下部 | 脑桥 | 面部表情肌；舌前 2/3 黏膜的味觉；泪腺、颌下腺、舌下腺的分泌 |

(续表)

| 脑神经名称 | 属性 | 核的位置 | 链接的脑部 | 分布及功能 |
|---|---|---|---|---|
| 听 N(VIII) | 感觉 | 脑桥及延髓 | 脑桥、延髓 | 内耳听觉及平衡觉感受器,与听觉、头部平衡功能有关 |
| 舌咽 N(IX) | 混合 | 延髓 | 延髓 | 咽肌;咽部黏膜;舌后1/3味觉和一般感觉;颈动脉窦的压力感受器和颈动脉体的化学感受器的感觉 |
| 迷走 N(X) | 混合 | 延髓 | 延髓 | 喉运动和喉黏膜感觉;心脏活动;支气管平滑肌;横结肠以上消化道平滑肌的运动和消化腺的分泌 |
| 副 N(XI) | 运动 | 延髓 | 延髓 | 胸锁乳突肌,单侧收缩使头转向对侧;斜方肌上提肩胛 |
| 舌下 N(XII) | 运动 | 延髓 | 延髓 | 舌肌运动 |

表 3-2　智力缺损分度表

| 分度 | IQ 值 | 临床表现 |
|---|---|---|
| 极度智力缺损 | 19 以下 | 适应能力缺乏,终身生活需要别人全部照料 |
| 重度智力缺损 | 20—34 | 适应能力低下,生活需要别人协助 |
| 重度智力缺损 | 35—49 | 适应能力明显削弱,生活可以自理,可从事简单劳动 |
| 轻度智力缺损 | 50—70 | 适应能力减弱,学习和工作效率低下 |

注:与损伤程度鉴定标准有差异。

表 3-3　失语征分类表

| 分类 | 受损部位 | 临床表现 |
|---|---|---|
| 运动性失语 | 额下回后部(Broca 区) | 能理解别人的言语、执行命令,但不能说话 |
| 感觉性失语 | 颞上回后部(Wernicke 区) | 听觉正常,但听不懂别人及自己的说话 |
| 完全性失语(混合性失语) | 额下回后部+颞上回后部 | 不能理解别人的言语,也不能说话 |
| 命名性失语(健忘性失语) | 颞叶后部和顶叶下部(角回) | 能讲述物品用途,但不能称呼该物品名称,可跟别人说出物品名称,但很快忘记 |
| 失写症 | 额中回后部(手和指的运动区) | 手虽无瘫和共济失调,但不能书写 |
| 失读症 | 顶叶角回 | 视觉无障碍,但不能阅读 |

表 3-4　中枢性与周围性面瘫鉴别表

| | 中枢性面瘫 | 周围性面瘫 |
|---|---|---|
| 神经元 | 上运动神经元(皮质延髓束) | 下运动神经元 |
| 病灶 | 对侧 | 同侧 |
| 面瘫范围 | 眼裂以下面肌瘫 | 全面肌瘫 |
| 味觉 | 正常 | 可有障碍 |
| 伴发症状 | 常有,如偏瘫 | 不一定 |
| 电变性反应 | 无 | 有 |

表 3-5 面瘫分类表

| 部位 | 面瘫特征 | 其他症状 |
|---|---|---|
| 面神经核 | 多为双侧 | 外展神经受损 |
| 面神经髓内根段 | 病侧面瘫 | 外展神经瘫,两眼侧视麻痹 |
| 面神经髓外根段 | 面瘫,舌前 2/3 味觉减退,泪腺、唾液腺分泌减少 | |
| 岩骨内段 | 面瘫,眩晕,眼震,听力减退 | |
| 茎乳头下段 | 面瘫 | |

表 3-6 失用症分类表

| 分类 | 受损部位 | 临床表现和检查法 |
|---|---|---|
| 肢体运动失用症/观念运动性失用症 | 左顶叶下部(主侧半球) | 伤者不能执行一种他了解性质的有目的的动作,多见于面部和上肢,如伸舌、噘嘴、握拳、前臂伸屈 |
| 观念性失用症 | 左顶叶广泛性损害(主侧半球) | 伤者无意义地混乱而歪曲地执行一种动作,特别是复杂的动作,如吸烟时,将火柴塞进嘴里,而把纸烟当作火柴 |
| 结构失用症 | 枕叶与顶叶移行部损害,主要为主侧半球,非主侧半球亦可发生 | 伤者无个别动作的失用,但动作的空间排列变得失调,如不能照样模仿拼积木,但能完全认识自己的错误 |
| 着衣失用症 | 右顶叶(非主侧半球),主侧半球亦可发生 | 伤者不能穿衣,衣服的里外不分,手穿袖困难等 |

表 3-7 失认症分类表

| 分类 | | 受损部位 | 临床表现及其检查法 |
|---|---|---|---|
| 视觉失认症 | 物体失认症 | 左侧枕叶(枕中、下回)与两侧枕叶的基底部 | 不能认识他所清楚看到的普通物件,如笔、帽子等 |
| | 相貌失认症 | 右枕叶 | 对熟悉的人(妻子、儿女等)的相貌不认识 |
| | 同时失认症 | 病灶不清,常为顶枕叶症状的一部分 | 一幅画上的各个物体可认得,但全部画面的意思就不理解了 |
| | 色彩失认症 | 左枕叶(枕中、下回)周边有时合并手指失认、左右定向障碍 | 不能识别颜色的名称及区别 |
| | 视空间失认症 | 右侧顶枕部的背侧移行部 | 对物体的空间位置、物与物的空间关系都不能识别 |
| 听觉失认症 | | 左颞横回、左颞叶前端部受损时出现失音乐感 | 能听到各种声音,却不能识别,如闭眼时钟的秒针移动声、动物叫声等 |
| 触觉失认症 | | 对侧顶叶之 7 区、40 区及缘上回附近 | 虽无指或手的粗大感觉障碍,但不能识别置于手中的物体 |

(续表)

| 分类 | 受损部位 | | 临床表现及其检查法 | |
|---|---|---|---|---|
| 身体失认症 | 对侧一半身体失认症 | 病觉失认症（Anton 综合征） | 右顶下小叶（非主侧半球） | 否认躯体疾病的事实，如否认偏瘫、失明的存在 |
| | | 自身感觉失认症 | | 可能不感知其身体的对侧一半，当别人把他的一侧上肢给他看时，他会否认它是属于自己的 |
| | 两侧性身体失认症 | | 左角回、缘上回以及顶叶向枕叶移行部损害 | 有手指失认症、左右定向失认症、失算症以及失写症等，这四个症状不一定全部出现，还可同时伴有结构失认症以及色彩失认症 |

表 3-8　构音障碍分类表

| 受损部位 | 病变特征 | 听觉、声音学特征 |
|---|---|---|
| 上运动神经元 | 假性球麻痹（两侧脑神经Ⅸ、Ⅹ、Ⅻ麻痹，伴肌张力增高） | 声音低弱，构音不明了，音质粗糙，气息性，鼻音，说话速度迟缓，抑扬少，单调 |
| 下运动神经元 | 球麻痹（构音肌的肌张力低下，易疲劳，肌萎缩） | 软腭麻痹及舌麻痹时出现构音的调音障碍，软腭麻痹有鼻音，喉头麻痹有声音嘶哑，失声 |
| 神经、肌肉接合部 | | |
| 随意肌 | | |
| 锥体外系 | 肌张力异常，多动或少动 | 声音小而弱，说话速度迟缓，音韵紊乱，音节急促不清 |
| 小脑 | 失调症（构音运动的适应、韵律、速度的障碍） | 音调周期性变动，抑扬顿挫的音调，呈暴发性或吟诗状语言，构音不清，说话速度迟缓 |

表 3-9　WHO 视力障碍分级表（1973 年）

| 级别 | | 低视力及盲目分级标准 | |
|---|---|---|---|
| | | 最好矫正视力 | |
| | | 最好视力低于 | 最低视力等于或优于 |
| 低视力 | 1 | 0.3 | 0.1 |
| | 2 | 0.1 | 0.05（3 m 指数） |
| 盲目 | 3 | 0.05 | 0.02（1 m 指数） |
| | 4 | 0.02 | 光感 |
| | 5 | 无光感 | |

表 3-10　不自主运动检查方法表

| 序号 | 类型 | 表现与检查方法 |
|---|---|---|
| 1 | 震颤 | 是身体的一部分或全部出现的不随意的节律性或无节律性颤动，常伴有肌张力的改变。检查应结合病史进行观察。 |
| 2 | 舞蹈样运动 | 呈突然发作的、没有预兆的、无目的的、无规律不对称的暴发性肌肉收缩，是一种运动幅度大小不等的急促动作。涉及的肌群广泛，间隔期不明显。表现为噘嘴、眨眼、举眉、伸舌等不自主运动，四肢则为不定向的大幅运动，如上肢快速的伸屈和上举。伤者安静时减轻，入睡后消失。 |
| 3 | 手足徐动 | 以肌强直和手足呈缓慢的强直性伸屈运动为特点的综合征。在安静状态下或肢体处于某种位置下呈现的一种四肢远端为主的徐缓的、奇异的不随意异常运动。 |

表 3-11　共济失调检查方法表

| 方式 | 内容 | 方法与阳性指标 |
|---|---|---|
| 观察 | 日常动作,如吃饭、穿衣或脱衣、拿东西、站立、行走等动作 | 肢体运动是否准确协调。 |
| 试验 | 指鼻试验 | 嘱被鉴定人先伸直上肢,然后以其示指指触自己的鼻尖。试验时先睁眼,后闭眼作此动作。若动作缓慢笨拙,手指活动摇摆颤动,不能准确指触鼻尖,为阳性。 |
| 试验 | 轮替运动试验 | 嘱被鉴定人两手做快速翻转运动,若某侧肢体缓慢笨拙,为试验阳性。 |
| 试验 | 跟膝胫试验 | 嘱被鉴定人仰卧,先抬起一侧下肢,然后将足跟置于另侧膝部下端,并沿胫骨徐徐滑下。动作不稳或失误者为阳性。 |
| 试验 | 昂白(Romberg's test)氏试验 | 嘱被鉴定人两臂向前伸平,双足并拢直立,然后闭目,如出现身体摇晃或倾斜为阳性。 |
| 试验 | 描图试验 | 被鉴定人仰卧,嘱其以足在空间中描画三角形、圆形或正方形等图形,不能完成运动者为阳性。 |

表 3-12-1　听力检查方法分类表

| 序号 | 名称 | 操作 | 指标 | 意义 | 优缺点 |
|---|---|---|---|---|---|
| 1 | 主观测听法又名行为测听 | 受试者对听到的声信号(测试声)进行主观判断,作出行为反应 | 主观测听法受受试者主观意识及行为配合的影响,同时又受年龄、智力、理解力、语言等因素影响 | 测试结果的可靠性、准确性与受检者主观判断直接相关 | 结果不完全可靠 |
| 2 | 客观测听法 | 根据受试者接受声刺激后听觉系统产生某些客观现象,得出检测结果 | 指不需受试者作出是否听到声信号的主观示意,检测指标不以受检者主观意志或愿望为转移或支配 | 无需受试者的行为配合的测听方法 | 其检查结果比较准确,但也可受到测试方法及技术条件的影响 |

表 3-12-2　听力检查方法汇总表

| 序号 | 名称 | 操作 | 指标 | 意义 | 优缺点 |
|---|---|---|---|---|---|
| 1 | 纯音听阈测定 | 目前唯一能准确反映听敏度的行为测听法,是一种既定性又定量的听力测验方法,是听功能测试中最基本的测试方法 | | 方法简单,频率特性好,为听觉损害的定量、定性和定位诊断提供依据 | |
| 2 | 声导抗测试法 | 声导抗测试法是客观测试中耳传音系统和脑干以下听通路的生物物理学方法,以评判中耳功能及第Ⅶ第Ⅷ神经功能状况。检测过程中要求受检者保持安静,不宜做吞咽动作 | 目前测试包括静态声顺值、鼓室压图和镫骨肌声反射。当外耳道闭锁或鼓膜穿孔则检查受限 | 声导抗测试结果须与其他听力学检查一起综合分析才有意义,可以证实或补充其他测听方法不足 | 声导抗检测刺激声具有频率特征,对侧耳无需掩蔽,不受睡眠状况、镇静剂等影响,为非侵入性检查 |
| 3 | 电反应测听法 | 电反应、电测听法是采用测试系统,通过耳部或颅顶的电极,以记录听觉通路生物电位变化作为指标,判断听觉通路各部分功能状况的技术 | | 检测的指标乃是不以受检者主观意志或愿望为转移,为听力学中客观测听的核心 | |

(续表)

| 序号 | 名称 | 操作 | 指标 | 意义 | 优缺点 |
|---|---|---|---|---|---|
| 4 | 耳声发射 | 在病变耳,耳声发射的出现与听力损失有关,当听力超过 30 dB HL 时,检测出 TOAES 的可能性很小。换言之,耳声发射的出现即表明受检者 1 kHz—4 kHz 的纯音平均听力损失不超过 30dB HL,耳声发射不出现,说明由中耳或内耳疾病所致的 1 kHz—4 kHz 平均听力损失超过 30 dB HL。中耳传导功能障碍诱发声传入与传出途径均经过中耳,当其有功能障碍,均会影响诱发耳声出现率及波形。当鼓膜穿孔后愈合,造成鼓膜张力变化,有时记录不到诱发耳声 | 耳蜗性聋检出率受听力曲线类型影响,当平均听阈大于等于 30 dB HL,一般不会出现诱发声发射。诱发声发射反映中频功能(1000 Hz~4000 Hz),诱发性耳发射的频谱分析中占优势的频率与听力损伤小于等于 30 dB 频率以下相当 | 因此,耳声发射可作为中频区听力损失的客观、无损的筛选方法 | 耳声发射是指源于耳蜗并能在外耳道记录到的声信号,可作为听力障碍诊断和听传出系统功能检查的客观筛选方法。 |

表 3-13 WHO 听力损失分级表(1980 年)

| 平均听阈(dB) | 听力困难程度 | 等级 | (耳聋程度) | 理解言语能力 |
|---|---|---|---|---|
| ~25 | 无意义 | A | 正常 | 对微弱语声无大困难 |
| 26~40 | 稍感困难 | B | 轻度 | 只对微弱语声发生困难 |
| 41~55 | 轻度困难 | C | 中度 | 对普通语声经常发生困难 |
| 56~70 | 明显困难 | D | 中等重度 | 对较响语声往往发生困难 |
| 71~90 | 严重困难 | E | 重度 | 只对大声喊叫声能理解 |
| >90 | 极度困难 | F | 极度 | 放大的语声通常不能理解 |

表 3-14 视野有效值与视野缩小度数(半径)对照表

| 视野有效值(%) | 视野度数(产半径) |
|---|---|
| 8 | 5° |
| 16 | 10° |
| 24 | 15° |
| 32 | 20° |
| 40 | 25° |
| 48 | 30° |
| 65 | 35° |
| 64 | 40° |
| 72 | 45° |
| 80 | 50° |
| 88 | 55° |
| 96 | 60° |

表 3-15 张口困难分度表

| 分级 | 方法与指标 | 注意事项 |
|---|---|---|
| 正常张口度 | 相当于被检者自身食、中、无名指三指末节横面的宽度。张口度以上、下中切牙切缘间距离为标准 | 注意对于伪装与夸大被鉴定人的识别与检查,应采取多种方法相互验证,如交谈观察法、录像分析法等 |
| 轻度张口受限 | 大开口时,上下切牙间距仅可并列垂直置入食指和中指,关节活动度偏低 | |
| 中度张口受限 | 大开口时,上下切牙间距仅可垂直置入食指 | |
| 重度张口受限 | 大开口时,上下切牙间距不能置入食指横径 | |
| 牙关紧闭 | 完全不能开口 | |

表 3-16 动脉血气分析对照表

| 检查项目 | 正常参考值 | 异常情况 |
|---|---|---|
| 碱度(pH) | 7.35～7.45 | 高于7.45提示有碱中毒,低于7.35提示酸中毒。 |
| 二氧化碳分压($PCO_2$) | 4.65 kPa～5.98 kPa (35 mmHg～45 mmHg) | 4.65 kPa 为低碳酸血症 >5.98 kPa 为高碳酸血症 |
| 氧分压($O_2$) | 10.64 KP～13.3 kPa (80 mmHg～100 mmHg) | 8.0 kPa 为呼吸衰竭指标之一 4 kPa 即有生命危险 |
| 氧饱和度($SatO_2$) | 92.0%～99% | |
| 50%氧饱和度时氧分压数(P50) | 3.5 kPa(26.6 mmHg) | |
| 二氧化碳总量($TCO_2$) | 24 mmol/L～32 mmol/L | |
| 二氧化碳结合力($CO_2CP$) | 50%～62.7% | |
| 缓冲碱(BB) | 42 mmol/L～54 mmol/L | |
| 剩余碱(BE) | −3 mmol/L～+3 mmol/L | |
| 实际碳酸氢根(AB) | 21.4 mmol/L～77.3 mmol/L | |
| 标准碳酸氧根(SB) | 21.3 mmol/L～24.8 mmol/L | |
| 阴离子隙(AG) | 8 mmol/L～16 mmol/L | |

表 3-17 呼吸困难分级表

| 呼吸困难分组级 | 判断标准:依据体力活动受限程度分级 |
|---|---|
| a. 呼吸功能严重障碍 | 安静卧时亦有呼吸困难出现,体力活动完全受限 |
| b. 呼吸功能障碍 | 室内走动出现呼吸困难,体力活动极度受限 |
| c. 呼吸功能严重受影响 | 一般速度步行有呼吸困难,体力活动大部分受限 |
| d. 呼吸功能受影响 | 1. 登楼梯出现呼吸困难<br>2. 快步行走出现呼吸困难 |

表 3-18 肠道运动功能检查方法表

| 名称 | | 检查方法 |
|---|---|---|
| 小肠 | 通过时间测定: | |
| | 氢呼气试验 | 口服乳果糖后,测定被细菌消化酵解释放的氢气 |
| | 核素检查 | 实用性素标记试餐,通过γ照相计数计算肠道通过时间 |
| | 不透X线标志物 | 口服不透X线的标志物后,连续摄片,计算肠通过时间 |
| | 细菌生长 | 经导管抽取小肠液培养细菌并计数 |
| | 小肠压力测定 | 测定消化间期和消化期的压力变化 |

| 名称 | 检查方法 | |
|---|---|---|
| 结肠 | 通过测定：<br>核素检查<br>不透X线标志物<br>结肠压力测定 | 通过核素灌入盲肠后，测算结肠充盈和通过时间<br>口服不透X线的标志物后，连续摄片，计算各段结肠通过时间<br>测定空腹和餐后结肠压力变化 |

表 3-19 肝功能损伤程度分度表

| 项目\评分 肝损伤程度 | 正常<br>0 | 轻度<br>1 | 中度<br>2 | 重度<br>3 |
|---|---|---|---|---|
| 血清胆红素(μmo/L) | 1.17～17.1 | 17.1～34.2 | 34.2～85.5 | ≥85.5 |
| 血清白蛋白(g/L) | >35 | >30,≤35 | >25,≤30 | ≤25 |
| 腹水 | 无 | 可有 | 易控制 | 顽固 |

表 3-20 肝性脑病分期表

| 分期 | 精神状况 | 运动改变 |
|---|---|---|
| Ⅰ期 | 轻度思维紊乱,淡漠,激动欣快,不安,睡眠紊乱,轻度性格改变,举止反常(如有的病人寡言不语,有的多语；平时非常稳重,突然出现幼稚轻率的动作,或衣冠不整,或随地吐痰,随处大小便,脱衣服等),反应和回答问题尚正确,但有时吐字不清,动作缓慢等。 | 细震颤,协调动作缓慢,扑翼样震颤,脑电图无明显异常。 |
| Ⅱ期 | 瞌睡,昏睡,定向障碍,行为失常,定向力和理解力减低(如对人员的姓名、年龄、自己居住何处、当时是什么时间概念模糊；不能回答简单的问题(如1+1等于几？此物是什么形状)；语言不清,书写障碍,举止反常(如寻衣摸床、手舞足蹈),有时幻觉、狂躁,类似轻微精神病表现。 | 扑翼样震颤,发音困难,伸张失调,腱反射亢进,肌张力增高,锥体束征阳性,脑电图常出现异常的慢波。 |
| Ⅲ期 | 嗜睡但能唤醒,思维显著紊乱,语言费解,病人大部分时间处在昏睡中,呼之可醒,然后又入睡,答话不准,幻觉。 | 反射亢进,伸肌跖反应,(尿、便)失禁,肌阵挛,过度换气。 |
| Ⅳ期 | 昏迷,病人丧失神志,进入昏迷期,呼之不醒,对疼痛刺激尚有反应。 | 可呈去大脑体位,疼痛反应早期存在,进展为反应软弱和刺激反应消失。 |

表 3-21 肾功能障碍分度表

| 指标 | 正常 | 轻度障碍<br>肾功能不全代偿期 | 中度障碍<br>氮质血症期 | 重度障碍<br>尿毒症期 | 终末期肾衰<br> |
|---|---|---|---|---|---|
| 内生肌酐清除率(ML/min) | 80～120 | 51～70 | 31～50 | 30 | 5 |
| 血肌酐 umol/L | 43～106 | 133～177 | 186～442 | >442 | 707 |
| 尿素氮 mmol/L | 9 | 正常 | >8.9 | >21.4 | 28.6 |
| 肾浓缩稀释试验 | 日:夜尿量=3～4:1<br>12小时夜尿750 ML<br>尿比重>1.020 | 夜尿>750 ML<br>尿比重1.018 | | | 尿比重固定<br>为1.010 |
| 自由水(CH₂O)清除率(ML/h) | 禁水后8小时<br>-25～100 | -25 表示不能浓缩尿 | 0 表示肾衰,正值表示尿崩症 | | |
| 肾小球滤过率(ML/min) | | >50 | 50 | 25 | |

表 3-22 中等体型理想体重的正常人尿肌酐值对照表

| 男性 | | | 女性 | | |
| --- | --- | --- | --- | --- | --- |
| 身高(cm) | 体重(kg) | 尿肌酐(mg/24h) | 身高(cm) | 体重(kg) | 尿肌酐(mg/24h) |
| 157.3 | 56.6 | 1288 | 147.0 | 46.1 | 830 |
| 160.0 | 57.6 | 1325 | 149.9 | 47.3 | 851 |
| 162.6 | 59.1 | 1359 | 152.4 | 48.9 | 875 |
| 165.1 | 60.3 | 1386 | 154.9 | 50.0 | 900 |
| 167.6 | 62.0 | 1426 | 159.5 | 51.4 | 925 |
| 170.2 | 63.8 | 1467 | 160.0 | 52.7 | 949 |
| 172.7 | 65.8 | 1513 | 162.6 | 54.3 | 977 |
| 175.3 | 67.6 | 1555 | 165.1 | 55.9 | 1006 |
| 177.8 | 69.4 | 1596 | 167.6 | 58.0 | 1044 |
| 180.3 | 71.4 | 1642 | 170.2 | 59.8 | 1076 |
| 182.9 | 73.5 | 1691 | 172.7 | 61.6 | 1100 |
| 185.4 | 75.6 | 1739 | 175.3 | 63.4 | 1141 |
| 188.6 | 77.6 | 1785 | 177.8 | 65.2 | 1174 |
| 190.5 | 79.6 | 1831 | 180.3 | 67.0 | 1206 |
| 193.0 | 82.2 | 1891 | 182.0 | 68.9 | 1240 |

表 3-23 营养不良分度表

| 指标 | 轻度营养不良 | 中度营养不良 | 重度营养不良 |
| --- | --- | --- | --- |
| 体重(kg) | 标准体重的80%～90% | 标准体重的60%～80% | 低于标准体重的60% |
| 肌酐—身高指数(%) | 60～80 | 40～60 | 40 |
| 白蛋白浓度(g/L) | 0.30～0.35 | 0.21～0.30 | 21 |
| 铁蛋白浓度(g/L) | 1.50～1.75 | 1.00～1.50 | 1.00 |
| 总淋巴细胞(×10/L) | 1.2～1.5 | 0.8～1.2 | 0.8 |

# 第四章

# 劳动能力 职工工伤与职业病致残等级鉴定

## 第一节 总 则

| 标题 | 内容 | 理解与操作精要 |
|---|---|---|
| 1 范围 | 本标准规定了职工工伤与职业病致残劳动能力鉴定原则和分级标准。本标准适用于职工在职业活动中因工负伤和职业病致残程度的鉴定。 | 非因工、疾病致残评定执行《职工非因工伤残或因病丧失劳动能力程度鉴定标准(试行)》 |
| 2 规范性引用文件 | 下列文件中的条款通过本标准的引用而成为本标准的条款。凡是注日期的引用文件,仅注日期的版本适用于本文件。凡是不注日期的引用文件,其最新版本(包括所有修改单)适用于本标准。<br>GB/T 4854(所有部分) 声学 校准测听设备的基准零级<br>GB/T 7341(所有部分) 听力计<br>GB/T 7582-2004 声学 听阈与年龄关系的统计分布<br>GB/T 7583 声学 纯音气导听阈测定 保护听力用<br>GB 11533 标准对数视力表<br>GBZ 4 职业性慢性二硫化碳中毒诊断标准<br>GBZ 5 职业性氟及无机化合物中毒的诊断<br>GBZ 7 职业性手臂振动病诊断标准<br>GBZ 9 职业性急性电光性眼炎(紫外线角膜结膜炎)诊断<br>GBZ 12 职业性铬鼻病诊断标准<br>GBZ 23 职业性急性一氧化碳中毒诊断标准<br>GBZ 24 职业性减压病诊断标准<br>GBZ 35 职业性白内障诊断标准<br>GBZ 45 职业性三硝基甲苯白内障诊断标准<br>GBZ 49 职业性噪声聋诊断标准<br>GBZ 54 职业性化学性眼灼伤诊断标准<br>GBZ 57 职业性哮喘病诊断标准<br>GBZ 60 职业性过敏性肺炎诊断标准<br>GBZ 61 职业性牙酸蚀病诊断标<br>GBZ 70 尘肺病诊断标准<br>GBZ 81 职业性磷中毒诊断标准<br>GBZ 82 职业性煤矿井下工人滑囊炎诊断标准 | |

(续表)

| 标题 | 内容 | 理解与操作精要 |
|---|---|---|
| 2 规范性引用文件 | GBZ 83 职业性慢性砷中毒诊断标准<br>GBZ 94 职业性肿瘤诊断标准<br>GBZ 95 放射性白内障诊断标准<br>GBZ 96 内照射放射病诊断标准<br>GBZ 97 放射性肿瘤诊断标准<br>GBZ 101 放射性甲状腺诊断标准<br>GBZ 104 外照射急性放射病诊断标准<br>GBZ 105 外照射慢性放射病诊断标准<br>GBZ 106 放射性皮肤疾病诊断标准<br>GBZ 107 放射性性腺疾病诊断标准<br>GBZ 109 放射性膀胱疾病诊断标准<br>GBZ 110 急性放射性肺炎诊断标准<br>GBZ/T 238 职业性爆震聋的诊断 | |
| 3 术语和定义 下列术语和定义适用于本文件 | 3.1 劳动能力鉴定：法定机构对劳动者在职业活动中因工负伤或患职业病后，根据国家工伤保险法规规定，在评定伤残等级时通过医学检查对劳动功能障碍程度（伤残程度）和生活自理障碍程度做出的技术性鉴定结论。 | 工伤与劳动能力的法定鉴定机构为劳动能力委员会；进入诉讼程序后，由司法机关委托，则由司法鉴定机构进行鉴定 |
| | 3.2 医疗依赖：工伤致残于评定伤残等级技术鉴定后仍不能脱离治疗。 | |
| | 3.3 生活自理障碍：工伤致残者因生活不能自理，需依赖他人护理。 | |
| 4 总则 | 4.1 判断依据：对损伤、功能障碍、对医疗与日常生活护理的依赖程度、社会心理因素影响进行综合评定。 | |
| | 4.1.1 综合判定：依据工伤致残者于评定伤残等级技术鉴定时的器官损伤、功能障碍及其对医疗与日常生活护理的依赖程度，适当考虑由于伤残引起的社会心理因素影响，对伤残程度进行综合判定分级。 | 附录A为各门类工伤、职业病致残分级判定基准；附录B为正确使用本标准的说明 |
| | 4.1.2 器官损伤：器官损伤是工伤的直接后果，但职业病不一定有器官缺损。 | 工伤与职业病有一定区别 |
| | 4.1.3 功能障碍：工伤后功能障碍的程度与器官缺损的部位及严重程度有关，职业病所致的器官功能障碍与疾病的严重程度相关。对功能障碍的判定，应以评定伤残等级技术鉴定时的医疗检查结果为依据，根据评残对象逐个确定。 | 评定的依据是鉴定时的功能状态，具体而言是鉴定当时相应的医疗检查结果。因此，鉴定时机不同，检查结果可能不同，鉴定意见也可能有差异。必要时需要再次鉴定 |
| | 4.1.4 医疗依赖：医疗依赖判定分级：<br>a) 特殊医疗依赖是指工伤致残后必须终身接受特殊药物、特殊医疗设备或装置进行治疗；<br>b) 一般医疗依赖是指工伤致残后仍需接受长期或终身药物治疗。 | 如心脏起搏器等属于特殊医疗依赖，抗高血压药物治疗属于一般医疗依赖 |

(续表)

| 标题 | | 内容 | 理解与操作精要 |
|---|---|---|---|
| 4 总则 | 4.1.5 生活自理障碍 | 生活自理范围主要包括下列五项：<br>a) 进食：完全不能自主进食，需依赖他人帮助；<br>b) 翻身：不能自主翻身；<br>c) 大、小便：不能自主行动，排大小便需要他人帮助；<br>d) 穿衣、洗漱：不能自己穿衣、洗漱，完全依赖他人帮助；<br>e) 自主行动：不能自主走动。 | 护理依赖的程度分三级：<br>a) **完全**生活自理障碍：生活完全不能自理，上述五项均需护理；<br>b) **大部分**生活自理障碍：生活大部分不能自理，上述五项中三项或四项需要护理；<br>c) **部分**生活自理障碍：部分生活不能自理，上述五项中**一项或两项**需要护理 |
| | 4.2 晋级原则 | 对于同一器官或系统多处损伤，或一个以上器官不同部位同时受到损伤者，应先对单项伤残程度进行鉴定。如果几项伤残等级不同，以重者定级；如果两项及以上等级相同，最多晋升一级。 | 鉴定实践中针对两项或以上等级相同者，一般都依照标准予以晋升一级，体现对受伤劳动者的人文关怀 |
| | 4.3 对原有伤残及合并症的处理 | 在劳动能力鉴定过程中，工伤或职业病后出现合并症，其致残等级的评定以鉴定时实际的致残结局为依据。如受工伤损害的器官原有伤残或疾病史，即：单个或双器官（如双眼、四肢、肾脏）或系统损伤，本次鉴定时应检查本次伤情是否加重原有伤残，如若加重原有伤残，鉴定时按事实的致残结局为依据；若本次伤情轻于原有伤残，鉴定时则按本次伤情致残结局为依据。<br>对原有伤残的处理适用于初次或再次鉴定，复查鉴定不适用于本规则。 | 对于初次、再次鉴定、复查鉴定的规定是工伤标准**特有的规定**，不同于道路交通事故受伤人员伤残评定和伤情鉴定的有关规定 |
| | 4.4 门类划分 | a) 神经内科、神经外科、精神科门。<br>b) 骨科、整形外科、烧伤科门。<br>c) 眼科、耳鼻喉科、口腔科门。<br>d) 普外科、胸外科、泌尿生殖科门。<br>e) 职业病内科门。 | 按照临床医学分科和各学科间相互关联的原则，对残情的判定划分为五个门类 |
| | 4.5 条目划分 | 按照4.4中的五个门类，以附录C中表C.1～C.5及一至十级分级系列，根据伤残的类别和残情的程度划分伤残条目，共列出残情530条。 | **5大类13科530条** |
| | 4.6 等级划分 | 根据条目划分原则以及工伤致残程度，综合考虑各门类间的平衡，将残情级别分为一至十级。最重为第一级，最轻为第十级。 | 对未列出的个别伤残情况，**参照本标准中相应定级原则**进行等级评定 |

## 第二节 分则（工伤分级）

| 等级 | 内容 | 精要 |
|---|---|---|
| **5.1 一级** | | |
| 5.1.1 定级原则 | 器官缺失或功能完全丧失，其他器官不能代偿，存在特殊医疗依赖，或完全或大部分或部分生活自理障碍。 | |
| 5.1.2 一级条款系列 凡符合 5.1.1 或下列条款之一者均为工伤一级 | 1) 极重度智能损伤；<br>2) 四肢瘫肌力≤3级或三肢瘫肌力≤2级；<br>3) 重度非肢体瘫运动障碍；<br>4) 面部重度毁容，同时伴有表 C.2 中二级伤残之一者；<br>5) 全身重度瘢痕形成，占体表面积≥90%，伴有脊柱及四肢大关节活动功能基本丧失；<br>6) 双肘关节以上缺失或功能完全丧失；<br>7) 双下肢膝以上缺失及一上肢肘上缺失；<br>8) 双下肢及一上肢严重瘢痕畸形，功能完全丧失；<br>9) 双眼无光感或仅有光感但光定位不准者；<br>10) 肺功能重度损伤和呼吸困难Ⅳ级，需终生依赖机械通气；<br>11) 双肺或心肺联合移植术；<br>12) 小肠切除≥90%；<br>13) 肝切除后原位肝移植；<br>14) 胆道损伤原位肝移植；<br>15) 全胰切除；<br>16) 双侧肾切除或孤肾切除术后，用透析维持或同种肾移植术后肾功能不全尿毒症期；<br>17) 尘肺叁期伴肺功能重度损伤及（或）重度低氧血症 [$P_{O_2}$<5.3 kPa(<40 mmHg)]；<br>18) 其他职业性肺部疾患，伴肺功能重度损伤及（或）重度低氧血症[$P_{O_2}$<5.3 kPa(<40 mmHg)]；<br>19) 放射性肺炎后，两叶以上肺纤维化伴重度低氧血症 [$P_{O_2}$<5.3 kPa(<40 mmHg)]；<br>20) 职业性肺癌伴肺功能重度损伤；<br>21) 职业性肝血管肉瘤，重度肝功能损害；<br>22) 肝硬化伴食道静脉破裂出血，肝功能重度损害；<br>23) 肾功能不全尿毒症期，内生肌酐清除率持续＜10 mL/min，或血浆肌酐水平持续≥707 μmol/L(8 mg/dL)。 | • 23款 |
| **5.2 二级** | | |
| 5.2.1 定级原则 | 器官严重缺损或畸形，有严重功能障碍或并发症，存在特殊医疗依赖，或大部分或部分生活自理障碍。 | |
| 5.2.2 二级条款系列 凡符合 5.2.1 或下列条款之一者均为工伤二级。 | 1) 重度智能损伤；<br>2) 三肢瘫肌力3级；<br>3) 偏瘫肌力≤2级；<br>4) 截瘫肌力≤2级；<br>5) 双手全肌瘫肌力≤2级；<br>6) 完全感觉性或混合性失语； | • 39款 |

(续表)

| 等级 | 内容 | 精要 |
|---|---|---|
| 5.2.2 二级条款系列<br>凡符合 5.2.1 或下列条款之一者均为工伤二级。 | 7) 全身重度瘢痕形成,占体表面积≥**80%**,伴有四肢大关节中 **3 个**以上活动功能受限;<br>8) 全面部瘢痕或植皮伴有重度毁容;<br>9) 双侧前臂缺失或双手功能完全丧失;<br>10) 双下肢瘢痕畸形,功能完全丧失;<br>11) 双膝以上缺失;<br>12) 双膝、双踝关节功能完全丧失;<br>13) 同侧上、下肢缺失或功能完全丧失;<br>14) 四肢大关节(肩、髋、膝、肘)中四个以上关节功能完全丧失者;<br>15) 一眼有或无光感,另眼矫正视力≤**0.02**,或视野≤**8%**(或半径≤**5°**);<br>16) 无吞咽功能,完全依赖胃管进食;<br>17) 双侧上颌骨或双侧下颌骨完全缺损;<br>18) 一侧上颌骨及对侧下颌骨完全缺损,并伴有颜面软组织损伤>**30 cm²**;<br>19) 一侧全肺切除并胸廓成形术,呼吸困难Ⅲ级;<br>20) 心功能不全三级;<br>21) 食管闭锁或损伤后无法行食管重建术,依赖胃造瘘或空肠造瘘进食;<br>22) 小肠切除 **3/4**,合并短肠综合征;<br>23) 肝切除 **3/4**,并肝功能重度损害;<br>24) 肝外伤后发生门脉高压三联症或发生 Budd-chiari 综合征;<br>25) 胆道损伤致肝功能重度损害;<br>26) 胰次全切除,胰腺移植术后;<br>27) 孤肾部分切除后,肾功能不全失代偿期;<br>28) 肺功能重度损伤及(或)重度低氧血症;<br>29) 尘肺叁期伴肺功能中度损伤及(或)中度低氧血症;<br>30) 尘肺贰期伴肺功能重度损伤及/或重度低氧血症<br>　　[$P_{O_2}$<**5.3 kPa(40 mmHg)**];<br>31) 尘肺叁期伴活动性肺结核;<br>32) 职业性肺癌或胸膜间皮瘤;<br>33) 职业性急性白血病;<br>34) 急性重型再生障碍性贫血;<br>35) 慢性重度中毒性肝病;<br>36) 肝血管肉瘤;<br>37) 肾功能不全尿毒症期,内生肌酐清除率<**25 mL/min** 或血浆肌酐水平持续>**450 μmol/L(5 mg/dL)**;<br>38) 职业性膀胱癌;<br>39) 放射性肿瘤。 | • 39 款 |
| **5.3 三级** | | |
| 5.3.1 定级原则 | 器官严重缺损或畸形,有严重功能障碍或并发症,存在特殊医疗依赖,或部分生活自理障碍。 | |

（续表）

| 等级 | 内容 | 精要 |
|---|---|---|
| 5.3.2 三级条款系列<br>凡符合 5.3.1 或下列条款之一者均为工伤三级。 | 1) 精神病性症状,经系统治疗 1 年后仍表现为危险或冲动行为者;<br>2) 精神病性症状,经系统治疗 1 年后仍缺乏生活自理能力者;<br>3) 偏瘫肌力 3 级;<br>4) 截瘫肌力 3 级;<br>5) 双足全肌瘫肌力≤2 级;<br>6) 中度非肢体瘫运动障碍;<br>7) 完全性失用、失写、失读、失认等具有两项及两项以上者;<br>8) 全身重度瘢痕形成,占体表面积≥70%,伴有四肢大关节中 2 个以上活动功能受限;<br>9) 面部瘢痕或植皮≥2/3 并有中度毁容;<br>10) 一手缺失,另一手拇指缺失;<br>11) 双手拇、食指缺失或功能完全丧失;<br>12) 一手功能完全丧失,另一手拇指功能丧失;<br>13) 双髋、双膝关节中,有一个关节缺失或无功能及另一关节重度功能障碍;<br>14) 双膝以下缺失或功能完全丧失;<br>15) 一侧髋、膝关节畸形,功能完全丧失;<br>16) 非同侧腕上、踝上缺失;<br>17) 非同侧上、下肢瘢痕畸形,功能完全丧失;<br>18) 一眼有或无光感,另眼矫正视力≤0.05 或视野≤16%(半径≤10°);<br>19) 双眼矫正视力<0.05 或视野≤16%(半径≤10°);<br>20) 一侧眼球摘除或眼内容物剜出,另眼矫正视力<0.1 或视野≤24%(或半径≤15°);<br>21) 呼吸完全依赖气管套管或造口;<br>22) 喉或气管损伤导致静止状态下或仅轻微活动即有呼吸困难;<br>23) 同侧上、下颌骨完全缺损;<br>24) 一侧上颌骨或下颌骨完全缺损,伴颜面部软组织损伤>30 cm²;<br>25) 舌缺损>全舌的 2/3;<br>26) 一侧全肺切除并胸廓成形术;<br>27) 一侧胸廓成形术,肋骨切除 6 根以上;<br>28) 一侧全肺切除并隆凸切除成形术;<br>29) 一侧全肺切除并大血管重建术;<br>30) Ⅲ度房室传导阻滞;<br>31) 肝切除 2/3,并肝功能中度损害;<br>32) 胰次全切除,胰岛素依赖;<br>33) 一侧肾切除,对侧肾功能不全失代偿期;<br>34) 双侧输尿管狭窄,肾功能不全失代偿期;<br>35) 永久性输尿管腹壁造瘘;<br>36) 膀胱全切除;<br>37) 尘肺叁期;<br>38) 尘肺贰期伴肺功能中度损伤及(或)中度低氧血症;<br>39) 尘肺贰期合并活动性肺结核;<br>40) 放射性肺炎后两叶肺纤维化,伴肺功能中度损伤及(或)中度低氧血症;<br>41) 粒细胞缺乏症;<br>42) 再生障碍性贫血;<br>43) 职业性慢性白血病;<br>44) 中毒性血液病,骨髓增生异常综合征;<br>45) 中毒性血液病,严重出血或血小板含量≤2×10¹⁰/L;<br>46) 砷性皮肤癌;<br>47) 放射性皮肤癌。 | • 47 款 |

(续表)

| 等级 | 内容 | 精要 |
|---|---|---|
| **5.4 四级** | | |
| 5.4.1 定级原则 | 器官严重缺损或畸形,有严重功能障碍或并发症,存在特殊医疗依赖,或部分生活自理障碍或无生活自理障碍。 | |
| 5.4.2 四级条款系列<br>凡符合5.4.1或下列条款之一者均为工伤四级。 | 1) 中度智能损伤;<br>2) 重度癫痫;<br>3) 精神病性症,经系统治疗 1 年后仍缺乏社交能力者;<br>4) 单肢瘫肌力≤2 级;<br>5) 双手部分肌瘫肌力≤2 级;<br>6) 脑脊液漏伴有颅底骨缺损不能修复或反复手术失败;<br>7) 面部中度毁容;<br>8) 全身瘢痕面积≥60%,四肢大关节中 1 个关节活动功能受限;<br>9) 面部瘢痕或植皮≥1/2 并有轻度毁容;<br>10) 双拇指完全缺失或功能完全丧失;<br>11) 一侧手功能完全丧失,另一手部分功能丧失;<br>12) 一侧肘上缺失;<br>13) 一侧膝以下缺失,另一侧前足缺失;<br>14) 一侧膝以上缺失;<br>15) 一侧踝以下缺失,另一足畸形行走困难;<br>16) 一眼有或无光感,另眼矫正视力＜0.2 或视野≤32%(或半径≤20°);<br>17) 一眼矫正视力＜0.05,另眼矫正视力≤0.1;<br>18) 双眼矫正视力＜0.1 或视野≤32%(或半径≤20°);<br>19) 双耳听力损失≥91dB;<br>20) 牙关紧闭或因食管狭窄只能进流食;<br>21) 一侧上颌骨缺损 1/2,伴颜面部软组织损伤＞20 cm²;<br>22) 下颌骨缺损长 6 cm 以上的区段,伴口腔、颜面软组织损伤＞20 cm²;<br>23) 双侧颞下颌关节骨性强直,完全不能张口;<br>24) 面颊部洞穿性缺损＞20 cm²;<br>25) 双侧完全性面瘫;<br>26) 一侧全肺切除术;<br>27) 双侧肺叶切除术;<br>28) 肺叶切除后并胸廓成形术后;<br>29) 肺叶切除并隆凸切除成形术后;<br>30) 一侧肺移植术;<br>31) 心瓣膜置换术后;<br>32) 心功能不全二级;<br>33) 食管重建术后吻合口狭窄,仅能进流食者;<br>34) 全胃切除;<br>35) 胰头、十二指肠切除;<br>36) 小肠切除 3/4;<br>37) 小肠切除 2/3,包括回盲部切除;<br>38) 全结肠、直肠、肛门切除,回肠造瘘;<br>39) 外伤后肛门排便重度障碍或失禁;<br>40) 肝切除 2/3;<br>41) 肝切除 1/2,肝功能轻度损害;<br>42) 胆道损伤致肝功能中度损害;<br>43) 甲状腺功能重度损害; | • 55 款 |

(续表)

| 等级 | 内容 | 精要 |
|---|---|---|
| 5.4.2 四级条款系列<br>凡符合 5.4.1 或下列条款之一者均为工伤四级。 | 44）肾修补术后,肾功能不全失代偿期；<br>45）输尿管修补术后,肾功能不全失代偿期；<br>46）永久性膀胱造瘘；<br>47）重度排尿障碍；<br>48）神经原性膀胱,残余尿≥50mL；<br>49）双侧肾上腺缺损；<br>50）尘肺贰期；<br>51）尘肺壹期伴肺功能中度损伤或中度低氧血症；<br>52）尘肺壹期伴活动性肺结核；<br>53）病态窦房结综合征（需安装起搏器者）；<br>54）肾上腺皮质功能明显减退；<br>55）放射性损伤致免疫功能明显减退。 | • 55 款 |
| **5.5 五级** | | |
| 5.5.1 定级原则 | 器官大部缺损或明显畸形,有较重功能障碍或并发症,存在一般医疗依赖,无生活自理障碍。 | |
| 5.5.2 五级条款系列<br>凡符合 5.5.1 或下列条款之一者均为工伤五级。 | 1）四肢瘫肌力 4 级；<br>2）单肢瘫肌力 3 级；<br>3）双手部分肌瘫肌力 3 级；<br>4）一手全肌瘫肌力≤2 级；<br>5）双足全肌瘫肌力 3 级；<br>6）完全运动性失语；<br>7）完全性失用、失写、失读、失认等具有一项者；<br>8）不完全性失用、失写、失读、失认等具有多项者；<br>9）全身瘢痕占体表面积≥50%,并有关节活动功能受限；<br>10）面部瘢痕或植皮≥1/3 并有毁容标准之一项；<br>11）脊柱骨折后遗 30°以上侧弯或后凸畸形,伴严重根性神经痛；<br>12）一侧前臂缺失；<br>13）一手功能完全丧失；<br>14）肩、肘、腕关节之一功能完全丧失；<br>15）一手拇指缺失,另一手除拇指外三指缺失；<br>16）一手拇指功能完全丧失,另一手除拇指外三指功能完全丧失；<br>17）双前足缺失或双前足瘢痕畸形,功能完全丧失；<br>18）双跟骨足底软组织缺损瘢痕形成,反复破溃；<br>19）一髋（或一膝）功能完全丧失；<br>20）四肢大关节之一人工关节术后遗留重度功能障碍；<br>21）一侧膝以下缺失；<br>22）第Ⅲ对脑神经麻痹；<br>23）双眼外伤性青光眼术后,需用药物维持眼压者；<br>24）一眼有或无光感,另眼矫正视力≤0.3 或视野≤40%（或半径≤25°）；<br>25）一眼矫正视力＜0.05,另眼矫正视力≤0.2；<br>26）一眼矫正视力＜0.1,另眼矫正视力等于 0.1；<br>27）双眼视野≤40%（或半径≤25°）；<br>28）双耳听力损失≥81dB；<br>29）喉或气管损伤导致一般活动及轻工作时有呼吸困难；<br>30）吞咽困难,仅能进半流食； | • 65 款 |

(续表)

| 等级 | 内容 | 精要 |
|---|---|---|
| 5.5.2 五级条款系列<br>凡符合 5.5.1 或下列条款之一者均为工伤五级。 | 31) 双侧喉返神经损伤,喉保护功能丧失致饮食呛咳、误吸;<br>32) 一侧上颌骨缺损＞1/4,但＜1/2,伴软组织损伤＞10 cm²,但＜20 cm²;<br>33) 下颌骨缺损长 4 cm 以上的区段,伴口腔、颜面软组织损伤＞10 cm²;<br>34) 一侧完全面瘫,另一侧不完全面瘫;<br>35) 双肺叶切除术;<br>36) 肺叶切除术并大血管重建术;<br>37) 隆凸切除成形术;<br>38) 食管重建术后吻合口狭窄,仅能进半流食者;<br>39) 食管气管（或支气管）瘘;<br>40) 食管胸膜瘘;<br>41) 胃切除 3/4;<br>42) 小肠切除 2/3,包括回肠大部;<br>43) 直肠、肛门切除,结肠部分切除,结肠造瘘;<br>44) 肝切除 1/2;<br>45) 胰切除 2/3;<br>46) 甲状腺功能重度损害;<br>47) 一侧肾切除,对侧肾功能不全代偿期;<br>48) 一侧输尿管狭窄,肾功能不全代偿期;<br>49) 尿道瘘不能修复者;<br>50) 两侧睾丸、副睾丸缺损;<br>51) 放射性损伤致生殖功能重度损伤;<br>52) 阴茎全缺损;<br>53) 双侧卵巢切除;<br>54) 阴道闭锁;<br>55) 会阴部瘢痕牵缩伴有阴道或尿道或肛门狭窄;<br>56) 肺功能中度损伤;<br>57) 莫氏Ⅱ型Ⅱ度房室传导阻滞;<br>58) 病态窦房结综合征（不需安起搏器者）;<br>59) 中毒性血液病,血小板减少（≤4×10¹⁰/L）并有出血倾向;<br>60) 中毒性血液病,白细胞含量持续＜3×10⁹/L（＜3000/mm³）或粒细胞含量＜1.5×10⁹/L（1500/mm³）;<br>61) 慢性中度中毒性肝病;<br>62) 肾功能不全失代偿期,内生肌酐清除率持续＜50 mL/min 或血浆肌酐水平持续＞177 μmol/L（＞2 mg/dL）;<br>63) 放射性损伤致睾丸萎缩;<br>64) 慢性重度磷中毒;<br>65) 重度手臂振动病。 | • 65 款 |
| **5.6 六级** | | |
| 5.6.1 定级原则 | 器官大部缺损或明显畸形,有中等功能障碍或并发症,存在一般医疗依赖,无生活自理障碍。 | |

(续表)

| 等级 | 内容 | 精要 |
|---|---|---|
| 5.6.2 六级条款系列<br>凡符合5.6.1或下列条款之一者均为工伤六级。 | 1）癫痫中度；<br>2）轻度智能损伤；<br>3）精神病性症状,经系统治疗1年后仍影响职业劳动能力者；<br>4）三肢瘫肌力4级；<br>5）截瘫双下肢肌力4级伴轻度排尿障碍；<br>6）双手全肌瘫肌力4级；<br>7）一手全肌瘫肌力3级；<br>8）双足部分肌瘫肌力≤2级；<br>9）单足全肌瘫肌力≤2级；<br>10）轻度非肢体瘫运动障碍；<br>11）不完全性感觉性失语；<br>12）面部重度异物色素沉着或脱失；<br>13）面部瘢痕或植皮≥1/3；<br>14）全身瘢痕面积≥40%；<br>15）撕脱伤后头皮缺失1/5以上；<br>16）一手一拇指完全缺失,连同另一手非拇指二指缺失；<br>17）一拇指功能完全丧失,另一手除拇指外有二指功能完全丧失；<br>18）一手三指(含拇指)缺失；<br>19）除拇指外其余四指缺失或功能完全丧失；<br>20）一侧踝以下缺失,或踝关节畸形,功能完全丧失；<br>21）下肢骨折成角畸形>15°,并有肢体短缩4 cm以上；<br>22）一前足缺失,另一足仅残留拇趾；<br>23）一前足缺失,另一足除拇趾外,2～5趾畸形,功能完全丧失；<br>24）一足功能完全丧失,另一足部分功能丧失；<br>25）一髋或一膝关节功能重度障碍；<br>26）单侧跟骨足底软组织缺损瘢痕形成,反复破溃；<br>27）一侧眼球摘除；或一侧眼球明显萎缩,无光感；<br>28）一眼有或无光感,另一眼矫正视力≥0.4；<br>29）一眼矫正视力≤0.05,另一眼矫正视力≥0.3；<br>30）一眼矫正视力≤0.1,另一眼矫正视力≥0.2；<br>31）双眼矫正视力≤0.2或视野≤48%(或半径≤30°)；<br>32）第Ⅳ或第Ⅵ对脑神经麻痹,或眼外肌损伤致复视的；<br>33）双耳听力损失≥71 dB；<br>34）双侧前庭功能丧失,睁眼行走困难,不能并足站立；<br>35）单侧或双侧颞下颌关节强直,张口困难Ⅲ度；<br>36）一侧上颌骨缺损1/4,伴口腔、颜面软组织损伤>10 cm²；<br>37）面部软组织缺损>20 cm²,伴发涎瘘；<br>38）舌缺损>1/3,但<2/3；<br>39）双侧颧骨并颧弓骨折,伴有开口困难Ⅱ度以上及颜面部畸形经手术复位者；<br>40）双侧下颌骨髁状突颈部骨折,伴有开口困难Ⅱ度以上及咬合关系改变,经手术治疗者；<br>41）一侧完全性面瘫；<br>42）肺叶切除并肺段或楔形切除术；<br>43）肺叶切除并支气管成形术后； | • 76款 |

(续表)

| 等级 | 内容 | 精要 |
|---|---|---|
| 5.6.2 六级条款系列 凡符合5.6.1或下列条款之一者均为工伤六级。 | 44）支气管（或气管）胸膜瘘；<br>45）冠状动脉旁路移植术；<br>46）大血管重建术；<br>47）胃切除2/3；<br>48）小肠切除1/2，包括回盲部；<br>49）肛门外伤后排便轻度障碍或失禁；<br>50）肝切除1/3；<br>51）胆道损伤致肝功能轻度损伤；<br>52）腹壁缺损面积≥腹壁的1/4；<br>53）胰切除1/2；<br>54）甲状腺功能中度损害；<br>55）甲状旁腺功能中度损害；<br>56）肾损伤性高血压；<br>57）尿道狭窄经系统治疗1年后仍需定期行扩张术；<br>58）膀胱部分切除合并轻度排尿障碍；<br>59）两侧睾丸创伤后萎缩，血睾酮低于正常值；<br>60）放射性损伤致生殖功能轻度损伤；<br>61）双侧输精管缺损，不能修复；<br>62）阴茎部分缺损；<br>63）女性双侧乳房完全缺损或严重瘢痕畸形；<br>64）子宫切除；<br>65）双侧输卵管切除；<br>66）尘肺壹期伴肺功能轻度损伤及（或）轻度低氧血症；<br>67）放射性肺炎后肺纤维化（＜两叶），伴肺功能轻度损伤及（或）轻度低氧血症；<br>68）其他职业性肺部疾患，伴肺功能轻度损伤；<br>69）白血病完全缓解；<br>70）中毒性肾病，持续性低分子蛋白尿伴白蛋白尿；<br>71）中毒性肾病，肾小管浓缩功能减退；<br>72）放射性损伤致肾上腺皮质功能轻度减退；<br>73）放射性损伤致甲状腺功能低下；<br>74）减压性骨坏死Ⅲ期；<br>75）中度手臂振动病；<br>76）氟及无机化合物中毒性慢性重度中毒。 | • 76款 |
| **5.7 七级** | | |
| 5.7.1 定级原则 | 器官大部分缺损或畸形，有轻度功能障碍或并发症，存在一般医疗依赖，无生活自理障碍。 | |

(续表)

| 等级 | 内容 | 精要 |
|---|---|---|
| 5.7.2 七级条款系列<br>凡符合 5.7.1 或下列条款之一者均为工伤七级。 | 1) 偏瘫肌力 **4 级**；<br>2) 截瘫肌力 **4 级**；<br>3) 单手部分肌瘫肌力 **3 级**；<br>4) 双足部分肌瘫肌力 **3 级**；<br>5) 单足全肌瘫肌力 **3 级**；<br>6) 中毒性周围神经病重度感觉障碍；<br>7) 人格改变或边缘智能,经系统治疗 **1 年**后仍存在明显社会功能受损者；<br>8) 不完全性运动失语；<br>9) 不完全性失用、失写、失读和失认等具有一项者；<br>10) 符合重度毁容标准之二项者；<br>11) 烧伤后颅骨全层缺损≥**30 cm²**,或在硬脑膜上植皮面积≥**10 cm²**；<br>12) 颈部瘢痕挛缩,影响颈部活动；<br>13) 全身瘢痕面积≥**30%**；<br>14) 面部瘢痕、异物或植皮伴色素改变占面部的 **10%** 以上；<br>15) 骨盆骨折内固定术后,骨盆环不稳定,骶髂关节分离；<br>15) 骨盆骨折严重移位,症状明显者；<br>16) 一手除拇指外,其他 **2~3 指**(含食指)近侧指间关节离断；<br>17) 一手除拇指外,其他 **2~3 指**(含食指)近侧指间关节功能丧失；<br>18) 肩、肘关节之一损伤后遗留关节重度功能障碍；<br>19) 一腕关节功能完全丧失；<br>20) 一足 **1~5 趾**缺失；<br>21) 一前足缺失；<br>22) 四肢大关节之一人工关节术后,基本能生活自理；<br>23) 四肢大关节之一关节内骨折导致创伤性关节炎,遗留中重度功能障碍；<br>24) 下肢伤后短缩≥**2 cm**,但≤**4 cm** 者；<br>25) 膝关节韧带损伤术后关节不稳定,伸屈功能正常者；<br>26) 一眼有或无光感,另眼矫正视力≥**0.8**；<br>27) 一眼有或无光感,另一眼各种客观检查正常；<br>28) 一眼矫正视力≤**0.05**,另眼矫正视力≥**0.6**；<br>29) 一眼矫正视力≤**0.1**,另眼矫正视力≥**0.4**；<br>30) 双眼矫正视力≤**0.3** 或视野≤**64%**(或半径≤**40°**)；<br>31) 单眼外伤性青光眼术后,需用药物维持眼压者；<br>32) 双耳听力损失≥**56 dB**；<br>33) 咽成形术后,咽下运动不正常；<br>34) 牙槽骨损伤长度≥**8 cm**,牙齿脱落 **10 个**及以上；<br>35) 单侧颧骨并颧弓骨折,伴有开口困难Ⅱ度以上及颜面部畸形经手术复位者；<br>36) 双侧不完全性面瘫；<br>37) 肺叶切除术；<br>38) 限局性脓胸行部分胸廓成形术；<br>39) 气管部分切除术；<br>40) 食管重建术后伴返流性食管炎；<br>41) 食管外伤或成形术后咽下运动不正常；<br>42) 胃切除 **1/2**；<br>43) 小肠切除 **1/2**；<br>44) 结肠大部分切除； | • 63 款 |

(续表)

| 等级 | 内容 | 精要 |
|---|---|---|
| 5.7.2 七级条款系列<br>凡符合 5.7.1 或下列条款之一者均为工伤七级。 | 45) 肝切除 1/4;<br>46) 胆道损伤,胆肠吻合术后;<br>47) 脾切除;<br>48) 胰切除 1/3;<br>49) 女性双侧乳房部分缺损;<br>50) 一侧肾切除;<br>51) 膀胱部分切除;<br>52) 轻度排尿障碍;<br>53) 阴道狭窄;<br>54) 尘肺壹期,肺功能正常;<br>55) 放射性肺炎后肺纤维化(＜两叶),肺功能正常;<br>56) 轻度低氧血症;<br>57) 心功能不全一级;<br>58) 再生障碍性贫血完全缓解;<br>59) 白细胞减少症,[含量持续＜$4\times10^9$/L(4000/mm³)];<br>60) 中性粒细胞减少症,[含量持续＜$2\times10^9$/L(2000/mm³)];<br>61) 慢性轻度中毒性肝病;<br>62) 肾功能不全代偿期,内生肌酐清除率＜70 mL/min;<br>63) 三度牙酸蚀病。 | • 63 款 |
| **5.8 八级** | | |
| 5.8.1 定级原则 | 器官部分缺损,形态异常,轻度功能障碍,存在一般医疗依赖,无生活自理障碍。 | |
| 5.8.2 八级条款系列<br>凡符合 5.8.1 或下列条款之一者均为工伤八级。 | 1) 单肢体瘫肌力 4 级;<br>2) 单手全肌瘫肌力 4 级;<br>3) 双手部分肌瘫肌力 4 级;<br>4) 双足部分肌瘫肌力 4 级;<br>5) 单足部分肌瘫肌力≤3 级;<br>6) 脑叶部分切除术后;<br>7) 符合重度毁容标准之一项者;<br>8) 面部烧伤植皮≥1/5;<br>9) 面部轻度异物沉着或色素脱失;<br>10) 双侧耳廓部分或一侧耳廓大部分缺损;<br>11) 全身瘢痕面积≥20%;<br>12) 一侧或双侧眼睑明显缺损;<br>13) 脊椎压缩骨折,椎体前缘高度减少 1/2 以上者或脊柱不稳定性骨折;<br>14) 3 个及以上节段脊柱内固定术;<br>15) 一手除拇、食指外,有两指近侧指间关节离断;<br>16) 一手除拇、食指外,有两指近侧指间关节功能完全丧失;<br>17) 一拇指指间关节离断;<br>18) 一拇指指间关节畸形,功能完全丧失;<br>19) 一足拇趾缺失,另一足非拇趾一趾缺失;<br>20) 一足拇趾畸形,功能完全丧失,另一足非拇趾一趾畸形;<br>21) 一足除拇趾外,其他三趾缺失;<br>22) 一足除拇趾外,其他四趾瘢痕畸形,功能完全丧失;<br>23) 因开放骨折感染形成慢性骨髓炎,反复发作者;<br>24) 四肢大关节之一关节内骨折导致创伤性关节炎,遗留轻度功能障碍; | • 74 款 |

(续表)

| 等级 | 内容 | 精要 |
|---|---|---|
| 5.8.2 八级条款系列<br>凡符合 5.8.1 或下列条款之一者均为工伤八级。 | 25）急性放射皮肤损伤Ⅳ度及慢性放射性皮肤损伤手术治疗后影响肢体功能；<br>26）放射性皮肤溃疡经久不愈者；<br>27）一眼矫正视力≤0.2，另眼矫正视力≥0.5；<br>28）双眼矫正视力等于0.4；<br>29）双眼视野≤80%（或半径≤50°）；<br>30）一侧或双侧睑外翻或睑闭合不全者；<br>31）上睑下垂盖及瞳孔1/3者；<br>32）睑球黏连影响眼球转动者；<br>33）外伤性青光眼行抗青光眼手术后眼压控制正常者；<br>34）双耳听力损失≥41 dB 或一耳≥91 dB；<br>35）喉或气管损伤导致体力劳动时有呼吸困难；<br>36）喉源性损伤导致发声及言语困难；<br>37）牙槽骨损伤长度≥6 cm，牙齿脱落8个及以上；<br>38）舌缺损＜舌的1/3；<br>39）双侧鼻腔或鼻咽部闭锁；<br>40）双侧颞下颌关节强直，张口困难Ⅱ度；<br>41）上、下颌骨骨折，经牵引、固定治疗后有功能障碍者；<br>42）双侧颧骨并颧弓骨折，无开口困难，颜面部凹陷畸形不明显，不需手术复位；<br>43）肺段切除术；<br>44）支气管成形术；<br>45）双侧≥3根肋骨骨折致胸廓畸形；<br>46）膈肌破裂修补术后，伴膈神经麻痹；<br>47）心脏、大血管修补术；<br>48）心脏异物滞留或异物摘除术；<br>49）肺功能轻度损伤；<br>50）食管重建术后，进食正常者；<br>51）胃部分切除；<br>52）小肠部分切除；<br>53）结肠部分切除；<br>54）肝部分切除；<br>55）腹壁缺损面积＜腹壁的1/4；<br>56）脾部分切除；<br>57）胰部分切除；<br>58）甲状腺功能轻度损害；<br>59）甲状旁腺功能轻度损害；<br>60）尿道修补术；<br>61）一侧睾丸、副睾丸切除；<br>62）一侧输精管缺损，不能修复；<br>63）脊髓神经周围神经损伤，或盆腔、会阴术术后遗留性功能障碍者；<br>64）一侧肾上腺缺损；<br>65）单侧输卵管切除；<br>66）单侧卵巢切除；<br>67）女性单侧乳房切除或严重瘢痕畸形；<br>68）其他职业性肺疾患，肺功能正常；<br>69）中毒性肾病，持续低分子蛋白尿；<br>70）慢性中度磷中毒；<br>71）氟及其他无机化合物中毒慢性中度中毒；<br>72）减压性骨坏死Ⅱ期；<br>73）轻度手臂振动病；<br>74）二度牙酸蚀。 | • 74款 |

(续表)

| 等级 | 内容 | 精要 |
|---|---|---|
| **5.9 九级** | | |
| 5.9.1 定级原则 | 器官部分缺损,形态异常,轻度功能障碍,无医疗依赖或者存在一般医疗依赖,无生活自理障碍。 | |
| 5.9.2 九级条款系列<br>凡符合5.9.1或下列条款之一者均为工伤九级。 | 1) 癫痫轻度；<br>2) 中毒性周围神经病轻度感觉障碍；<br>3) 脑挫裂伤无功能障碍；<br>4) 开颅手术后无功能障碍；<br>5) 颅内异物无功能障碍；<br>6) 颈部外伤致颈总、颈内动脉狭窄,支架置入或血管搭桥手术后无功能障碍；<br>7) 符合中度毁容标准之两项或轻度毁容者；<br>8) 发际边缘瘢痕性秃发或其他部位秃发,需戴假发者；<br>9) 全身瘢痕占体表面积≥5%；<br>10) 面部有≥8 cm² 或三处以上≥1 cm² 的瘢痕；<br>11) 两个以上横突骨折；<br>12) 脊椎压缩骨折,椎体前缘高度减少小于1/2者；<br>13) 椎间盘髓核切除术后；<br>14) 1~2节脊柱内固定术；<br>15) 一拇指末节部分1/2缺失；<br>16) 一手食指2~3节缺失；<br>17) 一拇指指间关节僵直于功能位；<br>18) 除拇趾外,余3~4指末节缺失；<br>19) 一足拇趾末节缺失；<br>20) 除拇趾外其他二趾缺失或瘢痕畸形,功能不全；<br>21) 跗骨或跗骨骨折影响足弓者；<br>22) 外伤后膝关节半月板切除、髌骨切除、膝关节交叉韧带修补术后无功能障碍；<br>23) 四肢长管状骨骨折内固定或外固定支架术后；<br>24) 髌骨、跟骨、距骨、下颌骨、或骨盆骨折内固定术后；<br>25) 第Ⅴ对脑神经眼支麻痹；<br>26) 眶壁骨折致眼球内陷、两眼球突出度相差＞2 mm 或错位变形影响外观者；<br>27) 一眼矫正视力≤0.3,另眼矫正视力＞0.6；<br>28) 双眼矫正视力等于0.5；<br>29) 泪器损伤,手术无法改进溢泪者；<br>30) 双耳听力损失≥31 dB 或一耳≥71 dB；<br>31) 喉源性损伤导致发声及言语不畅；<br>32) 铬鼻病有医疗依赖；<br>33) 牙槽骨损伤长度＞4 cm,牙脱落4个及以上；<br>34) 上、下颌骨骨折,经牵引、固定治疗后无功能障碍者；<br>35) 一侧下颌骨髁状突颈部骨折；<br>36) 一侧颧骨并颧弓骨折；<br>37) 肺内异物滞留或异物摘除术；<br>38) 限局性脓胸行胸膜剥脱术；<br>39) 胆囊切除；<br>40) 一侧卵巢部分切除；<br>41) 乳腺成形术后；<br>42) 胸、腹腔脏器探查术或修补术后。 | • 42款 |

（续表）

| 等级 | 内容 | 精要 |
|---|---|---|
| **5.10 十级** | | |
| 5.10.1 定级原则 | 器官部分缺损，形态异常，无功能障碍，无医疗依赖或者存在一般医疗依赖，无生活自理障碍。 | |
| 5.10.2 十级条款系列<br>凡符合5.10.1或下列条款之一者均为工伤十级。 | 1）符合中度毁容标准之一项者；<br>2）面部有瘢痕，植皮，异物色素沉着或脱失≥2 cm²；<br>3）全身瘢痕面积＜5%，但≥1%；<br>4）急性外伤导致椎间盘髓核突出，并伴神经刺激征者；<br>5）一手指除拇指外，任何一指远侧指间关节离断或功能丧失；<br>6）指端植皮术后（增生性瘢痕1 cm²以上）；<br>7）手背植皮面积＞50 cm²，并有明显瘢痕；<br>8）手掌、足掌植皮面积＞30%者；<br>9）除拇趾外，任何一趾末节缺失；<br>10）足背植皮面积＞100 cm²；<br>11）膝关节半月板损伤、膝关节交叉韧带损伤未做手术者；<br>12）身体各部位骨折愈合后无功能障碍或轻度功能障碍者；<br>13）四肢大关节肌腱及韧带撕裂伤术后遗留轻度功能障碍；<br>14）一手或两手慢性放射性皮肤损伤Ⅱ度及Ⅱ度以上者；<br>15）一眼矫正视力≤0.5，另一眼矫正视力≥0.8；<br>16）双眼矫正视力≤0.8；<br>17）一侧或双侧睑外翻或睑闭合不全行成形手术后矫正者；<br>18）上睑下垂盖及瞳孔1/3行成形手术后矫正者；<br>19）睑球黏连影响眼球转动行成形手术后矫正者；<br>20）职业性及外伤性白内障术后人工晶状体眼，矫正视力正常者；<br>21）职业性及外伤性白内障Ⅰ度～Ⅱ度（或轻度、中度），矫正视力正常者；<br>22）晶状体部分脱位；<br>23）眶内异物未取出者；<br>24）眼球内异物未取出者；<br>25）外伤性瞳孔放大；<br>26）角巩膜穿通伤治愈者；<br>27）双耳听力损失≥26 dB或一耳≥56 dB；<br>28）双侧前庭功能丧失，闭眼不能并足站立；<br>29）铬鼻病（无症状者）；<br>30）嗅觉丧失；<br>31）牙齿除智齿以外，切牙脱落1个以上或其他牙脱落2个以上；<br>32）一侧颞下颌关节强直，张口困难Ⅰ度；<br>33）鼻窦或面颊部有异物未取出；<br>34）单侧鼻腔或鼻孔闭锁；<br>35）鼻中隔穿孔；<br>36）一侧不完全性面瘫；<br>37）血、气胸行单纯闭式引流术后，胸膜黏连增厚；<br>38）腹腔脏器挫裂伤保守治疗后；<br>39）乳腺修补术后；<br>40）放射性损伤导致免疫功能轻度减退；<br>41）慢性轻度磷中毒；<br>42）氟及其他无机化合物中毒慢性轻度中毒；<br>43）井下工人滑囊炎；<br>44）减压性骨坏死Ⅰ期；<br>45）一度牙酸蚀病；<br>46）职业性皮肤病久治不愈。 | • 46款 |

## 第三节 《工标》2014 年版与 2006 年版对照表

| 级别 | 修改方式 | 2006 年版 | | 2014 年版 | |
| --- | --- | --- | --- | --- | --- |
| | | 条款 | 内容 | 条款 | 内容 |
| 一级 | 删除 | 第 3 款 | 颈 4 以上截瘫,肌力≤2 级。 | | |
| | 更改 | 第 4 款 | 重度运动障碍(非肢体瘫)。 | 第 3 款 | 重度非肢体瘫运动障碍。 |
| | | 第 5 款 | 面部重度毁容,同时伴有表 B.2 中二级伤残之一者。 | 第 4 款 | 面部重度毁容,同时伴有表 c.2 中二级伤残之一者。 |
| | | 第 8 款 | 双下肢高位缺失及一上肢高位缺失。 | 第 7 款 | 双下肢膝上缺失及一上肢肘上缺失。 |
| | | 第 9 款 | 双下肢及一上肢严重瘢痕畸形,活动功能丧失。 | 第 8 款 | 双下肢及一上肢瘢痕畸形,功能完全丧失。 |
| 二级 | 删除 | 第 10 款 | 双下肢高位缺失。 | | |
| | | 第 12 款 | 双膝双踝僵直于非功能位。 | | |
| | 合并 | 第 19 款 | 双侧上颌骨完全缺损。 | 第 17 款 | 双侧上颌骨或双侧下颌骨完全缺损。 |
| | | 第 20 款 | 双侧下颌骨完全缺损。 | | |
| | 更改 | 第 5 款 | 双手全肌瘫肌力≤3 级。 | 第 5 款 | 双手全肌瘫肌力≤2 级。 |
| | | 第 14 款 | 双膝、踝关节功能完全丧失。 | 第 12 款 | 双膝、双踝关节功能完全丧失。 |
| | | 第 15 款 | 同侧上、下肢瘢痕畸形,功能完全丧失。 | 第 13 款 | 同侧上、下肢缺失或功能完全丧失。 |
| | | 第 16 款 | 四肢大关节(肩、髋、膝、肘)中四个以上关节功能完全丧失者。 | 第 14 款 | 四肢大关节(肩、髋、膝、肘)中 4 个及以上关节功能完全丧失。 |
| 三级 | 增加 | | | 第 14 款 | 双膝以下缺失或功能完全丧失。 |
| | 删除 | 第 3 款 | 重度癫痫。 | | |
| | | 第 13 款 | 一侧肘上缺失。 | | |
| | 合并 | 第 25 款 | 一侧上颌骨完全缺损,伴颜面部软组织缺损>30 cm²。 | 第 24 款 | 一侧上颌骨或下颌骨完全缺损,伴颜面部软组织缺损>30 cm² 时。 |
| | | 第 26 款 | 一侧下颌骨完全缺损,伴颜面部软组织缺损>30 cm²。 | | |
| | 更改 | 第 1 款 | 精神病性症状表现为危险或冲动行为者。 | 第 1 款 | 精神病性症状,经系统治疗 1 年后仍表现为危险或冲动行为者。 |
| | | 第 2 款 | 精神病性症状致使缺乏生活自理能力者。 | 第 2 款 | 精神病性症状,经系统治疗 1 年后仍缺乏生活自理能力者。 |
| | | 第 7 款 | 中度运动障碍(非肢体瘫)。 | 第 6 款 | 中度非肢体瘫运动障碍。 |
| | | 第 14 款 | 一手功能完全丧失,另一手拇指对掌功能丧失。 | 第 12 款 | 一手功能完全丧失,另一手拇指功能完全丧失。 |
| | | 第 15 款 | 双髋、双膝关节中,有一个关节缺失或无功能及另一关节伸屈活动达不到 0°~90°者。 | 第 13 款 | 双髋、双膝关节中,有一个关节缺失或功能完全丧失及另一关节重度功能障碍。 |
| | | 第 23 款 | 静止状态下或仅轻微活动即有呼吸困难(喉源性)。 | 第 22 款 | 喉或气管损伤导致静止状态下或仅轻微活动即有呼吸困难。 |
| | | 第 31 款 | 一侧全肺切除并大血管代用品重建大血管术。 | 第 29 款 | 一侧全肺切除并大血管重建术。 |

(续表)

| 级别 | 修改方式 | 2006 年版 | | 2014 年版 | |
| --- | --- | --- | --- | --- | --- |
| | | 条款 | 内容 | 条款 | 内容 |
| 四级 | 增加 | | | 第 2 款 | 重度癫痫。 |
| | | | | 第 12 款 | 一侧肘上缺失。 |
| | 删除 | 第 5 款 | 一手全肌瘫肌力≤2 级。 | | |
| | | 第 15 款 | 双膝以下缺失或无功能。 | | |
| | | 第 49 款 | 尿道狭窄,需定期行扩张术。 | | |
| | | 第 51 款 | 未育妇女双侧卵巢切除。 | | |
| | 更改 | 第 2 款 | 精神病性症状致使缺乏社交能力者。 | 第 3 款 | 精神病性症状,经系统治疗 1 年后仍缺乏社交能力者。 |
| | | 第 10 款 | 双拇指完全缺失或无功能。 | 第 10 款 | 双拇指完全缺失或功能完全丧失。 |
| | | 第 56 款 | 肾上腺皮质功能明显减退。 | 第 54 款 | 放射性损伤致肾上腺皮质功能明显减退。 |
| | | 第 57 款 | 免疫功能明显减退。 | 第 55 款 | 放射性损伤致免疫功能明显减退。 |
| 五级 | 增加 | | | 第 4 款 | 一手全肌瘫肌力≤2 级。 |
| | | | | 第 20 款 | 四肢大关节之一人工关节术后遗留重度功能障碍。 |
| | 删除 | 第 1 款 | 癫痫中度。 | | |
| | | 第 5 款 | 一手全肌瘫肌力 3 级。 | | |
| | | 第 28 款 | 一侧眼球摘除者。 | | |
| | | 第 35 款 | 舌缺损>1/3,但<2/3。 | | |
| | | 第 44 款 | 十二指肠憩室化。 | | |
| | | 第 55 款 | 双侧输精管缺损,不能修复。 | | |
| | | 第 57 款 | 未育妇女子宫切除或部分切除。 | | |
| | | 第 59 款 | 未育妇女双侧输卵管切除。 | | |
| | | 第 62 款 | 未育妇女双侧乳腺切除。 | | |
| | 合并 | 第 63 款 | 肺功能中度损伤。 | 第 56 款 | 肺功能中度损伤或中度低氧血症。 |
| | | 第 64 款 | 中度低氧血症。 | | |
| | 更改 | 第 11 款 | 面部瘢痕或植皮≥1/3 并有毁容标准之一项。 | 第 10 款 | 面部瘢痕或植皮≥1/3 并有毁容标准中的一项。 |
| | | 第 12 款 | 脊柱骨折后遗 30°以上侧弯或后凸畸形,伴严重根性神经痛(以电生理检查为依据)。 | 第 11 款 | 脊柱骨折后遗 30°以上侧弯或后凸畸形,伴严重根性神经痛。 |
| | | 第 15 款 | 肩、肘、腕关节之一功能完全丧失。 | 第 14 款 | 肩、肘关节之一功能完全丧失。 |
| | | 第 17 款 | 一手拇指无功能,另一手除拇指外三指功能丧失。 | 第 16 款 | 一手拇指功能完全丧失,另一手除拇指外三指功能完全丧失。 |
| | | 第 23 款 | 双眼外伤性青光眼术后,需用药物维持眼压者。 | 第 23 款 | 双眼外伤性青光眼术后,需用药物控制眼压者。 |
| | | 第 25 款 | 一眼矫正视力<0.05,另眼矫正视力≤0.2~0.25。 | 第 25 款 | 一眼矫正视力<0.05,另眼矫正视力≤0.2。 |
| | | 第 30 款 | 一般活动及轻工作时有呼吸困难。 | 第 29 款 | 喉或气管损伤导致一般活动及轻工作时有呼吸困难。 |

(续表)

| 级别 | 修改方式 | 2006 年版 条款 | 2006 年版 内容 | 2014 年版 条款 | 2014 年版 内容 |
|---|---|---|---|---|---|
| 五级 | 更改 | 第 38 款 | 肺叶切除术并血管代用品重建大血管术。 | 第 36 款 | 肺叶切除术并大血管重建术。 |
| | | 第 46 款 | 直肠、肛门切除,结肠部分切除,结肠造瘘。 | 第 43 款 | 肛门、直肠、结肠部分切除,结肠造瘘。 |
| | | 第 46 款 | 两侧睾丸、附睾缺损。 | 第 50 款 | 两侧睾丸、附睾缺损。 |
| | | 第 54 款 | 生殖功能重度损伤。 | 第 51 款 | 放射性损伤致生殖功能重度损伤。 |
| | | 第 58 款 | 已育妇女双侧卵巢切除。 | 第 53 款 | 双侧卵巢切除。 |
| 六级 | 增加 | | | 第 1 款 | 癫痫中度。 |
| | | | | 第 7 款 | 一手全肌瘫肌力 3 级。 |
| | | | | 第 27 款 | 一侧眼球摘除,或一侧眼球明显萎缩,无光感。 |
| | | | | 第 57 款 | 尿道狭窄经系统治疗 1 年后仍需定期行扩张术。 |
| | | | | 第 61 款 | 双侧输精管缺损,不能修复。 |
| | | | | 第 64 款 | 子宫切除。 |
| | | | | 第 65 款 | 双侧输卵管切除。 |
| | 删除 | 第 14 款 | 脊柱骨折后遗小于.30~畸形伴根性神经痛(神经电生理检查不正常)。 | | |
| | | 第 53 款 | 青年脾切除。 | | |
| | | 第 61 款 | 已育妇女双侧乳腺切除。 | | |
| | 合并 | 第 19 款 第 20 款 | 一侧踝以下缺失。 一侧踝关节畸形,功能完全丧失。 | 第 20 款 | |
| | 更改 | 第 2 款 | 精神病性症状影响职业劳动能力者。 | 第 3 款 | 精神病性症状,经系统治疗 1 年后仍影响职业劳动能力者。 |
| | | 第 8 款 | 轻度运动障碍(非肢体瘫)。 | 第 10 款 | 轻度非肢体瘫运动障碍。 |
| | | 第 9 款 | 不完全性失语。 | 第 11 款 | 不完全性感觉性失语。 |
| | | 第 15 款 | 单纯一拇指完全缺失,或连同另一手非拇指二指缺失。 | 第 16 款 | 一手一拇指完全缺失,连同另一手非拇指二指缺失。 |
| | | 第 23 款 | 一前足缺失,另一足除拇趾外,2~5 趾畸形,功能丧失。 | 第 23 款 | 一前足缺失,另一足除拇趾外 2~5 趾畸形,功能完全丧失。 |
| | | 第 24 款 | 一足功能丧失,另一足部分功能丧失。 | 第 24 款 | 一足功能完全丧失,另一足部分功能丧失。 |
| | | 第 25 款 | 一髋或一膝关节伸屈活动达不到 0°~90°者。 | 第 25 款 | 一髋或一膝关节功能重度障碍。 |
| | | 第 37 款 | 舌缺损>1/3,但<1/2。 | 第 38 款 | 舌缺损>舌的 1/3,但<舌的 1/2。 |
| | | 第 45 款 | 血管代用品重建大血管。 | 第 46 款 | 大血管重建术。 |
| | | 第 59 款 | 生殖功能轻度损伤。 | 第 60 款 | 放射性损伤致生殖功能轻度损伤。 |
| | | 第 62 款 | 女性双侧乳房完全缺损或严重瘢痕畸形。 | 第 63 款 | 女性双侧乳房切除或严重瘢痕畸形。 |
| | | 第 69 款 | 肾上腺皮质功能轻度减退。 | 第 72 款 | 放射性损伤致肾上腺皮质功能轻度减退。 |
| | | 第 73 款 | 工业性氟病 III 期。 | 第 76 款 | 氟及其无机化合物中毒慢性重度中毒。 |

(续表)

| 级别 | 修改方式 | 2006 年版 | | 2014 年版 | |
| --- | --- | --- | --- | --- | --- |
| | | 条款 | 内容 | 条款 | 内容 |
| 七级 | 增加 | | | 第 7 款 | 人格改变或边缘智能,经系统治疗 1 年后仍存在明显社会功能受损者。 |
| | | | | 第 8 款 | 不完全性运动性失语。 |
| | | | | 第 15 款 | 骨盆骨折内固定术后,骨盆环不稳定,骶髂关节分离。 |
| | | | | 第 19 款 | 一腕关节功能完全丧失。 |
| | 删除 | 第 14 款 | 骨盆骨折后遗产道狭窄(未育者)。 | | |
| | | 第 15 款 | 骨盆骨折严重移位,症状明显者。 | | |
| | | 第 16 款 | 一拇指指间关节离断。 | | |
| | | 第 17 款 | 一拇指指间关节畸形,功能完全丧失。 | | |
| | | 第 22 款 | 一足除拇趾外,其他四趾瘢痕畸形,功能完全丧失。 | | |
| | | 第 37 款 | 一侧颧骨并颧弓骨折。 | | |
| | | 第 38 款 | 一侧下颌骨髁状突颈部骨折。 | | |
| | | 第 39 款 | 双侧颧骨并颧弓骨折,无功能障碍者。 | | |
| | | 第 45 款 | 肺功能轻度损伤。 | | |
| | | 第 58 款 | 已育妇女子宫切除或部分切除。 | | |
| | | 第 59 款 | 未育妇女单侧卵巢切除。 | | |
| | | 第 60 款 | 已育妇女双侧输卵管切除。 | | |
| | | 第 62 款 | 未育妇女单侧乳腺切除。 | | |
| | 更改 | 第 6 款 | 中毒性周围神经病重度感觉障碍。 | 第 6 款 | 中毒性周围神经病致深感觉障碍。 |
| | | 第 8 款 | 符合重度毁容标准之二项者。 | 第 10 款 | 符合重度毁容标准之两项者。 |
| | | 第 20 款 | 肩、肘、腕关节之一损伤后活动度未达功能位者。 | 第 18 款 | 肩、肘关节之一损伤后遗留关节重度功能障碍。 |
| | | 第 24 款 | 四肢大关节人工关节术后,基本能生活自理。 | 第 22 款 | 四肢大关节之一人工关节术后,基本能生活自理。 |
| | | 第 25 款 | 四肢大关节创伤性关节炎,长期反复积液。 | 第 23 款 | 四肢大关节之一关节内骨折导致创伤性关节炎,遗留中重度功能障碍。 |
| | | 第 26 款 | 下肢伤后短缩>2 cm,但<3 cm者。 | 第 24 款 | 下肢伤后短缩>2 cm,但≤4 cm者。 |
| | | 第 33 款 | 单眼外伤性青光眼术后,需用药物维持眼压者。 | 第 31 款 | 单眼外伤性青光眼术后,需用药物控制眼压者。 |
| | | 第 53 款 | 成人脾切除。 | 第 47 款 | 脾切除。 |

（续表）

| 级别 | 修改方式 | 2006年版 条款 | 2006年版 内容 | 2014年版 条款 | 2014年版 内容 |
|---|---|---|---|---|---|
| 八级 | 增加 | | | 第14款 | 3个及以上节段脊柱内固定术。 |
| | | | | 第17款 | 一拇指指间关节离断。 |
| | | | | 第18款 | 一拇指指间关节畸形，功能完全丧失。 |
| | | | | 第22款 | 一足除拇趾外，其他四趾瘢痕畸形，功能完全丧失。 |
| | | | | 第49款 | 肺功能轻度损伤。 |
| | 删除 | 第1款 | 人格改变。 | | |
| | | 第49款 | 十二指肠带蒂肠片修补术。 | | |
| | | 第53款 | 胆道修补术。 | | |
| | | 第59款 | 输尿管修补术。 | | |
| | 合并 | 第13款 | 女性一侧乳房缺损或严重瘢痕畸形。 | 第67款 | 女性单侧乳房切除或严重瘢痕畸形。 |
| | | 第67款 | 已育妇女单侧乳腺切除。 | | |
| | 更改 | 第7款 | 脑叶切除术后无功能障碍。 | 第6款 | 脑叶部分切除术后。 |
| | | 第8款 | 符合重度毁容标准之一项者。 | 第7款 | 符合重度毁容标准中的一项者。 |
| | | 第15款 | 脊椎压缩骨折，椎体前缘总体高度减少1/2以上者。 | 第13款 | 脊椎压缩性骨折，椎体前缘高度减少1/2以上者或不稳定性骨折。 |
| | | 第17款 | 一手除拇、食指外，有两指近侧指间关节无功能。 | 第16款 | 一手除拇、食指外，有两指近侧指间关节功能完全丧失。 |
| | | 第22款 | 四肢大关节创伤性关节炎，无积液。 | 第24款 | 四肢大关节之一关节内骨折导致创伤性关节炎，遗留轻度功能障碍。 |
| | | 第33款 | 体力劳动时呼吸困难。 | 第35款 | 喉或气管损伤导致体力劳动时有呼吸困难。 |
| | | 第34款 | 发声及言语困难。 | 第36款 | 喉源性损伤导致发声及言语困难。 |
| | | 第43款 | 双侧多根多处肋骨骨折致胸廓畸形。 | 第45款 | 双侧≥3根肋骨骨折致胸廓畸形。 |
| | | 第61款 | 一侧睾丸、副睾丸切除。 | 第61款 | 一睾丸、附睾丸切除。 |
| | | 第63款 | 性功能障碍。 | 第63款 | 脊髓神经周围神经损伤，或盆腔、会阴手术后遗留性功能障碍。 |
| | | 第65款 | 已育妇女单侧卵巢切除。 | 第66款 | 单侧卵巢切除。 |
| | | 第66款 | 已育妇女单侧输卵管切除。 | 第65款 | 单侧输卵管切除。 |
| | | 第71款 | 工业性氟病Ⅱ期。 | 第71款 | 氟及其无机化合物中毒慢性中度中毒。 |

(续表)

| 级别 | 修改方式 | 2006 年版 条款 | 2006 年版 内容 | 2014 年版 条款 | 2014 年版 内容 |
|---|---|---|---|---|---|
| 九级 | 增加 | | | 第 14 款 | 1~2 节脊柱内固定术。 |
| | | | | 第 18 款 | 除拇指外,余 3~4 指末节缺失。 |
| | | | | 第 23 款 | 四肢管状骨骨折内固定或外固定支架术后。 |
| | | | | 第 24 款 | 髌骨、跟骨、距骨、下颌或骨盆骨折内固定术后。 |
| | | | | 第 35 款 | 一侧下颌骨髁状颈部骨折。 |
| | | | | 第 36 款 | 一侧颧骨并颧弓骨折。 |
| | | | | 第 42 款 | 胸、腹腔脏器探查术或修补术后。 |
| | 删除 | 第 9 款 | 颈部瘢痕畸形,不影响活动。 | | |
| | | 第 13 款 | 三个节段脊柱内固定术。 | | |
| | | 第 22 款 | 患肢外伤后一年仍持续存在下肢中度以上凹陷性水肿者。 | | |
| | | 第 23 款 | 骨折内固定术后,无功能障碍。 | | |
| | | 第 35 款 | 肺修补术。 | | |
| | | 第 37 款 | 膈肌修补术。 | | |
| | | 第 39 款 | 食管修补术。 | | |
| | | 第 40 款 | 胃修补术后。 | | |
| | | 第 41 款 | 十二指肠修补术。 | | |
| | | 第 42 款 | 小肠修补术后。 | | |
| | | 第 43 款 | 结肠修补术后。 | | |
| | | 第 44 款 | 肝修补术后。 | | |
| | | 第 46 款 | 开腹探查术后。 | | |
| | | 第 47 款 | 脾修补术后。 | | |
| | | 第 48 款 | 胰修补术后。 | | |
| | | 第 49 款 | 肾修补术后。 | | |
| | | 第 50 款 | 膀胱修补术后。 | | |
| | | 第 51 款 | 子宫修补术后。 | | |
| | | 第 53 款 | 阴道修补或成形术后。 | | |
| | 更改 | 第 2 款 | 中毒性周围神经病轻度感觉障碍。 | 第 2 款 | 中毒性周围神经病致浅感觉障碍。 |
| | | 第 7 款 | 符合中度毁容标准之二项或轻度毁容者。 | 第 7 款 | 符合中度毁容标准中的两项或轻度毁容者。 |
| | | 第 12 款 | 两个以上横突骨折后遗腰痛。 | 第 11 款 | 两个以上横突骨折。 |
| | | 第 14 款 | 脊椎压缩前缘高度<1/2 者。 | 第 12 款 | 脊椎压缩骨折,椎体前缘高度减少<1/2 者。 |
| | | 第 15 款 | 椎间盘切除术后无功能障碍。 | 第 13 款 | 椎间盘髓核切除术后。 |
| | | 第 18 款 | 外伤后膝关节半月板切除、髌骨切除、膝关节交叉韧带修补术后无功能障碍。 | 第 22 款 | 外伤后膝关节半月板切除、髌骨切除、膝关节交叉韧带修补术后。 |
| | | 第 31 款 | 发声及言语不畅。 | 第 31 款 | 喉源性损伤导致发声及言语不畅。 |
| | | 第 54 款 | 乳腺成形术后。 | 第 41 款 | 乳腺成形术。 |

(续表)

| 级别 | 修改方式 | 2006 年版 | | 2014 年版 | |
|---|---|---|---|---|---|
| | | 条款 | 内容 | 条款 | 内容 |
| 十级 | 增加 | | | 第 13 款 | 四肢大关节肌腱及韧带撕裂伤术后遗留轻度功能障碍。 |
| | | | | 第 38 款 | 腹腔脏器挫裂伤保守治疗后。 |
| | 删除 | 第 4 款 | 外伤后受伤节段脊柱骨性关节炎伴腰痛,年龄在 50 岁以下者。 | | |
| | | 第 10 款 | 除拇指外,余 3~4 指末节缺失。 | | |
| | | 第 39 款 | 开胸探查术后。 | | |
| | | 第 40 款 | 肝外伤保守治疗后。 | | |
| | | 第 41 款 | 胰损伤保守治疗后。 | | |
| | | 第 42 款 | 脾损伤保守治疗后。 | | |
| | | 第 43 款 | 肾损伤保守治疗后。 | | |
| | | 第 44 款 | 膀胱外伤保守治疗后。 | | |
| | | 第 45 款 | 卵巢修补术后。 | | |
| | | 第 46 款 | 输卵管修补术后。 | | |
| | 修改 | 第 1 款 | 符合中度毁容标准之一项者。 | 第 1 款 | 符合中度毁容标准中的一项者。 |
| | | 第 5 款 | 椎间盘突出症未做手术者。 | 第 4 款 | 急性外伤导致椎间盘髓核突出,并伴神经刺激征者。 |
| | | 第 6 款 | 一手指除拇指外,任何一指远侧指间关节离断或功能丧失。 | 第 5 款 | 一手指除拇指外,任何一指远侧指间关节离断或功能丧失。 |
| | | 第 14 款 | 身体各部位骨折愈合后无功能障碍。 | 第 12 款 | 身体各部位骨折愈合后无功能障碍或轻度功能障碍。 |
| | | 第 22 款 | 职业性及外伤性白内障,矫正视力正常者。 | 第 21 款 | 职业性及外伤性白内障Ⅰ度～Ⅱ度(或轻度、中度),矫正视力正常者。 |
| | | 第 48 款 | 免疫功能轻度减退。 | 第 40 款 | 放射性损伤致免疫功能轻度减退。 |
| | | 第 50 款 | 工业性氟病 1 期。 | 第 42 款 | 氟及其无机化合物中毒慢性轻度中毒。 |
| | | 第 51 款 | 煤矿井下工人滑囊炎。 | 第 43 款 | 井下工人滑囊炎。 |

## 第四节 工伤伤残分级速查表(按部位)

| 条标 | 残情描述/内容 | 伤残等级 |
|---|---|---|
| | 智能损伤 | |
| 5.1.2 | 1. 极重度 | 一级 |
| 5.2.2 | 1. 重度 | 二级 |
| 5.4.2 | 1. 中度 | 四级 |
| 5.6.2 | 2. 轻度 | 六级 |

(续表)

| 条标 | 残情描述/内容 | 伤残等级 |
|---|---|---|
| 精神症状 | | |
| 5.3.2 | 1. 精神病性症状,经系统治疗 1 年后仍表现为危险或冲动行为者<br>2. 精神病性症状,经系统治疗 1 年后仍缺乏生活自理能力者 | 三级 |
| 5.4.2 | 精神病性症状,经系统治疗 1 年后仍缺乏社交能力者 | 四级 |
| 5.6.2 | 精神病性症状,经系统治疗 1 年后仍影响职业劳动能力者 | 六级 |
| 5.7.2 | 人格改变或边缘智能,经系统治疗 1 年后存在明显社会功能受损者 | 七级 |
| 癫痫 | | |
| 5.4.2 | 2. 重度 | 四级 |
| 5.6.2 | 1. 中度 | 六级 |
| 5.9.2 | 1. 轻度 | 九级 |
| 运动障碍脑损伤 | | |
| 5.1.2 | 四肢瘫肌力≤3 级或三肢瘫肌力≤2 级 | 一级 |
| 5.2.2 | 1. 三肢瘫肌力 3 级<br>2. 偏瘫肌力≤2 级 | 二级 |
| 5.3.2 | 偏瘫肌力 3 级 | 三级 |
| 5.4.2 | 单肢瘫肌力≤2 级 | 四级 |
| 5.5.2 | 1. 四肢瘫肌力 4 级<br>2. 单肢瘫肌力 3 级 | 五级 |
| 5.6.2 | 三肢瘫肌力 4 级 | 六级 |
| 5.7.2 | 偏瘫肌力 4 级 | 七级 |
| 5.8.2 | 单肢体瘫肌力 4 级 | 八级 |
| 脊髓损伤 | | |
| 5.2.2 | 截瘫肌力≤2 级 | 二级 |
| 5.3.2 | 截瘫肌力 3 级 | 三级 |
| 5.6.2 | 截瘫双下肢肌力 4 级伴轻度排尿障碍 | 六级 |
| 5.7.2 | 截瘫肌力 4 级 | 七级 |
| 周围神经损伤 | | |
| 5.2.2 | 双手全肌瘫肌力≤2 级 | 二级 |
| 5.3.2 | 双足全肌瘫肌力≤2 级 | 三级 |
| 5.4.2 | 双手部分肌瘫肌力≤2 级 | 四级 |
| 5.5.2 | 1. 双手部分肌瘫肌力 3 级<br>2. 一手全肌瘫肌力≤2 级<br>3. 双足全肌瘫肌力 3 级 | 五级 |
| 5.6.2 | 1. 双手全肌瘫肌力 4 级<br>2. 一手全肌瘫肌力 3 级<br>3. 双足部分肌瘫肌力≤2 级<br>4. 单足全肌瘫肌力≤2 级 | 六级 |
| 5.7.2 | 1. 单手部分肌瘫肌力 3 级<br>2. 双足部分肌瘫肌力 3 级<br>3. 单足全肌瘫肌力 3 级<br>4. 中毒性周围神经病致深感觉障碍 | 七级 |

(续表)

| 条标 | 残情描述/内容 | 伤残等级 |
|---|---|---|
| 5.8.2 | 1. 单手全肌瘫肌力 4 级<br>2. 双手部分肌瘫肌力 4 级<br>3. 双足部分肌瘫肌力 4 级<br>4. 单足部分肌瘫肌力≤3 级 | 八级 |
| 5.9.2 | 中毒性周围神经病致浅感觉障碍 | 九级 |
| 非肢体瘫运动障碍 | | |
| 5.1.2 | 重度 | 一级 |
| 5.3.2 | 中度 | 三级 |
| 5.6.2 | 轻度 | 六级 |
| 特殊皮层功能障碍　1. 失语 | | |
| 5.5.2 | 完全运动性 | 五级 |
| 5.6.2 | 不完全感觉性 | 六级 |
| 5.7.2 | 不完全运动性 | 七级 |
| 特殊皮层功能障碍　2. 失用、失写、失读、失认等 | | |
| 5.2.2 | 完全感觉性或混合性 | 二级 |
| 5.3.2 | 两项及两项以上完全性 | 三级 |
| 5.5.2 | 1. 单项完全性<br>2. 多项不完全性 | 五级 |
| 5.7.2 | 单项不完全性 | 七级 |
| 颅脑损伤 | | |
| 5.4.2 | 脑积液漏伴有颅底骨缺损不能修复或反复手术失败 | 四级 |
| 5.8.2 | 脑叶部分切除术后 | 八级 |
| 5.9.2 | 1. 脑挫裂伤无功能障碍<br>2. 开颅术后无功能障碍<br>3. 颅内异物无功能障碍<br>4. 外伤致颈总、颈内动脉狭窄,支架置入或血管搭桥术后无功能障碍 | 九级 |
| 头面部毁容 | | |
| 5.1.2 | 4. 面部重度毁容,同时伴有表 C.2 中二级伤残之一者<br>5. 全身重度瘢痕形成,占体表面积≥90%,伴有脊柱及四肢大关节活动功能基本丧失 | 一级 |
| 5.2.2 | 1. 全面部瘢痕或植皮伴有重度毁容<br>2. 全身重度瘢痕形成,占体表面积≥80%,伴有四肢大关节中 3 个以上活动功能受阻 | 二级 |
| 5.3.2 | 1. 面部瘢痕或植皮≥2/3 并有中度毁容<br>2. 全身重度瘢痕形成,占体表面积≥70%,伴有四肢大关节中 2 个以上活动功能受限 | 三级 |
| 5.4.2 | 1. 面部中度毁容<br>2. 全身瘢痕面积≥60%,四肢大关节中 1 个关节活动功能受限<br>3. 面部瘢痕或植皮≥1/2 并有轻度毁容 | 四级 |
| 5.5.2 | 1. 面部瘢痕或植皮≥1/3 并有轻度毁容标准之一项<br>2. 全身瘢痕占体表面积≥50%,并有关节活动功能受限 | 五级 |
| 5.6.2 | 1. 面部重度异物色素沉着或脱失<br>2. 面部瘢痕或植皮≥1/3<br>3. 全身瘢痕面积≥40%<br>4. 撕脱伤后头皮缺失 1/5 以上 | 六级 |

(续表)

| 条标 | 残情描述/内容 | 伤残等级 |
| --- | --- | --- |
| 5.7.2 | 1. 符合重度毁容标准之两项者<br>2. 烧伤后颅骨全层缺损≥30 cm,或在硬脑膜上植皮面积≥10 cm<br>3. 面部瘢痕、异物或植皮伴色素改变占面部的10%以上<br>4. 颈部瘢痕牵缩,影响颈部活动<br>5. 全身瘢痕面积≥30% | 七级 |
| 5.8.2 | 1. 符合重度毁容标准之一项者<br>2. 面部烧伤植皮≥1/5<br>3. 面部轻度异物沉着或色素脱失<br>4. 双侧耳廓部分或一侧耳廓大部分缺失<br>5. 全身瘢痕面积≥20%<br>6. 一侧或双侧眼睑明显缺损 | 八级 |
| 5.9.2 | 1. 符合中度毁容标准这两项或轻度毁容者<br>2. 发际边缘瘢痕性秃发或其他部位秃发,需戴假发者<br>3. 全身瘢痕占体表面积≥5%<br>4. 面部有≥8 cm 或三处以上≥1 cm 的瘢痕 | 九级 |
| 5.10.2 | 1. 符合中度毁容标准之一项者<br>2. 面部有瘢痕,植皮,异物色素沉着或脱失＞2 cm<br>3. 全身瘢痕面积＜5%,但≥1% | 十级 |
| 脊柱损伤 | | |
| 5.5.2 | 脊柱骨折后遗30°以上侧弯或后畸形,伴严重根性神经痛 | 五级 |
| 5.7.2 | 骨盆骨折内固定术后,骨盆环不稳定,骶髂关节分离 | 七级 |
| 5.8.2 | 1. 脊椎压缩性骨折,椎体前缘高度减少1/2以上者或脊椎不稳定性骨折<br>2. 3个及以上节段脊柱内固定术 | 八级 |
| 5.9.2 | 1. 两个以上横突骨折<br>2. 脊椎压缩骨折,椎体前缘高度减少小于1/2者<br>3. 椎间盘髓核切除术后<br>4. 1~2节脊柱内固定术 | 九级 |
| 5.10.2 | 急性外伤致椎间盘髓核突出,并伴神经刺激征者 | 十级 |
| 上肢 | | |
| 5.1.2 | 双肘关节以上缺失或功能完全丧失 | 一级 |
| 5.2.2 | 双侧前臂缺失或双手功能完全丧失 | 二级 |
| 5.3.2 | 1. 一手缺失,另一手拇指缺失<br>2. 双手拇、食指缺失或功能完全丧失<br>3. 一手功能完全丧失,另一手拇指缺失 | 三级 |
| 5.4.2 | 1. 双拇指完全缺失或功能完全丧失<br>2. 一侧手功能完全丧失,另一手部分功能丧失<br>3. 一侧肘上缺失 | 四级 |
| 5.5.2 | 1. 一侧前臂缺失<br>2. 一手功能完全丧失<br>3. 肩、肘关节之一功能完全丧失<br>4. 一手拇指缺失,另一手指缺失,另一手除拇指外三指缺失<br>5. 一手拇指功能完全丧失,另一手除拇指外三指功能完全丧失 | 五级 |

(续表)

| 条标 | 残情描述/内容 | 伤残等级 |
|---|---|---|
| 5.6.2 | 1. 单纯一拇指完全缺失,连同另一手非拇指 2 指缺失<br>2. 一拇指功能完全丧失,另一手除拇指外有 2 指功能完全丧失<br>3. 一手三指(含拇指)缺失<br>4. 除拇指外其余四指缺失或功能完全丧失 | 六级 |
| 5.7.2 | 1. 一手除拇指外,其他 2～3 指(含食指)近侧指间关节离断<br>2. 一手除拇指外,其他 2～3 指(含食指)近侧指间关节功能完全丧失<br>3. 肩、肘关节之一损伤后遗留关节重度功能障碍<br>4. 一腕关节功能完全丧失 | 七级 |
| 5.8.2 | 1. 一手除拇、食指外,有两指近侧指间关节离断<br>2. 一手除拇、食指外,有两指近侧指间关节功能完全丧失<br>3. 一拇指指间关节离断<br>4. 一拇指指间关节畸形,功能完全丧失 | 八级 |
| 5.9.2 | 1. 一拇指末节部分 1/2 缺失<br>2. 一手食指 2～3 节缺失<br>3. 一拇指指间关节僵直于功能位<br>4. 除拇指外,余 3～4 指末节缺失 | 九级 |
| 5.10.2 | 1. 一手指除拇指外,任何一指远侧指间关节离断或功能丧失<br>2. 指端植皮术后(增生性瘢痕 1 cm 以上)<br>3. 手背植皮面积＞50 cm,并有明显瘢痕 | 十级 |
| 下肢 | | |
| 5.2.2 | 1. 双下肢瘢痕畸形,功能完全丧失<br>2. 双膝以上缺失<br>3. 双膝、双踝关节功能完全丧失 | 二级 |
| 5.3.2 | 1. 双髋、双膝关节中,有一个关节缺失或功能完全丧失及另一关节重度功能障碍<br>2. 双膝以下缺失或功能完全丧失<br>3. 一侧髋、膝关节畸形,功能完全丧失 | 三级 |
| 5.4.2 | 1. 一侧膝以下缺失,另一侧前足缺失<br>2. 一侧膝以上缺失<br>3. 一侧踝以下缺失,另一足畸形行走困难 | 四级 |
| 5.5.2 | 1. 双前足缺失或双前足瘢痕畸形,功能完全丧失<br>2. 双跟骨足底软组织缺损瘢痕形成,反复破溃<br>3. 一髋(或一膝)功能完全丧失<br>4. 一侧膝以下缺失 | 五级 |
| 5.6.2 | 1. 一侧踝以下缺失,或踝关节畸形,功能完全丧失<br>2. 下肢骨折成角畸形＞15°,并有肢体短缩 4 cm 以上<br>3. 一前足缺失,另一足仅残留拇指<br>4. 一前足缺失,另一足除拇指外,2～5 趾畸形,功能完全丧失<br>5. 一足功能完全丧失,另一足部分功能丧失<br>6. 一髋或一膝关节功能重度障碍<br>7. 单侧跟骨足底软组织缺损瘢痕形成,反复破溃 | 六级 |
| 5.7.2 | 1. 一足 1～5 趾缺失<br>2. 一前足缺失<br>3. 下肢伤后短缩大于 2 cm,但≤4 cm 者<br>4. 膝关节韧带损伤术后关节不稳定,伸屈功能正常者 | 七级 |

(续表)

| 条标 | 残情描述/内容 | 伤残等级 |
| --- | --- | --- |
| 5.8.2 | 1. 一足拇趾缺失,另一足非拇趾一趾缺失<br>2. 一足拇趾畸形,功能完全丧失,另一足非拇趾一趾畸形<br>3. 一足除拇趾外,其他三指畸形<br>4. 一足除拇趾外,其他四趾瘢痕畸形,功能完全丧失 | 八级 |
| 5.9.2 | 1. 一足拇趾末节缺失<br>2. 除拇趾外其他二趾缺失或瘢痕畸形,功能不全<br>3. 跗骨或附骨骨折影响足弓者<br>4. 外伤后膝关节半月板切除、髌骨切除、膝关节交叉韧带修补术后 | 九级 |
| 5.10.2 | 1. 除拇趾外,任何一趾末节缺失<br>2. 足背植皮面积>100 cm<br>3. 膝关节半月板损伤、膝关节交叉韧带损伤未做手术者 | 十级 |
| 上下肢 | | |
| 5.1.2 | 1. 以下肢膝上缺失及一上肢肘上缺失<br>2. 双下肢及一上肢瘢痕畸形,功能完全丧失 | 一级 |
| 5.2.2 | 1. 同侧上、下肢缺失或功能完全丧失<br>2. 四肢大关节(肩、髋、膝、肘)中四个及以上关节功能完全丧失 | 二级 |
| 5.3.2 | 1. 非同侧腕上、踝上缺失<br>2. 非同侧上、下肢瘢痕畸形,功能完全丧失 | 三级 |
| 5.5.2 | 四肢大关节之一人工关节术后遗留重度功能障碍 | 五级 |
| 5.7.2 | 1. 四肢大关节之一人工关节术后,基本能生活自理<br>2. 四肢大关节之一关节内骨折导致创伤性关节炎,遗留中重度功能障碍 | 七级 |
| 5.8.2 | 1. 因开放骨折感染形成慢性骨髓炎,反复发作者<br>2. 四肢大关节之一关节内骨折导致创伤性关节炎,遗留轻功能障碍 | 八级 |
| 5.9.2 | 1. 四肢长管状骨骨折内固定或外固定支架术后<br>2. 髌骨、跟骨、距骨、下颌骨或骨盆骨折内固定术后 | 九级 |
| 5.10.2 | 1. 手掌、足掌植皮面积>30%者<br>2. 身体各部位骨折愈合后无功能障碍或轻度功能障碍<br>3. 四肢大关节肌腱及韧带撕裂伤术后遗留轻度功能障碍 | 十级 |
| 眼损伤与视功能障碍 | | |
| 5.1.2 | 双眼无光感或仅有光感但光定位不准者 | 一级 |
| 5.2.2 | 一眼有或无光感,另眼矫正视力≤0.02,或视野≤8%(或半径≤15°) | 二级 |
| 5.3.2 | 1. 一眼有或无光感,另眼矫正视力≤0.05,或视野≤16%(或半径≤10°)<br>2. 双眼矫正视力≤0.05,或视野≤16%(或半径≤10°)<br>3. 一侧眼球摘除或眼内容物剜出,另眼矫正视力≤0.1,或视野≤24%(或半径≤15°) | 三级 |
| 5.4.2 | 1. 一眼有或无光感,另眼矫正视力≤0.2,或视野≤32%(或半径≤20°)<br>2. 一眼矫正视力<0.05,另眼矫正视力≤0.1<br>3. 双眼矫正视力<0.1,或视野≤32%(或半径≤20°) | 四级 |
| 5.4.2 | 1. 第III对脑神经麻痹<br>2. 双眼外伤性青光眼术后,需用药物控制眼压者<br>3. 一眼有或无光感,另眼矫正视力≤0.3或视野≤40%(或半径≤25°)<br>4. 一眼矫正视力<0.05,另眼矫正视力≤0.2<br>5. 一眼矫正视力<0.1,另眼矫正视力等于0.1<br>6. 双眼视野≤40%(或半径≤25°) | 五级 |

(续表)

| 条标 | 残情描述/内容 | 伤残等级 |
|---|---|---|
| 5.6.2 | 1. 一侧眼球摘除；或一侧眼球明显萎缩，无光感<br>2. 一眼有或无光感，另一眼矫正视力≥0.4<br>3. 一眼矫正视力≤0.05，另一眼矫正视力≥0.3<br>4. 一眼矫正视力≤0.1，另一眼矫正视力≥0.2<br>5. 双眼矫正视力≤0.2，或视野≤48%（或半径≤30°）<br>6. 第Ⅳ对或第Ⅵ对脑神经麻痹，或眼外肌损伤致复视的 | 六级 |
| 5.7.2 | 1. 一眼有或无光感，另一眼矫正视力≥0.8<br>2. 一眼有或无光感，另一眼各种客观检查正常<br>3. 一眼矫正视力≤0.05，另眼矫正视力≥0.6<br>4. 一眼矫正视力≤0.1，另眼矫正视力≥0.4<br>5. 双眼矫正视力≤0.3，或视野≤64%（或半径≤40°）<br>6. 单眼外伤性青光眼术后，需用药物控制眼压者 | 七级 |
| 5.8.2 | 1. 一眼矫正视力≤0.2，另眼矫正视力≥0.5<br>2. 双眼矫正视力等于0.4<br>3. 双眼矫正视力≤80%，（或半径≤50°）<br>4. 一侧或双侧睑外翻或睑闭合不全者<br>5. 上睑下垂盖及瞳孔1/3者<br>6. 睑球黏连影响眼球转动者<br>7. 外伤性青光眼行抗青光眼手术后眼压控制正常者 | 八级 |
| 5.9.2 | 1. 第Ⅴ对脑神经眼支麻痹<br>2. 眶壁骨折致眼球内陷、两眼球突出度相差＞2 mm 或错位变形影响外观者<br>3. 一眼矫正视力≤0.3，另眼矫正视力≥0.6<br>4. 双眼矫正视力等于0.5<br>5. 泪器损伤，手术无法改进溢泪者 | 九级 |
| 5.10.2 | 1. 一眼矫正视力≤0.5，另一眼矫正视力≥0.8<br>2. 双眼矫正视力≤0.8<br>3. 一侧或双侧睑外翻或睑闭合不全行成形手术后矫正者<br>4. 上睑下垂盖及瞳孔1/3行成形手术后矫正者<br>5. 睑球黏连影响眼球转动行成形手术后矫正者<br>6. 职业性及外伤性白内障术后人工晶状体眼，矫正视力正常者<br>7. 职业性及外伤性白内障Ⅰ—Ⅱ（或轻度、中度），矫正视力正常者<br>8. 晶状体部分脱位<br>9. 眶内异物未取出者<br>10. 眼球内异物未取出者<br>11. 外伤性瞳孔放大<br>12. 角巩膜穿通伤治愈者 | 十级 |
| 听功能障碍 | | |
| 5.4.2 | 双耳听力损失≥91 dB | 四级 |
| 5.5.2 | 双耳听力损失≥81 dB | 五级 |
| 5.6.2 | 双耳听力损失≥71 dB | 六级 |
| 5.7.2 | 双耳听力损失≥56 dB | 七级 |
| 5.8.2 | 双耳听力损失≥41 dB 或一耳≥91 dB | 八级 |
| 5.9.2 | 双耳听力损失≥31 dB 或一耳≥71 dB | 九级 |
| 5.10.2 | 双耳听力损失≥26 dB 或一耳≥56 dB | 十级 |

(续表)

| 条标 | 残情描述/内容 | 伤残等级 |
|---|---|---|
| | 前庭性平衡障碍 | |
| 5.6.2 | 双侧前庭功能丧失,睁眼行走困难,不能并足站立 | 六级 |
| 5.10.2 | 双侧前庭功能丧失,闭眼不能并足站立 | 十级 |
| | 喉源性呼吸困难及发声障碍 | |
| 5.3.2 | 1. 呼吸完全依赖气管套管或造口<br>2. 静止状态下或仅轻微活动即有呼吸困难 | 三级 |
| 5.5.2 | 一般活动及轻工作时有呼吸困难 | 五级 |
| 5.8.2 | 1. 体力劳动时有呼吸困难<br>2. 发声及言语困难 | 八级 |
| 5.9.2 | 发声及言语不畅 | 九级 |
| | 吞咽功能障碍 | |
| 5.2.2 | 无吞咽功能,完全依赖胃管进食 | 二级 |
| 5.4.2 | 牙关紧闭或因食管狭窄只能进流食 | 四级 |
| 5.5.2 | 1. 吞咽困难,仅能进半流食<br>2. 双侧喉返神经损伤,喉保护功能丧失致饮食呛咳、误吸 | 五级 |
| 5.7.2 | 咽成形术后,咽下运动不正常 | 七级 |
| | 口腔颌面损伤 | |
| 5.2.2 | 1. 双侧上颌骨或双侧下颌骨完全缺损<br>2. 一侧上颌骨及对侧下颌骨完全缺损,并伴有颜面部软组织损伤≥30 cm | 二级 |
| 5.3.2 | 1. 同侧上、下颌骨完全缺损<br>2. 一侧上颌骨或下颌骨完全缺损,伴有颜面部软组织损伤≥30 cm<br>3. 舌缺损≥全舌的 2/3 | 三级 |
| 5.4.2 | 1. 一侧上颌骨缺损 1/2,伴有颜面部软组织损伤≥20 cm<br>2. 下颌骨缺损长 6 cm 以上的区段,伴口腔颜面软组织损伤≥20 cm<br>3. 双侧颞下颌关节骨性强直,完全不能张口<br>4. 面颊部洞穿性缺损≥20 cm | 四级 |
| 5.5.2 | 1. 一侧上颌骨缺损≥1/4,但<1/2,伴软组织损伤≥10 cm,但<20 cm<br>2. 下颌部缺损长 4 cm 以上的区段,伴口腔、颜面部软组织损伤≥10 cm | 五级 |
| 5.6.2 | 1. 单侧或双侧颞下颌关节强直,张口困难 III 度<br>2. 一侧上颌骨缺损≥1/4,伴口腔颜面软组织损伤≥10 cm<br>3. 面部软组织损伤≥20 cm,伴发涎瘘<br>4. 舌缺损≥1/3,但<2/3<br>5. 双则颧骨并颧弓骨折,伴有开口困难 II 度以上及颜面部畸形经手术复位者<br>6. 双侧下颌骨髁状突颈部骨折,伴有开口困难 II 度以上及咬合关系改变,经手术治疗者 | 六级 |
| 5.4.2 | 1. 牙槽骨损伤长度≥8 cm,牙齿脱落 10 个及以上<br>2. 单侧颧骨并颧弓骨折,伴有开口困难 II 度以上及颜面部畸形经手术复位者 | 七级 |
| 5.8.2 | 1. 牙槽骨损伤长度≥6 cm,牙齿脱落 8 个及以上者<br>2. 舌缺损<舌的 1/3<br>3. 双侧鼻腔或鼻咽闭锁<br>4. 双侧颞下颌关节强直,张口困难 II 度<br>5. 上、下颌骨骨折,经牵引、固定治疗后有功能障碍者<br>6. 双侧颧骨并颧弓骨折,无开口困难,颜面部塌陷畸形不明显,不需手术复位 | 八级 |

(续表)

| 条标 | 残情描述/内容 | 伤残等级 |
| --- | --- | --- |
| 5.9.2 | 1. 牙槽骨损伤长度>4 cm,牙脱落4个及以上<br>2. 上、下颌骨骨折,经牵引、固定治疗后有功能障碍者<br>3. 一侧下颌骨髁状突颈部骨折<br>4. 一侧颧骨并颧弓骨折 | 九级 |
| 5.10.2 | 1. 牙齿除智齿以外,切牙脱落1个以上或其他牙脱落2个以上<br>2. 一侧颞下颌关节强直,张口困难I度<br>3. 鼻窦或面颊部有异物未取出<br>4. 单侧鼻腔或鼻孔闭锁<br>5. 鼻中隔穿孔 | 十级 |
| 嗅觉障碍和铬鼻病 |||
| 5.9.2 | 铬鼻病有医疗依赖 | 九级 |
| 5.10.2 | 1. 铬鼻病(无症状者)<br>2. 嗅觉丧失 | 十级 |
| 面神经损伤 |||
| 5.4.2 | 双侧完全性面瘫 | 四级 |
| 5.5.2 | 一侧完全性面瘫,另一侧不完全性面瘫 | 五级 |
| 5.6.2 | 一侧完全性面瘫 | 六级 |
| 5.7.2 | 双侧不完全性面瘫 | 七级 |
| 5.10.2 | 一侧不完全性面瘫 | 十级 |
| 胸壁、气管、支气管、肺 |||
| 5.1.2 | 1. 肺功能重度损伤和、呼吸困难IV级,需终生依赖机械通气<br>2. 双肺或心肺联合移植术 | 一级 |
| 5.2.2 | 一侧全肺切除并胸廓成形术,呼吸困难III级 | 二级 |
| 5.3.2 | 1. 一侧全肺切除并胸廓成形术<br>2. 一侧胸廓成形术,肋骨切除6根以上<br>3. 一侧全肺切除并隆凸切除成形术<br>4. 一侧全肺切除并重建大血管术 | 三级 |
| 5.4.2 | 1. 一侧全肺切除术<br>2. 双侧肺叶切除术<br>3. 肺叶切除后并胸廓成形术后<br>4. 肺叶切除并隆凸切除成形术后<br>5. 一侧肺移植术 | 四级 |
| 5.5.2 | 1. 双肺叶切除术<br>2. 肺叶切除术并大血管重建术<br>3. 隆凸切除成形术 | 五级 |
| 5.6.2 | 1. 肺叶切除并肺段或楔形切除术<br>2. 肺叶切除并支气管成形术后<br>3. 支气管(或气管)胸膜炎 | 六级 |
| 5.7.2 | 1. 肺叶切除术<br>2. 限局性脓胸行部分胸廓成形术<br>3. 气管部分切除术 | 七级 |

(续表)

| 条标 | 残情描述/内容 | 伤残等级 |
|---|---|---|
| 5.8.2 | 1. 肺段切除术<br>2. 支气管成形术<br>3. 双侧≥3根肋骨骨折致胸廓畸形<br>4. 膈肌破裂修补术后,伴膈神经麻痹<br>5. 肺功能轻度损伤 | 八级 |
| 5.9.2 | 1. 肺内异物滞留或异物摘除术<br>2. 限局性脓胸行胸膜剥脱术 | 九级 |
| 5.10.2 | 血、气胸行单纯闭式引流术后,胸膜黏连增厚 | 十级 |
| 心脏与大血管 | | |
| 5.2.2 | 心功能不全三级 | 二级 |
| 5.3.2 | Ⅲ度房室传导阻滞 | 三级 |
| 5.4.2 | 1. 心瓣膜置换术后<br>2. 心功能不全二级 | 四级 |
| 5.6.2 | 1. 冠状动脉旁路移植术<br>2. 大血管重建术 | 六级 |
| 5.7.2 | 心功能不全一级 | 七级 |
| 5.8.2 | 1. 心脏、大血管修补术<br>2. 心脏异物滞留或异物摘除术 | 八级 |
| 食管 | | |
| 5.2.2 | 食管闭锁或损伤后无法行食管重建术,依赖胃造瘘或空肠造瘘进食 | 二级 |
| 5.4.2 | 食管重建术后吻合口狭窄,仅能进流食者 | 四级 |
| 5.5.2 | 1. 食管重建术后吻合狭窄,仅能进半流食者<br>2. 食管气管或支气管瘘<br>3. 食管胸膜瘘 | 五级 |
| 5.7.2 | 1. 食管重建术后伴反流性食管炎<br>2. 食管外伤或成形术后咽下运动不正常 | 七级 |
| 5.8.2 | 食管重建术后,进食正常者 | 八级 |
| 胃 | | |
| 5.4.2 | 全胃切除 | 四级 |
| 5.5.2 | 胃切除 3/4 | 五级 |
| 5.6.2 | 胃切除 2/3 | 六级 |
| 5.7.2 | 胃切除 1/2 | 七级 |
| 5.8.2 | 胃部分切除 | 八级 |
| 十二指肠 | | |
| 5.4.2 | 胰头、十二指肠切除 | 四级 |
| 小肠 | | |
| 5.1.2 | 小肠切除≥90% | 一级 |
| 5.2.2 | 小肠切除 3/4,合并短肠综合征 | 二级 |
| 5.4.2 | 1. 小肠切除 3/4<br>2. 小肠切除 2/3,包括回盲部切除 | 四级 |
| 5.5.2 | 小肠切除 2/3,包括回肠大部 | 五级 |
| 5.6.2 | 小肠切除 1/2,包括回盲部 | 六级 |

(续表)

| 条标 | 残情描述/内容 | 伤残等级 |
|---|---|---|
| 5.7.2 | 小肠切除 1/2 | 七级 |
| 5.8.2 | 小肠部分切除 | 八级 |
| 结肠、直肠 | | |
| 5.4.2 | 1. 全结肠、直肠、肛门切除,回肠造瘘<br>2. 外伤后肛门排便重度障碍或失禁 | 四级 |
| 5.5.2 | 肛门、直肠、结肠部分切除,结肠造瘘 | 五级 |
| 5.6.2 | 肛门外伤后排便轻度障碍或失禁 | 六级 |
| 5.7.2 | 结肠大部分切除 | 七级 |
| 5.8.2 | 结肠部分切除 | 八级 |
| 肝 | | |
| 5.1.2 | 肝切除后原位肝移植 | 一级 |
| 5.2.2 | 1. 肝切除 3/4,合并肝功能重度损害<br>2. 肝外伤后发生门脉高压三联症或 Budd-chiari 综合征 | 二级 |
| 5.3.2 | 肝切除 2/3,并肝功能中度损害 | 三级 |
| 5.4.2 | 1. 肝切除 2/3<br>2. 肝切除 1/2,肝功能轻度损害 | 四级 |
| 5.5.2 | 肝切除 1/2 | 五级 |
| 5.6.2 | 肝切除 1/3 | 六级 |
| 5.7.2 | 肝切除 1/4 | 七级 |
| 5.8.2 | 肝部分切除 | 八级 |
| 胆道 | | |
| 5.1.2 | 胆道损伤原位肝移植 | 一级 |
| 5.2.2 | 胆道损伤致肝功能重度损害 | 二级 |
| 5.4.2 | 胆道损伤致肝功能中度损害 | 四级 |
| 5.6.2 | 胆道损伤致肝功能轻度损害 | 六级 |
| 5.7.2 | 胆道损伤,胆肠吻合术后 | 七级 |
| 5.9.2 | 胆囊切除 | 九级 |
| 腹壁、腹腔 | | |
| 5.6.2 | 腹壁缺损面积≥腹壁的 1/4 | 六级 |
| 5.8.2 | 腹壁缺损面积<腹壁的 1/4 | 八级 |
| 5.9.2 | 胸、腹腔脏器探查术或修补术后 | 九级 |
| 5.10.2 | 腹腔脏器挫裂伤保守治疗后 | 十级 |
| 胰、脾 | | |
| 5.1.2 | 全胰切除 | 一级 |
| 5.1.2 | 胰次全切除,胰腺移植术后 | 二级 |
| 5.3.2 | 胰次全切除,胰岛素依赖 | 三级 |
| 5.5.2 | 胰切除 2/3 | 五级 |
| 5.6.2 | 胰切除 1/2 | 六级 |
| 5.7.2 | 1. 脾切除<br>2. 脾切除 1/3 | 七级 |
| 5.8.2 | 1. 脾部分切除<br>2. 胰部分切除 | 八级 |

(续表)

| 条标 | 残情描述/内容 | 伤残等级 |
|---|---|---|
| 甲状腺 | | |
| 5.5.2 | 甲状腺功能重度损害 | 五级 |
| 5.6.2 | 甲状腺功能中度损害 | 六级 |
| 5.8.2 | 甲状腺功能轻度损害 | 八级 |
| 甲状旁腺 | | |
| 5.4.2 | 甲状旁腺功能重度损害 | 四级 |
| 5.6.2 | 甲状旁腺功能中度损害 | 六级 |
| 5.8.2 | 甲状旁腺功能轻度损害 | 八级 |
| 肾脏 | | |
| 5.1.2 | 双侧肾切除或孤肾切除术后,用透析维持或同种肾移植术后肾功能不全尿毒症期 | 一级 |
| 5.2.2 | 孤肾部分切除后,肾功能不全失代偿期 | 二级 |
| 5.3.2 | 一侧肾切除,对侧肾功能不全失代偿期 | 三级 |
| 5.4.2 | 肾修补术后,肾功能不全失代偿期 | 四级 |
| 5.5.2 | 一侧肾切除,对侧肾功能不全代偿期 | 五级 |
| 5.6.2 | 肾损伤性高血压 | 六级 |
| 5.7.2 | 一侧肾切除 | 七级 |
| 肾上腺 | | |
| 5.4.2 | 双侧肾上腺缺损 | 四级 |
| 5.8.2 | 一侧肾上腺缺损 | 八级 |
| 尿道 | | |
| 5.5.2 | 尿道瘘不能修复者 | 五级 |
| 5.6.2 | 尿道狭窄经系统治疗一年后仍需定期行扩张术 | 六级 |
| 5.8.2 | 尿道修补术 | 八级 |
| 阴茎 | | |
| 5.5.2 | 阴茎全缺损 | 五级 |
| 5.6.2 | 阴茎部分缺损 | 六级 |
| 5.8.2 | 脊髓神经周围神经损伤,或盆腔、会阴手术后遗留性功能障碍 | 八级 |
| 输精管 | | |
| 5.6.2 | 双侧输精管缺损,不能修复 | 六级 |
| 5.8.2 | 一侧输精管缺损,不能修复 | 八级 |
| 输尿管 | | |
| 5.3.2 | 1. 双侧输尿管狭窄,肾功能不全失代偿期<br>2. 永久性输尿管腹壁造瘘 | 三级 |
| 5.4.2 | 输尿管修补术后,肾功能不全失代偿期 | 四级 |
| 5.5.2 | 一侧输尿管狭窄,肾功能不全失代偿期 | 五级 |
| 膀胱 | | |
| 5.3.2 | 膀胱全切除 | 三级 |
| 5.4.2 | 1. 永久性膀胱造瘘<br>2. 重度排尿障碍<br>3. 神经原性膀胱,残余尿≥50 ml | 四级 |
| 5.6.2 | 膀胱部分切除合并轻度排尿障碍 | 六级 |

(续表)

| 条标 | 残情描述/内容 | 伤残等级 |
|---|---|---|
| 5.7.2 | 1. 膀胱部分切除<br>2. 轻度排尿障碍 | 七级 |
| 睾丸 | | |
| 5.5.2 | 1. 两侧睾丸、附睾缺损<br>2. 生殖功能重度损伤 | 五级 |
| 5.6.2 | 1. 两侧睾丸创伤后萎缩,血睾酮低于正常值<br>2. 生殖功能轻度损伤 | 六级 |
| 5.8.2 | 一侧睾丸、附睾切除 | 八级 |
| 子宫 | | |
| 5.6.2 | 子宫切除 | 六级 |
| 卵巢 | | |
| 5.5.2 | 双侧卵巢切除 | 五级 |
| 5.8.2 | 单侧卵巢切除 | 八级 |
| 5.9.2 | 一侧卵巢部分切除 | 九级 |
| 输卵管 | | |
| 5.6.2 | 双侧输卵管切除 | 六级 |
| 5.8.2 | 单侧输卵管切除 | 八级 |
| 阴道 | | |
| 5.5.2 | 1. 阴道闭锁<br>2. 会阴部瘢痕挛缩伴有阴道或尿道或肛门狭窄 | 五级 |
| 5.7.2 | 阴道狭窄 | 七级 |
| 乳腺 | | |
| 5.6.2 | 女性双侧乳房切除或严重瘢痕畸形 | 六级 |
| 5.7.2 | 女性两侧乳房部分缺损 | 七级 |
| 5.8.2 | 女性单侧乳房切除或严重瘢痕畸形 | 八级 |
| 5.9.2 | 乳腺成形术 | 九级 |
| 5.10.2 | 乳腺修补术后 | 十级 |
| 肺部疾患 | | |
| 5.1.2 | 1. 尘肺叁期伴肺功能重度损伤及/或重度低氧血症[$P_{O_2} < 5.3$ kPa($<40$ mmHg)]<br>2. 其他职业性肺部疾患,伴肺功能重度低氧血症[$P_{O_2} < 5.3$ kPa($<40$ mmHg)]<br>3. 放射性肺炎后,两叶以上肺纤维化伴重度低氧血症[$P_{O_2} < 5.3$ kPa($<40$ mmHg)]<br>4. 职业性肺癌伴肺功能重度损伤 | 一级 |
| 5.2.2 | 1. 伴肺功能重度损伤及/或重度低氧血症<br>2. 尘肺叁期伴肺功能中度损伤及/或中度低氧血症<br>3. 尘肺贰期伴肺功能重度损伤及/或重度低氧血症[$P_{O_2} < 5.3$ kPa($<40$ mmHg)]<br>4. 尘肺叁期伴活动性肺结核<br>5. 职业性肺癌或胸膜间皮瘤 | 二级 |
| 5.3.2 | 1. 尘肺叁期<br>2. 尘肺贰期伴肺功能中度损伤及/或中度低氧血症<br>3. 尘肺贰期合并活动性肺结核<br>4. 放射性肺炎后两叶肺纤维化,伴肺功能中度损伤及(或)中度低氧血症 | 三级 |

(续表)

| 条标 | 残情描述/内容 | 伤残等级 |
|---|---|---|
| 5.4.2 | 1. 尘肺贰期<br>2. 尘肺壹期伴肺功能中度损伤或中度低氧血症<br>3. 尘肺壹期伴活动性肺结核 | 四级 |
| 5.5.2 | 肺功能中度损伤或中度低氧血症 | 五级 |
| 5.6.2 | 1. 尘肺壹期伴肺功能轻度损伤及/或轻度低氧血症<br>2. 放射性肺炎后,肺纤维化(<两叶),伴肺功能轻度损伤及(或)轻度低氧血症<br>3. 其他职业性肺部疾患,伴肺功能轻度损伤 | 六级 |
| 5.7.2 | 1. 尘肺壹期,肺功能正常<br>2. 放射性肺炎后肺纤维化(<两叶),肺功能正常<br>3. 轻度低氧血症 | 七级 |
| 5.8.2 | 其他职业性肺疾患,肺功能正常 | 八级 |
| 心脏 | | |
| 5.2.2 | 心功能不全三级 | 二级 |
| 5.3.2 | III度房室传导阻滞 | 三级 |
| 5.4.2 | 1. 病态窦房结综合征(需安装起搏器者)<br>2. 心功能不全二级 | 四级 |
| 5.5.2 | 1. 莫氏 II 型 II 度房室传导阻滞<br>2. 病态窦房结综合征(不需安装起搏器者) | 五级 |
| 5.7.2 | 心功能不全一级 | 七级 |
| 血液 | | |
| 5.2.2 | 1. 职业性急性白血病<br>2. 急性重型再生障碍性贫血 | 二级 |
| 5.3.2 | 1. 粒细胞缺乏症<br>2. 再生障碍性贫血<br>3. 职业性慢性白血病<br>4. 中毒性血液病,骨髓增生异常综合征<br>5. 中毒性血液病,严重出血或血小板含量$\leq 2\times 10$ /L | 三级 |
| 5.5.2 | 1. 中毒性血液病,血小板减少($\leq 4\times 10^{10}$/L)并有出血倾向<br>2. 中毒性血液病,白细胞含量持续$<3\times 10^9$/L($<3000/mm^3$)或粒细胞含量$<1.5\times 10^9$/L($<1500/mm^3$) | 五级 |
| 5.6.2 | 白血病完全缓解 | 六级 |
| 5.7.2 | 1. 再生障碍性贫血完全缓解<br>2. 白血病减少症,含量持续$<4\times 10^9$/L($<4000/mm^3$)<br>3. 中性粒细胞减少症,含量持续$<2\times 10^9$/L($<2000/mm^3$) | 七级 |
| 肝脏 | | |
| 5.1.2 | 1. 职业性肝血管肉瘤,重度肝功能损害<br>2. 肝硬化伴食道静脉破裂出血,肝功能重度损害 | 一级 |
| 5.2.2 | 1. 慢性重度中毒性肝脏<br>2. 肝血管肉瘤 | 二级 |
| 5.5.2 | 慢性中度中毒性肝脏 | 五级 |
| 5.7.2 | 慢性轻度中毒性肝脏 | 七级 |

(续表)

| 条标 | 残情描述/内容 | 伤残等级 |
|---|---|---|
| 免疫功能 | | |
| 5.4.2 | 免疫功能明显减退 | 四级 |
| 5.10.2 | 免疫功能轻度减退 | 十级 |
| 肾上腺皮质功能 | | |
| 5.4.2 | 肾上腺皮质功能明显减退 | 四级 |
| 5.6.2 | 肾上腺皮质功能轻度减退 | 六级 |
| 肾脏 | | |
| 5.1.2 | 肾功能不全尿毒症期,内生肌酐清除率持续<10 Ml/min,或血浆肌酐水平持续≥707 u mol/L(8 mg/dL) | 一级 |
| 5.1.2 | 双侧肾切除或孤肾切除术后,用透析维持或同种肾移植术后肾功能不全尿毒症期 | 一级 |
| 5.2.2 | 肾功能不全尿毒症期,内生肌酐清除率持续<25 Ml/min,或血浆肌酐水平持续≥450 u mol/L(5 mg/dL) | 二级 |
| 5.5.2 | 肾功能不全失代偿期,内生肌酐清除率持续<50 Ml/min,或血浆肌酐水平持续≥177 u mol/L(5 mg/dL) | 五级 |
| 5.6.2 | 1. 中毒性肾病,持续性低分子蛋白尿伴白蛋白尿<br>2. 中毒性肾病,肾小管浓缩功能减退 | 六级 |
| 5.7.2 | 肾功能不全代偿期,内生肌酐清除率<70 Ml/min | 七级 |
| 5.8.2 | 中毒性肾病,持续低分子蛋白尿 | 八级 |
| 其他 | | |
| 5.2.2 | 1. 职业性膀胱癌<br>2. 放射性肿瘤 | 二级 |
| 5.3.2 | 1. 砷性皮肤癌<br>2. 放射性皮肤癌 | 三级 |
| 5.5.2 | 1. 慢性重度磷中毒<br>2. 重度手臂振动病<br>3. 放射性损伤致睾丸萎缩 | 五级 |
| 5.6.2 | 1. 放射性损伤致甲状腺功能低下<br>2. 减压性骨坏死Ⅲ期<br>3. 中度手臂振动病<br>4. 氟及其无机化合物中毒性重度中毒 | 六级 |
| 5.7.2 | 三度牙酸蚀病 | 七级 |
| 5.8.2 | 1. 慢性中毒磷中毒<br>2. 氟及其无机化合物中毒慢性中度中毒<br>3. 减压性骨坏死Ⅱ期<br>4. 轻度手臂振动病<br>5. 二度牙酸蚀病<br>6. 急性放射性皮肤损伤Ⅳ度及慢性放射性皮肤损伤手术治疗后影响肢体功能<br>7. 放射性皮肤溃疡经久不愈者 | 八级 |
| 5.10.2 | 1. 慢性轻度磷中毒<br>2. 氟及其无机化合物中毒慢性轻度中毒<br>3. 井下工人滑囊炎<br>4. 减压性骨坏死Ⅰ期<br>5. 一度牙酸蚀病<br>6. 职业性皮肤病久治不愈<br>7. 一手或两手慢性放射性皮肤损伤Ⅱ度及Ⅱ度以上者 | 十级 |

## 第五节 《〈工标〉指南》附表

表 4-1 手、足功能缺失分值定级区间参考表

| 级别 | 分值 | 级别 | 分值 |
| --- | --- | --- | --- |
| 一级 | — | 六级 | 51—80 分 |
| 二级 | >150 分 | 七级 | 31—50 分 |
| 三级 | 126—150 分 | 八级 | 21—30 分 |
| 四级 | 101—125 分 | 九级 | 11—20 分 |
| 五级 | 81—100 分 | 十级 | ≤10 分 |

表 4-2 手、腕部功能障碍评估参考表

| | | 功能障碍程度与分值定级 | | |
| --- | --- | --- | --- | --- |
| | | 僵值于非功能位 | 僵值于功能位或<1/2 关节活动度 | 轻度功能障碍或>1/2 关节活动度 |
| 拇指 | 第一掌腕/掌指/指间关节均受累 | 40 | 25 | 15 |
| | 掌指、指间关节同时受累 | 30 | 20 | 10 |
| | 掌指、指间单一关节受累 | 20 | 15 | 5 |
| 食指 | 掌指、指间关节均受累 | 20 | 15 | 5 |
| | 掌指或近侧指间关节受累 | 15 | 10 | 0 |
| | 远侧指间关节受累 | 5 | 5 | 0 |
| 中指 | 掌指、指间关节均受累 | 15 | 5 | 5 |
| | 掌指或近侧指间关节受累 | 10 | 5 | 0 |
| | 远侧指间关节受累 | 5 | 0 | 0 |
| 环指 | 掌指、指间关节均受累 | 10 | 5 | 5 |
| | 掌指或近侧指间关节受累 | 5 | 5 | 0 |
| | 远侧指间关节受累 | 5 | 0 | 0 |
| 小指 | 掌指、指间关节均受累 | 5 | 5 | 0 |
| | 掌指或近侧指间关节受累 | 5 | 5 | 0 |
| | 远侧指间关节受累 | 0 | 0 | 0 |
| 腕关节 | 手功能大部分丧失伴腕关节受累 | 10 | 5 | 0 |
| | 单纯腕关节受累 | 40 | 30 | 20 |

表 4-3 骨折后 F、J、In、R 评估标准说明

表 4-3-1 骨折后肢体功能评估(FI、FII、FIII)

| 轻度(FI) | 中度(FII) | 重度(FIII) |
| --- | --- | --- |
| 骨折愈合 | 骨折愈合、轻度移位 | 骨折畸形愈合、严重移位 |
| 下肢肢体短缩<2 cm | 下肢肢体短缩 2—5 cm | 下肢肢体短缩>5 cm |
| 成角畸形 0°—5° | 成角畸形 6°—15° | 成角畸形>15° |
| 无旋转畸形 0°—5° | 旋转畸形 5°—10° | 旋转畸形>10° |
| 邻近关节功能无影响 | 邻近关节功能轻度影响 | 邻近关节功能中、重度影响 |
| 行走不依赖手杖 | 行走依赖手杖 | 依赖双腋杖或轮椅 |

表 4-3-2　关节内骨折,骨折愈合后关节不平整评估(关节评估 JI、JII、JIII)

| 轻度(JI) | 中度(JII) | 重度(JIII) |
|---|---|---|
| 关节面不平整 3—5 cm | 关节面不平整 5—8 cm | 关节面不平整≥8 mm |
| 基本达到关节功能活动幅度 | 达到 1/3—2/3 正常关节功能活动幅度 | 达不到正常 1/3 关节活动幅度或僵直于非功能位 |
| 关节稳定无积液 | 关节稳定或轻度不稳 5°—10° | 关节活动明显受限或不稳>10° |
| 轻度创伤性关节炎 | 轻、重度创伤性关节炎、关节积液 | 严重的创伤性关节炎、关节积液或纤维疤痕化 |
| 不依赖手杖 | 依赖或不依赖手杖 | 依赖双腋杖或轮椅 |

表 4-3-3　开放骨折或手术后感染评估(感染评估 InI、InII、InIII)

| 轻度(InI) | 中度(InII) | 重度(InIII) |
|---|---|---|
| 伤口愈合<br>骨折愈合 | 伤口深部感染<br>或骨髓炎<br>经治疗感染基本控制<br>内固定失败<br>骨折连接 | 伤口深部感染<br>内固定失败<br>骨折连接或不连接<br>伤口不愈、瘘管窦道形成<br>骨髓炎未控制 |

表 4-3-4　关节置换(置换评估 RI、RII、RIII)

| 优(RI) | 中(RII) | 差(RIII) |
|---|---|---|
| 大关节置换、伤口愈合 | 大关节置换、伤口愈合 | 大关节置换术后出现并发症 |
| 达到关节功能活动幅度 | 达到 2/3 正常关节活动幅度 | 关节活动度小于正常 1/3 |
| 关节稳定 | 关节稳定或轻度不稳定 | 感染、脱位骨折松动 |
| 不依赖手杖 | 行走依赖手杖 | 依赖助步器、轮椅 |

# 第 五 章

# 人体损伤致残程度分级

## 第一节 总 则

| 条款 | | 内容 | 精要 |
|---|---|---|---|
| 1 范围 | | 本标准适用于人身损害致残程度等级鉴定。<br>本标准规定了人体损伤致残程度分级的原则、方法、内容和等级划分。 | 范围和内容 |
| 2 术语和定义 | 2.1 损伤 | 各种因素造成的人体组织器官结构破坏和/或功能障碍。 | 范围广 |
| | 2.2 残疾 | 人体组织器官结构破坏或者功能障碍,以及个体在现代临床医疗条件下难以恢复的生活、工作、社会活动能力不同程度的降低或丧失。 | 同国际接轨 |
| 3 规范性引用文件 | | 下列文件对本标准的应用是必不可少的。 最高人民法院、最高人民检察院、公安部、国家安全部、司法部 人体损伤程度鉴定标准<br>GB/T 16180—2014 劳动能力鉴定 职工工伤与职业病致残等级<br>GB/T 31147 人身损害护理依赖程度评定<br>凡是不注日期的引用文件,其最新版本(包括所有的修改单)适用于本标准。 | 凡是注日期的引用文件,仅注日期的版本适用于本标准 |
| 4 总则 | 4.1 鉴定原则 | 应以损伤治疗后果或者结局为依据,客观评价组织器官缺失和/或功能障碍程度,科学分析损伤与残疾之间的因果关系,实事求是地进行鉴定。<br>受伤人员符合两处以上致残程度等级者,鉴定意见中应该分别写明各处的致残程度等级。 | 客观原则;科学原则;逐项原则 |
| | 4.2 鉴定时机 | 应在原发性损伤及其与之确有关联的并发症治疗终结或者临床治疗效果稳定后进行鉴定。 | 同其他标准 |
| | 4.3 伤病关系处理 | 当损伤与原有伤、病共存时,应分析损伤与残疾后果之间的因果关系。根据损伤在残疾后果中的作用力大小确定因果关系的不同形式,可依次分别表述为:完全作用、主要作用、同等作用、次要作用、轻微作用、没有作用。 | 统一因果关系表述用语。明确因果关系分级采用**六分法**。 |
| | 4.4 致残等级划分 | 本标准将人体损伤致残程度划分为10个级别,从一级(人体致残率100%)到十级(人体致残率10%),每级致残率相差10%。<br>致残程度等级划分依据见附录A。 | 同国内其他主流标准 |

（续表）

| 条款 | | 内容 | 精要 |
|---|---|---|---|
| 4 总则 | 4.5 判断依据 | 依据人体组织器官结构破坏、功能障碍及其对医疗与护理的依赖程度,适当考虑由于残疾引起的社会交往和心理因素影响,综合判定致残程度等级。<br>附录 A 为致残程度等级划分依据,是规范性附录。<br>附录 B 为器官功能分级判定基准,是资料性附录。<br>附录 C 为鉴定技术和方法,是资料性附录。 | 依据医学要素,结合社会和心理要素 |

本标准的发布主体为最高人民法院、最高人民检察院、公安部、国家安全部、司法部。实施时间为 **2017 年 1 月 1 日**。本标准填补了国内道路交通事故、工伤事故以外的人身损害致残标准的空白。主要包括,但不限于以下情形：**故意伤害、过失伤害、非道路交通事故、雇佣活动中遭受人身损害、校园人身损害、旅游人身意外伤害、产品责任致人身伤害、监护侵权、养老服务致人身损害、体育运动中人身损害等诸多情形**。只要司法活动中需要确定伤残程度,而现有标准不适用时,均可考虑适用本标准。本标准具有较大的通用性。笔者斗胆预言,将来本标准经过修改、完善,甚至可能取代其他专门性标准,使得我国的人身损害伤残标准趋于统一。

## 第二节　分则（致残程度分级）

| 等级/部位 | 诊断与残情描述 |
|---|---|
| **5.1　一级　失能率100%(4 款 14 项)** | |
| 5.1.1　颅脑、脊髓及周围神经损伤 | 1) 持续性植物生存状态;<br>2) 精神障碍或者极重度智能减退,日常生活完全不能自理;<br>3) 四肢瘫(肌力 **3 级**以下)或者三肢瘫(肌力 **2 级**以下);<br>4) 截瘫(肌力 **2 级**以下)伴重度排便功能障碍与重度排便功能障碍。 |
| 5.1.2　颈部及胸部损伤 | 1) 心功能不全,心功能 Ⅳ 级;<br>2) 严重器质性心律失常,心功能 Ⅲ 级;<br>3) 心脏移植术后,心功能 Ⅲ 级;<br>4) 心肺联合移植术后;<br>5) 肺移植术后呼吸困难(极重度)。 |
| 5.1.3　腹部损伤 | 1) 原位肝移植术后肝衰竭晚期;<br>2) 双肾切除术后或者孤肾切除术后,需透析治疗维持生命;肾移植术后肾衰竭。 |
| 5.1.4　脊柱、骨盆及四肢损伤 | 1) 三肢缺失(上肢肘关节以上,下肢膝关节以上);<br>2) 二肢缺失(上肢肘关节以上,下肢膝关节以上),第三肢三大关节功能丧失均达 **75%**;<br>3) 二肢缺失(上肢肘关节以上,下肢膝关节以上),第三肢任二大关节均强直固定或者功能丧失均达 **90%**。 |
| **5.2　二级　失能率90%(6 款 21 项)** | |
| 5.2.1　颅脑、脊髓及周围神经损伤 | 1) 精神障碍或者重度智能减退,日常生活需随时有人帮助才能完成;<br>2) 三肢瘫(肌力 **3 级**以下);<br>3) 偏瘫(肌力 **2 级**以下);<br>4) 截瘫(肌力 **2 级**以下);<br>5) 非肢体瘫运动障碍(重度)。 |

(续表)

| 等级/部位 | 诊断与残情描述 |
|---|---|
| 5.2.2 头面部损伤 | 1) 容貌毁损（重度）；<br>2) 上颌骨或者下颌骨完全缺损；<br>3) 双眼球缺失或者萎缩；<br>4) 双眼盲目 5 级；<br>5) 双侧眼睑严重畸形（或者眼睑重度下垂，遮盖全部瞳孔），伴双眼盲目 3 级以上。 |
| 5.2.3 颈部及胸部损伤 | 1) 呼吸困难（极重度）；<br>2) 心脏移植术后；<br>3) 肺移植术后。 |
| 5.2.4 腹部损伤 | 1) 肝衰竭晚期；<br>2) 肾衰竭；<br>3) 小肠大部分切除术后，消化吸收功能丧失，完全依赖肠外营养。 |
| 5.2.5 脊柱、骨盆及四肢损伤 | 1) 双上肢肘关节以上缺失，或者一上肢肘关节以上缺失伴一下肢膝关节以上缺失；<br>2) 一肢缺失（上肢肘关节以上，下肢膝关节以上），其余任二肢体各有二大关节功能丧失均达 75%；<br>3) 双上肢各大关节均强直固定或者功能丧失均达 90%。 |
| 5.2.6 体表及其他损伤 | 1) 皮肤瘢痕形成达体表面积 90%；<br>2) 重型再生障碍性贫血。 |
| **5.3 三级 失能率 80%（6 款 20 项）** | |
| 5.3.1 颅脑、脊髓及周围神经损伤 | 1) 精神障碍或者重度智能减退，不能完全独立生活，需经常有人监护；<br>2) 完全感觉性失语或者混合性失语；<br>3) 截瘫（肌力 3 级以下）伴排便或者排尿功能障碍；<br>4) 双手全肌瘫（肌力 2 级以下），伴双腕关节功能丧失均达 75%；<br>5) 重度排便功能障碍伴重度排尿功能障碍。 |
| 5.3.2 头面部损伤 | 1) 一眼球缺失、萎缩或者盲目 5 级，另一眼盲目 3 级；<br>2) 双眼盲目 4 级；<br>3) 双眼视野接近完全缺损，视野有效值≤4%（直径≤5°）；<br>4) 吞咽功能障碍，完全依赖胃管进食。 |
| 5.3.3 颈部及胸部损伤 | 1) 食管闭锁或者切除术后，摄食依赖胃造口或者空肠造口；<br>2) 心功能不全，心功能 III 级。 |
| 5.3.4 腹部损伤 | 1) 全胰缺失；<br>2) 一侧肾切除术后，另一侧肾功重度下降；<br>3) 小肠大部分切除术后，消化吸收功能严重障碍，大部分依赖肠外营养。 |
| 5.3.5 盆部及会阴部损伤 | 1) 未成年人双侧卵巢缺失或者萎缩，完全丧失功能；<br>2) 未成年人双侧睾丸缺失或者萎缩，完全丧失功能；<br>3) 阴茎接近完全缺失（残留长度≤1.0 cm）。 |
| 5.3.6 脊柱、骨盆及四肢损伤 | 1) 二肢缺失（上肢腕关节以上，下肢膝关节以上）；<br>2) 一肢缺失（上肢腕关节以上，下肢膝关节以上），另一肢各大关节均强直固定或者功能丧失均达 90%；<br>3) 双上肢各大关节功能丧失均达 75%；双下肢各大关节均强直固定或者功能丧失均达 90%；一上肢与一下肢各大关节均强直固定或者功能丧失均达 90%。 |

(续表)

| 等级/部位 | 诊断与残情描述 |
|---|---|
| **5.4 四级 失能率70%(7款26项)** | |
| 5.4.1 颅脑、脊髓及周围神经损伤 | 1) 精神障碍或者中度智能减退,日常生活能力严重受限,间或需要帮助;<br>2) 外伤性癫痫(重度);<br>3) 偏瘫(肌力3级以下);<br>4) 截瘫(肌力3级以下);<br>5) 阴茎器质性勃起障碍(重度)。 |
| 5.4.2 头面部损伤 | 1) 符合容貌毁损(重度)标准之三项者;<br>2) 上颌骨或者下颌骨缺损达1/2;<br>3) 一眼球缺失、萎缩或者盲目5级,另一眼重度视力损害;<br>4) 双眼盲目3级;<br>5) 双眼视野极度缺损,视野有效值≤8%(直径≤10°);<br>6) 双耳听力障碍≥91 dB HL。 |
| 5.4.3 颈部及胸部损伤 | 1) 严重器质性心律失常,心功能Ⅱ级;<br>2) 一侧全肺切除术后;<br>3) 呼吸困难(重度)。 |
| 5.4.4 腹部损伤 | 1) 肝切除2/3以上;<br>2) 肝衰竭中期;<br>3) 胰腺大部分切除,胰岛素依赖;<br>4) 肾功能重度下降;<br>5) 双侧肾上腺缺失;<br>6) 永久性回肠造口。 |
| 5.4.5 盆部及会阴部损伤 | 1) 膀胱完全缺失或者切除术后,行永久性输尿管腹壁造瘘或者肠代膀胱并永久性造口。 |
| 5.4.6 脊柱、骨盆及四肢损伤 | 1) 一上肢腕关节以上缺失伴一下肢踝关节以上缺失,或者双下肢踝关节以上缺失;<br>2) 双下肢各大关节功能丧失均达75%;一上肢与一下肢大关节功能丧失均达75%;<br>3) 手功能丧失分值达150分。 |
| 5.4.7 体表及其他损伤 | 1) 皮肤瘢痕形成达体表面积70%;<br>2) 放射性皮肤癌。 |
| **5.5 五级 失能率60%(6款39项)** | |
| 5.5.1 颅脑、脊髓及周围神经损伤 | 1) 精神障碍或者中度智能减退,日常生活能力明显受限,需要指导;<br>2) 完全运动性失语;<br>3) 完全性失用、失写、失读或者失认等;<br>4) 双侧完全性面瘫;<br>5) 四肢瘫(肌力4级以下);<br>6) 单肢瘫(肌力2级以下);<br>7) 非肢体瘫运动障碍(中度);<br>8) 双手大部分肌瘫(肌力2级以下);<br>9) 双足全肌瘫(肌力2级以下);<br>10) 排便伴排尿功能障碍,其中一项达重度。 |

(续表)

| 等级/部位 | 诊断与残情描述 |
|---|---|
| 5.5.2 头面部损伤 | 1) 符合容貌毁损(重度)标准之二项者;<br>2) 一眼球缺失、萎缩或者盲目 5 级,另一眼中度视力损害;<br>3) 双眼重度视力损害;<br>4) 双眼视野重度缺损,视野有效值≤16%(直径≤20°);<br>5) 一侧眼睑严重畸形(或者眼睑重度下垂,遮盖全部瞳孔),伴另一眼盲目 3 级以上;<br>6) 双耳听力障碍≥81 dB HL;<br>7) 一耳听力障碍≥91 dB HL,另一耳听力障碍≥61 dB HL;<br>8) 舌根大部分缺损;<br>9) 咽或者咽后区损伤遗留吞咽功能障碍,只能吞咽流质食物。 |
| 5.5.3 颈部及胸部损伤 | 1) 未成年人甲状腺损伤致功能减退,药物依赖;<br>2) 甲状旁腺功能损害(重度);<br>3) 食管狭窄,仅能进流质食物;<br>4) 食管损伤,肠代食管术后。 |
| 5.5.4 腹部损伤 | 1) 胰头合并十二指肠切除术后;<br>2) 一侧肾切除术后,另一侧肾功能中度下降;<br>3) 肾移植术后,肾功能基本正常;<br>4) 肾上腺皮质功能明显减退;<br>5) 全胃切除术后;<br>6) 小肠部分切除术后,消化吸收功能障碍,部分依赖肠外营养;<br>7) 全结肠缺失。 |
| 5.5.5 盆部及会阴部损伤 | 1) 永久性输尿管腹壁造口;<br>2) 尿瘘难以修复;<br>3) 直肠阴道瘘难以修复;<br>4) 阴道严重狭窄(仅可容纳一中指);<br>5) 双侧睾丸缺失或者完全萎缩,丧失生殖功能;<br>6) 阴茎大部分缺失(残留长度≤3.0 cm)。 |
| 5.5.6 脊柱、骨盆及四肢损伤 | 1) 一上肢肘关节以上缺失;<br>2) 一肢缺失(上肢腕关节以上,下肢膝关节以上),另一肢各大关节功能丧失均达 50%或者其余肢体任二大关节功能丧失均达 75%;<br>3) 手功能丧失分值≥120 分。 |
| **5.6 六级 失能率 50%(7 款 45 项)** ||
| 5.6.1 颅脑、脊髓及周围神经损伤 | 1) 精神障碍或者中度智能减退,日常生活能力部分受限,但能部分代偿,部分日常生活需要帮助;<br>2) 外伤性癫痫(中度);<br>3) 尿崩症(重度);<br>4) 一侧完全性面瘫;<br>5) 三肢瘫(肌力 4 级以下);<br>6) 截瘫(肌力 4 级以下)伴排便或者排尿功能障碍;<br>7) 双手部分肌瘫(肌力 3 级以下);<br>8) 一手全肌瘫(肌力 2 级以下),伴相应腕关节功能丧失 75%以上;<br>9) 双足全肌瘫(肌力 3 级以下);<br>10) 阴茎器质性勃起障碍(中度)。 |

(续表)

| 等级/部位 | 诊断与残情描述 |
| --- | --- |
| 5.6.2　头面部损伤 | 1）符合容貌毁损（中度）标准之四项者；<br>2）面部中心区条状瘢痕形成（宽度达 **0.3 cm**），累计长度达 **20.0 cm**；<br>3）面部片状细小瘢痕形成或者色素闻显著异常，累计达面部面积的 **80%**；<br>4）双侧眼睑严重畸形；<br>5）一眼球缺失，萎缩或者盲目 **5** 级，另一眼视力≤**0.5**；<br>6）一眼重度视力损害，另一眼中度视力损害；<br>7）双眼视野中度缺损，视野有效值≤**48%**（直径≤**60°**）；<br>8）双侧前庭平衡功能丧失，睁眼行走困难，不能并足站立；<br>9）唇缺损或者畸形，累计相当于上唇 **2/3** 以上。 |
| 5.6.3　颈部及胸部损伤 | 1）双侧喉返神经损伤，影响功能；<br>2）一侧胸廓成形术后，切除 **6 根**以上肋骨；<br>3）女性双侧乳房完全缺失；<br>4）心脏瓣膜置换术后，心功能不全；<br>5）心功能不全，心功能 **Ⅱ** 级；<br>6）器质性心律失常安装永久性起搏器后；<br>7）严重器质性心律失常；<br>8）两肺叶切除术后。 |
| 5.6.4　腹部损伤 | 1）肝切除 **1/2** 以上；<br>2）肝衰竭早期；<br>3）胰腺部分切除术后伴功能障碍，需药物治疗；<br>4）肾功能中度下降；<br>5）小肠部分切除术后，影响消化吸收功能，完全依赖肠内营养。 |
| 5.6.5　盆部及会阴部损伤 | 1）双侧卵巢缺失或者萎缩，完全丧失功能；<br>2）未成年人双侧卵巢萎缩，部分丧失功能；<br>3）未成年人双侧睾丸萎缩，部分丧失功能；<br>4）会阴部瘢痕挛缩伴阴道狭窄；<br>5）睾丸或者附睾损伤，生殖功能重度损害；<br>6）双侧输精管损伤难以修复；<br>7）阴茎严重畸形，不能实施性交行为。 |
| 5.6.6　脊柱、骨盆及四肢损伤 | 1）脊柱骨折后遗留 **30°** 以上侧弯或者后凸畸形；<br>2）一肢缺失（上肢腕关节以上，下肢膝关节以上）；<br>3）双足跗跖关节以上缺失；<br>4）手或者足功能丧失分值≥**90 分**。 |
| 5.6.7　体表及其他损伤 | 1）皮肤瘢痕形成达体表面积 **50%**；<br>2）非重型再生障碍性贫血。 |
| **5.7　七级　失能率 40%（6 款 54 项）** | |
| 5.7.1　颅脑、脊髓及周围神经损伤 | 1）精神障碍或者轻度智能减退，日常生活有关的活动能力极重度受限；<br>2）不完全感觉性失语；<br>3）双侧大部分面瘫；<br>4）偏瘫（肌力 **4** 级以下）；<br>5）截瘫（肌力 **4** 级以下）；<br>6）单肢瘫（肌力 **3** 级以下）；<br>7）一手大部分肌瘫（肌力 **2** 级以下）；<br>8）一足全肌瘫（肌力 **2** 级以下）；<br>9）重度排便功能障碍或者重度排尿功能障碍。 |

（续表）

| 等级/部位 | 诊断与残情描述 |
| --- | --- |
| 5.7.2 头面部损伤 | 1）面部中心区条状瘢痕形成（宽度达 **0.3 cm**），累计长度达 **15.0 cm**；<br>2）面部片状细小瘢痕形成或者色素显著异常，累计达面部面积的 **50%**；<br>3）双侧眼睑重度下垂，遮盖全部瞳孔；<br>4）一眼球缺失或者萎缩；<br>5）双眼中度视力损害；<br>6）一眼盲目 **3 级**，另一眼视力≤**0.5**；<br>7）双眼偏盲；<br>8）一侧眼睑严重畸形（或者眼睑重度下垂，遮盖全部瞳孔）合并该眼盲目 **3 级**以上；<br>9）一耳听力障碍≥**81 dB HL**，另一耳听力障碍≥**61 dB HL**；<br>10）咽或者咽后区损伤遗留吞咽功能障，只能吞咽半流质食物；<br>11）上颌骨或者下颌骨缺损达 **1/4**；<br>12）上颌骨或者下颌骨部分缺损伴牙齿缺失 **14 枚**以上；<br>13）颌面部软组织缺损，伴发涎漏。 |
| 5.7.3 颈部及胸部损伤 | 1）甲状腺功能损害（重度）；<br>2）甲状旁腺功能损害（中度）；<br>3）食管狭窄，仅能进半流质食物，食管重建术后并发反流性食管炎；<br>4）颏颈黏连（中度）；<br>5）女性双侧乳房大部分缺失或者严重畸形；<br>6）未成年或者育龄女性双侧乳头完全缺失；<br>7）胸廓畸形，胸式呼吸受限；<br>8）一肺叶切除，并肺段或者肺组织楔形切除术后。 |
| 5.7.4 腹部损伤 | 1）肝切除 **1/3** 以上；<br>2）一侧肾切除术后；<br>3）胆道损伤胆肠吻合术后，反复发作逆行性胆道感染；<br>4）未成年人脾切除术后；<br>5）小肠部分（包括回盲部）切除术后；<br>6）永久性结肠造口；<br>7）肠瘘长期不愈（**1 年**以上）。 |
| 5.7.5 盆部及会阴部损伤 | 1）永久性膀胱造口；<br>2）膀胱部分切除术后合并轻度排尿功能障碍；<br>3）原位肠代膀胱术后；<br>4）子宫大部分切除术后；<br>5）睾丸损伤，血睾酮降低，需药物替代治疗；<br>6）未成年人一侧睾丸缺失或者严重萎缩；<br>7）阴茎畸形，难以实施性交行为；<br>8）尿道狭窄（重度）或者成形术后；<br>9）肛管或者直肠损伤，排便功能重度障碍或者肛门失禁（重度）；<br>10）会阴部瘢痕挛缩致肛门闭锁，结肠造口术后。 |
| 5.7.6 脊柱、骨盆及四肢损伤 | 1）双下肢长度相差 **8.0 cm** 以上；<br>2）一下肢踝关节以上缺失；<br>3）四肢任一大关节（踝关节除外）强直固定于非功能位；<br>4）四肢任二大关节（踝关节除外）功能丧失均达 **75%**；<br>5）一手除拇指外，余四指完全缺失；<br>6）双足足弓结构完全破坏；<br>7）手或者足功能丧失分值≥**60 分**。 |

(续表)

| 等级/部位 | 诊断与残情描述 |
|---|---|
| 5.8 八级 失能率30%(7款70项) | |
| 5.8.1 颅脑、脊髓及周围神经损伤 | 1) 精神障碍或者轻度智能减退,日常生活有关的活动能力重度受限;<br>2) 不完全运动性失语;不完全性失语、失写、失读或者失认;<br>3) 尿崩症（中度）;<br>4) 一侧大部分面瘫,遗留眼睑闭合不全和口角歪斜;<br>5) 单肢瘫（肌力 4 级以下）;<br>6) 非肢体瘫运动障碍（轻度）;<br>7) 一手大部分肌瘫（肌力 3 级以下）;<br>8) 一足全肌瘫（肌力 3 级以下）;<br>9) 阴茎器质性勃起障碍（轻度）。 |
| 5.8.2 头面部损伤 | 1) 容貌毁损（中度）;<br>2) 符合容貌毁损（重度）标准之一项者;<br>3) 头皮完全缺损,难以修复;<br>4) 面部条状瘢痕形成,累计长度达 30.0 cm;面部中心区条状瘢痕形成（宽度达 0.2 cm）,累计长度达 15.0 cm;<br>5) 面部块状增生性瘢痕形成,累计面积达 15.0 cm²;面部中心区块状增生性瘢痕形成,单块面积达 7.0 cm² 或者多块累计面积达 9.0 cm²;<br>6) 面部片状细小瘢痕形成或者色素异常,累计面积达 100.0 cm²;<br>7) 一眼盲目 4 级;<br>8) 一眼视野接近完全缺损,视野有效值≤4%（直径≤5°）;<br>9) 双眼外伤性青光眼,经手术治疗;<br>10) 一侧眼睑严重畸形（或者眼睑重度下垂,遮盖全部瞳孔）合并该眼重度视力损害;<br>11) 一耳听力障碍≥91 dB HL;<br>12) 双耳听力障碍≥61 dB HL;<br>13) 双侧鼻翼大部分缺损,或者鼻尖大部分缺损合并一侧鼻翼大部分缺损;<br>14) 舌体缺损达舌系带;<br>15) 唇缺损或者畸形,累计相当于上唇 1/2 以上;<br>16) 脑脊液漏经手术治疗后持续不愈;<br>17) 张口受限 III 度;<br>18) 发声功能或者构音功能障碍（重度）;<br>19) 咽成形术后咽下运动异常。 |
| 5.8.3 颈部及胸部损伤 | 1) 甲状腺功能损害（中度）;<br>2) 颈总动脉或者颈内动脉严重狭窄支架置入或者血管移植术后;<br>3) 食管部切除术后,并后遗胸腔胃;<br>4) 女性一侧乳房完全缺失;女性双侧乳房缺失或者毁损,累计范围相当于一侧乳房 3/4 以上;<br>5) 女性双侧乳头完全缺失;<br>6) 肋骨骨折 12 根以上并后遗 6 处畸形愈合;<br>7) 心脏或者大血管修补术后;<br>8) 一肺叶切除术后;<br>9) 胸廓成形术后,影响呼吸功能;<br>10) 呼吸困难（中度）。 |

(续表)

| 等级/部位 | 诊断与残情描述 |
| --- | --- |
| 5.8.4　腹部损伤 | 1) 腹壁缺损≥腹壁的 1/4；<br>2) 成年人脾切除术后；<br>3) 胰腺部分切除术后；<br>4) 胃大部分切除术后；<br>5) 肠部分切除术后，影响消化吸收功能；<br>6) 胆道损伤，胆肠吻合术后；<br>7) 损伤致肾性高血压；<br>8) 肾功能轻度下降；<br>9) 一侧肾上腺缺失；<br>10) 肾上腺皮质功能轻度减退。 |
| 5.8.5　盆部及会阴部损伤 | 1) 输尿管损伤行代替术或者改道术后；<br>2) 膀胱大部分切除术后；<br>3) 一侧输卵管和卵巢缺失；<br>4) 阴道狭窄；<br>5) 一侧睾丸缺失；<br>6) 睾丸或者附睾损伤，生殖功能轻度损害；<br>7) 阴茎冠状沟以上缺失；<br>8) 阴茎皮肤瘢痕形成，严重影响性交行为。 |
| 5.8.6　脊柱、骨盆及四肢损伤 | 1) 二椎体压缩性骨折（压缩程度均达 1/3）；<br>2) 三个以上椎体骨折，经手术治疗后；<br>3) 女性骨盆骨折致骨产道变形，不能自然分娩；<br>4) 股骨头缺血性坏死，难以行关节假体置换术；<br>5) 四肢长骨开放性骨折并发慢性骨髓炎、大块死骨形成，长期不愈（1 年以上）；<br>6) 双上肢长度相差 8.0 cm 以上；<br>7) 双下肢长度相差 6.0 cm 以上；<br>8) 四肢任一大关节（踝关节除外）功能丧失 75% 以上；<br>9) 一踝关节强直固定于非功能位；<br>10) 一肢体各大关节功能丧失均达 50%；<br>11) 一手拇指缺失达近节指骨 1/2 以上并相应掌指关节强直固定；<br>12) 一足足弓结构完全破坏，另一足足弓结构部分破坏；<br>13) 手或者足功能丧失分值≥40 分。 |
| 5.8.7 体表及其他损伤 | 1) 皮肤瘢痕形成达体表面积 30%。 |
| **5.9　九级　失能率 20%(7 款 89 项)** | |
| 5.9.1　颅脑、脊髓及周围神经损伤 | 1) 精神障碍或者轻度智能减退，日常生活有关的活动能力中度受限；<br>2) 外伤性癫痫（轻度）；<br>3) 脑叶部分切除术后；<br>4) 一侧部分面瘫，遗留眼睑闭合不全或者口角歪斜；<br>5) 一手部分肌瘫（肌力 3 级以下）；<br>6) 一足大部分肌瘫（肌力 3 级以下）；<br>7) 四肢重要神经损伤（上肢肘关节以上，下肢膝关节以上），遗留相应肌群肌力 3 级以下；<br>8) 严重影响阴茎勃起功能；<br>9) 轻度排便或者排尿功能障碍。 |

(续表)

| 等级/部位 | 诊断与残情描述 |
|---|---|
| 5.9.2　头面部损伤 | 1) 头皮瘢痕形成或者无毛发,达头皮面积 **50%**;<br>2) 颅骨缺损 **25.0 cm²** 以上,不宜或者无法手术修补;<br>3) 容貌毁损(轻度);<br>4) 面部条状瘢痕形成,累计长度达 **20.0 cm**;面部条状瘢痕形成(宽度达 **0.2 cm**),累计长度达 **10.0 cm**,其中至少 **5.0 cm** 以上位于面部中心区;<br>5) 面部块状瘢痕形成,单块面积达 **7.0 cm²**,或者多块累计面积达 **9.0 cm²**;<br>6) 面部片状细小瘢痕形成或者色素异常,累计面积达 **30.0 cm²**;<br>7) 一侧眼睑严重畸形;一侧眼睑重度下垂,遮盖全部瞳孔;双侧眼睑轻度畸形;双侧眼睑下垂,遮盖部分瞳孔;<br>8) 双眼泪器损伤均后遗溢泪;<br>9) 双眼角膜斑翳或者血管翳,累及瞳孔区;双眼角膜移植术后;<br>10) 双眼外伤性白内障;儿童人工晶体植入术后;<br>11) 一眼盲目 **3 级**;<br>12) 一眼重度视力损害,另一眼视力≤**0.5**;<br>13) 一眼视野极度缺损,视野有效值≤**0.8**(直径≤**10°**);<br>14) 双眼象限性视野缺损;<br>15) 一侧眼睑轻度畸形(或者眼睑下垂,遮盖部分瞳孔)合并该眼中度视力损害;<br>16) 一眼眶骨折后遗眼球内陷 **5mm** 以上;<br>17) 耳廓缺损或者畸形,累计相当于一侧耳廓;<br>18) 一耳听力障碍≥**81 dB HL**;<br>19) 一耳听力障碍≥**61 dB HL**,另一耳听力障碍≥**41 dB HL**;<br>20) 一侧鼻翼或者鼻尖大部分缺损或者严重畸形;<br>21) 唇缺损或者畸形,露齿 **3 枚**以上(其中 **1 枚**露齿达 1/2);<br>22) 颌骨骨折,经牵引或者固定治疗后遗留功能障碍;<br>23) 上颌骨或者下颌骨部分缺损伴牙齿缺失或者折断 **7 枚**以上;<br>24) 张口受限 **Ⅱ 度**;<br>25) 发声功能或者构音功能障碍(轻度)。 |
| 5.9.3　颈部及胸部损伤 | 1) 颈前三角区瘢痕形成,累计面积达 **50.0 cm²**;<br>2) 甲状腺功能损害(轻度);<br>3) 甲状旁腺功能损害(轻度);<br>4) 气管或者支气管成形术后;<br>5) 食管吻合术后;<br>6) 食管腔内支架置入术后;<br>7) 食管损伤,影响吞咽功能;<br>8) 女性双侧乳房缺失或者毁损,累计范围相当于一侧乳房 **1/2** 以上;<br>9) 女性一侧乳房大部分缺失或者严重畸形;<br>10) 女性一侧乳头完全缺失或者双侧乳头部分缺失(或者畸形);<br>11) 肋骨骨折 **12 根**以上,或者肋骨部分缺损 **4 根**以上;肋骨骨折 **8 根**以上并后遗 **4 处**畸形愈合;<br>12) 心功能不全.心功能 **Ⅰ 级**;<br>13) 冠状动脉移植术后;<br>14) 心脏室壁瘤;<br>15) 心脏异物存留或者取出术后;<br>16) 缩窄性心包炎;<br>17) 胸导管损伤;<br>18) 肺段或者肺组织楔形切除术后;<br>19) 肺脏异物存留或者取出术后。 |

（续表）

| 等级/部位 | 诊断与残情描述 |
|---|---|
| 5.9.4 腹部损伤 | 1）肝部分切除术后；<br>2）脾部分切除术后；<br>3）外伤性胰腺假性囊肿术后；<br>4）一侧肾部分切除术后；<br>5）胃部分切除术后；<br>6）肠部分切除术后；<br>7）胆道损伤胆管外引流术后；<br>8）胆囊切除术后；<br>9）肠梗阻反复发作；<br>10）膈肌修补术后遗留功能障碍（如膈肌麻痹或者膈疝）。 |
| 5.9.5 盆部及会阴部损伤 | 1）膀胱部分切除术后；<br>2）输尿管狭窄成形术后；<br>3）输尿管狭窄行腔内扩张术或者腔内支架置入术后；<br>4）一侧卵巢缺失或者丧失功能；<br>5）一侧卵管缺失或者丧失功能；<br>6）子宫部分切除术后；<br>7）一侧附睾缺失；<br>8）一侧输精管损伤难以修复；<br>9）尿道狭窄（轻度）；<br>10）肛管或者直肠损伤，排便功能轻度障碍或者肛门失禁（轻度）。 |
| 5.9.6 脊柱、骨盆及四肢损伤 | 1）一椎体粉碎性骨折，椎管内骨性占位；<br>2）一椎体并相应附件骨折，经手术治疗后；二椎体压缩性骨折；<br>3）骨盆两处以上骨折或者粉碎性骨折，严重畸形愈合；<br>4）青少年四肢长骨骨骺粉碎性或者压缩性骨折；<br>5）四肢任一大关节行关节假体置换术后；<br>6）双上肢前臂旋转功能丧失均达 75%；<br>7）双上肢长度相差 6.0 cm 以上；<br>8）双下肢长度相差 4.0 cm 以上；<br>9）四肢任一大关节（踝关节除外）功能丧失 50% 以上；<br>10）一踝关节功能丧失 75% 以上；<br>11）一肢体各大关节功能丧失均达 25%；<br>12）双足拇趾功能丧失均达 75%；一足 5 趾功能均完全丧失；<br>13）双足跟骨粉碎性骨折畸形愈合；<br>14）双足足弓结构部分破坏；一足足弓结构完全破坏；<br>15）手或者足功能丧失分值≥25 分。 |
| 5.9.7 体表及其他损伤 | 1）皮肤瘢痕形成达体表面积 10%。 |
| **5.10 十级 失能率10%(7款79项)** | |
| 5.10.1 颅脑、脊髓及周围神经损伤 | 1）精神障碍或者轻度智能减退，日常生活有关的活动能力轻度受限；<br>2）颅脑损伤后遗脑软化灶形成，伴有神经系统症状或者体征；<br>3）一侧部分面瘫；<br>4）嗅觉功能完全丧失；<br>5）尿崩症（轻度）；<br>6）四肢重要神经损伤，遗留相应肌群肌力 4 级以下；<br>7）影响阴茎勃起功能；<br>8）开颅术后。 |

(续表)

| 等级/部位 | 诊断与残情描述 |
|---|---|
| 5.10.2 头面部损伤 | 1) 面颅骨部分缺损或者畸形,影响面容;<br>2) 头皮瘢痕形成或者无毛发,面积达 **40.0 cm²**;<br>3) 面部条状瘢痕形成(宽度达 **0.2 cm**),累计长度达 **6.0 cm**,其中至少 **3.0 cm** 位于面部中心区;<br>4) 面部条状瘢痕形成,累计长度达 **10.0 cm**;<br>5) 面部块状瘢痕形成,单块面积达 **3.0 cm²**,或者多块累计面积达 **5.0 cm²**;<br>6) 面部片状细小瘢痕形成或者色素异常,累计面积达 **10.0 cm²**;<br>7) 一侧眼睑下垂,遮盖部分瞳孔;一侧眼睑轻度畸形;一侧睑球黏连影响眼球运动;<br>8) 一眼泪器损伤后遗溢泪;<br>9) 一眼眶骨折后遗眼球内陷 **2 mm** 以上;<br>10) 复视或者斜视;<br>11) 一眼角膜斑翳或者血管翳,累及瞳孔区;一眼角膜移植术后;<br>12) 一眼外伤性青光眼,经手术治疗;一眼外伤性低眼压;<br>13) 一眼外伤后无虹膜;<br>14) 一眼外伤性白内障;一眼无晶体或人工晶体植入术后;<br>15) 一眼中度视力损害;<br>16) 双眼视力≤**0.5**;<br>17) 一眼视野中度缺损,视野有效值≤**48%**(直径≤**60°**);<br>18) 一耳听力障碍≥**61 dB HL**;<br>19) 双耳听力障碍≥**41 dB HL**;<br>20) 一侧前庭平衡功能丧失,伴听力减退;<br>21) 耳廓缺损或者畸形,累计相当于一侧耳廓的 **30%**;<br>22) 鼻尖或者鼻翼部分缺损深达软骨;<br>23) 唇外翻或者小口畸形;<br>24) 唇缺损或者畸形,致露齿;<br>25) 舌部分缺损;<br>26) 牙齿缺失或者折断 **7 枚** 以上;牙槽骨部分缺损,合并牙齿缺失或者折断 **4 枚** 以上;<br>27) 张口受限 I 度;<br>28) 咽或者咽后区损伤影响吞咽功能。 |
| 5.10.3 颈部及胸部损伤 | 1) 颌颈黏连畸形松解术后;<br>2) 颈前三角区瘢痕形成,累计面积达 **25.0 cm²**;<br>3) 一侧喉返神经损伤,影响功能;<br>4) 器质性声音嘶哑;<br>5) 食管修补术后;<br>6) 女性一侧乳房部分缺失或者畸形;<br>7) 肋骨骨折 **6 根** 以上,或者肋骨部分缺失 **2 根** 以上;肋骨骨折 **4 根** 以上并后遗 **2 处** 畸形愈合;<br>8) 肺修补术后;<br>9) 呼吸困难(轻度)。 |
| 5.10.4 腹部损伤 | 1) 腹壁疝,难以手术修补;<br>2) 肝、脾或者胰腺修补术后;<br>3) 胃、肠或者胆道修补术后;<br>4) 膈肌修补术后。 |

(续表)

| 等级/部位 | 诊断与残情描述 |
| --- | --- |
| 5.10.5 盆部及会阴部损伤 | 1）肾、输尿管或者膀胱修补术后；<br>2）子宫或者卵巢修补术后；<br>3）外阴或者阴道修补术后；<br>4）睾丸破裂修补术后；<br>5）一侧输精管破裂修复术后；<br>6）尿道修补术后；<br>7）会阴部瘢痕挛缩，肛管狭窄；<br>8）阴茎头部分缺失。 |
| 5.10.6 脊柱、骨盆及四肢损伤 | 1）枢椎齿状突骨折，影响功能；<br>2）一椎体压缩性骨折（压缩程度达 1/3）或者粉碎性骨折；一椎体骨折经手术治疗后；<br>3）四处以上横突，棘突或者椎弓根骨折，影响功能；<br>4）骨盆两处以上骨折或者粉碎性骨折，畸形愈合；<br>5）一侧髌骨切除；<br>6）一侧膝关节交叉韧带，半月板伴侧副韧带撕裂伤经手术治疗后，影响功能；<br>7）青少年四肢长骨骨折累及骨骺；<br>8）一上肢前臂旋转功能丧失 75% 以上；<br>9）双上肢长度相差 4.0 cm 以上；<br>10）双下肢长度相差 2.0 cm 以上；<br>11）四肢任一大关节（踝关节除外）功能丧失 25% 以上；<br>12）一踝关节功能丧失 50% 以上；<br>13）下肢任一大关节骨折后遗创伤性关节炎；<br>14）肢体重要血管循环障碍，影响功能；<br>15）一手小指完全缺失并第 5 掌骨部分缺损；<br>16）一足拇趾功能丧失 75% 以上；一足 5 趾功能丧失均达 50%；双足拇趾功能丧失均达 50%；双足除拇趾外任何 4 趾功能均完全丧失；<br>17）一足跟骨粉碎性骨折畸形愈合；<br>18）一足足弓结构部分破坏；<br>19）手或者足功能丧失分值 ≥ 10 分。 |
| 5.10.7 体表及其他损伤 | 1）手部皮肤瘢痕形成或者植皮术后，范围达一手掌面积 50%；<br>2）皮肤瘢痕形成达体表面积 4%；<br>3）皮肤创面长期不愈超过 1 年，范围达体表面积 1%。 |

## 第三节 附 则

| 条款 | 内容 | 精要 |
|---|---|---|
| 6.1 | 遇有本标准致残程度分级系列中未列入的致残情形,可根据残疾的实际情况,依据本标准附录 A 的规定,并比照最相似等级的条款,确定其致残程度等级。 | 未成年人条款、永久性植入物条款和移(再)植器官条款具有创新意义 |
| 6.2 | 同一部位和性质的残疾,不应采用本标准条款两条以上或者同一条款两次以上进行鉴定。 | |
| 6.3 | 本标准中四肢大关节是指肩、肘、腕、髋、膝、踝等六大关节。 | |
| 6.4 | 本标准中牙齿折断是指冠折 1/2 以上,或者牙齿部分缺失致牙髓腔暴露。 | |
| 6.5 | **移植、再植或者再造成活组织器官的损伤**应根据实际后遗功能障碍程度**参照相应分级条款进行**致残程度等级鉴定。 | |
| 6.6 | **永久性植入式假体**(如颅骨修补材料、种植牙、人工支架等)损坏引起的功能障碍**可参照相应分级条款进行**致残程度等级鉴定。 | |
| 6.7 | 本标准中四肢重要神经是指臂丛及其分支神经(包括正中神经、尺神经、桡神经和肌皮神经等)和腰骶丛及其分支神经(包括坐骨神经、腓总神经和胫神经等)。 | |
| 6.8 | 本标准中四肢重要血管是指与四肢重要神经伴行的同名动、静脉。 | |
| 6.9 | 精神分裂症或者心境障碍等内源性疾病不是外界致伤因素直接作用所致,不宜作为致残程度等级鉴定的依据,但应对外界致伤因素与疾病之间的因果关系进行说明。 | |
| 6.10 | 本标准所指未成年人是指年龄未满 18 周岁者。 | |
| 6.11 | 本标准中涉及面部瘢痕致残程度需测量长度或者面积的数值时,0~6 周岁者按标准规定值 50% 计,7~14 周岁者按 80% 计。 | |
| 6.12 | 本标准中凡涉及数量、部位规定时,注明"以上""以下"者,**均包含本数**(有特别说明的除外)。 | |

本标准的附则条款简洁明了,重点突出,有不少重要突破,有效弥补了以往众多伤残标准的不足,值得今后完善其他标准时借鉴,同时也应作为近期法医临床司法鉴定人继续教育培训的重点。

## 第四节 附 录[①]

**附录 A(规范性附录)致残程度等级划分依据表**

| 伤残等级 | | 评价指标(能力要素) | | | | |
|---|---|---|---|---|---|---|
| | | 组织器官功能状态 | 医疗(护理)依赖状态 | 意识状态及日常生活(自理)能力 | 各种活动受限程度、工作学习能力 | 社交能力 |
| A1 | 一级 | 缺失或功能完全丧失,其他器官**不能代偿** | **特殊**医疗依赖 | 意识丧失;完全不能自理 | | 完全丧失 |
| A2 | 二级 | 严重缺损或者畸形,有**严重功能障碍**,其他器官**难以代偿** | **特殊**医疗依赖 | 日常生活**大部分不能**自理 | 各种活动严重受限,仅限于床上或者椅子上的活动 | 基本丧失 |

---

[①] 其他两个资料性附录(附录 B《器官功能分级判定基准与使用说明》和附录 C《常用鉴定技术和方法》)此处省略,如有需要可查阅标准原文。

(续表)

| 伤残等级 | | 评价指标(能力要素) | | | | |
|---|---|---|---|---|---|---|
| | | 组织器官功能状态 | 医疗(护理)依赖状态 | 意识状态及日常生活(自理)能力 | 各种活动受限程度、工作学习能力 | 社交能力 |
| A3 | 三级 | 严重缺损或者畸形,有**严重功能障碍** | **特殊**医疗依赖 | 日常生活**大部分或者部分**不能自理 | 各种活动严重受限,仅限于**室内**的活动 | **极度困难** |
| A4 | 四级 | 严重缺损或者畸形,有**重度**功能障碍 | 特殊医疗依赖或者一般医疗依赖 | 日常生活能力严重受限,**间或**需要帮助 | 各种活动严重受限,仅限于**居住范围内**的活动 | **困难** |
| A5 | 五级 | 大部分缺损或者明显畸形,有**中度(偏重)**功能障碍 | 一般医疗依赖 | 日常生活能力部分受限,偶尔需要帮助 | 各种活动中度受限,仅限于**就近**的活动 | **严重受限** |
| A6 | 六级 | 大部分缺损或者明显畸形,有**中度**功能障碍 | 一般医疗依赖 | 日常生活能力部分受限,但能部分代偿,**条件性**需要帮助 | 各种活动**中度受限**,活动能力降低 | **贫乏或者狭窄** |
| A7 | 七级 | 大部分缺损或者畸形,有**中度(偏轻)**功能障碍 | 一般医疗依赖,无护理依赖 | 日常生活有关的活动能力**严重受限** | 各种活动中度受限,短暂活动不受限,**长时间活动受限** | **社会交往能力降低** |
| A8 | 八级 | 部分缺损或者畸形,有**轻度**功能障碍,并造成明显影响 | 一般医疗依赖,无护理依赖 | 日常生活有关的活动能力**重度受限** | 各种活动轻度受限,**远距离活动受限** | **受约束** |
| A9 | 九级 | 部分缺损或者畸形,有**轻度**功能障碍,并造成较明显影响 | 无医疗依赖;一般医疗依赖,无护理依赖 | 日常生活有关的活动能力**中度受限** | 工作与学习能力**下降** | **部分受限** |
| A10 | 十级 | 部分缺损或者畸形,有**轻度**功能障碍,并造成一定影响 | 无医疗依赖;一般医疗依赖,无护理依赖 | 日常生活有关的活动能力**轻度受限** | 工作与学习能力受到**一定影响** | **轻度受限** |

# 第六章

# 人身损害受伤人员休息（误工）期、营养期、护理期评定

## 第一节 人身损害受伤人员休息期、营养期、护理期评定标准（上海地标）

### 一、总则

| 标题 | 内容 | 精要 |
| --- | --- | --- |
| 1 范围 | 本标准规定了人身损害受伤人员休息期、营养期和护理期评定的原则、方法和内容。<br>本标准适用于人身伤害、道路交通事故、医疗纠纷案件及其他人身损害赔偿案件中受伤人员的休息期、营养期和护理期评定。 | 医疗纠纷案件的休息营养护理期限评定是该标准适用范围上的创新,全国尚没有专门标准,也无相关规定。本标准弥补了医疗损害赔偿相关鉴定标准的空白。 |
| 2 规范性引用文件 | 下列文件对于本文件的应用是必不可少的。凡是注日期的引用文件,仅所注日期的版本适用于本文件。凡是不注日期的引用文件,其最新版本（包括所有的修改单）适用于本文件。<br>GB/T 16180 劳动能力鉴定 职工工伤与职业病致残等级<br>GB 18667-2002 道路交通事故受伤人员伤残评定<br>GA/T 1088-2013 道路交通事故受伤人员治疗终结时间<br>中华人民共和国卫生部令第32号 医疗事故分级标准（试行） | GB/T 16180 劳动能力鉴定 职工工伤与职业病致残等级<br>GB 18667-2002 道路交通事故受伤人员伤残评定<br>GA/T 1088-2013 道路交通事故受伤人员治疗终结时间<br>医疗事故分级标准（试行）<br>以上标准不定期会有新版本出现,鉴定人和鉴定机构需要及时对标准进行查新或委托专业机构查新。 |

(续表)

| 标题 | 内容 | 精要 |
|---|---|---|
| 3 术语和定义 | 休息期 periods of rest：人身损害后，受伤人员接受医疗及功能康复，不能参加普通工作、学习、活动的时间。 | 又称误工期，误工期偏重于法律语言，休息期偏重于医学语言，其本质都是因损害因素导致被鉴定人暂时无法从事原有、潜在的本可以从事的常规工作、学习等活动。对学生而言，就是导致学业的延误。医疗机构的病假证明可资参考。 |
| | 营养期 periods of nutrition：人身损害后，受伤人员需要补充必需的营养物质，以提高治疗质量或者加速损伤康复的时间。 | 营养期主要适用于失血、骨折、内脏损伤等导致免疫力下降，贫血，需要通过增加营养物质摄入提高疗效的情况。需要综合损伤、治疗、个体情况等因素评定。 |
| | 护理期 periods of care：人身损害后，受伤人员在医疗及功能康复期间生活不能自理，需要他人帮助的时间。 | 这里的护理期属于生活护理范畴，与医疗实践中的医学护理有本质区别。但两者也有关联性，如被鉴定人处于医学护理期时，必定需要生活护理。 |
| 4 评定原则 | 4.1 人身损害后，休息期、营养期、护理期的评定应以原发性损伤及后果为依据，结合治疗方法及效果、个体年龄、身体状况等因素全面分析，综合评定。 | 全面分析，综合评定原则。根据原发损伤和治疗结果，结合治疗经过、个体素质、年龄、性别、身体状况等因素，具体案件具体分析。 |
| | 4.2 评定休息期、营养期、护理期时，应排除非本次损伤及原有疾病进行评定。 | 因果关系原则。"三期"评定同样要遵循损伤、伤残鉴定过程中的因果关系原则，不能建立因果关系的情况不能评定。 |
| | 4.3 评定休息期、营养期、护理期时，应以损伤稳定、医疗终结为准。 | 评定时机应遵循治疗终结原则。 |

## 二、分则

| 部位 | 伤情诊断 | 休息期 | 营养期[①] | 护理期 | 指引 |
|---|---|---|---|---|---|
| 5 头部损伤（47条） | **5.1 头皮损伤（9条）** | | | | |
| | 5.1.1 头皮擦挫伤 | 1～15 | 1～7 | 1～7 | 含擦伤、挫伤、擦挫伤 |
| | 5.1.2 头皮血肿 | | | | |
| | 皮下血肿 | 7～15 | 1～7 | 1～7 | 帽状腱膜下血肿较大时不能自行吸收，首选穿刺抽血加压包扎 |
| | 帽状腱膜下血肿 | 15～60 | 7 | 1～7 | |
| | 帽状腱膜下血肿需穿刺抽血 | 30～60 | 15 | 1～15 | |
| | 5.1.3 头皮裂创 | | | | |
| | a. 裂创长度未达 8 cm | 15～30 | 1～7 | 1～7 | 需达到法医学上"创"的深度标准 |
| | b. 裂创长度达 8 cm | 15～60 | 7～15 | 1～7 | |
| | 5.1.4 头皮撕脱伤 | | | | |
| | 撕脱面积未达 20 cm$^2$ | 15～30 | 1～7 | 1～7 | 未区分失血性休克的程度和分期，包括各种程度的失血性休克 |
| | 撕脱面积达 20 cm$^2$ | 30～60 | 7～15 | 7～15 | |
| | 撕脱面积达头皮面积25%伴失血性休克 | 90～120 | 60 | 30～90 | |

---

[①] 在司法实践中，休息误工期和护理期对应单日的经济赔偿数额一般大于营养期，其"重要性"相对较高，因此在字体上作一些区分，便于使用人查阅。"三期"的单位均为"日"。

(续表)

| 部位 | 伤情诊断 | 休息期 | 营养期 | 护理期 | 指引 |
|---|---|---|---|---|---|
| 5 头部损伤（47条） | **5.2 颅骨骨折(6条)** | | | | |
| | 5.2.1 颅盖骨骨折 | | | | |
| | 非手术治疗 | 30～60 | 15～30 | 15 | 颅骨二期修补需分别评定 |
| | 手术治疗 | 60～120 | 30 | 30～60 | |
| | 颅骨二期修补 | 15～30 | 15 | 15 | |
| | 5.2.2 颅底骨折 | | | | |
| | 5.2.2.1 颅底骨折 | | | | 颅底骨折的诊断通常依据临床症状和体征，影像学较难获得相应证据 |
| | a. 颅底骨折 | 30～90 | 30 | 15 | |
| | b. 颅底骨折合并脑脊液漏、颅神经损伤 | 60～120 | 30 | 30 | |
| | 5.2.2.2 颅底骨折合并脑脊液漏经手术修补 | 90～120 | 60 | 30～60 | |
| | **5.3 脑损伤(8条)** | | | | |
| | 5.2.1 颅盖骨骨折 | | | | |
| | 5.3.1 脑震荡 | 30～60 | 15 | 15 | 损伤程度标准已摒弃该诊断 |
| | 5.3.2 脑挫裂伤 | | | | |
| | a. 脑挫裂伤不伴神经系统阳性体征 | 30～90 | 30 | 30 | **体征**比症状客观性更强 |
| | b. 脑挫裂伤伴有神经系统阳性体征 | 90～180 | 30～60 | 30～60 | |
| | 5.3.3 蛛网膜下腔出血 | | | | 针对外伤性蛛血，排除病理性 |
| | a. 蛛网膜下腔出血不伴神经系统阳性体征 | 30～90 | 30 | 30 | |
| | b. 蛛网膜下腔出血伴有神经系统阳性体征 | 90～180 | 30～60 | 30～60 | 注意是**体征**，不是症状 |
| | 5.3.4 颅内血肿 | | | | |
| | 5.3.4.1 颅内血肿包括 | | | | |
| | a. 颅内血肿不伴神经系统阳性体征 | 30～90 | 30 | 30 | 注意是**体征**，不是症状 |
| | b. 颅内血肿伴有神经系统阳性体征 | 90～180 | 30～60 | 30～60 | |
| | 5.3.4.2 颅内血肿经手术治疗 | 90～180 | 60～90 | 30～90 | 包括微创手术 |
| | **5.4 脑损伤后遗症(24条)** | | | | |
| | 5.4.1 脑外伤后神经功能障碍 | | | | |
| | a. 一侧完全性面瘫，对侧不完全性面瘫 | 90～180 | 30～60 | 30～60 | 原则上已包括原发性损伤 |
| | b. 双侧中度面瘫，临床判定不能恢复 | 90～180 | 30～60 | 30～60 | |

(续表)

| 部位 | 伤情诊断 | 休息期 | 营养期 | 护理期 | 指引 |
|---|---|---|---|---|---|
| 5 头部损伤（47条） | c. 双侧重度面瘫 | 180～240 | 60 | 60 | 面瘫分类详见 附表3-5 |
| | d. 轻度构音障碍或轻度失语 | 30 | 15 | 15 | |
| | e. 严重构音障碍 | 30～45 | 15 | 15 | |
| | f. 不完全性失语并伴有失用、失写、失读、失认之一者，同时伴有神经系统阳性体征 | 90～180 | 30～60 | 30～60 | 掌握好评定时机，紧密结合临床治疗和疗效等实际情况 |
| | g. 完全性失语，伴有神经系统阳性体征 | 180，最长至评残前一日 | 60 | 60 | |
| | h. 大、小便失禁不能恢复 | 180，最长至评残前一日 | 30～60 | 30～60 | 通常最长为2年 |
| | i. 临床判定自主呼吸功能完全丧失，不能恢复，靠呼吸机维持 | 休息期、营养期、护理期至评残前一日 | | | |
| | j. 植物生存状态 | 休息期、营养期、护理期至评残前一日 | | | 鉴定时机是关键 |
| | 5.4.2 外伤性癫痫 | | | | |
| | a. 外伤性癫痫，药物能够控制，但遗留脑电图中度以上改变 | 原发伤加90日，最长至评残前一日 | 在原发性损伤基础上加90日 | 60～120 | 此处外伤性癫痫分类，参照《道标》。外伤性癫痫一般指外伤后3个月出现的癫痫，因此在评定三期时，如有明确原发性损伤的，应考虑原发性损伤情况 |
| | b. 外伤性癫痫，药物不能完全控制，大发作一年一次以上或局限性发作平均每六月三次以上或小发作平均每月四次以上或精神运动性发作平均每六月二次以上 | 原发伤加90日，最长至评残前一日 | 在原发性损伤基础上加90日 | 120～150 | |
| | c. 外伤性癫痫，药物不能完全控制，大发作平均每六月一次以上或局限性发作平均每二月二次以上或小发作平均每周二次以上或精神运动性发作平均每二月一次以上 | 原发伤加90日，最长至评残前一日 | 在原发性损伤基础上加90日 | 180～210 | |
| | d. 外伤性癫痫，药物不能完全控制，大发作平均每三月一次以上或局限性发作平均每月二次以上或小发作平均每周四次以上或精神运动性发作平均每月一次以上 | 原发伤加90日，最长至评残前一日 | 在原发性损伤基础上加90日 | 240～270 | |
| | e. 严重外伤性癫痫，药物不能控制，大发作平均每月一次以上或局限性发作平均每月四次以上或小发作平均每周七次以上或精神运动性发作平均每月三次以上 | 原发伤加90日，最长至评残前一日 | 在原发性损伤基础上加90日 | 至评残前 | |

(续表)

| 部位 | 伤情诊断 | 休息期 | 营养期 | 护理期 | 指引 |
|---|---|---|---|---|---|
| 5 头部损伤（47条） | 5.4.3 外伤性智力缺损或者精神障碍 | | | | |
| | a. 轻度智力缺损或精神障碍 | 原发伤加90日，最长至评残前一日 | 同原发性损伤 | 60～120 | 轻度、中度、重度智力缺损的分级参照《道标》宣贯材料及附表3-2。在评定三期时，也应考虑原发性损伤的情况。评定人需要详细问询、了解被鉴定人的实际生活状态、生活自理状态、工作状态、学习状态等 |
| | b. 中度智力缺损或精神障碍，日常生活能力明显受限，需要指导或者日常生活能力部分受限，但能部分代偿，部分日常生活需要帮助 | 原发伤加90日，最长至评残前一日 | 同原发性损伤 | 120～150 | |
| | c. 中度智力缺损或精神障碍，日常生活能力严重受限，间或需要帮助 | 原发伤加90日，最长至评残前 | 同原发性损伤 | 至评残前一日 | |
| | d. 重度智力缺损或精神障碍，不能完全独立生活 | 原发伤加90日，最长至评残前一日 | 同原发性损伤 | 至评残前一日 | |
| | e. 极度智力缺损或精神障碍，日常生活完全不能自理 | 至评残前一日 | 同原发性损伤 | 至评残前一日 | |
| | 5.4.4 脑外伤后肢体功能障碍 | | | | |
| | a. 偏瘫、截瘫（一肢肌力4级）或者单瘫（肌力4级） | 原发伤加90日，最长至评残前一日 | 在原发伤基础上加90日 | 60～120 | 评定三期时也应考虑原发性损伤的情况 |
| | b. 偏瘫、截瘫（一肢肌力3级以下）或者单瘫（肌力3级以下） | 原发伤加90日，最长至评残前一日 | 在原发伤基础上加90日 | 120～150 | 肌力分级详见附表2-1 |
| | c. 四肢瘫（二肢以上肌力4级以下）或者偏瘫、截瘫（肌力4级以下） | 原发伤加90日，最长至评残前一日 | 在原发伤基础上加90日 | | 至评残前一日 |
| | d. 四肢瘫（三肢以上肌力3级以下）或者截瘫（肌力2级以下）伴大便和小便失禁 | 至评残前一日 | 在原发伤基础上加90日 | | 至评残前一日 |

(续表)

| 部位 | 伤情诊断 | 休息期 | 营养期 | 护理期 | 指引 |
|---|---|---|---|---|---|
| 6 面部损伤（104条） | **6.1 颌面部损伤** | | | | |
| | 6.1.1 颌面部软组织损伤 | | | | |
| | a. 颌面部软组织擦挫伤 | 1～15 | 1～7 | 1～7 | 毁容分度参照 附表2-17 |
| | b. 颌面部软组织挫裂创长度未达 4.5 cm | 15～30 | 1～7 | 1～7 | 本标准只规定了颌面部创长度、色素沉着、口唇缺损、毁容等，没有单独规定疤痕形成。对于创的检验需要在伤口拆线之前进行，有一定难度。色素沉着、口唇缺损、毁容等需要等损伤愈合，达到临床稳定后才能评定（可包含疤痕形成）。毁容分度详见 附表2-17 |
| | c. 颌面部软组织挫裂创长度达 4.5 cm | 15～60 | 7～15 | 1～7 | |
| | d. 颌面部软组织挫裂创长度达 10 cm | 60～90 | 15～30 | 15～30 | |
| | e. 颌面部穿通伤 | 30～60 | 15 | 1～7 | |
| | f. 面部重度异常色素沉着 | 30～60 | 15～30 | 15 | |
| | g. 上唇或下唇缺损大于二分之一 | 30～90 | 30～60 | 15～30 | |
| | h. 面部轻度毁容 | 30～60 | 15～30 | 15 | |
| | i. 面部中、重度毁容 | 60～90 | 30～60 | 15～30 | |
| | 6.1.2 颧弓、颧骨骨折 | | | | |
| | 6.1.2.1 颧弓、颧骨骨折 | | | | |
| | a. 颧弓、颧骨骨折无移位 | 30～60 | 30 | 15～30 | 移位判断依照影像摄片和面部照片 |
| | b. 颧弓、颧骨骨折有移位 | 60～90 | 30～60 | 30 | |
| | 6.1.2.2 颧弓、颧骨骨折经手术治疗 | 90～120 | 30～60 | 30 | |
| | 6.1.3 上、下颌骨骨折 | | | | |
| | 6.1.3.1 上、下颌骨骨折 | | | | |
| | a. 上颌骨或下颌骨骨折 | 60～90 | 30～60 | 15～30 | 骨折影响进食等日常生活能力的应酌情按上限评定 |
| | b. 上下颌骨双骨折 | 90～120 | 60～90 | 30 | |
| | c. Le FortⅡ、Le FortⅢ型骨折伴有复视等 | 根据实际治疗情况评定，其中休息期最长至评残前一日 | | | |
| | d. 上颌骨或下颌骨部分缺损 | 30～90 | 30～60 | 15～30 | |
| | e. 一侧上颌骨或下颌骨完全缺失，伴颜面部软组织缺损大于 30 cm² | 60～120 | 60～90 | 30 | |
| | f. 一侧上颌骨及对侧下颌骨完全缺失，并伴有颜面软组织缺损大于 30 cm² | 120～180 | 60～90 | 30 | |
| | g. 同侧上下颌骨完全缺失 | 120～180 | 60～90 | 30 | |
| | h. 双侧上颌骨或双侧下颌骨完全缺失 | 120～180 | 60～90 | 30 | |
| | 6.1.3.2 上、下颌骨骨折经手术治疗 | 90～180 | 60～90 | 30 | |
| | 6.1.3.3 上、下颌骨骨折经颌固定治疗，不能进食的 | 90～180 | 90～120 | 30～60 | |

（续表）

| 部位 | 伤情诊断 | 休息期 | 营养期 | 护理期 | 指引 |
|---|---|---|---|---|---|
| 6 面部损伤（104条） | 6.1.4　颞下颌关节损伤 | | | | |
| | 6.1.4.1　颞下颌关节损伤 | | | | |
| | a. 颞下颌关节脱位 | 15～30 | 15～30 | 15 | 半脱位酌情就低评定 |
| | b. 颞下颌关节强直 | 60～90 | 30 | 30 | |
| | 6.1.4.2　颞下颌关节损伤经手术治疗 | 60～90 | 30 | 30～60 | |
| | 6.1.5　腮腺及导管损伤 | | | | |
| | a. 非手术治疗 | 30～60 | 7～15 | 7 | 含腮腺探查术、导管吻合术和导管留置期。有合并感染等情况时按治疗实际 |
| | b. 手术治疗 | 30～90 | 15～30 | 15 | |
| | 6.1.6　面神经损伤 | | | | |
| | a. 面神经损伤 | 30～90 | 7～30 | 7～30 | 包括挫伤、断裂、损伤性炎症等 |
| | b. 面神经损伤后留有后遗症，需行整形手术 | 根据实际治疗情况评定，其中休息期最长至评残前一日 | | | |
| | **6.2　眼部损伤(53条)** | | | | |
| | 6.2.1　眼睑损伤 | | | | |
| | a. 眼睑挫伤 | 7～15 | 1～7 | 1～7 | 如合并感染等，视治疗实际情况综合评定 |
| | b. 眼睑创 | 15～30 | 1～7 | 1～7 | |
| | c. 眼睑损伤后遗上睑下垂或闭合不全或睑内外翻 | 30～90 | 7～15 | 7～15 | |
| | 6.2.2　泪器损伤 | | | | |
| | 6.2.2.1　泪器损伤 | | | | |
| | a. 泪腺损伤 | 30 | 1～7 | 1～7 | 含诊断性手术 |
| | b. 泪囊、泪小管、泪点或鼻泪管损伤 | 30～60 | 1～7 | 7～15 | |
| | 6.2.2.2　泪器损伤经手术治疗 | 60～90 | 7～15 | 30 | |
| | 6.2.2.3　泪器损伤经手术治疗无效，引起溢泪 | 根据实际治疗情况评定，其中休息期最长至评残前一日 | | | |
| | 6.2.3　结膜损伤 | | | | |
| | a. 结膜裂伤 | 7～15 | 1～7 | 1～7 | 包括各方向和程度眼球运动障碍 |
| | b. 结膜损伤遗留睑球黏连伴眼球运动障碍 | 30～90 | 15～30 | 30～45 | |
| | 6.2.4　角膜损伤 | | | | |
| | a. 角膜擦挫伤 | 7～15 | 7～15 | 7～15 | 如行住院、手术治疗时应依据治疗实际评定 |
| | b. 角膜撕裂伤 | 30～60 | 15～30 | 30 | |
| | c. 角膜穿通伤 | 60～90 | 30～60 | 30～60 | |
| | d. 眼内炎 | 90～120 | 30～60 | 60～90 | |
| | 6.2.5　虹膜睫状体损伤 | | | | |
| | a. 虹膜损伤致瞳孔变形 | 30～60 | 7～15 | 7～15 | 如行住院、手术治疗时应依据治疗实际评定 |
| | b. 外伤性虹睫炎 | 30～60 | 7～15 | 7～15 | |
| | c. 虹膜根部离断 | 30～60 | 7～15 | 7～15 | |

(续表)

| 部位 | 伤情诊断 | 休息期 | 营养期 | 护理期 | 指引 |
|---|---|---|---|---|---|
| 6 面部损伤（104条） | d. 外伤性无虹膜 | 30～90 | 15～30 | 15～30 | 如行住院、手术治疗时应依据治疗实际评定 |
| | e. 前房出血 | 30～90 | 15～30 | 15～30 | |
| | f. 房角后退 | 30～90 | 15～30 | 15～30 | |
| | g. 睫状体脱离 | 60～120 | 30～45 | 30～45 | |
| | h. 继发性青光眼 | 根据实际治疗情况评定，其中休息期最长至评残前一日 | | | |
| | i. 角膜血染 | 30～90 | 7～15 | 15～30 | |
| | j. 角膜血染行角膜移植术 | 根据实际治疗情况评定，其中休息期最长至评残前一日 | | | |
| | 6.2.6 晶状体损伤 | | | | |
| | 6.2.6.1 晶状体损伤 | | | | |
| | a. 晶状体脱位 | 60～90 | 7 | 15～30 | 含晶状体半脱位 |
| | b. 外伤性白内障 | 30～60 | 7～15 | 15～30 | |
| | 6.2.6.2 晶状体损伤经手术治疗 | 60～90 | 7～15 | 30～60 | |
| | 6.2.7 玻璃体损伤 | | | | |
| | 6.2.7.1 玻璃体损伤 | | | | |
| | a. 玻璃体脱离 | 30 | 7 | 7～15 | |
| | b. 玻璃体疝、玻璃体脱出 | 30～90 | 15～30 | 15～30 | |
| | c. 玻璃体积血 | 60～90 | 30～45 | 30～60 | |
| | 6.2.7.2 玻璃体损伤经手术治疗 | 90～120 | 30～45 | 30～60 | |
| | 6.2.8 眼底损伤 | | | | |
| | 6.2.8.1 眼底损伤 | | | | |
| | a. 视网膜震荡 | 30～60 | 7～15 | 7～15 | |
| | b. 视网膜出血 | 30～60 | 15 | 15 | |
| | c. 视网膜脱离 | 60～120 | 30～45 | 30～45 | |
| | d. 脉络膜出血 | 60～120 | 15～30 | 15～30 | |
| | e. 脉络膜脱离 | 60～120 | 30～45 | 30～45 | |
| | f. 脉络膜裂伤 | 90～120 | 30～45 | 30～45 | |
| | g. 黄斑裂孔 | 60～120 | 30～45 | 30～45 | |
| | h. 视神经损伤 | 90～120 | 30～45 | 30～45 | |
| | 6.2.8.2 眼底损伤经手术治疗 | 根据实际治疗情况评定，其中休息期最长至评残前一日 | | | |
| | 6.2.9 眼球摘除 | | | | |
| | a. 损伤后眼球即刻摘除 | 30～60 | 30 | 30 | 眼球摘除宜从宽评定 |
| | b. 损伤后经治疗摘除 | 60～180 | 30～60 | 30～60 | |
| | 6.2.10 眼内异物 | | | | |
| | a. 眼内异物取出 | 60～120 | 15～30 | 15～30 | 考虑异物属性、对眼球的影响 |
| | b. 眼内异物未取出 | 依治疗实际，休息期最长至评残前一日 | | | |

(续表)

| 部位 | 伤情诊断 | 休息期 | 营养期 | 护理期 | 指引 |
|---|---|---|---|---|---|
| 6 面部损伤（104条） | 6.2.11 眼眶损伤 | | | | |
| | a. 眼眶内异物 | 30～60 | 15 | 15～30 | 考虑异物属性、对眼球的影响 |
| | b. 眼眶内出血 | 30～60 | 15 | 15～30 | |
| | c. 单纯眶内侧壁骨折 | 30 | 15 | 15～30 | |
| | d. 眼眶骨折（眶内侧壁骨折除外） | 60～90 | 30 | 15～30 | |
| | 6.2.12 眼外肌损伤 | | | | |
| | a. 非手术治疗 | 30～60 | 15 | 15～30 | 遗留斜视、复视等应视治疗恢复实际 |
| | b. 手术治疗 | 60～90 | 15～30 | 30 | |
| | **6.3 鼻部损伤（4条）** | | | | |
| | a. 鼻骨线形骨折 | 15 | 7 | 1～7 | 手术复位者、手术整形应按上限及视临床治疗实际情况 |
| | b. 鼻骨粉碎性骨折 | 30 | 7 | 1～7 | |
| | c. 鼻中隔损伤 | 30～60 | 7～15 | 1～7 | |
| | d. 鼻缺损大于三分之一 | 30～60 | 15～30 | 15 | |
| | **6.4 耳部损伤（13条）** | | | | |
| | 6.4.1 外耳损伤 | | | | |
| | a. 外耳软组织损伤 | 7～30 | 1～15 | 1～7 | |
| | b. 耳廓缺损或离断 | 30～60 | 15 | 7～15 | |
| | c. 外耳道损伤 | 30～90 | 7～15 | 7～15 | |
| | d. 耳廓离断后再植 | 60～90 | 15～30 | 15 | |
| | 6.4.2 鼓膜穿孔 | | | | |
| | a. 自行愈合 | 15～30 | 7 | 1～7 | 合并感染时可能会导致延迟愈合、不愈合 |
| | b. 手术修补 | 30～60 | 15 | 1～7 | |
| | 6.4.3 听骨链损伤 | 30～90 | 7～15 | 7～15 | 多见于头部爆炸伤、钝性损伤，含手术治疗期 |
| | 6.4.4 内耳损伤 | | | | |
| | 6.4.4.1 内耳损伤 | | | | |
| | a. 迷路震荡 | 30 | 7～15 | 7～30 | 迷路震荡是指颅脑闭合伤时无颞骨骨折的迷路损伤。常与脑震荡并存，也可因强力的空气振动引起 |
| | b. 圆窗破裂 | 30～60 | 7～15 | 15～30 | |
| | 6.4.4.2 内耳损伤经手术治疗 | 60～90 | 15 | 30 | |
| | **6.5 口腔损伤（8条）** | | | | |
| | 6.5.1 牙槽骨骨折 | | | | |
| | a. 非手术治疗 | 30 | 30 | 7～15 | 外力直接作用所致。上颌多见，可单独发生，也可上、下颌同时发生或与颌面部其他损伤同时发生。常伴有唇与牙龈的撕裂、肿胀、牙松动、折断或脱落 |
| | b. 手术治疗 | 30～60 | 30～60 | 15～30 | |

(续表)

| 部位 | 伤情诊断 | 休息期 | 营养期 | 护理期 | 指引 |
|---|---|---|---|---|---|
| 6 面部损伤（104条） | 6.5.2 牙齿损伤 | | | | |
| | a. 牙齿挫伤或脱位 | 7～15 | 7～15 | 1～7 | 必要时需拍摄口腔全景片 |
| | b. 牙齿脱落或者折断未达7枚 | 15～30 | 15～30 | 7 | |
| | c. 牙齿脱落或者折断达7枚 | 30～60 | 30～60 | 15 | |
| | 6.5.3 舌损伤 | | | | |
| | 舌损伤包括： | | | | |
| | a. 舌挫裂创； | 7～15 | 7～15 | 1～7 | |
| | b. 舌离断； | 30～90 | 30～60 | 7～15 | |
| | c. 舌缺损大于全舌三分之二； | 90～120 | 90～120 | 15～30 | |
| 7 颈部、胸部损伤（46条） | 7.1 颈部损伤(14条) | | | | |
| | 7.1.1 颈部皮肤裂创 | | | | |
| | a. 裂创长度未达5 cm | 15～30 | 1～7 | 1～7 | |
| | b. 裂创长度达5 cm | 15～60 | 7～15 | 1～7 | |
| | c. 瘢痕挛缩，影响颈部活动功能 | 90～180 | 30 | 30～60 | |
| | 7.1.2 喉部器官损伤 | | | | |
| | a. 声带损伤 | 15～30 | 1～7 | 1～7 | |
| | b. 咽喉软骨骨折 | 30～90 | 15 | 7～30 | |
| | 7.1.3 甲状腺、甲状旁腺损伤 | | | | |
| | a. 甲状腺损伤 | 15～60 | 15～30 | 15～30 | 甲状腺、甲状旁腺的功能分级可以参照《劳动能力鉴定 职工工伤与职业病致残等级》GB/T 16180-2014 |
| | b. 甲状软骨损伤 | 30～90 | 15 | 7～30 | |
| | c. 甲状腺损伤伴有喉返神经损伤 | 依治疗实际，休息期最长至评残前一日 | | | |
| | d. 甲状腺功能低下 | 7～15 | 7～15 | 7～15 | |
| | e. 甲状腺功能严重损害，依赖药物治疗 | 30～60 | 15～30 | 15～30 | |
| | f. 双侧甲状腺或孤立甲状腺全缺失 | 60～90 | 15～30 | 15～30 | |
| | g. 甲状旁腺功能轻度损害 | 30～45 | 15 | 15 | |
| | h. 甲状旁腺功能重度损害 | 最长至评残前一日 | 60～150 | 60～150 | |
| | i. 双侧甲状旁腺全缺失 | 最长至评残前一日 | 90～180 | 90～180 | |
| | 7.2 胸部损伤(32条) | | | | |
| | 7.2.1 肋骨骨折 | | | | |
| | a. 1根～3根骨折 | 30～90 | 15～30 | 30 | 依据断裂根数、处数，结合年龄、性别、治疗恢复情况等在标准范围内评定 |
| | b. 4根～7根骨折 | 90～120 | 30 | 30 | |
| | c. 8根～11根骨折 | 120～150 | 60 | 60 | |
| | d. 超过11根骨折 | 150～180 | 60 | 60～90 | |

(续表)

| 部位 | 伤情诊断 | 休息期 | 营养期 | 护理期 | 指引 |
|---|---|---|---|---|---|
| 7 颈部、胸部损伤（46条） | 7.2.2 胸骨骨折 | | | | |
| | a. 闭合性骨折 | 60～90 | 15 | 15 | 需明确为外伤性骨折 |
| | b. 开放性骨折 | 90～120 | 30 | 30～60 | |
| | 7.2.3 气胸 | | | | |
| | a. 非手术治疗 | 30～90 | 15～30 | 15～30 | 手术治疗含闭式引流术，排除自发性气胸。气胸的量、肺压缩程度、临床症状、治疗情况是参考指标 |
| | b. 手术治疗 | 60～120 | 30～60 | 30～60 | |
| | 7.2.4 血胸 | | | | |
| | a. 非手术治疗 | 30～90 | 15～30 | 15～30 | 血胸的量和吸收情况作为评定参考指标 |
| | b. 手术治疗 | 60～120 | 30～60 | 30～60 | |
| | 7.2.5 肺损伤 | | | | |
| | a. 肺挫伤 | 30～90 | 15～30 | 15～30 | 肺功能损害分级可参照GB/T 16180-2014 |
| | b. 肺裂伤 | 60～150 | 30～45 | 30 | |
| | c. 一侧全肺缺失并需胸改术 | 180～270 | 30～60 | 30～60 | |
| | d. 肺功能轻度损害 | 30～60 | 15 | 15 | |
| | e. 肺功能中度、重度损害 | 休息期、营养期、护理期至评残前一日 | | | |
| | 7.2.6 气管、支气管损伤 | | | | |
| | a. 非手术治疗 | 60～90 | 30 | 30～60 | 可见于严重的钝器、锐器或火器伤，包括挫伤、撕裂、断裂等 |
| | b. 手术治疗 | 90～150 | 60～90 | 60～120 | |
| | 7.2.7 食管损伤 | | | | |
| | a. 机械性食管损伤 | 60～90 | 60～90 | 60～90 | 包括炎症、挫伤、破裂等。高温烫伤参照执行 |
| | b. 化学性食管损伤 | 120～180 | 120～180 | 120～180 | |
| | c. 食管损伤后遗留狭窄影响进食 | 根据实际治疗，其中休息期最长至评残前一日 | | | |
| | 7.2.8 心脏损伤 | | | | |
| | a. 心脏挫伤 | 60～120 | 30～60 | 30～60 | 心功能分级可以参照《工标》附录 |
| | b. 心脏破裂或心包破裂 | 120～210 | 60～90 | 60～90 | |
| | c. 持续性心功能不全，心功能Ⅰ～Ⅱ级 | 60～120 | 30～60 | 30～60 | |
| | d. 持续性心功能不全，心功能Ⅲ级以上或伴有不能控制的严重心律失常 | 根据实际治疗，其中休息期、护理期最长至评残前一日 | | | |
| | 7.2.9 胸导管损伤 | | | | |
| | a. 非手术治疗 | 60～90 | 60～90 | 60～90 | 见于胸部开放性、闭合性损伤或手术性损伤，常合并乳糜胸 |
| | b. 手术治疗 | 120～180 | 120～180 | 120～180 | |
| | 7.2.10 纵膈气肿、脓肿、感染 | | | | |
| | a. 非手术治疗 | 60～90 | 30 | 30～60 | 保守治疗无效后进行手术治疗，可以依实际情况综合评定 |
| | b. 手术治疗 | 120～180 | 60 | 60～90 | |

(续表)

| 部位 | 伤情诊断 | 休息期 | 营养期 | 护理期 | 指引 |
|---|---|---|---|---|---|
| 7 颈部、胸部损伤（46条） | 7.2.11 膈肌破裂 | 90～120 | 60 | 60 | 通常需要手术治疗，可间接暴力造成 |
| | 7.2.12 女性乳房损伤 | 30～60 | 7～30 | 1～15 | 针对成年女性，包括青春期女性 |
| | 7.2.13 胸部挤压伤 | | | | |
| | a. 胸部挤压伤 | 30～90 | 30 | 30～60 | |
| | b. 胸部挤压伤并发其他器官损伤 | 根据治疗实际，休息期最长至评残前一日 | | | |
| 8 腹部、盆部、会阴部损伤（72条） | **8.1 腹部损伤(35条)** | | | | |
| | 8.1.1 腹壁损伤 | | | | |
| | a. 腹部穿透创 | 30～60 | 30 | 15～30 | |
| | b. 腹壁缺损 | 30～60 | 30～45 | 15～30 | |
| | c. 腹腔积血或者腹膜后血肿，经保守治疗 | 30 | 30 | 15 | |
| | d. 腹腔积血或者腹膜后血肿，经手术治疗 | 30～60 | 30～60 | 30 | |
| | 8.1.2 肝脏损伤 | | | | 肝功能损害分级可以参照《劳动能力鉴定职工工伤与职业病致残等级》GB/T 16180-2014。消化系统损伤，在评定营养期时因注意与其他脏器损伤的区别 |
| | a. 肝挫伤 | 30～60 | 30～60 | 15～30 | |
| | b. 肝破裂经手术治疗 | 90～150 | 60～90 | 30～60 | |
| | c. 轻度肝功能损害 | 30～60 | 30～60 | 15～30 | |
| | d. 中度肝功能损害 | 60～150 | 60～90 | 30～60 | |
| | e. 重度肝功能损害 | 根据治疗实际，休息期、营养期最长至评残前一日 | | | |
| | 8.1.3 脾脏损伤 | | | | |
| | a. 脾挫伤 | 30～60 | 30～60 | 15～30 | |
| | b. 脾破裂经手术治疗 | 60～90 | 30～60 | 30～60 | |
| | 8.1.4 胰腺损伤 | | | | |
| | a. 胰腺挫伤 | 60～90 | 30～60 | 30 | |
| | b. 胰腺破裂经手术治疗 | 90～180 | 60～120 | 30～60 | |
| | c. 胰腺损伤影响功能 | 依治疗实际，休息期最长至评残前一日 | | | |
| | 8.1.5 胃肠损伤 | | | | 消化系统损伤，在评定营养期时应注意与其他脏器损伤的区别 |
| | a. 胃肠挫伤 | 30 | 30～60 | 15～30 | |
| | b. 胃肠破裂经手术治疗 | 30～90 | 30～60 | 30 | |
| | c. 胃、小肠部分缺损 | 30～90 | 30～60 | 30 | |
| | d. 结肠、直肠、肛门缺失，回肠造瘘 | 60～90 | 30～60 | 30～60 | |
| | e. 直肠、肛门、结肠部分缺损，结肠造瘘 | 30～90 | 30～60 | 30 | |
| | f. 全胃缺失或小肠缺失90%以上 | 根据据治疗实际，休息期、营养期最长至评残前一日 | | | |
| | g. 器械或异物误入消化道，经开腹取出 | 30～60 | 30～60 | 15～30 | |

(续表)

| 部位 | 伤情诊断 | 休息期 | 营养期 | 护理期 | 指引 |
|---|---|---|---|---|---|
| 8 腹部、盆部、会阴部损伤（72条） | 8.1.6 胆道损伤 | | | | |
| | a. 胆囊、胆管挫伤 | 30 | 30～60 | 15～30 | |
| | b. 胆囊破裂经手术治疗 | 30～60 | 30～60 | 30 | |
| | c. 胆管破裂经手术治疗 | 60～90 | 30～90 | 30～60 | |
| | d. 胆道损伤影响功能 | 依治疗实际，休息期最长至评残前一日 | | | |
| | 8.1.7 肾脏、肾上腺损伤 | | | | |
| | a. 肾脏挫伤 | 30～90 | 30～60 | 30 | 肾功能不全分级可以参照《劳动能力鉴定 职工工伤与职业病致残等级》GB/T16180-2014 |
| | b. 肾脏破裂经手术治疗 | 60～120 | 30～90 | 30～60 | |
| | c. 单侧肾功能不全（代偿期） | 30～60 | 30～60 | 30 | |
| | d. 双侧肾功能不全（代偿期） | 30～90 | 30～60 | 30～60 | |
| | e. 单侧肾功能不全（失代偿期） | 60～120 | 60～90 | 60 | |
| | f. 肾功能丧失，需用透析替代治疗 | 依治疗实际，休息期最长至评残前一日 | | | |
| | g. 一侧肾上腺缺失伴轻度功能障碍 | 30～45 | 15 | 15 | |
| | h. 肾上腺皮质功能轻度减退 | 30～60 | 15～30 | 15～30 | |
| | i. 肾上腺功能明显减退 | 180～360 | 60～120 | 60～120 | |
| | j. 尿崩，有严重离子紊乱，需要长期依赖药物治疗 | 180～270 | 60～90 | 60～90 | |
| | **8.2 盆部、会阴部损伤（37条）** | | | | |
| | 8.2.1 膀胱、输尿管、尿道损伤 | | | | |
| | a. 膀胱、输尿管、尿道挫伤 | 15～30 | 15 | 15～30 | |
| | b. 膀胱、输尿管、尿道破裂 | 30～90 | 30～60 | 30～60 | |
| | c. 膀胱缺损 | 60～90 | 30～60 | 60～90 | |
| | d. 需要造瘘手术（永久性输尿管腹壁造瘘或者膀胱造瘘） | 90～120 | 30～60 | 60～90 | |
| | e. 不能修复的尿道瘘 | 90～180，最长至评残前一日 | 15 | 15～30 | 需定期尿道扩张的，在评定时应结合病史 |
| | f. 尿道狭窄需定期行尿道扩张术 | 15～30（每次尿道扩张术增加1日） | 15 | 15～30 | |
| | 8.2.2 肛门损伤 | | | | |
| | a. 直肠或肛管挫裂伤 | 15～60 | 1～30 | 1～30 | |
| | b. 肛门损伤致排便障碍 | 30～60 | 15～30 | 15～30 | |
| | 8.2.3 卵巢、输卵管、子宫损伤 | | | | |
| | a. 卵巢、输卵管、子宫挫伤 | 15～30 | 15 | 15～30 | |
| | b. 卵巢、输卵管、子宫破裂或缺失 | 30～90 | 30～60 | 30～60 | |

(续表)

| 部位 | 伤情诊断 | 休息期 | 营养期 | 护理期 | 指引 |
|---|---|---|---|---|---|
| 8 腹部、盆部、会阴部损伤（72条） | 8.2.4　产科损伤 | | | | 需要确定流产与外伤之间的因果关系,排除病理性流产、习惯性流产、人为选择性的流产等 |
| | a. 先兆流产 | 30 | 30 | 30 | |
| | b. 难免流产 | 60 | 60 | 30～60 | |
| | c. 早产 | 60 | 60 | 30～60 | |
| | d. 死胎 | 60～90 | 60 | 30～60 | |
| | e. 胎盘早剥 | 60～90 | 60 | 30～60 | |
| | 8.2.5　阴茎损伤 | | | | |
| | a. 阴茎挫伤 | 1～30 | 1～15 | 1～7 | |
| | b. 阴茎裂伤 | 15～60 | 1～30 | 1～30 | |
| | c. 阴茎脱位 | 30～60 | 30～60 | 30～60 | |
| | d. 阴茎断裂、离断或者缺损 | 30～90 | 60 | 60 | |
| | e. 需要二期整形或者再植 | 依治疗实际,休息期最长至评残前一日 | | | |
| | f. 勃起功能障碍 | 30～60 | 15～30 | 7～15 | |
| | 8.2.6　阴囊及内容物损伤 | | | | |
| | a. 阴囊血肿或者鞘膜积血 | 15～30 | 7～30 | 7～30 | |
| | b. 精索血肿或者断裂 | 30～60 | 30 | 30 | |
| | c. 阴囊撕裂伤 | 15～60 | 1～30 | 1～30 | |
| | d. 睾丸挫伤 | 30～60 | 30 | 30 | |
| | e. 睾丸、附睾破裂或缺损 | 30～90 | 30～60 | 30～60 | |
| | f. 输精管缺损不能修复 | 30～60 | 30 | 30 | |
| | g. 双侧睾丸萎缩,血清睾丸酮水平低于正常范围 | 30～90 | 30～60 | 30～60 | |
| | 8.2.7　外阴、阴道损伤 | | | | |
| | a. 外阴、阴道挫伤 | 1～30 | 1～15 | 1～7 | |
| | b. 外阴、阴道裂伤 | 15～60 | 1～30 | 1～30 | |
| | c. 不能修复的Ⅲ度会阴裂伤 | 60～90,最长至评残前一日 | 15～30 | 30～60 | |
| | d. 处女膜破裂 | 15 | 15 | 7 | |
| | e. 外阴阴道组织缺损 | 30～60 | 15～30 | 30～60 | |
| | f. 阴道狭窄不能通过二横指 | 30～60 | 15～30 | 7～15 | |
| | g. 阴道闭锁丧失性功能 | 30～60 | 15～30 | 7～15 | |
| | 8.2.8　骨盆骨折 | | | | |
| | a. 稳定型骨折 | 60～120 | 30 | 30 | 经过手术内固定治疗的可比照不稳定型骨折来评定 |
| | b. 不稳定型骨折 | 120～180 | 60～90 | 60～90 | |

(续表)

| 部位 | 伤情诊断 | 休息期 | 营养期 | 护理期 | 指引 |
|---|---|---|---|---|---|
| 9 脊柱损伤（12条） | **9.1 脊髓损伤(3条)** | | | | |
| | a. 脊髓震荡 | 30～60 | 30 | 30～60 | |
| | b. 脊髓挫伤或者压迫 | 150～360 | 90 | 120～180 | |
| | c. 脊髓损伤后遗留感觉运动功能障碍 | 根据治疗实际，休息期最长至评残前一日 | | | |
| | **9.2 脊柱骨折(5条)** | | | | |
| | 9.2.1.1 脊柱骨折 | | | | |
| | a. 一椎体骨折 | 90～120 | 60 | 60 | |
| | b. 多椎体骨折 | 120～150 | 60 | 60～90 | |
| | c. 骶椎、尾椎骨折 | 60～90 | 60 | 60 | |
| | d. 附件骨折 | 60～90 | 60 | 60 | |
| | 9.2.1.2 脊柱骨折经手术治疗 | 120～180 | 90 | 60～90 | |
| | **9.3 外伤性椎间盘突出(2条)** | | | | |
| | a. 非手术治疗 | 60～120 | 30～60 | 30～60 | |
| | b. 手术治疗 | 90～150 | 60～90 | 60～90 | |
| | **9.4 外伤性椎弓根崩裂、滑脱(2条)** | | | | |
| | a. 非手术治疗 | 90～120 | 60 | 60～90 | 需要与先天性、陈旧性、陈旧性基础上受到新鲜损伤等区别，分类对待 |
| | b. 手术治疗 | 120～180 | 90 | 60～90 | |
| 10 四肢损伤（101条） | **10.1 上肢骨折(31条)** | | | | |
| | 10.1.1 锁骨骨折 | | | | |
| | a. 非手术治疗 | 60～120 | 30～60 | 30～60 | |
| | b. 手术治疗 | 90～120 | 30～60 | 30～60 | |
| | 10.1.2 肩胛骨骨折 | | | | |
| | a. 非手术治疗 | 60～120 | 30～60 | 30～60 | |
| | b. 手术治疗 | 90～150 | 30～60 | 30～60 | |
| | 10.1.3 肱骨近端骨折 | | | | |
| | 10.1.3.1 肱骨近端骨折 | | | | |
| | a. 非手术治疗 | 60～180 | 30～60 | 30～60 | |
| | b. 手术治疗 | 90～270 | 30～60 | 60～90 | |
| | 10.1.3.2 肱骨近端骨折并发肱骨头坏死 | 根据治疗实际，其中休息期最长至评残前一日 | | | |
| | 10.1.4 肱骨干骨折 | | | | |
| | a. 非手术治疗 | 90～180 | 30～60 | 30～60 | |
| | b. 手术治疗 | 90～300 | 30～60 | 60～90 | |
| | 10.1.5 肱骨髁上骨折 | | | | |
| | a. 非手术治疗 | 90～180 | 30～60 | 30～60 | |
| | b. 手术治疗 | 90～270 | 30～60 | 60～90 | |
| | 10.1.6 肱骨髁间骨折 | | | | |
| | a. 非手术治疗 | 90～180 | 30～60 | 30～60 | |
| | b. 手术治疗 | 90～270 | 30～60 | 60～90 | |

(续表)

| 部位 | 伤情诊断 | 休息期 | 营养期 | 护理期 | 指引 |
|---|---|---|---|---|---|
| 10 四肢损伤（101条） | 10.1.7 桡骨头骨折 | | | | |
| | a. 非手术治疗 | 60～90 | 30 | 30 | |
| | b. 手术治疗 | 60～120 | 30～60 | 30～60 | |
| | 10.1.8 尺骨鹰嘴骨折 | | | | |
| | 10.1.8.1 尺骨鹰嘴骨折 | | | | |
| | a. 非手术治疗 | 60～90 | 30 | 30～60 | |
| | b. 手术治疗 | 90～120 | 30～60 | 30～60 | |
| | 10.1.8.2 尺骨鹰嘴骨折后遗有创伤性关节炎 | 根据治疗实际，其中休息期最长至评残前一日 | | | |
| | 10.1.9 尺骨、桡骨干骨折 | | | | |
| | 10.1.9.1 尺骨、桡骨干骨折 | | | | |
| | a. 尺骨或者桡骨骨折 | 60～180 | 30～60 | 30～60 | |
| | b. 尺桡骨双骨折 | 120～180 | 30～60 | 60 | |
| | c. 骨折并发桡骨头或者下尺桡关节脱位 | 根据治疗实际，其中休息期最长至评残前一日 | | | |
| | 10.1.9.2 尺骨、桡骨干骨折经手术治疗 | 60～180 | 30～60 | 30～60 | |
| | 10.1.10 桡骨远端骨折 | | | | |
| | a. 非手术治疗 | 60～120 | 30～60 | 30～60 | |
| | b. 手术治疗 | 90～150 | 30～60 | 30～60 | |
| | 10.1.11 腕骨骨折 | | | | |
| | a. 舟状骨骨折 | 90～180 | 30 | 30～60 | |
| | b. 月骨骨折 | 90～180 | 30 | 30～60 | |
| | c. 经舟状骨月骨周围脱位 | 120～180 | 30 | 30～60 | |
| | d. 其他骨折 | 90～150 | 30 | 30～60 | |
| | e. 骨折后发生无菌性坏死或者创伤性关节炎 | 根据治疗实际，其中休息期最长至评残前一日 | | | |
| | 10.1.12 掌骨骨折 | 45～90 | 30 | 30 | |
| | 10.1.13 指骨骨折 | 30～60 | 30 | 30 | |
| | **10.2 下肢骨折(35条)** | | | | |
| | 10.2.1 股骨颈骨折 | | | | |
| | 10.2.1.1 股骨颈骨折 | | | | |
| | a. 非手术治疗 | 240～360 | 30～90 | 120～180 | 股骨颈骨折保守治疗的三期一般长于手术治疗 |
| | b. 手术治疗 | 180～360 | 30～90 | 90～150 | |
| | 10.2.1.2 股骨颈骨折后发生股骨头坏死 | 根据实际治疗情况评定，其中休息期最长至评残前一日 | | | |
| | 10.2.2 粗隆间骨折 | | | | |
| | 10.2.2.1 粗隆间骨折 | | | | |
| | a. 非手术治疗 | 180～270 | 30～90 | 120～180 | |
| | b. 手术治疗 | 180～270 | 30～90 | 90～150 | |
| | 10.2.2.2 粗隆间骨折致髋内翻畸形 | 根据实际治疗情况评定，其中休息期最长至评残前一日 | | | |

(续表)

| 部位 | 伤情诊断 | 休息期 | 营养期 | 护理期 | 指引 |
|---|---|---|---|---|---|
| 10 四肢损伤（101条） | 10.2.3　股骨干骨折 | | | | |
| | a. 非手术治疗 | 90～180 | 30～90 | 60～120 | |
| | b. 手术治疗 | 90～300 | 30～90 | 60～120 | |
| | 10.2.4　股骨远端骨折 | | | | |
| | 10.2.4.1　股骨远端骨折 | | | | |
| | a. 股骨髁上骨折 | 90～180 | 30～90 | 60～120 | |
| | b. 股骨髁间骨折 | 120～270 | 30～90 | 60～120 | |
| | 10.2.4.2　股骨远端骨折经手术治疗 | 90～270 | 30～90 | 60～120 | |
| | 10.2.5　髌骨骨折 | | | | |
| | a. 非手术治疗 | 60～120 | 30 | 30～60 | |
| | b. 手术治疗 | 90～180 | 30 | 30～60 | |
| | 10.2.6　胫骨平台骨折 | | | | |
| | 10.2.6.1　胫骨平台骨折 | | | | |
| | a. 非手术治疗 | 90～150 | 30～60 | 60～90 | |
| | b. 手术治疗 | 120～180 | 30～60 | 60～90 | |
| | 10.2.6.2　骨折后发生创伤性关节炎 | 根据实际治疗情况评定，其中休息期最长至评残前一日 | | | |
| | 10.2.7　胫骨、腓骨干骨折 | | | | |
| | a. 胫骨骨折 | 90～180 | 30～60 | 30～90 | |
| | b. 腓骨骨折 | 90 | 30～60 | 30 | |
| | c. 胫腓骨双骨折 | 120～180 | 30～60 | 30～90 | |
| | d. 开放性骨折 | 150～180 | 60 | 60～90 | |
| | e. 胫骨远端Pilon骨折 | 150～180 | 60 | 60～90 | |
| | f. 骨折后并发筋膜间隙综合征 | 根据实际治疗情况评定，其中休息期最长至评残前一日 | | | |
| | 10.2.8　踝部骨折 | | | | |
| | a. 单踝骨折 | 90～120 | 30 | 30～60 | |
| | b. 双踝骨折 | 90～180 | 30 | 30～60 | |
| | c. 三踝骨折 | 90～180 | 30 | 30～60 | |
| | d. 踝部骨折伴有韧带损伤 | 根据实际治疗情况评定，其中休息期最长至评残前一日 | | | |
| | 10.2.9　距骨骨折 | | | | |
| | a. 距骨骨折 | 90～180 | 30 | 60～90 | |
| | b. 骨折不愈合、创伤性关节炎、距骨缺血性坏死 | 根据实际治疗情况评定，其中休息期最长至评残前一日 | | | |
| | 10.2.10　跟骨骨折 | | | | |
| | 10.2.10.1　跟骨骨折 | | | | |
| | a. 不影响距下关节的骨折 | 90～180 | 30 | 60～90 | |
| | b. 影响距下关节的骨折 | 90～240 | 30 | 60～90 | |
| | 10.2.10.2　跟骨骨折经手术治疗 | 90～240 | 30 | 60～90 | |

(续表)

| 部位 | 伤情诊断 | 休息期 | 营养期 | 护理期 | 指引 |
|---|---|---|---|---|---|
| 10 四肢损伤（101条） | 10.2.11 足部骨折 | | | | |
| | 10.2.11.1 足部骨折 | | | | |
| | a. 跖骨骨折 | 60～120 | 30 | 30～60 | |
| | b. 除距骨、跟骨外的其他跗骨骨折 | 60～90 | 30 | 30～60 | |
| | c. 趾骨骨折 | 60～90 | 30 | 30～60 | |
| | 10.2.11.2 足部骨折经手术治疗 | 60～120 | 30 | 30～60 | |
| | **10.3 其他骨损伤（4条）** | | | | |
| | 10.3.1 四肢骨挫伤 | 15～30 | 30 | 15 | |
| | 10.3.2 四肢撕脱性骨折 | 30～60 | 30 | 15 | |
| | 10.3.3 骨折并发化脓性骨髓炎 | 根据实际治疗情况评定，其中休息期最长至评残前一日 | | | |
| | 10.3.4 骨折后延迟愈合或者骨不连 | 根据实际治疗情况评定，其中休息期最长至评残前一日 | | | |
| | **10.4 关节损伤（23条）** | | | | |
| | 10.4.1 肩关节脱位 | | | | |
| | a. 非手术治疗 | 60～90 | 30 | 30～60 | |
| | b. 手术治疗 | 60～120 | 30 | 30～60 | |
| | 10.4.2 肘关节脱位 | | | | |
| | a. 非手术治疗 | 30～60 | 30 | 30～60 | |
| | b. 手术治疗 | 60～120 | 30 | 30～60 | |
| | 10.4.3 髋关节脱位 | | | | |
| | a. 非手术治疗 | 90～120 | 30～60 | 30～90 | 含关节镜等微创手术 |
| | b. 手术治疗 | 90～150 | 30～60 | 30～90 | |
| | 10.4.4 膝关节脱位、韧带损伤 | | | | |
| | a. 非手术治疗 | 90～180 | 30～60 | 60～90 | 含关节镜等微创手术，韧带损伤的恢复期常长于单纯性骨折 |
| | b. 手术治疗 | 90～270 | 30～60 | 60～90 | |
| | 10.4.5 膝关节半月板损伤 | | | | |
| | a. 非手术治疗 | 30～90 | 30 | 30～60 | 含关节镜等微创手术，半月板损伤的恢复期常长于单纯骨折 |
| | b. 手术治疗 | 60～120 | 30～60 | 30～60 | |
| | 10.4.6 其他关节脱位 | | | | |
| | a. 胸锁关节脱位 | 60～120 | 30 | 30～60 | |
| | b. 肩锁关节脱位 | 60～120 | 30 | 30～60 | |
| | c. 腕骨脱位 | 60～120 | 30 | 30～60 | 前述关节半脱位酌情就低评定 |
| | d. 腕掌关节脱位 | 30～120 | 30 | 30～60 | |
| | e. 掌指关节脱位 | 30～60 | 30 | 30～60 | |
| | f. 指间关节脱位 | 30～60 | 30 | 30～60 | |

(续表)

| 部位 | 伤情诊断 | 休息期 | 营养期 | 护理期 | 指引 |
|---|---|---|---|---|---|
| 10 四肢损伤（101条） | g. 距骨脱位 | 60~120 | 30 | 30~90 | 前述关节半脱位酌情就低评定 |
| | h. 跗骨间关节脱位 | 60~120 | 30 | 30~60 | |
| | i. 跗跖关节骨折脱位 | 60~120 | 30 | 30~90 | |
| | j. 跗足关节骨折脱位 | 60~180 | 30 | 30~90 | |
| | k. 跖趾关节脱位 | 30~60 | 30 | 30~90 | |
| | l. 趾间关节脱位 | 30~60 | 30 | 30~60 | |
| | 10.4.7 人工关节置换 | 90~180 | 30~90 | 90~150 | 按次计算 |
| | **10.5 四肢重要神经、血管损伤(8条)** | | | | |
| | 10.5.1 四肢重要神经损伤 | | | | |
| | a. 挫伤 | 60~120 | 30~60 | 30~90 | 结合肌电图 |
| | b. 断裂（完全损伤） | 180,最长至评残前一日 | 30~60 | 30~150 | |
| | 10.5.2 四肢重要血管损伤 | | | | |
| | a. 血管断裂 | 30~120 | 30 | 15~60 | 住院和手术治疗的应依据实际病情 |
| | b. 深静脉血栓形成 | 30 | 15~30 | 15~30 | |
| | c. 血管损伤后严重感染、肢体末端缺血坏死 | 根据实际治疗情况评定,其中休息期最长至评残前一日 | | | |
| | 10.5.3 肢体离断伤 | | | | |
| | a. 断肢 | 90~120 | 60 | 30~90 | 安装义肢的,在评定时应给予一定时间的适应期,详见本款 C |
| | b. 断指 | 60~90 | 30~60 | 30~90 | |
| | c. 断肢(指)再植 | 根据实际治疗情况评定,其中休息期最长至评残前一日;安装义肢的,休息期、护理期可酌情延长60日 | | | |
| 11 其他全身性损伤（26条） | **11.1 体表软组织损伤(5条)** | | | | |
| | a. 软组织擦挫伤面积未达体表面积6% | 1~15 | 1~7 | 1~7 | 疤痕对肢体功能影响需要等3—6个月以上 |
| | b. 软组织擦挫伤面积达体表面积6% | 15~60 | 7~30 | 1~7 | |
| | c. 裂创长度未达10 cm | 15~30 | 1~15 | 1~7 | |
| | d. 裂创长度达10 cm | 15~60 | 15~30 | 1~15 | |
| | e. 疤痕挛缩影响肢体功能 | 30~90 | 30 | 30~60 | |
| | **11.2 烫伤(5条)** | | | | |
| | a. 轻度烫伤 | 1~30 | 30 | 1~30 | 烫伤分度见附录2-35。矫形手术如需两次以上,需要**分别评定** |
| | b. 中度烫伤 | 60~90 | 60 | 30~60 | |
| | c. 重度烫伤 | 90~180 | 90~120 | 60~120 | |
| | d. 特重度烫伤或者伴有其他系统并发症 | 根据实际治疗情况评定,其中休息期最长至评残前一日 | | | |
| | e. 需要二期矫形治疗 | 根据实际治疗情况评定,其中休息期最长至评残前一日 | | | |

(续表)

| 部位 | 伤情诊断 | 休息期 | 营养期 | 护理期 | 指引 |
|---|---|---|---|---|---|
| 11 其他全身性损伤(26条) | **11.3 冻伤(5条)** | | | | |
| | a. Ⅰ度冻伤 | 1~30 | 1~30 | 1~30 | 冻伤分度见附录 |
| | b. Ⅱ度冻伤 | 30~60 | 60 | 30 | |
| | c. Ⅲ度冻伤 | 90~120 | 60~90 | 60~90 | |
| | d. Ⅳ度冻伤 | 120~150 | 90 | 90 | |
| | e. 全身冻伤 | 根据实际治疗情况评定,其中休息期最长至评残前一日 | | | |
| | **11.4 电击伤(4条)** | | | | |
| | a. Ⅰ度电击伤 | 1~15 | 1~7 | 1~7 | 电击伤分度见附录2-36 |
| | b. Ⅱ度电击伤 | 30~60 | 60 | 30 | |
| | c. Ⅲ度电击伤 | 90~150 | 90 | 60~90 | |
| | d. 电击伤伴有其他系统并发症 | 根据实际治疗情况评定,其中休息期最长至评残前一日 | | | |
| | **11.5 其他体表损伤致瘢痕形成(5条)** | | | | |
| | a. 全身瘢痕形成未达体表面积10% | 1~30 | 30 | 1~30 | 瘢痕可能导致感觉、运动、排汗等功能障碍 |
| | b. 全身瘢痕形成达体表面积10% | 60~90 | 60 | 30~60 | |
| | c. 全身瘢痕形成达体表面积30% | 90~180 | 90~120 | 60~120 | |
| | d. 全身瘢痕形成达体表面积50% | 180~240 | 90~120 | 60~120 | |
| | e. 瘢痕形成伴有其他系统并发症或遗留功能障碍 | 根据实际治疗情况评定,其中休息期最长至评残前一日 | | | |
| | **11.6 血液系统功能障碍(2条)** | | | | |
| | a. 慢性再生障碍性贫血 | 至评残前一日 | 60 | 15~30 | 需要确立与外伤或伤害事件之间的因果关系 |
| | b. 重型再生障碍性贫血(Ⅰ型、Ⅱ型) | 至评残前一日 | 60 | 住院期间 | |

### 三、附则

| 条标 | 内容 | 精要 |
|---|---|---|
| 12.1 | 对于一些受伤后恢复期长但已进入调解程序或诉讼程序的,休息期的评定最长可以至伤残评定日前一日,一般不超过2年。 | 主要基于我国法律上的有关规定和伤残的概念原意 |
| 12.2 | 受伤人员实际住院日期超过本标准规定上限的,休息期、营养期、护理期的评定应结合医疗因素和个体差异综合考虑。 | 具体案例具体分析原则,可以考虑个体差异 |
| 12.3 | 受伤人员伤后的实际休息期、营养期、护理期时间未达本标准规定下限的,按实际发生的时间计算。 | 在不超过标准的情况下,可以实际为准 |
| 12.4 | 多处受伤的,一般以休息期、营养期、护理期长的损害为主,并结合其他损伤的期限综合考虑,不能将多处损害的休息期、营养期、护理期进行简单累加。 | 多部位损伤处理原则,综合适当考虑,不得简单累计 |

(续表)

| 条标 | 内容 | 精要 |
|---|---|---|
| 12.5 | 遇有本标准以外的损害时,应根据实际治疗情况评定,或者比照本标准相类似损害所需的休息期、营养期、护理期进行评定。 | 未尽事宜,可以比照评定 |
| 12.6 | 本标准所指的休息期、营养期、护理期是指伤情稳定、医疗终结前的期限,包括一般的二期治疗(如拆除内固定手术),但并不包括伤残评定后所需要的护理依赖期、护理人数及营养期、药物依赖期。 | 伤残评定后遗留护理、营养和药物依赖的另行单独计算 |

## 第二节 人身损害误工期、护理期、营养期评定规范(公安行业推荐标准)

### 一、总则

| 条款 | | 内容 | 精要 |
|---|---|---|---|
| 1 范围 | | 本标准规定了人身损害误工期、护理期、营养期评定的原则、方法和内容。 | 内容 |
| | | 本标准适用于人身伤害、道路交通事故、工伤事故、医疗损害等人身损害赔偿中受伤人员的误工期、护理期和营养期评定。 | 适用范围 |
| 2 术语和定义 | 2.1 误工期 | 人体损伤后经过诊断、治疗达到临床医学一般原则所承认的治愈(即临床症状和体征消失)或体征固定所需要的时间。 | loss of working time period |
| | 2.2 护理期 | 人体损伤后,在医疗或者功能康复期间生活自理困难,全部或部分需要他人帮助的时间。 | 是指生活护理,非医疗护理 |
| | 2.3 营养期 | 人体损伤后,需要补充必要的营养物质,以提高治疗质量或者加速损伤康复的时间。 | |
| | 2.4 评定 | 运用专门知识,评价确定人身损害误工期(2.1)、护理期(2.2)和营养期(2.3)的过程。 | assessment |
| | 2.5 评定意见 | 评定人运用专门知识对人身损害误工期(2.1)、护理期(2.2)和营养期(2.3)进行分析所得出的综合性判断。 | Assessment conclusion |
| 3 总则 | 3.1 目的 | 本标准为人身损害误工期、护理期和营养期的评定提供依据。 | |
| | 3.2 评定原则 | 人身损害误工期、护理期和营养期的确定应以原发性损伤及后果为依据,包括损伤当时的伤情、损伤后的并发症和后遗症等,并结合治疗方法及效果,全面分析个体的年龄、体质等因素,进行综合评定;具体见附录A、附录B。 | |
| | 3.3 评定时机 | 评定时机应以外伤直接所致的损伤或确因损伤所致的并发症经过诊断、治疗达到临床医学一般原则所承认的症状及体征稳定为准。 | |

## 二、分则

| 部位 | 损伤诊断/伤情描述 | 休息期 | 护理期 | 营养期 |
|---|---|---|---|---|
| 4 头部损伤 | **4.1 头皮血肿[S00.002]** | | | |
| | 4.1.1 头皮下血肿 | 7～15 | 无 | 无 |
| | 4.1.2 帽状腱膜下血肿/骨膜下血肿 | | | |
| | a) 一般情况下 | 15～30 | 7～15 | 1～7 |
| | b) 需穿刺抽血/加压包扎 | 30～60 | 1～15 | 7～15 |
| | **4.2 头皮创[S01.001]** | | | |
| | 4.2.1 钝器创口长度小于或大于6 cm、锐气创口大于8 cm | 45～60 | 1～7 | 1～7 |
| | 4.2.2 钝器创口长度小于或等于6 cm、锐气创口长度大于8 cm | 45～60 | 1～7 | 7～15 |
| | **4.3 头皮撕裂脱伤[S08.051]** | | | |
| | 4.3.1 撕脱面积小于或等于20 cm² | 30～90 | 7～15 | 15～20 |
| | 4.3.2 撕脱面积大于20 cm² | 90～120 | 15～60 | 20～60 |
| | **4.4 头皮缺损** | | | |
| | 4.4.1 头皮缺损小于或等于10 cm² | 30～60 | 7～15 | 15～20 |
| | 4.4.2 撕脱面积大于10 cm² | 60～120 | 15～90 | 20～60 |
| | **4.5 颅骨骨折[S02.902(颅骨开放性骨折S02.911)]** | | | |
| | 4.5.1 单纯线状骨折 | 30～60 | 15～20 | 20～30 |
| | 4.5.2 凹陷骨折/多发粉碎骨折 | | | |
| | a) 非手术修复 | 90～120 | 根据临床治疗情况确定 | |
| | b) 手术修复 | 120～150 | | |
| | **4.6 颅底骨折[S02.101]** | | | |
| | 4.6.1 单纯颅底骨折 | 60～90 | 15～20 | 20～30 |
| | 4.6.2 伴有脑脊液漏和/或神经损伤 | 90～120 | 30～60 | 30～60 |
| | 4.6.3 手术治疗 | 根据临床治疗情况确定 | | |
| | **4.7 闭合型颅脑损伤[S06]** | | | |
| | 4.7.1 轻型 | 30～45 | 原则上不考虑 | |
| | 4.7.2 中型 | 90～180 | 30～60 | 30～60 |
| | 4.7.3 重型 | 根据临床治疗情况确定 | | |
| | 4.7.4 极重型 | | | |
| | **4.8 开放型颅脑损伤[S06]** | | | |
| | 4.8.1 不伴有神经系统体征 | 30～90 | 20～30 | 30～60 |
| | 4.8.2 伴有神经系统体征 | 根据临床治疗情况确定 | | |
| | **4.9 颅脑损伤并发症及后遗症[T90.552]** | | | |
| | 根据临床治疗情况确定。涉及外伤性智力缺损或者精神障碍者，原则上误工期可在原损伤条款的基础上加90日，上限可至评残前一日止；营养期同原损伤的条款，护理期视临床情况确定 | | | |

(续表)

| 部位 | 损伤诊断/伤情描述 | 休息期 | 护理期 | 营养期 |
|---|---|---|---|---|
| 5 面部损伤 | **5.1 眼部损伤[S05]** | | | |
| | 5.1.1 眼睑损伤 | | | |
| | a) 眼睑血肿 | 7～15 | 无须护理和营养 | |
| | b) 眼睑裂伤 | 20～30 | 1～7 | 1～7 |
| | c) 合并眼睑闭合不全/上睑下垂 | 30～90 | 7～20 | 7～15 |
| | d) 行眼睑内、外翻手术治疗 | 90～120 | 20～30 | 30～45 |
| | 5.1.2 眼肌损伤 | 30～90 | 15～30 | 7～15 |
| | 5.1.3 泪器损伤[S05.852] | | | |
| | a) 泪小管、泪囊、泪腺损伤 | 30～45 | 7～15 | 1～7 |
| | b) 鼻泪管损伤 | | | |
| | 1) 非手术治疗 | 30～45 | 7～15 | 7～15 |
| | 2) 手术治疗 | 根据临床治疗情况确定 | | |
| | 5.1.4 结膜损伤[S05.302] | | | |
| | a) 出血或充血 | 15～30 | 无须护理和营养 | |
| | b) 睑球黏连伴眼球运动障碍 | 45～60 | 30～45 | 15～30 |
| | c) 双眼损伤 | 根据临床治疗情况确定 | | |
| | 5.1.5 角膜损伤[S05.803] | | | |
| | a) 无后遗症 | 15～30 | 无须护理和营养 | |
| | b) 行角膜移植术 | 60～120 | 30～60 | 30～45 |
| | 5.1.6 虹膜睫状体损伤[S05.855] | | | |
| | a) 外伤性虹膜睫状体炎 | 30～60 | 7～15 | 7～15 |
| | b) 外伤性瞳孔散大/虹膜根部离断 | 30～60 | 7～15 | 7～15 |
| | c) 前房出血出血致角膜血染 | 30～60 | 15～30 | 15～30 |
| | d) 睫状体脱离[S05.208] | 60～90 | 30～45 | 30～45 |
| | 5.1.7 巩膜裂伤[S05.856] | | | |
| | a) 单纯巩膜裂伤 | 45～60 | 20～45 | 20～45 |
| | b) 伴眼内容物脱出 | 120～180 | 45～60 | 30～60 |
| | 5.1.8 晶状体损伤[S05.853] | | | |
| | a) 晶状体脱位[S05.953] | 60～90 | 15～30 | 7～15 |
| | b) 外伤性白内障 | 60～120 | 15～30 | 7～15 |
| | c) 白内障手术治疗 | 120～150 | 15～45 | 15～45 |
| | 5.1.9 玻璃体损伤[S05.951] | | | |
| | a) 玻璃体出血 | 30～60 | 15～30 | 15～30 |
| | b) 玻璃体切割术 | 120～180 | 15～45 | 15～45 |
| | 5.1.10 眼底损伤 | | | |
| | a) 视网膜震荡、出血[S05.001] | 15～30 | 一般无须护理和营养;较为严重的损伤,治疗期间予以考虑 | |
| | b) 视网膜脱离或脉络膜脱离 | 根据临床治疗情况确定 | | |

(续表)

| 部位 | 损伤诊断/伤情描述 | 休息期 | 护理期 | 营养期 |
|---|---|---|---|---|
| 5 面部损伤 | c) 黄斑裂孔 | 30～90 | 30～45 | 30～45 |
| | d) 外伤性视网膜病变 | 90～120 | 30～45 | 30～45 |
| | 5.1.11 视神经损伤[S04.001] | 90～120 | 30～45 | 30～45 |
| | 5.1.12 眼球摘除[16.491] | 30～60 | 15～200 | 15～20 |
| | 5.1.13 外伤性青光眼 | 30～180 | 根据临床治疗情况确定 | |
| | 5.1.14 交感性眼炎、化脓性眼内炎[H44.102,H44.003] | 90～180 | 45～60 | 60～90 |
| | 5.1.15 眼球后血肿 | 45～60 | 根据临床治疗情况确定 | |
| | 5.1.16 眼球内异物或眼眶内异物[S05.501、S50.101] | 根据临床治疗情况确定 | | |
| | 5.1.17 眶壁骨折[S02.801] | | | |
| | a) 非手术治疗 | 60～90 | 15～30 | 30～45 |
| | b) 手术治疗 | 根据临床治疗情况确定 | | |
| | **5.2 耳部损伤[S09.903]** | | | |
| | 5.2.1 耳廓损伤[S09.906] | | | |
| | a) 耳廓血肿 | 15～20 | 1～7 | 1～15 |
| | b) 耳廓撕裂创、耳廓切割伤 | 15～30 | 7～15 | 7～15 |
| | c) 耳廓部分或全部离断 | 15～30 | 7～15 | 7～15 |
| | d) 化脓性耳廓软骨膜炎 | 45～60 | 根据临床治疗情况确定 | |
| | 5.2.2 外耳道损伤 | | | |
| | a) 单纯性外耳道损伤 | 20～30 | 无须护理和营养 | |
| | b) 合并乳突损伤或下颌骨损伤 | 90～120 | 45～60 | 45～60 |
| | 5.2.3 鼓膜穿孔[S09.251] | | | |
| | a) 自行愈合 | 15～30 | 无须护理 | 1～7 |
| | b) 手术修补术 | 30～90 | 1～7 | 1～7 |
| | 5.2.4 听骨链损伤 | | | |
| | a) 听小骨脱位、骨折 | 30～60 | 根据临床治疗情况确定 | |
| | b) 手术治疗 | 90～120 | 根据临床治疗情况确定 | |
| | 5.2.5 内耳损伤 | | | |
| | a) 迷路震荡 | 60～90 | 7～15 | 7～15 |
| | b) 内耳窗膜破裂 | 90～120 | 30～60 | 15～30 |
| | **5.3 鼻部损伤[S09.901]** | | | |
| | 5.3.1 鼻部皮肤创[S01.201] | 15～30 | 无须 | 1～7 |
| | 5.3.2 鼻翼缺损 | 60～90 | 7～30 | 7～15 |
| | 5.3.3 鼻骨骨折[S02.201(鼻骨开放性骨折 S02.211)] | | | |
| | a) 线状骨折 | 20～30 | 无须 | 1～7 |
| | b) 粉碎性骨折/手术治疗 | 30～60 | 20～30 | 20～30 |
| | 5.3.4 鼻窦损伤[S02.811] | 60～90 | 1～7 | 7～15 |
| | **5.4 颌面部、口腔损伤** | | | |
| | 5.4.1 颌面部皮肤擦伤、挫伤[S00.859] | 15～20 | 无须 | 1～7 |
| | 5.4.2 颌面部皮肤创[S01.801] | | | |
| | a) 创口长度单条小于或等于 3.5 cm 或累计小于或等于 5 cm | 15～30 | 1～7 | 1～7 |
| | b) 创口长度单条大于 3.5 cm 或累计大于 5 cm | 20～45 | 1～7 | 7～15 |
| | c) 颌面部穿通伤 | 30～60 | 1～7 | 7～15 |

(续表)

| 部位 | 损伤诊断/伤情描述 | 休息期 | 护理期 | 营养期 |
|---|---|---|---|---|
| 5 面部损伤 | 5.4.3　上、下颌骨骨折[S02.403、S02.602] | | | |
| | a）单纯线状骨折 | 60～90 | 15～30 | 30～60 |
| | b）粉碎性骨折 | 90～120 | 30 | 60～90 |
| | 5.4.4　颧骨、颧弓骨折[S02.402、S02.401] | | | |
| | a）单纯线状骨折 | 60 | 15～30 | 20～30 |
| | b）粉碎性骨折 | 120 | 20～30 | 30～60 |
| | 5.4.5　牙槽骨骨折[S02.802] | 30～60 | 7～15 | 15～30 |
| | 5.4.6　牙齿损伤 | | | |
| | a）牙齿脱落或折断[S03.251、S02.5151] | 30～45 | 1～7 | 15—30 |
| | b）复位固定 | 60～90 | 7～15 | 30～45 |
| | 5.4.7　颞颌关节损伤[颌关节单纯脱位 S03.051、颌关节哆开性脱位 S03.052、颞下颌关节脱位 S03.053、颞下颌（关节）（韧带）扭伤 S03.452] | 60～90 | 7～15 | 20～30 |
| | 5.4.8　舌损伤[S09.952] | 30～90 | 1～7 | 15～30 |
| | 5.4.9　腮腺损伤 | 30～120 | 7～15 | 7～20 |
| | 5.4.10　面神经损伤[S04.501] | 90～120 | 7～30 | 7～30 |
| | 5.4.11　三叉神经损伤[S04.351] | 120～150 | 7～30 | 7～30 |
| 6 颈部损伤 | **6.1　颈部皮肤创[S11.05、S11.901]** | 15～60 | 1～7 | 1～7 |
| | **6.2　咽部损伤[S11.251]** | 20～30 | 7～20 | 7～20 |
| | **6.3　喉损伤[S19.851]** | | | |
| | 6.3.1　喉挫伤不伴有软骨骨折 | 7～15 | 无须护理和营养 | |
| | 6.3.2　喉切割伤 | 30～60 | 根据临床治疗情况确定 | |
| | 6.3.3　喉损伤伴有软骨骨折 | 60～90 | 根据临床治疗情况确定 | |
| | 6.3.4　喉烫伤或烧灼伤 | 90～18 | 根据临床治疗情况确定 | |
| | **6.4　甲状腺损伤[甲状腺开放性伤口 S11.151、甲状腺区扭伤和劳损 S13.551]** | | | |
| | 6.4.1　甲状腺功能轻度损伤 | 45～60 | 15～30 | 15～30 |
| | 6.4.2　甲状腺功能中度损伤 | 90～120 | 根据临床治疗情况确定 | |
| | 6.4.3　甲状腺功能重度损伤 | 150～180 | 根据临床治疗情况确定 | |
| | 6.4.4　伴有喉返神经损伤 | 150～180 | 根据临床治疗情况确定 | |
| | **6.5　甲状旁腺损伤** | | | |
| | 6.5.1　甲状旁腺功能轻度损伤 | 45～60 | 15～30 | 15～30 |
| | 6.5.2　甲状旁腺功能中度损伤 | 90～120 | 根据临床治疗情况确定 | |
| | 6.5.3　甲状旁腺功能重度损伤 | 150～180 | 根据临床治疗情况确定 | |
| 7 胸部损伤 | **7.1　胸部软组织损伤** | | | |
| | 7.1.1　擦伤/挫伤[S20.802/S20.201] | 15～30 | 无须护理 | 1～7 |
| | 7.1.2　皮肤创长度小于或等于 20 cm[S21.901] | 15～30 | 1～7 | 1～15 |
| | 7.1.3　皮肤创长度大于 20 cm[S21.901] | 30～60 | 1～15 | 15～30 |
| | 7.1.4　胸壁异物存留[S21.952] | 30～60 | 1～15 | 15～30 |
| | **7.2　肋骨骨折[S22.301]** | | | |
| | 7.2.1　一处骨折 | 30～45 | 7～15 | 15～30 |
| | 7.2.2　多根、多处骨折 | 60～120 | 30～60 | 30～60 |

(续表)

| 部位 | 损伤诊断/伤情描述 | 休息期 | 护理期 | 营养期 |
|---|---|---|---|---|
| 7 胸部损伤 | **7.3　胸骨骨折[S22.201]** | 60～120 | 20～30 | 30～60 |
| | **7.4　气胸[S27.001、S27.011]** | | | |
| | 　7.4.1　小量(肺压缩三分之一以下) | 15～30 | 7～15 | 7～15 |
| | 　7.4.2　中量(肺压缩三分之二以下) | 30～90 | 15～30 | 15～30 |
| | 　7.4.3　大量(肺压缩三分之二以上) | 90～120 | 30～45 | 30～45 |
| | **7.5　血胸[S27.101]** | | | |
| | 　7.5.1　小量(胸腔积血500 mL以下) | 30～60 | 7～15 | 7～15 |
| | 　7.5.2　中量(胸腔积血500 mL～1500 mL) | 60～90 | 15～30 | 15～30 |
| | 　7.5.3　大量(胸腔积血1500 mL以上) | 90～120 | 20～30 | 30～45 |
| | **7.6　肺损伤[S29.951]** | | | |
| | 　7.6.1　肺挫伤[S27.301] | 30～90 | 15～20 | 15～20 |
| | 　7.6.2　肺裂伤修补术[S27.3152/33.491] | 60～90 | 30～60 | 30～60 |
| | 　7.6.3　肺叶切除[31.401] | 90～120 | 30～60 | 30～60 |
| | 　7.6.4　一侧全肺切除[32.501] | 120～180 | 30～60 | 60～90 |
| | 　7.6.5　肺爆震伤 | 90～120 | 30～60 | 30～60 |
| | 　7.6.6　肺内异物存留或肺内异物摘除术[S17.852] | 60～90 | 30～60 | 30～60 |
| | **7.7　食管损伤[S19.854]** | | | |
| | 　7.7.1　保守治疗 | 30～60 | 30～60 | 20～30 |
| | 　7.7.2　手术治疗 | 90～20 | 60～120 | 60～90 |
| | **7.8　气管、支气管损伤[S27.5051、S27.4051]** | | | |
| | 　7.8.1　保守治疗 | 30～60 | 30～60 | 20～30 |
| | 　7.8.2　手术治疗 | 90～120 | 60～120 | 60～90 |
| | **7.9　心脏损伤[S26.901]** | 120～210 | 90～120 | 60～90 |
| | **7.10　胸内大血管损伤** | 根据临床治疗情况确定 | | |
| | **7.11　胸导管损伤[S27.8053]** | 60～90 | 根据临床治疗情况确定 | |
| | **7.12　纵膈气肿、脓肿、纵膈炎** | 90～180 | 根据临床治疗情况确定 | |
| | **7.13　膈肌损伤[S27.8051]** | | | |
| | 　7.13.1　膈疝形成[S27.801] | 30～60 | 30～60 | 45～60 |
| | 　7.13.2　手术治疗 | 90～120 | 根据临床治疗情况确定 | |
| | **7.14　乳房损伤[S27.311、S20.151]** | 30～60 | 1～15 | 7～30 |
| 8 腹部损伤[S39.905] | **8.1　腹部软组织损伤** | | | |
| | 　8.1.1　皮肤擦、挫伤[S30.852、S30.151] | 15～30 | 无须护理 | 1～7 |
| | 　8.1.2　皮肤创长度小于或等于20 cm | 15～30 | 1～7 | 1～15 |
| | 　8.1.3　皮肤创长度大于20 cm | 30～60 | 1～15 | 15～30 |
| | 　8.1.4　腹壁异物存留 | 45～60 | 7～15 | 15～0 |
| | 　8.1.5　腹部穿通伤行腹部探查术[S4.111] | 45～60 | 根据临床治疗情况确定 | |
| | **8.2　肝脏损伤[S36.1052]** | | | |
| | 　8.2.1　非手术治疗 | 60～90 | 15～30 | 30～60 |
| | 　8.2.2　修补术或部分切除术[50.221] | 90～150 | 30～60 | 60～90 |
| | **8.3　脾损伤[S36.002]** | | | |
| | 　8.3.1　非手术治疗 | 60 | 15～30 | 30～60 |
| | 　8.3.2　部分切除或全脾摘除术[41.501] | 90～120 | 30～60 | 60～90 |

(续表)

| 部位 | 损伤诊断/伤情描述 | 休息期 | 护理期 | 营养期 |
|---|---|---|---|---|
| 8 腹部损伤 [S39.905] | 8.3.3　延迟性脾破裂 | 根据临床治疗情况确定 | | |
| | **8.4　胰腺损伤[S36.2051]** | | | |
| | 8.4.1　挫伤 | 60～90 | 20～30 | 30～60 |
| | 8.4.2　修补术 | 90～180 | 30～60 | 60～120 |
| | 8.4.3　部分切除或全胰腺切除术 | 90～180 | 60～90 | 60～90 |
| | 8.4.4　假性囊肿 | 90～180 | 60～90 | 60～90 |
| | **8.5　肾损伤[S37.001]** | | | |
| | 8.5.1　挫伤 | 30～90 | 15～20 | 15～20 |
| | 8.5.2　破裂 | 90～120 | 30～60 | 30～90 |
| | **8.6　腹部空腔脏器损伤** | | | |
| | 8.6.1　空腔脏器修补术 | 60～90 | 30～60 | 60～120 |
| | 8.6.2　空腔脏器部分切除术 | 90～120 | 30～60 | 60～120 |
| | 8.6.3　腹部探查术 | 60～90 | 30～45 | 45～60 |
| | **8.7　膀胱、输尿管、尿道损伤[S37.2051、S37.1051、S37.3051]** | | | |
| | 8.7.1　挫伤 | 15～30 | 15～30 | 7～15 |
| | 8.7.2　破裂 | 30～90 | 30～60 | 30～60 |
| | 8.7.3　手术治疗 | 60～150 | 45～60 | 45～60 |
| | **8.8　输卵管、卵巢、子宫损伤[S37.5051、S37.4051(创伤性子宫穿孔S37.601、创伤性子宫破裂S37.602、子宫损伤通入体腔开放性伤口S37.6151)]** | | | |
| | 8.8.1　挫伤 | 15～30 | 15～30 | 7～15 |
| | 8.8.2　破裂 | 30～90 | 30～60 | 30～60 |
| | 8.8.3　手术治疗 | 60～90 | 45～60 | 45～60 |
| | **8.9　腹膜后血肿[S36.8053]** | 60～90 | 根据临床治疗情况确定 | |
| 9 脊柱、骨盆部损伤 | **9.1　脊柱骨折[T08.X051]** | | | |
| | 9.1.1　非手术治疗 | 45～150 | 45～60 | 45～60 |
| | 9.1.2　手术治疗 | 120～180 | 60～90 | 60～90 |
| | **9.2　椎间关节脱位** | 45～60 | 30～45 | 20～30 |
| | **9.3　外伤性椎间盘突出** | | | |
| | 9.3.1　非手术治疗 | 60～120 | 30～60 | 30～60 |
| | 9.3.2　手术治疗 | 90～150 | 60～90 | 60～90 |
| | **9.4　脊髓损伤[S14.101、S24.101、S34.101、S34.401]** | | | |
| | 9.4.1　脊髓震荡 | 30～60 | 30～45 | 20～30 |
| | 9.4.2　脊髓挫伤、脊髓压迫 | 根据临床治疗情况确定 | | |
| | **9.5　骨盆骨折[S32.801]** | | | |
| | 9.5.1　稳定型骨折 | 60～120 | 20～30 | 30～60 |
| | 9.5.2　不稳定型骨折 | 120～180 | 60～90 | 60～90 |
| | **9.6　阴茎损伤[S39.904]** | | | |
| | 9.6.1　挫伤[S30.252] | 1～30 | 1～7 | 1～15 |
| | 9.6.2　裂伤[S31.251] | 15～60 | 1～30 | 1～30 |
| | 9.6.3　脱位 | 30～60 | 30～60 | 30～60 |
| | 9.6.4　断裂或缺损[S38.251] | 30～90 | 45～60 | 45～60 |

(续表)

| 部位 | 损伤诊断/伤情描述 | 休息期 | 护理期 | 营养期 |
|---|---|---|---|---|
| 9 脊柱、骨盆部损伤 | **9.7 阴囊损伤[S39.958]** | | | |
| | 9.7.1 阴囊血肿、鞘膜积血[S30.202] | 15～60 | 7～30 | 7～30 |
| | 9.7.2 阴囊撕裂伤[s31.351(阴囊开放性伤口 S31.301)] | 30～90 | 20～30 | 20～30 |
| | **9.8 睾丸损伤[S39.959]** | | | |
| | 9.8.1 睾丸挫伤或脱位[S30.Z58] | 30～60 | 20～30 | 20～30 |
| | 9.8.2 睾丸破裂[S31.352] | 60～90 | 30～60 | 30～60 |
| | 9.8.3 一侧睾丸切除[62.301] | 60～90 | 45～60 | 45～60 |
| | **9.9 女性外阴裂伤[S31.452]** | 60～90 | 20～30 | 20～30 |
| | **9.10 阴道损伤[S39.955]** | 60～90 | 20～30 | 20～30 |
| | **9.11 外伤性流产、早产** | 60～90 | 20～30 | 30～60 |
| 10 肢体与关节损伤 | **10.1 肢体软组织损伤** | | | |
| | 10.1.1 皮肤擦、挫伤 | 7～15 | 无须护理 | 1～7 |
| | 10.1.2 皮肤创长度小于或等于 20 cm | 15～20 | 1～7 | 1～15 |
| | 10.1.3 皮肤创长度大于 20 cm | 20～30 | 1～15 | 15～30 |
| | **10.2 骨折** | | | |
| | 10.2.1 锁骨骨折[S24.0] | | | |
| | a) 非手术治疗 | 60～120 | 30～60 | 60～90 |
| | b) 手术治疗 | 90～120 | 30～60 | 60～90 |
| | 10.2.2 肩胛骨骨折[S42.1] | | | |
| | a) 非手术治疗 | 60～120 | 30～60 | 30～60 |
| | b) 手术治疗 | 90～180 | 30～60 | 60～90 |
| | 10.2.3 肱骨骨折[S42.2、42.3、42.4] | | | |
| | a) 非手术治疗 | 60～180 | 30～60 | 60～90 |
| | b) 手术治疗 | 90～270 | 60～90 | 60～90 |
| | 10.2.4 尺骨鹰嘴骨折[S52.003] | | | |
| | a) 非手术治疗 | 60～90 | 30～60 | 30～60 |
| | b) 手术治疗 | 90～120 | 30～60 | 60～90 |
| | 10.2.5 尺桡骨骨折[S52.4051] | | | |
| | a) 非手术治疗 | 90～120 | 30～60 | 60～90 |
| | b) 手术治疗 | 90～180 | 30～60 | 60～90 |
| | 10.2.6 腕骨骨折[S62.101] | | | |
| | a) 骨折 | 90～180 | 30～60 | 20～30 |
| | b) 脱位 | 120～180 | 30～60 | 20～30 |
| | 10.2.7 指、掌骨骨折[S62.602、62.301] | | | |
| | a) 非手术治疗 | 45～60 | 20～30 | 20～30 |
| | b) 手术治疗 | 30～90 | 20～30 | 20～30 |
| | 10.2.8 股骨颈骨折[S72.002] | | | |
| | a) 非手术治疗 | 240～365 | 120～180 | 30～90 |
| | b) 手术治疗 | 180～365 | 90～150 | 90～180 |

(续表)

| 部位 | 损伤诊断/伤情描述 | 休息期 | 护理期 | 营养期 |
|---|---|---|---|---|
| 10 肢体与关节损伤 | 10.2.9　股骨粗隆间骨折[S72.101] | | | |
| | a) 非手术治疗 | 180～270 | 120～180 | 30～90 |
| | b) 手术治疗 | 180～270 | 90～180 | 90～180 |
| | 10.2.10　股骨干骨折[S72.301] | | | |
| | a) 非手术治疗 | 90～180 | 60～120 | 30～90 |
| | b) 手术治疗 | 90～300 | 60～120 | 60～90 |
| | 10.2.11　股骨远端骨折[S72.404] | | | |
| | a) 非手术治疗 | 90～180 | 60～120 | 30～90 |
| | b) 手术治疗 | 120～270 | 60～120 | 30～90 |
| | 10.2.12　髌骨骨折[S82.001] | | | |
| | a) 非手术治疗 | 120～150 | 30～60 | 30～60 |
| | b) 手术治疗 | 120～180 | 60～90 | 30～60 |
| | 10.2.13　胫骨平台骨折 | | | |
| | a) 非手术治疗 | 90～150 | 60～90 | 30～60 |
| | b) 手术治疗 | 120～180 | 60～90 | 30～60 |
| | 10.2.14　胫腓骨骨折[S82.201] | | | |
| | a) 胫骨骨折 | 120～180 | 30～90 | 60～90 |
| | b) 腓骨骨折 | 60～90 | 30～60 | 30～60 |
| | c) 胫腓骨双骨折 | 120～180 | 30～90 | 60～90 |
| | d) 开放性骨折 | 150～180 | 60～90 | 60～90 |
| | e) 胫骨远端粉碎性骨折 | 150～180 | 60～90 | 60～90 |
| | 10.2.15　踝部骨折[S82.801] | | | |
| | a) 单踝骨折 | 90～120 | 30～60 | 60～90 |
| | b) 双踝骨折 | 90～180 | 30～60 | 60～90 |
| | c) 三踝骨折 | 90～180 | 30～60 | 60～90 |
| | 10.2.16　舟、楔骨骨折 | 120 | 30～60 | 60～90 |
| | 10.2.17　跟、距骨骨折[S92.001/S92.101] | | | |
| | a) 单纯骨折 | 90～120 | 30～60 | 60～90 |
| | b) 累及关节面 | 90～240 | 60～90 | 90～120 |
| | c) 手术治疗 | 90～240 | 60～90 | 60～90 |
| | 10.2.18　跖、趾骨及其他跗骨骨折[S92.301/S92.501] | | | |
| | a) 非手术治疗 | 90～120 | 30～60 | 60～90 |
| | b) 手术治疗 | 120～150 | 30～60 | 60～90 |
| | **10.3　关节脱位** | | | |
| | 10.3.1　肩关节脱位[S43.001] | | | |
| | a) 非手术治疗 | 60～90 | 30～60 | 20～30 |
| | b) 手术治疗 | 60～180 | 30～60 | 20～30 |
| | 10.3.2　肘关节脱位[S53.101] | | | |
| | a) 非手术治疗 | 60～90 | 30～60 | 20～30 |
| | b) 手术治疗 | 60～180 | 30～60 | 60～90 |

(续表)

| 部位 | 损伤诊断/伤情描述 | 休息期 | 护理期 | 营养期 |
|---|---|---|---|---|
| 10 肢体与关节损伤 | 10.3.3 髋关节脱位[S43.001] | | | |
| | a) 非手术治疗 | 90~150 | 30~90 | 30~60 |
| | b) 手术治疗 | 90~180 | 30~90 | 60~90 |
| | 10.3.4 其他关节脱位： | | | |
| | a) 胸锁/肩锁关节脱位[S43.201/S43.151] | 60~180 | 30~60 | 30 |
| | b) 腕部脱位[S63.001] | 60~180 | 30~60 | 20~30 |
| | c) 掌指/指间关节脱位[S63.153/S63.151] | 60~90 | 30~60 | 30 |
| | d) 距骨脱位[S93.054] | 60~120 | 30~90 | 20~30 |
| | e) 跗骨间/跗跖关节脱位[S93.353/S93.352] | 60~90 | 30~90 | 20~30 |
| | f) 跖趾/趾间关节脱位[S93.151/93.101] | 60~120 | 30~90 | 20~30 |
| | g) 趾间关节/跗足关节骨折脱位 | 60~180 | 30~90 | 60~90 |
| | **10.4 四肢大关节韧带损伤** | 60~120 | 60~90 | 30~60 |
| | **10.5 主要肌腱断裂** | 60~150 | 根据临床治疗情况确定 | |
| | **10.6 肢体离断** | | | |
| | 10.6.1 断肢<br>断肢需持续治疗的,可视临床治疗情况 | 120~180 | 30~90 | 90 |
| | 10.6.2 断指 | 60~90 | 30~90 | 30~60 |
| | 多指离断可视临床治疗情况确定 | | | |
| | **10.7 断肢(指、趾)再植** | 根据临床治疗情况确定 | | |
| | **10.8 周围神经损伤** | | | |
| | 10.8.1 臂丛及其重要分支神经损伤(尺神经/桡神经/正中神经/腋神经/肌皮神经)[S14.301] | 180~365 | 30~150 | 30~60 |
| | 10.8.2 腰、骶丛及其重要分支神经(坐骨神经/股神经/胫神经/腓总神经)[S34.451] | 180~365 | 30~150 | 30~60 |
| | **10.9 四肢主要血管损伤** | 90~180 | 30~60 | 30~60 |
| 11 其他损伤 | **11.1 烧烫伤[T20—T32]** | | | |
| | 11.1.1 轻度 | 30~45 | 1~30 | 20~30 |
| | 11.1.2 中度 | 60~90 | 30~60 | 60 |
| | 11.1.3 重度 | 120 | 60~120 | 90~120 |
| | 11.1.4 特重度 | 根据临床治疗情况确定 | | |
| | **11.2 冻伤[T33]** | | | |
| | 11.2.1 局部冻伤 | | | |
| | a) Ⅰ度 | 15~30 | 1~30 | 1~30 |
| | b) Ⅱ度 | 30~45 | 15~30 | 30~60 |
| | c) Ⅲ度 | 60~90 | 60~90 | 60~90 |
| | d) Ⅳ度 | 120~150 | 60~90 | 60~90 |
| | 11.2.2 全身冻伤 | 根据临床治疗情况确定 | | |
| | 11.3 其他物理化学生物因素损伤参照有关条款。 | | | |
| | 11.4 损伤致皮下软组织出血 达全身体表面积的30%以上 | 60~120 | 根据临床治疗情况确定 | |
| | 11.5 损伤致创伤性休克、失血性休克或感染性休克 | 60~90 | 根据临床治疗情况确定 | |
| | 11.6 损伤致异物存留在脑、心等重要器官内 | 90~120 | 根据临床治疗情况确定 | |
| | 11.7 损伤致挤压综合征 | 90~120 | 根据临床治疗情况确定 | |

## 三、附录

### 1. 附录 A(规范性附录)判定基准的补充

| 条标 | 内容 |
| --- | --- |
| A.1 | 本标准中的"误工期、护理期、营养期"是指本次损伤/事故所致的期限,需排除既往损伤、疾病。 |
| A.2 | 本标准中的"误工期、护理期、营养期"为各类损伤/事故的一般性期限,在具体案件的评定中,应遵循个性化为主、循证化为辅的原则,考虑不同个体的自身情况、损伤情况、临床治疗、恢复等因素具体分析,综合评定,不可机械照搬。 |
| A.3 | 人身损害后的临床"误工期、护理期、营养期"低于本标准期限的,按临床实际发生的期限计算。 |
| A.4 | 多处损伤,不能将多处损伤的"误工期、护理期、营养期"进行简单累加;一般以"误工期、护理期、营养期"较长的损伤为主,并结合其他损伤的期限综合考虑,必要时酌情延长。 |
| A.5 | 对于一些损伤后恢复期较长,但已进入调解程序或诉讼程序的,"误工期、护理期、营养期"评定的上限可以至伤残评定前一日。 |
| A.6 | "误工期、护理期、营养期"原则上不超过24个月。 |
| A.7 | 遇有本标准以外的损伤,应根据临床治疗情况,或比照本标准相类似损伤所需的"误工期、护理期、营养期"进行评定。 |
| A.8 | 继发性损伤、合并症、并发症或需二期治疗的,根据临床治疗恢复情况确定。 |
| A.9 | 由于个体差异、潜在疾病、年龄等因素介入导致"误工期、护理期、营养期"有所变化的,应根据具体情况综合评定。 |

### 2. 附录 B (规范性附录)损伤分级的依据

| 条标 | 内容 |
| --- | --- |
| **B.1** | **颅脑损伤分级** |
| B.1.1 | 轻型颅脑损伤:无颅骨骨折,昏迷时间不超过0.5h,有轻度头痛、头晕等症状。神经系统检查和脑脊液检查均正常 |
| B.1.2 | 中型颅脑损伤:相当于轻的脑挫裂伤,有或无颅骨骨折,蛛网膜下腔出血,无脑受压征象。昏迷时间不超过12h,有轻度神经系统病理体征,体温、脉搏、呼吸及血压有轻度改变。 |
| B.1.3 | 重型颅脑损伤:相当于广泛的脑挫裂伤,脑干损伤或急性颅内血肿,深昏迷在12h以上。有明显的神经系统病理体征,如瘫痪、脑疝综合征、去大脑强直等,有明显的体温、脉搏、呼吸和血压变化。 |
| B.1.4 | 特重型颅脑损伤:伤后立即出现深昏迷,去大脑强直或伴有其他脏器损伤、休克等。迅速出现脑疝、双瞳孔散大、生命体征严重紊乱等,甚至出现呼吸停止。 |
| **B.2** | **烧烫伤程度分级** |
| B.2.1 成人烧烫伤程度划分: | a) 轻度烧烫伤:烧烫伤总面积小于或等于10%,Ⅲ度烧烫伤面积小于或等于5%;<br>b) 中度烧烫伤:烧烫伤总面积10%~30%,Ⅲ度烧烫伤面积5%~10%;<br>c) 重度烧烫伤:烧烫伤总面积31%~50%,Ⅲ度烧烫伤面积11%~20%;<br>d) 特重度烧烫伤:烧烫伤总面积大于50%,Ⅲ度烧烫伤面积大于20%。 |
| B.2.2 小儿烧烫伤程度划分: | a) 轻度烧烫伤:烧烫伤总面积小于或等于10%,无Ⅲ度烧烫伤;<br>b) 中度烧烫伤:烧烫伤总面积10%~29%,Ⅲ度烧烫伤面积小于或等于5%;<br>c) 重度烧烫伤:烧烫伤总面积30%~49%,Ⅲ度烧烫伤面积5%~14%;<br>d) 特重度烧烫伤:烧烫伤总面积大于50%,Ⅲ度烧烫伤面积大于15%。 |

（续表）

| 条标 | 内容 |
|---|---|
| **B.3** | **甲状腺功能低下程度分级** |
| B.3.1 轻度甲状腺功能低下： | a) 临床症状较轻；<br>b) B.M.R.（基础代谢率）−20%～−10%；<br>c) 吸碘率15%～20%（24 h）；<br>d) 参考T3（三碘甲状腺原氨酸）、T4（甲状腺素）检查和甲状腺同位素扫描。 |
| B.3.2 中度甲状腺功能低下： | a) 临床症状较重；<br>b) B.M.R.−30%～−20%；<br>c) 吸碘率10%～15%（24 h）；<br>d) 参考T3、T4检查和甲状腺同位素扫描。 |
| B.3.3 重度甲状腺功能低下： | a) 临床症状较重；<br>b) B.M.R.<−30%；<br>c) 吸碘率<10%（24 h）；<br>d) 参考T3、T4检查和甲状腺同位素扫描。 |
| **B.4** | **甲状旁腺功能低下程度分级** |
| B.4.1 | 轻度甲状旁腺功能低下：空腹血钙7 mg/dL～8 mg/dL |
| B.4.2 | 中度甲状旁腺功能低下：空腹血钙6 mg/dL～7 mg/dL |
| B.4.3 | 重度甲状旁腺功能低下：空腹血钙<6 mg/dL |

# 第七章

# 人身损害护理依赖程度评定[1]

## 第一节 总 则

| 标题 | | 内容 | 精要 |
|---|---|---|---|
| 1 范围 | | 本标准规定了人身损害造成躯体伤残或精神障碍者,在治疗终结后是否需要护理依赖及其程度的评定要求和方法。<br>本标准适用于对人身损害护理依赖程度进行的评定,但国家已有特殊规定的,从其规定。 | 护理依赖情况对计算护理费具有重要意义 |
| 2 术语和定义 | 2.1 躯体伤残 | 因各种损害造成人体组织器官不可恢复的结构破坏、功能丧失或障碍,导致全部或部分活动能力丧失。 | |
| | 2.2 精神障碍 | 因各种损害造成大脑功能失调或结构改变,导致感知、情感、思维、意志和行为等精神活动出现紊乱或者异常,社会功能受损。 | |
| | 2.3 日常生活活动能力 | 人在躯体健康的情况下,日常生活必需反复进行的、基本的、共性的活动能力。包括:进食、床上活动、穿衣、修饰、洗澡、床椅转移、行走、大小便、用厕等能力。 | |
| | 2.4 日常生活自理能力 | 人在正常思维支配的情况下,自我料理个人日常生活的能力。包括:进食、修饰、更衣、整理个人卫生、大小便、外出行走、使用日常生活工具、乘坐交通工具等能力。 | |
| | 2.5 躯体移动能力 | 人体自主在床上移动,上、下床,室内或室外行走,上、下楼梯等能力。 | |
| | 2.6 护理依赖 | 躯体伤残或精神障碍者在治疗终结后,仍需他人帮助、护理才能维系正常日常生活。 | |
| | 2.7 护理依赖程度 | 按照躯体伤残或精神障碍者需要他人护理所付出工作量的大小,分为完全、大部分和部分护理依赖。 | |
| | 2.8 治疗终结 | 人身损害直接导致的损伤或损伤引发的并发症经过治疗,达到临床治愈或临床稳定。 | |
| | 2.9 损伤参与度 | 损害因素对造成护理依赖后果所起作用的大小比例。 | |

[1] [GB/T 31147-2014]

(续表)

| 标题 | | 内容 | 精要 |
|---|---|---|---|
| 3 一般规定 | 3.1 评定要求 | 3.1.1 对被评定人应进行详细询问,针对人身损害情况进行身体检查,必要时应做相关辅助检查。<br>3.1.2 经检查,被评定人应有明确的临床体征,并与辅助检查、病历记载相一致。<br>3.1.3 被评定人原有疾病或伤残与本次损害因素共同作用造成护理依赖的,应确定本次损伤参与度。(参见附录A)<br>3.1.4 精神障碍护理依赖程度的评定,应当有专科医疗机构精神科执业医师作出的诊断证明,或聘请精神科执业医师参加。<br>3.1.5 被评定人同时有躯体伤残、精神障碍和精神障碍安全问题均需要护理依赖的,应分别评定,按护理依赖程度较高的定级。 | 护理依赖情况对计算护理费具有重要意义 |
| | 3.2 评定时机 | 3.2.1 躯体伤残护理依赖程度评定应在本次损伤治疗终结后进行。<br>3.2.2 精神障碍护理依赖程度评定应在治疗满一年后进行。 | |
| | 3.3 评定等级及比例 | 3.3.1 护理依赖程度等级 由低到高分以下三级:<br>a) 部分护理依赖;<br>b) 大部分护理依赖;<br>c) 完全护理依赖。<br>3.3.2 护理依赖赔付比例 护理依赖赔付比例,参见附录B。 | |
| | 3.4 护理依赖程度表述 | 护理依赖程度表述,参见附录C。 | |
| | 3.5 评定人资质 | 由取得主检法医师、精神科执业主治医师、临床副主任医师以上职称或取得司法鉴定人资格的人员担任。 | |
| | 3.6 数字规定 | 本标准列举数字"以上"或"以下",均包括本数。 | |

# 第二节 分则(评定与分级)

## 一、躯体伤残日常生活活动能力项目评分表(满分100分)

| 序号 | 项目 | 评定分值 | | |
|---|---|---|---|---|
| 1 | 进食 | 10分<br>自己到就餐处,自主完成 | 5分<br>依靠他人帮助把食物拿到面前(身边)才能完成 | 0分<br>完全依靠他人来取食物和接触身体的帮助才能完成,或需他人喂食 |
| 2 | 床上活动<br>a) 翻身;<br>b) 平移;<br>c) 起坐。 | 10分<br>自主完成4.1.1.2的a)b)c) | 5分<br>需要他人看护或扶助才能完成,或只能自主完成4.1.1.2中的1项或2项,其余需依靠他人接触身体的帮助才能完成 | 0分<br>完全依靠他人接触身体的帮助才能完成4.1.1.2的a) b) c) |
| 3 | 穿衣<br>a) 穿脱上身衣服;<br>b) 穿脱下身衣服。 | 10分<br>自主完成4.1.1.3的a) b) | 5分<br>需要他人帮助把衣服拿到身边才能完成,或只能完成4.1.1.3中的a)或b) | 0分<br>完成依靠他人接触身体的帮助才能完成4.1.1.3的a)或b) |

(续表)

| 序号 | 项目 | 评定分值 | | | |
|---|---|---|---|---|---|
| 4 | 修饰<br>a) 洗(擦)脸；<br>b) 刷牙；<br>c) 梳头；<br>d) 剃须。 | 5分<br>自主完成 4.1.1.4 的 a)b)c)d) | | 0分<br>完全依靠他人帮助把洗漱用品拿到身边,或主要依靠他人接触身体的帮助才能完成 4.1.1.4 的 a)b)c)d) | |
| 5 | 洗澡 | 5分<br>自主完成 | | 0分<br>主要或完全依靠他人引领、扶助或接触身体的帮助才能完成 | |
| 6 | 床椅转移<br>a) 从床到椅；<br>b) 从椅到床。 | 15分<br>自主完成 | 10分<br>借助残疾辅助器具(康复辅助器具)或其他工具才能完成 | 5分<br>需要依靠他人引领、看护或扶助才能完成 | 0分<br>完全依靠他人接触身体的帮助才能完成 |
| 7 | 行走<br>a) 平地行走；<br>b) 上楼梯；<br>c) 下楼梯。 | 15分<br>自主完成 4.1.1.7 的 a)b)c) | 10分<br>借助残疾辅助器具(康复辅助器具)或其他工具才能完成 4.1.1.7 的 a)b)c) | 5分<br>借助残疾辅助器具(康复辅助器具)或其他工具才能完成 4.1.1.7 的 a)，其余需要依靠他人引领、看护或扶助才能完成 | 0分<br>完全依靠他人接触身体的帮助才能完成 4.1.1.7 的 a)b)c) |
| 8 | 小便始末 | 10分<br>自主完成 | 5分<br>需要他人引领、看护或帮助才能去规定的地方完成小便过程 | 0分<br>在床上小便或完全依靠他人接触身体的帮助才能完成,并依靠他人帮助清理小便 | |
| 9 | 大便始末 | 10分<br>自主完成 | 5分<br>需要他人引领、看护或帮助才能去规定的地方完成大便过程 | 0分<br>在床上大便或完全依靠他人接触身体的帮助才能完成,并依靠他人帮助清理大便 | |
| 10 | 用厕<br>a) 蹲下站起；<br>b) 拭净；<br>c) 冲洗(倒掉)；<br>d) 整理衣裤。 | 10分<br>自主完成 4.1.1.10 的 a)b)c)d) | 5分<br>只能完成 4.1.1.10 的 a)b)c)d) 中的 3 项以下,其余需要他人接触身体帮助或借助其他设施、辅助用具才能完成 | 0分<br>完全依靠他人接触身体帮助才能完成 4.1.1.10 的 a)b)c)d) | |

计算方法:按项目累加,获得总分。
注1:自主完成,指躯体伤残者不需要他人帮助就能完成。
注2:完全依靠,指躯体伤残者某项日常生活活动能力完全丧失,完全靠他人帮助才能完成。
注3:他人接触身体的帮助,指护理人员近距离给予伤残者抱、抬、搬、背等帮助。
注4:看护,指为了防止躯体伤残者在进行日常生活活动时出现行走不稳、摔倒、跌下等危险,而需他人在旁边照看、保护。
注5:扶助,指为了防止躯体伤残者在进行日常生活活动时出现行走不稳、摔倒、跌下等危险,而需他人在旁边实施搀扶、护持等帮助。
注6:看护和扶助,躯体伤残者日常生活活动主要是靠自身的能力完成。

## 二、躯体伤残护理依赖分级表

| 序号 | 护理依赖分级 | 分值范围 |
|---|---|---|
| 1 | 无护理依赖 | 61—100 |
| 2 | 部分护理依赖 | 41—60 |
| 3 | 大部分护理依赖 | 21—40 |
| 4 | 完全护理依赖 | 20 分以下 |

## 三、精神障碍日常生活自理能力 12 项评定分值表（满分 120 分）

| 序号 | 项目 | 评定分值 | | |
|---|---|---|---|---|
| 1 | 进食<br>a) 按时；<br>b) 定量；<br>c) 在规定地点完成进食。 | 10 分<br>能自主完成 5.1.1.1 的 a)b)c) | 5 分<br>经常需他人提醒、督促、引领、控制才能完成 5.1.1.1 的 a)b)c)中的 1 项或 2 项 | 0 分<br>完全依靠他人督促、帮助才能完成 5.1.1.1 的 a)b)c)或需他人喂食 |
| 2 | 修饰<br>a) 洗(擦)脸；<br>b) 刷牙；<br>c) 梳头；<br>d) 剃须。 | 10 分<br>能保持外貌整洁，自主完成 a)b)c)d)中 2 项以上 | 5 分<br>经常需他人提醒、督促、引领、控制才能完成 5.1.1.2 的 a)b)c)d)中 1 项以上 | 0 分<br>完全依靠他人帮助才能完成 5.1.1.2 的 a)b)和（或）c)d) |
| 3 | 更衣<br>a) 穿脱衣服；<br>b) 定时更换衣服；<br>c) 按季节、天气、温度变化适时增减衣服。 | 10 分<br>衣着得体，能自主完成 5.1.1.3 的 a)b)c) | 5 分<br>经常需他人提醒、督促、帮助才能完成 5.1.1.3 的 a)b)c) | 0 分<br>完全依靠他人帮助才能完成 5.1.1.3 的 a)b)c) |
| 4 | 理发、洗澡、剪指甲<br>a) 去理发店理发；<br>b) 去洗浴处洗澡；<br>c) 自己或要求他人帮助剪指甲。 | 10 分<br>能自主完成 5.1.1.4 的 a)b)c) | 5 分<br>经常需他人提醒、督促、引领、帮助才能完成 5.1.1.4 的 a)b)c)中 1 项以上 | 0 分<br>从不主动理发、洗澡、剪指甲，完全需要他人强制、帮助才能完成 5.1.1.4 的 a)b)c) |
| 5 | 整理个人卫生<br>a) 整理自己的床铺；<br>b) 打扫室内卫生；<br>c) 清洗衣服；<br>d) 女性能处理经期卫生，使用更换卫生巾，清洗内裤等。 | 10 分<br>能自主完成 5.1.1.5 的 a)b)c)，女性能自主完成 5.1.1.4 的 d) | 5 分<br>经常需他人提醒、指导才能完成 5.1.1.5 的 a)b)c)中 1 项以上。女性在他人提醒、指导下才能完成 5.1.1.5 的 d) | 0 分<br>完全依靠他人帮助才能完成 5.1.1.5 的 a)b)c)。女性完全依靠他人帮助才能完成 5.1.1.5 的 d) |
| 6 | 小便始末<br>a) 到规定地方；<br>b) 解系裤带，完成小便过程；<br>c) 清理小便。 | 10 分<br>能自主完成 5.1.1.6 的 a)b)c) | 5 分<br>经常需他人提醒、督促、引领才能完成 5.1.1.6 的 a)，5.1.1.6 的 b)c)基本能自主完成 | 0 分<br>完全依靠他人帮助才能完成 5.1.1.6 的 a)b)c) |

(续表)

| 序号 | 项目 | 评定分值 | | |
|---|---|---|---|---|
| 7 | 大便始末<br>a) 到规定地方；<br>b) 解系裤带，完成大便过程；<br>c) 清理大便。 | 10分<br>能自主完成5.1.1.7的a)b)c) | 5分<br>经常需他人提醒、督促、引领才能完成5.1.1.7的a)，5.1.1.7的b)c)基本能自主完成 | 0分<br>完全依靠他人帮助才能完成5.1.1.7的a)b)c) |
| 8 | 外出行走<br>a) 自主外出；<br>b) 能找回出发处。 | 10分<br>能自主完成5.1.1.8的a)b)<br>5分<br>完成5.1.1.8的a)b)，需要他人陪同，否则就有走失的危险；或从不外出 | 0分<br>完成5.1.1.8的a)b)，必须有他人陪同，否则就会走失 | |
| 9 | 睡眠<br>按照一般正常人的作息时间、规律睡眠。 | 10分<br>能自主按正常人的作息时间、规律睡眠，或偶有异常睡眠但不需要他人监护、帮助 | 5分<br>有下列异常睡眠表现：昼夜颠倒、白天思睡、夜间不宁、晚上不睡、早晨不起等1种以上，经常需要他人监护、帮助 | 0分<br>有下列异常睡眠表现：昼夜颠倒、白天思睡、夜间不宁、晚上不睡、早晨不起等1种以上，长期需要他人监护、帮助 |
| 10 | 服药<br>a) 保管药物；<br>b) 定时服药；<br>c) 定量服药。 | 10分<br>不需要服药，或需要服药，但能遵照医嘱自主完成5.1.1.10的a)b)c) | 5分<br>需要服药，能自主完成5.1.1.10的a)，但5.1.1.10的b)c)需他人提醒、督促、帮助才能完成 | 0分<br>需要服药，完全依靠他人帮助才能完成5.1.1.10的a)b)c) |
| 11 | 使用日常生活用具<br>a) 使用炉灶；<br>b) 使用日用电器；<br>c) 使用自来水。 | 10分<br>能自主安全使用5.1.1.11的a)b)c) | 5分<br>经常需他人指导、监护才能使用5.1.1.11的a)b)c)中1项以上 | 0分<br>从不使用5.1.1.11的a)b)c)或使用5.1.1.11的a)b)c)经常引发危险 |
| 12 | 乘车<br>乘坐交通工具，如公共汽车、出租车等。 | 10分<br>能自主完成乘坐交通工具 | 5分<br>乘坐交通工具，经常需要有他人陪同 | 0分<br>从不乘坐交通工具，或在他人陪同下，也很难完成乘坐交通工具 |

注：根据精神障碍者完成日常生活自理能力项目的情况，客观确定每项分值，将各项分值相加得出总分值。

### 四、精神障碍护理依赖程度评定表

| 序号 | 护理依赖分级 | 分值范围 | 备注 |
|---|---|---|---|
| 1 | 无护理依赖 | 81—120 | |
| 2 | 部分护理依赖 | 61—80 | |
| 3 | 大部分护理依赖 | 41—60 | 安全问题：有以下危害自身、他人和公共安全行为或倾向1项以上，治疗满1年，经专科医疗机构精神科执业主治以上职称医师或鉴定人员诊断、鉴定无明显改善的，为大部分护理依赖；a) 自杀；b) 自残；c) 伤人；d) 毁物；e) 其他危害公共安全的情形或倾向。 |
| 4 | 完全护理依赖 | 40分以下 | |

## 第三节 附 录

### 一、附录 A(规范性附录)损伤参与度分级表

| 序号 | 分级 | 文字描述 |
|---|---|---|
| 1 | 损伤参与度为 100% | 完全由本次损害及其并发症、后遗症造成,原有疾病或残疾与其所需护理依赖程度无因果关系的 |
| 2 | 损伤参与度为 75% | 主要由本次损害及其并发症、后遗症造成,原有疾病或残疾与其所需护理依赖程度只起到加重和辅助作用的 |
| 3 | 损伤参与度为 50% | 本次损害及其并发症、后遗症与原有疾病或残疾共同造成护理依赖程度,且作用相当,难分主次的 |
| 4 | 损伤参与度为 25% | 主要由原有疾病或残疾造成,本次损害及其并发症、后遗症对其护理依赖程度只起到加重和辅助作用的 |
| 5 | 损伤参与度为 0 | 完全由原有疾病或残疾造成,本次损害及其并发症、后遗症对其护理依赖程度无明确因果关系的 |

### 二、附录 B(资料性附录)护理依赖赔付比例表

| 序号 | 护理依赖分级 | 赔付比例 |
|---|---|---|
| 1 | 完全护理依赖 | 按 100% 比例计算 |
| 2 | 大部分护理依赖 | 按完全护理依赖费用 80% 计算 |
| 3 | 部分护理依赖 | 按完全护理依赖费用 50% 计算 |

# 第八章

# 人身损害赔偿其他鉴定

## 第一节 医疗损害司法鉴定

### 一、医疗损害司法鉴定与医疗事故鉴定的比较[①]

| 区别点 | 医疗损害司法鉴定 | 医疗事故鉴定 |
|---|---|---|
| 案由 | 医疗侵权、医疗合同 | 医疗事故 |
| 委托人 | 人民法院、检察院为主,部分涉及刑事责任的由公安机关委托 | 人民法院、卫生行政机关、调解组织等 |
| 鉴定受理主体 | 司法鉴定机构 | 医学会(医疗事故鉴定委员会) |
| 实施主体 | 司法鉴定人 | 医学会 |
| 鉴定内容 | 医疗行为是否存在过错;是否存在损害后果;若有,医疗过错行为与损害后果之间是否有因果关系;参与度是多少 | 争议医疗事件是否构成医疗事故;事故的等级;医方的责任程度 |
| 鉴定程序 | 当事人共同商定、法院指定,与行政管辖无关,不受地域范围限制 | 属地管辖、异地指定管辖 |
| 鉴定组 | 法医、临床专家 | 临床专家、法医 |
| 效力等级 | 无上下级之分 | 有上下级之分 |
| 终局鉴定 | 无终局鉴定 | 中华医学会鉴定为终局鉴定 |
| 落款 | 鉴定人签名,机构盖章 | 某医学会盖章,不签名 |
| 质证权 | 鉴定人应依法出庭作证,否则鉴定意见不能被采信 | 通常不出庭作证 |
| 争议处置 | 补充鉴定、重新鉴定、行政机关投诉 | 向上级医学会申请"复议"鉴定 |
| 法律依据 | 《侵权责任法》《民法通则》等 | 《医疗事故处理条例》等 |
| 主要功用 | 民事赔偿 | 行政管理(处罚)、行政调解、民事赔偿 |
| 发展趋势 | 逐步推广完善 | 逐步弱化 |

---

[①] 目前我国仍处于医疗损害赔偿与鉴定的双轨制阶段,不同地区的做法存在较大差异。

## 二、医疗过错分类①

| 种类 | 定义 | 法条 |
| --- | --- | --- |
| 故意实施违法行为 | 医疗损害责任主要是过错责任,表现为医疗过失。在理论上也存在故意违法行为的情形,实践中极少发生 | 第4条 侵权人因同一行为应当承担行政责任或者刑事责任的,不影响依法承担侵权责任。因同一行为应当承担侵权责任和行政责任、刑事责任,侵权人的财产不足以支付的,先承担侵权责任。<br>司法解释:第97条 【医疗损害责任中的故意损害的性质】依照侵权责任法第五十四条规定确定医疗损害责任,医疗机构及其医务人员的过错,主要是医疗过失。医务人员在诊疗活动中,故意实施违法行为造成患者损害的,应当适用侵权责任法第四条规定,在承担刑事责任的同时,由医疗机构依据侵权责任法第五十四条规定,承担侵权责任。 |
| 未尽告知义务 | 造成人身损害<br>未造成人身损害,但造成患者知情同意权损害 | 第55条 医务人员在诊疗活动中应当向患者说明病情和医疗措施。需要实施手术、特殊检查、特殊治疗的,医务人员应当及时向患者说明医疗风险、替代医疗方案等情况,并取得其书面同意;不宜向患者说明的,应当向患者的近亲属说明,并取得其书面同意。医务人员未尽到前款义务,造成患者损害的,医疗机构应当承担赔偿责任。 |
| 紧急情况下未尽告知义务 | 主要指未尽告知批准义务,造成患者损害的 | 第56条 因抢救生命垂危的患者等紧急情况,不能取得患者或者其近亲属意见的,经医疗机构负责人或者授权的负责人批准,可以立即实施相应的医疗措施。 |
| 未尽到与当时的医疗水平相应的诊疗义务 | 造成患者损害的 | 第57条 医务人员在诊疗活动中未尽到与当时的医疗水平相应的诊疗义务,造成患者损害的,医疗机构应当承担赔偿责任。 |
| 推定医疗过错 |  | 第58条 患者有损害,因下列情形之一的,推定医疗机构有过错:(一)违反法律、行政法规、规章以及其他有关诊疗规范的规定;(二)隐匿或者拒绝提供与纠纷有关的病历资料;(三)伪造、篡改或者销毁病历资料。<br>第61条 医疗机构及其医务人员应当按照规定填写并妥善保管住院志、医嘱单、检验报告、手术及麻醉记录、病理资料、护理记录、医疗费用等病历资料。患者要求查阅、复制前款规定的病历资料的,医疗机构应当提供。 |
| 使用不合格医疗用品 | 属于连带责任,享有追偿权 | 第59条 因药品、消毒药剂、医疗器械的缺陷,或者输入不合格的血液造成患者损害的,患者可以向生产者或者血液提供机构请求赔偿,也可以向医疗机构请求赔偿。患者向医疗机构请求赔偿的,医疗机构赔偿后,有权向负有责任的生产者或者血液提供机构追偿。 |
| 违反保密义务 | **造成患者损害的** | 第62条 医疗机构及其医务人员应当对患者的隐私保密。泄露患者隐私或者未经患者同意公开其病历资料,造成患者损害的,应当承担侵权责任。 |
| 违反诊疗规范实施不必要检查 |  | 第63条 医疗机构及其医务人员不得违反诊疗规范实施不必要的检查。 |

---

① 依据《侵权责任法》及《最高人民法院关于适用〈侵权责任法〉若干问题的通知》整理。医疗机构和医务人员的过错主要是医疗过失。表格中"法条"一栏,不特别注明的均指《侵权责任法》。

(续表)

| 种类 | 定义 | 法条 |
|---|---|---|
| 免责情形 | 外来因素和不可抗力 | 第60条 患者有损害,因下列情形之一的,医疗机构不承担赔偿责任:(一)患者或者其近亲属不配合医疗机构进行符合诊疗规范的诊疗;(二)医务人员在抢救生命垂危的患者等紧急情况下已经尽到合理诊疗义务;(三)限于当时的医疗水平难以诊疗。前款第一项情形中,医疗机构及其医务人员也有过错的,应当承担相应的赔偿责任。 |
| 共同过错 | 因患者及其近亲属不配合医疗机构进行符合诊疗规范的诊疗,医疗机构和医务人员同时有过错的,应承担相应的赔偿责任 | |

## 三、损害后果分类

| 种类 | 定义/判断标准/原则 |
|---|---|
| 死亡 | 1. 争议医疗行为存在过错,且该过错医疗行为导致或部分导致了被鉴定人的死亡;<br>2. 死亡的判断按照我国临床治疗规范。传统判断标准是心肺死亡标准;<br>3. 原则上需要进行尸体解剖查明死亡原因;<br>4. 是否属于医疗损害后果,同时要结合争议医疗行为是否有过错,以及该医疗行为与死亡结果之间的因果关系强度综合判断。 |
| 残疾 | 按照《道标》《医疗事故分级标准》《人身损害伤残标准》或《工标》 |
| (部分)丧失生存机会 | 1. 尚无专门性法律规定,在司法实践中有所承认;<br>2. 由于医疗机构和医务人员的过失导致患者原有的治愈机会丧失或减少;<br>3. 常见于恶性肿瘤的早期诊断等;<br>4. 国外将丧失生存机会视为独立的损害后果。因果关系一般定为次要因素,参与度为25%左右,不超过50%。 |
| (部分)丧失康复机会 | 1. 尚无专门性法律规定,在司法实践中有所承认;<br>2. 由于医疗机构和医务人员的过失导致患者原有的康复机会丧失或减少。 |
| 错误受孕 | 因医疗过失施行绝育手术或者避孕药具使用不当,造成妇女再度受孕,而由孩子双亲提起的诉讼 |
| 错误生产 | 1. 生下缺陷儿的双亲提起的诉讼;<br>2. 孕妇担心胎儿有疾病请医师诊查,医师检查失误告知胎儿健康,致未及时堕胎而生下残疾的孩子。 |
| 错误出生 | 1. 孩子或其代理人提起的诉讼;<br>2. 因医师过失未告知其父母胎儿有缺陷的可能,以致父母没有机会选择是否生下他,终致产下该缺陷儿。 |
| 其他损害 | 如延误治疗(不影响治愈机会);加重病情(未达残疾程度);单纯增加医疗费用(并没有直接造成其他医疗损害,仅仅是医疗费用、治疗时间的延长);单纯增添一过性疼痛不适(额外增加创伤性治疗、药物治疗等因而增加身心痛苦);结构/功能损害未达残疾等级;特殊职业能力的损害(我国法律面前尚缺少专门性规定);(部分)丧失康复机会;第三人的损害(如性功能障碍对夫妻性权利的侵害)。 |

## 四、因果关系判断逻辑[1]

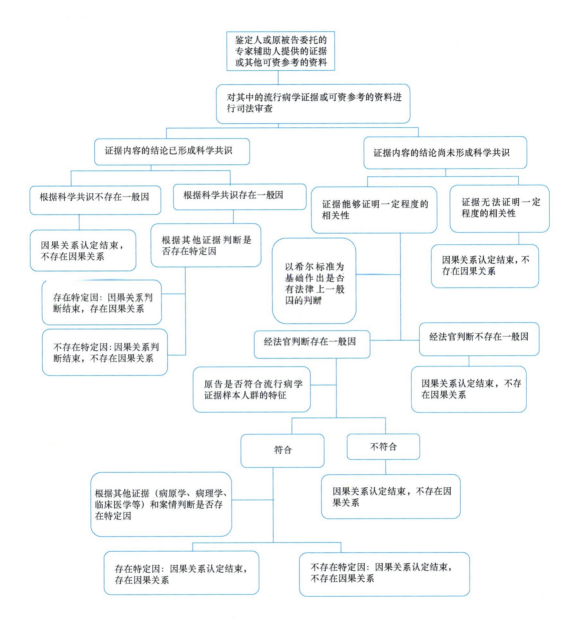

---

[1] 参见陈伟:《疫学因果关系及其证明》,载《法学研究》2015年第4期,根据图3"疫学型环境侵权因果关系判断逻辑图"改编。

## 五、因果关系分级

五分法

| 序号 | 分级 | 百分比（%） | 说明 |
| --- | --- | --- | --- |
| 1 | 完全因果关系 | 100 | 医疗过错行为与损害后果之间是完全的引起和被引起的关系，无其他因素介入。在该情形下，所诉医疗损害完全属于医疗过错所致，与就诊人自身体质、所患疾病及其他行为无关联。法学上为必然因果关系，也叫直接因果关系。 |
| 2 | 主要因果关系 | 75 | 医疗过错行为与损害后果之间是直接的引起和被引起的关系，其他因素起到次要作用。在该情形下，所诉医疗损害主要是医疗过错所致，就诊人自身体质、所患疾病及其他行为增加了所诉医疗损害出现的可能性。法学上为相当因果关系。 |
| 3 | 同等因果关系 | 50 | 医疗过错行为与其他因素共同导致损害后果发生，难分主次。在该情形下，所诉医疗损害是医疗过错和就诊人自身体质、所患疾病以及其他行为共同作用所致结果，且双方的作用强度难以区分，即出现所谓"原因竞争"。法学上为素因竞合之因果关系。 |
| 4 | 次要因果关系 | 25 | 医疗过错行为与损害后果之间是间接的引起和被引起的关系，其他因素起到主要作用。在该情形下，所诉医疗损害主要是就诊人自身体质、所患疾病及其他行为所致，但医疗过错对损害结果的出现起到诱发、促进、加重等作用，法学上为事实之因果关系。 |
| 5 | 无因果关系 | 0 | 医疗（过错）行为与损害后果之间无引起和被引起的关系，完全系其他因素导致。所诉医疗损害完全是就诊人自身体质、所患疾病及其他行为所致，与医疗差错无关联或不存在医疗差错。法学上为无因果关系或无自然关联。 |

注：其他因素包括自身因素、医疗决策因素、社会因素等。

十一分法

| 序号 | 量化分级 | 语言表述 |
| --- | --- | --- |
| 1 | 0 | 无因果关系 |
| 2 | 10% | 诱因、促发、加重、增荷因果关系 |
| 3 | 20% | 诱因、促发、加重、增荷因果关系 |
| 4 | 30% | 诱因、促发、加重、增荷因果关系 |
| 5 | 40% | 次要、间接因果关系 |
| 6 | 50% | 同等因果关系 |
| 7 | 60% | 主要关系、大部分关系、直接因果关系 |
| 8 | 70% | 主要关系、大部分关系、直接因果关系 |
| 9 | 80% | 主要关系、大部分关系、直接因果关系 |
| 10 | 90% | 主要关系、大部分关系、直接因果关系 |
| 11 | 100% | 完全因果关系 |

范围法（点线结合法）

| 序号 | 量化分级 | 语言表述 | 特点 |
|---|---|---|---|
| 1 | 100% | 完全因果关系 | 点 |
| 2 | 76%—99% | 主要因果关系 | 范围，可供司法人员依据案情综合裁量 |
| 3 | 51%—75% | 大部分因果关系 | 范围，可供司法人员依据案情综合裁量 |
| 4 | 50% | 同等因果关系 | 点 |
| 5 | 26%—49% | 次要（间接）因果关系 | 范围，可供司法人员依据案情综合裁量 |
| 6 | 1%—25% | 诱因关系 | 范围，可供司法人员依据案情综合裁量 |
| 7 | 0 | 无因果关系 | 点 |

# 第二节 《人身损害医疗费的审核与评定准则》（广东省司法鉴定协会）

| 条标 | 内容 |
|---|---|
| 1. 总则 | 本准则规定了法医临床学人身损害医疗费审核与评定的范围、标准及方法。<br>本准则适用于广东省司法鉴定机构对前期医疗费的审核与后期医疗费的评定。 |
| 2. 目的 | 本准则的制定为前期医疗费合理性评定和后期医疗费评定提供统一的技术规范与评定依据。 |
| 3. 定义 | 3.1 人身损害包括故意伤害、交通事故、工伤事故、职业疾病、医疗损害、灾害事故、意外事故及其他意外损害。<br>3.2 人身损害医疗费是指自然人身体受到伤害后，对伤害后果进行医学诊治及功能康复所需的费用。<br>3.3 人身损害后果包括伤害所致的原发损伤、并发症、后遗症、伤害所诱发或加重的自身疾病。<br>3.4 医学诊治及功能康复所需的费用包括挂号费、急救费、检查费、诊疗费、医药费、住院费、后续治疗费、整容费、康复费、残疾辅助器具费及其他相关诊疗费用等。<br>3.5 挂号费包括急诊挂号费、门诊挂号费、专家挂号费等。<br>3.6 急救费包括伤情危急、急需救治的现场救护人工和物品费、药品费、救护车费、出诊急救费等。<br>3.7 检查费包括为确定伤情及治疗所需的各种医学辅助检查和化验等费用，如X线、CT、MR、B超等影像学检查，血、尿、便化验，病理学检验等费用。<br>3.8 诊疗费包括诊断、会诊、注射、输液、换药、手术、麻醉、输血、输氧、理疗、镶牙等费用及相关医疗用品、耗材、药物等费用。<br>3.9 医药费包括西药、中药、中成药、中草药等费用。<br>3.10 住院费包括床位费、医疗护理费、病房温度调节费、气垫床位辅助费等。<br>3.11 后续治疗费包括治疗终结后门诊定期复查和医疗处置费用、二次住院复查和手术费用等，如对前期治疗辅助措施的观察和撤除、择期组织器官维护、修补或置换，医疗依赖者病因治疗、支持对症处理及并发症防治等费用。<br>3.12 整容费包括因容貌毁损需要矫正、祛疤及其他修复容貌的费用。<br>3.13 康复费是指治疗终结后存在残疾或功能障碍者，采用医疗康复措施维持受损器官功能与改善受损器官功能适应环境所需的费用。医疗康复措施包括药物疗法、物理疗法、作业疗法、言语疗法、心理辅导、传统康复疗法等各种康复治疗。<br>3.14 残疾辅助器具费是指治疗终结后存在残缺者，采用安装和配置假肢、矫形器、残疾辅助用具等功能补偿措施，以帮助和改善日常生活所需的费用。<br>3.15 其他相关诊疗费用包括以上范围之外的、与人身损害医学诊疗及功能恢复有关的费用。<br>3.16 人身损害医疗费分为前期医疗费和后续医疗费。前期医疗费指治疗终结时已经发生的治疗费。后续医疗费指治疗未终结将继续发生的治疗费、治疗终结后必然发生的治疗费。必然发生的治疗费包括后续治疗费、整容费、康复费、残疾辅助器具费。 |

(续表)

| 条标 | 内容 |
|---|---|
| 4. 审核与评定 | 4.1 医疗费合理性评定是对前期医疗费的必要性和合理性及费用凭证的合格性予以评审核定。合理性审核内容包括就诊医院、诊疗措施和疗程。合格性审核内容包括诊断证明、病历记载、收费凭证。 |
| | 4.1.1 就诊医院按损伤地或伤员常住地就近诊疗为原则。因伤情需要，经就诊医院同意，可转院治疗，转治医院也按就近原则。抢救和应急医疗处理不受以上原则限制。 |
| | 4.1.2 诊疗措施要符合对症、适时、必要的原则。即诊疗目的针对原发性损伤及其并发症、后遗症和损伤所诱发或加重的自身疾病，诊疗项目依照损伤临床各阶段需要，诊疗原则、方法和内容符合中国医师协会、中国保险行业协会、中华医学会组织制定的《道路交通事故受伤人员临床诊疗指南》有关规定，诊疗各项检查、用药、病房和病床等标准符合当地基本医疗保险诊疗项目和用药范围有关规定。 |
| | 4.1.3 治疗伤害诱发或加重的自身疾病，按照控制、减轻原疾病症状为原则，并按照伤害本身在诱发或加重自身疾病中的权重比例折算这部分的医疗费。 |
| | 4.1.4 损伤疗程按原发损伤及并发症临床治愈（即临床症状和体征消失）或体征固定、诱发或加重的自身疾病临床稳定为原则。具体时限原则上不超过《道路交通事故受伤人员治疗终结时间（GA/T 1088-2013）》规定的上限。 |
| | 4.1.5 费用凭证合格依据，按照就诊医院诊断证明、病历记载、收费凭证（收费清单及发票）三者客观有效、互为关联为原则。 |
| | 4.2 后续医疗费评定是对治疗未终结将继续发生的治疗费、治疗终结后必然发生的治疗费所需数额的评估认定。 |
| | 4.2.1 治疗终结前已经发生的治疗费和治疗未终结将继续发生的治疗费评定，按照最高人民法院规定的"差额化"赔偿原则，即只要合理和合格的医疗费，需要多少评定多少。治疗终结后必然发生的治疗费评定，按照最高人民法院规定的"定型化"赔偿原则，即按损害后果和类别所确定的固定标准评定。 |
| | 4.2.2 治疗未终结将继续发生的治疗费评定方法，可根据《道路交通事故受伤人员治疗终结时间（GA/T1088-2013）》确定该伤治疗终结时间，扣除已治疗时间，计算出需继续医疗时间，参照已发生的医疗费按比例估算继续治疗的费用。 |
| | 4.2.3 治疗终结后必然发生的治疗项目和措施的确定。 |
| | 4.2.3.1 治疗终结后必然发生的治疗项目和措施，是指临床转归必然发生的、客观规律合理发生的治疗项目和措施，不含理论上可能发生的治疗项目和措施，包括① 前期治疗辅助措施观察和撤除，择期组织器官维护、修补或置换，医疗依赖者病因治疗、支持对症处理及并发症防治，即治疗终结后必要的后续治疗措施；② 整容措施；③ 康复措施；④ 配备残疾辅助器具等。 |
| | 4.2.3.2 已经确认伤残并评定级别的损伤，原则上不给予可能减轻伤残等级的后续治疗费用。除根据需要给予治疗终结后后续治疗项目和措施所需费用外，不需其他后续治疗项目和措施的费用。如颅脑损伤评残后，不再给予营养脑细胞、高压氧等治疗费用。若伴有伤残以外其他部位损伤需要继续治疗，则只确定这部分的继续治疗费用。 |
| | 4.2.4 治疗终结后必然发生的治疗费数额估算准则，按照确定的治疗项目和措施，参照地市级三甲医院医疗用药标准计算需要的医药费。同一地区、同类损伤、同等程度损伤，医疗费应该相同或相近。 |
| | 4.2.5 损伤致严重残疾存在医疗依赖者，其后续医疗费用的评估应根据医学科学规律和最高人民法院规定的"定型化"赔偿的原则。 |
| | 4.2.6 治疗终结后必然发生的治疗项目和措施的费用评定，参照《必然发生的部分治疗项目和措施的费用标准》（附表）定型化标准进行评估，标准未列出的，可比照相近医疗项目和措施进行评估。 |
| 5. 附录 | 5.1 本准则由广东省司法鉴定协会制定并解释。 |
| | 5.2 本准则自2015年1月1日起施行，原《人身损害医疗费的审核与评定准则（试行）》同时废止。 |

附表：必然发生的部分治疗项目和措施的费用标准

| 项目 | | 措施 | 费用(元) |
|---|---|---|---|
| 后续治疗 | 医疗辅助措施观察和撤除 | 颌骨骨折内固定钢板取出 | 5000—6000 |
| | | 面颅骨骨折内固定钢板取出 | 8000—10000 |
| | | 脊柱椎体骨折内固定椎弓根钉取出 | 8000—10000 |
| | | 锁骨骨折内固定钢板取出 | 6000—8000 |
| | | 肩锁关节脱位内固定钢板取出 | 6000—8000 |
| | | 肩胛骨内固定钢板取出 | 6000—8000 |
| | | 肋骨骨折内固定物取出 | 4000—5000 |
| | | 胸骨骨折内固定物取出 | 4000—5000 |
| | | 肢体长骨骨折内固定钢板取出 | 8000—10000 |
| | | 肢体长骨骨折交锁髓内钉取出 | 10000—12000 |
| | | 髌骨、鹰嘴骨折张力带取出 | 6000—7000 |
| | | 髌骨、鹰嘴骨折克氏针+钢丝风固定物取出 | 4000—5000 |
| | | 髋臼骨折内固定钢板取出 | 800—10000 |
| | | 骨盆骨折内固定钢板取出 | 8000—10000 |
| | | 膝关节内外侧副韧带、前后交叉韧带撕(断)裂内固定物取出 | 4000—5000 |
| | | 四肢骨折在氏针或螺钉取出 | 2000—3000 |
| | | 手、足骨折内固定钢板取出 | 4000—5000 |
| | | 可调外固定支架取出 | 3000—5000 |
| | 组织器官维护修补或置换 | 单侧颅骨修补 | 15000—30000 |
| | | 双侧颅骨修补 | 25000—50000 |
| | | 脑积水分流术 | 20000—25000 |
| | | 义齿安装 | 1000—1500/项 |
| | | 义眼台成形术 | 6000—8000/眼 |
| | | 义眼安装 | 800—1000/眼<br>每10年更换义眼一次 |
| | | 义耳安装 | 1500—2000 |
| | | 全瘫人工关节置换 | 40000—50000<br>每15年更换人工关节一次 |
| | | 半瘫人工关节置换 | 20000—25000<br>每15年更换人工关节一次 |
| | | 肌腱或韧带黏连松解术 | 5000—6000 |
| | | 尿道扩张 | 2000—3000 |
| | | 尿路再造 | 30000—40000 |
| | | 肠造瘘 | 3000—5000 |
| | | 四肢大关节条,片状瘢痕影响活动功能,行瘢痕整复术 | 300—400/cm或cm²<br>10000—15000/处（面积1%左右） |
| | | 癫痫,予以药物控制、对症等治疗 | 4000—5000/年 |
| | | 瘫痪、伤残三级以上存在大小便失禁等合并症,予以支持,对症等治疗 | 10000—12000/年 |
| | | 杆物状态,予以支持,对症等治疗 | 18000—20000/年 |
| | | 颅脑损伤致精神行为障碍,需药物控制 | 7000—8000/年 |

(续表)

| 项目 | 措施 | 费用(元) |
| --- | --- | --- |
| 整容 | 面部条、片状瘢痕(浅表瘢痕除外)行瘢痕整复术 | 800—1000/cm 或 cm² |
| | 面部浅表瘢痕抑疤药物治疗 | 200—2500 |
| | 面部色素沉着药物治疗 | 500—3000 |
| | 面部瘢痕致眼睑畸形、张口受限、口角歪斜,行瘢痕整复术 | 15000—20000 |
| | 内眦瘢痕形成致眼活动受限,行瘢痕切除术 | 10000—15000 |
| | 颈部条、片状瘢痕(浅表瘢痕除外)影响外观,行瘢痕切除术 | 400—500/cm 或 cm²<br>10000—15000/处(面积1%左右) |
| | 颅脑损伤致视力、听力下降,给予作业疗法 | 800—1000 元 |
| | 颅脑损伤遗留语言交流障碍,给予语言训练和矫治,遗留吞咽障碍,给予口面部及舌运动训练 | 1500—2000 元 |
| | 颅脑、脊髓、周围神经损伤遗留肢体瘫痪,给予活动训练,理疗针灸推拿按摩,外用药物疗法 | 3000—4000 元 |
| | 周围神经损伤遗留肢体部分瘫痪,给予活动训练,理疗针灸,外用药物疗法 | 2000—3000 元 |
| | 颅脑、脊髓损伤遗留部分颅脑,神经损伤后遗症(肢体瘫痪除外),给予作业疗法 | 800—1000 元 |
| | 面神经损伤致面瘫,给予针灸,外用药物疗法 | 1500—2000 元 |
| | 脊柱损伤遗留活动受限,给予作业疗法,理疗,外用药物疗法 | 1500—2000 元 |
| | 关节损伤,关节置换术后遗留关节活动受限,给予作业疗法,外用药物疗法 | 1500—2000 元 |
| | 四肢肢体缺失义肢安装后,断肢再植术后,给予活动训练作业疗法,外用药物疗法 | 1500—2000 元 |
| | 胸、腹部损伤给予外用药物疗法 | 1500—2000 元 |
| 残疾辅助器具 | 肩离断假肢 | 34000—36000 |
| | 上臂假肢 | 26000—30000 |
| | 前臂假肢 | 16000—20000 |
| | 腕离断假肢 | 8000—12000 |
| | 掌骨截肢假手 | 3000—5000 |
| | 假手指 | 300—600/指 |
| | 髋离断假肢 | 28000—30000 |
| | 大腿假肢 | 22000—26000 |
| | 膝离断假肢 | 18000—22000 |
| | 小腿假肢 | 16000—20000 |
| | 踝离断假肢 | 6000—10000 |
| | 半足假肢 | 5000—8000 |
| | 头颈胸矫形器 | 800—1000 |
| | 颈部矫形器 | 600—800 |
| | 胸腔矫形器 | 800—1000 |
| | 胸部矫形器 | 1000—1400 |
| | 脊柱矫形器 | 1000—1400 |
| | 上肢矫形器 | 800—1200 |
| | 下肢矫形器 | 1000—1400 |
| | 踝足矫形器 | 300—500 |

(续表)

| 项目 | 措施 | 费用(元) |
|---|---|---|
| 残疾辅助器具 | 矫形鞋 | 1000/2 双(一单一棉) |
| | 颈托 | 200 |
| | 轮椅 | 600—1000 |
| | 手摇三轮车 | 1000—1200 |
| | 腋拐 | 100—200 |
| | 助行架 | 300—500 |
| | 助听器 | 2000—3000 |
| | 护理床 | 1500—2000,每 10 年更换 1 次 |
| | 防褥疮床垫 | 2500—3000,每 3 年更换 1 次 |

# 第三节　道路交通事故受伤人员治疗终结时间评定[①]

## 一、总则

| 标题 | 内容 | |
|---|---|---|
| 1. 范围 | 本标准规定了道路交通事故受伤人员临床治愈、临床稳定、治疗终结的时间。<br>本标准适用于道路交通事故受伤人员治疗终结时间的鉴定,也可适用于道路交通事故人身损害赔偿调解。 | |
| 2. 规范性引用文件 | GB18667 道路交通事故受伤人员伤残评定<br>GA/T521 人身损害受伤人员误工损失日评定准则<br>其最新版本适用于标准 | |
| 3. 术语和定义 | 3.1　临床治愈 clinical cure | 道路交通事故直接导致的损伤或损伤引发的并发症经过治疗,症状和体征消失。 |
| | 3.2　临床稳定 clinical stable condition | 道路交通事故直接导致的损伤或损伤引发的并发症经过治疗,症状和体征基本稳定。 |
| | 3.3　治疗终结 end of treatment | 道路交通事故直接导致的损伤或损伤引发的并发症经过治疗,达到临床治愈或临床稳定。 |
| | 3.4　治疗终结时间 treatment time | 道路交通事故直接导致的损伤或损伤引发的并发症治疗终结所需要的时间。 |
| 4. 一般规定 | 4.1　道路交通事故受伤人员治疗终结时间应按照实际治疗终结时间认定。治疗终结时间难以认定或有争议的,可按照本标准认定。 | |
| | 4.2　遇有本标准以外的损伤时,应根据损伤所需的实际治疗终结时间,或比照本标准相类似损伤所需的治疗终结时间确定治疗终结时间。 | |
| | 4.3　对于多处损伤或不同器官损伤,以损伤部位对应最长的治疗终结时间为治疗终结时间。 | |

---

[①] GA/T1088-2013。

## 二、分则

| 序号 | 伤情描述 | 临床治愈 | 临床稳定 | 治疗终结时间 |
| --- | --- | --- | --- | --- |
| 5.1 | 头皮损伤 | | | |
| 5.1.1 | 头皮擦伤 | 头皮肿胀消退,创面愈合,组织缺损基本修复 | | 2周 |
| 5.1.2 | 头皮血肿 | 血肿消退,无感染 | | a) 头皮下血肿 2 周；<br>b) 帽状腱膜下血肿或骨膜下血肿,范围较小,经加压包扎即可吸收,1 个月；<br>c) 帽状腱膜下血肿或骨膜下血肿,范围较大,需穿刺抽血和加压包扎,2 个月 |
| 5.1.3 | 头皮裂伤 | 头皮裂伤愈合,肿胀消退,无感染 | | a) 轻度裂伤(腱膜完整或帽状腱膜受损创长度小于 10 cm),2 个月；<br>b) 重度裂伤(帽状腱膜受损长度大于等于 10 cm),3 个月 |
| 5.1.4 | 头皮撕脱伤 | 头皮修复,创面愈合 | | a) 轻度撕脱伤(撕脱面积小于等于 100 cm²),2 个月；<br>b) 重度撕脱伤(撕脱面积大于 100 cm²),4 个月 |
| 5.2 | 颅骨损伤 | | | |
| 5.2.1 | 颅盖骨折 | a) 合并的头皮伤愈合；<br>b) 引起脑受压或刺入脑内的凹陷骨片获得整复或摘除,伤口愈合,无并发症；<br>c) 可有脑损伤后遗症状 | | a) 闭合性线型骨折,3 个月；<br>b) 粉碎性或开放性骨折,非手术治疗,4 个月；<br>c) 开放性、凹陷性或粉碎性骨折,经手术治疗,6 个月 |
| 5.2.2 | 颅底骨折 | a) 软组织肿胀、淤血已消退；<br>b) 脑局灶症状和神经功能障碍基本恢复 | 遗留脑神经或脑损害症状趋于稳定 | 3 个月 |
| 5.2.3 | 颅底骨折伴脑脊液漏 | a) 软组织肿胀、淤血已消退；<br>b) 脑脊液漏已愈,无感染；<br>c) 脑局灶症状和神经功能障碍基本恢复 | 遗留脑神经或脑损害症状趋于稳定 | 6 个月 |
| 5.3 | 脑损伤 | | | |
| 5.3.1 | 脑震荡 | 神志清楚,症状基本消失 | | 2 个月 |
| 5.3.2 | 脑挫裂伤 | a) 神志清楚,症状基本消失,颅内压正常；<br>b) 无神经功能障碍 | a) 意识清醒,但存在认知功能障碍；<br>b) 存在某些神经损害如部分性瘫痪等症状和体征,或尚存在某些精神症状；<br>c) 生活基本自理或部分自理 | a) 局限性挫裂伤,6 个月；<br>b) 多发或广泛挫裂伤,8 个月 |

(续表)

| 序号 | 伤情描述 | 临床治愈 | 临床稳定 | 治疗终结时间 |
|---|---|---|---|---|
| 5.3.3 | 原发性脑干损伤或弥漫性轴索损伤 | 临床症状、体征基本消失 | a) 主要症状、体征消失,或遗留后遗症趋于稳定或生活基本能够自理;<br>b) 尚遗有某些脑损害征象;<br>c) 生活尚不能完全自理 | 12个月 |
| 5.3.4 | 颅内血肿(出血) | a) 经手术或非手术治疗后血肿消失;<br>b) 脑受压已解除,颅内压正常,头痛等症状已消失;<br>c) 遗有颅骨缺损 | a) 血肿消失,尚有轻度头痛,肢体无力等表现;<br>b) 生活可以自理,尚有部分劳动能力 | a) 非手术治疗,4~6个月;<br>b) 手术治疗,8个月 |
| 5.3.5 | 脑肿胀 | a) 神志清楚,症状基本消失,颅内压正常;<br>b) 无神经功能缺失征象 | a) 轻度脑肿胀(脑室受压,无脑干、脑池受压),3个月;<br>b) 中度脑肿胀(脑室和脑池受压),4个月;<br>c) 严重脑肿胀(脑室或脑池消失),6个月 | |
| 5.3.6 | 开放性颅脑损伤 | a) 伤口愈合,可遗留颅骨缺损,无颅内感染;<br>b) 神志清楚,症状基本消失,颅内压正常;<br>c) 无神经功能缺失征象 | a) 伤口愈合,尚遗留某些神经损害,包括肢体瘫痪、失语、癫痫等;<br>b) 生活基本自理或部分自理 | 8个月 |
| 5.4 | 脑损伤后血管病变 | | | |
| 5.4.1 | 外伤后脑梗死 | 意识清楚,血压平稳,肢体及言语功能恢复较好,能自理生活,可遗留轻度神经损害体征 | 意识清楚,肢体及言语功能有不同程度改善,趋于稳定 | 6~8个月 |
| 5.4.2 | 外伤性脑动脉瘤 | a) 经治疗后,病灶消失或大部分消失;<br>b) 神经系统症状恢复正常或稳定 | a) 病灶部分消失;<br>b) 神经系统症状缓解 | 6个月 |
| 5.5 | 面部皮肤损伤 | 伤口愈合,肿胀消退,组织缺损基本修复 | a) 皮肤挫伤治疗终结时间为2周;<br>b) 浅表创或创长度小于等于5 cm,治疗终结时间为3周;<br>c) 创长度大于等于6 cm,治疗终结时间为1.5个月;<br>d) 重度撕脱伤(大于25 cm²),治疗终结时间为3个月 | |

(续表)

| 序号 | 伤情描述 | 临床治愈 | 临床稳定 | 治疗终结时间 |
|---|---|---|---|---|
| **5.6** | **眼损伤** | | | |
| 5.6.1 | 泪道损伤 | 泪道冲洗通畅,溢泪消失 | 泪道冲洗较通畅,溢泪减轻 | 6个月 |
| 5.6.2 | 结膜损伤 | 伤口愈合,眼部刺激症状消失 | | a) 出血或充血,治疗终结时间为1个月;<br>b) 后遗黏连伴眼球运动障碍,治疗终结时间为6个月 |
| 5.6.3 | 角膜损伤 | 上皮愈合,刺激症状消失,视力恢复 | 上皮愈合,刺激症状消失,视力无进一步改善 | a) 角膜擦伤为1个月;<br>b) 角膜挫伤为3个月;<br>c) 角膜裂伤为4个月 |
| 5.6.4 | 虹膜睫状体损伤 | 单眼复视消失,前房积血吸收,角膜透明,视力恢复 | 前房积血吸收,可遗留一定程度的复视或视力减退 | a) 外伤性虹膜睫状体炎为3个月;<br>b) 瞳孔永久性散大,虹膜根部离断为3个月;<br>c) 前房出血为3个月;<br>d) 前房出血致角膜血染需行角膜移植术为6个月;<br>e) 睫状体脱离为6个月 |
| 5.6.5 | 巩膜损伤 | 伤口愈合,根据损伤位置,视力有不同程度恢复 | 伤口愈合,视力无进一步改善,但已趋于稳定 | a) 单纯性巩膜裂伤为3个月;<br>b) 角巩膜裂伤,伴眼内容物脱出为6个月 |
| 5.6.6 | 晶体损伤 | 手术伤口愈合,脱位之晶体被摘除,无明显刺激症状,无严重并发症,视力稳定 | | a) 晶体脱位为3个月;<br>b) 外伤性白内障为6个月 |
| 5.6.7 | 玻璃体损伤 | a) 玻璃体出血静止,出血全部或大部分吸收;<br>b) 进行玻璃体手术者,伤口愈合,出血清除 | a) 出血部分吸收;<br>b) 手术后伤口愈合,出血部分清除,有机化组织残留 | 6个月 |
| 5.6.8 | 脉络膜破裂 | 伤口愈合,眼部刺激症状消失 | | 6个月 |
| 5.6.9 | 眼底损伤 | 眼底水肿消退,黄斑裂孔封闭。根据黄斑损伤情况,视力可有不同程度的恢复 | | a) 视网膜震荡为2个月;<br>b) 视网膜出血为4个月;<br>c) 视网膜脱离或脉络膜脱离为6个月;<br>d) 黄斑裂孔为6个月;<br>e) 外伤性视网膜病变为6个月 |
| 5.6.10 | 眼球后血肿 | 血肿基本吸收,视力恢复正常或基本正常 | 血肿基本吸收,视力未改善,但已趋于稳定 | 3个月 |
| 5.6.11 | 眼球内异物或眼眶内异物 | 异物取出,伤口愈合,眼部症状缓解,视力趋于稳定 | 异物存留,眼部症状缓解,视力趋于稳定 | 4个月 |

(续表)

| 序号 | 伤情描述 | 临床治愈 | 临床稳定 | 治疗终结时间 |
|---|---|---|---|---|
| 5.6.12 | 视神经损伤 | 经治疗后视力恢复或基本恢复 | 视力部分恢复或趋于稳定 | 6个月 |
| 5.6.13 | 眼眶骨折 | 骨折修复,眼球正位,复视基本消失 | | a) 眼眶线型骨折为3个月;<br>b) 眼眶粉碎型骨折为6个月 |
| **5.7** | **耳损伤** | | | |
| 5.7.1 | 耳廓损伤 | 伤口愈合,耳廓缺损创面已基本修复 | | a) 耳廓创,无软骨损伤为2~3周;<br>b) 耳廓创并软骨损伤为4~8周 |
| 5.7.2 | 外耳道撕裂伤 | 伤口愈合 | | 2个月 |
| 5.7.3 | 外伤性鼓膜穿孔 | 中耳无分泌物,鼓膜穿孔愈合 | | a) 鼓膜穿孔自愈为2~4周;<br>b) 鼓膜穿孔经手术修补为2~3个月 |
| 5.7.4 | 听骨链脱位或断裂 | 复位或手术行听骨链重建 | | 2~3个月 |
| 5.7.5 | 内耳损伤 | 骨折已愈合,听力障碍已恢复 | 骨折已愈合,听力障碍无进一步改善 | 4个月 |
| **5.8** | **鼻骨骨折** | 骨折复位,伤口愈合,外形及鼻腔功能基本恢复正常 | 骨折畸形愈合,外形及鼻腔功能基本恢复正常 | a) 鼻骨线型骨折为2~4周;<br>b) 鼻骨粉碎型骨折保守治疗或鼻骨线型骨折,经复位治疗后4~6周 |
| **5.9** | **口腔损伤** | | | |
| 5.9.1 | 舌损伤 | 伤口愈合,肿胀消退,组织缺损基本修复 | | a) 舌裂伤(浅表)为1个月;<br>b) 舌裂伤(深在,广泛)为2个月 |
| 5.9.2 | 牙齿损伤 | 无自觉症状,牙不松动,恢复牙齿外形和功能 | 无自觉症状或症状减轻,但有牙色或轻微松动 | a) 牙齿脱位或松动(不包括Ⅰ度)为1~2个月;<br>b) 牙齿断裂为2个月;<br>c) 牙齿撕脱为3个月 |
| 5.9.3 | 腮腺损伤 | 伤口愈合,肿胀消退,组织缺损基本修复,腺体分泌功能恢复正常 | | 3个月 |
| 5.9.4 | 面神经损伤 | 面部表情肌运动功能完全恢复或基本恢复 | 面部表情肌功能部分恢复,且无进一步改善 | 6个月 |
| **5.10** | **颌面部骨、关节损伤** | | | |
| 5.10.1 | 齿槽骨骨折 | 骨折愈合,咬合基本恢复正常 | 骨折愈合,可遗留轻度咬合错位 | 3个月 |
| 5.10.2 | 颌骨骨折 | 骨折对位对线好,骨折愈合,功能恢复正常 | 骨折愈合,可遗留轻度咬合错位 | a) 单纯性骨折为3个月;<br>b) 粉碎性骨折为6个月 |

(续表)

| 序号 | 伤情描述 | 临床治愈 | 临床稳定 | 治疗终结时间 |
|---|---|---|---|---|
| 5.10.3 | 颞颌关节损伤 | 颞颌关节结构正常,局部无肿痛,咀嚼有力,功能完全或基本恢复 | 咀嚼时疼痛,功能轻度受限 | a) 颞颌关节扭伤为 2 个月；<br>b) 颞颌关节脱位为 3 个月 |
| **5.11** | **颈部损伤** | | | |
| 5.11.1 | 颈部皮肤损伤 | 伤口愈合,血肿吸收,组织缺损已修复 | | a) 皮肤擦伤为 2 周；<br>b) 皮肤挫伤(血肿)为 3 周；<br>c) 皮肤轻度裂伤(浅表)为 3 周；<br>d) 皮肤重度裂伤(长度大于 15 cm,并深入皮下组织)为 1 个月；<br>e) 皮肤轻度撕脱伤(浅表小于等于 50 cm²)为 1.5 个月；<br>f) 皮肤重度撕脱伤(50 cm²)为 2 个月；<br>g) 穿透伤(组织缺损大于 50 cm²)为 3~4 个月 |
| 5.11.2 | 咽喉损伤 | 伤口愈合,吞咽、发音、呼吸功能等已恢复正常 | 伤口愈合,进食和发音功能基本恢复正常 | a) 咽喉挫伤为 2 个月；<br>b) 咽喉裂伤(非全层)为 3~4 个月；<br>c) 咽喉穿孔伤为 6~8 个月 |
| 5.11.3 | 食管损伤 | 进食情况良好,无脓胸 | 自觉吞咽困难,但无食管扩张或狭窄 | a) 食管挫伤(血肿)为 2 个月；<br>b) 食管裂伤(非全层)为 3 个月；<br>c) 食管穿孔伤为 6~8 个月；<br>d) 食管断裂为 10~12 个月 |
| 5.11.4 | 气管损伤 | a) 经保守治疗或支气管镜扩张后通气功能良好；<br>b) 重建呼吸道后,呼吸通畅,功能良好；<br>c) 肺切除后情况良好,无并发症 | 自觉呼吸困难,但无气管扩张或狭窄 | a) 气管挫伤(血肿)为 2 个月；<br>b) 气管裂伤(非全层)为 3 个月；<br>c) 气管穿孔伤为 4~5 个月；<br>d) 气管断裂为 6~8 个月 |
| 5.11.5 | 甲状腺损伤 | 伤口愈合,腺体分泌及代谢调节功能恢复正常 | | a) 甲状腺挫伤为 2 个月；<br>b) 甲状腺裂伤为 3 个月 |
| 5.11.6 | 声带损伤 | 损伤修复,发音功能正常 | 损伤修复,声音嘶哑趋于稳定 | a) 单侧声带损伤为 3 个月；<br>b) 双侧声带损伤为 4 个月 |

(续表)

| 序号 | 伤情描述 | 临床治愈 | 临床稳定 | 治疗终结时间 |
|---|---|---|---|---|
| **5.12** | **胸部损伤** | | | |
| 5.12.1 | 胸部皮肤损伤 | 皮肤肿胀消退,伤口愈合 | | a) 皮肤擦伤为 **2 周**;<br>b) 皮肤挫伤(血肿)为 **3 周**;<br>c) 皮肤轻度裂伤(浅表)为 **1 个月**;<br>d) 皮肤重度裂伤(长度大于 **20 cm**,并深入皮下)为 **1.5 个月**;<br>e) 皮肤轻度撕脱伤(浅表;小于等于 **100 $cm^2$**)为 **2 个月**;<br>f) 皮肤重度撕脱伤(大于 **100 $cm^2$**)为 **4 个月** |
| 5.12.2 | 乳腺损伤 | 伤口完全愈合 | 伤口未完全愈合 | a) 乳腺表皮挫伤,单侧或双侧累计小于等于 **100 $cm^2$**,**1.5 个月**;<br>b) 乳腺表皮挫伤,单侧或双侧累计大于 **100 $cm^2$**,**3 个月**;<br>c) 乳腺组织裂伤,单侧或双侧累计长度小于等于 **5 cm**,**1.5 个月**;<br>d) 乳腺组织裂伤,单侧或双侧累计长度大于 **5 cm**,**3 个月**;<br>e) 乳腺组织缺损,单侧或双侧累计小于等于 **10 $cm^2$**,**2 个月**;<br>f) 乳腺组织缺损,单侧或双侧累计大于 **10 $cm^2$**、小于等于 **20 $cm^2$**,**4 个月**;<br>g) 乳腺组织缺损,单侧或双侧累计大于 **20 $cm^2$**,**6 个月**;<br>h) 单侧乳腺组织缺失,**8 个月**;<br>i) 双侧乳腺缺失,**16 个月** |
| 5.12.3 | 胸壁损伤 | 伤口愈合,组织缺损已修复 | | a) 胸壁轻度穿透伤(浅表;未深入胸膜腔;但未累及深部结构)为 **2 个月**;<br>b) 胸壁严重穿透伤(伴组织缺损大于 **100 $cm^2$**)为 **4 个月** |

（续表）

| 序号 | 伤情描述 | 临床治愈 | 临床稳定 | 治疗终结时间 |
| --- | --- | --- | --- | --- |
| 5.12.4 | 胸腔积血 | a) 症状消失；<br>b) 体温、血象正常；<br>c) 胸腔积血已抽尽或引流排出；<br>d) X线检查胸膜腔无积液，肺扩张良好 | a) 胸腔积血已抽尽或引流排出，但遗留胸膜黏连或增厚；<br>b) 可能伴有一定程度的呼吸不畅 | a) 小量（胸腔积血小于等于500 mL）为 2 个月；<br>b) 中量（胸腔积血大于500 mL，小于等于1500 mL）为 3 个月；<br>c) 大量（胸腔积血大于1500 mL）为 4 个月 |
| 5.12.5 | 胸腔积气 | a) 症状消失；<br>b) 胸壁伤口愈合；<br>c) X线检查气体消失，无积液，肺扩张良好 | | a) 小量（肺压缩三分之一以下）为 2 个月；<br>b) 中量（肺压缩三分之二以下）为 3 个月；<br>c) 大量（肺压缩三分之二以上）为 4 个月 |
| 5.12.6 | 气管损伤 | 同 5.11.4 | 同 5.11.4 | 同 5.11.4 |
| 5.12.7 | 食管损伤 | 同 5.11.3 | 同 5.11.3 | 同 5.11.3 |
| 5.12.8 | 肺损伤 | 症状消失，呼吸通畅，X线检查无气体，无积液，心功能正常 | 自觉呼吸困难，可留有轻度胸膜黏连 | a) 单侧肺挫伤为 1.5 个月；<br>b) 双侧肺挫伤为 2 个月；<br>c) 肺裂伤，2 个月；<br>d) 肺裂伤伴胸腔积血或胸腔积气为 4 个月；<br>e) 肺裂伤伴纵隔气肿或纵隔血肿，6 个月 |
| 5.12.9 | 心脏损伤 | a) 症状消失；<br>b) 心电图及超声心动图基本恢复正常；<br>c) 外伤性缺损经手术修复后，伤口愈合良好，无重要并发症，且术后无症状 | 遗留胸痛、心跳、气短等症状，但心电图及超声心动图略有改善或无改善 | a) 心脏挫伤（血肿）为 4 个月；<br>b) 心脏裂伤（未穿孔）为 6 个月；<br>c) 心脏穿孔为 8 个月；<br>d) 心内瓣膜裂伤（破裂）为 8 个月；<br>e) 室间隔或房间隔裂伤（破裂）为 10 个月 |
| 5.12.10 | 心包损伤 | 症状消失，伤口愈合 | | 4 个月 |
| 5.12.11 | 胸主动脉内膜撕裂伤（血管未破裂） | 动脉瘤切除后，症状消失，伤口愈合，无重要并发症 | | 4 个月 |
| 5.12.12 | 胸主动脉裂伤（穿孔） | a) 经手术修复后症状消失；<br>b) 胸片显示无动脉瘤形成，纵膈影不增宽；<br>c) 伤口愈合，无重要并发症 | | 6 个月 |

(续表)

| 序号 | 伤情描述 | 临床治愈 | 临床稳定 | 治疗终结时间 |
|---|---|---|---|---|
| 5.12.13 | 肋骨骨折 | 骨折愈合,对位满意,局部肿痛消失,咳嗽及深呼吸无疼痛 | | a) 单根肋骨骨折为 3 个月;<br>b) 一侧多于 3 根肋骨骨折,另一侧少于 3 根肋骨骨折为 4 个月;<br>c) 双侧均多于 3 根肋骨骨折为 6 个月;<br>d) 多发性肋骨骨折(连枷胸)为 8 个月 |
| 5.12.14 | 胸骨骨折 | 骨折愈合,局部肿痛消失,咳嗽或深呼吸时无不适 | | 3 个月 |
| **5.13** | **腹部和盆部损伤** | | | |
| 5.13.1 | 腹部皮肤损伤 | 皮肤肿胀消退,伤口愈合,组织缺损修复 | | a) 皮肤擦伤为 2 周;<br>b) 皮肤挫伤(血肿)为 3 周;<br>c) 皮肤轻度裂伤(浅表)为 1 个月;<br>d) 皮肤重度裂伤(长度大于 20 cm,并深入皮下)为 1.5 个月;<br>e) 皮肤轻度撕脱伤(浅表;小于等于 100 cm²)为 2 个月;<br>f) 皮肤重度撕脱伤(大于 100 cm²)3 个月 |
| 5.13.2 | 腹壁穿透伤 | 组织缺损修复,伤口愈合 | | a) 腹壁轻度穿透伤,浅表;深入腹腔;但未累及深部结构为 2 个月;<br>b) 腹壁严重穿透伤,伴组织缺损大于 100 cm² 深入腹腔为 6 个月 |
| 5.13.3 | 腹主动脉损伤 | | | |
| 5.13.3.1 | 腹主动脉内膜撕裂伤(血管未破裂) | 动脉瘤切除后,症状消失,伤口愈合,无重要并发症 | | 4 个月 |
| 5.13.3.2 | 腹主动脉裂伤(穿孔) | a) 经手术修复后症状消失;<br>b) 胸片显示无动脉瘤形成,纵膈影不增宽;<br>c) 伤口愈合,无重要并发症 | | 6 个月 |
| 5.13.4 | 胃损伤 | 伤口、切口愈合,无腹膜刺激症状 | 遗留腹痛、轻度腹胀 | a) 胃挫伤(血肿)为 2 个月;<br>b) 胃非全层裂伤为 3 个月;<br>c) 胃全层裂伤(穿孔)为 4 个月;<br>d) 胃广泛性损伤伴组织缺损为 6 个月 |

(续表)

| 序号 | 伤情描述 | 临床治愈 | 临床稳定 | 治疗终结时间 |
|---|---|---|---|---|
| 5.13.5 | 十二指肠损伤 | 伤口、切口愈合,无腹膜刺激症状 | 遗留腹痛、轻度腹胀 | a) 十二指肠挫伤(血肿)为 2 个月;<br>b) 十二指肠非全层裂伤为 3 个月;<br>c) 十二指肠全层裂伤为 5 个月;<br>d) 十二指肠广泛撕脱伤伴组织缺损为 10 个月 |
| 5.13.6 | 空—回肠(小肠) | 伤口、切口愈合,无腹膜刺激症状 | 遗留腹痛、轻度腹胀 | a) 挫伤(血肿)为 2 个月;<br>b) 非全层裂伤为 3 个月;<br>c) 全层裂伤但未完全横断为 4 个月;<br>d) 广泛撕脱或组织缺损或横断为 6 个月 |
| 5.13.7 | 结肠损伤 | 伤口、切口愈合,无腹膜刺激症状 | 遗留腹痛、轻度腹胀 | a) 结肠挫伤(血肿)为 2 个月;<br>b) 结肠非全层裂伤为 3 个月;<br>c) 结肠全层裂伤为 6 个月;<br>d) 结肠广泛撕脱伤伴组织缺损为 10 个月 |
| 5.13.8 | 直肠损伤 | 切口愈合,无腹膜刺激症状 | 自述腹痛、轻度腹胀,可遗留排便不畅或便意等症状,但检查无直肠狭窄 | a) 挫伤(血肿)为 2 个月;<br>b) 直肠非全层裂伤为 3 个月;<br>c) 直肠全层裂伤为 6 个月;<br>d) 直肠广泛撕脱伤伴组织缺损为 10 个月 |
| 5.13.9 | 肛门损伤 | 伤口、切口愈合,大便无困难 | 可留有肛门括约肌功能障碍,无明显改善 | a) 肛门挫伤(血肿)为 2 个月;<br>b) 肛门非全层裂伤为 3 个月;<br>c) 肛门全层裂伤为 6 个月;<br>d) 肛门广泛撕脱伤伴组织缺损为 10 个月 |
| 5.13.10 | 肠系膜损伤 | 血肿吸收,症状消失。 | | a) 肠系膜挫伤(血肿)为 2 个月;<br>b) 肠系膜破裂伤,经手术治疗为 4 个月 |
| 5.13.11 | 网膜损伤 | 血肿吸收,症状消失 | | a) 网膜挫伤(血肿)为 1.5 个月;<br>b) 网膜破裂伤,经手术治疗为 2 个月 |
| 5.13.12 | 肝脏损伤 | 经治疗后,症状体征消失,无并发症 | 经治疗后,急性症状和体征消失,留有并发症。 | a) 肝脏挫裂伤,保守治疗为 3 个月;<br>b) 肝脏损伤,修补术为 4 个月;<br>c) 肝脏损伤,肝叶切除为 6 个月 |

(续表)

| 序号 | 伤情描述 | 临床治愈 | 临床稳定 | 治疗终结时间 |
|---|---|---|---|---|
| 5.13.13 | 胆囊挫裂伤 | 经治疗后,症状体征消失,或胆囊切除术后无并发症 | 经治疗后,急性症状和体征消失,留有并发症未完全痊愈 | a) 胆囊挫伤(血肿)为 2 个月;<br>b) 胆囊轻度裂伤(胆囊管未受累,行胆囊切除术)为 3 个月;<br>c) 胆囊重度裂伤(广泛,胆囊管破裂,行胆囊切除术)为 4 个月 |
| 5.13.14 | 脾脏损伤 | 生命体征稳定,各种症状消失,血肿吸收。或脾切除后无并发症 |  | a) 脾脏挫裂伤,保守治疗为 2 个月;<br>b) 脾脏损伤,修补术为 3 个月;<br>c) 脾破裂,脾切除为 4 个月 |
| 5.13.15 | 胰腺损伤 | 生命体征稳定,各种症状消失,血肿吸收,功能基本恢复,实验室检查恢复正常 | 自述腹痛、腹胀,实验室检查轻度异常 | a) 胰腺轻度挫裂伤(浅表;无胰管损伤)为 3 个月;<br>b) 胰腺中度挫裂伤(广泛,胰管受累)为 8 个月;<br>c) 胰腺重度挫裂伤(多处裂伤,壶腹受累)为 12 个月 |
| 5.13.16 | 肾脏损伤 | a) 疼痛消失,尿液检验正常;<br>b) 伤口愈合良好,无尿瘘形成,亦无并发泌尿系统感染 | a) 持续或间歇性镜下血尿;<br>b) 伤口未完全愈合或有尿瘘形成或屡发泌尿系统感染 | a) 肾脏轻度挫伤,包括包膜下血肿、浅表、实质无裂伤,保守治疗,治疗终结时间为 1.5 个月;<br>b) 肾脏重度挫伤,包括包膜下血肿;面积大于 50% 或呈扩展性,治疗终结时间为 3 个月;<br>c) 肾脏轻度裂伤,肾皮质深度小于等于 1 cm;无尿外渗,治疗终结时间为 3 个月;<br>d) 肾脏中度裂伤,肾皮质深度大于 1 cm;无尿外渗,治疗终结时间为 6 个月;<br>e) 肾脏重度裂伤累及肾实质和主要血管,尿外渗,经手术治疗后,治疗终结时间 8 个月 |
| 5.13.17 | 肾上腺损伤 | 伤口愈合,腺体功能恢复正常 |  | a) 肾上腺挫裂伤保守治疗为 2 个月;<br>b) 肾上腺破裂,一侧切除为 4 个月 |

(续表)

| 序号 | 伤情描述 | 临床治愈 | 临床稳定 | 治疗终结时间 |
|---|---|---|---|---|
| 5.13.18 | 膀胱损伤 | 生命体征稳定,各种症状消失,血肿吸收,功能基本恢复,实验室检查恢复正常 | a) 伤口基本愈合;<br>b) 留有尿频及尿痛等膀胱刺激症状;<br>c) 尿液检查仍不正常 | a) 膀胱挫伤(血肿)为 **2 个月**;<br>b) 膀胱非全层裂伤,行修补手术,治疗终结时间 **4 个月**;<br>c) 膀胱全层裂伤、手术治疗,治疗终结时间为 **6 个月**;<br>d) 膀胱广泛损伤伴组织缺损、手术治疗,治疗终结时间为 **10 个月** |
| 5.13.19 | 输尿管损伤 | a) 切口愈合良好,尿液正常;<br>b) 已有的肾积水、肾功能减退均有明显改善 | a) 术后伤口愈合良好,但有输尿管狭窄,原有的肾积水有所加重;<br>b) 反复发作泌尿系统感染 | a) 输尿管挫伤(血肿)为 **2 个月**;<br>b) 输尿管非全层裂伤为 **4 个月**;<br>c) 输尿管全层裂伤、手术治疗,治疗终结时间为 **6 个月**;<br>d) 输尿管广泛毁损、手术治疗,治疗终结时间为 **12 个月** |
| 5.13.20 | 子宫损伤 | 血肿吸收,伤口愈合,或子宫切除后无并发症 | | a) 子宫挫伤(血肿)为 **2 个月**;<br>b) 子宫轻度裂伤小于等于 **1 cm**;浅表,行修补术,治疗终结时间为 **2 个月**;<br>c) 子宫重度裂伤大于 **1 cm**;深在,行修补术,治疗终结时间 **3 个月**;<br>d) 子宫广泛破裂伤、行切除术,治疗终结时间为 **4 个月** |
| 5.13.21 | 卵巢损伤 | 血肿吸收,伤口愈合,或卵巢切除后无并发症 | | a) 卵巢挫伤(血肿)为 **1 个月**;<br>b) 卵巢轻度裂伤,浅表;小于等于 **0.5 cm**,治疗终结时间为 **2 个月**;<br>c) 卵巢重度裂伤,深在;大于 **0.5 cm**)或广泛损伤,行卵巢切除术,治疗终结时间为 **3 个月** |
| 5.13.22 | 输卵管裂伤 | 血肿吸收,伤口愈合,或输卵管切除后无并发症 | | a) 输卵管挫伤、血肿,保守治疗,治疗终结时间为 **1 个月**;<br>b) 输卵管挫裂伤,经手术修补或行输卵管切除术,治疗终结时间为 **3 月** |

(续表)

| 序号 | 伤情描述 | 临床治愈 | 临床稳定 | 治疗终结时间 |
|---|---|---|---|---|
| 5.13.23 | 会阴部损伤 | | | |
| 5.13.23.1 | 会阴部皮肤损伤 | 血肿吸收,伤口愈合,缺损组织已修复 | | a) 会阴挫伤(血肿)为 1 个月;<br>b) 会阴裂伤为 2 个月;<br>c) 会阴撕脱伤,广泛破裂伤(Ⅲ度以上裂伤),治疗终结时间为 6 个月 |
| 5.13.23.2 | 阴茎损伤 | 伤口愈合,排尿通畅,勃起功能良好 | 伤口虽愈合,阴茎有变形,影响排尿或勃起 | a) 阴茎挫伤(血肿),治疗终结时间为 2 个月;<br>b) 阴茎轻度裂伤,治疗终结时间为 4 个月;<br>c) 阴茎撕脱伤或断裂伤,治疗终结时间为 6 个月 |
| 5.13.23.3 | 尿道损伤 | 血肿吸收,伤口愈合,症状消失,排尿通畅,尿检正常 | 排尿不畅或有尿瘘形成,或尚需定期做尿道扩张 | a) 尿道挫伤(血肿)为 2 个月;<br>b) 尿道非全层裂伤为 4 个月;<br>c) 尿道全层裂伤为 6 个月;<br>d) 尿道全层裂伤,手术治疗后需定期做尿道扩张,治疗终结时间为 12 个月;<br>e) 尿道广泛毁损、组织缺损,手术治疗后需定期做尿道扩张,治疗终结时间为 24 个月 |
| 5.13.23.4 | 阴囊损伤 | 血肿吸收,伤口愈合,缺损组织已修复 | | a) 阴囊挫伤(血肿)为 1 个月;<br>b) 阴囊轻度裂伤(浅表)为 2 个月;<br>c) 阴囊重度裂伤(撕脱;离断)、广泛毁损、组织缺损,治疗终结时间为 3 个月 |
| 5.13.23.5 | 睾丸损伤 | 伤口愈合,保留之睾丸无萎缩 | | a) 睾丸挫伤(血肿)为 2 个月;<br>b) 睾丸浅表裂伤为 3 个月;<br>c) 睾丸撕脱伤、破裂伤、离断伤,治疗终结时间 4 个月 |
| 5.13.23.6 | 阴道损伤 | 血肿吸收,伤口愈合,症状消失,性交无困难 | 自述性交痛,但查无明显狭窄 | a) 阴道挫伤(血肿)为 1 个月;<br>b) 阴道轻度裂伤(浅表)为 2 个月;<br>c) 阴道重度裂伤(深在)为 3 个月;<br>d) 阴道广泛破裂伤为 4 个月 |
| 5.13.24 | 骨盆骨折 | 骨折对位满意,骨折愈合,症状消失,功能完全或基本恢复 | | a) 骨盆耻骨坐骨枝骨折为 3 个月;<br>b) 骨盆后关环骨折为 6 个月;<br>c) 骨盆骨折伴骶髂关节脱位为 9 个月 |

(续表)

| 序号 | 伤情描述 | 临床治愈 | 临床稳定 | 治疗终结时间 |
|---|---|---|---|---|
| 5.14 | 脊椎损伤 | | | |
| 5.14.1 | 臂丛神经损伤 | 肌力、感觉恢复满意,肢体无畸形,功能良好。电生理检查示神经传导功能基本恢复 | 可留有感觉、运动功能障碍,电生理检查示神经传导功能异常 | a) 臂丛神经挫伤为 **6 个月**;<br>b) 臂丛神经裂伤(部分损伤)为 **9 个月**;<br>c) 臂丛神经撕脱伤(完全断裂)为 **12 个月** |
| 5.14.2 | 神经根损伤 | 肌力、感觉恢复满意,肢体无畸形,功能良好。电生理检查示神经传导功能基本恢复 | 可留有感觉、运动功能障碍,电生理检查示神经传导功能异常 | a) 神经根挫伤为 **6 个月**;<br>b) 神经根裂伤(部分损伤)为 **9 个月**;<br>c) 神经根撕脱伤(完全断裂)为 **12 个月** |
| 5.14.3 | 马尾神经损伤 | 肌力、感觉恢复满意,功能良好。神经电生理学传导功能基本恢复 | 可留有感觉、运动功能障碍,神经电生理学检查异常 | a) 马尾神经挫伤伴一过性神经体征(感觉异常),治疗终结时间 **6 个月**;<br>b) 马尾神经挫伤出现不全性马尾损伤综合征,治疗终结时间为 **10 个月**;<br>c) 马尾神经挫伤出现完全性马尾损伤综合征,治疗终结时间 **12 个月** |
| 5.14.4 | 脊髓损伤 | 肌力、感觉恢复满意,肢体无畸形,功能良好。神经电生理学检查基本正常 | 可留有感觉、运动功能障碍。电生理检查异常 | a) 脊髓挫伤伴一过性神经体征为 **6 个月**;<br>b) 脊髓挫伤出现不完全性脊髓损伤综合征(残留部分感觉或运动功能),治疗终结时间为 **10 个月**;<br>c) 脊髓挫伤出现完全性脊髓损伤综合征(四肢瘫或截瘫),治疗终结时间为 **12~18 个月**;<br>d) 脊髓不全性裂伤(残留部分感觉或运动功能障碍),治疗终结时间为 **12 个月**;<br>e) 脊髓裂伤出现完全性脊髓损伤综合征(四肢瘫或截瘫),治疗终结时间为 **12~18 个月** |
| 5.14.5 | 椎间盘破裂、髓核突出 | 非手术或手术治疗后症状消失,神经功能完全或基本恢复 | 症状大部分消失,功能改善 | a) 椎间盘损伤不伴神经根损害,治疗终结时间为 **3 个月**;<br>b) 椎间盘损伤伴神经根损害,椎间盘破裂,治疗终结时间为 **6 个月** |

(续表)

| 序号 | 伤情描述 | 临床治愈 | 临床稳定 | 治疗终结时间 |
|---|---|---|---|---|
| 5.14.6 | 棘间韧带损伤 | 局部肿胀消退,脊柱活动功能正常 | 症状大部分消失,功能改善 | 3个月 |
| 5.14.7 | 脊柱急性扭伤 | 局部肿胀消退,脊柱活动功能正常 | 症状大部分消失,可遗留功能障碍。 | 3个月 |
| 5.14.8 | 环、枢椎骨折、脱位 | 骨折脱位矫正,基本愈合,症状及体征基本消失,功能恢复或基本恢复,无严重后遗症发生 | 可留有局部疼痛不适,或颈部活动功能障碍 | a) 环、枢椎骨折为6个月;<br>b) 环、枢椎脱位为4~6个月 |
| 5.14.9 | 颈椎骨折、脱位 | 骨关节关系正常,骨折愈合,局部无疼痛,颈部活动功能恢复,截瘫消失,肢体功能恢复正常 | 可留有局部疼痛不适,或颈部活动功能障碍 | a) 颈椎骨折或脱位为4个月;<br>b) 颈椎骨折伴脱位为6个月;<br>c) 颈椎骨折或脱位合并肢体瘫痪,治疗终结时间为12个月 |
| 5.14.10 | 颈椎小关节脱位 | 骨关节关系正常,局部无疼痛,颈部活动功能恢复 | 留有局部疼痛不适 | 3个月 |
| 5.14.11 | 腰椎棘突骨折 | 骨折愈合,局部无疼痛,颈部活动功能恢复 | 留有局部疼痛不适 | 3个月 |
| 5.14.12 | 腰椎横突骨折 | 骨折愈合,局部无疼痛,颈部活动功能恢复 | 留有局部疼痛不适 | 3个月 |
| 5.14.13 | 椎板骨折 | 骨折愈合,局部无疼痛,颈部活动功能恢复 | 可留有局部疼痛不适 | 3个月 |
| 5.14.14 | 腰椎椎弓根骨折 | 骨折愈合,局部无疼痛,颈部活动功能恢复 | 可留有局部疼痛不适 | 单侧4个月,双侧6个月 |
| 5.14.15 | 胸、腰椎骨折 | 压缩椎体基本恢复正常形态,骨折愈合,胸腰部无不适,功能完全或基本恢复 | 压缩椎体大部分恢复正常形态,骨折基本愈合,症状及体征减轻,脊柱功能有改善 | a) 椎体轻度压缩(前侧压缩小于等于1/3)为3个月;<br>b) 椎体重度压缩(压缩大于1/3)为6个月;<br>c) 椎体粉碎性骨折为6个月 |
| **5.15** | **上肢损伤** | | | |
| 5.15.1 | 上肢皮肤损伤 | 创口愈合,血肿消失,组织缺损已修复 | | a) 皮肤擦伤为2周;<br>b) 皮肤挫伤(血肿)为3周;<br>c) 皮肤轻度裂伤(浅表)为1个月;<br>d) 皮肤重度裂伤,手部伤口长大于10 cm或整个上肢大于20 cm,伤口深及深筋膜,治疗终结时间为1.5个月;<br>e) 轻度撕脱伤,浅表;手部伤口小于等于25 cm²或整个上肢小于等于100 cm²,治疗终结时间为2个月;<br>f) 上肢轻度穿透伤、深至肌肉,治疗终结时间为2个月;<br>g) 上肢重度穿透伤伴软组织缺损大于25 cm²,治疗终结时间为3个月 |

(续表)

| 序号 | 伤情描述 | 临床治愈 | 临床稳定 | 治疗终结时间 |
|---|---|---|---|---|
| 5.15.2 | 上肢神经损伤 | | | |
| 5.15.2.1 | 正中神经损伤 | 肌力、感觉恢复满意,肢体无畸形、功能良好。电生理检查示神经传导功能恢复满意 | 可留有肌力、感觉轻度障碍,电生理检查示神经传导功能轻度异常 | a) 正中神经挫伤为 6 个月;<br>b) 正中神经裂伤为 9 个月;<br>c) 正中神经断伤为 12 个月 |
| 5.15.2.2 | 尺神经损伤 | 同 5.15.2.1 | | |
| 5.15.2.3 | 桡神经损伤 | 同 5.12.2.1 | | |
| 5.15.2.4 | 指神经损伤 | 感觉恢复满意,手指无畸形、功能良好 | 可留有感觉轻度障碍 | a) 指神经挫伤为 3 个月;<br>b) 指神经断裂伤为 6 个月 |
| 5.15.3 | 腋动脉、肱动脉损伤 | 手术后伤口愈合,腕部桡脉搏动正常,末梢充盈时间和皮肤温度恢复正常。功能完全或基本恢复正常 | 伤口愈合。肢体循环恢复,但供血不够完善或遗留不同程度的缺血症状 | a) 腋动脉、肱动脉内膜撕脱(未破裂)为 2 个月;<br>b) 腋动脉、肱动脉破裂为 4 个月 |
| 5.15.4 | 手部多根肌腱裂伤 | 经治疗后手部无明显畸形,功能基本恢复正常 | 经治疗后手功能大部恢复正常 | 6～10 个月 |
| 5.15.5 | 上肢损伤伴骨筋膜室综合征 | 症状消失,功能恢复,无后遗症 | 症状稳定,功能基本恢复。 | 6 个月 |
| **5.16** | **关节损伤** | | | |
| 5.16.1 | 肩关节损伤 | 关节结构正常,症状消失,功能完全或基本恢复正常 | 关节结构正常,症状基本消失,功能大部分恢复 | a) 肩关节软组织钝挫伤为 2 个月;<br>b) 肩关节扭伤为 3 个月;<br>c) 肩关节脱位为 4 个月 |
| 5.16.2 | 胸锁关节脱位 | 关节结构恢复正常,症状消失,功能完全或基本恢复正常 | 关节结构正常,症状基本消失,功能大部分恢复 | a) 胸锁关节软组织钝挫伤为 2 个月;<br>b) 胸锁关节半脱位/脱位为 3 个月 |
| 5.16.3 | 肘关节损伤 | 关节结构正常,症状消失,功能完全或基本恢复正常 | 关节结构正常,症状消失,功能大部分恢复 | a) 肘关节软组织钝挫伤为 2 个月;<br>b) 肘关节侧副韧带损伤为 3 个月;<br>c) 肘关节脱位为 4 个月;<br>d) 肘关节脱位后伴骨化性肌炎为 6 个月 |
| 5.16.4 | 腕关节损伤 | 关节结构正常,症状消失,功能完全或基本恢复正常 | 关节结构正常,症状消失,功能大部分恢复。 | a) 腕关节软组织钝挫伤为 2 个月;<br>b) 腕关节韧带损伤为 3 个月;<br>c) 腕关节脱位为 3 个月;<br>d) 三角纤维软骨损伤伴下尺桡关节分离为 4 个月 |
| 5.16.5 | 桡骨头半脱位 | 局部疼痛消失,肘关节活动功能恢复正常 | 关节结构正常,症状消失,功能大部分恢复 | 3 个月 |

(续表)

| 序号 | 伤情描述 | 临床治愈 | 临床稳定 | 治疗终结时间 |
|---|---|---|---|---|
| 5.16.6 | 腕掌关节或掌指关节损伤 | 局部肿痛消失,无压痛,前臂旋转功能恢复正常 | 症状基本消失,关节功能基本恢复 | a) 腕掌关节或掌指关节挫伤为 3 个月；<br>b) 腕掌关节或掌指关节脱位为 3 个月 |
| 5.16.7 | 指间关节损伤 | 关节结构正常,症状消失,功能恢复正常 | 关节结构正常,症状消失,功能大部分恢复 | a) 指间关节侧副韧带损伤为 3 个月；<br>b) 指间关节脱位为 3 个月 |
| **5.17** | **上肢骨折** | | | |
| 5.17.1 | 肩峰骨折 | 骨折愈合,功能完全或基本恢复 | 对位尚可,或骨折对位欠佳,功能恢复尚可 | a) 肩峰关节闭合性骨折:3 个月；<br>b) 肩峰关节开放性骨折:4 个月 |
| 5.17.2 | 肩胛骨骨折 | 骨折对位满意,骨折线模糊,功能完全或基本恢复 | 对位尚可,或骨折对位欠佳,功能恢复尚可 | a) 肩胛骨闭合性骨折为 3 个月；<br>b) 肩胛骨开放性骨折为 4~6 个月 |
| 5.17.3 | 锁骨骨折 | 骨折对线对位满意,有连续性骨痂形成,断端无压痛,无冲击痛,功能恢复 | 对位尚可,或骨折对位欠佳,功能恢复尚可 | a) 锁骨闭合性骨折为 3 个月；<br>b) 锁骨开放性骨折为 4 个月 |
| 5.17.4 | 肱骨骨折 | 骨折愈合,对位满意,功能及外形完全或基本恢复 | 骨折愈合对位良好,或骨折对位欠佳,功能恢复尚可 | a) 肱骨闭合性骨折为 3 个月；<br>b) 肱骨开放性骨折为 4~6 个月；<br>c) 肱骨下 1/3 开放性骨折为 6 个月 |
| 5.17.5 | 尺骨骨折 | 骨折对位良好,骨折愈合,功能完全或基本恢复 | 骨折对位 1/3 以上,对线满意,前臂旋转受限在 45° 以内 | a) 尺骨闭合性骨折为 3 个月；<br>b) 尺骨开放性骨折为 4 个月 |
| 5.17.6 | 桡骨骨折 | 骨折有连续骨痂形成已愈合,肘关节屈伸功能正常,前臂旋转功能正常或活动受限在 15° 以内 | 骨折对线对位欠佳,下尺桡关节分离,腕背伸掌屈受限在 30° 以内,前臂旋转功能受限 16°~30° | a) 桡骨闭合性骨折为 3 个月；<br>b) 桡骨开放性骨折为 4 个月 |
| 5.17.7 | 尺、桡骨双骨折 | | | |
| 5.17.7.1 | 骨折愈合,功能完全恢复或基本恢复 | 对位对线及固定良好。手术后伤口愈合,骨折部位明显连续性骨痂 | | a) 尺、桡骨闭合性骨折为 6 个月；<br>b) 尺、桡骨开放性骨折为 6~8 个月 |
| 5.17.8 | 腕骨骨折 | 骨折对位满意愈合,功能完全或基本恢复 | 骨折基本愈合,对位良好,功能恢复尚可 | a) 腕骨骨折为 6 个月；<br>b) 手舟状骨骨折为 8 个月；<br>c) 舟状骨骨折伴月骨周围脱位为 10 个月 |
| 5.17.9 | 掌骨骨折 | 骨折愈合,第二至第五掌指关节序列恢复,掌指关节屈伸正常 | 骨折愈合,对线对位尚可,无明显畸形,留有部分功能受限 | 4 个月 |

(续表)

| 序号 | 伤情描述 | 临床治愈 | 临床稳定 | 治疗终结时间 |
|---|---|---|---|---|
| 5.17.10 | 手指骨折 | 骨折对位满意已愈合,手指功能及外形完全或基本恢复 | 骨折愈合,有轻度旋转或成角畸形,手指功能尚能 | 3个月 |
| **5.18** | **下肢损伤** | | | |
| 5.18.1 | 下肢皮肤损伤 | 同 5.15.1 | | |
| 5.18.2 | 神经损伤 | | | |
| 5.18.2.1 | 坐骨神经损伤 | 肌力、感觉恢复满意,肢体无畸形,功能良好,电生理检查提示神经传导功能恢复满意 | 可留有肌力、感觉轻度障碍,电生理检查提示神经传导功能轻度异常 | a) 坐骨神经挫伤为 8个月;<br>b) 坐骨神经部分损伤为 10个月;<br>c) 坐骨神经完全性损伤为 12个月 |
| 5.18.2.2 | 股神经损伤 | 肌力、感觉恢复满意,肢体无畸形,功能良好,电生理检查提示神经传导功能恢复满意 | 可留有肌力、感觉轻度障碍,电生理检查提示神经传导功能轻度异常 | a) 股神经挫伤为 6个月;<br>b) 股神经部分断裂伤为 9个月;<br>c) 股神经完全断裂伤为 12个月 |
| 5.18.2.3 | 胫神经损伤 | 肌力、感觉恢复满意,肢体无畸形,功能良好。电生理检查提示神经传导功能完全恢复 | 可留有肌力、感觉轻度障碍,电生理检查提示神经传导功能轻度异常 | a) 胫神经挫伤为 6个月;<br>b) 胫神经部分断裂伤为 9个月;<br>c) 胫神经完全断裂伤为 12个月 |
| 5.18.2.4 | 腓总神经损伤 | 肌力、感觉恢复满意,肢体无畸形,功能良好,电生理检查提示神经传导功能恢复满意 | 可留有肌力、感觉轻度障碍,电生理检查提示神经传导功能轻度异常 | a) 腓总神经挫伤为 6个月;<br>b) 腓总神经部分损伤为 10个月;<br>c) 腓总神经撕脱伤或完全断裂伤为 12个月 |
| 5.18.2.5 | 趾神经损伤 | 感觉恢复满意,功能良好 | 可留有感觉轻度障碍 | a) 趾神经挫伤为 3个月;<br>b) 趾神经断裂伤为 6个月 |
| 5.18.3 | 股血管、腘血管损伤 | 手术后伤口愈合,脉搏正常,肢体循环恢复正常。功能完全或基本恢复正常 | 伤口愈合。肢体循环恢复,但供血不够完善或遗留不同程度的缺血症状 | a) 股血管、腘血管内膜撕裂(未破裂)为 2个月;<br>b) 股血管、腘血管破裂为 4个月 |
| 5.18.4 | 肌腱及韧带损伤 | | | |
| 5.18.4.1 | 髌韧带损伤 | 韧带修复满意,症状完全消失,功能恢复正常 | 韧带修复,症状基本消失,功能基本恢复。 | a) 髌韧带裂伤(破裂,撕裂,撕脱)为 3个月;<br>b) 髌韧带完全横断为 6个月 |
| 5.18.4.2 | 膝关节侧副韧带损伤 | 肿胀疼痛压痛消失,膝关节功能完全或基本恢复 | 膝部无明显疼痛,关节有轻度不稳定,屈伸正常或稍受限 | 3个月 |
| 5.18.4.3 | 十字韧带损伤 | 关节无疼痛,稳定,功能完全恢复 | 关节无明显疼痛,有轻度不稳,功能基本恢复 | a) 不完全断裂为 3~4个月;<br>b) 单一十字韧带断裂、韧带替代修补术为 4~6个月;<br>c) 双十字韧带断裂、韧带替代修补术为 6个月 |

(续表)

| 序号 | 伤情描述 | 临床治愈 | 临床稳定 | 治疗终结时间 |
|---|---|---|---|---|
| 5.18.4.4 | 跟腱损伤 | 韧带修复满意,症状完全消失,功能恢复正常 | 韧带修复,症状基本消失,功能基本恢复 | a) 跟腱不完全性裂伤(破裂,撕脱,撕裂)为 **3个月**;<br>b) 跟腱完全性裂伤(破裂,撕脱,撕裂)为 **6个月** |
| 5.18.4.5 | 膝关节半月板损伤 | 膝关节疼痛肿胀消失,无关节弹响和交锁,膝关节旋转挤压和研磨试验(—),膝关节功能基本恢复。 | 症状基本消失,活动多或长时间工作后仍有轻度疼痛或酸困,股四头肌轻度萎缩,膝关节功能接近正常 | a) 非手术治疗为 **2个月**;<br>b) 半月板修补缝合为 **3个月**;<br>c) 关节镜修整为 **3个月** |
| 5.18.5 | 下肢损伤致骨筋膜室综合征 | 症状消失,功能恢复,无后遗症。 | 症状消失,功能基本恢复 | **6个月** |
| 5.18.6 | 下肢关节损伤 | | | |
| 5.18.6.1 | 髋关节损伤 | 髋关节关系正常,功能完全或基本恢复,可以正常负重及参加劳动 | 关节关系正常,可留有疼痛不适、功能轻度受限 | a) 髋关节软组织钝挫伤为 **2个月**;<br>b) 髋关节捩伤为 **2个月**;<br>c) 单纯髋关节脱位(关节软骨未受累)为 **3个月**;<br>d) 髋关节骨折伴脱位为 **8~12个月**;<br>e) 髋关节开放性脱位为 **8~12个月** |
| 5.18.6.2 | 膝关节损伤 | 膝关节关系正常,关节无疼痛,行走无不适,关节稳定,功能完全或基本恢复 | 关节关系正常,可留有疼痛不适、功能轻度受限 | a) 膝关节软组织钝挫伤为 **2个月**;<br>b) 膝关节捩伤为 **3个月**;<br>c) 膝关节多根韧带损伤为 **6个月**;<br>d) 膝关节脱位伴骨折为 **8个月**;<br>e) 膝关节开放性脱位为 **6个月** |
| 5.18.6.3 | 踝关节损伤 | 踝关节关系正常,关节无疼痛,症状消失,功能完全或基本恢复 | 关节关系正常,可留有疼痛不适、功能轻度受限 | a) 踝部软组织钝挫伤为 **2个月**;<br>b) 踝关节捩伤为 **3个月**;<br>c) 踝关节骨折/伴脱位为 **8个月**;<br>d) 踝关节开放性脱位为 **6个月** |

（续表）

| 序号 | 伤情描述 | 临床治愈 | 临床稳定 | 治疗终结时间 |
|---|---|---|---|---|
| 5.18.6.4 | 跖、趾或趾间关节损伤 | 关节关系正常，局部无肿痛，无皮下淤斑，无明显压痛，步行无疼痛 | 关节关系正常，可留有疼痛不适、功能轻度受限 | a) 跖趾或趾间关节挫伤为 2 个月；<br>b) 跖趾或趾间关节脱位为 2 个月；<br>c) 开放性跖趾或趾间关节脱位或闭合性骨折伴脱位为 4 个月；<br>d) 跖趾关节骨折伴脱位为 4 个月 |
| 5.18.6.5 | 距下、距舟或跖跗关节损伤 | 关节关系正常，局部无肿痛，无皮下淤斑，无明显压痛，步行无疼痛 | 关节关系正常，可留有疼痛不适、功能轻度受限 | a) 距下、距舟或跖跗关节挫伤为 2 个月；<br>b) 距下或距舟关节脱位为 3 个月；<br>c) 闭合性距骨骨折伴关节脱位为 4~6 个月；<br>d) 开放性距骨骨折伴关节脱位为 6 个月 |
| 5.18.7 | 下肢骨折 | | | |
| 5.18.7.1 | 股骨骨折 | | | |
| 5.18.7.1.1 | 股骨干骨折 | 骨折对线对位满意，骨折愈合，功能完全或基本恢复 | 骨折愈合，对位良好，轻度疼痛，跛行，可半蹲，生活可自理 | 6~8 个月 |
| 5.18.7.1.2 | 股骨转子间骨折 | 骨折对位满意，有连续性骨痂通过骨折线，无跛行及疼痛，能恢复正常行走、下蹲 | 骨折线模糊，对位尚满意，髋内翻在 25° 以内，短缩畸形在 2 cm 以内，轻度跛行及下蹲受限，能参加一般劳动及自理生活者 | a) 稳定型为 6 个月；<br>b) 不稳定型手术治疗为 6~9 个月 |
| 5.18.7.1.3 | 股骨颈骨折 | 骨折愈合，对位满意，局部无疼痛，无跛行，伸髋正常，屈髋超过 90° | 骨折愈合，对位良好，轻度疼痛，跛行，可半蹲，生活可自理 | a) 骨折内固定为 9~12 个月；<br>b) 人工股骨头或全髋置换为 6~9 个月 |
| 5.18.7.2 | 胫骨骨折 | 对线对位满意，局部无压痛、叩痛，伤肢无明显短缩，骨折成角小于 5°，膝关节屈伸功能受限在 15° 内，踝关节屈伸活动受限在 5° 以内 | 对位良好，或对位尚可已愈合，行走时轻度疼痛，膝关节活动轻度受限 | a) 胫骨平台闭合性骨折为 6 个月；<br>b) 胫骨平台开放性骨折为 8~10 个月；<br>c) 胫骨髁间嵴骨折为 6 个月；<br>d) 单纯性内髁骨折为 4 个月；<br>e) 单纯性后髁骨折为 3 个月 |
| 5.18.7.3 | 髌骨骨折 | 骨折对位满意，骨折愈合，行走无疼痛，膝关节功能完全或基本恢复 | 对位尚满意，骨折愈合，行走有疼痛，膝关节自主伸直受限 5°~10°，屈曲受限 45° 以内者 | 3~4 个月 |

(续表)

| 序号 | 伤情描述 | 临床治愈 | 临床稳定 | 治疗终结时间 |
|---|---|---|---|---|
| 5.18.7.4 | 腓骨骨折 | 对线对位满意,骨折线模糊,局部无压痛、叩痛,伤肢无明显短缩,骨折成角小于 5°,膝关节屈伸功能受限 15°内,踝关节屈伸活动受限在 5°以内 | 对线对位尚可,骨折线模糊,伤肢短缩小于 2 cm,成角小于 15°,膝关节活动受限在 30°~45°以内,踝关节屈伸受限在 10°~15°以内 | 3 个月 |
| 5.18.7.5 | 踝部多发性骨折 | 骨折对位对线好,骨折愈合,伤口愈合,功能恢复正常。X 线片显示骨折对位对线好 | 对位良好,骨折线模糊,踝部轻微疼痛,劳累后加重,内外踝侧方移位在 2 mm 以内,前后移位在 2 mm~4 mm 以内,后踝向后上移位在 2 mm~5 mm 之间 | a) 双踝或三踝骨折为 6 个月;<br>b) 开放性双踝或三踝骨折为 6 个月 |
| 5.18.7.6 | 跟骨骨折 | 足跟外观无畸形,对位满意,骨折线模糊或消失,行走无不适,功能完全或基本恢复 | 骨对位良好已愈合,或足跟轻度畸形,足弓轻度变平,行走轻度疼痛,距下关节活动轻度受限 | 3 个月 |
| 5.18.7.7 | 跖骨或跗骨骨折 | 骨折对位满意,有连续性骨痂通过骨折线,局部无肿胀及压痛,功能完全或基本恢复 | 骨折对位良好,已愈合,走路仍有疼痛 | 3 个月 |
| 5.18.7.8 | 足趾骨折 | 骨折对位或骨折对线好,已愈合 | 骨折对位良好,或骨折线好,对位差,已愈合,外观轻度畸形,微肿胀,无压痛,行走时略有疼痛 | 3 个月 |
| 5.19 | **烧伤和腐蚀伤** | | | |
| 5.19.1 | 烧伤 | a) Ⅰ度及浅Ⅱ度创面完全愈合;<br>b) 深Ⅱ度、Ⅲ度创面基本愈合,剩余散在创面可望换药痊愈;<br>c) 内脏并发症基本痊愈;<br>d) 严重烧伤、大面积烧伤者基本能生活自理,颜面无严重畸形 | a) 严重烧伤、大面积烧伤、或Ⅲ度烧伤创面大部愈合,剩余创面尚需植皮;<br>b) 颜面部有较明显畸形,或有其他功能障碍 | 以实际治愈或稳定时间为准 |
| 5.19.2 | 腐蚀伤 | 全身症状消失,皮肤创面愈合,受损伤的骨骼已愈合,功能障碍轻 | 全身症状基本平稳,无明显后遗中毒病变,仍有散在小创面,或明显畸形应整复者 | 以实际治愈或稳定时间为准 |

## 第四节 残疾辅助器具鉴定（上海市）

上海市工伤保险辅助器具配置目录

| 辅具编号 | 辅具名称 | 单位 | 主要部件或材料要求 | 功能 | 适用范围 | 最高支付限额（元） | 最低使用年限（年） |
|---|---|---|---|---|---|---|---|
| 一、假肢（23项） | | | | | | | |
| 10001 | 假手指 | 只 | 硅胶、定制仿真手指 | 弥补外观缺损 | 适用于单个手指缺损者或多手指缺损 | 830 | 1 |
| 10002 | 部分手假肢 | 只 | 硅胶、仿真定制、内带填充物 | 弥补外观缺损、辅助持物 | 适用于掌骨残肢 | 4280 | 1 |
| 10003 | 装饰性腕离断假肢 | 具 | 装饰手或被动手、硅胶手套、定制接受腔 | 弥补外观缺损、辅助持物等被动功能 | 适用于不选择穿戴功能性假肢的腕部截肢者 | 5180 | 3 |
| 10004 | 索控式腕离断假肢 | 具 | 标准机械手、硅胶手套、定制双层接受腔及肩背带 | 自身力源，利用牵引索控制假肢开、闭，能主动持物 | 适用于腕关节离断或前臂长残肢的截肢者 | 10350 | 3 |
| 10005 | 腕离断肌电假肢 | 具 | 单自由度肌电手、硅胶手套、定制接受腔 | 电动力源、肌电信号控制假肢开、闭 | 适用于双侧截肢且残肢肌电信号达标的腕部或半掌截肢者 | 20220 | 4 |
| 10006 | 装饰性前臂假肢 | 具 | 定制接受腔、腕关节、装饰手套、被动式腕动手、硅胶手套 | 弥补外观缺损、辅助持物等被动功能 | 适用于不选择穿戴功能性假肢的前臂截肢者 | 7230 | 3 |
| 10007 | 索控式前臂假肢 | 具 | 标准机械手、硅胶手套、定制接受腔及肩背带 | 自身力源，利用牵引索控制假手开、闭，腕关节可被动旋转 | 适用于前臂截肢者 | 9390 | 3 |
| 10008 | 前臂肌电假肢 | 具 | 单自由度肌电手、硅胶手套、定制接受腔双层接受腔 | 电动力源，肌电信号控制假手开、闭，腕关节被动屈曲或旋转 | 适用于不选择穿戴功能性假肢且肌电信号达标的前臂截肢者 | 19550 | 4 |
| 10009 | 装饰性肘离断假肢 | 具 | 定制接受腔、装饰性假肢组件、装饰手或被动手、硅胶手套 | 弥补外观缺损、辅助持物等被动功能 | 适用于肘部、前臂极短残肢截肢者 | 10020 | 3 |
| 10010 | 索控式肘离断假肢 | 具 | 标准机械手、硅胶手套、铰链式肘关节、定制接受腔及肩背带 | 牵引索控制假手开、闭，肘关节被动屈伸 | 适用于肘关节离断或上臂残肢过长的，前臂极短残肢截肢者 | 14930 | 3 |
| 10011 | 肘离断肌电假肢 | 具 | 单自由度肌电手、硅胶手套、定制接受腔及肩背带 | 电动力源，肌电信号控制假手开、闭，腕关节被动屈曲或旋转、肘关节被动屈伸 | 适用于双侧截肢且残肢肌电信号达标的肘离断、前臂极短残肢截肢者 | 28770 | 4 |
| 10012 | 装饰性上臂假肢 | 具 | 全接触接受腔、装饰性假肢组件、装饰手或被动手、硅胶手套 | 弥补外观缺损、辅助持物等被动功能 | 适用于不选择穿戴功能性假肢的上臂截肢者 | 10220 | 3 |
| 10013 | 索控式上臂假肢 | 具 | 标准树脂接受腔、硅胶手套、机械肘关节、定制接受腔及肩背带 | 牵引索控制假手开、闭，肘关节屈伸功能 | 适用上臂截肢者 | 15920 | 3 |

（续表）

| 辅具编号 | 辅具名称 | 单位 | 主要部件或材料要求 | 功能 | 适用范围 | 最高支付限额(元) | 最低使用年限(年) |
|---|---|---|---|---|---|---|---|
| 10014 | 上臂肌电假肢 | 具 | 单自由度肌电手、机械肘关节、硅胶手套、定制双层接受腔 | 电动力源，肌电信号控制假手开、闭，腕关节被动屈曲或旋转，肘关节被动屈伸 | 适用于双侧截肢且肌电信号达标的上臂截肢者 | 32270 | 4 |
| 10015 | 装饰性肩离断假肢 | 具 | 骨骼式装饰性假肢组件、硅胶手套 | 弥补外观缺损，具有被动开、闭和屈、伸形功能，肩关节自由摆动 | 适用于肩关节离断或上臂残肢过短的截肢者 | 14800 | 3 |
| 10016 | 部分足假肢 | 具 | 定制硅胶制作足套式假半脚 | 补缺并改善行走功能 | 适用于跗骨近端截肢 | 6320 | 3 |
| 10017 | 赛姆假肢 | 具 | 定制接受腔、低踝假脚 | 代偿行走和站立功能 | 适用于踝部截肢、赛姆截肢或小腿残肢过长的截肢者 | 12650 | 3 |
| 10018 | 组件式小腿假肢 | 具 | 定制接受腔、根据残肢部位皮肤和身体功能经评估后，选择适宜内衬、关节及假脚 | 代偿行走和站立功能 | 适用于小腿截肢者 | 13380 | 3 |
| 10019 | 组件式膝离断假肢 | 具 | 定制接受腔、根据残肢部位皮肤和身体功能经评估后，选择内衬、关节及假脚 | 代偿行走和站立功能 | 适用于膝关节离断、小腿板短残肢截肢者 | 23800 | 3 |
| 10020 | 组件式大腿假肢 | 具 | 定制接受腔、根据残肢部位皮肤和身体功能经评估后，选择内衬、关节及假脚 | 代偿行走和站立功能 | 适用于大腿截肢者 | 25090 | 3 |
| 10021 | 组件式髋离断假肢 | 具 | 定制接受腔、根据残肢部位皮肤和身体功能经评估后，选择内衬、关节及假脚 | 代偿行走和站立功能 | 适用于髋关节离断或大腿残肢过短的截肢者 | 35360 | 3 |
| 10022 | 大小腿假肢硅凝胶套 | 只 | 带增强织物凝胶残肢套 | 软化瘢痕，保护残肢，悬吊和控制假肢 | 适用于大面积植皮、皮肤粘连、瘢痕、糖尿病、脉管炎、大小腿板短残肢的截肢者 | 5170 | 1 |
| 10023 | 大小腿假肢硅凝胶套锁具 | 套 | 铝合金 | 锁住带锁的硅凝胶套，实现硅凝胶套的悬吊作用 | 适用于大面积植皮、皮肤粘连、瘢痕、糖尿病、脉管炎、大小腿板短残肢的截肢者 | 3640 | 3 |

二、矫形器（23 项）

| 20001 | 静态型手指矫形器 | 具 | 聚乙烯高温板材、低温板材、金属或织物 | 单指或五指的矫正（含要开指费）与固定 | 适用于并指骨折及切带损伤术后固定 | 210 | 2 |
| 20002 | 动态型手指矫形器 | 具 | 聚乙烯板材、金属条、弹性装置 | 手指畸形矫正及手指功能恢复锻炼 | 适用于并指畸形、矫正手指槌状、鹅颈、扣眼等畸形及术后 | 640 | 2 |
| 20003 | 静态型掌指矫形器 | 具 | 聚乙烯高温板材、低温板材、金属或织物 | 掌指关节固定保护 | 适用于指骨近节骨折及术后固定 | 450 | 2 |

(续表)

| 辅具编号 | 辅具名称 | 单位 | 主要部件或材料要求 | 功能 | 适用范围 | 最高支付限额(元) | 最低使用年限(年) |
|---|---|---|---|---|---|---|---|
| 20004 | 动态型掌指矫形器 | 具 | 热塑板材、金属条、弹性装置 | 手指展开及手指功能恢复锻炼 | 适用于手指近节骨折,手指掌腱挛缩畸形,尺神经、正中神经麻痹引起手指内在肌的麻痹及术后功能恢复锻炼 | 860 | 2 |
| 20005 | 静态型腕手矫形器 | 具 | 热塑板材、固定带 | 腕部损伤固定,保持功能位或中立位 | 适用于腕部骨折,单纯性脱位及术后 | 650 | 2 |
| 20006 | 动态型腕手矫形器 | 具 | 热塑板材、金属条、弹性装置 | 辅助掌指关节与拇指的伸展、功能恢复与锻炼 | 适用于桡神经损伤及术后的功能恢复 | 940 | 2 |
| 20007 | 前臂(肘腕手)矫形器 | 具 | 聚乙烯高温板材或低温板材,可以带或不带肘关节铰链 | 限制前臂旋前后、前臂保护固定 | 适用于前臂骨折及术后 | 1130 | 1 |
| 20008 | 上臂(肘)矫形器 | 具 | 热塑板材,可以带或不带肩关节、肘关节铰链 | 上臂固定 | 适用于上臂骨折及术后 | 1920 | 1 |
| 20009 | 肩外展矫形器 | 具 | 成品、热塑板材、泡沫材料、金属件 | 肩关节及肱骨固定(可调式) | 适用于肩关节及肱骨骨折,肩棘韧带损伤、臂丛神经损伤及术后固定 | 2260 | 1 |
| 20010 | 颈托 | 具 | 成品、EVA泡沫塑料 | 减轻颈椎的负荷,控制颈椎活动 | 适用于颈椎病或颈椎轻度损伤及术后 | 390 | 1 |
| 20011 | 颈胸矫形器 | 具 | 定制、热塑板材 | 起支撑、固定、减荷、保护、矫正的作用 | 适用于颈椎单纯性脱位、损伤术后 | 2400 | 1 |
| 20012 | 胸腰骶矫形器 | 具 | 定制、热塑板材 | 起支撑、固定、减荷、保护、矫正的作用 | 适用于胸腰椎损伤的康复和术后 | 2650 | 1 |
| 20013 | 脊柱过伸矫形器 | 具 | 金属支条或高强度热塑板材、框架式结构 | 控制或矫正胸椎后凸畸形 | 适用于腰和低位胸椎压缩性骨折的保守治疗或术后固定、胸椎后凸畸形及术后、老年人的退行性病变 | 2250 | 1 |
| 20014 | 硬性围腰 | 具 | 背部采用半硬性塑料制成的框架式背托,腹部采用宽大的软垫式腹压带,两侧采用弹性束紧带 | 加强胸腰部支撑,稳定脊柱;增强腹压,减轻脊柱负担 | 适用于胸腰部软组织损伤、椎间盘突出,轻度滑脱等,腰椎经骨质性损伤的保守治疗及术后固定 | 1200 | 1 |
| 20015 | 弹性围腰 | 具 | 成品、弹性针织材料 | 增强腹压以减轻腰骶负担,对腰椎起支撑、保护作用 | 适用于腰骶部软组织损伤、腰肌劳损,腰椎间盘突出等引起的疼痛,以及软骨性损伤的预防和保守治疗 | 550 | 1 |
| 20016 | 矫形鞋 | 双 | 定制、牛皮 | 补高补缺或矫治 | 适用于下肢不等长及足部缺损、畸形 | 790 | 1 |
| 20017 | 固定式踝足矫形器 | 只 | 成品、由热塑板制成(泡沫软内)带拉带和固定带 | 将踝关节固定在功能位、稳定和护踝关节 | 适用于踝足损伤、卧床病人防足下垂及跟腱挛缩 | 750 | 2 |
| 20018 | 功能式踝足矫形器 | 具 | 热塑板材定制或由踝铰链支条等构成 | 限制踝关节运动、矫正足内外翻、保持足内外旋及踝关节的稳定 | 适用于矫治足下垂、足内外翻、足内外旋及踝关节不稳定等 | 1160 | 1 |

(续表)

| 辅具编号 | 辅具名称 | 单位 | 主要部件或材料要求 | 功能 | 适用范围 | 最高支付限额（元） | 最低使用年限（年） |
|---|---|---|---|---|---|---|---|
| 20019 | 免荷式踝足矫形器 | 具 | 定制，热塑板材，髌韧带承重式 | 限制踝关节活动，减轻足部和小腿负重 | 适用小小腿外伤、胫腓骨远端骨折及术后 | 3380 | 3 |
| 20020 | 膝踝足矫形器 | 具 | 定制，热塑板材，铝合金或不锈钢支条 | 固定膝关节，矫正畸形或踝关节功能 | 适用于大腿、小腿骨折或神经损伤及术前、术后 | 3980 | 1 |
| 20021 | 膝矫形器 | 只 | 定制，热塑板材 | 固定下肢，矫正畸形，帮助恢复膝关节功能 | 适用于大腿、小腿骨折或神经切带损伤及术后 | 2270 | 1 |
| 20022 | 髋膝踝足免荷式矫形器 | 只 | 定制，热塑板材，金属支条，由腰髋矫形器和大腿矫形器用髋铰链连接组成 | 用坐骨支撑体重，腰胝部辅助固定 | 适用于大腿骨折、下肢肌力比较弱、大腿、小腿骨折或神经损伤及术前、术后需要坐骨负重的 | 7000 | 1 |
| 20023 | 截瘫行走矫形器 | 副 | 定制，热塑板材，机械组件 | 帮助截瘫病人站立或近距离行走 | 适用于第四胸椎以下截瘫、上肢功能良好的伤者 | 26300 | 1 |
| 三、生活类辅助器具（13项） |
| 30001 | 防褥疮床垫 | 个 | 内胆为橡塑气道型，双通道自动程控气囊换气，具有压力调节旋钮；全包覆式床罩，采用PVC面料或其他具有良好的防水透气性和吸湿功能的材质，且不产生滑动 | 增加接触面积和分散压力，可每天24小时连续使用 | 适用于长期卧床的重度伤残者 | 1480 | 3 |
| 30002 | 防褥疮坐（靠）垫 | 个 | 内胆包括橡塑气囊，外材料具有防水、防霉，抗菌性能，坐垫与轮椅适配 | 增加接触面积和分散压力 | 适用于需长时间乘坐轮椅者 | 810 | 2 |
| 30003 | 坐便椅 | 只 | 铝合金材料，坐便部分为塑料材质，并配有可拆卸的坐便桶 | 辅助如厕，可折叠，可调节高度 | 适用于行动不便者 | 230 | 3 |
| 30004 | 腋杖 | 副 | 木质、不锈钢或铝合金材质 | 可调节高度，不锈钢或铝合金材质 | 适用于下肢支撑能力较差的伤残者 | 90 | 4 |
| 30005 | 肘杖 | 只 | 铝合金材料，可调节高度；肘托为塑料材质 | 减轻下肢和腋下承重，获得辅助支撑力，提高行走的稳定性 | 适用于下肢支撑能力较差的伤残者 | 70 | 4 |
| 30006 | 手杖 | 只 | 铝合金材料，可调节高度 | 提高行走的稳定性 | 适用于平衡能力较差者 | 90 | 4 |
| 30007 | 框式助行器 | 个 | 铝合金材质 | 稳定性优于各类拐杖，适合下肢伤残者辅助行走 | 适用于平衡能力较差的下肢伤残者 | 170 | 4 |
| 30008 | 轮式助行器 | 个 | 铝合金材质 | 稳定性优于各类拐杖，适合下肢伤残者辅助行走 | 适用于平衡能力较好的下肢伤残者 | 240 | 4 |
| 30009 | 普通轮椅 | 辆 | 铝合金车架 | 代偿步行 | 适用于具备自行站立功能，但需借助轮椅代步的伤残者 | 490 | 3 |
| 30010 | 坐便轮椅 | 辆 | 铝合金车架、硬座、带坐便桶 | 代偿步行及如厕 | 适用于长期借助轮椅代步的重度伤残者 | 580 | 4 |

（续表）

| 辅具编号 | 辅具名称 | 单位 | 主要部件或材料要求 | 功能 | 适用范围 | 最高支付限额(元) | 最低使用年限(年) |
|---|---|---|---|---|---|---|---|
| 30011 | 高背轮椅 | 辆 | 铝合金车架、配备头枕、身体固定带、腿托等配件 | 代偿步行，靠背可在全躺位、半躺位，直立之间调整 | 适用于需较长时间借助轮椅活动的重度伤残者 | 1060 | 3 |
| 30012 | 手摇三轮车 | 辆 | 包括双手前摇和单手平摇两种方式操控三轮车，设有倒挡，车架为钢质 | 由使用者依靠自身力量手动驱动 | 适用于下肢残疾但上肢健全具有相应体力的伤残者 | 980 | 3 |
| 30013 | 盲杖 | 个 | 成品、塑料、碳纤维或金属等，分为直杖及折叠杖 | 辅助行走 | 适用于盲人 | 80 | 3 |

**四、其他辅助器具（11项）**

| 辅具编号 | 辅具名称 | 单位 | 主要部件或材料要求 | 功能 | 适用范围 | 最高支付限额(元) | 最低使用年限(年) |
|---|---|---|---|---|---|---|---|
| 40001 | 耳背式助听器 | 台 | 电子产品、综合材料（含电池） | 用于听力伤残人员补偿听力 | 适用于听力损失大于90 dB(HL)的听力伤残人员 | 4000 | 6 |
| 40002 | 耳内式助听器 | 台 | 电子产品、综合材料（含电池） | 用于听力伤残人员补偿听力 | 适用于听力损失小于90 dB(HL)的听力伤残人员 | 4000 | 6 |
| 40003 | 耳道式助听器 | 台 | 电子产品、综合材料（含电池） | 用于听力残疾人补偿听力 | 适用于听力损失小于81 dB(HL)的听力伤残人员 | 4000 | 6 |
| 40004 | 光学助视器 | 个 | 眼镜或台式、光学镜片 | 放大功能、放大倍数固定 | 适用于低视力者 | 500 | 3 |
| 40005 | 假眼 | 只 | 定制、新型高分子材料 | 弥补眼球缺陷 | 适用于眼球缺损者 | 2500 | 4 |
| 40006 | 假鼻 | 只 | 定制、硅胶 | 弥补鼻部缺陷 | 适用于鼻部缺损者 | 2750 | 3 |
| 40007 | 假耳 | 只 | 定制、硅胶 | 弥补耳部缺陷 | 适用于耳部缺损者 | 2570 | 3 |
| 40008 | 假乳房 | 只 | 成品、硅胶 | 弥补乳房缺陷 | 适用于乳房缺损者 | 700 | 3 |
| 40009 | 假发 | 只 | 人造假发 | 弥补缺发或无发缺陷 | 适用于整体毛发男性缺损者 | 650 | 3 |
| | | | | | 适用于整体毛发女性缺损者 | 1000 | 3 |
| 40010 | 全口假牙 | 件 | 复合树脂牙、铸造金属基托（钴铬合金、钛） | 代替缺失牙齿及相关组织，恢复咀嚼、发音、美观功能，需摘下清洗 | 适用于上颌或下颌牙齿的全部缺失者 | 3000 | 4 |
| | | | | | 适用于上颌和下颌牙齿的全部缺失者 | 5800 | 4 |
| 40011 | 半口假牙 | 颗 | 复合树脂牙、金属弯制卡环铸造金属基托及卡环（钴铬合金、钛） | 代替缺失牙齿及相关组织，恢复咀嚼、发音、美观功能，需摘下清洗 | 适用于上颌或下颌牙列从缺失一颗牙齿到剩一颗牙齿 | 300 | 4 |

注：安装编号为10005，10008，10011，10014的肌电假肢时，一侧安装肌电假肢，另一侧安装装饰性假肢或索控式假肢。

# 第五节 人身保险伤残评定(行标)

该标准由中国保险行业协会制定并会同中国法医学会联合发布,到目前为止试行了三年时间,主要适用于涉及人身意外的保险产品理赔。其法律地位和远期应用前景尚有待观察,尤其是在2016年两院三部联合发布了《人体损伤致残评定标准》的情况下。考虑到实践中仍时有需要,笔者将其主要的评定分级条款8大类,共281项人身保险伤残条目进行了梳理、汇总,制作成表格,以供同行专家执业中使用、备查。其余的一些制定说明、概念和资料性注释等这里就全部省略,如有需要可以查阅中国保险行业协会、中国法医学会2013年6月8日联合发布的《人身保险伤残评定标准》全文。

| 部位/序号 | | 残情描述(含临床诊断和量化指标) | 伤残等级 |
|---|---|---|---|
| 1 神经系统的结构和精神功能 | | | |
| 1.1 | 脑膜的结构损伤 | | |
| | 1 | 外伤性脑脊液鼻漏或耳漏 | 10级 |
| 1.2 | 脑的结构损伤,智力功能障碍 | | |
| | 2 | 颅脑损伤导致极度智力缺损(智商小于等于20),日常生活完全不能自理,处于完全护理依赖状态 | 1级 |
| | 3 | 颅脑损伤导致重度智力缺损(智商小于等于34),日常生活需随时有人帮助才能完成,处于完全护理依赖状态 | 2级 |
| | 4 | 颅脑损伤导致重度智力缺损(智商小于等于34),不能完全独立生活,需经常有人监护,处于大部分护理依赖状态 | 3级 |
| | 5 | 颅脑损伤导致中度智力缺损(智商小于等于49),日常生活能力严重受限,间或需要帮助,处于大部分护理依赖状态 | 4级 |
| 1.3 | 意识功能障碍 | | |
| | 6 | 颅脑损伤导致植物状态 | 1级 |
| 2 眼、耳和有关的结构和功能 | | | |
| 2.1 | 眼球损伤或视功能障碍 | | |
| | 7 | 双侧眼球缺失 | 1级 |
| | 8 | 一侧眼球缺失,且另一侧眼盲目5级 | 1级 |
| | 9 | 一侧眼球缺失,且另一侧眼盲目4级 | 2级 |
| | 10 | 一侧眼球缺失,且另一侧眼盲目3级 | 3级 |
| | 11 | 一侧眼球缺失,且另一侧眼低视力2级 | 4级 |
| | 12 | 一侧眼球缺失,且另一侧眼低视力1级 | 5级 |
| | 13 | 一侧眼球缺失 | 7级 |
| 2.2 | 视功能障碍 | | |
| | 14 | 双眼盲目5级 | 2级 |
| | 15 | 双眼视野缺损,直径小于5° | 2级 |
| | 16 | 双眼盲目大于等于4级 | 3级 |
| | 17 | 双眼视野缺损,直径小于10° | 3级 |
| | 18 | 双眼盲目大于等于3级 | 4级 |
| | 19 | 双眼视野缺损,直径小于20° | 4级 |

(续表)

| 部位/序号 | | 残情描述(含临床诊断和量化指标) | 伤残等级 |
|---|---|---|---|
| 2.2 | 视功能障碍 | | |
| | 20 | 双眼低视力大于等于 2 级 | 5 级 |
| | 21 | 双眼低视力大于等于 1 级 | 6 级 |
| | 22 | 双眼视野缺损,直径小于 60° | 6 级 |
| | 23 | 一眼盲目 5 级 | 7 级 |
| | 24 | 一眼视野缺损,直径小于 5° | 7 级 |
| | 25 | 一眼盲目大于等于 4 级 | 8 级 |
| | 26 | 一眼视野缺损,直径小于 10° | 8 级 |
| | 27 | 一眼盲目大于等于 3 级 | 9 级 |
| | 28 | 一眼视野缺损,直径小于 20° | 9 级 |
| | 29 | 一眼低视力大于等于 1 级 | 10 级 |
| | 30 | 一眼视野缺损,直径小于 60° | 10 级 |
| 2.3 | 眼球的晶状体结构损伤 | | |
| | 31 | 外伤性白内障 | 10 级 |
| 2.4 | 眼睑结构损伤 | | |
| | 32 | 双侧眼睑显著缺损 | 8 级 |
| | 33 | 双侧眼睑外翻 | 8 级 |
| | 34 | 双侧眼睑闭合不全 | 8 级 |
| | 35 | 一侧眼睑显著缺损 | 9 级 |
| | 36 | 一侧眼睑外翻 | 9 级 |
| | 37 | 一侧眼睑闭合不全 | 9 级 |
| 2.5 | 耳廓结构损伤或听功能障碍 | | |
| | 38 | 双耳听力损失大于等于 91 dB,且双侧耳廓缺失 | 2 级 |
| | 39 | 双耳听力损失大于等于 91 dB,且一侧耳廓缺失 | 3 级 |
| | 40 | 一耳听力损失大于等于 91 dB,另一耳听力损失大于等于 71 dB,且一侧耳廓缺失,另一侧耳廓缺失大于等于 50% | 3 级 |
| | 41 | 双耳听力损失大于等于 71 dB,且双侧耳廓缺失 | 3 级 |
| | 42 | 双耳听力损失大于等于 71 dB,且一侧耳廓缺失 | 4 级 |
| | 43 | 双耳听力损失大于等于 56 dB,且双侧耳廓缺失 | 4 级 |
| | 44 | 一耳听力损失大于等于 91 dB,另一耳听力损失大于等于 71 dB,且一侧耳廓缺失大于等于 50% | 4 级 |
| | 45 | 双耳听力损失大于等于 71 dB,且一侧耳廓缺失大于等于 50% | 5 级 |
| | 46 | 双耳听力损失大于等于 56 dB,且一侧耳廓缺失 | 5 级 |
| | 47 | 双侧耳廓缺失 | 5 级 |
| | 48 | 一侧耳廓缺失,且另一侧耳廓缺失大于等于 50% | 6 级 |
| | 49 | 一侧耳廓缺失 | 8 级 |
| | 50 | 一侧耳廓缺失大于等于 50% | 9 级 |
| 2.6 | 听功能障碍 | | |
| | 51 | 双耳听力损失大于等于 91 dB | 4 级 |
| | 52 | 双耳听力损失大于等于 81 dB | 5 级 |
| | 53 | 一耳听力损失大于等于 91 dB,且另一耳听力损失大于等于 71 dB | 5 级 |
| | 54 | 双耳听力损失大于等于 71 dB | 6 级 |

(续表)

| 部位/序号 | | 残情描述(含临床诊断和量化指标) | 伤残等级 |
|---|---|---|---|
| 2.6 | 听功能障碍 | | |
| | 55 | 一耳听力损失大于等于 91 dB,且另一耳听力损失大于等于 56 dB | 6 级 |
| | 56 | 一耳听力损失大于等于 91 dB,且另一耳听力损失大于等于 41 dB | 7 级 |
| | 57 | 一耳听力损失大于等于 71 dB,且另一耳听力损失大于等于 56 dB | 7 级 |
| | 58 | 一耳听力损失大于等于 71 dB,且另一耳听力损失大于等于 41 dB | 8 级 |
| | 59 | 一耳听力损失大于等于 91 dB | 8 级 |
| | 60 | 一耳听力损失大于等于 56 dB,且另一耳听力损失大于等于 41 dB | 9 级 |
| | 61 | 一耳听力损失大于等于 71 dB | 9 级 |
| | 62 | 双耳听力损失大于等于 26 dB | 10 级 |
| | 63 | 一耳听力损失大于等于 56 dB | 10 级 |
| | | 3  发声和言语的结构和功能 | |
| 3.1 | 鼻的结构损伤 | | |
| | 64 | 外鼻部完全缺失 | 5 级 |
| | 65 | 外鼻部大部分缺损 | 7 级 |
| | 66 | 鼻尖及一侧鼻翼缺损 | 8 级 |
| | 67 | 双侧鼻腔或鼻咽部闭锁 | 8 级 |
| | 68 | 一侧鼻翼缺损 | 9 级 |
| | 69 | 单侧鼻腔或鼻孔闭锁 | 10 级 |
| 3.2 | 口腔的结构损伤 | | |
| | 70 | 舌缺损大于全舌的 2/3 | 3 级 |
| | 71 | 舌缺损大于全舌的 1/3 | 6 级 |
| | 72 | 口腔损伤导致牙齿脱落大于等于 16 枚 | 9 级 |
| | 73 | 口腔损伤导致牙齿脱落大于等于 8 枚 | 10 级 |
| 3.3 | 发声和言语的功能障碍 | | |
| | 74 | 语言功能完全丧失 | 8 级 |
| | | 4  心血管,免疫和呼吸系统的结构和功能 | |
| 4.1 | 心脏的结构损伤或功能障碍 | | |
| | 75 | 胸部损伤导致心肺联合移植 | 1 级 |
| | 76 | 胸部损伤导致心脏贯通伤修补术后,心电图有明显改变 | 3 级 |
| | 77 | 胸部损伤导致心肌破裂修补 | 8 级 |
| 4.2 | 脾结构损伤 | | |
| | 78 | 腹部损伤导致脾切除 | 8 级 |
| | 79 | 腹部损伤导致脾部分切除 | 9 级 |
| | 80 | 腹部损伤导致脾破裂修补 | 10 级 |
| 4.3 | 肺的结构损伤 | | |
| | 81 | 胸部损伤导致一侧全肺切除 | 4 级 |
| | 82 | 胸部损伤导致双侧肺叶切除 | 4 级 |
| | 83 | 胸部损伤导致同侧双肺叶切除 | 5 级 |
| | 84 | 胸部损伤导致肺叶切除 | 7 级 |

(续表)

| 部位/序号 | | 残情描述（含临床诊断和量化指标） | 伤残等级 |
|---|---|---|---|
| 4.4 | | 胸廓的结构损伤 | |
| | 85 | 胸部损伤导致大于等于12根肋骨骨折 | 8级 |
| | 86 | 胸部损伤导致大于等于8根肋骨骨折 | 9级 |
| | 87 | 胸部损伤导致大于等于4根肋骨缺失 | 9级 |
| | 88 | 胸部损伤导致大于等于4根肋骨骨折 | 10级 |
| | 89 | 胸部损伤导致大于等于2根肋骨缺失 | 10级 |
| 5 | | 消化、代谢和内分泌系统有关的结构和功能 | |
| 5.1 | | 咀嚼和吞咽功能障碍 | |
| | 90 | 咀嚼、吞咽功能完全丧失 | 1级 |
| 5.2 | | 肠的结构损伤 | |
| | 91 | 腹部损伤导致小肠切除大于等于90% | 1级 |
| | 92 | 腹部损伤导致小肠切除大于等于75%，合并短肠综合征 | 2级 |
| | 93 | 腹部损伤导致小肠切除大于等于75% | 4级 |
| | 94 | 腹部或骨盆部损伤导致全结肠、直肠、肛门结构切除，回肠造瘘 | 4级 |
| | 95 | 腹部或骨盆部损伤导致直肠、肛门切除，且结肠部分切除，结肠造瘘 | 5级 |
| | 96 | 腹部损伤导致小肠切除大于等于50%，且包括回盲部切除 | 6级 |
| | 97 | 腹部损伤导致小肠切除大于等于50% | 7级 |
| | 98 | 腹部损伤导致结肠切除大于等于50% | 7级 |
| | 99 | 腹部损伤导致结肠部分切除 | 8级 |
| | 100 | 骨盆部损伤导致直肠、肛门损伤，且遗留永久性乙状结肠造口 | 9级 |
| | 101 | 骨盆部损伤导致直肠、肛门损伤，且瘢痕形成 | 10级 |
| 5.3 | | 胃结构损伤 | |
| | 102 | 腹部损伤导致全胃切除 | 4级 |
| | 103 | 腹部损伤导致胃切除大于等于50% | 7级 |
| 5.4 | | 胰结构损伤或代谢功能障碍 | |
| | 104 | 腹部损伤导致胰完全切除 | 1级 |
| | 105 | 腹部损伤导致胰切除大于等于50%，且伴有胰岛素依赖 | 3级 |
| | 106 | 腹部损伤导致胰头、十二指肠切除 | 4级 |
| | 107 | 腹部损伤导致胰切除大于等于50% | 6级 |
| | 108 | 腹部损伤导致胰部分切除 | 8级 |
| 5.5 | | 肝结构损伤 | |
| | 109 | 腹部损伤导致肝切除大于等于75% | 2级 |
| | 110 | 腹部损伤导致肝切除大于等于50% | 5级 |
| | 111 | 腹部损伤导致肝部分切除 | 8级 |
| 6 | | 泌尿和生殖系统有关的结构和功能 | |
| 6.1 | | 泌尿系统的结构损伤 | |
| | 112 | 腹部损伤导致双侧肾切除 | 1级 |
| | 113 | 腹部损伤导致孤肾切除 | 1级 |
| | 114 | 骨盆部损伤导致双侧输尿管缺失 | 5级 |
| | 115 | 骨盆部损伤导致双侧输尿管闭锁 | 5级 |
| | 116 | 骨盆部损伤导致一侧输尿管缺失，另一侧输尿管闭锁 | 5级 |

(续表)

| 部位/序号 | | 残情描述(含临床诊断和量化指标) | 伤残等级 |
|---|---|---|---|
| 6.1 泌尿系统的结构损伤 | | | |
| | 117 | 骨盆部损伤导致膀胱切除 | 5级 |
| | 118 | 骨盆部损伤导致尿道闭锁 | 5级 |
| | 119 | 骨盆部损伤导致一侧输尿管缺失,另一侧输尿管严重狭窄 | 7级 |
| | 120 | 骨盆部损伤导致一侧输尿管闭锁,另一侧输尿管严重狭窄 | 7级 |
| | 121 | 腹部损伤导致一侧肾切除 | 8级 |
| | 122 | 骨盆部损伤导致双侧输尿管严重狭窄 | 8级 |
| | 123 | 骨盆部损伤导致一侧输尿管缺失,另一侧输尿管狭窄 | 8级 |
| | 124 | 骨盆部损伤导致一侧输尿管闭锁,另一侧输尿管狭窄 | 8级 |
| | 125 | 腹部损伤导致一侧肾部分切除 | 9级 |
| | 126 | 骨盆部损伤导致一侧输尿管缺失 | 9级 |
| | 127 | 骨盆部损伤导致一侧输尿管闭锁 | 9级 |
| | 128 | 骨盆部损伤导致尿道狭窄 | 9级 |
| | 129 | 骨盆部损伤导致膀胱部分切除 | 9级 |
| | 130 | 腹部损伤导致肾破裂修补 | 10级 |
| | 131 | 骨盆部损伤导致一侧输尿管严重狭窄 | 10级 |
| | 132 | 骨盆部损伤导致膀胱破裂修补 | 10级 |
| 6.2 生殖系统的结构损伤 | | | |
| | 133 | 会阴部损伤导致双侧睾丸缺失 | 3级 |
| | 134 | 会阴部损伤导致双侧睾丸完全萎缩 | 3级 |
| | 135 | 会阴部损伤导致一侧睾丸缺失,另一侧睾丸完全萎缩 | 3级 |
| | 136 | 会阴部损伤导致阴茎体完全缺失 | 4级 |
| | 137 | 会阴部损伤导致阴道闭锁 | 5级 |
| | 138 | 会阴部损伤导致阴茎体缺失大于50% | 5级 |
| | 139 | 会阴部损伤导致双侧输精管缺失 | 6级 |
| | 140 | 会阴部损伤导致双侧输精管闭锁 | 6级 |
| | 141 | 会阴部损伤导致一侧输精管缺失,另一侧输精管闭锁 | 6级 |
| | 142 | 胸部损伤导致女性双侧乳头缺失 | 7级 |
| | 143 | 骨盆部损伤导致子宫切除 | 7级 |
| | 144 | 胸部损伤导致女性一侧乳房缺失,另一侧乳房部分缺失 | 8级 |
| | 145 | 胸部损伤导致女性一侧乳房缺失 | 9级 |
| | 146 | 骨盆部损伤导致子宫部分切除 | 9级 |
| | 147 | 骨盆部损伤导致子宫破裂修补 | 10级 |
| | 148 | 会阴部损伤导致一侧睾丸缺失 | 10级 |
| | 149 | 会阴部损伤导致一侧睾丸完全萎缩 | 10级 |
| | 150 | 会阴部损伤导致一侧输精管缺失 | 10级 |
| | 151 | 会阴部损伤导致一侧输精管闭锁 | 10级 |
| 7 神经肌肉骨骼和运动有关的结构和功能 | | | |
| 7.1 头颈部的结构损伤 | | | |
| | 152 | 双侧上颌骨完全缺失 | 2级 |
| | 153 | 双侧下颌骨完全缺失 | 2级 |
| | 154 | 一侧上颌骨及对侧下颌骨完全缺失 | 2级 |

（续表）

| 部位/序号 | | 残情描述（含临床诊断和量化指标） | 伤残等级 |
|---|---|---|---|
| 7.1 | 头颈部的结构损伤 | | |
| | 155 | 同侧上、下颌骨完全缺失 | 3级 |
| | 156 | 上颌骨、下颌骨缺损，且牙齿脱落大于等于24枚 | 3级 |
| | 157 | 一侧上颌骨完全缺失 | 3级 |
| | 158 | 一侧下颌骨完全缺失 | 3级 |
| | 159 | 一侧上颌骨缺损大于等于50%，且口腔、颜面部软组织缺损大于20 cm² | 4级 |
| | 160 | 一侧下颌骨缺损大于等于6 cm，且口腔、颜面部软组织缺损大于20 cm² | 4级 |
| | 161 | 面颊部洞穿性缺损大于20 cm² | 4级 |
| | 162 | 上颌骨、下颌骨缺损，且牙齿脱落大于等于20枚 | 5级 |
| | 163 | 一侧上颌骨缺损大于25%，小于50%，且口腔、颜面部软组织缺损大于10 cm² | 5级 |
| | 164 | 一侧下颌骨缺损大于等于4 cm，且口腔、颜面部软组织缺损大于10 cm² | 5级 |
| | 165 | 一侧上颌骨缺损等于25%，且口腔、颜面部软组织缺损大于10 cm² | 6级 |
| | 166 | 面部软组织缺损大于20 cm²，且伴发涎瘘 | 6级 |
| | 167 | 上颌骨、下颌骨缺损，且牙齿脱落大于等于16枚 | 7级 |
| | 168 | 上颌骨、下颌骨缺损，且牙齿脱落大于等于12枚 | 8级 |
| | 169 | 上颌骨、下颌骨缺损，且牙齿脱落大于等于8枚 | 9级 |
| | 170 | 上颌骨、下颌骨缺损，且牙齿脱落大于等于4枚 | 10级 |
| | 171 | 颅骨缺损大于等于6 cm² | 10级 |
| 7.2 | 头颈部关节功能障碍 | | |
| | 172 | 单侧颞下颌关节强直，张口困难Ⅲ度 | 6级 |
| | 173 | 双侧颞下颌关节强直，张口困难Ⅲ度 | 6级 |
| | 174 | 双侧颞下颌关节强直，张口困难Ⅱ度 | 8级 |
| | 175 | 一侧颞下颌关节强直，张口困难Ⅰ度 | 10级 |
| 7.3 | 上肢的结构损伤，手功能或关节功能障碍 | | |
| | 176 | 双手完全缺失 | 4级 |
| | 177 | 双手完全丧失功能 | 4级 |
| | 178 | 一手完全缺失，另一手完全丧失功能 | 4级 |
| | 179 | 双手缺失（或丧失功能）大于等于90% | 5级 |
| | 180 | 双手缺失（或丧失功能）大于等于70% | 6级 |
| | 181 | 双手缺失（或丧失功能）大于等于50% | 7级 |
| | 182 | 一上肢三大关节中，有两个关节完全丧失功能 | 7级 |
| | 183 | 一上肢三大关节中，有一个关节完全丧失功能 | 8级 |
| | 184 | 双手缺失（或丧失功能）大于等于30% | 8级 |
| | 185 | 双手缺失（或丧失功能）大于等于10% | 9级 |
| | 186 | 双上肢长度相差大于等于10 cm | 9级 |
| | 187 | 双上肢长度相差大于等于4 cm | 10级 |
| | 188 | 一上肢三大关节中，因骨折累及关节面导致一个关节功能部分丧失 | 10级 |
| 7.4 | 骨盆部的结构损伤 | | |
| | 189 | 骨盆环骨折，且两下肢相对长度相差大于等于8 cm | 7级 |
| | 190 | 髋臼骨折，且两下肢相对长度相差大于等于8 cm | 7级 |
| | 191 | 骨盆环骨折，且两下肢相对长度相差大于等于6 cm | 8级 |
| | 192 | 髋臼骨折，且两下肢相对长度相差大于等于6 cm | 8级 |

(续表)

| 部位/序号 | | 残情描述(含临床诊断和量化指标) | 伤残等级 |
|---|---|---|---|
| 7.4 | | 骨盆部的结构损伤 | |
| | 193 | 骨盆环骨折,且两下肢相对长度相差大于等于 4 cm | 9级 |
| | 194 | 髋臼骨折,且两下肢相对长度相差大于等于 4 cm | 9级 |
| | 195 | 骨盆环骨折,且两下肢相对长度相差大于等于 2 cm | 10级 |
| | 196 | 髋臼骨折,且两下肢相对长度相差大于等于 2 cm | 10级 |
| 7.5 | | 下肢的结构损伤,足功能或关节功能障碍 | |
| | 197 | 双足跗跖关节以上缺失 | 6级 |
| | 198 | 双下肢长度相差大于等于 8 cm | 7级 |
| | 199 | 一下肢三大关节中,有两个关节完全丧失功能 | 7级 |
| | 200 | 双足足弓结构完全破坏 | 7级 |
| | 201 | 一足跗跖关节以上缺失 | 7级 |
| | 202 | 双下肢长度相差大于等于 6 cm | 8级 |
| | 203 | 一足足弓结构完全破坏,另一足足弓结构破坏大于等于 1/3 | 8级 |
| | 204 | 双足十趾完全缺失 | 8级 |
| | 205 | 一下肢三大关节中,有一个关节完全丧失功能 | 8级 |
| | 206 | 双足十趾完全丧失功能 | 8级 |
| | 207 | 双下肢长度相差大于等于 4 cm | 9级 |
| | 208 | 一足足弓结构完全破坏 | 9级 |
| | 209 | 双足十趾中,大于等于五趾缺失 | 9级 |
| | 210 | 一足五趾完全丧失功能 | 9级 |
| | 211 | 一足足弓结构破坏大于等于 1/3 | 10级 |
| | 212 | 双足十趾中,大于等于两趾缺失 | 10级 |
| | 213 | 双下肢长度相差大于等于 2 cm | 10级 |
| | 214 | 一下肢三大关节中,因骨折累及关节面导致一个关节功能部分丧失 | 10级 |
| 7.6 | | 四肢的结构损伤,肢体功能或关节功能障碍 | |
| | 215 | 三肢以上缺失(上肢在腕关节以上,下肢在踝关节以上) | 1级 |
| | 216 | 三肢以上完全丧失功能 | 1级 |
| | 217 | 二肢缺失(上肢在腕关节以上,下肢在踝关节以上),且第三肢完全丧失功能 | 1级 |
| | 218 | 一肢缺失(上肢在腕关节以上,下肢在踝关节以上),且另二肢完全丧失功能 | 1级 |
| | 219 | 二肢缺失(上肢在肘关节以上,下肢在膝关节以上) | 2级 |
| | 220 | 一肢缺失(上肢在肘关节以上,下肢在膝关节以上),且另一肢完全丧失功能 | 2级 |
| | 221 | 二肢完全丧失功能 | 2级 |
| | 222 | 一肢缺失(上肢在腕关节以上,下肢在踝关节以上),且另一肢完全丧失功能 | 3级 |
| | 223 | 二肢缺失(上肢在腕关节以上,下肢在踝关节以上) | 3级 |
| | 224 | 两上肢,或两下肢,或一上肢及一下肢,各有三大关节中的两个关节完全丧失功能 | 4级 |
| | 225 | 一肢缺失(上肢在肘关节以上,下肢在膝关节以上) | 5级 |
| | 226 | 一肢完全丧失功能 | 5级 |
| | 227 | 一肢缺失(上肢在腕关节以上,下肢在踝关节以上) | 6级 |
| | 228 | 四肢长骨一骺板以上粉碎性骨折 | 9级 |

(续表)

| 部位/序号 | | 残情描述(含临床诊断和量化指标) | 伤残等级 |
|---|---|---|---|
| 7.7 | 脊柱结构损伤和关节活动功能障碍 | | |
| | 229 | 脊柱骨折脱位导致颈椎或腰椎畸形愈合,且颈部或腰部活动度丧失大于等于 **75%** | 7 级 |
| | 230 | 脊柱骨折脱位导致颈椎或腰椎畸形愈合,且颈部或腰部活动度丧失大于等于 **50%** | 8 级 |
| | 231 | 脊柱骨折脱位导致颈椎或腰椎畸形愈合,且颈部或腰部活动度丧失大于等于 **25%** | 9 级 |
| 7.8 | 肌肉力量功能障碍 | | |
| | 232 | 四肢瘫(三肢以上肌力小于等于 **3** 级) | 1 级 |
| | 233 | 截瘫(肌力小于等于 **2** 级)且大便和小便失禁 | 1 级 |
| | 234 | 四肢瘫(二肢以上肌力小于等于 **2** 级) | 2 级 |
| | 235 | 偏瘫(肌力小于等于 **2** 级) | 2 级 |
| | 236 | 截瘫(肌力小于等于 **2** 级) | 2 级 |
| | 237 | 四肢瘫(二肢以上肌力小于等于 **3** 级) | 3 级 |
| | 238 | 偏瘫(肌力小于等于 **3** 级) | 3 级 |
| | 239 | 截瘫(肌力小于等于 **3** 级) | 3 级 |
| | 240 | 四肢瘫(二肢以上肌力小于等于 **4** 级) | 4 级 |
| | 241 | 偏瘫(一肢肌力小于等于 **2** 级) | 5 级 |
| | 242 | 截瘫(一肢肌力小于等于 **2** 级) | 5 级 |
| | 243 | 单瘫(肌力小于等于 **2** 级) | 5 级 |
| | 244 | 偏瘫(一肢肌力小于等于 **3** 级) | 6 级 |
| | 245 | 截瘫(一肢肌力小于等于 **3** 级) | 6 级 |
| | 246 | 单瘫(肌力小于等于 **3** 级) | 6 级 |
| | 247 | 偏瘫(一肢肌力小于等于 **4** 级) | 7 级 |
| | 248 | 截瘫(一肢肌力小于等于 **4** 级) | 7 级 |
| | 249 | 单瘫(肌力小于等于 **4** 级) | 8 级 |
| 8 皮肤和有关的结构和功能 | | | |
| 8.1 | 头颈部皮肤结构损伤和修复功能障碍 | | |
| | 250 | 头颈部 **III** 度烧伤,面积大于等于全身体表面积的 **8%** | 2 级 |
| | 251 | 面部皮肤损伤导致瘢痕形成,且瘢痕面积大于等于面部皮肤面积的 **90%** | 2 级 |
| | 252 | 颈部皮肤损伤导致瘢痕形成,颈部活动度完全丧失 | 3 级 |
| | 253 | 面部皮肤损伤导致瘢痕形成,且瘢痕面积大于等于面部皮肤面积的 **80%** | 3 级 |
| | 254 | 颈部皮肤损伤导致瘢痕形成,颈部活动度丧失大于等于 **75%** | 4 级 |
| | 255 | 面部皮肤损伤导致瘢痕形成,且瘢痕面积大于等于面部皮肤面积的 **60%** | 4 级 |
| | 256 | 头颈部 **III** 度烧伤,面积大于等于全身体表面积的 **5%**,且小于 **8%** | 5 级 |
| | 257 | 颈部皮肤损伤导致瘢痕形成,颈部活动度丧失大于等于 **50%** | 5 级 |
| | 258 | 面部皮肤损伤导致瘢痕形成,且瘢痕面积大于等于面部皮肤面积的 **40%** | 5 级 |
| | 259 | 面部皮肤损伤导致瘢痕形成,且瘢痕面积大于等于面部皮肤面积的 **20%** | 6 级 |
| | 260 | 头部撕脱伤后导致头皮缺失,面积大于等于头皮面积的 **20%** | 6 级 |
| | 261 | 颈部皮肤损伤导致颈前三角区瘢痕形成,且瘢痕面积大于等于颈前三角区面积的 **75%** | 7 级 |
| | 262 | 面部皮肤损伤导致瘢痕形成,且瘢痕面积大于等于 **24 cm²** | 7 级 |

（续表）

| 部位/序号 | | 残情描述（含临床诊断和量化指标） | 伤残等级 |
|---|---|---|---|
| 8.1 | 头颈部皮肤结构损伤和修复功能障碍 | | |
| | 263 | 头颈部 III 度烧伤，面积大于等于全身体表面积的 **2%**，且小于 **5%** | 8 级 |
| | 264 | 颈部皮肤损伤导致颈前三角区瘢痕形成，且瘢痕面积大于等于颈前三角区面积的 **50%** | 8 级 |
| | 265 | 面部皮肤损伤导致瘢痕形成，且瘢痕面积大于等于 **18 cm$^2$** | 8 级 |
| | 266 | 面部皮肤损伤导致瘢痕形成，且瘢痕面积大于等于 **12 cm$^2$** 或面部线条状瘢痕大于等于 **20 cm** | 9 级 |
| | 267 | 面部皮肤损伤导致瘢痕形成，且瘢痕面积大于等于 **6 cm$^2$** 或面部线条状瘢痕大于等于 **10 cm** | 10 级 |
| 8.2 | 各部位皮肤结构损伤和修复功能障碍 | | |
| | 268 | 皮肤损伤导致瘢痕形成，且瘢痕面积大于等于全身体表面积的 **90%** | 1 级 |
| | 269 | 躯干及四肢 III 度烧伤，面积大于等于全身皮肤面积的 **60%** | 1 级 |
| | 270 | 皮肤损伤导致瘢痕形成，且瘢痕面积大于等于全身体表面积的 **80%** | 2 级 |
| | 271 | 皮肤损伤导致瘢痕形成，且瘢痕面积大于等于全身体表面积的 **70%** | 3 级 |
| | 272 | 躯干及四肢 III 度烧伤，面积大于等于全身皮肤面积的 **40%** | 3 级 |
| | 273 | 皮肤损伤导致瘢痕形成，且瘢痕面积大于等于全身体表面积的 **60%** | 4 级 |
| | 274 | 皮肤损伤导致瘢痕形成，且瘢痕面积大于等于全身体表面积的 **50%** | 5 级 |
| | 275 | 躯干及四肢 III 度烧伤，面积大于等于全身皮肤面积的 **20%** | 5 级 |
| | 276 | 皮肤损伤导致瘢痕形成，且瘢痕面积大于等于全身体表面积的 **40%** | 6 级 |
| | 277 | 腹部损伤导致腹壁缺面积大于等于腹壁面积的 **25%** | 6 级 |
| | 278 | 皮肤损伤导致瘢痕形成，且瘢痕面积大于等于全身体表面积的 **30%** | 7 级 |
| | 279 | 躯干及四肢 III 度烧伤，面积大于等于全身皮肤面积的 **10%** | 7 级 |
| | 280 | 皮肤损伤导致瘢痕形成，且瘢痕面积大于等于全身体表面积的 **20%** | 8 级 |
| | 281 | 皮肤损伤导致瘢痕形成，且瘢痕面积大于等于全身体表面积的 **5%** | 9 级 |

# 附 录

| 序号 | 名称 | 文号/编号 | 颁布主体 | 属性 | 生效日期 |
|---|---|---|---|---|---|
| 法律、法规和行政规章类 | | | | | |
| 1 | 关于司法鉴定管理问题的决定 | | 全国人大常委会 | 法律 | 2005.10.01 |
| 2 | 司法鉴定机构登记管理办法 | 2005年第96号令 | 司法部 | 行政规章 | 2005.09.30 |
| 3 | 司法鉴定人登记管理办法 | 2005年第95号令 | 司法部 | 行政规章 | 2005.09.30 |
| 4 | 司法鉴定程序通则 | 2016年第123号令 | 司法部 | 行政规章 | 2016.05.01 |
| 5 | 司法鉴定执业分类规定(试行) | 司发通[2000]159号 | 司法部 | 行政规章 | 2000.01.01 |
| 技术法规、技术标准和技术规范类 | | | | | |
| 6 | 法医临床检验规范 | SF/ZJD0103003-2011 | 司法部司鉴局 | 行业规范 | 2011.03.17 |
| 7 | 司法鉴定文书规范 | 司法通[2007]71号 | 司法部司鉴局 | 部颁规章 | 2007.11.01 |
| 8 | 视觉功能障碍法医鉴定指南 | SF/ZJD0103004-2011 | 司法部司鉴局 | 行业规范 | 2011.03.17 |
| 9 | 听力障碍法医学鉴定规范 | SF/ZJD0103001-2010 | 司法部司鉴局 | 行业规范 | 2010.04.07 |
| 10 | 男子性功能障碍法医学鉴定规范 | SF/ZJD0103002-2010 | 司法部司鉴局 | 行业规范 | 2010.04.07 |
| 11 | 外伤性癫痫鉴定实施规范 | SF/ZJD0103007-2014 | 司法部司鉴局 | 行业规范 | 2014.03.17 |
| 12 | 法医临床影像学检验实施规范 | SF/ZJD0103006-2014 | 司法部司鉴局 | 行业规范 | 2014.03.17 |
| 13 | 周围神经损伤鉴定实施规范 | SF/ZJD0103005-2014 | 司法部司鉴局 | 行业规范 | 2014.03.17 |
| 14 | 道路交通事故涉案者交通行为方式鉴定规范 | SF/ZJD0101001-2010 | 司法部司鉴局 | 行业规范 | 2010.04.07 |
| 15 | 人身保险伤残评定标准 | 中保协发[2013]88号 | 中保协会、法医学会 | 行标 | 2014.01.01 |
| 16 | 性侵害案件法医临床学检查指南 | GA/T1194-2014 | 公安部 | 行标 | 2014.09.28 |
| 17 | 保外就医严重疾病范围 | 司发通[2014]112号 | 两院两部、卫计委 | 行政规章 | 2014.12.01 |
| 18 | 医疗事故分级标准(试行) | 卫生部令第32号 | 卫生部 | 部令 | 2002.09.01 |

# 全国人民代表大会常务委员会关于司法鉴定管理问题的决定

为了加强对鉴定人和鉴定机构的管理,适应司法机关和公民、组织进行诉讼的需要,保障诉讼活动的顺利进行,特作如下决定:

一、司法鉴定是指在诉讼活动中鉴定人运用科学技术或者专门知识对诉讼涉及的专门性问题进行鉴别和判断并提供鉴定意见的活动。

二、国家对从事下列司法鉴定业务的鉴定人和鉴定机构实行登记管理制度:

(一)法医类鉴定;(二)物证类鉴定;(三)声像资料鉴定;(四)根据诉讼需要由国务院司法行政部门商最高人民法院、最高人民检察院确定的其他应当对鉴定人和鉴定机构实行登记管理的鉴定事项。

法律对前款规定事项的鉴定人和鉴定机构的管理另有规定的,从其规定。

三、国务院司法行政部门主管全国鉴定人和鉴定机构的登记管理工作。省级人民政府司法行政部门依照本决定的规定,负责对鉴定人和鉴定机构的登记、名册编制和公告。

四、具备下列条件之一的人员,可以申请登记从事司法鉴定业务:

(一)具有与所申请从事的司法鉴定业务相关的高级专业技术职称;

(二)具有与所申请从事的司法鉴定业务相关的专业执业资格或者高等院校相关专业本科以上学历,从事相关工作五年以上;

(三)具有与所申请从事的司法鉴定业务相关工作十年以上经历,具有较强的专业技能。

因故意犯罪或者职务过失犯罪受过刑事处罚的,受过开除公职处分的,以及被撤销鉴定人登记的人员,不得从事司法鉴定业务。

五、法人或者其他组织申请从事司法鉴定业务的,应当具备下列条件:

(一)有明确的业务范围;

(二)有在业务范围内进行司法鉴定所必需的仪器、设备;

(三)有在业务范围内进行司法鉴定所必需的依法通过计量认证或者实验室认可的检测实验室;

(四)每项司法鉴定业务有三名以上鉴定人。

六、申请从事司法鉴定业务的个人、法人或者其他组织,由省级人民政府司法行政部门审核,对符合条件的予以登记,编入鉴定人和鉴定机构名册并公告。

省级人民政府司法行政部门应当根据鉴定人或者鉴定机构的增加和撤销登记情况,定期更新所编制的鉴定人和鉴定机构名册并公告。

七、侦查机关根据侦查工作的需要设立的鉴定机构,不得面向社会接受委托从事司法鉴定业务。

人民法院和司法行政部门不得设立鉴定机构。

八、各鉴定机构之间没有隶属关系；鉴定机构接受委托从事司法鉴定业务，不受地域范围的限制。

鉴定人应当在一个鉴定机构中从事司法鉴定业务。

九、在诉讼中，对本决定第二条所规定的鉴定事项发生争议，需要鉴定的，应当委托列入鉴定人名册的鉴定人进行鉴定。鉴定人从事司法鉴定业务，由所在的鉴定机构统一接受委托。

鉴定人和鉴定机构应当在鉴定人和鉴定机构名册注明的业务范围内从事司法鉴定业务。

鉴定人应当依照诉讼法律规定实行回避。

十、司法鉴定实行鉴定人负责制度。鉴定人应当独立进行鉴定，对鉴定意见负责并在鉴定书上签名或者盖章。多人参加的鉴定，对鉴定意见有不同意见的，应当注明。

十一、在诉讼中，当事人对鉴定意见有异议的，经人民法院依法通知，鉴定人应当出庭作证。

十二、鉴定人和鉴定机构从事司法鉴定业务，应当遵守法律、法规，遵守职业道德和职业纪律，尊重科学，遵守技术操作规范。

十三、鉴定人或者鉴定机构有违反本决定规定行为的，由省级人民政府司法行政部门予以警告，责令改正。

鉴定人或者鉴定机构有下列情形之一的，由省级人民政府司法行政部门给予停止从事司法鉴定业务三个月以上一年以下的处罚；情节严重的，撤销登记：

（一）因严重不负责任给当事人合法权益造成重大损失的；

（二）提供虚假证明文件或者采取其他欺诈手段，骗取登记的；

（三）经人民法院依法通知，拒绝出庭作证的；

（四）法律、行政法规规定的其他情形。

鉴定人故意作虚假鉴定，构成犯罪的，依法追究刑事责任；尚不构成犯罪的，依照前款规定处罚。

十四、司法行政部门在鉴定人和鉴定机构的登记管理工作中，应当严格依法办事，积极推进司法鉴定的规范化、法制化。对于滥用职权、玩忽职守，造成严重后果的直接责任人员，应当追究相应的法律责任。

十五、司法鉴定的收费标准由省、自治区、直辖市人民政府价格主管部门会同同级司法行政部门制定。

十六、对鉴定人和鉴定机构进行登记、名册编制和公告的具体办法，由国务院司法行政部门制定，报国务院批准。

十七、本决定下列用语的含义是：

（一）法医类鉴定，包括法医病理鉴定、法医临床鉴定、法医精神病鉴定、法医物证鉴定和法医毒物鉴定。

（二）物证类鉴定，包括文书鉴定、痕迹鉴定和微量鉴定。

（三）声像资料鉴定，包括对录音带、录像带、磁盘、光盘、图片等载体上记录的声音、图像信息的真实性、完整性及其所反映的情况过程进行的鉴定和对记录的声音、图像中的语言、人体、物体作出种类或者同一认定。

十八、本决定自 2005 年 10 月 1 日起施行。

# 司法鉴定机构登记管理办法(节选)

**第四条** 司法鉴定管理实行行政管理与行业管理相结合的管理制度。

司法行政机关对司法鉴定机构及其司法鉴定活动依法进行指导、管理和监督、检查。司法鉴定行业协会依法进行自律管理。

**第七条** 司法鉴定机构开展司法鉴定活动应当遵循合法、中立、规范、及时的原则。

**第八条** 司法鉴定机构统一接受委托,组织所属的司法鉴定人开展司法鉴定活动,遵守法律、法规和有关制度,执行统一的司法鉴定实施程序、技术标准和技术操作规范。

**第三十六条** 司法行政机关对司法鉴定机构进行监督、检查时,不得妨碍司法鉴定机构的正常业务活动,不得索取或者收受司法鉴定机构的财物,不得谋取其他不正当利益。

**第三十七条** 司法行政机关对司法鉴定机构进行资质评估,对司法鉴定质量进行评估。评估结果向社会公开。

**第三十九条** 司法鉴定机构有下列情形之一的,由省级司法行政机关依法给予警告,并责令其改正:

(一)超出登记的司法鉴定业务范围开展司法鉴定活动的;

(二)未经依法登记擅自设立分支机构的;

(三)未依法办理变更登记的;

(四)出借《司法鉴定许可证》的;

(五)组织未取得《司法鉴定人执业证》的人员从事司法鉴定业务的;

(六)无正当理由拒绝接受司法鉴定委托的;

(七)违反司法鉴定收费管理办法的;

(八)支付回扣、介绍费,进行虚假宣传等不正当行为的;

(九)拒绝接受司法行政机关监督、检查或者向其提供虚假材料的;

(十)法律、法规和规章规定的其他情形。

**第四十条** 司法鉴定机构有下列情形之一的,由省级司法行政机关依法给予停止从事司法鉴定业务三个月以上一年以下的处罚;情节严重的,撤销登记:

(一)因严重不负责任给当事人合法权益造成重大损失的;

(二)具有本办法第三十九条规定的情形之一,并造成严重后果的;

(三)提供虚假证明文件或采取其他欺诈手段,骗取登记的;

(四)法律、法规规定的其他情形。

# 司法鉴定人登记管理办法(节选)

第二十条　司法鉴定人有下列情形之一的,原负责登记的司法行政机关应当依法办理注销登记手续:
(一)依法申请终止司法鉴定活动的;
(二)所在司法鉴定机构注销或者被撤销的;
(三)《司法鉴定人执业证》使用期限届满未申请延续的;
(四)法律、法规规定的其他情形。

第二十一条　司法鉴定人享有下列权利:
(一)了解、查阅与鉴定事项有关的情况和资料,询问与鉴定事项有关的当事人、证人等;
(二)要求鉴定委托人无偿提供鉴定所需要的鉴材、样本;
(三)进行鉴定所必需的检验、检查和模拟实验;
(四)拒绝接受不合法、不具备鉴定条件或者超出登记的执业类别的鉴定委托;
(五)拒绝解决、回答与鉴定无关的问题;
(六)鉴定意见不一致时,保留不同意见;
(七)接受岗前培训和继续教育;
(八)获得合法报酬;
(九)法律、法规规定的其他权利。

第二十二条　司法鉴定人应当履行下列义务:
(一)受所在司法鉴定机构指派按照规定时限独立完成鉴定工作,并出具鉴定意见;
(二)对鉴定意见负责;
(三)依法回避;
(四)妥善保管送鉴的鉴材、样本和资料;
(五)保守在执业活动中知悉的国家秘密、商业秘密和个人隐私;
(六)依法出庭作证,回答与鉴定有关的询问;
(七)自觉接受司法行政机关的管理和监督、检查;
(八)参加司法鉴定岗前培训和继续教育;
(九)法律、法规规定的其他义务。

第二十三条　司法鉴定人应当在所在司法鉴定机构接受司法行政机关统一部署的监督、检查。

第二十四条　司法行政机关应当就下列事项,对司法鉴定人进行监督、检查:
(一)遵守法律、法规和规章的情况;
(二)遵守司法鉴定程序、技术标准和技术操作规范的情况;
(三)遵守执业规则、职业道德和职业纪律的情况;

（四）遵守所在司法鉴定机构内部管理制度的情况；

（五）法律、法规和规章规定的其他事项。

**第二十六条** 司法行政机关对司法鉴定人进行监督、检查或者根据举报、投诉进行调查时，可以依法查阅或者要求司法鉴定人报送有关材料。司法鉴定人应当如实提供有关情况和材料。

**第二十七条** 司法行政机关依法建立司法鉴定人诚信档案，对司法鉴定人进行诚信等级评估。评估结果向社会公开。

**第二十九条** 司法鉴定人有下列情形之一的，由省级司法行政机关依法给予警告，并责令其改正：

（一）同时在两个以上司法鉴定机构执业的；

（二）超出登记的执业类别执业的；

（三）私自接受司法鉴定委托的；

（四）违反保密和回避规定的；

（五）拒绝接受司法行政机关监督、检查或者向其提供虚假材料的；

（六）法律、法规和规章规定的其他情形。

**第三十条** 司法鉴定人有下列情形之一的，由省级司法行政机关给予停止执业二个月以上一年以下的处罚；情节严重的，撤销登记；构成犯罪的，依法追究刑事责任：

（一）因严重不负责任给当事人合法权益造成重大损失的；

（二）具有本办法第二十九规定的情形之一并造成严重后果的；

（三）提供虚假证明文件或者采取其他欺诈手段，骗取登记的；

（四）经人民法院依法通知，非法定事由拒绝出庭作证的；

（五）故意做虚假鉴定的；

（六）法律、法规规定的其他情形。

**第三十一条** 司法鉴定人在执业活动中，因故意或者重大过失行为给当事人造成损失的，其所在的司法鉴定机构依法承担赔偿责任后，可以向有过错行为的司法鉴定人追偿。

# 司法鉴定程序通则(节选)

**第四条** 司法鉴定机构和司法鉴定人进行司法鉴定活动,应当遵守法律、法规、规章,遵守职业道德和执业纪律,尊重科学,遵守技术操作规范。

**第五条** 司法鉴定实行鉴定人负责制度。司法鉴定人应当依法独立、客观、公正地进行鉴定,并对自己作出的鉴定意见负责。司法鉴定人不得违反规定会见诉讼当事人及其委托的人。

**第六条** 司法鉴定机构和司法鉴定人应当保守在执业活动中知悉的国家秘密、商业秘密,不得泄露个人隐私。

**第七条** 司法鉴定人在执业活动中应当依照有关诉讼法律和本通则规定实行回避。

**第八条** 司法鉴定收费执行国家有关规定。

**第九条** 司法鉴定机构和司法鉴定人进行司法鉴定活动应当依法接受监督。对于有违反有关法律、法规、规章规定行为的,由司法行政机关依法给予相应的行政处罚;对于有违反司法鉴定行业规范行为的,由司法鉴定协会给予相应的行业处分。

**第十条** 司法鉴定机构应当加强对司法鉴定人执业活动的管理和监督。司法鉴定人违反本通则规定的,司法鉴定机构应当予以纠正。

## 第二章 司法鉴定的委托与受理

**第十一条** 司法鉴定机构应当统一受理办案机关的司法鉴定委托。

**第十二条** 委托人委托鉴定的,应当向司法鉴定机构提供真实、完整、充分的鉴定材料,并对鉴定材料的真实性、合法性负责。司法鉴定机构应当核对并记录鉴定材料的名称、种类、数量、性状、保存状况、收到时间等。

诉讼当事人对鉴定材料有异议的,应当向委托人提出。

本通则所称鉴定材料包括生物检材和非生物检材、比对样本材料以及其他与鉴定事项有关的鉴定资料。

**第十三条** 司法鉴定机构应当自收到委托之日起七个工作日内作出是否受理的决定。对于复杂、疑难或者特殊鉴定事项的委托,司法鉴定机构可以与委托人协商决定受理的时间。

**第十四条** 司法鉴定机构应当对委托鉴定事项、鉴定材料等进行审查。对属于本机构司法鉴定业务范围,鉴定用途合法,提供的鉴定材料能够满足鉴定需要的,应当受理。

对于鉴定材料不完整、不充分,不能满足鉴定需要的,司法鉴定机构可以要求委托人补充;经补充后能够满足鉴定需要的,应当受理。

**第十五条** 具有下列情形之一的鉴定委托,司法鉴定机构不得受理:

(一)委托鉴定事项超出本机构司法鉴定业务范围的;

(二)发现鉴定材料不真实、不完整、不充分或者取得方式不合法的;

(三)鉴定用途不合法或者违背社会公德的;

(四)鉴定要求不符合司法鉴定执业规则或者相关鉴定技术规范的;

(五)鉴定要求超出本机构技术条件或者鉴定能力的;

(六)委托人就同一鉴定事项同时委托其他司法鉴定机构进行鉴定的;

(七)其他不符合法律、法规、规章规定的情形。

**第十六条** 司法鉴定机构决定受理鉴定委托的,应当与委托人签订司法鉴定委托书。司法鉴定委托书应当载明委托人名称、司法鉴定机构名称、委托鉴定事项、是否属于重新鉴定、鉴定用途、与鉴定有关的基本案情、鉴定材料的提供和退还、鉴定风险,以及双方商定的鉴定时限、鉴定费用及收取方式、双方权利义务等其他需要载明的事项。

**第十七条** 司法鉴定机构决定不予受理鉴定委托的,应当向委托人说明理由,退还鉴定材料。

## 第三章 司法鉴定的实施

**第十八条** 司法鉴定机构受理鉴定委托后,应当指定本机构具有该鉴定事项执业资格的司法鉴定人进行鉴定。

委托人有特殊要求的,经双方协商一致,也可以从本机构中选择符合条件的司法鉴定人进行鉴定。

委托人不得要求或者暗示司法鉴定机构、司法鉴定人按其意图或者特定目的提供鉴定意见。

**第十九条** 司法鉴定机构对同一鉴定事项,应当指定或者选择二名司法鉴定人进行鉴定;对复杂、疑难或者特殊鉴定事项,可以指定或者选择多名司法鉴定人进行鉴定。

**第二十条** 司法鉴定人本人或者其近亲属与诉讼当事人、鉴定事项涉及的案件有利害关系,可能影响其独立、客观、公正进行鉴定的,应当回避。

司法鉴定人曾经参加过同一鉴定事项鉴定的,或者曾经作为专家提供过咨询意见的,或者曾被聘请为有专门知识的人参与过同一鉴定事项法庭质证的,应当回避。

**第二十一条** 司法鉴定人自行提出回避的,由其所属的司法鉴定机构决定;委托人要求司法鉴定人回避的,应当向该司法鉴定人所属的司法鉴定机构提出,由司法鉴定机构决定。

委托人对司法鉴定机构作出的司法鉴定人是否回避的决定有异议的,可以撤销鉴定委托。

**第二十二条** 司法鉴定机构应当建立鉴定材料管理制度,严格监控鉴定材料的接收、保管、使用和退还。

司法鉴定机构和司法鉴定人在鉴定过程中应当严格依照技术规范保管和使用鉴定材料,因严重不负责任造成鉴定材料损毁、遗失的,应当依法承担责任。

**第二十三条** 司法鉴定人进行鉴定,应当依下列顺序遵守和采用该专业领域的技术标准、技术规范和技术方法:

(一)国家标准;

(二)行业标准和技术规范;

(三)该专业领域多数专家认可的技术方法。

**第二十四条** 司法鉴定人有权了解进行鉴定所需要的案件材料,可以查阅、复制相关资料,必要时可以询问诉讼当事人、证人。

经委托人同意,司法鉴定机构可以派员到现场提取鉴定材料。现场提取鉴定材料应当由不少于二名司法鉴定机构的工作人员进行,其中至少一名应为该鉴定事项的司法鉴定人。现场提取鉴定材料时,应当有委托人指派或者委托的人员在场见证并在提取记录上签名。

**第二十五条** 鉴定过程中,需要对无民事行为能力人或者限制民事行为能力人进行身体检查的,应当通知其监护人或者近亲属到场见证;必要时,可以通知委托人到场见证。

对被鉴定人进行法医精神病鉴定的,应当通知委托人或者被鉴定人的近亲属或者监护人到场见证。

对需要进行尸体解剖的,应当通知委托人或者死者的近亲属或者监护人到场见证。

到场见证人员应当在鉴定记录上签名。见证人员未到场的,司法鉴定人不得开展相关鉴定活动,延误时间不计入鉴定时限。

**第二十六条** 鉴定过程中,需要对被鉴定人身体进行法医临床检查的,应当采取必要措施保护其隐私。

**第二十七条** 司法鉴定人应当对鉴定过程进行实时记录并签名。记录可以采取笔记、录音、录像、拍照等方式。记录应当载明主要的鉴定方法和过程,检查、检验、检测结果,以及仪器设备使用情况等。记录的内容应当真实、客观、准确、完整、清晰,记录的文本资料、音像资料等应当存入鉴定档案。

**第二十八条** 司法鉴定机构应当自司法鉴定委托书生效之日起三十个工作日内完成鉴定。

鉴定事项涉及复杂、疑难、特殊技术问题或者鉴定过程需要较长时间的,经本机构负责人批准,完成鉴定的时限可以延长,延长时限一般不得超过三十个工作日。鉴定时限延长的,应当及时告知委托人。

司法鉴定机构与委托人对鉴定时限另有约定的,从其约定。

在鉴定过程中补充或者重新提取鉴定材料所需的时间,不计入鉴定时限。

**第二十九条** 司法鉴定机构在鉴定过程中,有下列情形之一的,可以终止鉴定:

(一)发现有本通则第十五条第二项至第七项规定情形的;

(二)鉴定材料发生耗损,委托人不能补充提供的;

(三)委托人拒不履行司法鉴定委托书规定的义务、被鉴定人拒不配合或者鉴定活动受到严重干扰,致使鉴定无法继续进行的;

(四)委托人主动撤销鉴定委托,或者委托人、诉讼当事人拒绝支付鉴定费用的;

(五)因不可抗力致使鉴定无法继续进行的;

(六)其他需要终止鉴定的情形。

终止鉴定的,司法鉴定机构应当书面通知委托人,说明理由并退还鉴定材料。

**第三十条** 有下列情形之一的,司法鉴定机构可以根据委托人的要求进行补充鉴定:

(一)原委托鉴定事项有遗漏的;

(二)委托人就原委托鉴定事项提供新的鉴定材料的;

(三)其他需要补充鉴定的情形。

补充鉴定是原委托鉴定的组成部分,应当由原司法鉴定人进行。

**第三十一条** 有下列情形之一的,司法鉴定机构可以接受办案机关委托进行重新鉴定:

(一)原司法鉴定人不具有从事委托鉴定事项执业资格的;

(二)原司法鉴定机构超出登记的业务范围组织鉴定的;

(三)原司法鉴定人应当回避没有回避的;

(四)办案机关认为需要重新鉴定的;

(五)法律规定的其他情形。

第三十二条　重新鉴定应当委托原司法鉴定机构以外的其他司法鉴定机构进行;因特殊原因,委托人也可以委托原司法鉴定机构进行,但原司法鉴定机构应当指定原司法鉴定人以外的其他符合条件的司法鉴定人进行。

接受重新鉴定委托的司法鉴定机构的资质条件应当不低于原司法鉴定机构,进行重新鉴定的司法鉴定人中应当至少有一名具有相关专业高级专业技术职称。

第三十三条　鉴定过程中,涉及复杂、疑难、特殊技术问题的,可以向本机构以外的相关专业领域的专家进行咨询,但最终的鉴定意见应当由本机构的司法鉴定人出具。

专家提供咨询意见应当签名,并存入鉴定档案。

第三十四条　对于涉及重大案件或者特别复杂、疑难、特殊技术问题或者多个鉴定类别的鉴定事项,办案机关可以委托司法鉴定行业协会组织协调多个司法鉴定机构进行鉴定。

第三十五条　司法鉴定人完成鉴定后,司法鉴定机构应当指定具有相应资质的人员对鉴定程序和鉴定意见进行复核;对于涉及复杂、疑难、特殊技术问题或者重新鉴定的鉴定事项,可以组织三名以上的专家进行复核。

复核人员完成复核后,应当提出复核意见并签名,存入鉴定档案。

## 第四章　司法鉴定意见书的出具

第三十六条　司法鉴定机构和司法鉴定人应当按照统一规定的文本格式制作司法鉴定意见书。

第三十七条　司法鉴定意见书应当由司法鉴定人签名。多人参加的鉴定,对鉴定意见有不同意见的,应当注明。

第三十八条　司法鉴定意见书应当加盖司法鉴定机构的司法鉴定专用章。

第三十九条　司法鉴定意见书应当一式四份,三份交委托人收执,一份由司法鉴定机构存档。司法鉴定机构应当按照有关规定或者与委托人约定的方式,向委托人发送司法鉴定意见书。

第四十条　委托人对鉴定过程、鉴定意见提出询问的,司法鉴定机构和司法鉴定人应当给予解释或者说明。

第四十一条　司法鉴定意见书出具后,发现有下列情形之一的,司法鉴定机构可以进行补正:

(一)图像、谱图、表格不清晰的;

(二)签名、盖章或者编号不符合制作要求的;

(三)文字表达有瑕疵或者错别字,但不影响司法鉴定意见的。

补正应当在原司法鉴定意见书上进行,由至少一名司法鉴定人在补正处签名。必要时,可以出具补正书。

对司法鉴定意见书进行补正,不得改变司法鉴定意见的原意。

第四十二条　司法鉴定机构应当按照规定将司法鉴定意见书以及有关资料整理立卷、归档保管。

## 第五章　司法鉴定人出庭作证

第四十三条　经人民法院依法通知,司法鉴定人应当出庭作证,回答与鉴定事项有关的问题。

第四十四条　司法鉴定机构接到出庭通知后,应当及时与人民法院确认司法鉴定人出庭的时间、地点、人数、费用、要求等。

**第四十五条** 司法鉴定机构应当支持司法鉴定人出庭作证,为司法鉴定人依法出庭提供必要条件。

**第四十六条** 司法鉴定人出庭作证,应当举止文明,遵守法庭纪律。

**第四十八条** 本通则所称办案机关,是指办理诉讼案件的侦查机关、审查起诉机关和审判机关。

**第四十九条** 在诉讼活动之外,司法鉴定机构和司法鉴定人依法开展相关鉴定业务的,参照本通则规定执行。

# 司法鉴定执业分类规定(试行)(节选)

## 第一章 总 则

**第一条** 为加强对面向社会服务的司法鉴定工作的管理,规范司法鉴定执业活动,根据面向社会服务的司法鉴定工作的实际需要,制定本执业分类规定。

**第二条** 本执业分类规定根据当前我国司法鉴定的专业设置情况、学科发展方向、技术手段、检验和鉴定内容,并参考国际惯例而制订。

**第三条** 本执业分类规定是确定面向社会服务的司法鉴定人职业(执业)资格和司法鉴定机构鉴定业务范围的依据。

## 第二章 分 则

**第五条** 法医临床鉴定:运用法医临床学的理论和技术,对涉及与法律有关的医学问题进行鉴定和评定。其主要内容包括:人身损伤程度鉴定、损伤与疾病关系评定、道路交通事故受伤人员伤残程度评定、职工工伤与职业病致残程度评定、劳动能力评定、活体年龄鉴定、性功能鉴定、医疗纠纷鉴定、诈病(伤)及造作病(伤)鉴定、致伤物和致伤方式推断等。

**第六条** 法医精神病鉴定:运用司法精神病学的理论和方法,对涉及与法律有关的精神状态、法定能力(如刑事责任能力、受审能力、服刑能力、民事行为能力、监护能力、被害人自我防卫能力、作证能力等)、精神损伤程度、智能障碍等问题进行鉴定。

# 法医临床检验规范

## 前　言

本技术规范在 SJB-C-1-2003《法医学人体伤残检验规范》及 SJB-C-2-2003《法医学人体损伤检验规范》的基础上，参照《法医临床司法鉴定实务》2009 第一版，以及临床医学专著修改后制定，在内容上涵盖人体损伤和伤残检验的两部分。

本技术规范附录 A 为资料性附录。

本技术规范由司法部司法鉴定科学技术研究所提出。

本技术规范由司法部司法鉴定科学技术研究所负责起草。

本技术规范主要起草人：朱广友 范利华 程亦斌 夏文涛 刘瑞珏 杨小萍。

## 1　范围

本技术规范规定了法医临床检验的内容和方法。

本技术规范适用于各级司法鉴定机构进行人体损伤程度、伤残程度及相关鉴定案件的法医临床检验。

## 2　规范性引用文件

下列文件中的条款通过本技术规范的引用而成为本技术规范的条款。凡是注明日期的引用文件，其随后所有的修改单（不包括勘误的内容）或者修订版均不适用于本标准。然而，鼓励根据本标准达成协议的各方研究是否可使用这些文件的最新版本。

司发 070 号人体重伤鉴定标准

法（司）发 6 号人体轻伤鉴定标准（试行）

GB/T16180 劳动能力鉴定职工工伤与职业病致残等级

GB18667 道路交通事故受伤人员伤残评定

## 3　总则

### 3.1　要求

3.1.1　应当遵循实事求是的原则，对人体原发性损伤及由损伤引起的并发症或者后遗症的主、客观体征进行全面、细致地检验，为鉴定结论提供分析的依据。

3.1.2　对被鉴定人的人身检验应由法医鉴定人进行。

3.1.3　对体表损伤，肢体畸形、缺损或者功能障碍应当拍摄局部照片。

3.1.4　检验所用的计量器械须按照规定进行检定或校准。

3.1.5 检查女性身体时,原则上应由女性法医进行。如果没有女性法医,可由男性法医鉴定人进行,但须有女性工作人员或被鉴定人家属在场。

3.1.6 检查女性身体隐私部位时,应征得其本人或者监护人的同意,如需拍照,须获得其本人或者监护人的同意。

3.2 检验时机

3.2.1 鉴定以原发性损伤为依据的,应尽可能在损伤早期检验并记录。

3.2.2 鉴定以损伤后果为依据的应在临床医疗终结后检验,原则上在损伤后3.6个月进行。

4 检验

4.1 一般情况

4.1.1 发育:应通过被鉴定人性别、年龄、身高(身长)、体重、第二性征等综合评价。成人发育正常的指标包括(1) 头部的长度为身高的1/7～1/8;(2) 胸围为身高的1/2;(3) 双上肢左右伸直,左右指端的距离与身高基本一致;(4) 坐高等于下肢的长度。正常人各年龄组的身高与体重之间存在一定的对应关系。

4.1.2 体型:成年人的体型可分为(1) 无力型,亦称瘦长型,表现为体高肌瘦、颈细长、肩窄下垂、胸廓扁平、腹上角小于90°;(2) 正力型,亦称匀称型,表现为身体各个部分结构匀称适中,腹上角90°左右,见于多数正常成人;(3) 超力型,亦称矮胖型,表现为体格粗壮、颈粗短、面红、肩宽平、胸围大、腹上角大于90°。

4.1.3 营养状态:应通过皮肤、毛发、皮下脂肪、肌肉的发育情况进行综合判断。(1) 良好:粘膜红润、皮肤光泽、弹性良好,皮下脂肪丰满而有弹性,肌肉结实,指甲、毛发润泽,肋间隙及锁骨上窝深浅适中,肩胛部和股部肌肉丰满;(2) 不良:皮肤粘膜干燥,弹性降低,皮下脂肪菲薄,肌肉松弛无力,指甲粗糙无光泽,毛发稀疏,肋间隙、锁骨上窝凹陷,肩胛骨和髂骨嶙峋突出;(3) 中等:介于两者之间。

4.2 体表检查

4.2.1 擦伤:检查擦伤发生的部位、形态、大小、颜色,有无表皮剥脱、血液渗出。若残留有表皮碎屑或游离皮瓣时,可以根据游离缘为力的起始端以及附着缘为终止端的特点,推断暴力作用方向。

4.2.2 挫伤:检查挫伤的部位、形态、大小,皮内或皮下的出血程度。因常与擦伤并存,检查有无表皮剥脱、局部肿胀和炎性反应。

4.2.3 创:法医临床检验时一般创均已经过清创缝合,为缝合创(尚未拆线)。检查创的部位、形态、走行方向,创缘是否平整,创角是否整齐,有无挫伤带,局部有无肿胀等。注意区分钝器创和锐器创,若为锐器创则需区分切割创、砍创、刺创及剪创。测量创的长度、宽度,测量创长时应注意不要将拖痕视为创。对于肢体盲管创,需明确创道深度,且普通测量方法无法测量时,可采用超声检查或其他影像检查方法加以明确。

4.2.4 皮肤瘢痕:检查瘢痕的部位、形态、颜色、质地,局部是否平坦,边缘是否整齐,与皮下组织有无粘连,是否存在功能障碍等。注意区分浅表性瘢痕、增殖性瘢痕、瘢痕疙瘩、萎缩性瘢痕及凹陷性瘢痕。测量瘢痕的长度、宽度或者面积。在测量瘢痕面积时,当瘢痕面积远离相关鉴定标准规定数值时,可采用"九分法"或"手掌法"测量;当瘢痕面积接近相关鉴定标准规定数值时,精确测量瘢痕面积。瘢痕面积测量,可先用无弹性透明薄膜覆盖在瘢痕表面,描绘瘢痕投影,通过计算机计算出瘢痕实际面积,再通过全身体表面积计算公式(S=0.0061×身高(cm)+0.0128×体重(kg)-0.1529)计算出瘢痕占体表面积的百分比。

#### 4.3 颅脑检查

##### 4.3.1 一般检查

4.3.1.1 头皮检查:注意头皮有无损伤及损伤的部位和范围(见4.2),头皮创及瘢痕的检查和测量宜剃光局部毛发,使创或瘢痕完整、充分地暴露。

4.3.1.2 意识状态:通过交谈了解被鉴定人的思维、反应、情感、计算及定向力等方面的情况。对较为严重者,进行痛觉试验、瞳孔反射等检查,以确定被鉴定人意识障碍的程度。意识障碍有下列不同程度的表现:(1)嗜睡,是最轻的意识障碍,是一种病理性倦睡。被鉴定人陷入持续的睡眠状态,可被唤醒,并能正确回答和做出各种反应,但当刺激去除后很快又再入睡。(2)意识模糊,是意识水平轻度下降,较嗜睡为深的一种意识障碍。被鉴定人能保持简单的精神活动,但对时间、地点、人物的定向能力发生障碍。(3)昏睡,是接近于人事不省的意识状态。被鉴定人处于熟睡状态,不易唤醒。虽在强烈刺激下(如压迫眶上神经,摇动被鉴定人身体等)可被唤醒,但很快又再入睡。醒时答话含糊或答非所问。(4)昏迷,表现为三阶段。a.轻度昏迷,意识大部分丧失,无自主运动,对声、光刺激无反应,对疼痛刺激尚可出现痛苦的表情或肢体退缩等防御反应。角膜反射、瞳孔对光反射、眼球运动、吞咽反射等可存在。b.中度昏迷,对周围事物及各种刺激均无反应,对于剧烈刺激可出现防御反射。角膜反射减弱,瞳孔对光反射迟钝,眼球无转动。c.深度昏迷,全身肌肉松弛,对各种刺激全无反应。深、浅反射均消失。

4.3.1.3 精神状态:询问或观察被鉴定人是否存在怕刺激、易怒、失眠,是否有时高声呼叫、情绪激动、闭目不语、感情抑郁,是否有头痛、头晕、恶心、癫痫、狂躁、谵妄以及逆行性遗忘等。

4.3.1.4 语调与语态:注意被鉴定人有无运动性失语(能听懂语言,但说不出话)和感觉性失语(能发音,但不懂语言,也不知如何说)。

##### 4.3.2 脑神经检查

4.3.2.1 嗅神经:检查前先确定被鉴定人鼻孔是否通畅、有无鼻黏膜病变。检查时嘱被鉴定人闭目,先压闭一侧鼻孔,用不同气味(酒精、氨水、无气味水等)置于另一鼻孔下,让被鉴定人辨别嗅到的各种气味。然后换另一侧鼻孔同法进行测试,注意双侧比较。

4.3.2.2 视神经:检查(1)视力;(2)视野;(3)眼底。(见《眼损伤法医学检验规范》)

4.3.2.3 动眼、滑车、展神经:共同支配眼球运动,合称眼球运动神经。检查眼裂外观、眼球运动、瞳孔及对光反射、调节反射等。若存在眼球运动向内、向上及向下活动受限,以及上睑下垂、调节反射消失,则提示动眼神经麻痹;若存在眼球向下及向外运动减弱,则提示滑车神经受损;若存在眼球向外转动障碍,则提示展神经受损。

4.3.2.4 三叉神经:是混合性神经。感觉神经纤维分布于面部皮肤、眼、鼻、口腔黏膜,运动神经纤维支配咀嚼肌、颞肌和翼状内外肌。(1)面部感觉,嘱被鉴定人闭眼,检查并对比双侧及内外侧痛觉、触觉和温度觉。注意区分周围性与核性感觉障碍,前者为伤侧伤支(眼支、上颌支、下颌支)分布区感觉障碍,后者呈葱皮样感觉障碍。(2)角膜反射,嘱被鉴定人睁眼向内侧注视,以捻成细束的棉絮从被鉴定人视野外接近并轻触外侧角膜,避免触及睫毛,观察被刺激侧是否迅速闭眼和对侧是否也出现眼睑闭合反应,前者称为直接角膜反射,而后者称为间接角膜反射,直接和间接角膜反射均消失见于三叉神经受损(传入障碍)。(3)运动功能,嘱被鉴定人作咀嚼动作,检查并对比双侧肌力强弱;再嘱被鉴定人作张口运动或露齿,检查张口时下颌有无偏斜。若一侧咀嚼肌肌力减弱或出现萎缩,张口时下颌偏向一侧,则提示该侧三叉神经运动纤维受损。

4.3.2.5　面神经:主要支配面部表情肌和舌前 2/3 味觉功能。(1) 运动功能,先观察静态时双侧额纹、眼裂、鼻唇沟和口角是否对称,然后嘱被鉴定人作皱额、闭眼、露齿、微笑、鼓腮或吹哨动作。若一侧额纹减少、眼裂增大、鼻唇沟变浅,不能皱额、闭眼、微笑或露齿时口角歪向对侧,鼓腮或吹哨时同侧漏气,则提示该侧面神经周围性损害;若皱额、闭眼无明显影响,只出现一侧下半部面部表情肌的瘫痪,则提示对侧面神经中枢性损害。(2) 味觉检查,分别以糖、盐、醋、奎宁置于被鉴定人伸出的舌前 2/3 的一侧,嘱被鉴定人以不同手势表达不同的味觉,先检查伤侧,再查对侧。

4.3.2.6　位听神经:(1) 听力检查(见《听力障碍法医鉴定规范》);(2) 前庭功能检查(见《前庭平衡功能检验规范》)。

4.3.2.7　舌咽、迷走神经:两者在解剖与功能上关系密切,常同时受损。

(1) 运动,检查被鉴定人有无发音嘶哑、带鼻音或完全失音,有无呛咳、吞咽困难,注意被鉴定人张口发"啊"音时悬雍垂是否居中,两侧软腭上抬是否一致。若一侧软腭上抬减弱,悬雍垂偏向对侧,则提示该侧神经受损;若悬雍垂虽居中,但双侧软腭上抬受限,甚至完全不能上抬,则提示双侧神经麻痹。

(2) 咽反射,应用压舌板轻触左侧或右侧咽后壁,观察是否存在咽部肌肉收缩和舌后缩,是否伴有恶心反应。若一侧反射迟钝或消失,则提示该侧神经受损。

(3) 感觉,应用棉签轻触两侧软腭和咽后壁,观察感觉。应检查舌后 1/3 的味觉,检查方法见4.3.2.5。

4.3.2.8　副神经:嘱被鉴定人作耸肩及转头运动,并给予一定的阻力,比较两侧的肌力。注意胸锁乳突肌及斜方肌有无萎缩。若一侧耸肩及向对侧转头无力或不能,且该侧胸锁乳突肌及斜方肌萎缩,则提示该侧副神经受损。

4.3.2.9　舌下神经:嘱被鉴定人伸舌,注意观察有无伸舌偏斜、舌肌萎缩及肌束颤动。若伸舌时舌尖偏向一侧,则提示该侧舌下神经麻痹;若不能伸舌,则提示双侧舌下神经麻痹。

4.3.3　感觉功能检查

4.3.3.1　浅感觉:用别针或针尖均匀地轻刺被鉴定人皮肤,检查痛觉;用棉签轻触被鉴定人的皮肤或黏膜,检查触觉;用盛有热水(40℃—50℃)或冷水(5℃—10℃)的玻璃试管接触被鉴定人皮肤,检查温度觉。检查时应注意交替进行,双侧比较。

4.3.3.2　深感觉:轻轻夹住被鉴定人的手指或足趾两侧,向上或向下移动,令其说出移动方向,检查运动觉;将被鉴定人的肢体置于某一姿势,嘱其描述该姿势或用对侧肢体模仿,检查位置觉;用震动着的音叉(128Hz)柄置于被鉴定人骨突起处,询问有无震动感觉,检查震动觉。

4.3.3.3　复合感觉:也称皮质感觉。以手指或棉签轻触被鉴定人皮肤某处,嘱其指出被触部位,检查皮肤定位觉;以钝脚分规轻轻刺激被鉴定人皮肤上的两点,并逐渐缩小双脚间距,直到被鉴定人感觉为一点时,测其实际间距,检查两点辨别觉;嘱被鉴定人用单手触摸熟悉的物体,并说出物体名称,检查实体觉;在被鉴定人的皮肤上画简单的图形或写简单的字,令其识别,检查体表图形觉。

4.3.4　运动功能检查

4.3.4.1　肌力:嘱被鉴定人作肢体伸屈动作,检查者从相反方向给予阻力,测试被鉴定人对阻力的克服力量,并注意两侧比较。肌力的记录采用 0～5 级的六级分级法。0 级,完全瘫痪,测不到肌肉收缩;1 级,仅测到肌肉收缩,但不能产生动作;2 级,肢体在床面上能水平移动,但不能抵抗自身重力,即不能抬离床面;3级,肢体能抬离床面,但不能抗阻力;4级,能作抗阻力动作,但不完全;5级,正常肌力。

4.3.4.2 肌张力:嘱被鉴定人肌肉放松,检查者根据触摸肌肉的硬度以及伸屈其肢体时感知肌肉对被动伸屈的阻力作判断,应注意是否存在肌张力增高或肌张力降低。

4.3.4.3 不自主运动:(1)震颤,注意区分静止性震颤和意向性震颤。前者静止时表现明显,而在运动时减轻,睡眠时消失,常伴肌张力增高;后者在休息时消失,运动时发生,愈近目的物愈明显,又称动作性震颤。(2)舞蹈样运动,是否存在面部肌肉及肢体的快速、不规则、无目的、不对称的不自主运动,是否表现为做鬼脸、转颈、耸肩、手指间断性伸屈、摆手和伸臂等舞蹈样动作,睡眠时是否可减轻或消失。(3)手足徐动,手指或足趾是否存在缓慢持续的伸展扭曲动作。

4.3.4.4 共济运动:(1)指鼻试验,嘱被鉴定人先以示指接触距其前方0.5 m检查者的示指,再以示指触自己的鼻尖,由慢到快,先睁眼、后闭眼,重复进行,观察是否存在指鼻不准;(2)跟—膝—胫试验,嘱被鉴定人仰卧,上抬一侧下肢,将足跟置于另一下肢膝盖下端,再沿胫骨前缘向下移动,先睁眼、后闭眼,重复进行,观察是否存在动作不稳;(3)快速轮替动作,嘱被鉴定人伸直手掌并以前臂作快速旋前旋后动作,或用一手手掌、手背连续交替拍打对侧手掌,观察是否存在动作缓慢、不协调;(4)闭目难立征,嘱被鉴定人足跟并拢站立,闭目,双手向前平伸,观察是否存在身体摇晃或倾斜。上述检查若有异常时应按照《前庭平衡功能检验规范》进行仪器检测。

4.3.5 神经反射检查

4.3.5.1 浅反射:(1)角膜反射,见4.3.2.4;(2)腹壁反射,嘱被鉴定人仰卧,下肢稍屈曲,使腹壁松弛,然后用钝头竹签分别在肋缘下、脐平及腹股沟上方,由外向内轻划两侧腹壁皮肤,观察上、中或下部腹肌是否收缩;(3)提睾反射,应用竹签由下而上轻划股内侧上方皮肤,观察同侧提睾肌是否收缩,睾丸是否上提;(4)跖反射,嘱被鉴定人仰卧,下肢伸直,检查者手持被鉴定人踝部,用钝头竹签划足底外侧,由足跟向前至近小趾关节处转向拇趾侧,观察足趾是否屈曲;(5)肛门反射,用大头针轻划肛门周围皮肤,观察肛门括约肌是否收缩。

4.3.5.2 深反射:(1)肱二头肌反射,嘱被鉴定人前臂屈曲,检查者以拇指置于被鉴定人肘部肱二头肌腱上,然后另一手持叩诊锤叩击拇指,观察肱二头肌是否收缩,前臂是否快速屈曲;(2)肱三头肌反射,嘱被鉴定人外展前臂,半屈肘关节,检查者以一手托住其前臂,另一手以叩诊锤直接叩击鹰嘴上方的肱三头肌腱,观察肱三头肌是否收缩,前臂是否伸展;(3)桡骨骨膜反射,嘱被鉴定人前臂置于半屈半旋前位,检查者以一手托住其前臂,并使腕关节自然下垂,另一手以叩诊锤叩击桡骨茎突,观察肱桡肌是否收缩,是否发生屈肘和前臂旋前动作;(4)膝反射,嘱被鉴定人仰卧,检查者以一手托起其膝关节使之屈曲约60°,另一手持叩诊锤叩击膝盖髌骨下方股四头肌腱,观察小腿是否伸展;(5)跟腱反射,嘱被鉴定人仰卧,髋及膝关节屈曲,下肢取外旋外展位,检查者一手将被鉴定人足部背屈成角,另一手以叩诊锤叩击跟腱,观察腓肠肌是否收缩,足是否向跖面屈曲;(6)阵挛,常见的有踝阵挛和髌阵挛。检查踝阵挛时,嘱被鉴定人仰卧,髋与膝关节稍屈,检查者一手托被鉴定人小腿,另一手持被鉴定人足底前端,突然用力使踝关节背屈并维持之,观察腓肠肌与比目鱼肌是否发生连续性节律性收缩,足部是否呈现交替性屈伸动作;检查髌阵挛时,嘱被鉴定人仰卧,下肢伸直,检查者以拇指与示指控住其髌骨上缘,用力向远端快速连续推动数次后维持推力,观察股四头肌是否发生节律性收缩,髌骨是否上下移动。

4.3.5.3 病理反射:(1)Babinski征,检查方法同跖反射,见4.3.5.1,观察拇趾是否背伸,余趾是否呈扇形展开;(2)Oppenheim征,用拇指及示指沿被鉴定人胫骨前缘用力由上向下滑压,观察项目同 Babinski 征;(3) Gordon 征,用手以一定力量捏压腓肠肌,观察项目同 Babinski 征;(4) Hoffmann 征,以一手持被鉴定人腕部,以另一手中指与示指夹住被鉴定人中指并稍向上提,使腕部处于轻度过伸位,以拇指迅速弹刮被鉴定人的中指指甲,观察其余四指是否掌屈。

4.3.5.4 脑膜刺激征:(1) 颈强直,嘱被鉴定人仰卧,检查者以一手托被鉴定人枕部,另一手置于其胸前作屈颈动作,感受是否存在抵抗力增强;(2) Kernig 征,嘱被鉴定人仰卧,一侧髋、膝关节屈曲成直角,检查者将被鉴定人小腿抬高伸膝,观察是否伸膝受阻且伴疼痛及屈肌痉挛;(3) Brudzinski 征,嘱被鉴定人仰卧,下肢伸直,检查者一手托起被鉴定人枕部,另一手按于其胸前,观察头部前屈时是否存在双髋与膝关节同时屈曲。

4.3.6 颅骨骨折

4.3.6.1 颅盖骨折:检查颅盖部有无局部凹陷,头皮有无损伤,常规影像检查有疑问时,应行切线位 X 线摄片及 CT 扫描,明确骨折的部位、类型。应注意是否为开放性骨折,是否合并脑实质损伤及颅内血肿。

4.3.6.2 颅底骨折:根据发生部位可分为颅前窝骨折、颅中窝骨折和颅后窝骨折。(1) 颅前窝骨折,检查额、面部是否有软组织损伤,眼睑及结膜下以及眶内软组织是否出现淤血斑(熊猫眼征),是否伴有鼻出血或脑脊液鼻漏,是否合并嗅神经或视神经损伤致嗅觉或视力减退或丧失,应行 CT 扫描了解眼眶及视神经管是否骨折;(2) 颅中窝骨折,检查颞部或耳后部是否有软组织损伤,是否伴有鼻出血、脑脊液鼻漏、脑脊液耳漏或脑脊液耳鼻漏,是否合并面神经或听神经损伤,致周围性面瘫或听力下降甚至丧失;(3) 颅后窝骨折,检查耳后部及枕部是否有软组织损伤,是否出现耳后淤血斑或枕部肿胀及皮下淤血斑,是否合并后组脑神经损伤致吞咽困难、发声嘶哑或伸舌偏斜等。

4.3.7 脑损伤

4.3.7.1 脑震荡:了解被鉴定人头部损伤后是否出现短暂的意识障碍和近事遗忘,需仔细审查伤后的病史记录及旁证材料。

4.3.7.2 弥散性轴索损伤:了解被鉴定人头部损伤后是否出现昏迷及昏迷的持续时间,检查瞳孔是否散大,对光反射是否消失。可行 CT 扫描明确大脑皮质与髓质交界处、胼胝体、脑干、内囊区域或第三脑室周围有无出血灶,有无出现弥漫性脑肿胀、蛛网膜下腔出血。也可行 MRI 检查,对无出血灶者,明确胼胝体和白质有无异常信号。

4.3.7.3 脑挫裂伤:了解被鉴定人头部损伤后是否出现意识障碍及意识障碍的持续时间,是否有头痛、头晕、恶心、呕吐等症状,是否有局灶性症状及体征,瞳孔是否有改变。应行 CT 扫描明确损伤的部位、范围及周围水肿程度,有无合并颅骨骨折及颅内血肿等。

4.3.7.4 原发性脑干损伤:了解被鉴定人头部损伤后是否出现昏迷及昏迷的持续时间,瞳孔是否有改变,眼球同向运动是否有障碍,肌张力是否增高,有无去大脑强直表现,呼吸、循环功能是否出现紊乱。应行 CT 扫描加以明确,必要时可行 iRI 检查。

4.3.7.5 颅内血肿:(1) 硬脑膜外血肿,有无意识障碍及是否具有"昏迷—清醒—再昏迷"的特征表现,瞳孔有无改变,是否具有锥体束征,生命体征是否平稳。应行 CT 扫描明确血肿形成的部位、出血量,是否伴有脑挫裂伤等。(2) 硬脑膜下血肿,应注意有无意识障碍,有无颅内压增高的症状,有无局灶性症状及体征。应行 CT 扫描明确血肿的部位、出血量,是否伴有脑挫裂伤等。(3) 脑内血肿,常来自于脑挫裂伤灶,注意有无进行性意识障碍加重,应行 CT 扫描明确血肿的部位、出血量。

4.3.8 颅脑损伤后遗症检验

4.3.8.1 毛发缺失:测量毛发缺失的范围,若为小面积毛发缺失,以"cIII幻"表示;若为大面积毛发缺失,以缺失毛发的面积占整个头皮面积的百分比表示。

4.3.8.2 颅骨缺损:测量颅骨缺损的位置和范围,计算缺损的面积,也可以通过摄X线片或CT扫描,计算缺损的面积。

4.3.8.3 持续性植物状态:认知功能丧失,无意识活动,不能执行指令;保持自主呼吸和血压;不能理解和表达语言;能自动睁眼或在刺激下睁日艮;可有无目的性眼球跟踪运动;丘脑下部和脑干功能基本保存。植物状态持续一个月以上,即属持续性植物状态。

4.3.8.4 失语症:(1)完全性失语,被鉴定人对语言的理解严重受限,不能复述,失命名、失读或失写,完全丧失语言交流能力。(2)运动性失语,注意区分严重运动性失语和中度运动性失语。前者表现为语言表达严重困难,词量严重缺乏,难以进行语言交流;后者表现为语言表达困难,词量明显减少,不能进行正常的语言交流。(3)感觉性失语,注意区分严重感觉性失语和中度感觉性失语。前者表现为语词杂乱无章,无语言表达能力,不能进行语言交流;后者表现为语词杂乱无章,语言表达困难,不能进行正常的语言交流。(4)轻度失语,表现为轻度语言功能障碍,但语言交流无明显困难。

4.3.8.5 构音障碍:注意区分严重构音障碍和轻度构音障碍。前者表现为音不分明,语不成句,难以听匿,甚至完全不能说话;后者表现为发音不准,吐字不清,语调速度、节律等异常,鼻音过重。

4.3.8.6 外伤性癫痫:注意是否具有导致癫痫发作的损伤基础,了解临床证实或旁证证实的癫痫发作的情况,了解癫痫发作时及发作间期的脑电图检查结果,需明确癫痫发作的类型、程度、频率,是否经过正规抗癫痫药物治疗,必要时测定血药浓度。尚需了解被鉴定人有无癫痫既往史,并了解家族史。

4.3.8.7 日常活动能力评定:日常活动能力包括进食,翻身,大、小便,穿衣,洗漱,自主行动等五项。生活完全不能自理,上述五项均需护理(完全护理依赖);生活大部不能自理,上述五项中三项以上需要护理(大部分护理依赖);部分生活不能自理,上述五项中一项以上需要护理(部分护理依赖)。

4.4 面部检查

4.4.1 面部软组织损伤:见4.2,尚需注意区别面部色素改变与面部皮肤瘢痕的区别,而面部色素改变面积的计算同皮肤瘢痕面积的计算方法。尚需注意是否存在颌面部穿透创,需测量面部皮肤瘢痕时测量相对应的粘膜面瘢痕,有疑问时,利用彩色多普勒超声仪检测,证实皮肤至粘膜层是否贯通(均为瘢痕组织)。

4.4.2 面颅骨骨折

4.4.2.1 眼眶骨折:检查眼眶及眶周有无软组织肿胀,有无局部压痛。应行CT扫描,明确眼眶内侧壁、外侧壁以及底壁是否存在骨折,需注意有无眶内积气、筛窦积液、内直肌增粗以及眶周软组织肿胀等影像学表现,对于眼眶底壁是否存在骨折尚需结合冠状位CT扫描,或图像重组加以明确。

4.4.2.2 鼻骨骨折:检查鼻外观有无畸形,局部有无压痛,软组织有无肿胀。应常规摄鼻骨侧位X线片,必要时摄鼻骨薄层CT平扫j以及图像重组,注意明确骨折的类型(系线性骨折还是粉碎性骨折,是否伴有移位等),是否存在鼻额缝分离,注意区分上颌骨额突骨折与鼻骨骨折。

4.4.2.3 颧骨骨折:检查颧部有无软组织肿胀,局部有无压痛。应行颧骨CT横断面扫描,必要时可行图像重组加以明确。

4.4.2.4 上颌骨骨折:检查颌面部有无软组织肿胀,局部有无压痛,应行颌面部CT扫描,必要时可行图像重组加以明确。应注意区分上颌骨额突骨折与鼻骨骨折,应注意是否伴有牙折断或脱落。

4.4.2.5 下颌骨骨折:检查颌面部有无软组织肿胀,局部有无压痛,应行下颌骨CT扫描,必要时可行图像重组加以明确。对有张口受限者,应进行张口位和闭口位CT扫描或豫I检查,了解颞合关节情况。注意是否伴有牙折断或脱落。若颞下颌关节损伤时,检查张口是否受限。检查时,测量张口位时上、下切牙之间距离。或者以被鉴定人自身的示指、中指、无名指并列垂直置入上、下中切牙切缘间测量。轻度张口受限系大开口时,上下切牙间距仅可并列垂直置入示指和中指;中度张口受限系大开口时,上下切牙间距仅可垂直置入示指;重度张口受限系大开口时,上下切牙间距不能置入示指横径。

4.4.3 眼损伤:见《眼损伤法医学检验规范》。

4.4.4 耳损伤

外耳:(1)耳廓,检查耳廓的外形、大小、位置和对称性。若存在耳廓缺损,则可先用无弹性透明薄膜分别覆盖在残存耳廓前面及对侧全耳前面,分别描绘残存耳廓及对侧全耳在透明薄膜上的投影,通过计算机测出残存耳廓面积与对侧全耳面积,并计算出耳廓缺损面积占全耳面积的百分比。(2)外耳道,检查外耳道皮肤是否正常,有无溢液,是否存在外耳道瘢痕狭窄、耵聍或异物堵塞。

中耳:采用耳镜检查鼓膜是否完整,有无穿孔、出血。若怀疑有鼓膜穿孔,常规行鼓膜照相。

乳突:检查耳廓后方皮肤有无红肿,乳突有无压痛,是否可见瘘管形成。

听力:见《听力障碍法医鉴定规范》。

4.4.5 鼻损伤:检查鼻外观有无畸形或缺损,鼻中隔是否偏曲,有无鼻翼扇动,有无鼻出血,鼻腔有无异常分泌物,鼻窦区有无压痛以及是否存在鼻通气障碍。

4.4.6 口腔损伤

口唇及口腔黏膜:检查有无皮肤及黏膜破损,是否有发音或进食困难,是否影响咀嚼或吞咽功能,是否存在张口受限。

牙:检查牙齿有无牙震荡、牙脱位及牙折,牙列是否完整,明确牙脱位、牙折的数量。牙折时需区别冠折、根折或冠根联合折。注意有无牙及牙周疾病,牙龈有无肿胀、出血等。牙部位的记录要使用统一的符号,乳牙用罗马数字表示,恒牙用阿拉伯数字表示,如左上中切牙记录为"且"。必要时应摄口腔全景X线片或口腔CT片。

松动程度分为I度(牙向颊、舌侧方向活动<1mm)、II度(牙向颊、舌侧方向活动'1—2 mm)、III度(牙向颊、舌侧方向活动>2 mm)。

舌:检查舌是否完整,味觉的检查方法见4.3.2.5。

4.5 颈部检查

4.5.1 颈部软组织损伤:见4.2。

4.5.2 喉与气管损伤:检查有无发音困难,有无咳嗽、咳痰、咯血、发绀、呼吸困难,有无皮下气肿,喉和气管是否移位或变形。必要时应行喉镜或支气管镜检查。

4.5.3 颈部食管损伤:检查有无吞咽困难,有无恶心、呕吐、呕血,必要时应行食管造影或食管镜检查。

4.5.4 颈部损伤后遗症检验

4.5.4.1 皮肤瘢痕:见4.2.4。尚需注意若为小面积皮肤瘢痕,以"cm幻'表示;若为大面积皮肤瘢痕,以皮肤瘢痕面积占颈前三角区面积的百分比表示。若瘢痕形成影响颈部活动度时,应仔细测量颈部前屈、后伸、左、右侧屈、左、右旋转的活动度,具体方法见附录A.1。

4.5.4.2 颈颌粘连分度:

轻度:单纯的颈部瘢痕或者颈胸瘢痕。瘢痕位于颌颈角平面以下的颈胸部。颈部活动不受限制,饮食、吞咽等均无影响。

中度:颏颈瘢痕粘连或者颏颈胸瘢痕粘连。颈部后仰及旋转受到限制,饮食、吞咽有所影响,不流涎,下唇前庭沟并不消失,能闭口。

重度:唇颏颈瘢痕粘连。自下唇至颈前均为瘢痕,挛缩后,下唇、颏部和颈前区都粘连在一起,颈部处于强迫低头姿势。下唇极度外翻,口角、鼻翼甚至下睑均被牵拉向下移位,不能闭口和说话,发音不清,长期流涎不止,饮食困难。特别严重的唇颏颈胸瘢痕粘连,颈部极度屈曲,颈、胸椎后突,呈驼背畸形,不能仰卧,不能平视,不能闭口,终日流涎不止,饮食、呼吸都发生困难。

4.5.4.3 声音嘶哑:行喉镜检查以明确有无声带运动异常、声门狭窄,注意是否存在喉上神经或喉返神经损伤。严重声音嘶哑系声哑或不能发声,无法与他人进行语言交流。

4.5.4.4 呼吸困难:行喉镜检查明确有无声门狭窄,行气管镜检查或CT扫描明确有无气管狭窄以及狭窄的部位和程度。根据体力活动受限的程度,呼吸功能障碍分级:

1级:与同年龄健康者在平地一同步行无气短,但登山或上楼时呈气短。

2级:平路步行1000 M无气短,但不能与同龄健康者保持同样速度,平路快步行走呈现气短,登山或上楼时气短明显。

3级:平路步行100米即有气短。

4级:稍活动,如穿衣、谈话即气短。

4.5.4.5 吞咽困难:行食管镜或X线造影检查明确食道有无狭窄以及狭窄的部位和程度。(1)吞咽功能严重障碍,只能进食流质,且进食流质时仍感明显不适;(2)吞咽功能障碍,只能进食流质、半流质,不能进食软食;(3)吞咽功能受严重影响,只能进食流质、半流质、软食,不能进食普食;(4)吞咽功能受影响,虽能进食普食,但进食的速度缓慢且伴有明显不适。

4.6 胸部检查

4.6.1 胸部软组织损伤:见4.2。

4.6.2 肋骨骨折:检查呼吸是否平稳,胸廓外观有无畸形,胸廓活动度是否两侧对称,胸壁有无压痛及压痛的部位,是否有胸膜摩擦感,胸廓挤压征是否阳性,听诊是否有异常呼吸音及胸膜摩擦音。行胸部正位/左前斜位/右前斜位X线摄片,胸部CT横断面扫描,必要时可行CT薄层平扫+图像重组,明确肋骨有无骨折及骨折的数量。

注意区分肋骨新鲜骨折与陈旧性骨折,若在损伤早期难以明确时可以在伤后2.3周待骨痂出现后复摄X线片或者CT片,观察是否有动态变化。若为单根肋骨骨折需注意是否伴有移位。

4.6.3 血胸、气胸:检查呼吸是否平稳,气管有无偏移,听诊有无呼吸音减弱或消失,注意有无休克或休克前期症状及体征。行胸部X线摄片及胸部CT'扫描明确有无胸腔积液、气胸以及积液、气胸的程度(肺压缩%)。注意仔细审查病史资料,了解有无行胸腔引流等治疗并引流液体的性质、引流液体的量等。

4.6.4 气管、主支气管损伤:见4.5.2。

4.6.5 胸部食管损伤:见4.5.3。

4.6.6 女性乳房损伤:检查乳房有无畸形或缺失,注意乳腺导管有无损伤。

4.6.7 胸部损伤后遗症检验

4.6.7.1 皮肤瘢痕:见4.2.4。

4.6.7.2 呼吸困难:见4.5.4.4。

4.6.7.3 吞咽困难:见4.5.4.5。

4.6.7.4 胸膜粘连或胸廓畸形:检查呼吸是否平稳、胸廓形态是否变化,并行胸部CT扫描,明确有无胸膜粘连及胸膜粘连的范围。

4.6.7.5 心功能不全:明确有心脏损伤的基础,需与自身疾病相鉴别。根据体力活动受限的程度,将心脏功能分为(1) Ⅰ 级,无症状,体力活动不受限;(2) Ⅱ 级,较重体力活动则有症状,体力活动稍受限;(3) Ⅲ 级,轻微体力活动即有明显症状,休息后稍减轻,体力活动大部分受限;(4) Ⅳ 级,即使在安静休息状态下亦有明显症状,体力活动完全受限。

4.7 腹部检查

4.7.1 腹部软组织损伤:见4.2。

4.7.2 腹部闭合性损伤:检查腹壁是否紧张,腹部是否有压痛、反跳痛,肝、脾有无肿大,肾区有无叩击痛,移动性浊音是否阳性。注意是否有恶心、呕吐、呕血、便血等。行超声、内镜或腹部CT扫描明确胃、肠、肝、脾、胰、肾以及胆道系统有无挫伤或破裂,腹腔有无积血及积血的量。

4.7.3 腹部开放性损伤:仔细审查病史资料,详细了解临床的手术记录,明确腹膜有无破损(即区分穿透伤和非穿透伤)。检查方法见4.7.2。

4.7.4 腹部损伤后遗症检验

4.7.5 皮肤瘢痕:见4.2.4。

4.7.6 消化吸收功能障碍:检查发育及营养状态,见4.1.3。存在胃、肠、消化腺损伤或者缺损(包括手术切除),了解缺损范围。测身高和体重;检验血常规、血清白蛋白浓度、血清铁蛋白浓度、血清总胆固醇。出现血清白蛋白<6.0 g/dL;血清总胆固醇<120 mg/dL。时为营养不良。

消化吸收障碍的评价方法:(1) 粪脂染色镜检(半定量法);(2) 粪脂定量测定(Vande Kamer法);(3) 消化吸收试验:a. 葡萄糖耐量试验(50g法)呈低平曲线;b. D. 木糖吸收试验;c. $^{131}$I-油酸脂肪消化吸收功能试验;d. 其他:$^{131}$IRISA 蛋白质消化吸收功能试验,$^{151}$钴-维生素 B12 吸收试验(Schilling 试验)。根据上述检验结果综合判断是否存在消化吸收功能障碍。

消化吸收功能障碍分级:(1) 消化吸收功能严重障碍,不能通过胃、肠消化吸收功能获得必需的营养物质,而只能依靠肠外营养支持的方式提供营养物质以维持生命(或重度营养不良),生活自理能力完全丧失;(2) 消化吸收功能障碍,不能完全通过胃、肠消化吸收功能获得足够的营养物质(或中度营养不良),而需要通过肠外营养支持的方式补充足够的营养物质以维持生命,生活能够完全自理;(3) 消化吸收功能受严重影响,进食普通饮食不能满足正常的营养需求(或轻度营养不良),而需要补充必要的营养物质,不能从事体力劳动;(4) 消化吸收功能受影响,进食普通饮食不能满足正常的营养需求,但可以通过进食富营养的流质食物以满足营养需求,仅能从事一般体力劳动。

4.7.7 肾功能障碍:通过血生化检查了解内生肌酐清除率、血肌酐、尿素氮、自由水清除率、肾小球滤过率等,行肾浓缩稀释试验,必要时可行同位素肾图法和放射性核素肾显像法。明确肾功能障碍的程度(即轻度、中度、重度)。

4.8 盆部、会阴部检查

4.8.1 盆部、会阴部软组织损伤:见 4.2。

4.8.2 骨盆骨折:检查骨盆局部有无压痛,骨盆挤压、分离试验是否阳性,行骨盆正位 X 线摄片及骨盆 CT 扫描明确骨折的部位、类型。

4.8.3 膀胱损伤:检查有无血尿、下腹部疼痛、排尿困难,行膀胱造影或膀胱镜检查明确有无膀胱破裂。

4.8.4 尿道损伤:检查有无尿道出血、排尿困难、尿潴留,行直肠指检了解尿道损伤的部位、程度及是否合并肛门、直肠损伤,行逆行尿道造影明确有无尿道破裂或断裂。

4.8.5 男性生殖器损伤:检查阴茎有无缺损或畸形,阴囊有无撕脱,有无鞘膜积液(血),行超声检查明确睾丸有无损伤。

4.8.6 女性生殖器损伤:检查下腹部有无压痛,阴道有无流血,阴道壁有无破损。行超声检查了解卵巢有无损伤,可行 MRI 检查了解子宫有无损伤,可行子宫输卵管造影明确输卵管有无损伤。

4.8.7 盆部、会阴部损伤后遗症检验

4.8.8 皮肤瘢痕:见 4.2.4。

4.8.9 骨盆畸形愈合、骨盆倾斜:检查骨盆外形有无明显畸形,脐至两侧髂前上棘的距离是否相等,两侧髂前上棘是否在同一水平,测量双下肢长度。行骨盆正位 X 线摄片,观察骨盆有无倾斜,骨盆环有无变形,两侧闭孔是否对称。对于女性被鉴定人,注意骨产道有无破坏。

4.8.10 尿道狭窄:行尿道造影检查明确尿道狭窄的程度。(1)尿道闭锁,尿道造影显示尿道连续性中断,管腔消失;(2)尿道重度狭窄,尿道造影显示尿道狭窄部位管腔小于正常管腔 1/3;(3)尿道中度狭窄,尿道造影显示尿道狭窄部位管腔小于正常管腔 1/2;(4)尿道轻度狭窄,尿道造影显示尿道管腔狭窄部位小于正常管腔 2/3。

4.8.11 排便和(或)排尿功能障碍:行直肠指诊或肛诊,检查肛门括约肌张力是否降低,直肠或肛门是否有瘢痕形成。检查肛门反射是否减弱。必要时行肛肠动力学检查评估排便功能,行尿流动力学检查评估排尿功能。

4.8.12 阴茎缺失或畸形:(1)阴茎体完全缺失或严重畸形,阴茎海绵体完全缺失或阴茎体完全畸形(如阴茎弯曲、扭曲、异位等);(2)阴茎体大部分缺失或畸形,阴茎缺失或畸形大于 1/2 或阴茎畸形大于 1/2;(3)阴茎体部分缺失或畸形,阴茎体缺失或畸形小于或等于 1/2。

4.8.13 阴茎勃起功能障碍:见《男子阴茎勃起功能障碍法医鉴定规范》。

4.8.14 阴道狭窄:(1)阴道闭锁,外生殖器解剖结构破坏、瘢痕形成使阴道口完全闭锁;(2)阴道严重狭窄,功能严重障碍,成人阴道宽度小于 1 cm,儿童小于 0.5 cm;(3)阴道狭窄、功能障碍,成人阴道宽度小于 2 cm,儿童小于 1 cm;(4)阴道狭窄、严重影响功能,成人阴道宽度小于 3 cm,严重影响性交功能;(5)阴道狭窄、影响功能,阴道狭窄,影响性交功能。

4.9 脊柱与脊髓检查

4.9.1 脊柱骨折或脱位:检查脊柱生理弧度是否存在,棘突及椎旁肌肉有无压痛,脊柱有无叩击痛,检查感觉功能(见 4.3.3)、运动功能(见 4.3.4)、神经反射(见 4.3.5)。行脊柱 X 线摄片、C

T'扫描或 MRI 检查明确骨折或脱位的部位、类型,注意椎管内有无占位,脊髓有无受压迫,脊髓有无异常信号。可行肌电图检查明确神经受累节段。

4.9.2 脊髓损伤:见 4.9.1。

4.9.3 脊柱与脊髓损伤后遗症检验

4.9.4 感觉功能障碍:见 4.3.3。

4.9.5 运动功能障碍:见 4.3.4。

4.9.6 排便和(或)排尿功能障碍:见 4.8.11。

4.9.7 颈部活动障碍:注意有无引起颈部活动障碍的损伤基础,测量颈部活动度,具体方法见附录 A.1。

4.9.8 腰部活动障碍:注意有无引起腰部活动障碍的损伤基础,测量腰部活动度,具体方法见附录 A.1。

4.10 四肢检查

4.10.1 四肢软组织损伤:见 4.2。

4.10.2 骨与关节损伤

4.10.2.1 骨折与关节脱位:检查有无局部疼痛、肿胀和功能障碍,有无畸形、异常活动、骨擦音或骨擦感,注意有无休克、发热等全身症状。应常规行 X 线摄片,根据不同部位可适当调整投照角度,必要时可行 CT 扫描加以明确。

4.10.2.2 骨骺损伤:见 4.10.2.1。尚需注意被鉴定人的年龄特点,注意被鉴定人骨骺有无闭合。

4.10.3 手部肌腱损伤

4.10.3.1 屈指肌腱损伤:仔细审查伤后病史资料,了解肌腱损伤的详细情况。对于(除拇指外)屈指肌腱的检查,固定伤指中节,若被鉴定人不能主动屈曲远侧指间关节则考虑指深屈肌腱断裂;固定除伤指外的其他三个手指,若伤指不能主动屈曲近侧指间关节则考虑指浅屈肌腱断裂;若被鉴定人近侧和远侧指间关节均不能主动屈曲时则考虑指浅屈肌腱和指深屈肌腱均断裂。固定拇指近节,若被鉴定人不能主动屈曲指间关节则考虑拇长屈肌腱断裂。由于蚓状肌和骨间肌具有屈曲手指、掌指关节的功能,故屈指肌腱断裂不影响掌指关节的屈曲。

4.10.3.2 伸指肌腱损伤:仔细审查伤后病史资料,了解肌腱损伤的详细情况。掌指关节背侧近端的伸指肌腱断裂时掌指关节呈屈曲位,近节指骨背侧伸肌腱断裂则近侧指间关节呈屈曲位,中节指骨背侧伸肌腱断裂则手指末节屈曲呈锤状指。

4.10.4 周围神经损伤

4.10.4.1 臂丛神经损伤:臂丛由 C5、6、7、8 和 T1 神经根组成,分为根、干、股、束、支五部分,终末形成腋、肌皮、桡、正中、尺神经。臂丛神经损伤主要分为上臂丛、下臂丛和全臂丛神经损伤。行肌电图检查明确有无臂丛神经损伤(以下周围神经损伤均需行肌电图检查)。(1)上臂丛神经损伤(C5—C7),检查上臂外侧、前臂外侧及拇、示、中指的感觉功能,检查是否存在肩外展障碍和屈肘功能障碍。(2)下臂丛神经损伤(C8—T1),检查上臂内侧中、下部、前臂内侧及环、小指的感觉功能,检查是否存在手指不能伸屈和手内在肌麻痹表现。(3)全臂丛神经损伤:检查整个上肢肌是否呈弛缓性麻痹,检查是否存在上肢大部分(除上臂部分区域)感觉功能障碍和全部关节主动活动功能丧失,并注意是否存在 Hornet 综合征的表现。

4.10.4.2 正中神经损伤:正中神经于腕部和肘部位置表浅,易受损伤。腕部损伤时,检查手掌桡侧半、桡侧3个半手指掌面和近侧指间关节以远背侧的感觉功能,检查大鱼际肌和第1、2蚓状肌是否存在萎缩,检查是否存在拇指对掌功能障碍和拇、示指捏物功能障碍。肘上损伤时,除检查上述项目外,还应注意是否存在拇、示、中指屈曲功能障碍。

4.10.4.3　桡神经损伤:桡神经在肱骨中、下1/3交界处紧贴肱骨,易受损伤,该处损伤时,检查手背桡侧和桡侧3个半手指背侧近侧指间关节近端的感觉功能,检查是否存在伸腕、伸指和前臂旋后功能障碍,注意是否存在手背虎口区麻木及垂腕畸形。前臂近端损伤时,常仅损伤桡神经深支,仍检查上述项目,但伸腕功能基本正常。

4.10.4.4　尺神经损伤:尺神经易在腕部和肘部损伤。腕部损伤时,检查手部尺侧半和尺侧1个半手指的感觉功能,检查小鱼际肌、骨间肌和第3、4蚓状肌是否存在萎缩,检查是否存在爪形手畸形、Froment征和手指内收、外展功能障碍。肘上损伤时,除检查上述项目外,还应注意是否存在环、小指末节屈曲功能障碍。

4.10.4.5　股神经损伤:怀疑股神经损伤时,检查大腿前面及小腿内侧的感觉功能,检查屈髋、伸膝的肌力及膝反射,注意是否存在股四头肌的萎缩。

4.10.4.6　坐骨神经损伤:损伤部位高时,检查小腿后外侧和足部的感觉功能,检查是否存在膝关节不能屈曲、踝关节与足趾运动功能完全丧失、足下垂等,注意是否存在股后部肌肉及小腿和足部肌肉萎缩。股后中、下部损伤时,仍检查上述项目,但膝关节屈曲功能保存。

4.10.4.7　腓总神经损伤:腓总神经易在腘窝部及腓骨小头处损伤,检查小腿前外侧和足背前、内侧感觉功能,检查是否存在足背屈和外翻功能障碍、伸趾功能障碍、足内翻下垂畸形等,注意是否存在小腿前外侧肌肉萎缩。

4.10.4.8　胫神经损伤:胫神经于腘窝中间最浅,该处损伤后应检查小腿后侧、足背外侧和足底感觉功能,检查是否存在足跖屈、内收、内翻功能障碍及足趾跖屈、外展、内收障碍,注意是否存在小腿后侧屈肌群及足底内在肌萎缩。

4.10.4.9　肌电图检查:疑有周围神经损伤时应在损伤后2—4周对被检查肌肉神经进行肌电图检查,肌电图检查应由专门经验的仪器操作人员,或肌电图专家进行,法医鉴定时进行肌电图检查可对神经损伤的部位、神经损伤的程度等作出判断。

4.10.4.10　神经诱发电位:疑有神经系统损伤时,应进行神经诱发电位检查,包括躯体感觉神经、躯体运动神经和自主神经诱发电位检查。神经诱发电位检查可对神经损伤的部位、神经损伤的程度等作出客观判断。

4.10.5　肢体皮肤瘢痕:见4.2.4。

4.10.6　肢体缺失:检查肢体缺失的水平,测量残端的及对侧肢体的长度,必要时可行X线摄片明确骨缺损情况。

4.10.7　关节功能障碍:对于骨与关节损伤所致的关节功能障碍,测量关节的被动活动度;对于肌腱、周围神经损伤所致的关节功能障碍,测量关节的主动活动度。具体方法见附录A.1。测量关节活动是基于关节的中立位0°,而不是180°。关节活动度数是关节从0°开始,活动范围的增加。从0度开始伸展过度,为过伸,用"+"号标记为过伸,用"一"标记为不能伸展到0度。当一侧肢体损伤时,在测量伤侧关节活动度时,应同时测量健侧进行对照:

4.10.8　肢体长度的测量:(1)上肢全长度,测量从肩峰至桡骨茎突或中指指尖的距离;(2)下肢总长度,骨性长度测量从髂前上棘至内踝下尖的距离;表面长度测量从脐至内踝下尖的距离。

测量四肢长度时应注意(1)伤肢与健肢放在相同对称的位置;伤肢测得长度与健肢长度相比;用同一骨性标志测量。(2)选择骨突出点,用圆珠笔划出。测量时避免皮肤移动。

4.10.9 肢体周径的测量。选择骨突点明显处为标志,双侧均以此骨突点上或下若干 cm 处量其周径作对比。(1)上肢周径测量,上臂可在肩峰下 15 cm 平面测量;前臂可在尺骨鹰嘴下 10 cm 平面测量。(2)下肢周径测量,大腿可在髂前上棘下 20 cm 平面测量或者髌骨上缘上 10—15 cm 处;小腿可在胫骨结节下 15 cm 平面测量,或者髌骨下缘下 10—15 cm 处。(3)脊髓前角损害或马尾不同节段受损时,检查下肢相应的神经支配区肌肉的周径。

## 5 附则

5.1 本规范中规定的临床检验项目,实验室检查项目,可根据案由、鉴定事项、损伤部位有重点、有选择地进行,但不得遗漏对鉴定结论有影响的项目。

5.2 本规范没有规定的临床检验项目或实验室检查项目,鉴定人有权根据鉴定事项的需要,增加必要的检验项目。

5.3 鉴定人在对被鉴定人进行检验时,可根据鉴定需要请临床专家协助检验,但鉴定人必须对作为鉴定依据的检验结果负责。

5.4 本规范中规定的临床专家,须是具有高级专业技术职务的专科医师,且经鉴定机构批准认可。

## 附录 A

A.1 关节活动检测方法见表 1(此处略,详见第二章附表)

A.2 成年人各部位体表面积(%)的估计

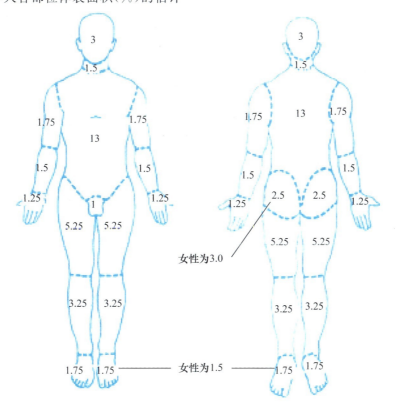

A.3 儿童各部位体表面积(%)的估计

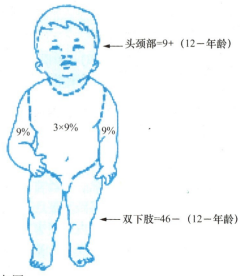

A.4 全身神经感觉分布图

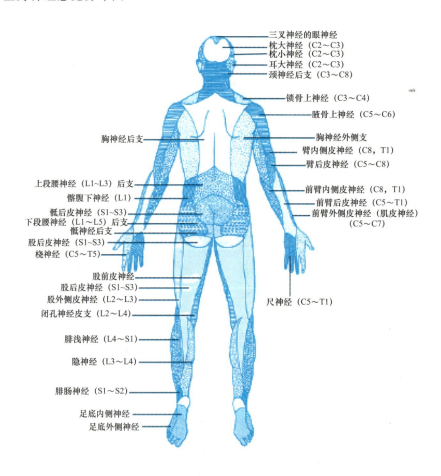

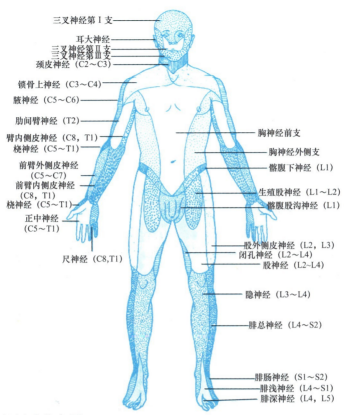

A.5 上肢神经运动分布图

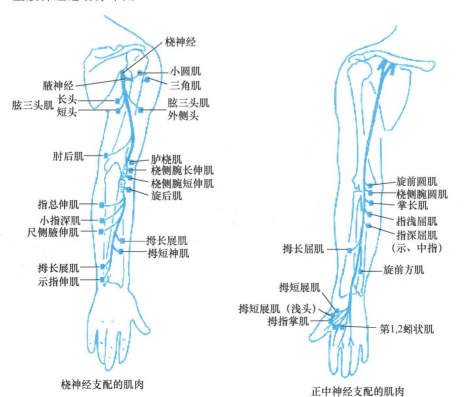

桡神经支配的肌肉

正中神经支配的肌肉

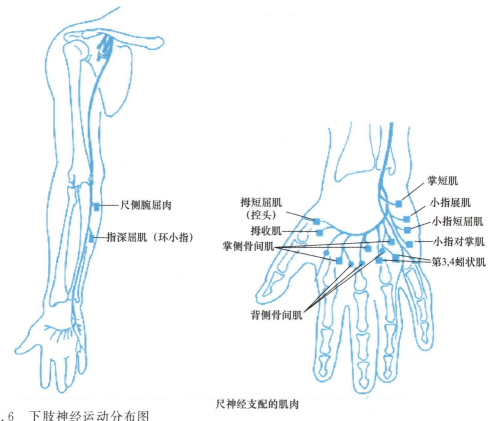

尺神经支配的肌肉

A.6 下肢神经运动分布图

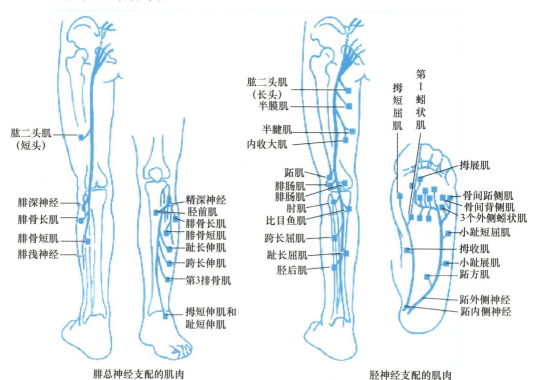

腓总神经支配的肌肉

胫神经支配的肌肉

## A.7 肌肉(肌力)检查方法见表2

表2 肌肉(肌力)检查方法

| 受检肌肉 | 伤员动作 |
|---|---|
| 上肢： | |
| 1. 三角肌 | 上肢由15°外展至90° |
| 2. 肱二头肌、肱肌、喙肱肌 | 前臂在旋后位下，作屈肘动作 |
| 3. 肱三头肌 | 屈肘，前臂置于旋后位，用力作伸肘动作 |
| 4. 旋后肌 | 前臂置于旋前位作旋后动作 |
| 5. 旋前圆肌、旋前方肌 | 肘关节伸直，前臂置于旋后位，作前臂旋前动作 |
| 6. 指总伸肌 | 指掌关节置于伸直位，中及末节手指置于屈曲位，将中及末节手指伸直 |
| 7. 尺侧腕伸肌 | 腕关节置于掌曲内收位，腕关节作背伸动作 |
| 8. 拇长展肌 | 拇指置于内收位，作拇指外展和稍伸直动作 |
| 9. 拇长伸肌 | 拇指末节置于屈位，作拇指末节伸直动作 |
| 10. 拇短伸肌 | 拇指近节置于屈曲位，伸直拇指近节 |
| 11. 桡侧屈腕肌 | 腕关节置于背伸外展位，作屈腕动作 |
| 12. 尺侧屈腕肌 | 腕关节置于伸腕内收位，用力作屈腕动作 |
| 13. 掌长肌 | 用力握拳和屈腕 |
| 14. 指浅屈肌 | 2～5指中节置于屈曲位，用力屈指 |
| 15. 拇长屈肌 | 固定被检拇指近节，用力屈拇指末节 |
| 16. 指深屈肌 | 手置于伸直位，检查者固定被检手指中节，嘱伤员屈曲手指末节 |
| 17. 外展拇短肌 | 拇指作外展动作 |
| 18. 拇指对掌肌 | 拇指和小指作对掌动作 |
| 19. 拇短屈肌 | 用力屈曲拇指近节 |
| 20. 拇收肌 | 作拇指内收动作 |
| 21. 外展小指肌 | 手置于伸直位，小指用力外展 |
| 22. 小指短屈肌 | 1～4指置于伸直位，用力屈曲小指的指掌关节 |
| 23. 蚓状肌、骨间肌 | 1～4置于伸直位，用力屈曲指掌关节 |
| 24. 骨间背侧肌 | 以中指为中心，用力将2、4、5指分开 |
| 25. 骨间掌侧肌 | 2～4指置于分开位置，向中指并拢 |
| 26. 肱桡肌 | 前臂置于中立位与旋后位之间，将前臂向前(掌侧)旋并屈肘 |
| 27. 桡侧伸腕长肌 | 腕关节置于屈腕外展位，用力作腕背伸动作 |
| 28. 尺侧伸腕肌 | 腕关节置于屈腕内收位，用力作腕背伸动作 |
| 29. 拇长展肌 | 作拇指外展并稍伸直动作 |
| 30. 拇短伸肌 | 用力伸直拇指近节 |
| 31. 拇长伸肌 | 用力伸直拇指末节 |

（续表）

| 受检肌肉 | 伤员动作 |
|---|---|
| 下肢： | |
| 32. 股内收长肌、内收大肌 | 仰卧位,双下肢伸直,用力作夹腿动作 |
| 33. 股薄肌 | 用力将大腿内收,小腿屈曲及内旋 |
| 34. 髂腰肌 | 取坐位,膝关节屈曲,作屈髋动作(大腿向上抬) |
| 35. 缝匠肌 | 取坐位,膝关节半屈,用力将大腿外旋 |
| 36. 股四头肌 | 取坐位,膝关节屈曲,用力伸直膝关节 |
| 37. 梨状肌、闭孔肌、孑jF肌、股方肌 | 取仰卧位,下肢伸直(髋、膝关节处于伸直位)用力将下肢作外旋动作 |
| 38. 臀中肌 | 取侧卧位,下肢伸直内旋,大腿用力作外展动作 |
| 39. 阔筋膜张肌 | 取俯卧位,膝关节屈曲,作小腿向外移动动作 |
| 40. 臀大肌 | 取俯卧位,小腿弯曲,用力后伸大腿(离开床面) |
| 41. 半腱肌、半膜肌、股二头肌 | 取仰卧位,髋及膝关节均置于90°屈曲位,用力作屈膝动作 |
| 42. 腓肠肌 | 取仰卧位,膝关节伸直,作踝关节跖屈动作 |
| 43. 比目鱼肌 | 取俯卧位,膝关节屈曲90°,足作跖屈动作 |
| 44. 胫后肌 | 取仰卧位,足作跖屈和内收动作(检查医生可在足舟状骨结节后下方触摸胫后肌肌腱的张力) |
| 45. 趾长屈肌 | 取仰卧位并将近侧趾节伸直,用力屈曲2～4趾末节 |
| 46. 拇长屈肌 | 取仰卧位,拇跖关节伸直,用力屈曲拇指末节 |
| 47. 趾短屈肌 | 取仰卧位,2～5趾的跖趾关节固定于伸直位,用力屈曲2～5趾近侧趾间关节 |
| 48. 拇短屈肌 | 取仰卧位,拇趾趾间关节保持伸直位,屈曲拇趾跖趾关节 |
| 49. 拇展肌 | 用力将拇趾与第二趾分开 |
| 50. 跖方肌、小趾展肌、小指短屈肌 | 用力作小趾外展动作 |
| 51. 拇收肌 | 将拇趾向第二趾靠拢 |
| 52. 腓骨长肌 | 用力作足跖屈和外翻外展动作 |
| 53. 腓骨短肌 | 用力作足背伸和外展动作 |
| 54. 胫前肌 | 用力作足背伸和内收内旋动作 |
| 55. 趾长伸肌 | 用力伸直2～5趾末节 |
| 56. 拇长伸肌 | 用力作拇趾背伸动作 |

# 司法鉴定文书规范(节选)

**第一条** 为了规范司法鉴定文书的制作,提高司法鉴定文书的质量,根据《全国人民代表大会常务委员会关于司法鉴定管理问题的决定》和《司法鉴定程序通则》,制定本规范。

**第二条** 司法鉴定文书是司法鉴定机构和司法鉴定人依照法定条件和程序,运用科学技术或者专门知识对诉讼中涉及的专门性问题进行分析、鉴别和判断后出具的记录和反映司法鉴定过程和司法鉴定意见的书面载体。

**第三条** 司法鉴定文书分为司法鉴定意见书和司法鉴定检验报告书。

司法鉴定意见书是司法鉴定机构和司法鉴定人对委托人提供的鉴定材料进行检验、鉴别后出具的记录司法鉴定人专业判断意见的文书,一般包括标题、编号、基本情况、检案摘要、检验过程、分析说明、鉴定意见、落款、附件及附注等内容。

司法鉴定检验报告书是司法鉴定机构和司法鉴定人对委托人提供的鉴定材料进行检验后出具的客观反映司法鉴定人的检验过程和检验结果的文书,一般包括标题、编号、基本情况、检案摘要、检验过程、检验结果、落款、附件及附注等内容。

**第四条** 司法鉴定文书应当由进行鉴定的司法鉴定人按照本规范的要求制作。

**第五条** 司法鉴定文书一般由封面、正文和附件组成。

**第六条** 司法鉴定文书的封面应当写明司法鉴定机构的名称、司法鉴定文书的类别和司法鉴定许可证号;封二应当写明声明、司法鉴定机构的地址和联系电话。

**第七条** 司法鉴定文书正文应当符合下列规范和要求:

(一)标题:写明司法鉴定机构的名称和委托鉴定事项;

(二)编号:写明司法鉴定机构缩略名、年份、专业缩略语、文书性质缩略语及序号;

(三)基本情况:写明委托人、委托鉴定事项、受理日期、鉴定材料、鉴定日期、鉴定地点、在场人员、被鉴定人等内容。

鉴定材料应当客观写明委托人提供的与委托鉴定事项有关的检材和鉴定资料的简要情况,并注明鉴定材料的出处;

(四)检案摘要:写明委托鉴定事项涉及案件的简要情况;

(五)检验过程:写明鉴定的实施过程和科学依据,包括检材处理、鉴定程序、所用技术方法、技术标准和技术规范等内容;

(六)检验结果:写明对委托人提供的鉴定材料进行检验后得出的客观结果;

(七)分析说明:写明根据鉴定材料和检验结果形成鉴定意见的分析、鉴别和判断的过程。引用的资料应当注明出处;

(八)鉴定意见:应当明确、具体、规范,具有针对性和可适用性;

(九)落款:由司法鉴定人签名或者盖章,并写明司法鉴定人的执业证号,同时加盖司法鉴定机构的司法鉴定专用章,并注明文书制作日期等;

（十）附注：对司法鉴定文书中需要解释的内容，可以在附注中作出说明。

司法鉴定文书正文可以根据不同鉴定类别和专业特点作相应调整。

**第八条** 司法鉴定文书附件应当包括与鉴定意见、检验报告有关的关键图表、照片等以及有关音像资料、参考文献等的目录。附件是司法鉴定文书的组成部分，应当附在司法鉴定文书的正文之后。

**第九条** 司法鉴定文书的语言表述应当符合下列规范和要求：

（一）使用符合国家通用语言文字规范、通用专业术语规范和法律规范的用语；

（二）使用国家标准计量单位和符号；

（三）使用少数民族语言文字的，应当符合少数民族语言文字规范；

（四）文字精练，用词准确，语句通顺，描述客观、清晰。

**第十条** 司法鉴定文书的制作应当符合下列格式要求：

（一）使用 A4 规格纸张，打印制作；

（二）在正文每页页眉的右上角注明正文共几页，同时注明本页是第几页；

（三）落款应当与正文同页，不得使用"此页无正文"字样；

（四）不得有涂改。

司法鉴定文书制作一般应当一式三份，二份交委托人收执，一份由本机构存档。

**第十一条** 司法鉴定人应当在司法鉴定文书上签名或者盖章；多人参加司法鉴定，对鉴定意见有不同意见的，应当注明。

司法鉴定文书经过复核的，复核人应当在司法鉴定机构内部复核单上签名。

**第十二条** 司法鉴定文书应当同时加盖司法鉴定机构的司法鉴定专用章红印和钢印两种印模。司法鉴定文书正文标题下方编号处应当加盖司法鉴定机构的司法鉴定专用章钢印；司法鉴定文书各页之间应当加盖司法鉴定机构的司法鉴定专用章红印，作为骑缝章；司法鉴定文书制作日期处应当加盖司法鉴定机构的司法鉴定专用章红印。

**第十三条** 司法鉴定机构的司法鉴定专用章红印和钢印为圆形，制作规格应当为直径 4 厘米，中央刊五角星，五角星上方刊司法鉴定机构名称，自左而右环行；五角星下方刊司法鉴定专用章字样，自左而右横排。

司法鉴定机构的司法鉴定专用章红印和钢印印文中的汉字，应当使用国务院公布的简化字，字体为宋体。民族自治地方的司法鉴定机构的司法鉴定专用章红印和钢印印文应当并列刊汉字和当地通用的少数民族文字，自左而右环行。

**第十四条** 司法鉴定人印章和司法鉴定机构的司法鉴定专用章应当经登记管理机关备案后启用。

本规范施行前，司法鉴定人使用的印章和司法鉴定机构使用的司法鉴定专用章规格、式样、文字、字体符合本规范规定的，在登记管理机关备案后可以继续使用。

**第十五条** 本规范自 2007 年 12 月 1 日起施行。司法部 2002 年 7 月 5 日发布的《司法鉴定文书示范文本（试行）》同时废止。

附件：司法鉴定文书示范文本一、二。

## 司法鉴定文书示范文本一

# ××司法鉴定中心司法鉴定意见书

(司法鉴定机构的名称+司法鉴定文书类别的标题:一般 2 号或者小 1 号宋体,加黑,居中排列)

司法鉴定许可证号:000000000

(司法鉴定机构许可证号:3 号仿宋体,居中排列)

**声　　明**

(2 号宋体,加黑,居中排列)

1. 委托人应当向鉴定机构提供真实、完整、充分的鉴定材料,并对鉴定材料的真实性、合法性负责。

2. 司法鉴定人按照法律、法规和规章规定的方式、方法和步骤,遵守和采用相关技术标准和技术规范进行鉴定。

3. 司法鉴定实行鉴定人负责制度。司法鉴定人依法独立、客观、公正地进行鉴定,不受任何个人和组织的非法干预。

4. 使用本鉴定文书应当保持其完整性和严肃性。

(声明内容:3 号仿宋体)

地　　址:××市××路××号(邮政编码:000000)

联系电话:000-00000000

(司法鉴定机构的地址及联系电话:4 号仿宋体)

共　页第　页

---

**标　　题**

(司法鉴定机构名称+委托鉴定事项,小 2 号黑体,居中排列)

编号××司法鉴定中心[200×]×鉴字第×号

(编号:包括司法鉴定机构缩略名、年份、专业缩略语、文书性质缩略语及序号;年份、序号采用阿拉伯数字标识,年份应标全称,用方括号"[ ]"括入,序号不编虚位。5 号宋体,居右排列。编号处加盖司法鉴定机构的司法鉴定专用章钢印)

一、基本情况(3 号黑体)

委托人:××××(二级标题:4 号黑体,段首空 2 字)

(文内 4 号仿宋体,两端对齐,段首空 2 字,行间距一般为 1.5 倍。日期、数字等均采用阿拉伯数字标识。序号采用阿拉伯数字"1."等顺序排列。下同)

委托鉴定事项:

受理日期:

鉴定材料：

鉴定日期：

鉴定地点：

在场人员：

被鉴定人：

二、检案摘要

三、检验过程

四、分析说明

共　　页第　　页

五、鉴定意见

六、落款

司法鉴定人签名或者盖章

《司法鉴定人执业证》证号：

司法鉴定人签名或者盖章

《司法鉴定人执业证》证号：

（司法鉴定机构司法鉴定专用章）

二〇〇×年×月×日

（文书制作日期：用简体汉字将年、月、日标全，"零"写为"〇"，居右排列。日期处加盖司法鉴定机构的司法鉴定专用章红印）

说明：1. 本司法鉴定意见书各页之间应当加盖司法鉴定机构的司法鉴定专用章红印，作为骑缝章。

2. 司法鉴定意见书中需要添加附件的，须在鉴定意见后列出详细目录。

3. 法鉴定意见书中需要解释的内容，可以在正文的落款后另加附注予以说明。（附注为4号仿宋体）

## 司法鉴定文书示范文本二

# ××司法鉴定中心司法鉴定检验报告书

（司法鉴定机构的名称＋司法鉴定文书类别的标题：一般2号或者小1号宋体，加黑，居中排列）

司法鉴定许可证号：000000000

（司法鉴定机构许可证号：3号仿宋体，居中排列）

# 声  明

（2号宋体,加黑,居中排列）

1. 委托人应当向鉴定机构提供真实、完整、充分的鉴定材料,并对鉴定材料的真实性、合法性负责。

2. 司法鉴定人按照法律、法规和规章规定的方式、方法和步骤,遵守和采用相关技术标准和技术规范进行鉴定。

3. 司法鉴定实行鉴定人负责制度。司法鉴定人依法独立、客观、公正地进行鉴定,不受任何个人和组织的非法干预。

4. 使用本鉴定文书应当保持其完整性和严肃性。

（声明内容:3号仿宋体）

地　　址:××市××路××号（邮政编码:000000）

联系电话:000-00000000

（司法鉴定机构的地址及联系电话:4号仿宋体）

共　　页第　　页

# 标　题

（司法鉴定机构名称＋委托鉴定事项,小2号黑体,居中排列）

编号××司法鉴定中心[200×]×检字第×号

（编号:包括司法鉴定机构缩略名、年份、专业缩略语、文书性质缩略语及序号;年份、序号采用阿拉伯　数字标识,年份应标全称,用方括号"[]"括入,序号不编虚位。5号宋体,居右排列。编号处加盖司法鉴定机构的司法鉴定专用章钢印）

一、基本情况（3号黑体）

委托人:××××（二级标题:4号黑体,段首空2字）

（文内4号仿宋体,两端对齐,段首空2字,行间距一般为1.5倍。日期、数字等均采用阿拉伯数字标识。序号采用阿拉伯数字"1."等顺序排列。下同）

委托鉴定事项:

受理日期:

鉴定材料:

鉴定日期:

鉴定地点:

在场人员:

被鉴定人:

二、检案摘要

三、检验过程

四、检验结果

一般采用文字或者图表形式。例如:

| ××× | ×××××× ||
|---|---|---|
| | ××× | ××× |
| ××× | ××××××× | ××××××× |
| ××× | ××××××× | ××××××× |

(表格一般采用三线表,居中排列,图表说明和表内文字居中排列,5号宋体)

五、落款

司法鉴定人签名或者盖章

《司法鉴定人执业证》证号:

司法鉴定人签名或者盖章

《司法鉴定人执业证》证号:

(司法鉴定机构司法鉴定专用章)<br>二○○×年×月×日

(文书制作日期:用简体汉字将年、月、日标全,"零"写为"○",居右排列。日期处加盖司法鉴定机构的司法鉴定专用章红印)

说明:1. 法鉴定检验报告书各页之间应当加盖司法鉴定机构的司法鉴定专用章红印,作为骑缝章。

2. 司法鉴定检验报告书中需要添加附件的,须在检验结果后列出详细目录。

3. 鉴定检验报告书中需要解释的内容,可以在正文的落款后另加附注予以说明。(附注为4号仿宋体)

附件 2

# 司法鉴定协议书[①]

（小 2 号宋体，加黑，居中排列）

# （示范文本）

编号：_____（编号：居左排列）

| 委 托 人 | | 联 系 人 | |
|---|---|---|---|
| 联系地址 | | 联系电话 | |
| 委托日期 | | 送 检 人 | |
| 司法鉴定机构 | 机构名称：<br>地　　址：<br>联 系 人： | 许可证号：<br>邮　　编：<br>联系电话： | |
| 委托鉴定事项及用途 | | | |
| 委托鉴定要求 | | | |
| 是否属于重新鉴定 | | | |
| 检案摘要 | | | |
| 鉴定材料目录和数量 | 检材：<br><br>鉴定资料： | | |
| 鉴定费用及收取方式 | □按照委托鉴定事项分项目收费：<br>××××　　鉴定<br>××××　　项目　　□标准　　□协议<br>　　　　　　项目　　□标准　　□协议<br>　　　　　　项目　　□标准　　□协议<br>　　　　　　项目　　□标准　　□协议<br>□特殊鉴定项目收费<br>预计收费总计　　　元，人民币大写　　　　　　　　元整。 | | |
| 鉴定文书发送方式 | □自取<br>□邮寄　　　　　　　地址：<br>□其他方式（注明） | | |

---

[①] 2016 年版《司法鉴定程序通论》规定为司法鉴定委托书。

(续表)

| 协议事项： |
| --- |
| 1. 鉴定机构应当严格依照有关技术规范保管和使用鉴定材料。鉴定委托人同意或者认可：<br>　　□因鉴定需要耗尽检材；<br>　　□因鉴定需要可能损坏检材；<br>　　□鉴定完成后无法完整退还检材；<br>　　□检材留样保存3个月。<br>2. 鉴定时限：从协议签订之日起＿＿＿＿＿＿＿＿个工作日完成。<br>　　□遇复杂、疑难、特殊的技术问题，或者检验过程确需较长时间的，延长＿＿＿＿＿＿＿＿个工作日；<br>3. 特殊情形鉴定：<br>　　□需要对女性作妇科检查；<br>　　□需要对未成年人的身体进行检查；<br>　　□需要对被鉴定人进行法医精神病鉴定；<br>　　□需要到现场提取检材；<br>　　□需要进行尸体解剖。<br>4. □需要补充或者重新提取鉴定材料的，延长＿＿＿＿＿＿＿个工作日。<br>　　□委托人要求鉴定人回避。被要求回避的鉴定人姓名＿＿＿＿＿＿＿＿＿＿＿。<br>5. 鉴定过程中如需变更协议书内容，由协议双方协议确定。 |

| 其他约定事项 |
| --- |

| 协议变更<br>事　　项 | |
| --- | --- |
| 鉴定风险<br>提　　示 | 1. 鉴定意见属于专家专业性意见，其是否被采信取决于办案机关的审查和判断，鉴定人和鉴定机构无权干涉；<br>2. 由于鉴定材料或者客观条件限制，并非所有鉴定都能得出明确的鉴定意见；<br>3. 鉴定活动遵循独立、客观、公正的原则，因此，鉴定意见可能对委托人有利，也可能不利。 |

| 委托人（机构）<br>（签名或者盖章）<br><br>　　　　　　　　年　月　日 | 接受委托的鉴定机构<br>（签名、盖章）<br><br>　　　　　　　　年　月　日 |
| --- | --- |

| 备注 |
| --- |

说明：1. 文内为5号宋体。
　　　2. 涉及选择项目的，确定后需将□涂黑。

# 视觉功能障碍法医鉴定指南

## 前　　言

　　制定本技术规范的依据包括以下国家或行业标准：由司法部、最高人民法院、最高人民检察院和公安部于1990年9月29日颁布实施的司发[1990]070号《人体重伤鉴定标准》；由最高人民法院、最高人民检察院、公安部、司法部于1990年4月2日颁布实施的法（司）发[1990]6号《人体轻伤鉴定标准（试行）》；由公安部颁布实施的GA/T146-1996《中华人民共和国公共安全行业标准·人体轻微伤的鉴定》；由国家质量监督检验检疫总局发布，于2002年11月1日开始实施的GB18667-2002《中华人民共和国国家标准·道路交通事故受伤人员伤残程度评定》；由国家质量监督检验检疫总局和国家标准化管理委员会发布，于2007年5月1日开始实施的GB/T16180-2006《中华人民共和国国家标准·劳动能力鉴定职工工伤与职业病致残等级》；由公安部发布的于2005年3月1日开始实施的GA/T52-2004《中华人民共和国公共安全行业标准·人身伤害受伤人员误工损失日评定准则》。

　　本技术规范参考了American Medical Association（美国医学会）编著的"Guides to the Evaluation of Permanent Impairment"（Fifth Edition）（《永久性残损评定指南》第5版）。本指南还参考了视觉电生理国际标准化委员会发布的视觉电生理国际标准化文件（包括：《视网膜电图国际标准》《图像视网膜电图国际标准》《临床眼电图法国际标准》《视诱发电位法国际标准》）。

　　本技术规范运用医学、法医学理论和技术，结合法医学检验、鉴定的实践而制定，为眼外伤后视觉功能障碍的法医鉴定提供科学、规范、统一的方法和标准。

　　本技术规范的附录A、B为规范性附录，附录C为资料性附录，附录D为参考性附录。

　　本技术规范由司法部司法鉴定科学技术研究所提出。

　　本技术规范由司法部司法鉴定科学技术研究所负责起草。

　　本技术规范主要起草人：夏文涛，刘瑞珏，朱广友，范利华，翁春红，陈捷敏，刘夷嬉。

## 1　范围

　　本技术规范提出了视觉功能障碍检验和评估的基本原则、要求和方法。

　　本技术规范适用于各类人身伤害刑事、民事和行政诉讼案件中涉及视觉功能障碍的法医鉴定，其他需要进行视觉功能检验和评估的法医鉴定亦可参照执行。

## 2　定义

　　本技术规范采用以下定义。

### 2.1 视觉功能 visual function

视觉功能是眼的主要功能,其作用在于识别外物,确定外物以及自身在外界的方位。视觉功能包括形觉、光觉、色觉等。主要通过视力、视野、双眼视、色觉等检查以评估视觉功能状态。

视力和视野是法医鉴定中常用的评估视觉功能的指标。

### 2.2 视力 visual acuity,VA

视力,也称视锐度、视敏度,系指分辨物体表面两点间最小距离(夹角),用于识别物体形状的能力。

视力包括远、近视力。

正常情况下,视锥细胞主要聚集于眼球的眼底后极部黄斑中心凹,该区域的视敏度最高,故黄斑中心凹的视敏度又称为中心视力。

中心远视力,简称远视力或视力,是法医鉴定中评价视敏度最常用的指标。

推荐使用国际标准视力表作为评价远视力的检查工具和记录方法(1929年国际眼科学会通过统一用5米距离和小数记法,故也称小数视力)。

推荐使用标准近视力表(或Jaeger近视力表)。常规是在充足照明下,放在距眼30 cm处进行检查;若近视力较差,可移近距离至能够分辨为止,但必须同时记录实际距离。

### 2.3 视力障碍 visual impairment

通常系指远视力障碍,有广义和狭义之分。广义的视力障碍即指视力较正常降低;狭义的视力障碍则指远视力降低至低视力或盲目程度。

### 2.4 视野 visual field

眼球正视前方一固定目标,在维持眼球和头部不动的情况下,该眼所能见到的空间范围称为视野。视野的大小通常以圆周度表示。

正常视野类似不规则的椭圆形,颞侧最大,下方次之,鼻侧因有隆起的鼻背遮挡而稍小,上方因有上眼睑遮挡为最小,中心偏颞侧有一竖直椭圆形生理盲点。

### 2.5 视野缺损 visual field deficiency

若受检眼视野的周界缩小或视野的范围内出现不能看见的盲区,则属于视野缺损。依据视野缺损的大致形态特征,可分为向心性缩小、象限性缺损、偏盲、生理盲点扩大等。

视野缺损的程度可通过视野检测进行评估。

### 2.6 双眼视觉 binocular vision

双眼视觉不仅具有两眼叠加的作用,可降低视敏度阈值,扩大视野,消除单眼视野的生理盲点,更可以形成立体视觉,使主观的视觉空间更准确地反映外在的实际空间。故双眼视觉优于单眼视觉。

双眼视的实现分为三个层次:第一级是同时视,即每眼都能同时感知物像;第二级是平面融像,即两眼物像能在同一平面融合为一;第三级是立体视觉,即能产生三维空间的深径觉。

## 3 鉴定原则

### 3.1 基本原则

视觉功能障碍的法医鉴定应运用临床眼科学、视觉科学和法医学理论和技术,结合司法鉴定实践,在客观检验的基础上,全面分析,综合判定。

对于受检者自述伤后出现视觉功能障碍,鉴定人应根据眼器官结构的检查结果,分析其损伤性病理学基础。对于无法用损伤性质、部位、程度等解释的视觉功能障碍,应排除损伤与视觉功能障碍的因果关系;对于与自身疾病(或病理基础)以及认知功能障碍有关的视觉功能障碍,应分析伤病关系,必要时说明损伤参与度。

3.2 鉴定步骤

3.3 审查鉴定材料(包括病史)

首先应详细了解外伤史。需要采集的材料包括:(1)受伤时间、致伤物和致伤方式;(2)受伤后的主要症状和体征;(3)受伤后主要的诊疗经过。

应了解伤前眼科病史(包括视觉功能情况),必要时应询问家族性疾病史、全身疾病史及用药史。

3.4 视觉功能检测

按受检者主诉视觉功能障碍的情况,检查其视力、视野等视觉功能情况。

3.5 眼部结构检查

按先右眼、后左眼,或者按先健眼、后伤眼的顺序,依次进行眼附属器、眼球前段、眼球后段结构的检查。其中裂隙灯显微镜检查、眼底检查等需在暗室内进行。在必要时选择进行屈光、眼压、前房角、眼球运动、眼球突出度、双眼视、泪道、眼影像学等有针对性的检查。

应实时、客观、全面记录检查结果;有条件的应对检查结果摄片存档,以备复核。

3.6 伪盲或伪装视力降低的检验

对于疑有伪盲或伪装视力降低情况的,可选择进行相应伪盲或伪装视力降低的检查。

需鉴别伪盲或伪装视力降低的,还可以参考视觉电生理的检验结果。

3.7 结果评价

认定为损伤导致视觉功能障碍的,其障碍程度应与原发性损伤或者因损伤所导致的并发症、后遗症的性质、程度相吻合。

认定为损伤导致视觉功能障碍的,其障碍程度应与伪盲或伪装视力降低检验的结果和/或视觉电生理的测试结果相吻合。

认定为损伤导致视觉功能障碍的,应排除本身疾病或病理基础的影响。

3.8 鉴定时机

视觉功能障碍的鉴定,原则上应在损伤或因损伤所导致的并发症、后遗症医疗终结后方可进行。

上述医疗终结系指经临床医学一般原则所承认的医疗措施实施后达到临床效果稳定,即眼部损伤症状消失或稳定,眼部体征及视觉功能情况趋于相对固定。

一般而言,较轻的或不遗留明显视觉功能障碍的眼部损伤,鉴定时机可适当提前;若存在视觉功能障碍或将以视觉功能障碍为依据评定损伤程度或伤残程度的,推荐其鉴定时机为损伤后 3~6 个月以后。

# 附录 A(规范性附录) 视觉功能障碍检查

A.1 眼部结构的一般检查

视觉功能障碍的法医鉴定通常以视觉功能检查结果作为评定依据,同时应重视损伤基础(也即损伤性结构改变),故对眼部结构进行检查具有其重要性和必要性。

A.1.1 外眼的检查

A.1.1.1 眼眶、眼睑、眼位、眼球活动及结膜

(1) 眼眶：疑有眶壁骨折的，应检查两侧眼眶外观是否对称，有无眼眶塌陷或其他畸形，眶缘触诊有无骨质缺损、压痛或肿物，有无台阶感。

(2) 眼睑：存在眼睑损伤的，在损伤早期应重点观察、测量并记录眼睑皮肤有无红肿、表皮剥脱、皮下瘀血、皮肤异物、皮肤创口或缝合创等改变。损伤愈合以后，重点观察、测量并记录眼睑皮肤有无瘢痕形成、色素改变，眼睑有无缺损、内翻、外翻或其他畸形，两侧睑裂是否对称，睫毛排列方向是否正常，有无上睑下垂或眼睑闭合不全。

遗留上睑下垂的，需测量并比较双眼平视前方时睑裂的宽度，以及上睑缘遮盖瞳孔的程度（如记录为：左上睑缘遮盖瞳孔上缘下 1 mm），并检查提上睑肌肌力。遗留眼睑闭合不全的，应记录闭眼时残余睑裂的宽度以及闭眼时有无角膜暴露。

(3) 眼位：疑有眼位异常的，可采用角膜映光法检查第一眼位。必要时，可选择同视机进行主、客观斜视角等检查。

(4) 眼球运动：存在眼位异常和/或疑有眼球运动障碍的，检查眼球活动情况，观察两眼球活动是否对称，眼球各方向（鼻侧、颞侧、上方、下方及鼻上方、鼻下方、颞上方、颞下方等八个方向）转动有无障碍及其程度。

(5) 眼球突出度：疑有眼球内陷或萎缩的，可采用目测法或 Hertel 眼球突出度计测量眼球突出度。

(6) 结膜：损伤早期，应观察有无结膜挫伤或裂伤、有无结膜水肿或充血、有无球结膜下出血、有无异物存留等。损伤愈合以后，应检查结膜有无充血、瘢痕、睑球粘连、异物存留及假性胬肉，观察分泌物性质。

A.1.1.2 泪器

疑有泪器损伤的，可进行泪小点、泪小管和泪液分泌的检查。

泪器功能的检查方法有荧光素钠试验、泪膜检查、泪道冲洗及 X 线碘油泪囊造影。

A.1.1.3 眼压

对于疑有眼压改变的，应行眼压测定。眼压测定的方法包括：指测法、压陷式眼压计测量法、压平式眼压计测量法、非接触眼压计测量法等。

A.1.2 眼前段检查

眼前段检查的主要工具有聚光手电及裂隙灯显微镜。手电照射常采用斜照法。裂隙灯显微镜检查常用直接焦点照明法，将灯光焦点与显微镜焦点联合对在一起，将光线照射在结膜、角膜、巩膜、前房、虹膜、瞳孔区，将焦点后移，可观察晶状体及前 1/3 玻璃体内的病变。

A.1.2.1 角膜

观察角膜大小、弯曲度、透明度及表面是否光滑、透明。急性损伤或病变时，应观察角膜有无异物、上皮剥脱、擦伤痕、水肿、溃疡、裂伤、破裂、角膜后沉着物（KP）等。损伤或病变愈合后，应观察是否遗留角膜混浊、角膜瘢痕、新生血管形成、角膜后沉着物（KP）、铁锈症、铜锈症等。

A.1.2.2 巩膜

观察巩膜有无充血、压痛或结节形成，有无巩膜破裂。

A.1.2.3 前房

以裂隙灯显微镜观察时，可将光束由正前方投入，估计角膜后面与瞳孔缘部虹膜表面的距离，

以检测前房深度。观察房水有无渗出、积血、积脓,有无 Tyndall 现象等。

前房积血时,应观察积血平面的高度和血液颜色。

A.1.2.4　虹膜

观察虹膜的颜色、纹理、有无新生血管、色素脱落、萎缩、结节,有无粘连,有无根部离断、虹膜缺损及虹膜震颤。

A.1.2.5　瞳孔

观察两侧瞳孔是否圆形、等大,位置是否居中,边缘是否整齐。检查瞳孔反射:(1) 直接对光反射:在暗室内用聚光手电或裂隙灯显微镜光束照射受检眼,另一眼则严密遮盖,观察受检眼瞳孔有无迅速缩小的反应。(2) 间接对光反射:在暗室内用聚光手电或裂隙灯光照射受检的对侧眼,避免受检眼受到光照,观察受检眼瞳孔有无迅速缩小反应。(3) 集合反射:嘱被检者注视 1 米远的手指,然后迅速将手指移近至 15 cm 处,观察两眼瞳孔有无缩小。

A.1.2.6　晶状体

可以裂隙灯显微镜观察有无晶状体混浊,混浊的部位和程度,有无晶状体脱位和半脱位。

A.1.3　眼后段检查

应用直接检眼镜或双目间接检眼镜,可检查玻璃体及眼底。

A.1.3.1　玻璃体

将直接检眼镜的镜片转盘拨到+8.0 至+10.0 Ds,距受检眼 10 cm 至 20 cm,观察瞳孔区的反光颜色及有无黑影的数量、形状以及黑影的移动方向,观察有无因外伤或疾病引起玻璃体渗出、出血以及支架组织的破坏,有无出现条索牵引。用裂隙灯显微镜或超声生物显微镜检查有无玻璃体进入前房或虹膜后。

A.1.3.2　眼底

将直接检眼镜的转盘拨到"0"处,距受检眼 2 cm 处,将光束投入受检者瞳孔区,然后拨动转盘并调节与受检眼的距离直到看清眼底为止。观察视盘(视乳头)大小、颜色、形状、边界是否清楚,视杯、视盘的比例,视网膜血管的管径粗细、颜色、动静脉比例、轴反射情况、有无搏动及交叉压迫征,视网膜有无水肿、脱离、裂孔、出血、渗出、色素沉着或脱失及其形状、数量及黄斑区色泽、中心凹光反射等情况。

为提高眼底检查的准确性和检查范围,对无禁忌证的可行扩瞳检查。也可用间接检眼镜等方法进行眼底检查。

A.2　行为视力的检查

运用国际通用远视力表。指定视标,嘱受检者读出。根据其读出的最小视标确定为其视力。因属心理物理学检查,也称行为视力(或主观视力)检查。

A.2.1　裸眼视力

A.2.1.1　准备

目前国内常用"E"字形视力表(少数视力表采用诸如"C"字形、图案、数字、字母等视标)。检查距离一般为 5 米;检查室距离不足 5 米时,可采用平面镜反光的方法延长检查距离。视力表的悬挂高度应以 1.0 行与受检眼等高为宜。表的照明应均匀无眩光,光亮度为 300—500 勒克斯(lux)。

若采用视力表投影仪,则可按使用说明书的要求,检查距离一般为 3 至 6 米。

A.2.1.2　检查

眼科检查常规为先查右眼、后查左眼;也可先查非鉴定眼,后查鉴定眼。

戴镜者先测裸眼视力,然后测戴镜视力并记录矫正镜片的度数。以遮眼板遮盖一眼,查另一眼裸眼视力。自较大视标开始,在 3 秒钟内准确指出视标(缺口)的方向。待该行视标均被正确指认,可向下换行;若该行视标一半以上不能正确指认,应向上换行。

若受检者不能辨认最大视标的方向,则令受检者逐步走近(最小距离为 1 m)视力表,直至能够辨认视标方向为止。

若走近至 1 m 时仍不能辨认视标方向,则改为检查其数手指的能力。嘱受检者背光,检查者伸出若干手指,令其说出所见到的手指数。若受检眼不能辨认 1 m 以内的手指数,则检查者改以手在受检眼前晃动,观察受检者能否辨认。若受检眼不能辨认手动,则检查其在暗室内有无辨认光感的能力,多以烛光(或聚光手电)投照受检眼,观察其能否辨认。

有光感视力的,必要时记录九方位(正前方、右上方、右方、右下方、前上方、前下方、左上方、左方、左下方)光定位。

A.2.1.3 记录

将能看清的最小视标代表的视力值记录下来,作为受检眼的视力。若最小视标这一行(如 1.0)有部分(未达半数,如 2 个)视标未能正确指认,可记录下该行视标所代表的视力,并在右上角记录未正确辨认的视标数,以负号表示(如 1.0—2)。若某行视标(如 0.9)全部均能准确辨认,下一行视标(如 1.0)中有个别视标也能辨认(未达半数,如 2 个),则记录均能辨认视标行的数值作为该眼的视力水平,并在右上角记录下一行能辨认的视标数,以正号表示(如 0.9+2)。

检查数指能力时,若受检眼仅能辨清距受检眼 50 cm 的手指数,则记录为数指/50 cm(CF/50 cm)。

检查识别手动能力时,若受检眼仅能辨认眼前 20 cm 的手部晃动时,则记录为手动/20 cm(HM/20 cm)。

检查光感能力时,若能看到光,则记录为光感(LP),必要时记录能够辨认光感的最大距离(如 5m 光感或 LP/5 m);否则记录为无光感(NLP)。

检查光定位时,依次检查正前方、右上方、右方、右下方、前上方、前下方、左上方、左方、左下方等共九个方位,分别以"+"表示能辨认,"-"表示不能辨认。

A.2.1.4 改变测试距离的视力换算

获知受检者逐步走近视力表能看清视标的最大距离,根据公式 $V=(d/D)V_0$[V 为受检者待测视力,$V_0$ 为所看清最小视标所代表的视力水平,D 为正常眼看清该视标的距离,d 为受检者看清该视标的实际距离]换算受检眼的视力。例如:3 m 处能看清 0.1 行视标,则视力为 $(3/5)\times 0.1=0.06$。

A.2.2 屈光状态

A.2.2.1 准备

若视力未达到正常水平(或低于鉴定标准规定的起点,如《人体轻伤鉴定标准(试行)》规定的"视力 0.5 以下"),应检查其有无屈光异常,以判断是否需行矫正视力的检查。

A.2.2.2 检查

可用针孔镜检查受检眼的视力,若视力有显著提高(比如提高 2 行或以上)时,提示其可能存在屈光异常。

也可用电脑验光仪和/或检影验光法了解有无屈光异常及其大致程度;对存有屈光异常的,行插片试镜,以观察能否提高视力水平。

A.2.2.3　矫正视力

针孔镜视力:若受检眼在针孔镜下视力可获得提高,可记录针孔镜视力。如裸眼视力为0.3,针孔镜下视力为0.6,则记录为:0.3,+针孔镜—0.6。

插片视力:插片试镜后视力有提高者,可记录插片视力。如裸眼视力为0.3,插—2.00Ds镜片时视力为0.8,则记录为:0.3,—2.00Ds→0.8。

对联合球镜和散光镜片插片后视力有提高者,应记录联合球镜和散光镜片及其插片视力。如裸眼视力为0.3,插—2.00Ds球面镜片联合—0.75Dc×90度散光镜片时,视力为0.8,则记录为:0.3,—2.00Ds—0.75Dc×90°→0.8。

应检查并记录最佳矫正视力(包括针孔镜及插片视力)。

A.2.3　对比敏感度检查

对比敏感度视力检查属心理物理学检查,可以作为行为视力检查结果的参考。

A.3　视野检查

一般先查健眼,后查伤眼;也可先查右眼,后查左眼。疑有伪装视野缺损的,可重复检查,以观察结果的可信度。

A.3.1　对比法视野检查

假定检查者视野完好,检查者与受检者相距1m相对而坐,检查者遮盖右眼,令受检者遮盖左眼,以检查其右眼。嘱受检者右眼固视检查者左眼。检查者伸出左手持一白色圆形视标或手指自颞侧向中心区域缓慢移动,令受检者在右眼余光看见该标志物时即行示意,以比较其视野范围与检查者之间的差异。重复该动作检查上方、下方、鼻侧等四个方向或再增加颞上、颞下、鼻上、鼻下至八个方向。以同法查受检者左眼。若两人同时看见视标或相差不多,表明受检者视野大致正常。

本检查法仅能对受检眼的视野状况进行初步评估,难以准确、定量检查。

A.3.2　手动视野计检查

手动视野计主要用于检查周边视野。一般先将视标由外向内移动,再由内向外移动,以比较两者的结果,必要时可重复检查。

A.3.3　计算机自动视野计检查

计算机自动视野计种类繁多,但原理相同,基本结构如下:(1)固定装置包括固定头部的结构和供受检者固视的注视点;(2)视标及移动装置视标可有不同直径大小(1、3、5、10 mm),临床最常用的为3 mm和5 mm直径。1 mm直径的视标主要供检查中心暗点用。在一定情况下,亦可以依据中心视力好坏作为选择视标大小的参考;(3)照明在检查过程中照明的强度不能改变,重复检查时条件亦不能改变;(4)记录通常为自动记录。

A.3.3.1　动态视野检查

动态视野检查是用同一刺激强度光标从某一不可见区(如从视野周边不可见区)向中心可见区移动,以探查不可见区与可见区分界点的方法。动态视野检查的优势在于易行和快速,且能够全面地衡量视野范围,测定周边视野,对法医鉴定具有重要意义,但在检测视野浅暗点时,敏感性较差。

法医鉴定时推荐使用5 mm直径的视标。

A.3.3.2　静态视野检查

视野缺损可以根据敏感度的消失与降低分为绝对缺损和相对缺损。静态阈值视野检查可以通过对受检者眼光敏感度的检测定量分析视野缺损的程度,主要用于中心视野的检测。检查过程由计算机自动控制。

静态阈值视野测定是指用不同刺激强度的视标在同一位置依次呈现,让受检者感受出所用的最低刺激强度,即测出阈值,常用于相对视野缺损的检测。该方法可以反映视敏度下降的情况,但是测定的可重复性较差,受受检者主观因素影响较大。超阈值静点检查则是用阈值以上的视标刺激检查视野缺损的技术,用于检测绝对视野缺损。法医鉴定时,视野检查的目的主要是了解视野的大小,一般以绝对视野缺损为依据。

A.3.4 视野缺损的评价

A.3.4.1 影响视野检查结果的因素

(1) 年龄:是影响心理物理检查的主要因素。随着年龄的增加,视网膜敏感性逐渐下降,等视线呈向心性缩小。有报道,在24岁以后,年龄每增加10岁,平均光敏度下降1dB。

(2) 瞳孔大小:一般要求做视野检查时瞳孔直径大于3mm,过小会严重影响视野检查的结果,但过大则会影响视网膜成像的质量。

(3) 受检眼的明适应或暗适应程度:明适应状态时,黄斑的功能处于最佳状态;在暗适应状态时除黄斑中心凹外视网膜对光的敏感性有所提高。在做视野检查的时候,受检眼应充分适应视野计的背景照明。

(4) 固视情况:在视野检查时,固视的好坏对检查结果精确性影响很大。应采用计算机视野计所附带的固视检测程序。

(5) 屈光不正:未矫正的屈光不正不能使光标在视网膜平面形成焦点,检查结果不能代表真实的视野,因此检测时应选择适合的矫正镜。

(6) 学习效应:初次接受视野检查者在复查时,等视线常比初次结果略大。但是随着视野复查次数增加,学习效应的影响会变小。

(7) 人为因素:如镜片架边缘、矫正镜片、高假阳性率、高假阴性率等,在法医临床学鉴定中应加以充分注意。

(8) 检查技术方面:如检查者的经验,应用的视标、背景照明、刺激时间都会影响检查的结果。

A.3.4.2 视野缺损的评价

法医鉴定标准中所指的视野均为周边视野,因此在鉴定实践中应行周边视野检查并计算其缺损程度。

中心视野检查可以作为复核和评价周边视野的有效手段。

具体计算、评价方法见附录C。

A.4 伪盲及伪装视力降低的检验

A.4.1 伪盲

这里所说的"盲"系指完全失明(无光感),也即盲目5级。"伪盲"系指伪装失明。

A.4.2 双眼伪盲的检验

A.4.2.1 行为观察

伪盲者对检查一般不合作,或拒绝检查。令受检者两眼注视眼前某处目标,受检者多故意往其他方向看。

又如:双眼伪盲者通过障碍物时一般不会绊脚,而真盲者往往被障碍物绊脚。

A.4.2.2　视动性眼球震颤试验

令受检者注视眼前迅速旋转、画面有垂直线条的视动鼓,伪盲者可出现水平性、快慢交替,有节律的跳动型眼球震颤,即视动性眼球震颤;而真盲者不出现此种震颤。

A.4.2.3　瞬目试验

用手指或棉棒,在受检者不注意时,做突然出现在盲眼前的动作,但不要触及睫毛或眼睑,如为真盲则无反应,伪盲者立即出现瞬目动作。

A.4.3　单眼伪盲的检验

A.4.3.1　障碍阅读法

嘱受检者阅读距离30 am远的横排书报,让头与读物均固定不动;然后在受检者双眼和读物之间置一垂直笔杆,距眼约10 cm左右;如仅用单眼必然会因眼前笔杆遮挡部分视线出现阅读障碍;如受检者继续阅读不受干扰,则证明其为双眼注视读物,此"盲眼"应属伪盲。

A.4.3.2　瞳孔检查

伪盲者双眼瞳孔应等大(需排除药物引起的瞳孔扩大)。观察瞳孔对光反射,伪盲眼直接对光反射存在,健眼间接对光反射也存在,但要注意外侧膝状体以后的损害,可不发生瞳孔大小、形状及对光反射异常。

A.4.3.3　瞬目试验

将健眼遮盖,用手指或棉棒,在受检者不注意时,作突然刺向盲眼的动作,但不要触及睫毛或眼睑,如为真盲则无反应,伪盲者立即出现瞬目动作。

A.4.3.4　同视机检查

用视角在10°以上的双眼同视知觉型画片,在正常眼位,如能同时看到两侧画片,则表示双眼有同时视觉功能,所谓盲眼为伪盲。

A.4.3.5　三棱镜试验

(1) Duane试验:嘱受检者向前方看一目标,在所谓盲眼前放一6△的三棱镜,三棱镜底可向内或向外,注意该眼球是否转动;如为伪盲,则眼球必向外(三棱镜底向内时)或向内(三棱镜底向外时)运动,以避免复视。

(2) 将所谓盲眼遮盖,在健眼前放一6△底向下的三棱镜,使其边缘恰好位于瞳孔中央,此时健眼产生单眼复视,然后去掉受检眼前的遮盖,同时把健眼前的三棱镜上移遮住整个瞳孔,如仍有复视则为伪盲。

(3) 让受检眼注视眼前一点,以一底向上或向下的6△三棱镜置于健眼前,如果受检者出现复视,则为伪盲。

A.4.3.6　柱镜重合试验

又名Jackson试验。将−5.00 Dc柱和+5.00 Dc柱镜片两轴重合,此时镜片屈光度等于0,放于健眼前,查双眼视力,然后转动任何一个柱镜片,使其与另一柱镜片轴呈垂直,则健眼视物模糊,再查视力,若视力仍不变则为伪盲。对于原有屈光不正者,应注意调整球镜片的度数。

A.4.3.7　雾视法

将准备好试镜架的健眼前放一个+6.00 Ds屈光度的球镜片,所谓盲眼前放−0.25 Ds或+0.25 Ds屈光度的球镜片,戴在受检者眼前,如仍能看清5米远距离视力表上的视标时,则为伪盲。

A.4.3.8　雾视近距阅读试验

又名Harlan试验。在受检者健眼前置一+6.00 Ds屈光度的球镜片,使成为人工近视,令其读眼前17 cm处的近视力表,在不知不觉中视力表移远,如受检者读出,则表示为伪盲Ⅱ艮的视力。

A.4.3.9 视野检查法

检查健眼视野,但不遮盖所谓盲眼,如果鼻侧视野超过60°,则可考虑为伪盲。

A.4.3.10 红绿色试验用红、绿两色镜片分别置于受检者双眼试镜架上,令其阅读红字与绿字,若红、绿两色均能看出,则为伪盲。

A.4.3.11 意识试验

遮盖受检者健眼,并嘱其二臂半伸屈伸,两手手指分开作接触运动,若受检者故意不能使两手接触则"盲眼"为可疑。

A.4.3.12 "跟随"试验

又名Schmide-Rimpler试验。遮盖受检者健眼,并嘱其向前伸出左手,让"盲眼"注视左手手指,移动左手,如"盲眼"不随手动而转动则可能为伪盲。

A.4.4 伪装视力降低伪装视力降低也即为行为视力检查结果与实际视力不相符合,受检者存在夸大视力下降(但未达无光感)程度的情况。也称为伪装视力降低。

A.4.5 伪装视力降低的检验

A.4.5.1 变换测试距离法

受检者所能看清的视标的大小,与检查距离有关。如遮盖健眼,在5米处检查时仅能看到0.2行视标,然后令其走近视力表缩短检查距离,若在2.5米处仍只能看到0.2行视标,提示该眼可能为伪装视力降低。

A.4.5.2 视野检查法

检查视野,在不同距离、用不同光标检查的视野,若结果显示范围无变化,则可能为伪装视力降低。

A.4.5.3 雾视法

双眼分别查视力后,将镜架戴于受检者眼前,在健眼前放一+12.0 Ds的球镜片,在低视力侧放-0.25 Ds的球镜片,如双眼同时查视力,其视力较单独查低视力眼的视力好时,则该眼为伪装视力降低。

A.5 眼部结构特殊检查

A.5.1 眼超声探查

超声探查主要包括A型、B型和UBM(超声生物显微镜)等技术。A型超声能准确测距,B型超声能形象显示眼球整体图形,UBM能清晰显示前房角等细节特征。对于眼屈光间质混浊、有视网膜脱离、或疑有球内、眶内异物等受检眼,超声检查存在易操作、无损伤、可重复、可成像存档的优点,具有重要的意义。

B型超声一般有两种探测技术,包括:轴向探查和斜向探查。轴向探查时,眼球的玻璃体表现为无反射的暗区,眼球后壁和眶内组织的回声光带则呈W形,可显示视神经的三角形暗区,眼底光带呈现规则的弧形。斜向探查时,显示玻璃体暗区,眼球壁和眼内组织的回声光带也呈规则的弧形,不能显示视神经暗区。

B型超声探查主要应用于以下眼部损伤或疾病:高度近视,玻璃体混浊,视网膜脱离,脉络膜脱离,眼内异物,玻璃体后脱离,玻璃体积血,玻璃体机化膜,外伤性白内障等。UBM可用于观察角膜混浊、角膜厚度、房角宽度、虹膜离断或萎缩、晶状体脱位等局部的形态特征。

A.5.2　光相干断层扫描检查

眼科光相干断层扫描成像术(optical coherence tomography, OCT)是一种无创伤性的检查法，可在不扩瞳的条件下进行。可分别进行眼前段和眼后段的 OCT 扫描。

眼前段 OCT 可显示受检眼的角膜厚度、前房深度、虹膜厚度、前房角形态特征及晶状体前表面等，并对角膜、房角及虹膜等结构进行成像。

眼后段 OCT 可鉴别的结构依次为玻璃体、视网膜、视网膜神经上皮、视网膜色素上皮及脉络膜等，可测量视网膜神经纤维上皮层的厚度，可观察视网膜水肿、出血和渗出等病变，还可显示视网膜各层和脉络膜的病变。该技术可用于视神经、视网膜挫伤或萎缩、黄斑裂孔、视网膜下以及色素上皮下积液、视网膜脱离、脉络膜损伤等的观察。

A.5.3　同视机检查

A.5.3.1　同时知觉检查

(1) 主观斜视角检查：置入同时知觉(一级)画片，分别检查右眼裸眼注视、左眼裸眼注视、右眼戴镜注视、左眼戴镜注视下的主观斜视角。主观斜视角一般在 5 度(除非特别说明，一般均指圆周度)以下，超过 5 度具有诊断意义。

(2) 客观斜视角检查：主、客观斜视角差值不超过 5 度，为正常视网膜对应；差值超过 5 度为异常。

A.5.3.2　融合功能检查

置入融合功能(二级)画片，先查发散融合功能，再查集合(辐辏)融合功能。发散正常值范围为 $-4°\sim-6°$；集合正常值范围为 $+25°\sim+30°$。

必要时检查垂直发散和旋转发散。垂直发散正常值一般为 $2\triangle\sim 4A$；旋转发散正常值为 $15°\sim 25°$。

A.5.3.3　立体视觉检查

置入立体视(三级)画片，对有无立体视进行检查。

A.5.3.4　九个诊断眼位的检查

置入立体十字画片。将双侧目镜分别调节至中心正前方、右上转 15 度、右转 15 度、右下转 15 度、上转 25 度、下转 25 度、左上转 15 度、左转 15 度、左下转 15 度，测定各方位下的斜视角。在能够测量主观斜视角的情况下，尽量测量主观斜视角；主观斜视角测定有困难的，客观斜视角也可作为评价指标。

结果判断：垂直方向斜视角 2~3 度以内为正常；水平方向 5~6 度以内为正常。通过了解斜视角最大的诊断眼位，可诊断眼肌损伤。

A.5.4　眼底荧光素血管造影(FFa)检查

眼底荧光素血管造影是眼底疾病的常用诊断手段，但有明显过敏体质、严重全身疾病及妊娠妇女应慎行。此外，尚需注意有无散瞳禁忌。

造影前一般先拍摄眼底(彩色)照片。标准的眼底造影应自注射造影剂开始计时，并连续拍照，尽量包括全部眼底。

A.5.5　眼部放射学检查

眼部放射学检查可包括 X 线、CT 和 MRI。

眼部 X 线摄片主要用于检查眶壁骨折或眶骨感染，以及金属或其他不透 X 线的异物并予以定位。

CT 扫描是诊断眼眶骨折的可靠方法。应注意采用薄层扫描，必要时增加多方位成像，避免漏诊。

MRI 能较好地显示眼部软组织(包括眼球)的解剖形态特征，并可定位非磁性异物。

A.6 视觉电生理检查

视觉电生理检查包括一组可客观反映视网膜、视路和视皮层功能的生物电反应检查法。在应用时,若需评估视路和视皮层功能,应先检查视网膜的功能。

A.6.1 视网膜电图

视网膜电图(electroretinogram,ERG)是视网膜上瞬时光亮度变化所引起的光电反应,最常用的是全视野闪光视网膜电图(flash-electroretinogram,fERG),此外,还有图像视网膜电图(pattern-electroretinogram,P-ERG)。推荐的视网膜电流图电位记录方法:作用电极置于角膜,地电极置于耳垂或乳突,参考电极置于前额中央或放于双极电极的开睑装置内。

视网膜电图的测量:测量各波的振幅和峰时。每个实验室应建立所使用设备的正常值范围。

A.6.2 全视野闪光视网膜电图

应用全视野 Ganzfeld 球形刺激,按照视觉电生理国际标准化委员会提出的视网膜电图国际标准,通常记录 5 个反应,根据刺激条件的不同,记录最大反应(即暗适应眼最大反应,系用标准闪光记录的视网膜电图)、视杆细胞反应(即暗适应眼视杆细胞反应,系用弱闪光记录的视网膜电图)、振荡电位(白色标准闪光刺激)、单次闪光视锥细胞反应(即明适应眼视锥细胞反应,系在背景光适应后,以标准闪光的高端刺激所记录的视网膜电图)、闪烁光反应(用 30Hz 闪光记录的视网膜电图)。上述各种检查方法,因成分起源不同,能分别反映视网膜不同细胞的功能状态。

受检者的准备:(1) 充分散瞳;(2) 一般明适应或暗适应至少 20 分钟,如先前曾进行眼底照相等检查,则暗适应需 1 个小时;(3) 眼球保持固视。

A.6.3 图像视网膜电图

观看视屏上明暗交替改变的条栅或棋盘格时,从角膜面记录到的电反应,系诱发的视网膜反应,能提供有关视网膜内层细胞的信息。图像视网膜电图信号很小,记录较为困难。根据刺激图像的翻转频率,分为瞬态图像视网膜电图和稳态图像视网膜电图。

受检者准备:(1) 自然瞳孔;(2) 注视刺激屏中央;(3) 在最佳矫正视力状态下检查。

A.6.4 视诱发电位

视诱发电位(visual evoked potential,VEP)是闪光或图形刺激视网膜时在大脑视皮质内产生的生物电,反映从视网膜到视皮层的视觉通路的功能状态。值得注意的是,视诱发电位是反映视觉通路对刺激光或图像明暗变化的电反应,有时与主观的视力并非完全吻合。如皮质盲、意识障碍者可以有正常的视诱发电位反应。

记录方法:按照脑电图国际 10—20 系统放置电极,作用电极置于 Oz 位,前后中线枕后粗隆上方 2~3 cm、与两耳相平的连线上;参考电极置于 Fz,鼻根部上方 5~8 cm,地电极置于耳垂或乳突位。使电极接触部位的电阻符合仪器的允许范围。

推荐目前常用的视诱发电位技术包括:图像视诱发电位(pattern visuale voked potential,PVEP)、闪光视诱发电位(flash visuale voked potential,FVEP)和扫描图像视诱发电位(sweep visuale voked potential,SPVEP)。

A.6.5 闪光视诱发电位

闪光视诱发电位的成分和大小存在很大的个体差异,难以根据其峰时或振幅进行个体间比较,通常依据是否引出 FVEP 波形来判断视觉通路的完整性和两眼的异同,故常用在无法检查眼底的情况。在检查时应行双眼记录,并注意一定的叠加次数,以达到稳定波形。

A.6.6 图像视诱发电位

图像刺激方式主要有翻转棋盘格和条栅,根据刺激时间频率分为瞬态和稳态图像视诱发电位。通常测量其 N75,P100,N135 的振幅和峰时。

在视力优于 0.0 时,首选图像视诱发电位,应尽可能双眼同时汜录,以行比较。

A.6.7 扫描图像视诱发电位

扫描图像视诱发电位是应用在短时间内测量一组递增空间频率记录的图像视诱发电位来推断客观视力的方法,计算机是根据扫描图像视诱发电位的振幅一空间频率曲线,通过选择其中的两个数据点获得最适回归线,一点在记录到最大图像视诱发电位振幅的空间频率点,另一点在能记录到振幅最小但可与背景噪声明显区分的波形的最高空间频率点。通过两点及其间各点获得最适直线,该直线与 X 轴的交点所显示的空间频率即是扫描图像视诱发电位视力。

A.6.8 多焦视觉电生理检查

包括多焦视网膜电图(multifocal electroretinogram,mfERG)和多焦视诱发电位(multifocal visual evoked potential,mfVEP)。

A.6.8.1 多焦视网膜电图

多焦视网膜电图是通过计算机控制的 m 序列明暗变化的六边形图像的刺激器,刺激视网膜得到的波形,以地形图、三维图显示。它们代表视网膜各个不同区域的生物电反应。多焦视网膜电图的测量有:(1) 波描记阵列;(2) 各区域或各环的平均波形。多焦视网膜电图包括 N1、P1、N2 等波成分。波形的主要分析指标包括:振幅和峰时。

记录电极应用角膜接触电极或 Buriam-Allen 电极。

A.6.8.2 多焦视诱发电位

多焦视诱发电位是用闪烁光斑和可翻转的图像,从与记录视诱发电位相似的电极位置记录到的电反应,可以评估视网膜到视皮层通路的功能状况。反应波形类似于常规的全视野诱发电位波形。记录方法用多通道双极记录法;测量各区域波形的平均反应。波形的主要分析指标包括:振幅和峰时。

A.7 眼外伤后斜视和复视的检查

A.7.1 眼外伤后斜视的一般检查

斜视即眼位不正。

斜视按其不同注视位置及眼位偏斜变化,可分为共同性和非共同性斜视。按其融合状态可以分为:隐性斜视;间歇性斜视,又称恒定性斜视,属显性斜视范畴,为隐性斜视和显性斜视的过渡形式;显性斜视。按其表现形式可分为隐性斜视和显性斜视。外伤后斜视多为非共同性、恒定性斜视,但隐性和显性斜视均可见。

斜视可采用角膜映光法检测。在双眼正前方 33 cm 以外,以烛光(或聚光手电)投照,观察角膜映光点是否在瞳孔中央。若映光点在瞳孔边缘者,属斜视 15 度;在角膜边缘者,属斜视 45 度。

可采用同视机的主观斜视角和客观斜视角精确测量斜视度数。

A.7.2 眼外伤后复视的检查

复视主要由双眼视障碍引起,即指一物体在视网膜不同部位被感知为两个物像。隐性或显性斜视均可引起复视。

A.7.2.1 红玻片试验

红玻片试验是复视最常用的检查方法。该试验应在半暗室内进行。

一般将红玻片置于右眼前,在保持受检者头位不动的情况下,距眼正前方 50 cm(也可为 1 m)用烛光(或聚光手电)投照,检查并记录九个方位(右上方、右方、右下方、前上方、正前方、前下方、左上方、左方及左下方)下的视觉图形。

结果判断原则:(1) 首先询问复视像是水平分开还是垂直分开;(2) 然后询问各方向复视像的分开距离;(3) 询问周边像属何眼,则该眼的眼肌有受累,此方法适用于单条眼外肌麻痹造成的复视,但不能区分麻痹性斜视和限制性斜视。

A.7.2.2 同视机检查法

可采用同视机的九个诊断眼位检查法与红玻片试验结果相互验证。也可通过同视机的其他检查方法加以鉴别,如复视者有的不能融合,有的融合范围会发生偏离;复视者在有复视的方向无立体视觉。

# 附录 B(规范性附录) 视觉功能实验室及鉴定人员的规范要求

B.1 人员要求

B1.1 技术人员资格条件

视觉功能实验室技术人员至少需满足以下要求:

(1) 法医学专业(或相关医学专业)大学专科以上学历背景,或者具有相应业务技术能力;

(2) 眼科学以及神经生理学方面的技能培训 6 个月以上,熟悉视觉功能实验室各项检查技术的基本原理和方法,了解结果评价原则。

B1.2 鉴定报告人员资格条件视觉功能实验室鉴定报告人员至少需满足以下要求:

(1) 法医学专业(或相关医学专业)大学本科以上学历背景,或者具有相应业务技术能力;

(2) 眼科学以及神经生理学方面的技能培训 1 年以上,具有累计 5 年以上视觉功能检测的实际工作经验,熟悉视觉功能实验室各项检查技术的原理和方法,掌握结果评价原则,能对结果作出准确评价,对鉴定报告负责;

(3) 同时还应满足司法鉴定有关政策法规关于司法鉴定人资格的要求,或者卫生部关于执业医师的要求。

B.2 环境要求

视觉功能实验室应相对独立,符合暗室条件。

B.3 设备要求

视觉功能实验室应至少具备:国际标准视力表和/或视力表投影仪,检影镜和/或自动验光仪,试镜盒和/或综合验光台,裂隙灯生物学显微镜,直接眼底镜,电生理仪等。

视觉功能实验室可选择配置:视野计,眼压计,眼底照相机,眼超声仪,OCT 仪,同视机,对比敏感度仪等。

配置设备应按照要求定期进行检定。

B.4 外部信息

对于作为送检资料提供的伤后病历材料,鉴定人员应考虑对其进行验证;尤其病历材料中反映的信息可能影响鉴定结论的,则这种验证更为必要。

当需要利用本视觉功能实验室以外的人员、设备或技术手段进行检测,且该检测对鉴定结果有重要影响时,应有程序性要求保证外部信息的完整性,并审核其可采用程度,有必要的还应加以验证。

## 附录C(资料性附录) 视觉功能障碍程度分级标准

C.1 视力障碍

此处所谓视力均指中心远视力。

C.1.1 视力正常的判断标准

远视力的正常值与人眼的发育有关。3岁时的远视力正常值≥0.6;4岁时≥0.8;5岁时即≥1.0。

5岁以上时一眼视力≤0.8时,即为视力轻度降低(接近正常);若一眼视力≤0.5时,则属视力降低。

C.1.2 低视力与盲目采用WHO分级标准(如表1)

表1 WHO视力障碍分级表

| 级别 | | 低视力及盲目分级标准 | |
|---|---|---|---|
| | | 最好矫正视力 | |
| | | 最好视力低于 | 最低视力等于或优于 |
| 低视力 | 1 | 0.3 | 0.1 |
| | 2 | 0.1 | 0.05(3米指数) |
| 盲目 | 3 | 0.05 | 0.02(1米指数) |
| | 4 | 0.02 | 光感 |
| | 5 | 无光感 | |

C.2 视野缺损

C.2.1 视野正常的判断标准

正常眼球八个方位的视野度数值为:颞侧85度,颞下85度,下侧65度,鼻下50度,鼻侧60度,鼻上55度,上侧45度,颞上55度。八个方位度数合计为500度。

C.2.2 视野缺损的计算方法

采用周边视野测试方法,读取受检眼周边视野实际检查结果中在以上八个方位的数值,并计算其合计值。以检测所得合计值除以正常值500,即得到视野有效值。

根据视野有效值,查表2,可以获知其残存视野所相当的视野半径。

表2 视野有效值与残存视野半径、直径对照表

| 视野有效值(%) | 视野度数(半径) | 视野度数(直径) |
|---|---|---|
| 8 | 5° | 10° |
| 16 | 10° | 20° |
| 24 | 15° | 30° |
| 32 | 20° | 40° |
| 40 | 25° | 50° |

(续表)

| 视野有效值(%) | 视野度数(半径) | 视野度数(直径) |
|---|---|---|
| 48 | 30° | 60° |
| 56 | 35° | 70° |
| 64 | 40° | 80° |
| 72 | 45° | 90° |
| 80 | 50° | 100° |
| 88 | 55° | 110° |
| 96 | 60° | 120° |

C.2.3 视野缺损的分级

根据查表2所获知的视野半径值,可换算成视野直径。根据表3,判断视野缺损程度。

表3 视野缺损的程度

| 视野缺损程度 | 视野度数(直径) |
|---|---|
| 视野接近完全缺损 | 小于5° |
| 视野极度缺损 | 小于10° |
| 视野重度缺损 | 小于20° |
| 视野中度缺损 | 小于60° |
| 视野轻度缺损 | 小于120° |

## 附录 D(参考性附录) 眼外伤法医鉴定检验结果记录单(范本)

以下表格仅供司法鉴定机构进行眼外伤后视觉功能障碍的法医鉴定时参考使用。

编号
姓名性别年龄籍贯职业身份证号
病史:

裸眼远视力:右眼左眼
裸眼近视力:右眼左眼
小孔远视力:右眼左眼
矫正远视力:右眼镜片度数 DsDc×—°矫正远视力
　　　　　左眼镜片度数 DsDc×—°矫正远视力
矫正近视力:右眼镜片度数 DsDc×—°矫正远视力
　　　　　左眼镜片度数 DsDc×—°矫正远视力
其他:右眼光定位
　　　左眼光定位
色觉:右眼左眼
眼压:右眼指测( ),mmHg;左眼指测( ),mmHg

| 眼睑 | 右眼 | 左眼 |
|---|---|---|
| 眼位 | | |
| 泪器 | | |
| 结膜 | | |
| 角膜 | | |
| 前房 | | |
| 虹膜 | | |
| 瞳孔 | | |
| 晶体 | | |
| 玻璃体 | | |
| 眼底 | | |
| 眼眶 | | |
| 特殊检查 | 结果描述 ||
| 视野 | | |
| 眼底摄影 | | |
| FFA | | |
| A/B超声,UBM | | |
| OCT | | |
| 视觉电生里<br>FERG<br>PERG<br>FVEP<br>PVEP | | |
| 放射影像学检查 | | |
| 其他特殊检查 | | |

结论：

检查者签名：

检查日期　　年　月　日

# 听力障碍法医学鉴定规范

## 前 言

本规范参考了世界卫生组织（WHO-2001）《国际功能、残疾和健康分类》的国际分类理论,以及美国临床神经生理学会《诱发电位检测指南》（ACNS Guideline 9A：Guidelines on Evoked Potentials．2006）相关内容。

本规范附录A为规范性附录、附录B为资料性附录。

本规范由中华人民共和国司法部提出并归口

本规范主要起草单位：中华人民共和国司法部司法鉴定科学技术研究所。

本规范主要起草人：范利华、朱广友、杨小萍、迟放鲁、董大安、李兴启。

## 1 范围

本规范规定了听力障碍法医学鉴定的基本原则、要求和方法。

本规范适用于各类听力障碍损伤程度和残疾等级的法医学鉴定,其他相关法律规定涉及听力障碍评定也可参照使用。

## 2 规范性引用文件

下列文件中的条款通过规范的引用而成为本规范的条款。其最新版本适用于本规范。

GB7582　声学听阈与年龄关系的统计分布（ISO7029：2000，IDT）

GB7583　声学纯音气导听阈测定听力保护用

GB/T16403　声学测听方法纯音气导和骨导听阈基本测听法（eqvISO8253-1）

GB18667　职业性噪声聋诊断标准

GB/T7341.1　听力计第一部分：纯音听力计（idtIEC645-1）

GB/T15953　耳声阻抗/纳的测试仪器导抗（idtIEC1027）

## 3 定义

### 3.1 听力障碍 hearing disorders

由于损伤或疾病等各种原因致听觉系统解剖结构完整性遭受破坏或者功能障碍,出现的听力损失或者丧失。

### 3.2 听阈 hearing threshold

在规定的条件下,受试者对重复试验能作出50%正确察觉的最低声压级。

**3.3 纯音听力级 hearing level**

在规定的频率,对规定类型的耳机及规定的使用方法,该耳机在规定的声耦合腔或者仿真耳中产生的纯音声压级与相应的基准等效阈声压级之差。

**3.4 听阈级 hearing threshold level**

在规定的频率,用规定类型的耳机,用听力级表示的某耳听阈。

## 4 总则

**4.1 鉴定原则**

4.1.1 应运用临床听力学、法医学的理论和技术,结合司法鉴定实践,全面分析,综合评定。

4.1.2 对于因损伤引起听力障碍的法医学鉴定,应以被鉴定人听觉系统原发性损伤,以及与原发性损伤有直接联系的并发症或后遗症为基础,结合听力障碍程度,全面分析,综合评定。

4.1.3 对于因疾病引起听力障碍的法医学鉴定,应以听觉系统疾病为基础,结合听力障碍的程度,全面分析,综合评定。

4.1.4 对于听觉系统损伤与疾病(或既往损伤)并存时,应根据损伤或疾病(或既往损伤)对听力障碍后果原因力的大小,并判定损伤与听力障碍的因果关系以及参与程度。

4.1.5 听力障碍程度的确定应使用现有的听力学技术和方法,尽可能采用多种测试项目组合,多种分析指标互相印证,综合评定。

**4.2 鉴定时机**

听力障碍的鉴定应在损伤3~6月后进行,或者医疗终结后听力障碍程度相对稳定时进行。

## 5 不同类型听力障碍判定标准

**5.1 损伤性听力障碍**

头部或耳部损伤,导致听觉系统损害而引起的听力障碍。

**5.1.1 鼓膜损伤性听力障碍**

5.1.1.1 确证的耳部外伤史。

5.1.1.2 有听力下降等鼓膜损伤的临床表现。

5.1.1.3 耳镜及鼓膜摄像显示鼓膜新鲜穿孔具有外伤性特征。

5.1.1.4 听力学表现:

a) 纯音听力测试表现为传导性听力障碍或听力损失轻微;

b) 声导抗鼓室图因漏气无法引出,或者外耳道容积明显增大,鼓室图呈"B"型;

c) 听觉诱发电位测试可以有轻度听力障碍。

**5.1.2 中耳损伤性听力障碍**

5.1.2.1 确证的头部或耳部外伤史。

5.1.2.2 有头部或耳部损伤的临床表现。

5.1.2.3 颞骨CT检查提示中耳出血,或者颞骨骨折累及中耳,或者听小骨位置改变。

5.1.2.4 听力学表现:

a) 纯音听力测试伤耳呈传导性听力损失;听骨链损伤的表现为不同程度的气骨导差,最大可达60 dB HL;

b) 单纯听骨链中断的声导抗测试提示鼓室图为Ad型(峰值异常高);

c) 听性脑干反应可以出现各波潜伏期顺序延长，Ⅰ～Ⅴ波间期在正常范围；

d) 听觉诱发电位测试存在轻度或中度听力障碍。

5.1.3　内耳损伤性听力障碍

5.1.3.1　确证的头部或耳部外伤史。

5.1.3.2　有头部或耳部损伤的临床表现。

5.1.3.3　颞骨CT检查提示有或无颅底骨折征象。

5.1.3.4　听力学表现

a) 纯音听力测试伤耳听力障碍多呈感音神经性，合并中耳损伤者呈混合性；

b) 耳声发射异常；

c) 听性脑干反应有听力障碍。单纯蜗性损伤者，轻度听力障碍表现为各波潜伏期及Ⅰ～Ⅴ波间期在正常范围；合并传音障碍者表现为各波潜伏期顺序延长，Ⅰ～Ⅴ波间期在正常范围；听力障碍严重者波形可以消失；

d) 耳蜗电图表现为伤耳CAP波增宽，出现不对称的锯齿波或双波，阈值提高，或波形消失；

5.1.3.5　内耳损伤者常伴发前庭功能紊乱症状，包括眼震电图、眼震视图等在内的前庭功能检查提示前庭功能异常。

5.1.3.6　排除蜗性疾病所致的听力障碍。

5.1.4　蜗后损伤性听力障碍

5.1.4.1　确证的颅脑损伤史。

5.1.4.2　有颅脑损伤相关的临床表现。

5.1.4.3　听力学表现

a) 纯音听力测试伤耳呈感音神经性听力障碍，合并中耳损伤的呈混合性听力障碍；

b) 单纯蜗后损伤时，耳声发射可正常引出；

c) 听性脑干反应提示伤耳Ⅴ波潜伏延长，两耳Ⅴ波潜伏期差大于0.4 ms，Ⅰ～Ⅴ波间期延长超过5 ms，或者与对侧耳相差大于0.45 ms，或者波形消失；

d) 主、客观听力测试存在听力障碍。

5.1.4.4　颅脑CT、内耳MRI检查可以提示颅脑或听神经损伤的阳性征象。

5.1.4.5　排除蜗后疾病所致的听力障碍。

5.1.5　爆震性听力障碍

5.1.5.1　有明确的高强度的脉冲噪声暴露史。

5.1.5.2　有中耳或内耳损伤的临床表现。

5.1.5.3　听力学检查提示感音神经性或混合性听力障碍，可伴有眩晕。

5.1.5.4　排除其他原因所致的听力障碍。

5.1.6　噪声性听力障碍

5.1.6.1　明确的持续强噪声环境暴露史。

5.1.6.2　有听力下降或耳鸣症状。

5.1.6.3　耳科检查无阳性发现。

5.1.6.4　听力学检查提示感音神经性听力障碍，早期以4 kHz下降为主。

5.1.6.5　排除其他原因所致的听力障碍。

注：主要参考GB18667-1996职业性噪声聋诊断标准

5.2 外伤继发感染后听力障碍

5.2.1 耳部外伤后继发感染史。

5.2.2 有中耳或内耳感染的临床表现。

5.2.3 听力学检查提示传导性或混合性听力障碍。

5.2.4 感染累及鼓室或乳突时颞骨CT检查有阳性发现。

5.2.5 排除其他原因引起的感染性听力障碍。

5.3 药物性听力障碍

5.3.1 因耳毒性药物应用过程中或应用以后发生的感音神经性听力障碍,常伴有眩晕。

5.3.2 有明确的耳毒性药物应用史(且有超剂量,超疗程),或家族中有耳毒药物中毒易感史。

5.3.3 耳科检查一般无阳性发现。

5.3.4 听力学检查:纯音听力测试呈双耳对称性感音神经性听力障碍,诱发耳声发射异常。

5.3.5 常常伴发前庭症状,包括眼震电图、眼震视图在内的前庭功能检查可以提示前庭功能异常。

5.3.6 相关的基因突变检测结果有助于诊断。

5.4 与听力障碍鉴定有关的耳科疾病

5.4.1 慢性化脓性中耳炎

5.4.1.1 有明确耳流脓病史,病史超过3个月。

5.4.1.2 主诉听力下降,反复耳流脓,耳痛,耳鸣。

5.4.1.3 耳科检查鼓膜穿孔具有炎性穿孔的特征,鼓室粘膜有水肿或鼓室有分泌物等。

5.4.1.4 听力学检查:纯音听力测试多为传导性听力障碍,有时为混合性听力障碍,声导抗测试提示鼓膜穿孔或中耳功能异常。

5.4.1.5 感染累及鼓室或乳突时,颞骨CT显示乳突、鼓室有阳性征象。

5.4.1.6 排除其他原因所致的听力障碍。

5.4.2 语前聋(聋哑症)

5.4.2.1 有听力障碍家族史、母妊娠期宫内感染病史、异常分娩史、婴幼儿期与听力障碍有关的感染、先天性听力障碍高危因素。

5.4.2.2 先天性听力障碍出生后就有听力障碍,非进行性;后天出现的可以进行性加重,听力障碍严重;早发者常常有言语发育障碍;12岁以后发生的听力障碍对言语功能影响较小。

5.4.2.3 体格检查和颞骨CT检查可能有耳廓、外耳道、中耳、内耳畸形等阳性发现。

5.4.2.4 听力学检查为双耳重度至极重度听力障碍。

5.4.3 突发性听力障碍(突发性聋)

5.4.3.1 突然发生的,可在数分钟、数小时或3天内。

5.4.3.2 非波动性感音神经性听力损失,可为轻、中或重度,甚至极重度。至少在相连的2个频率听力下降20 dB以上。多为单侧,偶有双侧同时或前后发生。

5.4.3.3 病因不明(未发现明确原因包括全身或局部因素)。

5.4.3.4 伴有耳鸣、耳堵塞感;有时伴眩晕、恶心、呕吐,但不反复发作。

5.4.3.5 除第八颅神经外,无其他颅神经受损症状。

5.4.3.6 排除其他原因引起的听力障碍。

注：主要参考2005年全国济南会议突发性聋诊断标准

5.4.4 听神经病听力障碍

5.4.4.1 双耳或单耳听力障碍，以言语识别障碍为主。

5.4.4.2 听力学表现：

a) 纯音听力测试多为双耳对称性感音神经性听力障碍，多以低频下降为主，言语识别率与纯音听阈不成比例的严重下降；

b) 听性脑干反应严重异常或波形消失；

c) 诱发耳声发射多正常，对侧抑制效应消失；

d) 耳蜗微音电位可以引出。

5.4.4.3 颞骨CT或MRI无明显异常发现；部分患者抗膜迷路蛋白抗体阳性、IgM抗体阳性。

5.4.5 功能性听力障碍

5.4.5.1 无听觉系统损伤或疾病的病理基础。

5.4.5.2 听力障碍发生前后不伴前庭功能紊乱症状。

5.4.5.3 语调、声调无提高。可伴有癔症或抑郁性神经官能症症状。

5.4.5.4 听力学检查：主观听力检查提示重度或极重度听力障碍，客观听力检查正常或接近正常。

5.4.5.5 精神疗法或暗示治疗后听力骤然恢复正常或接近正常。

5.4.6 耳硬化症听力障碍

5.4.6.1 慢性进行性听力下降，可一耳先发病，也可双耳同时发病。

5.4.6.2 鼓膜正常，咽鼓管功能良好。

5.4.6.3 听力学检查：纯音听力测试以传导性听力障碍为主，骨导曲线在2 kHz下降（Carhart切迹）；声导抗鼓室图多呈As型，声反射消失。

5.4.6.4 颞骨薄层CT检查常可以比较清晰地显示骨迷路包囊上存在耳硬化病灶，有时可见耳蜗广泛骨质疏松，呈"双环征"。

## 6 听力障碍鉴定方法

### 6.1 审阅资料和一般检查

了解案情中外力作用情况，在送检资料中确证有引起听力障碍的损伤或疾病等原因，询问听力障碍的临床症状和诊疗过程，详细全面地进行耳科检查和体格检查，并尽可能获取伤前和损伤早期的听力资料。

### 6.2 听力测试项目选择与组合

#### 6.2.1 概述

听力测试的实验室应符合附录A要求。听力测试项目包括：纯音气导和骨导听阈，声导抗，听觉诱发电位及耳声发射测试。言语识别率对听力障碍的鉴定有较大的参考价值，但鉴于目前国内外尚无法对此项测试进行规范化，故未纳入本规范。

#### 6.2.2 听阈级测试项目组合

纯音听阈级测试是目前能够比较真实的反映人听敏度的方法，但在有伪聋或夸大聋情况时，其真实听阈主要依赖客观听力测试方法进行评估。本规范推荐应主、客观方法结合，建议选择纯音听阈、听性脑干反应以及1~2项有频率特性的听觉诱发电位(如40Hz听觉相关电位、短纯音或短音听性脑干反应、听性稳态反应、听觉皮层诱发电位)作为客观听阈测试的基本测试项目。

6.2.3　了解听力障碍部位的测试项目组合

至少应包括纯音听阈测试,声导抗,听性脑干反应,耳声发射或耳蜗电图测试。

6.3　听阈级测试步骤

第一步:进行纯音气导和骨导听阈测试,确定0.25~8kHz频率听阈级。测试方法应符合附录A.4.1要求,至少重复测试两次。若测试结果为单耳听力障碍者亦可以进行响度优势测验(Stenger测验)。若测试结果提示听阈在正常范围的,或者无论测试结果重复性如何,只要听力障碍程度未达到相关鉴定标准最低标准的;则可以不进行客观听阈测试。

注:重复性的判断按照附录A.4.1。

第二步:若纯音听阈测试提示听力障碍,达到相关鉴定标准最低标准的,或提示有伪聋或夸大聋者,按照附录A.4.3进行声导抗测试。

第三步:在上述方法难以获得准确的纯音听阈级情况下,应进行客观听阈测试。或者即使纯音听阈测试结果重复性好,本规范推荐仍应选择1~2项客观测试方法,印证纯音听阈测试结果。

6.3.1　客观听阈测试方法选择如下:选择一:短纯声听性脑干反应可以反映2~4kHz范围的听阈,为获得0.5kHz及1kHz听阈,可以选择40Hz听觉相关电位,或者短音听性脑干反应测试,听性稳态反应和皮层诱发电位也可以作为参考。选择二:根据实验室的经验和基础数据,选择有频率特性的诱发电位测试方法,如40Hz听觉相关电位,或者短音、短纯音听性脑干反应,进行0.5kHz、1kHz、2kHz、4kHz频率的测试。听性稳态反应和皮层诱发电位也可以作为参考。

第四步:确定0.5kHz、1kHz、2kHz、4kHz四个频率反应阈后,按照附录A.4.3进行反应阈修正,然后按照6.4计算听阈。

6.4　听阈级的计算

6.4.1　听阈级的计算与使用的测试方法及采用的频率有关。法医学鉴定中根据鉴定事项,适用的鉴定标准若没有明确规定频率范围的,应按照WHO(1997年,日内瓦)推荐的听力减退分级的言语频率范围,取0.5kHz、1kHz、2kHz、4kHz这4个频率气导听阈级的平均值。若所适用的鉴定标准明确规定频率范围为0.5kHz、1kHz、2kHz的,则取这3个频率气导听阈级的平均值。听力障碍程度分级参照附录B.3。

6.4.2　纯音气导和骨导听阈测试时,如某一频率纯音气导最大声输出仍无反应时,以最大声输出值作为该频率听阈级。

6.4.3　听觉诱发电位测试时,若最大输出声强仍引不出反应波形的,反应阈值以最大输出声强计算。

6.4.4　听觉诱发电位反应阈与听阈级的关系及修正,见附录A.4.4.1。

6.4.5　纯音气导听阈级应考虑年龄因素,按GB7582-2000的要求,耳科正常人(18岁~70岁)听阈级偏差的中值(50%)进行修正。

6.5　确定听力障碍部位的检查

6.5.1　了解耳蜗功能,应进行耳声发射和/或耳蜗电图测试。

6.5.2　了解是否存在蜗后损伤或病变,应进行声导抗声衰试验、听性脑干反应、耳蜗电图、眼震电图/眼震视图测试。

6.5.3　对于上述听力测试结果显示异常的,应常规摄颞骨CT,必要时摄内耳或听神经

MRI,了解中耳、内耳有无损伤、疾病或者畸形。

**6.6 分析听力障碍与损伤或疾病或既往损伤的因果关系**

根据损伤部位、听力学特征以及影像学检查结果,综合分析确定听力障碍的部位和与损伤的因果关系。因果关系判断及损伤参与程度分级参照附录 B.1 及 B.2。

**7 附则**

7.1 本规范主要涉及与法医鉴定有关的听力障碍类型,在鉴定中遇到本规范没有涉及的,可以比照本规范第 5 章相应部位或相同病因的类型,按照听力鉴定方法进行鉴定。

7.2 本规范涉及的听力检查须按照 6.2 及 6.3 方法并符合附录 A 听力测试方法要求。

7.3 为司法鉴定提供测试的听力实验室应符合附录 A 的要求。

## 附录 A(规范性附录) 听力实验室规范

**A.1 人员要求**

A.1.1 技术人员应具备以下资格条件:

a) 医学(或法医学专业)大专以上学历背景;

b) 耳科学以及神经生理学方面的技能以及听力测试培训 6 个月以上,熟悉各类听力测试的原理和方法。

A.1.2 鉴定报告人员应具备以下资格条件:

a) 医学或法医学大学本科以上学历背景;

有听力学以及耳神经生理学方面技能培训经历 1 年以上,具有 3 年以上临床或者法医听力学实际工作经验。熟悉各类听力测试的原理、方法,并能对听力测试结果解释,对鉴定报告结论负责;

b) 同时还应满足司法鉴定通则关于鉴定人资格的要求,或者卫生部关于执业医师的要求。

**A.2 环境要求**

听力测试应在检测合格的隔声电屏蔽测听室内进行,最大允许环境噪声级符合 GB/T7583 和 GB/T16403 的规定。

**A.3 设备要求**

A.3.1 鉴定设备

进行听力障碍鉴定的实验室应具备:听力计、声导抗仪、听觉诱发电位仪以及耳声发射仪。

A.3.2 听力计

应为诊断型听力计(1～3 型),筛选用听力计等不适用于法医学鉴定。听力计频率范围至少达到:气导为 0.125 kHz～8 kHz,骨导为 0.25 kHz～8 kHz,气导最大输出至少满足:0.125 kHz 为 85 dB HL;0.25 kHz 为 105 dB HL;0.5 kHz～4 k Hz 为 120 dB HL;8 kHz105 dB HL。骨导最大输出至少满足:0.25 kHz 为 45 dB HL;0.5 kHz 为 70 dB HL;1 kHz 为 75 dB HL;2 kHz～4 kHz 为 80 dB HL。

听力计技术指标必须符合 GB/T7341.1《听力计第一步部分:纯音听力计》要求,其安全性能符合 GB/T9706.1《医用电气设备第一部分:安全通用要求》。听力计在规定的时间内(不超过 1 年)按 GB/T4854《声学校准测听力设备的基准零级》的要求校准或检定。

A.3.3 声导抗仪

声导抗仪技术指标符合 GB/T15953《耳声阻抗/导纳的测量仪器》1 型、2 型强制性要求。至少可以进行鼓室导抗、同侧和对侧声反射、声衰试验。频率范围至少满足 0.5 kHz～4 kHz。声反射同侧给声最大声输出至少满足：0.5 kHz 达 110 dB HL，1 kHz 及 2 kHz 达 115 dB HL，4 kHz 达 100 dB HL。声反射对侧给声最大声输出至少满足：0.5 kHz、1 kHz 及 2 kHz 达 120 dB HL，4 kHz 达 115 dB HL；仪器给声部分应按规定定期校准。

A.3.4 听觉诱发电位仪

A.3.4.1 记录系统应能够根据要求定期进行校准，以确保模拟和数字信号的完整性。目前为止国内外还没有诱发电位仪设备的标准，还缺乏像"听力级（HL）"一样被广泛接受的听力单位作为听觉诱发电位的单位，但是目前广泛接受的是将"nHL"作为各实验室自己仪器的单位。

A.3.4.2 听觉诱发电位仪应能将 dBSPL 转换为 dBnHL（一组相当数量的正常听力青年人在同一实验室、同一套设备、同样的临床测试方法得出的平均反应水平的分贝数）。刺激声最大声输出 115 dBSPL 或者 95 dBnHL 以上。应定期对最大声输出及衰减的分档进行校准，保证其设备的实际输出与标称值相同。

A.3.5 耳声发射仪

耳声发射测试要求本底噪声在 30 dB(a) 以下。选择可以记录瞬态诱发耳声发射和畸变产物耳声发射的仪器，选择灵敏度高，噪声低的测试探头，带有探头检查程序，通过连接的计算机可以进行了解探头放置位置是否符合要求，频率范围至少满足 0.5 kHz～6 kHz。尽管目前国内外没有关于耳声发射装置的标准，但实验室测试人员应该对设备输出信号的幅度及频谱特性进行测量，至少要检查设备的实际输出与标称值是否相同。最大声输出可以按照 GB/T4854 标准定期校准。

畸变产物耳声发射具有频率特性，本规范建议选择畸变产物耳声发射测试。

A.4 测试方法要求

A.4.1 测试前准备

测试前应了解案情和详细阅读病历资料，进行常规耳科检查，清除外耳道耵聍。

A.4.2 纯音听阈测试

测试方法应按照 GB/T16403《声学测听方法纯音气导和骨导听阈测听基本方法》进行纯音气导和骨导听阈级的测试。测试频率至少包括 0.25 kHz，0.5 kHz，1 kHz，2 kHz，4 kHz，8 kHz。

在纯音气导和骨导听阈级测试结果异常时应在相同条件下至少复查 1 次。相同条件下测试，同一频率阈值相差小于 10 dB，或者上升和下降法两次测试同一频率阈值结果相差 10 dB 以下，为重复性好，其结果有一定的可信度，比较多次测试结果在相同频率的阈值相差大于 10 dB，为重复性差。

有下列情形时提示伪聋或夸大声：

a) 两次以上测试结果重复性差；
b) 在测试时对声信号反应延迟，表现犹豫不决；
c) 单耳重度、极重度听力障碍时没有交叉听力。

A.4.3 声导抗测试

A.4.3.1 概述

是客观测试中耳传音系统的生物物理学方法，可以评判中耳功能及第 VII、第 VIII 脑神经功能状态。是判断中耳功能状况的客观指标，可以排除或肯定传导性听力障碍、鉴别非器质性听力障碍,有助于创伤性面神经瘫痪的定位诊断。常规进行鼓室导抗和声反射阈测试,必要时增加声反射衰减试验。

A.4.3.2 测试前准备

进行常规耳科检查,清除外耳道耵聍。

A.4.3.3 鼓室导抗测试

鼓室图曲线峰顶所对应的压力即鼓室内压,相当于 0 kPa,正常峰压点在 ±50 daPa。声导抗峰值为 0.3 ml～1.6 ml。测试结果呈"人"字形曲线,即鼓室导抗图(简称鼓室图)。

A.4.3.4 声反射阈(镫骨肌声反射阈)测试

能引起镫骨肌声反射的声刺激最小强度水平即为该刺激声的声反射阈。声反射阈测试分为同侧声反射和对侧声反射,测试频率顺序为 1 kHz、2 kHz、4 kHz、0.5 kHz。最初刺激声强可参考纯音测试听阈,一般从纯音听阈阈上 85 dB 开始,用下降或者上升 5 dB 的方式确定声反射阈。

A.4.3.5 声反射衰减试验

对于疑有蜗后损伤或病变者,进行声反射衰减试验。用声反射阈上 10 dB 的 0.5 kHz 或 1 kHz 纯音持续刺激 10 s,得出声反射衰减图。

A.4.3.6 声导抗结果分析

鼓室图可以客观的反映鼓室病变或损伤,并可显示鼓室压,判断咽鼓管功能。在鼓室图测试后根据鼓室功能图峰压位置、高度以及形态判断中耳功能。A 型:正常型;As 型:低峰型;Ad 型:高峰型;B 型:平坦型;C 型:负压型;D 型:切迹型。

镫骨肌声反射的引出可以作为中耳传音功能正常的指标,反射存在表示听骨链完善,活动良好,声反射弧完整。声反射阈未引出有多种可能,应结合具体情况进行分析,可能存在中等度以上的听力障碍、中耳病变、面神经损伤等。如果纯音听阈与镫骨肌声反射阈之差小于 40～60 dB 提示有耳蜗病变的重振现象。

声反射衰减结果:正常人声反射保持在稳定水平,无衰减现象。若声反射 5 s 内振幅减少 50%,提示为蜗后损伤或病变。

A.4.3.7 测试报告

报告至少应包括鼓室图类型,中耳功能评价,声反射阈。

A.4.4 听觉诱发电位测试

A.4.4.1 总则

听觉诱发电位测试方法包括:听性脑干反应,耳蜗电图描记,40 Hz 听觉相关电位,短纯音听性脑干反应、听性稳态反应、皮层诱发电位。在鉴定中根据鉴定事项,按照第六章进行听力测试项目的选择及组合。

各实验室应建立不同项目的听觉诱发电位反应阈值与纯音听阈级之间相关性的基础数据,取得各反应阈与纯音气导听阈级之间的修正值(校正因子),根据此修正值对所测试的听觉诱发电位反应阈进行修正。反应阈经修正后等效为该频率的听阈级。

注:基层鉴定机构无实验室数据的,可以参考相同仪器及检测环境实验室的修正值进行修正。

A.4.4.2 听性脑干反应(auditory brainstem response,ABR)

A.4.4.2.1 概述

听性脑干反应测试不受被测试者意识状态(催眠、昏迷、镇静剂、麻醉)的影响,短声(click)听性脑干反应能够客观反映 2 kHz～4 kHz 频率范围的听敏度,以及听神经至下丘核听通路状况,有助于听力障碍部位的分析。短纯音(toneburst)或短音(tonepip)听性脑干反应有频率特性,可以用于听阈评估。

A.4.4.2.2 测试前准备

应先进行纯音听阈和声导抗检查,了解主观听力水平和中耳功能。受试者仰卧于检查床上,放松、安静、可入睡。不配合的成人及儿童可以服用水合氯醛予以镇静。

A.4.4.2.3 电极的位置及安装

记录电极一般放置于颅顶部(放置在前额正中近发际处也可记录到同样清晰的图形),参考电极放于给声侧耳垂前内侧面,或者给声侧乳突部,接地电极放于鼻根处或者对侧耳垂前内侧面或侧乳突部。采用一次性电极或银盘电极,放置电极部位的皮肤需处理,使得引导电极与皮肤间的电阻小于 5 kΩ。

A.4.4.2.4 参数选择

刺激声类型一般为短声(click)、短纯音(toneburst)或短音(tonepip)。最大声输出 115 dBSPL 或 95 dBnHL。叠加次数:1024～2048 次。滤波范围通常采用 100～3000 Hz,刺激声相位交替。耳机给声,同侧刺激同侧记录。分析时间为刺激开始的 10—15 ms,故扫描时间应不短于 15 ms,刺激重复率 11.1 次/s,或者 20/s。

A.4.4.2.5 记录

在 75～95 dBnHL 声强开始记录波形,以波 I、波 III、波 V 有意义,测量波 I、波 III、波 V 的潜伏期及波间期数值。常规重复一次以上,观察多次波形是否具有较好的重复性。

正常参考值:正常听力两耳波 V 潜伏期差小于 0.2～0.25 ms,最大不超过 0.4 ms。振幅的正常变异较大,一般不用作诊断指标,但正常波 V 振幅大于波 I。如一侧的波 V 振幅比对侧的波 V 振幅小 50% 时,则应考虑该侧有异常。或者以各实验室自己的正常值为准。

反应阈判定:从 75～95 dBnHL 开始,按升 5 dB 降 10 dB,至刚能引出波 V 的刺激声强,即为波 V 反应阈,在波 V 反应阈处重复记录一次,确定重复性好。保留阈值下 5 dB 波 V 消失的波形。

A.4.4.2.6 听性脑干反应测试报告

测试报告应包括刺激声种类;刺激声强度和单位;波 I、波 III、波 V 潜伏期、波间期数据及正常值,双耳波 V 反应阈值及修正值。

短声为刺激声时,反应阈值与纯音 2 k—4 kHz 的听阈相关性好,但不能反映其他频率听阈。短纯音(toneburst)或短音(tonepip)为刺激声,可以测试频率为 0.5 kHz、1 kHz、2 kHz、4 kHz 的反应阈。

A.4.4.3 40 Hz 听觉相关电位(40 Hz auditory event related potentials,40 Hz AERP)

该测试方法具有频率特性,可以客观的反映测试频率的听阈。

A.4.4.3.1 测试前准备

与听性脑干反应相同。

A.4.4.3.2 电极的位置及安装

同听性脑干反应。

A.4.4.3.3 参数选择

通常采用滤波范围为 10～300 Hz。一般叠加平均 256～512 次,必要时可增加至 1024 次。扫描时间为 100 ms,刺激重复率 40 次/秒。

刺激声类型为短音(tonepip)或短纯音(toneburst),刺激频率为 0.5 kHz、1 kHz、2 kHz、4 kHz。

耳机给声(建议使用插入式耳机),同侧刺激,同侧记录。

A.4.4.3.4　记录

根据纯音测试结果给予阈上 40～60 dB 刺激声强,引出 4 个间隔 25 ms 的正弦波构成的一组电位图,为反应波形。常规重复一次,观察两次波形是否稳定、具有较好的重复性。

反应阈判定:从 40～60 dB HL 开始,按升 5 dB 降 10 dB 直至刚能引出反应波形的刺激声强,为该频率的反应阈,在反应阈处重复记录一次,并保留阈值下 5 dB 波 V 消失的波形。

需注意在睡眠时反应阈值较清醒时提高。

A.4.4.3.5　40 Hz 听觉相关电位测试报告

测试报告应包括刺激声种类,刺激声单位,各测试频率的反应阈值,修正值。被测试时的状态(清醒或睡眠)。

A.4.4.4　耳蜗电图描记法

A.4.4.4.1　测试前准备

测试前先进行纯音听阈和声导抗检查,了解主观听力水平和中耳功能。受试者仰卧于检查床上,放松、安静。

A.4.4.4.2　电极的位置及安装

本规范建议宜采用非创伤性记录电极,外耳道银球电极或鼓膜电极。放置外耳道银球电极前,先进行外耳道底部或后下方与鼓膜连接处的外耳道皮肤脱脂,然后将球状电极浸入 0.9% 生理盐水,用膝状镊将它置于鼓环的后下部分外耳道表面。电极的位置应尽可能地靠近蜗窗区。参考电极放于同侧耳垂或同侧乳突,接地电极置于鼻根部或对侧耳垂或对侧乳突。

A.4.4.4.3　参数的选择

可根据设备条件和测试项目选择声刺激的种类,有短声(click),短音(tonepip)或短纯音(toneburst)。一般用短声刺激记录的是总和电位(summating potential,SP)与听神经复合动作电位(compound action potential,CAP)波形。通常采用滤波范围为 100～3000 Hz。扫描时间 10 ms。刺激重复率 11.3 次/s,叠加次数 512～1024 次。

A.4.4.4.4　记录

常规测试双耳,一般先测健耳。记录 SP 和 CAP 波,并计算－SP/AP 的比值。

A.4.4.4.5　结果分析

SP 波和 CAP 波均能反应听觉末梢感觉的功能,SP 波由耳蜗毛细胞产生,系耳蜗电位。CAP 系听神经动作电位,主要由耳蜗底转或高频区域听神经产生。耳蜗性听力障碍表现为 CAP 波形异常,阈值增高,或者波形消失。

－SP/AP 的比值大于 0.4,提示梅尼埃病,或者耳蜗损伤,或者疾病的重振现象。

A.4.4.4.6　耳蜗电图测试报告

报告应包括刺激声种类,刺激声强及单位,－SP/AP 的比值,测试结论。

A.4.4.5　听性稳态反应(Auditory Steady-State Response,ASSR)

听性稳态反应具频率特性,可以测试 250～8000 频率;为客观判断,避免人为的经验误差,弥补了 40 Hz 听觉相关电位及听性脑干反应测试的不足。

A.4.4.5.1　测试前准备

应先进行纯音听阈和声导抗检查,了解主观听力水平和中耳功能。

A.4.4.5.2　电极的位置及安装

同听性脑干反应。

A.4.4.5.3　参数选择

刺激信号的载波频率为 0.5 kHz、1 kHz、2 kHz 及 4 kHz 的纯音,调制频率 70～110 Hz。最大输出强度不低于 125 dBSPL。一般情况下设定调幅深度 90%～100%,调频深度 10%。滤波带通为 10～300 Hz,极间电阻<5 kΩ,开窗时间为 1000 ms。

A.4.4.5.4　记录

可双耳多频同时刺激,同时记录;或单侧多频刺激,同时记录;若为单耳听力下降,单耳多频同时刺激时,非测试耳应加掩蔽声。但在接近阈值附近时,应单耳单频分别测试。

一般根据纯音听阈测试结果,选择阈上 10—20 dBSPL,或者从 50～75 dBSPL 开始,按升 5 dB 降 10 dB 直至刚能引出反应波的刺激声强,即为该频率的反应阈,在反应阈处重复记录一次确定重复性好,并保留阈下 5 dBSPL 反应波消失的波形曲线。

A.4.4.5.5　听性稳态反应测试报告

测试报告应包括刺激声强及单位,各测试频率的反应阈图。被测试人测试时的状态(清醒或睡眠),必要时提供反应阈与纯音听阈级之间的修正值。

A.4.5　畸变产物耳声发射(distortion product otoacoustic emissions,DPOAE)

A.4.5.1　概述

畸变产物耳声发射是耳蜗同时受到两个具有一定频比关系的初始纯音刺激时,由于基底膜的非线性调制作用而产生的一系列畸变信号,经听骨链、耳膜传导于外耳道内记录出的音频能量。

测试前应先进行纯音听阈及声导抗测试,了解主观听力水平及中耳功能情况。提示中耳功能正常时进行该项测试。

A.4.5.2　参数选择

在平均叠加前设置去除干扰(拒绝阈),选择频率比为 $f2/f1 \approx 1.2$,因为在此条件下,可在 $2f1-f2$ 频率处诱发出最大的 DPOAE 反应。记录采集点不少于 9 个,根据特殊情况可以增加。频率范围为 0.5 kHz～8 kHz。DPOAE 测试模式有对称和非对称两种。若考虑为损伤性听力障碍,建议使用非对称模式(此模式用于听力损害者更为有效),原始音强度 L1=65 dBSPL,L2=55 dBSPL,即 L1 大于 L2 10 dBSPL。

A.4.5.3　记录

一侧耳进行多次测试,谱峰重复性好,再进行另一侧耳的测试。

A.4.5.4　结果判断

将频阈中大于本体噪声 3～6 dB 的谱峰判定为 DPOAEs 的信号。DPOAE 引出,为 DPOAE 正常,说明耳蜗外毛细胞功能完整,DPOAE 引不出,提示耳蜗外毛细胞损伤,或与中耳功能异常,或与听力障碍程度严重有关。

# 附录 B(资料性附录)　听力障碍因果关系判断及程度分级

## B.1　损伤与疾病的因果关系判断

B.1.1　听力测试结果发现存在听力障碍,同时发现存在影响听力的既往疾病或损伤时,应分析损伤对听力障碍后果原因力的大小,判断损伤与听力障碍的因果关系。

B.1.2 损伤导致听力障碍的作用分为完全作用、主要作用、相等作用、次要作用、轻微作用和没有作用。

B.1.3 若损伤与听力障碍存在直接因果关系,为完全作用或者主要作用,则根据听力障碍程度进行损伤程度或伤残等级评定。

B.1.4 若损伤与听力障碍存在相当因果关系(相等作用),或者间接因果关系(次要作用、轻微作用),则应判断损伤与听力障碍的参与程度,一般不宜根据听力障碍程度直接评定损伤程度或伤残等级。

B.1.5 若损伤与听力障碍不存在因果关系,则只说明因果关系,不评定损伤程度或伤残等级。

B.2 损伤参与程度分级

B.2.1 在确定损伤致听力障碍中的作用分级后,判断损伤参与程度。

B.2.2 损伤参与程度分级如下:
a) 没有作用(无,缺乏,微不足道)　　0%～4%;
b) 轻微作用(略有一点,很低)　　　　5%～15%;
c) 次要作用(一般)　　　　　　　　　16%～44%;
d) 相等作用(大致相同)　　　　　　　45%～55%;
e) 主要作用(很高,非常)　　　　　　56%～95%;
f) 完全作用(全部)　　　　　　　　　96%～100%。

B.3 听力障碍程度分级

B.3.1 轻度听力障碍

一耳纯音气导言语频率听阈级达 26～40 dB;一耳听觉诱发电位言语频率反应阈经修正后相当于 26～40 dBnHL。

B.3.2 中度听力障碍

一耳纯音气导言语频率听阈级达 41～60 dB;一耳听觉诱发电位言语频率反应阈经修正后相当于 41～60 dBnHL。

B.3.3 中等重度听力障碍

一耳纯音气导言语频率听阈级达 61～80 dB;一耳听觉诱发电位言语频率反应阈经修正后相当于 61～80 dBnHL。

B.3.4 重度听力障碍

一耳纯音气导言语频率听阈级达 81～90 dB;一耳听觉诱发电位言语频率反应阈经修正后相当于 81～90 dBnHL。

B.3.5 极重度听力障碍

一耳纯音气导言语频率听阈级≥91 dB;一耳听觉诱发电位言语频率反应阈经修正后相当于 91 dBnHL 以上。

# 男子性功能障碍法医学鉴定规范

## 前　言

本标准根据中华人民共和国国家标准《人体损伤程度鉴定标准》、中华人民共和国国家标准《职工工伤与职业病致残程度鉴定》和中华人民共和国国家标准《道路交通事故受伤人员伤残程度评定》等标准,运用医学及法医学的理论和技术,结合法医学检验鉴定的实践经验而制定,为男子性功能障碍法医学鉴定提供科学依据和统一标准。

本标准参考了中华医学会男科学分会编制的《男子勃起功能障碍诊治指南》、美国临床泌尿学会男子性功能障碍工作组制定的《男子性功能障碍评估与治疗临床指南》(Medical Guidelines for Clinical Practice for the Evaluation and treatment of Male Sexual Dysfunction)、欧洲泌尿学会制定的《勃起功能障碍指南》(Guidelines on Erectile Dysfunction)和《射精障碍指南》(Guidelines on Disorders of Ejaculation)、英国勃起障碍联盟指导小组制定的,并经英国泌尿外科学会和泌尿生殖医学会批准的《英国勃起障碍诊疗指南》(UK Management Guidelines for Erectile Dysfunction)。

本标准的附录 A 为规范性附录,附录 B 为资料性附录。

本标准由司法部提出。

本标准的起草单位:中华人民共和国司法部司法鉴定科学技术研究所。

本标准主要起草人:朱广友、江鱼、王益鑫、吴明章、沈彦、刘洪国、王飞翔。

## 1　范围

本标准规定了男子性功能障碍法医学鉴定的基本原则、要求和方法。本标准适用于人身损害、性犯罪等刑事案件,以及婚姻纠纷、损害赔偿等民事案件中男子性功能障碍的法医学鉴定,其他需要进行男子性功能法医学鉴定的亦可参照执行。

## 2　规范性引用文件

下列文件中的条款通过本标准的引用而成为本标准的条款。凡是注日期的引用文件,其随后所有的修改单(不包括勘误的内容)或修订版均不适用于本标准,然而,鼓励根据本标准达成协议的各方研究是否可使用这些文件的最新版本。凡是不注日期的引用文件,其最新版本适用于本标准。

## 3　定义

本标准采用以下定义:

### 3.1　男子性功能障碍 Male Sexual Dysfunction

男子性功能障碍是男子性行为和性感觉的障碍,常表现为性心理及生理反应的异常或者缺失，主要包括性欲障碍、阴茎勃起障碍和射精障碍等。考虑到性功能鉴定的特殊性和复杂性，本标准只包括阴茎勃起障碍和射精障碍的鉴定。

3.2 阴茎勃起障碍 Erectile Dysfunction

是指阴茎勃起能力的完全丧失或者虽能部分勃起但其硬度不足以插入阴道进行正常的性交活动，或者虽能进入阴道，但勃起的时间太短不足于完成正常的性交活动，时间超过6个月以上。

本标准根据临床常用分类方法将阴茎勃起障碍分为心理性、器质性和混合性三类，并将器质性阴茎勃起障碍又分为神经性、血管性、内分泌性和药物性四类。

3.3 射精障碍 Ejaculation Dysfunction

射精障碍包括：不射精、性高潮缺乏、延迟射精、逆行射精、射精无力、早泄和痛性射精等。本标准只涉及不射精和逆行射精。

3.3.1 不射精 Anejaculation

是指阴茎能勃起和进行性交活动，但性交时既没有顺行射精，也没有逆行射精，精液不能自尿道排出体外。

3.3.2 逆行射精 Retrograde Ejaculation

是指阴茎能勃起和进行性交活动，并随着性高潮而射精，但精液未能射出尿道口外而逆行经膀胱颈返流入膀胱，常见原因有神经损伤、尿道梗阻、药物和膀胱颈括约肌功能障碍。

## 4 总则

4.1 本标准以医学和法医学的理论和技术为基础，结合法医临床检案的实践经验，为男子性功能障碍的法医学鉴定提供科学依据和统一标准。

4.2 由于阴茎勃起障碍鉴定的特殊性和复杂性，在人身伤害案件中原则上只对受害人的阴茎勃起功能和射精功能进行鉴定。在性犯罪案件中原则上只对犯罪嫌疑人的阴茎勃起功能进行鉴定。而在损害赔偿和婚姻纠纷案件中可对男子阴茎勃起功能及射精功能进行鉴定。

4.3 对于人身损害案件中受害人的性功能鉴定应依据损伤当时的伤情，与损伤有直接关系的并发症和后遗症，以及目前性功能障碍的临床表现和实验室检测结果，结合被鉴定人的健康状况和生理特点，全面分析，综合评定。

4.4 对于性犯罪案件中犯罪嫌疑人的阴茎勃起功能鉴定主要依据实验室检测结果，结合被鉴定人的健康状况和生理特点，全面分析，综合评定。

4.5 对于婚姻纠纷案件中男子性功能鉴定应依据被鉴定人目前性功能障碍的临床表现和实验检测结果，以及其健康状况、婚姻状况和生理特点，全面分析，综合评定。

4.6 本标准分为标准正文（男子性功能法医学鉴定）和附录两个部分。

4.7 在使用本标准时，应严格遵循附录中的分级依据或者判定准则以及附录中正确使用标准的说明，根据案件的性质进行男子性功能障碍法医学鉴定。

## 5 性功能障碍判定标准

5.1 阴茎勃起障碍

5.1.1 神经性阴茎勃起障碍（以下条件须同时具备）

a) 有明确的神经系统外伤、手术或疾病史；

b) 有阴部神经（包括躯体神经或/和自主神经）功能障碍的临床表现；

c) 有阴部神经(包括躯体神经或/和自主神经)电生理学传导障碍;
d) 阴茎硬度监测(NPTR 或 AVSS)示阴茎平均硬度<60%,持续时间<10 分钟;
e) 无其他器质性原因可以解释。

**5.1.2　血管性阴茎勃起障碍(以下条件须同时具备)**

a) 有明确阴部或阴茎血管系统外伤、手术或疾病史;
b) 有阴茎血液循环不良,如动脉粥样硬化等临床表现或者海绵体纤维化;
c) 阴茎血管功能检测结果异常;
d) 阴茎硬度监测(NPTR 或 AVSS)示阴茎平均硬度<60%,持续时间<10 分钟;
e) 无其他器质性原因可以解释。

**5.1.3　内分泌性阴茎勃起障碍(以下条件须同时具备)**

a) 有明确的内分泌系统外伤或疾病史;
b) 有内分泌系统功能紊乱的临床表现;
c) 血液生化检测示血糖及血液性激素水平,包括血睾酮、LH、FSH、PRL 及 E2 等显著异常;
d) 阴茎硬度监测(NPTR 或 AVSS)示阴茎平均硬度<60%,持续时间<10 分钟;
e) 无其他器质性原因可以解释。

**5.1.4　药物性阴茎勃起障碍(以下条件须同时具备)**

a) 有明确的使用与阴茎勃起障碍有关的药物史,且长达 6 个月以上;
b) 阴茎硬度监测(NPTR 或 AVSS)示阴茎平均硬度<60%,持续时间<10 分钟;
c) 无其他原因可以解释。

**5.1.5　心理性阴茎勃起障碍(以下条件须同时具备)**

a) 有明确的精神性疾患,且长达 6 个月以上;
b) 无其他原因可以解释;
c) 阴茎硬度监测示阴茎勃起正常(连续三夜只要有一次有效勃起,即阴茎平均硬度≥60%,持续时间≥10 分钟)。

**5.1.6　混合性阴茎勃起障碍(以下条件须同时具备)**

a) 器质性和/或药物性和/或心理性因素兼而有之;
b) 阴茎硬度监测(NPTR 或 AVSS)示阴茎平均硬度<60%,持续时间<10 分钟。

**5.2　不射精**

**5.2.1　神经性不射精(以下条件须同时具备)**

a) 有明确的神经系统外伤或疾病史;
b) 有阴部神经(包括躯体神经或/和自主神经)功能障碍的临床表现;
c) 有阴部神经(包括躯体神经或/和自主神经)电生理学传导障碍;
d) 性交或人工取精时无精液射出;
e) 无其他原因可以解释。

**5.2.2　药物性不射精(以下条件须同时具备)**

a) 长时间使用与射精障碍有关的药物达 6 个月以上;
b) 性交或人工取精无精液射出;
c) 无其他原因可以解释。

5.2.3 心理性不射精(以下条件须同时具备)
a) 有明确的心理因素刺激,有遗精但性交时不能射精,病史长达6个月以上;
b) 性交或人工取精时无精液射出;
c) 无其他原因可以解释。

5.3 逆行射精

5.3.1 神经性逆行射精(以下条件须同时具备)
a) 有明确的神经系统外伤或疾病史;
b) 有阴部神经(包括躯体神经或/和自主神经)功能障碍的临床表现;
c) 有阴部神经(包括躯体神经或/和自主神经)电生理学传导障碍;
d) 有正常的性交过程,能达到性欲高潮并有射精动作和感觉,但无精液射出;
e) 性交后立即检查尿液可见尿中有大量精子和/或果糖;
f) 无其他原因可以解释。

5.3.2 药物性逆行射精(以下条件须同时具备)
a) 长时间使用与射精障碍有关的药物达6个月以上;
b) 有正常的性交过程,能达到性欲高潮并有射精动作和感觉,但无精液射出;
c) 性交后立即检查尿液可见尿中有大量精子和/或果糖;
d) 无其他原因可以解释。

5.3.3 心理性逆行射精(以下条件须同时具备)
a) 有正常的性交过程,能达到性欲高潮并有射精动作和感觉,但无精液射出;
b) 性交后立即检查尿液可见尿中有大量精子和/或果糖;
c) 无其他原因可以解释。

5.4 阴茎勃起障碍分级

5.4.1 阴茎勃起轻度障碍(具备下列一条即可)
a) NPTR检测示阴茎勃起时最大硬度≥40%,<60%;
b) AVSS测试示阴茎勃起时最大硬度≥40%,<60%。

5.4.2 阴茎勃起中度障碍(具备下列一条即可)
a) NPTR检测示阴茎勃起时最大硬度>0,<40%;
b) AVSS测试示阴茎勃起时最大硬度>0,<40%。

5.4.3 阴茎勃起重度障碍(具备下列一条即可)
a) NPTR检测示阴茎硬度及周径均无改变;
b) AVSS测试示阴茎硬度及周径均无改变。

5.5 阴茎勃起障碍的损伤程度鉴定

5.5.1 重伤(三级)鉴定标准:
a) 损伤导致器质性阴茎勃起重度障碍;
b) 年龄≥16岁,<50岁。

5.5.2 轻伤(一级)鉴定标准:
a) 损伤导致器质性阴茎勃起中度障碍;
b) 年龄≥16岁,<50岁。

5.5.3 轻伤(二级)鉴定标准:
a) 损伤导致器质性阴茎勃起轻度障碍;
b) 年龄≥16 岁,<50 岁。

5.5.4 有下列情形的,应降低一个等级评定:
a) 年龄≥50 岁的;
b) 患有高血压、糖尿病需药物治疗的;
c) 长期服用对阴茎勃起功能有抑制作用的药物达 6 个月以上的;
d) 长期大量吸烟(每天 20 支以上)连续超过 5 年以上的;
e) 长期酗酒或长期吸食娱乐性药物的。

5.5.5 有下列情形的,不评定伤情,只说明因果关系:
a) 外伤引起的精神心理性阴茎勃起障碍的;
b) 确诊患有精神疾患的;
c) 曾经有过神经、血管及内分泌系统严重外伤的或手术史的;
d) 患有神经、血管及内分泌系统严重疾病的;
e) 年龄≥60 岁的。

5.6 射精障碍的损伤程度鉴定

5.6.1 重伤(三级)鉴定标准:
a) 损伤导致不射精或逆行性射精;
b) 年龄≥16 岁,<50 岁。

5.6.2 轻伤(一级)鉴定标准:
a) 损伤导致不射精或逆行性射精;
b) 年龄≥16 岁,<50 岁;
c) 同时伴有心理性因素。

5.6.3 有下列情形的,应降低一个等级评定:
a) 年龄≥50 岁的;
b) 长期服用对射精有抑制作用的药物达 6 个月以上的。

5.6.4 有下列情形的,不评定伤情,只说明因果关系:
a) 外伤引起的心理性射精障碍的;
b) 确诊患有精神疾患的;
c) 曾经有过神经系统严重外伤的或手术史的;
d) 患有神经系统严重疾病的;
e) 年龄≥60 岁的。

# 6 附则

6.1 损伤所致性功能障碍的鉴定须在伤后 6 个月以后进行。
6.2 附录 A 与标准正文判定标准的细则,二者须同时使用。
6.3 附录 B 是资料性附录,建议优先使用。
6.4 本标准中阴茎勃起重度障碍、中度障碍和轻度障碍分别相当于中华人民共和国国家标准《道路交通事故受伤人员伤残评定》标准中的阴茎勃起功能完全丧失、阴茎勃起功能严重障碍和阴茎勃起功能障碍。

## 附录 A（规范性附录） 性功能障碍判定标准细则

A.1　阴茎勃起障碍

A.1.1　神经性阴茎勃起障碍

A.1.1.1　有神经系统外伤或疾病史是指下列情形：

a) 神经系统外伤，包括骨盆骨折伴尿道损伤；下腹部及会阴部穿透伤伤及神经的；腰骶神经损伤；脊髓损伤；颅脑损伤，手术后腰骶神经损伤等。

b) 神经系统疾病，包括脑中风；帕金森氏病；颞叶癫痫；肌营养不良；多发性硬化；脊髓半切综合征；脊髓脊膜突出症；多发性神经根炎；椎间盘突出；多发性神经病等。

以上损伤应尽可能获得影像学证据，如 X 线、CT 及磁共振检查可以见骨折、脊髓损伤及颅脑损伤或病变征象。

A.1.1.2　有阴部神经（包括躯体神经或/和自主神经）功能障碍的临床表现是指下列情形：

a) 阴茎及会阴部感觉减退或者消失；

b) 大小便自觉无力，大便失禁或便秘，小便失禁或潴留；

c) 肛门检查时表现为肛门收缩无力或力量减弱；

d) 阴茎头挤压反射、肛指反射、提睾肌反射、肛门括约肌反射减弱或者消失；

e) 尿流动力学测定和氨基甲酰甲基胆碱超敏感试验示膀胱去神经改变；

f) 直肠压力测定压力＜20 cmH2O。

A.1.1.3　有阴部神经（包括躯体神经或/和自主神经）电生理学传导障碍是指下列情形：

a) 阴部皮层体感神经诱发电位潜伏期延长（＞46 ms），或者波形严重分化不良或消失；

b) 阴部脊髓体感神经诱发电位潜伏期延长（＞14 ms），或者波形严重分化不良或消失；

c) 阴部骶髓反射潜伏期（＞46 ms），或者波形严重分化不良或消失；

d) 皮层运动神经诱发电位潜伏期延长（＞27 ms），或者波形严重分化不良或消失；

e) 阴部脊髓运动神经诱发电位潜伏期延长（＞11 ms），或者波形严重分化不良或消失；

f) 阴茎皮肤交感反应潜伏期延长（＞1470 ms），或者波形严重分化不良或消失；

A.1.2　血管性阴茎勃起障碍

A.1.2.1　有明确阴部或阴茎血管系统外伤或疾病史是指下列情形：

a) 血管系统外伤史包括：骨盆骨折伴阴部血管损伤；下腹部及会阴部穿透性损伤伴血管挫伤及断裂伤等。

b) 血管系统疾病史包括：盆腔手术和放疗后引起的血管病变，血管栓塞性疾病（如 Leriche 氏综合征，主髂动脉和阴部动脉粥样硬化、纤维化和钙化等）；阴茎白膜薄弱、缺损、阴茎异常勃起后引起的阴茎静脉阻断功能不全；糖尿病、动脉粥样硬化等引起的血管平滑肌内皮细胞功能障碍等。

A.1.2.2　有阴茎血液循环不良等临床表现或者海绵体纤维化是指下列情形：

a) 阴部动脉系统损伤时阴茎龟头颜色苍白，触之发凉，阴茎背动脉搏动不明显甚至消失；

b) 阴茎静脉回流受阻时可以见阴茎异常勃起，阴茎皮肤颜色加深；

c) 阴茎严重挫伤后可以留有海绵体纤维化，触之海绵体较硬并失去正常的弹性。

A.1.2.3 阴茎血管功能检测异常指下列情形：
a) 阴茎肱动脉血压指数(PBI)<0.76 或盆腔窃血试验 PBI 下降>0.15；
b) 阴茎 Doppler 血流检测结果示阴茎血管功能障碍；
c) 彩色双联超声检测示注药前后海绵体深动脉直径增加<60%；Vmax<25 cm/s；
d) 阴茎海绵体药物试验(ICI)示阴茎海绵体或者静脉功能障碍或海绵窦静脉漏；
e) 动力性(灌注性)海绵体造影示阴茎海绵体或者静脉功能障碍。

A.1.3 内分泌性阴茎勃起障碍

A.1.3.1 有明确的内分泌系统外伤或疾病史是指下列情形：
a) 内分泌系统外伤包括：下丘脑及垂体的损伤；睾丸缺失、萎缩或者丧失功能；其他对下丘脑—垂体—性腺轴有严重影响的外伤。
b) 内分泌系统疾病史包括：原发性性腺功能低下（如睾丸缺如，Klinefelter 氏综合征，性染色体异常，双侧隐睾症，睾丸损伤，睾丸炎后）；继发性性腺功能低下（如垂体肿瘤，脑膜脑炎，垂体缺血/梗死，垂体放射病，Kallmann 氏综合征，Prader-Willi 氏综合征，Laurence-Moon 综合征，特发性发育迟滞，下丘脑肿瘤，颅咽瘤，中枢神经放射病）；高泌乳素血症（泌乳素血症，尿毒症）；内源性皮质醇增多症（如柯兴氏综合征）；甲状腺功能亢进/低下。

A.1.4 药物性阴茎勃起障碍

有明确的使用与阴茎勃起障碍有关的药物史，且长达 6 个月以上，所指的药物包括：

抗高血压药：β-阻滞剂（如心得安，氨酰心安），噻嗪类利尿剂（如环戊氯噻嗪，克尿噻），肼苯哒嗪。

利尿剂：噻嗪类利尿剂（如环戊氯噻嗪，克尿噻），保钾利尿剂（如安体舒通，氨苯蝶啶），含碳脱水酶抑制剂（如乙酰唑胺）。

抗抑郁剂：选择性 5-羟色胺再吸收抑制剂（如氟西汀，氟伏少明，帕罗西丁，舍曲林），三环抗抑郁剂（如阿米替林，丙咪嗪），单胺氧化酶抑制剂（如苯乙肼，异唑肼，苯环丙胺）。

抗精神病药：吩噻嗪（氯丙嗪，甲硫哒嗪，氟奋乃静），卡马西平，利培酮。

激素制剂：环丙孕酮，促黄体生成素释放激素，雌激素。

脂类调节剂：吉非贝齐（二甲苯氧庚酸），安妥明。

抗惊厥药：苯妥英钠，卡马西平。

抗帕金森氏病药：左旋多巴。

治疗消化不良及胃溃疡类药：组胺拮抗剂（甲氰咪胍，法莫替丁，对氨基苯，雷尼替丁）。

其他：别嘌呤醇，消炎痛，戒酒硫，吩噻嗪类抗组胺药（异丙嗪）和止吐药（普鲁氯嗪）。

A.1.5 心理性阴茎勃起障碍

A.1.5.1 有明确的精神性疾患指下列情形：
焦虑、抑郁性疾病、精神病、躯体分离型障碍、性别识别障碍和酒精依赖等。

A.1.5.2 无器质性原因可以解释指：
阴茎勃起障碍不能用神经性、血管性、内分泌性、药物性或混合性阴茎勃起障碍来解释。

A.2 不射精

A.2.1 神经性不射精

A.2.1.1 有明确的神经系统外伤或疾病史：
包括：脊髓损伤，脊髓圆锥和马尾损伤，腹膜后淋巴结切除术，主髂动脉外科手术，结肠直肠外科手术,多发性硬化症,帕金森氏病,自主神经病(青少年糖尿病)。

A.2.1.2　有阴部神经(包括躯体神经或/和自主神经)功能障碍的临床表现:见 A1.1.2。

A.2.1.3　有阴部神经(包括躯体神经或/和自主神经)电生理学传导障碍:见 A1.1.3。

A.2.2　药物性不射精

长时间使用与射精障碍有关的药物达 6 个月以上;

所指药物包括:抗高血压药,抗精神病药,抗抑郁药,酗酒等。

A.2.3　心理性不射精

除 A1.5.1 所述情形外,有性生活时受突然惊吓,担心怀孕及生育等情形。

A.3　逆行射精

A.3.1　神经性逆行射精

A.3.1.1　有明确的神经系统外伤或疾病史:

包括:脊髓损伤,脊髓圆锥及马尾损伤,多发性硬化,自主神经病(青少年糖尿病),交感神经切除术,结肠直肠和肛门手术等。

A.3.1.2　有阴部神经(包括躯体神经或/和自主神经)功能障碍的临床表现:见 A1.1.2。

A.3.1.3　有阴部神经(包括躯体神经或/和自主神经)电生理学传导障碍:见 A1.1.3。

A.3.2　药物性逆行射精

长时间使用与射精障碍有关的药物达 6 个月以上;

所指药物包括:抗高血压药,α1-肾上腺能拮抗剂,抗精神病药,抗抑郁剂。

A.3.3　心理性逆行射精

无其他原因可以解释:指没有器质性病理因素存在。

## 附录 B(规范性附录)　性功能障碍实验室特殊检测方法及其结果评价

B.1　神经系统电生理学检测

当怀疑性功能障碍是由于神经系统损伤或疾病所致,则应尽可能选择下列检测方法,为神经性阴茎勃起障碍、神经性射精障碍及神经性性高潮缺失提供实验室依据。

B.1.1　球海绵体反射(Bulbocavernosus Reflex Response)

电刺激阴茎背神经而在会阴部或肛门括约肌处记录电信号。健康成人球海绵体反射时(潜伏期)正常参考值≤45 ms。此种测试方法安全、有效,结果准确、可靠。

B.1.2　阴部体感神经诱发电位(Pudendal Somatic Evoked Potential)

电刺激阴茎体部在脊髓(L1)水平和头皮(Cz点后 2 cm)记录电信号。健康成人阴部脊髓体感神经诱发电位潜伏期正常参考值≤14 ms;阴部皮层体感神经诱发电位潜伏期正常参考值≤46 ms。由于记录电极与脊髓相距较远,加之阴部脊髓体感神经诱发电位较小,难以辨认,故结果可靠性较差。但阴部皮层体感神经诱发电位较大,容易记录,结果可靠。故评价阴部感觉上行通路应以阴部皮层体感神经诱发电位结果为准。二者同时检测可以对神经损伤进行定位诊断。

B.1.3　阴部运动神经诱发电位(Pudendal Motor Evoked Potential)

电磁(或电流)刺激头皮(Cz点)或脊柱(L1)表面,在阴茎体记录电信号。健康成人阴部皮层运动神经诱发电位潜伏期正常参考值≤26 ms;阴部脊髓运动神经诱发电位潜伏期≤11 ms。此检测方法简单,结果可靠。

B.1.4 阴茎皮肤交感反应(Penile Sympathetic Skin Responses,PSSR)

电刺激右腕部正中神经,在阴茎体表面记录电信号。健康成人阴茎皮肤交感反应正常参考值≤1470 ms。此方法安全、简单、有效。结果准确可靠。由于交感神经和副交感神经多并行,故通过PSSR的正常与否可以间接判断副交感神经的结构和功能状态。

B.1.5 阴茎海绵体单电位分析(Single Potential Analysis of Cavernosus Electrical Activity)

嘱受试者卧床并保持安静,将两组记录电极安置在受试者阴茎双侧球海绵体皮肤表面,并通过阴茎海绵体单电位体电位(又称海绵体肌电图)。健康成人可在双侧海绵体记录到对称的,有一定时间间隔的单个峰样电位(spike)。当海绵体自主神经损伤或病变,以及海绵体平滑肌变性时,可在双侧海绵体记录到非对称性的病理性电位,包括挥鞭样波(whips)、暴发性波(bursts)和波浪样波(slaves)。由于海绵体平滑肌电位的产生机制还不十分清楚,故此种方法的诊断价值仍在进一步研究之中。

B.2 阴茎血流动力学检测

当怀疑阴茎勃起障碍是由于血管系统损伤或疾病所致,则应尽可能选择下列检测方法,为血管性阴茎勃起障碍提供实验室依据。

B.2.1 阴茎 Doppler 血流检测

健康成人阴茎疲软时,阴茎近端背动脉和海绵体深动脉 Doppler 超声信号与示指掌指动脉比较,二者的波幅基本相同,而远端稍弱。当阴茎动脉信号与示指掌指动脉信号基本相当,表示阴茎动脉血流正常;当前者较后者弱时,表示阴茎动脉血管壁弹性降低或部分阻塞,见于高血压动脉粥样硬化;当阴茎动脉血流信号消失时,示血管痉挛或阻塞,见于动脉粥样硬化或血管壁损伤血栓形成。血流动力学分析(Logidop2 型数字式超声血流仪)结果表明:阴茎动脉搏动指数(PI)在左、右海绵体深动脉和左、右阴茎背动脉分别为 $1.43\pm3.43$、$1.47\pm3.47$、$1.49\pm3.21$ 和 $1.93\pm3.27$。阻力指数(RI)分别为 $0.72\pm0.92$、$0.73\pm0.93$、$0.74\pm0.90$ 和 $0.72\pm0.90$。收缩期与舒张期血流速度之比(S/D)分别为 $2.68\pm10.56$、$3.27\pm10.09$、$3.17\pm9.55$ 和 $3.22\pm9.42$。PI 增加提示阴茎动脉血管弹性降低,顺应性下降,而 RI 和 S/D 增加提示阴茎海绵体血管阻力增大,有效血流量减小。

该项检查由于受探头安放的位置和方向影响较大,故测试的重复性和稳定性较差,故应反复检测。

B.2.2 阴茎血压指数(Penile Brachial Index,PBI)

先测量受试者在安静状态下的 PBI,然后嘱其做屈膝运动数次,再测其 PBI。如果 PBI 下降≥0.15,可鉴别受试者是否存在盆腔窃血综合征。

B.2.3 阴茎海绵体内药物注射

给受试者阴茎海绵体内注射前列腺 E1(PGE1)10—40 μg 或者罂粟碱 10—30 mg 加苯卡胺(Rigitine)3 mg,伴或不伴有视觉性性刺激(Visual Sexual Stimulation)。如果受试者阴茎能够勃起并插入阴道则可以排除血管性阴茎勃起障碍。

B.2.4 彩色双联超声图(Color Duplex Ultrasonography)

给受试者阴茎海绵体内注射前列腺 E1(PGE1)10—40 μg 或者罂粟碱 10—30 mg 后加酚妥拉明 0.3—0.5 mg,测量海绵体动脉直径、收缩压、舒张压。健康成人正常情况下注药后海绵体动脉直径应大于 0.7 mm,收缩期血流最大速度(PSV)应≥25 cm/s。如会阴水平海绵体灌流不对称或缺如,提示发生在阴茎前的动脉病变。当阴茎脚部的血流充足且对称,但沿垂直轴的左右海绵体动脉 PSV 不对称时,可能为阴茎节段内的动脉异常。当海绵体动脉对注射血管扩张剂后反应良好（PSV≥30 cm/s），而舒张末期血流速度（EDV）＞5 cm/s 时,则提示存在静脉漏可能。由于受试者害羞、恐惧、紧张而引起内源性肾上腺素分泌增加会影响检测的可靠性。

B.2.5　动力性（灌注性）海绵体造影示阴茎海绵体或者静脉功能障碍

检测方法:阴茎近端三分之一消毒后将两只 21 号注射针头分别插入两侧远端海绵体内。其中一只通过压力传感器与压力检测器相连,另一只通过调速泵与和造影剂相连。现代尿流动力学系统多具备该项检测的功能。起始灌注速率为 10 ml/min,逐渐增加至 100 ml/min 左右,当海绵体内的压力稳定地保持在 100 mmHg 时,此时的灌注速率为维持灌注速率。接着关闭灌注泵记录海绵体内压力下降速率,并测定 30 秒后的压力值。

结果评价:当灌注速率在 30—40 ml/min 即可诱导勃起,且维持灌注速率在 0—5 ml/min 时,提示心理性勃起障碍;当灌注速率在 20—65 ml/min 即可诱导勃起,且维持灌注速率在 5—10 ml/min 时,提示器质性勃起障碍;当灌注速率在 50—100 ml/min 时诱导勃起,且维持灌注速率在 25—40 ml/min 时,提示静脉瘘存在。

B.3　血液生化学检测

B.3.1　血浆糖含量测定

对所有被鉴定人都应当进行血糖测定,以排除糖尿病。

B.3.2　血睾酮测定

当被鉴定人的病史或体格检查提示其患有性腺功能低下症或需要排除其患有性腺功能低下症时需对其进行血睾酮测定。但隐匿性性腺功能低下症只有通过测定血清睾酮才能被发现。并须测定游离睾酮。当被鉴定人有性腺功能低下的临床表现时,结果比较可信,但在临床难以确定时,应在清晨（8:00Am）采集血液进行测定以鉴别垂体瘤或隐匿性性腺功能低下症。

B.3.3　促黄体生成素（LH）测定

当被鉴定人血睾酮低下时应进行血液 LH 测定。

B.3.4　泌乳素（Prolactin）测定

当被鉴定人有血睾酮低下和/或性欲缺失表现时应进行血液泌乳素测定。

B.3.5　尿液分析

当被鉴定人疑有肾功能或肝功能损害时应进行尿液分析。

B.3.6　肌酐和电解质测定

当怀疑被鉴定人患有肾功能损害时应进行肌酐水平及电解质测定。

B.3.7　血红蛋白病筛查

当怀疑被鉴定人患有镰状细胞病时应时行血红蛋白病筛查。

B.3.8　肝功能检测

当怀疑被鉴定人有肝功能障碍时应行肝功能测试。肝功能异常会引起勃起功能障碍。

B.4　阴茎膨起及硬度测试方法及结果评价

B.4.1　夜间阴茎勃起监测（NPT）

RigiScan 可用来测量夜间阴茎勃起的次数、持续的时间、阴茎周径及硬度变化等。使用便携式阴茎硬度扫描仪连续对被鉴定人测试 3 夜,每夜记录 10 小时。连续三个夜晚只要记录到一次阴茎勃起且平均硬度≥60%,持续时间≥10 分钟就视为阴茎勃起正常。另外可以根据受试者夜间阴茎勃起的次数、持续的时间、周径及硬度的不同,对受试者阴茎勃起障碍进行分级评定。由于阴茎勃起多出现在快动眼睡眠相（REM），所以需要被鉴定人充分合作，保证有效的睡眠时间，以保证检测结果的可靠性。如果发现病人睡眠不好，而又未能记录到夜间勃起现象，应延长检测时间，再检测1至2个夜晚。如疑有结果不可靠时，应采用其他方法进一步检测。该测试结果并不一定能够反映受试者在与性伴侣进行性生活时的真实情况。

B.4.2 视听性性刺激（AVSS）测试

给受试者以视听性性刺激（Audio-Visual Sexual Stimulation），同时应用RigiScan硬度扫描仪或NEVA记录仪记录阴茎勃起现象。与B4.1所不同的是检测不是在夜间睡眠过程中进行，而是在白天受试者清醒的情况下进行。其结果的评价与B4.1基本一致。该方法的优点在于能够反应受试者与性伴侣进行性生活时的真实情况。一旦记录到正常勃起反应则充分说明其性功能完全正常。其缺点是由于受试者的害羞、紧张和焦虑等，可以记录不到正常的勃起反应。此时应采用其他方法进行检测。

# 外伤性癫痫鉴定实施规范

## 前　言

本技术规范按照 GB/T1.1-2009 给出的规则起草。
本技术规范由湘雅二医院司法鉴定中心提出。
本技术规范由司法部司法鉴定管理局归口。
本技术规范起草单位：湘雅二医院司法鉴定中心、北京博大司法鉴定所。
本技术规范主要起草人：胡守兴、万金华、周迁权、谭利华、肖志杰、杨丽、郭其、熊继品、王锐、刘名旭、郭岩。
本技术规范为首次发布。

## 引　言

制定本技术规范的依据包括：
——司法部、最高人民法院、最高人民检察院和公安部于 1990 年 9 月 29 日颁布实施的司发［1990］070 号《人体重伤鉴定标准》
——最高人民法院、最高人民检察院、公安部、司法部于 1990 年 4 月 2 日颁布实施的法（司）发［1990］6 号《人体轻伤鉴定标准（试行）》
——司法部于 2007 年 8 月 7 日发布的《司法鉴定程序通则》
——GB/T16180-2006《职工工伤与职业病致残等级》
——GB18667-2002《道路交通事故受伤人员伤残评定》
——GA/T521-2004《人身损害受伤人员误工损失日评定标准》

## 1　范围

本技术规范规定了颅脑损伤后癫痫法医学鉴定的基本要求、内容、方法和诊断，认定原则。
本技术规范适用于法医临床检验鉴定中颅脑损伤后癫痫的法医学鉴定，其他需要进行颅脑损伤后癫痫鉴定的亦可参照执行。

## 2　术语和定义

下列文件对于本文件的应用是必不可少的。凡是注日期的引用文件，仅注日期的版本适用于本文件。凡是不注日期的引用文件，其最新版本（包括所有的修改单）适用于本文件。

2.1　癫痫发作 epileptic seizure
脑神经元异常和高度同步化放电所造成的临床现象，是癫痫病人每一次或每一种具体发作的临床表现。根据大脑受累的部位和异常放电扩散的范围,癫痫发作可表现为不同程度的运动、感觉、意识、行为、精神或自主神经障碍,伴有或不伴有意识或警觉程度的变化。

2.2 癫痫 epilepsy

一组由不同病因引起的慢性脑部疾病,以大脑神经元高度同步化,且常具自限性异常放电所导致的,以发作性、短暂性、重复性及刻板性的中枢神经系统功能失常为特征的综合征。

2.3 癫痫综合征 epileptic syndromes

具有特殊病因,由特定的症状和体征组成的特定的癫痫现象

2.4 颅脑损伤后癫痫发作 post-traumatic seizure(PTS)

颅脑损伤所引起,脑部神经元异常和高度同步化放电所造成的临床现象,其特征是突然和一过性症状,由于异常放电的神经元在大脑中的部位不同而有多种多样的表现,可以是运动、感觉、意识、行为、精神或自主神经的障碍,伴有或不伴有意识或警觉程度的变化。

2.5 颅脑损伤后癫痫 post-traumatic epilepsy(PTE)

颅脑损伤所引起的一种脑部疾病,其特点是持续存在能产生癫痫发作的脑部持久性改变,并出现相应的神经生物学、认知、心理学以及社会学等方面的后果。

## 3 总则

3.1 以医学和法医学理论和技术为基础,结合法医临床检案的实际经验,为颅脑损伤后癫痫的法医学鉴定提供科学依据和统一标准。

3.2 外伤性癫痫定义表述不确切,多数学者认为颅脑损伤后癫痫更为恰当。本规范为不引起歧义,采用颅脑损伤后癫痫的定义。

3.3 在颅脑损伤后当时或立即癫痫发作,造成即刻癫痫的因素与慢性复发性癫痫发作的原因不同,这种癫痫发作不是颅脑损伤后癫痫,故颅脑损伤后癫痫分类不包括此类。

3.4 对于人体损伤程度的鉴定,鉴定时机的选择,可根据颅脑损伤后癫痫确诊时间而确定。

3.5 对于人身损害、工伤、意外事故及交通事故伤残评定的鉴定时机的选择,应在确诊颅脑损伤后癫痫系统治疗一年后方可进行。

## 4 癫痫发作的分类

### 4.1 全身性发作

最初的症状学和脑电图提示发作起源于双侧脑部者称为全身性发作,这种类型的发作多在发作初期就有意识障碍。

#### 4.1.1 全身强直—阵挛性发作

其主要临床特征是意识丧失,双侧强直后紧跟有阵挛的序列活动。可由部分性发作演变而来,也可在起病时即表现为全身强直—阵挛性发作,发作可分为强直期、阵挛期、发作后期。

#### 4.1.2 强直性发作

表现为与强直—阵挛性发作中强直期相类似的全身骨骼肌强直持续性收缩,肌肉僵直,躯体伸展背屈或前屈。常可伴头、眼向一侧偏转,整个躯体的旋转移动,并可出现明显的自主神经症状,如面色苍白等。

#### 4.1.3 阵挛性发作

类似于全身强直—阵挛性发作中阵挛期的表现,特点是主动肌间歇性收缩,导致肢体有节律

性的抽动。

#### 4.1.4 失神发作

##### 4.1.4.1 失神发作的标志性特点

失神发作的标志性特点是突然发生和突然终止的意识丧失。

##### 4.1.4.2 典型失神发作

表现为活动突然停止,如讲话、走路、进食时出现发呆、呼之不应、眼球上翻、手中物体落地。部分患者可机械重复原有的简单动作,每次发作持续数秒钟,每天可发作数十、上百次。发作后立即清醒,可继续先前的活动。醒后不能回忆,甚至不知刚才发了病。脑电图上常可见典型的双侧对称的每秒3Hz棘—慢复合波,背景活动正常,预后较好。

##### 4.1.4.3 不典型失神发作

表现为起始和终止均较典型失神发作缓慢,常伴肌张力降低,脑电图为规则的棘—慢复合波,双侧常不对称,背景活动异常。患儿常合并智能减退,预后较差。

#### 4.1.5 肌阵挛性发作

表现为快速、短暂、触电样肌肉收缩,可遍及全身,也可限于某个肌群,常成簇发生。

#### 4.1.6 失张力性发作

是由于双侧部分或全身肌肉张力突然丧失,导致不能维持原有的姿势,出现跌倒、肢体下坠等表现。若出现意识障碍,通常持续时间仅有几秒钟。

### 4.2 部分性发作

发作起始时的临床表现和脑电图改变提示发作源于一侧大脑皮质的局部区域。根据有无意识障碍及是否继发全身性发作可分为以下三类。

#### 4.2.1 单纯部分性发作

除具有癫痫的共性外,发作时始终意识存在,发作后能复述发作的生动细节是主要特征。

##### 4.2.1.1 运动性发作

一般累及身体的某一部位相对局限或伴有不同程度的扩展。局灶运动性发作后,可出现暂时性肢体无力,称为Todd瘫痪,可持续数分钟至数日。

###### 4.2.1.1.1 局灶性运动发作

指局限于身体某一部位的发作,其性质多为阵挛性,即常见的局灶性抽搐。

###### 4.2.1.1.2 杰克逊发作

开始为身体某一部位抽搐,随后按一定顺序逐渐向周围部位扩展,其扩展的顺序与大脑皮质运动区所支配的部位有关。如从手指—腕部—前臂—肘—肩—口角—面部逐渐发展。

###### 4.2.1.1.3 旋转性发作

双眼、头甚至躯干向一侧旋转,伴有身体扭转,但很少超过180度,部分患者过度的旋转可引起跌倒,出现继发性全身性发作。其发作起源一般为额叶、颞叶、枕叶或顶叶,以额叶常见。

###### 4.2.1.1.4 姿势性发作

发作性一侧上肢外展,肘部屈曲,头向同侧扭转、眼睛注视着同侧。其发作多数起源于额叶内侧辅助运动区。

###### 4.2.1.1.5 发音性发作

表现为突然言语中断,或不自主重复发作前的单音或单词,其发作起源一般为额叶内侧辅助运动区。

#### 4.2.1.1.6 抑制性运动性发作
发作时动作停止,语言中断,意识不丧失,其发作起源多为优势半球语言中枢,偶为任何一侧的辅助运动区。

#### 4.2.1.1.7 失语性发作
常表现为运动性失语,可为完全性失语,也可表现为说话不完整、重复语言或用词不当等部分性失语,发作时意识不丧失。其发作起源均在优势半球语言中枢有关区域。

### 4.2.1.2 感觉性发作
其异常放电的部位为相应的感觉皮质。

#### 4.2.1.2.1 躯体感觉性发作
其性质为体表感觉异常,如一侧面部、肢体或躯干的麻木感、针刺感、电流感、电击感、烧灼感等。放电起源于对侧中央后回皮质。

#### 4.2.1.2.2 视觉性发作
可表现为暗点、黑矇、闪光、无结构性视幻觉。放电起源于枕叶皮质。

#### 4.2.1.2.3 听觉性发作
幻听多为噪声或单调的声音。放电起源于颞上回。

#### 4.2.1.2.4 嗅觉性发作
常表现为难闻、不愉快的嗅幻觉。放电起源于钩回的前上部。

#### 4.2.1.2.5 味觉性发作
常见苦味或金属味。放电起源于岛叶或其周边。

#### 4.2.1.2.6 眩晕性发作
常表现为坠入空间的感觉或在空间漂浮的感觉,或水平或垂直平面的眩晕感觉。放电起源于颞叶皮质。

### 4.2.1.3 自主神经性发作
常表现为口角流涎、上腹部不适感或压迫感、"气往上冲"的感觉、肠鸣、呕吐、尿失禁、面色或口唇苍白或潮红、出汗、竖毛等,临床上常是继发或作为复杂部分性发作的一部分。放电多起源岛叶、间脑及其周围,放电很容易扩散而影响意识,继发复杂性发作。

### 4.2.1.4 精神性发作
主要表现为高级大脑功能障碍。极少单独出现,常常是继发或作为复杂部分发作的一部分。

#### 4.2.1.4.1 情感性发作
可表现为极度愉快或不愉快的感觉,如愉快感、欣快感、恐惧感、忧郁伴自卑感等,恐惧感是最常见的症状,常突然发生,无任何原因,患者突然表情惊恐,甚至因恐惧而突然逃跑,小儿可表现为突然扑到大人怀中,紧紧抱住大人。发作时常伴有自主神经症状,如瞳孔散大、面色苍白或潮红、竖毛等,持续数分钟缓解。

#### 4.2.1.4.2 记忆障碍性发作
是一种记忆失真,主要表现为似曾相识感(对生疏的人或环境觉得曾经见过或经历过)、陌生感(对曾经经历过的事情感觉从来没有经历过)、记忆性幻觉(对过去的事件出现非常精细的回忆和重现)、强迫思维等。放电起源于颞叶、海马、杏仁核附近。

#### 4.2.1.4.3 认知障碍性发作
常表现为梦样状态、时间失真感、非真实感等。

#### 4.2.1.4.4 发作性错觉

是指知觉歪曲而使客观事物变形。可表现为视物变形、变大或变小,声音变强变弱,变大或变小,变远或变近;身体某一部位变大或变小等。放电起源于颞叶,或颞顶、颞枕交界处。

#### 4.2.1.4.5 结构幻觉性发作

表现为一定程度整合的知觉经历。幻觉可以是躯体感觉性、视觉性、听觉性、嗅觉性或味觉性。

### 4.2.2 复杂部分性发作

特征是发作时有意识障碍,对外界刺激没有反应,往往有自主神经症状和精神症状发作。EEG可记录单侧或双侧不同的异常放电,通常位于颞叶内侧面的海马、海马回、杏仁核等结构,少数始于额叶。

#### 4.2.2.1 自动症

患者出现意识障碍和出现看起来有目的,但实际上没有目的的发作性作为异常是自动症的主要特征。部分患者发作前有感觉和运动先兆,发作时对外界刺激反应,随后出现一些看似有目的,实际上没有目的的活动,如反复咂嘴、噘嘴、咀嚼、舔舌、牙或吞咽(口、消化道自动症)或反复搓手、抚面、不断地穿衣、脱衣、解衣扣、摸索衣裳(手足自动症),也可表现为游走、奔跑、无目的地开门、关门、乘车上船,还可表现为自言自语、叫喊、唱歌(语言性自动症)或机械重复原来的动作。发作后患者意识模糊,常有头昏、不能回忆发作中的情况。

#### 4.2.2.2 仅有意识障碍

表现为突然动作停止,两眼发直,叫之不应,不跌倒,面色无改变,发作后可继续原来的活动。放电起源于颞叶,也可以起源于额叶、枕叶等其他部位。

#### 4.2.2.3 先有单纯部分性发作,继之出现意识障碍。

#### 4.2.2.4 先有单纯部分性发作,后出现自动症。

### 4.2.3 部分继发全身强直—阵挛性发作

可由单纯部分性发作或复杂部分性发作进展而来,也可能一起病表现为全身强直—阵挛性发作,此时易误诊为原发性全身强直—阵挛性发作。但仔细观察病人可能发现提示脑部局灶性损害依据,如病人的头转向一侧或双眼向一侧凝视、一侧肢体抽搐更剧烈、脑电图痫性放电双侧不对称。

## 4.3 不能分类的发作 unclassified epileptic seizures

因资料不充分或不完全,按照分类标准无法将其归类的发作。包括一些新生儿癫痫,如有节律的眼动、咀嚼及游泳样动作。

## 5 癫痫的诊断

### 5.1 病史采集

#### 5.1.1 发作史

完整而详细的发作史对区分是否为癫痫发作、癫痫发作的类型、癫痫及癫痫综合征的诊断有重大的意义。完整的发作史是准确诊断癫痫的关键。

##### 5.1.1.1 首次发作的年龄

有相当一部分癫痫发作和癫痫综合征均有特定起病年龄范围。

##### 5.1.1.2 大发作前是否有"先兆"

即刚要发作前的瞬间,患者自觉的第一个感受或表现,这实际是一种部分性发作。最常见的先兆如恶心、心慌、胃气上升感、害怕、似曾相识感、幻视或幻听、一侧口角抽动等。婴幼儿往往表现为惊恐样、恐惧的尖叫声、向母亲跑出或突然停止活动等。

##### 5.1.1.3 发作时的详细过程

发作好发于清醒状态或睡眠状态,发作时有无意识丧失,有无肢体僵直或阵挛性抽搐,有无摔伤及大、小便失禁等,表现为一侧肢体抽动还是两侧肢体抽动,头部是否转向一侧或双眼是否斜向一侧等。

5.1.1.4 有几种类型的发作：一般需询问早期发作的表现，后来的发作形式有无改变和最后一次发作的表现。

5.1.1.5 发作的频率：平均每月或每年能发作多少次，是否有短时间内连续的丛集性发作，最长与最短发作间隔。

5.1.1.6 发作有无诱因：如睡眠不足、过量饮酒、发热、过度疲劳、情绪紧张以及某种特殊刺激。

5.1.1.7 是否应用了抗癫痫药物治疗及其效果。

5.1.2 出生史：是否足月出生，出生是否顺利，有无窒息或产伤等情况，询问其母亲在怀孕期间患过何种疾病。

5.1.3 生长发育史：重点了解神经精神发育情况，包括运动、语言、智力等。

5.1.4 热性惊厥史：具有热性惊厥史的患者出现癫痫的几率较正常人为高。

5.1.5 家族史：如果家族中有癫痫或抽搐发作的患者，特别是具体发作表现与疑诊者相似。

5.1.6 其他疾病史：是否有头颅外伤史、中枢神经系统感染史或中枢神经系统肿瘤等明确的脑部损伤或病变的病史。

5.2 体格检查

包括内科查体和神经系统查体，重点是神经系统检查，要注重患者精神状态和智能，注意患者的语言是否正常，在检查眼部时应注意检查眼底。

5.3 辅助检查

5.3.1 脑电图（EEG）

由于癫痫发病的病理生理基础是大脑兴奋性的异常增高，而癫痫发作是大脑大量神经元共同异常放电所引起，EEG反映大脑电活动，是诊断癫痫发作的最重要的手段。详见附录A

5.3.2 长程视频脑电图（VEEG）

是视频和脑电图相结合的一种脑电图监测形式，能在24小时，甚至更长时间内对病人连续进行脑电图监测，对脑电活动和行为在一定范围内，一定时间内进行连续的观察和描记。长程视频脑电图是通过数码摄像镜头同步记录病人的表情、行为及部分生命体征，将病人发作时的临床表现与脑电图所见同步记录，同时捕捉病人异常脑电图和发作时临床表现，对癫痫诊断和癫痫分类有极大的帮助。详见附录A

5.3.3 脑磁图（MEG）

是一种无创性脑功能检测技术，其原理是检测皮质神经元容积传导电流产生的磁场变化，与EEG可以互补，可应用于癫痫源的定位及功能区的定位。

5.3.4 电子计算机X线体层扫描（CT）

能够发现较为粗大的结构异常，但难以发现细微的结构异常。多在急性癫痫发作时或发现大脑有可疑的钙化和无法进行磁共振成像（MRI）检查的情况下应用。详见附录B

5.3.5 磁共振成像（MRI）

MRI有很高的空间分辨率，能发现一些细微的结构异常，对于病因诊断有很高的提示价值，特别是对于难治性癫痫的评估。特定成像技术对于发现特定的结构异常有效，如海马硬化的发现。详见附录B

5.3.6 单光子发射计算机断层扫描(SPECT)

是通过向体内注射能发射 γ 射线的放射性示踪药物后,检测体内 γ 射线的发射,来进行成像的技术,反映脑灌注的情况。癫痫源在发作间歇期 SPECT 为低灌注,发作期为高灌注。

5.3.7 正电子发射断层扫描(PET)

正电子参与了大脑内大量的生理动态,通过标记示踪剂反映其在大脑中的分布。在癫痫源的定位中,目前临床常用的示踪剂为 18F 标记 2-脱氧葡萄糖(FDG),观测局部脑代谢变化。理论上讲,发作间歇期癫痫源呈现低代谢,发作期呈现高代谢。

5.3.8 磁共振波谱(MRS)

癫痫源部位的组织具有生化物质的改变,利用存在于不同生化物质中相同的原子核在磁场下其共振频率也有差别的原理,以光谱的形式区分不同的生化物质并加以分析,能提供癫痫的脑生化代谢状态的信息,并有助于定位癫痫源。

5.3.9 功能磁共振(fMRI)

能在不应用示踪剂或增强剂的情况下无创性的描述大脑内神经元激活的区域,是血氧水平依赖技术,主要应用于脑功能区的定位。

5.4 实验室检查

5.4.1 血液学检查:包括血常规、肝肾功能、血糖、电解质、血钙等检查。

5.4.2 尿液检查:包括尿常规及遗传代谢病的筛查等。

5.4.3 脑脊液检查:包括常规、生化、细菌培养、支原体、弓形虫、巨细胞病毒、囊虫病等病因检查。

5.4.4 遗传学检查

5.4.5 其他检查:如毒物筛查、代谢障碍相关检查。

5.5 癫痫的鉴别诊断

5.5.1 假性癫痫发作:又称心因性癫痫发作,癔病性癫痫发作,可表现为运动、感觉、自动症等类似癫痫发作的症状,多在精神受刺激后发病,可有哭叫、闭眼、眼球躲避、瞳孔正常为其特点,发作形式不符合癫痫发作分类的标准,发作时脑电图无癫痫样放电,视频脑电监测对鉴别假性癫痫发作很有意义。

5.5.2 晕厥:为脑血流短暂性灌注降低、缺氧所致的意识瞬时丧失,一般可见明显的诱因,如久站、剧痛、见血、情绪激动、极度寒冷、胸内压增高(抽泣、咳嗽等)诱发,患者摔倒时不像癫痫发作那样突然,而比较缓慢。仅靠临床症状难以区分,需借助脑电图和心电图监测等。

5.5.3 偏头痛:与癫痫主要有以下几方面相鉴别:

a) 后者头痛轻,且在发作后发生,前者以双侧或偏侧剧烈头痛为主。

b) 癫痫脑电图异常为阵发性棘波或棘慢波,偏头痛仅少数有局灶性慢波,偶有尖波。

c) 二者均可有视幻觉,癫痫幻觉更复杂,偏头痛以闪光、暗点为主要特征。

d) 癫痫发作多有意识丧失,且以突然、短暂为特点,偏头痛无意识丧失。

5.5.4 短暂性脑缺血发作:若有一过性意识丧失,易与复杂部分性发作混淆,但患者既往无反复发作,有动脉硬化,年龄偏大及脑电图正常可鉴别。

## 6 颅脑损伤后癫痫的诊断及分类

对颅脑损伤后癫痫的诊断,首先明确是否为癫痫,并且确定是由颅脑损伤引起的,然后再确定癫痫发作类型及外伤所致癫痫源的部位。

6.1 颅脑损伤后癫痫的诊断

6.1.1 符合癫痫诊断标准：

a) 临床有二次以上典型癫痫发作；

b) 脑电图(EEG)检查出现特异性癫痫发作波或24小时脑电监测出现特异性癫痫发作波。

6.1.2 颅脑损伤的确认：

a) 有明确的颅脑外伤史；

b) 影像学检查有明确颅脑损伤的表现。

6.1.3 颅脑损伤部位与癫痫源的关联性：

a) 癫痫发作类型与颅脑损伤部位癫痫发作表现一致；

b) 癫痫发作源于颅脑损伤部位。

6.1.4 颅脑损伤后癫痫治疗情况：

a) 是否系统有效治疗；

b) 系统有效治疗后癫痫发作的情况；

c) 系统治疗后癫痫发作的频率。

6.1.5 颅脑损伤后癫痫发作类型或表现

6.2 颅脑损伤后癫痫发作分类

颅脑损伤后癫痫发作类别包括：

a) 即刻发作(Immediate PTS)：伤后24小时内发作

b) 早期发作(Early PTS)：伤后24小时至7天内发作

c) 晚期发作(Late PTS)：伤后7天以后发作

## 7 颅脑损伤后癫痫的法医学鉴定

7.1 颅脑损伤后癫痫重伤鉴定

颅脑损伤后癫痫重伤鉴定要件包括：

a) 有二次以上典型癫痫发作史；

b) 有明确的颅脑外伤史；

c) 影像学检查有明确颅脑损伤的表现（如脑挫裂伤、颅内血肿、颅骨凹陷性骨折、脑水肿、脑软化、脑内异物、慢性硬膜下血肿及脑膜—脑瘢痕等）；

d) 脑电图检查出现特异性癫痫发作波或24小时脑电监测出现特异性癫痫发作波,癫痫发作源于颅脑损伤部位；

e) 排除其他病因所致癫痫。

以上5点中a、b、c、e是必备要件,d是条件要件。

7.2 颅脑损伤后癫痫的伤残鉴定

7.2.1 人身损害、工伤及意外事故伤残评定

7.2.1.1 三级伤残癫痫重度（以下条件须同时具备）：

a) 符合颅脑损伤后癫痫的诊断；

b) 系统服药治疗一年后；

c) 全身性强直—阵挛发作、单纯或复杂部分发作伴自动症或精神症状,平均每月发作一次以上,或失神发作和其他类型发作平均每周发作一次以上。

7.2.1.2　五级伤残癫痫中度(以下条件须同时具备):
a) 符合颅脑损伤后癫痫的诊断;
b) 系统服药治疗一年后;
c) 全身性强直—阵挛发作、单纯或复杂部分发作,伴自动症或精神症状,平均每月发作一次或一次以下,或失神发作和其他类型发作平均每周发作一次以下。

7.2.1.3　九级伤残癫痫轻度(以下条件须同时具备):
a) 符合颅脑损伤后癫痫的诊断;
b) 需系统服药治疗方能控制的各种类型癫痫发作。

7.2.2　交通事故受伤人员伤残评定

7.2.2.1　三级伤残(以下条件须同时具备):
a) 符合颅脑损伤后癫痫的诊断;
b) 系统治疗一年后药物仍不能控制;
c) 大发作平均每月一次以上或局限性发作平均每月四次以上或小发作平均每周七次以上或精神运动性发作平均每月三次以上。

7.2.2.2　五级伤残(以下条件须同时具备):
a) 符合颅脑损伤后癫痫的诊断;
b) 系统治疗一年后药物仍不能控制;
c) 大发作平均每三月一次以上或局限性发作平均每月二次以上或小发作平均每周四次以上或精神运动性发作平均每月一次以上。

7.2.2.3　七级伤残(以下条件须同时具备):
a) 符合颅脑损伤后癫痫的诊断;
b) 系统治疗一年后药物仍不能完全控制;
c) 大发作平均每六月一次以上或局限性发作平均每二月二次以上或小发作平均每周二次以上或精神运动性发作平均每二月一次以上。

7.2.2.4　九级伤残(以下条件须同时具备):
a) 符合颅脑损伤后癫痫的诊断;
b) 系统治疗一年后药物仍不能完全控制;
c) 大发作一年一次以上或局限性发作平均每六月三次以上或小发作平均每月四次以上或精神运动性发作平均每六月二次以上。

7.2.2.5　十级伤残(以下条件须同时具备):
a) 符合颅脑损伤后癫痫的诊断;
b) 系统治疗后药物能够控制;
c) 遗留脑电图中度以上改变。

## 附录 A(规范性附录) 颅脑损伤后癫痫脑电图检查实施规范

A.1 人员要求

A.1.1 技术人员应具备以下条件：

a) 医学(或法医学)大专以上学历；

b) 能熟练掌握神经电生理学和临床脑电图(electroencephalogram，EEG)学基础理论和操作技能及方法，专业培训 6 个月以上，实际工作 3 年以上；

c) 能识别 EEG 的各种伪波，并及时排除伪差；

d) 能对 EEG 做出准确定侧、定位。

A.1.2 鉴定报告人员应具备以下资格条件：

a) 医学或法医学大学本科以上学历，有神经生理、病理学、神经电生理学、EEG 学技能方面培训经历 1 年以上和 3 年以上神经科临床经历及 5 年以上 EEG 室工作经历；

b) 具备中级以上职称，有阅读 1000 份以上 EEG 图谱经历；

c) 正确掌握成人、老年人和儿童不同年龄阶段清醒与睡眠 EEG 特征；

d) 能准确识别 EEG 各种伪波，并正确分析、判定正常和异常 EEG；

e) 了解各种癫痫样波形与出现方式及定侧、定位。

A.2 环境要求

A.2.1 EEG 检查室应远离放射科、超声科和大功率电源，接有单独地线，在较安静，无噪声，无强光直射下的偏暗检查室内进行。

A.2.2 室内应装有冷暖空调，以防被鉴定人出汗或寒颤，被鉴定人检查时一般取坐位或卧位，应设有高背靠椅和卧床及自制小棉枕头备用。

A.3 设备和用品要求

A.3.1 鉴定设备：须选择符合国际 EEG 和临床电生理联盟(IFSECN)或中华医学会 EEG 与临床神经电生理学组建议的仪器最低要求，仪器应有足够的放大倍数 100 万倍以上，应具备 16 道以上记录笔，配有 1—50 Hz 可调闪光刺激器。

A.3.2 仪器参数设置标准：标准电压 5 mm＝50 $\mu v$；时间常数 0.3 s；高频滤波＞60 Hz；关闭陷波器；纸速 30 mm/s；头皮电阻值＜20 kΩ，最好不超过 5 kΩ。

A.3.3 电极：

A.3.3.1 盘状支架电极：应备有氯化好清洁的盘状银质支架电极 22 个，用棉花、纱布将电极包裹好，浸泡在饱和盐水中，用于常规 EEG 记录。

A.3.3.2 盘状平面银质电极：氯化好盘状平面银质电极，并带有电线和插座 22 根，涂上导电膏，用于长时间录像视频脑电图(video EEG，VEEG)和 24 h 动态脑电图(ambulatory EEG，AEEG)记录。

A.3.3.3 针灸毫针蝶骨电极：备有 5—6 cm 长的针灸针 10 根，作蝶骨电极之用。

A.3.4 其他用品，EEG 室应备有饱和盐水、75 和 95％乙醇、碘酒、丙酮、导电膏、火棉胶、平头针注射器、药用棉花、棉纤和纱布等。

A.4 被鉴定人检查前的准备和须知

A.4.1 被鉴定人检查前的准备和须知和常规 EEG 检查相同。应注意的是被鉴定人是否有颅骨缺损和颅骨缺损修复术,如修复的是金属颅骨,做此项检测则意义不大,应如实告诉被鉴定人及家属。

A.4.2 AEEG检查时被鉴定人及家属须知:

a) 24 hAEEG仪是贵重精密仪器,安装、调试、戴在被鉴定人身上后,要有家属陪同,应爱护好仪器和所有配件,各按键不能随便自己按,手不能到头上抓挠,睡觉时可以将仪器卸下放在枕头边,防止身体压在仪器上,如抽搐发作时应将被鉴定人平卧,头偏向一侧,松开领扣和腰带,保护好四肢,精神运动性发作和精神障碍者,应将被鉴定人控制在房间内,保护好仪器设备;

b) 被鉴定人不能参加任何活动,以休息为主,不吃硬性零食,不喝酒,保持安静;

c) 被鉴定人不接触水、电,冬天不睡电热毯;

d) 被鉴定人和家属应将24 h内活动情况,如吃饭、睡觉、发病的起止时间记录下来,第二天检查结束交给EEG室,供分析时参考。

A.5 EEG、AEEG、VEEG检查方法和要求

A.5.1 电极安放位置:按10—20系统(International 10—20 System)电极安放法,它是国际EEG学会推荐的标准电极安装法,电极位置是通过对头部不同标志区测量而确定,电极部位包括双侧 Fp1、Fp2、F3、F4、C3、C4、P3、P4、O1、O2、F7、F8、T3、T4、T5、T6、Fz、Cz、Pz 和 A1、A2,共21个电极。A1、A2为两侧耳垂电极,国外有的EEG仪只在头颅顶部安放一个电极通过10—20 MΩ的大电阻连接于大地作参考电极,称为平均参考电极,电位接近零位,上述各电极的安放位置应根据头颅大小测定而确定。

24 hAEEG和VEEG电极安放:将被鉴定人头发分开,用95乙醇或丙酮脱脂清洁后,电极紧贴头皮,盖上小块纱布,用平头针注射器抽上火棉胶,再将火棉胶打在纱布上,对电极进行固定,A1、A2电极安放于双侧耳后乳头。

毫针蝶骨电极安放:毫针蝶骨电极必须经高压蒸汽或75%的乙醇浸泡30 min消毒,手指和皮肤用碘酒消毒,乙醇脱碘后进针,进针部位在双侧颧弓中点下2 cm乙状切迹处即"下关穴",进针时让被鉴定人微张口,不要咬牙,垂直进针约向上15度插入4—5 cm,直达骨壁卵圆孔附近。电极安放要求电极之间距离相等,两侧部位相同。头皮上电极称为有效电极或活动电极,头皮以外的电极称为参考电极。

A.5.2 导联:EEG记录导联应具有16道以上,应包括单极参考导联和双极纵向导联、双极横向导联及定位导联,必要时加做特殊电极导联,如颞叶蝶骨电极导联等。

A.5.3 蝶骨电极导联:蝶骨电极常用F7、F8或T3、T4与两侧耳垂A1、A2相连接,蝶骨电极能对前颞叶底部和颞叶内侧部位癫痫源的电活动有较为满意的记录,对颞叶癫痫临床诊断阳性率提高15%—30%,但应具有一定经验的技术人员操作。

A.5.4 导联定位法:是通过异常脑波最高波幅或最低波幅出现的所在区域位置和极性,可推测出病变部位和范围。外伤性癫痫EEG可出现局限性慢波、棘波、尖波等异常波形,常可提示颅内异常病灶的部位,但由于脑波具有传导性,因此异常脑波的电场范围常常超出实际病灶的大小,有时可能是从远处传导而来,更应注意的是阴性棘波的波幅愈高,频率愈快,定位的价值愈大。请切记不论何种定位法,两侧半球病侧和健侧相同区域都应同时进行,三角导联定位法左侧半球是顺时针,而右侧半球则是逆时针,如左侧半球为F3—C3、C3—F7、F7—F3顺时针,右侧半球为F4—C4、C4—F8、F8—F4逆时针。定位导联是根据参考导联和双极导联所记录的EEG而确定的,如一侧性或局限性放电就应根据放电区域进行定位,这样才能有的放矢,进行有效的记录。定

位导联很多,应根据实际需要来使用,有四点定位法,十字交叉定位法等等,所以 EEG 技术人员必须精通操作,才能记录出一份合格的 EEG。癫痫源灶的定位即所谓刺激性病灶定位的位相倒置均为顶对顶的倒置,谓之针锋相对。底对底的位相倒置多为颅内软化灶。

A.5.5 颅脑损伤后癫痫 EEG 记录:颅脑损伤后癫痫被鉴定人取坐位或卧位,垫好枕头,夹好电极夹,频繁发作者须进行 VEEG 监测,时间为 2—4 h,最好能记录到清醒和睡眠时 EEG,尤其对在睡眠中发作者应描记睡眠或剥夺睡眠 EEG,剥夺睡眠 EEG 被鉴定者在禁睡 24 h 后再进行 EEG 检查,间断性发作和睡眠中发作者行 24 hAEEG 监测。总之,能记录到发作时 EEG 为最佳记录,记录中如有临床发作,不应关闭仪器,应对其进行同步 EEG 描记。

颅脑损伤后癫痫应进行多次 EEG 检查,有 5 次以上检查为好,最佳检查时间为 1 周内,1 月内,三月内和半年,1 年;最少也不应少于 3 次,检查时间为 1 月、半年、1 年。

A.5.5.1 颅脑损伤后癫痫 EEG 记录技术标准:目前 EEG 记录大都通过数字化(digitalEEG)显示屏进行采样贮存,调出回放、分析,记录时须输入被鉴定人姓名、性别、年龄、左右利手、临床诊断,EEG 编号,住院号、门诊号,被鉴定人合作情况,意识状态等。用记录纸描记的 EEG,在记录纸首页应做好上述记载,并做好导联标记或加盖导联图章。

A.5.5.2 安装电极前应详细阅读申请单,了解被鉴定人情况,必要时补充病史。

A.5.5.3 EEG 记录前和记录结束后均用进行仪器定标和生物定标,仪器定标是将 EEG 所有记录笔的放大器技术参数设置同一标准,如总增益"1";时间常数"0.3 s";高频滤波"60 Hz";定标电压"5 mm=50 μV";50 Hz 陷波器关闭,走纸速度"30 mm/s"来进行 10 秒钟的定标记录,观察各记录笔是否在同一垂直线上,阻尼大小是否适中,阻尼过大,波顶较圆钝,证明记录笔压纸过紧,阻尼过小,波顶变尖锐,说明记录笔压纸过松,阻尼大小可对阻尼螺钉进行调节,位相是否相同、波幅是否同等高度、波形是否同一形状。生物定标是将各记录笔连接于被鉴定人头皮上的任意内个电极,最好设置为 Fp1 和 O1 电极记录 10 秒,来观察脑波的波幅,波形和位相是否一致,这两种定标都是用来检验 EEG 在记录中,各放大器和记录笔是否在同等状态下正常工作的唯一标准。

A.5.5.4 EEG 常规记录时间应>20 min 清醒无干扰较稳定的 EEG,过度换气、闪光刺激、睁闭眼试验应增加记录时间,过度换气前后应各记录 1—3 min 以上。

A.5.5.5 EEG 操作技术:描记一份合格有参考价值的 EEG,操作技术人员应耐心细致及精力集中的操作,发现伪差应及时排除与纠正,注意被鉴定人的意识和一切动作并做好标记。

A.6 颅脑损伤后癫痫 EEG 常规诱发试验

A.6.1 EEG 诱发试验是通过各种生理性或非生理性的方式诱发出异常波,特别是癫痫样波的出现,是提高 EEG 的阳性率的方法。EEG 常规诱发试验包括睁闭眼试验、过度换气和间断性闪光刺激。

A.6.2 诱发试验 EEG 出现的异常表现,常为暴发性癫痫样放电,如棘波、棘慢波、尖波、尖慢波和暴发性慢波及暴发性节律波;局限性改变,一侧性或一侧区域性棘波、棘慢波、尖波、尖慢波和慢波;局限性快波增多,波幅增高等,可作为定位指标。

A.6.3 闪光诱发试验,只有那些对闪光刺激容易诱发癫痫样发作波者。闪光刺激应由操作技术人员谨慎执行,当 EEG 出现癫痫样放电,应立即停止刺激,有眼部疾病者禁用。

A.7 颅脑损伤后癫痫 EEG 所见

A.7.1 颅脑损伤后癫痫 EEG 所见有局限性慢波、局限性爆发性异常波、局限性爆发性节律波、局限性高波幅快波、广泛性高波幅慢波或病理波等。虽然颅脑外伤 EEG 检查在外伤现场或急性期很难进行,但是颅脑外伤后 EEG 检查对伤后的治疗、预后的评估有不可替代的作用。经国内外多家学者的研究报道,颅脑外伤后 1 个月进行 EEG 检查为最佳时期,伤后 3 个月、半年、1 年、2 年进行 EEG 复查必不可少,是推估、评价脑功能的重要指标。重症颅脑外伤有意识障碍者 EEG 改变一般认为从普遍性异常慢波或病理波向局限性慢波或病理波演变。早期癫痫波的出现预后良好,多数学者报道一半患者能在一月内恢复正常 EEG,如果 EEG 在 3 个月 半年内不能恢复正常者可能伴有终身脑功能障碍,有 3%—50% 可出现迁延性颅脑损伤后癫痫。国外有个案报道颅脑外伤后 18 年才出现癫痫。尽管颅脑外伤性癫痫在伤后什么时间出现甚是难料,但严重颅脑外伤后在 24 h—1 月内出现癫痫者还是多见,只有严重的硬膜穿通伤和颅内慢性血肿者出现癫痫的时间推移,因此颅脑外伤后 EEG 多次复查十分重要,有着不可低估的价值。

A.7.2 外伤后 EEG 可疑癫痫样放电:急性期,受伤部位或者对冲伤部位出现局限性或一侧性 δ 或 θ 波,可呈散在性和节律性发放,波形可类似正弦样波,部分为高波幅多形性慢波,持续局灶性多形性 δ 波,其波幅成人一般为 100 μV 以上,儿童可达 300 μV 以上,临床和实验研究表明,多形性 δ 波的产生以白质损失为主,多提示在大脑皮层、皮层下或丘脑核团有局部结构性脑损伤,如颅内血肿或脑挫裂伤。局限性—侧性爆发性异常波,尤其是病侧额叶、颞叶小棘波、小棘慢波、小尖波,夹有较多高波幅快波图形,临床上确有抽搐发作,应视为癫痫样放电。

A.7.3 外伤后 EEG 局限性生理波改变:局限性 α 波、睡眠 σ 波和 β 波增多,波幅增高见于颅骨缺损区称为开颅征属正常,外伤后无颅骨缺损时出现阵发局限性特高波幅无调幅的 α 节律,广泛性高波幅调节不明显 α 活动并前移到额叶和前颞叶部,局限性特高波幅睡眠 σ 节律应视为异常,特别是出现局限性高波幅快波时应高度注意,局限性高波幅快波称为所谓刺激性 β 波,是神经细胞高度兴奋的表现,被认为是癫痫放电的可能,生理波局限性波幅降低见于外伤后颅内血肿,平坦活动可能为电极放置在血肿上。

A.7.4 外伤后 EEG 典型癫痫样放电:是指突出于 EEG 背景,突发性出现、突发性消失,临床上将棘波、棘慢波、多棘慢波、尖波、尖慢波等复合波,各种频率的阵发性或爆发性异常波称为癫痫样放电,但不是所有癫痫样放电都伴有临床癫痫样发作。颅脑损伤后癫痫 EEG 以局限性放电多见,如是广泛性、弥漫性放电,应严格从频率、波幅、位相、波形来区分两侧半球是原发性同步,还是继发性同步:

a) 棘波:棘波时限<70 ms,有上升支陡直和快速的下降支,突出于背景,散在或阵发性出现,是神经元快速超同步化放电,属皮层放电;

b) 棘慢波:一个棘波和一个慢波组成的复合波称棘慢波,棘波也可在慢波的上升支或顶部及下降支,称非典型棘慢波,尤其是一侧额颞叶的棘波、小棘慢波或小尖波放电与外伤性癫痫是否关联,应密切结合临床,两侧同步性 3 Hz 典型棘慢波放电,为癫痫小发作波形,与颅脑外伤无关。

c) 多棘慢波:两个以上棘波和一个慢波组成称多棘慢波放电,常见于肌阵挛性癫痫,也可出现于其他类型癫痫。

d) 尖波:尖波时限>70 ms,上升支陡直和下降支稍缓慢,是一种常见癫痫样放电,多为局限性,尖波病变较棘波深而广泛,应与生理性尖波相区别,如睡眠尖波,儿童顶枕部尖波等。

e) 尖慢波:一个尖波和一个慢波组成,多为散在性一侧或局限性放电,棘慢波或尖慢波在不同时间出现在不同部位称为多灶性放电。

f) 阵发或爆发节律性放电:是指某一频率有节律的波突然出现,突然终止,明显突出于背景 EEG,并持续一段时间,见于 EEG 的各种频率。

g) 周期性一侧性癫痫样放电:是指各种癫痫样波,每隔1—2 s周期性反复出现在一侧或一侧区域,是一种严重的异常EEG现象,提示有严重的脑损伤。

A.8 颅脑损伤后癫痫EEG的阅读、测量、分析与评定

A.8.1 了解被鉴定人一般情况和病史,如年龄、性别、左右利手、意识状况、外伤情况、外伤时有无意识障碍,意识障碍时间长短,有无抽搐发作,外伤后第一次抽搐发作时间,有无颅骨骨折和颅骨缺损,是否为颅骨凹陷性骨折,颅骨缺损区域和大小,有无躯体、肢体和头部各器官功能损害和障碍等。

A.8.2 了解EEG仪器的性能和参数设置,观察仪器定标和生物定标。

A.8.3 外伤后EEG阅读:应将EEG全图从头至尾粗阅一遍,注意被鉴定人合作情况,各导联是否有伪差,两侧是否对称,有无一侧性或局限性改变,有无病理发作性异常波,异常波出现方式和部位,各种常规诱发试验前后EEG的变化,如安放了特殊电极和进行特殊诱发试验,更应注意观察特殊电极和特殊诱发试验的EEG变化。AEEG和VEEG记录中如有临床发作,重点观察发作时同步EEG记录。

A.8.4 外伤后EEG测量与分析:目前EEG测量分析有两种,一为专用的EEG测量透明尺进行测量和目测测量加以分析,适用于纸张描记的EEG,另一为数字化EEG,用计算机软件进行数据采集的EEG,用计算机专用软件进行测量分析。首先测量仪器各导联定标垂直线和高度,各导笔均应在一垂直线上,各导联定标电压高度均为5 mm=50 $\mu v$。再对EEG进行测量,应测量其平稳、安静时EEG波幅、周期、位相等:

a) 波幅:波顶至波底垂直距离称为波幅,波幅用微伏($\mu v$)为单位表示;通常1 mm=10 $\mu v$。低波幅<30 $\mu v$;中波幅30—75 $\mu v$;高波幅75—150 $\mu v$;特高或极高波幅>150 $\mu v$。

b) 周期:从一个波的波谷到下一个波的波谷的时间称为周期,周期用(ms)表示,常规EEG记录纸速为30 mm/s,1 s=1000 ms。每秒出现周期数称为频率,频率常用(Hz)表示。脑波的频率按国际可分三个频带,即中间频带8—13不足14 Hz称$\alpha$波,慢波频带0.5—7不足8 Hz,慢波频带又分为$\delta$波0.5—3不足4 Hz,$\theta$波4—7不足8 Hz;快波频带14—50 Hz,快波频带分为$\beta$波14—30 Hz,$\gamma$波>30 Hz。

c) 位相:向上偏转为负相,即阴性波,向下偏转为正相,即阳性波,大脑左右两侧相同脑区EEG记录中应为同位相,在两个导联的记录笔应同时向上或向下偏转,称同位相或同步,如在两个导联记录笔同时向相反方向偏转180度时,称位相倒置。测量各导联两侧相同脑区脑波均用在同一时间内测量,进行两侧对侧性的比较分析,不同频率的脑波在两侧不同区域均用测量5—10次以上。

d) 脑波的出现方式:脑波单个出现的称孤立的或单个散在,两个以上出现的称活动,有恒定周期和波形而反复出现的称节律。全脑均可见到的称广泛性或弥漫性,一侧半球或一个区域出现的称一侧性或局限性。突然出现,突然消失称阵发性或爆发性,阵发或爆发的时间长短又可分短程不足3 s,长程3—10 s,10 s以上为持续等。

e) 脑波波形:单一波形,如单形性$\delta$波、$\theta$波,单一节律性波等;复合波,如棘慢波、尖慢波、多棘慢波、复型慢波等;杂乱波形,如多形性慢波,高度失律等。

f) 外伤后EEG复查,应与前次EEG进行比较分析,有改善者病理波减少,波幅降低,正常生理波增多;如是病理波增多,波幅增高可考虑有加重趋势。

g) 外伤后EEG评定和报告书写及资料收集:EEG的评定带有一定经验和主观性,应紧密结

合临床和影像学资料。评定颅脑损伤后癫痫 EEG 是否正常或异常,异常有轻度异常,中度异常,重度或高度异常,是否存在颅脑损伤后癫痫,主要评定要求是否出现异常发作波,异常发作波与颅脑外伤区域性的关系。凡出现一侧性或局限性发作性异常波应视为癫痫的可能性,左右两侧广泛性发作波应区分原发性和继发性,确定是否外伤引起或外伤前就有癫痫源性病灶,有极少数病例癫痫样波的出现,可能远离外伤性病变区域,如为远隔征,常称为镜灶。能记录到临床发作时 EEG、VEEG、AEEG 对颅脑损伤后癫痫的诊断起到不可争辩的价值。

A.8.5 颅脑损伤后癫痫 EEG 判定标准,包括 VEEG 和 AEEG(参照中华医学会癫痫和 EEG 学组判定标准):

a) 轻度异常 EEG:EEG 以 θ 波为主,两侧频率、波幅有轻微不对称,伤侧频率前后时间记录慢于 1 个波以上;一侧或一个区域波幅始终增高 30% 以上,颅骨缺损除外;出现局限性 >30 $\mu v \beta$ 波和阵发性特高波幅的 α 节律与睡眠 σ 节律;成人出现一侧性始终慢于 8.5 Hz α 波;α 波波幅成人超过 150 $\mu v$,儿童超过 200 $\mu v$,且无明显调幅;广泛性 α,并前移。

b) 中度异常 EEG:以 δ 波为主;阵发局限性出现一侧或一个区域单形性高波幅 δ 波或 θ 波,有明显不对称;出现少量非典型性病理发作波;局限性快波波幅增高,含凹陷性颅骨骨折区;一侧额叶部、颞叶部小棘波、小棘慢波、小尖波。

c) 重度或高度异常 EEG:出现一侧性或局限性特高波幅 δ 和 θ 节律;多形性慢波含非典型性尖慢波;各种节律性爆发和阵发;周期性一侧性癫痫样放电;典型棘波、棘慢波、多棘慢波和尖波、尖慢波等病理波,能定侧、定位意义更大,典型 3 Hz 棘慢波除外;局限性高波幅快波 >50 $\mu v$,所谓刺激灶;两侧半球广泛性对称同步性放电应区分原发性和继发性;发作时同步 EEG 记录见典型癫痫样放电,上述改变均为自发性和诱发性出现。

A.8.6 颅脑损伤后癫痫 EEG、VEEG、AEEG 报告的书写:报告的书写应条理分明,内容简要,重点突出,并结合被鉴定人实际情况,供阅读者一看就明。目前 EEG 报告书写有两种形式,一为格式加填写试,另一为完全格式填写试,第一种被认为是较为正规 EEG 报告,首先将被鉴定者姓名、性别、年龄、左右利手、合作情况、意识状态、用药情况、住院号、门诊号、EEG 编号等填写在固定的格式内或进行打√。书写的内容全部是对 EEG 图纸的描述,描述的重点为基本节律,诱发试验以及结果和提示。对 EEG 的描述包括波幅、频率、位相、波形、出现方式和部位,先描述常规记录,后描述诱发试验或特殊电极,先描述正常 EEG,后描述异常所见,先描述普遍性出现,后描述局限性改变,记录中如有临床发作,应描述同步 EEG 所见,最后根据对图纸的测量与分析和 EEG 的评定标准评定,评判时,应给予真实而恰如其实的评定结果,必要时给予提示,如棘波、尖波样放电或放电的突出部位等。如是 EEG 复查,应与前次 EEG 进行比较描述,可以提出建议,建议其他检查和下次 EEG 复查时间。最后签名、填写报告时间,年、月、日。报告一般一式两份,一份发给被鉴定人,一份存档保存,备查。

A.8.7 EEG、VEEG、AEEG 资料的收集与整理:EEG 资料收集要建立一个登记本,其内容有记录时间、姓名、性别、年龄、临床诊断、EEG 编号、EEG 结果、备注等,对每位被鉴定者进行登记,用纸张记录的 EEG,应按 EEG 描记纸张大小进行设计制作装图袋备用,装图袋上应印有记录时间、姓名、性别、年龄、临床诊断、EEG 编号等内容。报告书写要一式两份,底份和申请单一并粘贴在 EEG 图纸的二页上,将每一位被鉴定者所做 EEG 图纸、申请单、报告单一并装入备用 EEG 袋内,以备阅查。用计算机软件进行报告书写的报告单,应储存在计算机内,以备调用查询。

A.9 脑电地形图(brain electrical activity mapping,BEAM)

A.9.1 脑电地形图或称定量脑电图(quantitative electro-encephalogram,QEEG)等,它是继 CT 和 MRI 之后又一成像技术的发展,是基于电子计算机分析生物电的一种新的电生理学成像诊断技术,是 80 年代一项具有国际水平的临床医学、电子工程学和计算机科学相结合的新兴神经电生理检查项目,是一种有效地用来描记大脑功能变化的、安全的、无创性诊断方法。BEAM 既可诊断功能性疾病,又可协助诊断器质性疾病,并可观察器质性病变对其周围正常脑组织的功能影响。BEAM 在某些方面可补充 CT 和 MRI 的不足,在病变未形成器质性病灶或体积不够大而 CT 和 MRI 未能显影时,只要病变部位脑组织有功能改变,BEAM 即可显示异常,故对大脑病变可起到超前诊断作用,为大脑病变的早期诊断和早期治疗,以及预后的判断带来了希望。

A.9.2 BEAM 的基本概念:BEAM 就是计算化的 EEG,它应用图形技术来表达大脑的电生理信息,代替了 EEG 的曲线图,它能直观、醒目地利用彩色平面图形和左右侧位图形来反映大脑的神经电生理活动,对病变部位能较好的定侧、定位,是一种神经电生理学的成像技术。

A.9.3 BEAM 的原理:BEAM 是从头部不同部位的电极上收集到的脑电信号 EEG,一般提取无干扰、平稳 EEG 信号 60—100 s,经过滤波器衰减 0.5 Hz 以下和 30 Hz 以上的各种频率的干扰信号,再经放大器信号放大后输入计算机的模数转换(A—d)器进行转换,将波形信号转化为数字信息贮存在计算机的贮存器中,通常可在每个导联采集 512 或 1024 个点,根据不同时间相的电压变量进行快速付立叶转化(FFT),处理为不同频域的功率段的功率谱。它包括以分别表示 $\delta$(Delta)、$\theta$(Theta)、$\alpha$(Alpha)和 $\beta$(Beta) 四个不同频率段的功率图。

A.9.4 成像原理:以 Ueno 和 Matsuoka 提出的二维内插补差法为原理,利用直线型和曲线型插值运算,从一个 $5\times5$ 数值矩阵中推出 $65\times65$ 个点的电压变量值,以等电位效应原理用彩色带和数值化表示出不同的灰度等级,并用打印机在一个预置形态如 CT 一样的平面图上打印出来,并列出灰度标尺供分析。

A.9.5 BEAM 的阅读、分析及诊断:

A.9.5.1 临床资料首先通过 BEAM 申请单可了解被鉴定者的性别、年龄、左右利、病史、临床症状及是否应用对中枢神经系统有影响的药物如抗癫药、镇静药等,是否进行过其他特殊检查及检查目的和特殊要求等,以做分析时参考。

A.9.5.2 了解被鉴定人时的状态如体位、是否合作、意识状态、是否闭目、有无嗜睡和药物催眠等情况,以便正确判断检查结果。

A.9.5.3 分析有关数值观察了解 BEAM 数值及颜色灰阶值情况以做分析时参考。

A.9.5.4 阅读和分析每一个图形改变情况,一般 BEAM 分为 $\alpha$(Alpha) 频段图形、$\beta$(Beta) 频段图形、$\theta$(Theta) 频段图形和 $\delta$(Delta) 频段图形,根据需要还可再细分为 $\alpha1$、$\alpha2$ 和 $\beta1$、$\beta2$ 等频段图像等。每个频段图形可显示横断水平面图像和左右侧位图像,根据每个图像的颜色灰阶数值和左右侧对比以及与正常值对比来分析 BEAM 正常或异常。

颅脑损伤后癫痫 BEAM 可根据不同频率段图像的功率值改变进行分析、诊断,颅脑损伤区域 $\alpha$ 频段图像功率明显局限性增高,颅骨缺损区域除外;颅脑损伤区域 $\beta$ 频段图像功率局限性增高,含颅骨凹陷性骨折区域;颅脑损伤区域 $\delta$ 和 $\theta$ 频段图像功率局限性增高等。

根据图像中颜色灰阶值左右相对应部位是否对称进行诊断,目前记录仪器软件制造商不同,其灰度值有 10 级、16 级、30 级不等,一般正常人左右颜色灰阶值是基本对称,通常 10 级差别在 3 个灰阶值之内,16 级在 3—5 灰阶值内,30 级在 4—6 灰阶值内,大于上述灰阶值应视为为异常。

根据图像左右相对应功率数值是否相等进行诊断,正常人左右功率数值基本相等,一般差别在30%以内,如超过30%提示异常,应结合功率谱曲线图、功率谱百分之比图、数字地形图等进行分析。

A.9.5.5　BEAM的诊断原则:关于BEAM的诊断,一般遵循两个原则,一是要结合被鉴定者的病史和临床症状,二是根据BEAM的图像改变特点进行诊断。被鉴定人的病史和临床症状资料的获得,通过被鉴定人或家属获取。而颅脑外伤后脑机能障碍复杂多样,有生理性的功能失调、有脑挫裂伤所致的病理变化,反映大脑机能变化的EEG和BEAM常出现异常改变。BEAM能直观、定位地显示颅脑损伤的部位、程度、范围,从而对颅脑外伤后的脑功能变化进行客观正确的评价,尤其对颅脑颅脑损伤后癫痫源性焦点的确定更醒目、直观和准确。

A.9.5.6　BEAM检查图像显示:

BEAM检查可显示各种图像,因目前BEAM仪器生产厂家不同和性能的差异,所以每种BEAM仪所能显示的图像亦不相同。大部分BEAM仪所能显示的各种图像如下:

a) 显示α、β、θ、δ各频段图像,并根据需要将上述频段划分为α1、α2、α3、α4、β1、β2、β3、β4。依次类推,有的仪器可达到每个Hz呈现一个图像,以便进行分析研究。

b) 显示上述各频段的水平位(正位图和俯视图)和左、右侧侧位图像,和单个侧位图像。

c) 显示带有EEG(带有全部导联和带有部分导联的EEG)的BEAM图像。

d) 显示棘波地形图像。

e) 显示诱发电位地形图(包括视觉诱发电位、听觉诱发电位、体感诱发电位和P30。诱发电位地形图)图像。

f) 显著性概率地形图所用的统计学处理可分为t检验地形图图像和z检验地形图图像。

g) 同时显示六个或8个频率段的地形图图像。

h) 显示频谱功率图,又称统计地形图或称Summary地形图。根据需要可将某一至二个频段化作以0.5 Hz或1.0 Hz或2.0 Hz为梯度的频谱功率图。

i) 显示显著性概率地形图图像。

j) 显示以时间(毫秒ms)1至若干ms为梯度的实时地形图图谱。

A.9.6　BEAM与EEG之间的对比分析:

a) BEAM是通过电子计算机分析,可发现较微小的改变,EEG是目测,对较小病变可能漏诊。

b) BEAM是通过图像形式显示病变,而EEG是曲线图,前者较直观,定位更准确,且能显示病变范围以及病变对其周围正常脑组织的功能影响及范围,后者则次之。

c) BEAM可通过显著性概率地形图进行被检查者与正常值进行对比,而EEG则不能进行。

A.9.7　关于BEAM与脑CT,MRI和EEG的相互对比问题:

a) BEAM与CT和MRI在病变的解剖定位方面为优势,BEAM以功能诊断为优势,故BEAM所显示的病变范围较CT和MRI大。BEAM除能显示病变外,尚能显示病变对其周围正常脑组织的功能影响,所以病变范围较CT,MRI为大。

b) CT和MRI必须在病灶形成后且体积有一定的大小时才能显影诊断,BEAM只要病变部位开始有功能改变时,而病灶未形成以前即可显影诊断,故BEAM改变可早于CT和MRI,具有超前诊断的作用。

c) BEAM能协助诊断功能性疾病,而且是目前较理想的、可靠的诊断措施,如对原发性癫痫、脑震荡和精神疾病等可协助诊断,而CT和MRI则不能诊断。

d) BEAM 还能协助诊断、观察病变对其周围正常脑组织功能的影响,而 CT 和 MRI 则不能显示,故 BEAM 据此可协助观察疗效和判断预后。

e) CT 和 MRI 可进行增强检查,以协助诊断与鉴别诊断,而 BEAM 则不能进行。

A.9.8 BEAM 报告内容:按照报告单内容逐项填写一般内容,报告内容描述:

a) 描述每个频率段($\alpha$、$\beta$、$\theta$、$\delta$ 等)的功率变化,要着重描述被鉴定者所特有的频率段功率改变程度和改变的部位。

b) 描述频谱功率的改变,即记录描述功率值改变频段的各部位的左右半球相对应部位功率定量变化的百分比差(<30%,>30%或>50%)。

c) 记述 z 检验 BEAM 结果(即被鉴定者功率值改变与正常值对照得出的标准差 SD 或称偏离度),<3 为正常范围,>3 为轻度异常,>5 为异常(明显异常)。

d) 记述过度换气等诱发试验结果。

A.9.8.1 BEAM 结论与诊断,应根据脑电地形图的改变特点,结合临床资料得出 BEAM 诊断。目前主要诊断方式是类似 EEG 诊断轻、中、重度异常,根据 BEAM 改变特点,结合临床资料尽量作出临床提示,这样提供的诊断临床参考意义更大。

目前 BEAM 对外伤后癫痫的诊断还存在误区,是因为所应用的机器的性能所限,不是所有厂商生产的软件都能对 EEG 出现的棘波、尖波进行确认,所以 BEAM 对棘波和尖波不能确定,但是性能好的 BEAM 仪生产厂商可利用分析软件分析协助癫痫的诊断,而且还可以对原发性和继发性癫痫进行鉴别诊断。主要有 2 种方法:一是利用棘波自动分析软件进行分析判断,棘波自动分析功能选择的标准菜单主要包括一系列参数,检测 EEG 信号中的棘波活动,标准对这些参数值进行确定。分析软件滤掉杂波,有效地达到自动化检测功能,检测出真的棘波活动。二是利用时域分析方法进行分析,根据棘波或尖波周期进行判断。根据上述二种方法,再结合临床发作表现,对癫痫进行诊断和分类。

颅脑损伤后癫痫 BEAM 应紧密结合 EEG 进行分析,而主要是定侧、定位的分析,EEG 是局限性慢波改变,BEAM 则为局限性慢波频段功率值增高,如是局限性棘波、尖波放电,BEAM 应是 $\theta$、$\alpha$、$\beta$ 频段功率值局限性增高。BEAM 与样本的剪取、拼接 EEG 信号关系密切,是弥补 EEG 定侧、定位的不足,因此 BEAM 的操作技术显得十分重要。

## 附录 B(规范性附录) 颅脑损伤后癫痫医学影像学读片规范

B.1 提供医学影像学作为鉴定材料要求规范

被鉴定方应签字确认如实提供医学影像学材料,鉴定方一般只对提供材料所做结论负责,如被鉴定方要求对材料的真实性进行鉴定,应申请同一认定鉴定。一般情况下,被鉴定方应提供如下医学影像学鉴定材料:

a) 受伤当时的头部 CT 或/和 MRI 或/和平片之胶片或/和纸质图片或/和电子载体及相应医疗机构的医学影像学诊断报告;

b) 受伤后病情变化过程(尤其是加重时期)的头部 CT 或/和 MRI 或/和平片之胶片或/和纸质图片或/和电子载体及相应医疗机构的医学影像学诊断报告;

c) 病情稳定后或最近时期的头部 CT 或/和 MRI 或/和平片之胶片或/和纸质图片或/和电子载体及相应医疗机构的医学影像学诊断报告;

d) 如被鉴定方提供的影像学资料不足以提供充分的鉴定证据,应重新进行或复查头部 CT 或/和 MRI 检查并提供检查图像资料与医学影像学诊断报告。

非本鉴定机构出具的医学影像学诊断报告直接作为证据的条件规范,非本鉴定机构出具的医学影像学读片报告直接作为鉴定材料应具备以下条件之一:

a) 报告内容与经医院审核确认的原始手术记录或病理结果互为印证;
b) 两位以上医师签名,其中一位医师具有材料可证明的具有医学影像学副主任医师以上职称且注册地为二级甲等或二级甲等以上医院且具有相应岗位上岗资格证明。

B.2　鉴定机构医学影像诊断学鉴定人员资质规范

本鉴定机构医学影像诊断学鉴定人员应具有临床影像诊断学副主任医师或以上职称。

B.3　医学影像学鉴定过程规范

B.3.1　医学影像学鉴定材料的选择:

a) 手术前影像资料选择已充分显示全部病变及其程度的头部 CT 或/和 MRI;
b) 结果期影像学资料选择手术后病变稳定期或最近时期的头部 CT 或/和 MRI。

B.3.2　医学影像学鉴定过程规范:

a) 记录所审读原始影像资料的检查日期、姓名与照片编号;
b) 根据照片上标注的检查日期、姓名与照片编号及前后病变的变化规律从形式与内容上审核检查材料的真实性;
c) 记录或审核头部原始影像资料所显示的病变,尤其与癫痫相关的颅内病变及其诊断;
d) 对已审核病变的照片照相并存档。

B.4　颅脑外伤医学影像学诊断及术语规范

B.4.1　颅骨骨折:

a) 线形骨折:平片或 CT 片,非颅缝及血管沟部位的不规则线形负影。非典型线形骨折应有 CT 三维重建及/或颅骨表面成像图。
b) 穿通性骨折:除外颅骨疾病的贯通颅骨外板与内板的局限性负影。
c) 粉碎性骨折:出现分离骨片的颅骨骨折。
d) 凹陷骨折:骨折片向颅内凹陷的颅骨骨折。
e) 颅缝分离:颅骨骨折的一种,颅缝明显大于正常,或两侧颅缝明显不等宽。

新鲜与陈旧骨折,满足以下任意一个条件可确认为新鲜骨折:

a) 骨折线邻近软组织肿胀、出血或/和伴有新近的颅内脑损伤证据;
b) 复查照片、CT 或 SPECT 提示骨折线发生变化,如骨痂形成或愈合;
c) 有明确可解释骨折形成的暴力病史,或有明确局部骨折体征,且无确切证据可证明伤前存在骨折线的无骨痂形成的颅骨骨折。

B.4.2　颅内积气和脑脊液漏:

a) 颅内积气:手术前 CT 和/或 MRI 片,颅内出现空气影。首次照片颅内积气不能确认者,复查后影像发生变化可确认。硬膜下腔、蛛网膜下腔、脑室内及脑组织内积气提示硬脑膜破裂。
b) 脑脊液漏:CT 和/或 MRI 显示脑脊液溢出颅腔外,脑脊液漏提示硬脑膜破裂。

B.4.3　硬膜外血肿:CT 和/或 MRI 显示具有血肿特征的物质位于颅骨内板下与硬脑膜间。

B.4.4　硬膜下血肿:CT 和/或 MRI 显示具有血肿特征的物质位于颅骨内板下与蛛网膜间。

B.4.5　颅内脑外血肿:CT 和/或 MRI 特征不能区别硬膜外或硬膜下血肿,或硬膜外血肿与硬膜下血肿混合存在时。

B.4.6 蛛网膜下腔出血：CT 和/或 MRI 显示脑池和/或脑沟有肯定的具有血液密度或信号的物质。单次照片不能肯定时，复查照片影像发生变化者可确认。

B.4.7 脑室内积血：CT 和/或 MRI 显示脑室内有血肿特征的物质存在，单次照片不能肯定时，复查照片影像发生变化者可确认。

B.4.8 脑内血肿：CT 和/或 MRI 显示脑组织内有具有血肿特征的物质。

B.4.9 硬膜下积液：一侧或两侧颅内硬膜下间隙增宽，其内容物一般具有脑脊液特征，如合并出血或高蛋白物沉积，内容物具有相应特征。

外伤性硬膜下积液：一侧或两侧颅内硬膜下间隙增宽，外伤后前后两次内容物含量有变化者，可确认为外伤性硬膜下积液。

B.4.10 脑挫伤：CT 和/或 MRI 显示局部脑组织水肿、坏死、液化和/或多发散在的小出血灶。

B.4.11 弥漫性脑损伤：弥漫性脑损伤包括弥漫性脑水肿、弥漫性脑肿胀和弥漫性脑白质损伤。

B.4.12 脑水肿：CT 显示局部或弥漫性脑白质密度减低；MRI 显示局部或弥漫性脑白质内水分增多，T1WI 及 T2WI 均呈水样信号。

B.4.13 脑肿胀：CT 或/和 MRI 显示局部或弥漫性脑组织体积增大，中度以上脑肿胀显示脑室、脑池或脑沟较正常者明显变小，单次照片可以确认，轻度肿胀者前后两次图片对比显示脑组织体积发生变化可以确认。

B.4.14 弥漫性脑白质损伤：又称脑白质剪切伤，CT 或/和 MRI 显示局部或弥漫性脑组织水肿\肿胀，并有散在点状出血灶。

B.4.15 脑软化灶：CT 或/和 MRI 显示局部或弥漫性脑组织缺失，局部组织被液体信号代替，后天病变所致者，MRI 可显示脑软化灶周围伴有胶质增生信号。

外伤性脑软化灶：后次图像具有脑软化征象，前次图像具有脑损伤征象。

B.4.16 胶质增生：MRI 显示病灶周围白质具有非水肿异常信号，往往无增强，无占位效应。

外伤后胶质增生：后次图像具有胶质增生征象，前次图像具有脑损伤征象。

B.4.17 脑积水：CT 或/和 MRI 显示局部或弥漫性脑室扩大，梗阻性脑积水表现为梗阻平面以上脑室扩大，交通性脑积水显示全脑室扩大。

外伤后脑积水：后次图像具有脑积水征象，前次图像具有脑损伤征象。

B.4.18 脑萎缩：CT 或/和 MRI 显示局部或弥漫性脑组织体积缩小，其直接征象为脑室\脑池\脑沟扩大，轻度脑萎缩需要前后两次图片对比才能确认。

外伤性脑萎缩：后次图像具有脑萎缩征象，前次图像具有脑损伤征象。

# 法医临床影像学检验实施规范

## 前　　言

本技术规范按照 GB/T1.1-2009 给出的规则起草。
本技术规范由司法部司法鉴定科学技术研究所提出。
本技术规范由司法部司法鉴定管理局归口。
本技术规范起草单位：司法部司法鉴定科学技术研究所。
本技术规范主要起草人：夏文涛，应充亮，万雷，朱广友，范利华。
本技术规范为首次发布。

## 引　　言

制定本技术规范的依据包括以下国家或行业标准：现行人体损伤程度鉴定的相关技术标准；由国家质量监督检验检疫总局发布并于 2002 年 11 月 1 日开始实施的 GB18667-2002《中华人民共和国国家标准·道路交通事故受伤人员伤残程度评定》；由国家质量监督检验检疫总局和国家标准化管理委员会发布并于 2007 年 5 月 1 日开始实施的 GB/T16180-2006《中华人民共和国国家标准·劳动能力鉴定职工工伤与职业病致残等级》；由公安部发布的于 2005 年 3 月 1 日开始实施的 GA/T521-2004《中华人民共和国公共安全行业标准·人身伤害受伤人员误工损失日评定准则》，以及由司法部于 2007 年 8 月 7 日发布的《司法鉴定程序通则》。

本技术规范运用医学、法医学理论和技术，结合法医学检验、鉴定实践而制定，为法医临床学检验、鉴定中作为外部信息的影像学资料的审核、采用及必要时进行影像学检验提供科学、规范、统一的方法和标准。

## 1　范围

本技术规范规定了法医临床学司法鉴定实践中常见的人体损伤影像学检验的基本要求、主要内容和诊断、认定原则。

本技术规范适用于法医临床影像学外部信息的审核与必要的影像学检验。

本技术规范适用于各类人体损伤的法医临床学鉴定。

## 2　术语和定义

下列术语和定义适用于本文件。

2.1 影像学检验

利用射线或磁场装置进行医学诊断辅助法医临床学鉴定的活动。主要包括传统 X 线检查技术（普通摄片与特殊造影）、X 线计算机体层摄影术（computed tomography，CT）与磁共振成像技术（megnenetic resonance imaging，MRI）。

2.2 影像学资料

通过医学影像学检验所获取的图像资料，包括图片形式（如胶片等）与电子存储介质为载体的数字文件（如光盘等）。

2.3 影像学外部信息

司法鉴定机构委托本机构以外的其他机构（包括临床医疗机构）进行影像学检验所获取的影像学资料，以及由委托人提供的可作为鉴定依据的影像学资料（包括各种载体所承载的 X 线、CT、MRI 等影像学图像）。

2.4 法医临床影像学检验

鉴定人（包括聘请的专家辅助人）对影像学外部信息进行审阅，必要时进行影像学检验，并提供影像学诊断和认定意见的活动。法医临床影像学检验应满足法医临床检验、鉴定的实际需求。

2.5 影像学外部信息的审核

鉴定人（包括聘请的专家辅助人）对影像学外部信息进行审查，审查的内容包括影像学检查的方法、影像学图像的质量是否满足鉴定的要求，提供影像学诊断和认定意见等。

## 3 总则

3.1 影像学检验的基本要求

法医临床影像学检验应满足法医临床检验、鉴定的实际需求，应根据损伤的部位和性质等选择适合的检验方法，包括特殊体位、图像增强功能等。

3.2 影像学资料的基本要求

法医临床影像学资料应具有较高的图像质量，确保具有足够的清晰程度，要能够显示不同组织、正常组织与病变（损伤）组织之间的影像学特征。

3.3 影像学报告的基本要求

3.3.1 法医临床影像学诊断和认定意见应包括损伤部位、损伤性质和损伤的严重程度。

3.3.2 法医临床影像学检验报告应描述能够反映损伤部位、损伤性质和损伤严重程度的影像学变化特征。

3.4 影像学外部信息审核的基本原则

鉴定人对委托人作为外部信息所提供的影像学资料，进行客观地分析性审核。审核的要点包括（但不限于）：

a）影像学资料与案情材料（包括所反映的或者可能的损伤经过与致伤方式）的吻合性；

b）影像学资料与其他临床病历资料（包括损伤后诊治经过）的吻合性；

c）影像学资料与法医学检验结果的吻合性；

d）影像学资料对鉴定委托事项的相关性；

e）影像学资料对鉴定委托事项的充分性；

f）影像学资料的质量（包括摄片质量与保存质量）能否满足鉴定要求；

g）被鉴定人个人信息（姓名、性别、年龄，必要时包括既往史、个人生活史、家族史、职业史等）。

3.5 影像学检验结果评价的基本原则

3.5.1 在观察外部信息提供的影像学资料和实施影像学检验时,应结合被鉴定人个人信息(性别、年龄,必要时包括既往史、个人生活史、家族史、职业史),案情材料反映的(包括可能的)损伤经过与致伤方式,损伤后诊治经过等。

3.5.2 应尽可能全面观察损伤后影像学随访的检验资料。

3.5.3 应排除自身疾病(退变)及陈旧(外伤)性改变或其他病理基础的影响。

3.5.4 在审核影像学检验结果时,鉴定人可参考临床影像学诊断意见。鉴定人认为临床影像学诊断意见不明确或存有争议时,可邀请有专门知识的专家辅助人提供专业意见,最终综合形成认定意见。

3.6 必要时的影像学检验

3.6.1 鉴定人认为存在如下情形的(不仅限于),可以要求重新或者补充进行影像学检验。重新或者补充进行影像学检验情形有:

a) 有必要进行影像学同一认定的;
b) 需观察近期影像学改变,进行随访检验,或者判断是否符合医疗终结标准的;
c) 送鉴影像学检验资料不能完全满足鉴定要求,需采用其他影像学检验技术或方法的。

3.6.2 拟行重新或补充影像学检验的,应征得委托人的同意(必要时书面函告);被鉴定人不配合检查导致鉴定不能的情形,由委托人依据法律规定及具体情况处理。被鉴定人在鉴定机构以外的影像学实验室获取重新或补充影像学检验检查结果时,应经委托人确认后提交鉴定机构。

## 4 常见损伤的影像学检验要求及诊断与认定标准

4.1 颅内血肿量的影像学测量

颅内血肿按血肿的来源和部位可分为硬脑膜外血肿、硬脑膜下血肿及脑内血肿等。

4.1.1 影像学检验方法

可选择 CT 扫描与 MRI 检查。

4.1.2 颅内血肿量计算

可采用多田氏公式血肿容积测量法、改良球缺体积公式血肿容积测量法、体视学血肿容积测量法、steiner 计算法、软件血肿容积测量法等方法计算颅内血肿量。

4.1.3 多田氏公式血肿容积测量法

多田氏公式血肿容积计算公式为:

$$v = \frac{kabc\pi}{6}$$

式中:

$v$——血肿容积,单位为毫升(mL)

$a$——头颅 CT 轴位扫描显示血肿最大层面的血肿最大长径,单位为厘米(cm)

$b$——头颅 CT 轴位扫描显示血肿最大层面的血肿最大最大宽径,单位为厘米(cm)

$c$——扫描层厚,单位为厘米(cm)

$k$——可见血肿的层数

4.2 眶壁骨折

4.2.1 影像学检验方法

眶壁骨折分为:眶顶骨折、眶缘骨折与眶壁爆裂性骨折。眶壁爆裂性骨折最常见于眶内侧壁，其次为眶底壁。

影像学检查首选CT。建议行薄层扫描，必要时进行多方位图像重组。

#### 4.2.2 眶内侧壁新鲜骨折CT认定标准

##### 4.2.2.1 直接征象

一侧眶内侧壁(筛骨纸板)骨质连续性中断、缺损。

##### 4.2.2.2 间接征象

间接征象表现为：

a) 伤侧眼睑软组织肿胀伴有或不伴有皮下积气；
b) 伤侧眼眶内积气；
c) 伤侧筛窦气房内积液；
d) 伤侧眼内直肌肿胀。

#### 4.2.3 眶底壁新鲜骨折CT认定标准

##### 4.2.3.1 
轴位扫描图像：上颌窦腔内见局限性异常稍高密度影与条片状骨质密度(骨嵴)影，呈现眼眶"底陷征"或上颌窦"悬顶征"，即CT轴位图像见上颌窦腔内上份显示无定形斑片状或类卵圆形软组织影，边缘部位嵌杂细小条形骨嵴影。

##### 4.2.3.2 
冠状面图像重组：眼眶底壁骨质连续性中断、塌陷或缺失，上颌窦腔内上份见软组织密度影与骨质密度影夹杂，可伴有上颌窦腔积液。

### 4.3 鼻区骨折

#### 4.3.1 影像学检验方法

主要指上颌骨额突骨折与鼻骨骨折。新鲜骨折的直接征象：上颌骨额突和鼻骨骨皮质连续性中断。间接征象：鼻区(包括鼻背部及邻近颌面部)软组织增厚肿胀，鼻腔黏膜增厚等。

影像学检查首选CT。建议行薄层扫描，必要时进行多方位图像重组或重建。也可选择X线摄片作为辅助检验手段。

#### 4.3.2 上颌骨额突骨折

上颌骨与鼻骨连接处骨性突起的骨折。CT轴位图像于鼻颌缝后侧上颌骨突起处骨质可见线形低密度影，可伴有或不伴有骨折端移位。

#### 4.3.3 鼻骨线形骨折

##### 4.3.3.1 单侧鼻骨一处骨折，骨折端不伴有明显移位。

##### 4.3.3.2 鼻骨骨折端完全错位(骨折端横向或内外完全分离，断端不重合)，或者骨折端成角畸形(骨折线两端之夹角小于150º)者，视为鼻骨线形骨折伴有明显移位。

##### 4.3.3.3 外伤致鼻颌缝分离，视为鼻骨线形骨折，但不宜认定为鼻骨骨折伴有明显移位。

#### 4.3.4 鼻骨粉碎骨折

单侧或两侧鼻骨两处或两处以上线形骨折。

### 4.4 寰枢关节脱位

#### 4.4.1 影像学检验方法

X线摄片(包括寰枢关节张口位及颈椎侧位)与CT扫描。CT扫描时可行图像重组，同时可选择行MRI检查，确证是否合并存在软组织损伤，有助于确认。

#### 4.4.2 影像学认定标准

成人枢椎齿状突与寰椎两侧侧块之间距相差大于 3.0 mm,伴有寰枢椎外侧块关节对合差异、错合、关节间隙不等宽,或者枢椎齿状突前缘与寰椎前结节后壁间距大于 3.0 mm。须除外颈椎退行变及齿状突先天性发育异常等。

#### 4.4.3 影像学认定原则

影像学认定原则为:
a) 应排除人为体位不正、投照不正造成的假阳性结果;
b) 存在明确的颈部外伤史及致伤方式;
c) 存在相应临床症状及体征;
d) 存在确切影像学证据支持。但对年龄在 15 岁以下的少年儿童及发育异常的成年人须慎重。

### 4.5 肩锁关节脱位

#### 4.5.1 影像学检验方法

首选肩关节 X 线正位摄片。摄片时,被鉴定人直立于摄片架前,背靠摄片架,两足分开,使身体站稳;两臂自然下垂并两手各握重量相等的重物(4.0~6.0 kg),身体正中面对摄片架纵向正中线,使锁骨呈水平状。中心线对准胸 3 椎体。

#### 4.5.2 影像学认定标准

X 线示肩锁关节间隙增宽(正常成人关节间隙宽度<0.5 cm)或锁骨外侧端向上移位。双侧对比有助于明确认定。

#### 4.5.3 影像学认定原则

影像学认定原则为:
a) 须有明确肩部外伤史;
b) 应对比两侧肩锁关节摄片征象。

### 4.6 肋骨骨折

#### 4.6.1 影像学检验方法

4.6.1.1 常用影像学技术为 X 线摄片、CT 扫描及肋骨 CT 图像重组。X 线摄片包括肋骨后前位、左或右前斜位。肋骨 CT 选择轴位扫描,必要时可选择多平面重组(MPR)、最大密度投影(MIP)、表面遮盖法(SSD)、容积再现(VR)及曲面重组(CPR)等图像重组技术。

4.6.1.2 肋骨 X 线摄片及 CT 扫描均应在屏气状态下进行。

4.6.1.3 肋骨后前位 X 线摄片时,被鉴定人直立于摄片架前,面向影像板或射线接收器,两足分开,头稍抬高,两肘弯曲放置于臀部,两臂及肩部尽量内转,避免肩胛骨影像与肋骨重叠。肋骨(左、右)前斜位摄片时被鉴定人直立于摄片架前,面向影像板或射线接收器,两足分开,头稍抬高,摄片时两肘部弯曲并将两手背放置于臀部,手臂及肩部尽量内转,将身体向摄片侧转 45 度,使胸腋部靠近影像板或射线接收器。以上检查 X 线中心均对准胸 4 椎体。

#### 4.6.2 影像学认定原则

影像学认定原则为:
a) 须有明确的胸部外伤史;
b) 必要时需观察影像学随访检验结果;
c) 多种影像检验技术之间可互相补充、互相结合,应综合分析相关影像学资料;

d) 应注意鉴别 CT 重组图像可能存在的因人为或设备因素造成的伪影。

### 4.7 脊椎骨折

脊椎骨折包括椎体、椎板、椎弓及其附件(横突、棘突和上、下椎小关节突)骨折。

#### 4.7.1 影像学检验方法

4.7.1.1 X 线摄片、CT 扫描及 MRI 检查等。

4.7.1.2 X 线摄片包括颈椎、胸椎、腰椎及骶尾椎正侧位及斜位摄片。注意摄片时应嘱被鉴定人深吸气后屏住呼吸。

4.7.1.3 轴位 CT 扫描,必要时薄层扫描后进行图像重组。

4.7.1.4 MRI 检查包括矢状面及横断面成像,常用 T1WI、T2WI、抑脂序列、质子加权技术等。

#### 4.7.2 影像学认定原则

影像学认定原则为:

a) 椎体压缩骨折在正位影像上显示椎体两侧不等高、侧位影像上呈楔形改变,椎板及椎体附件骨折在 X 线平片上可见线形透亮影,横突骨折可见分离移位,上、下关节突损伤一般以脱位多见,行 CT 扫描有助于明确认定;

b) 判定椎体属单纯压缩骨折或者粉碎骨折应行 CT 扫描;

c) 椎体新鲜骨折在 MRI 图像上通常显示椎体楔形改变,且椎体内可见斑片状等或低 T1WI、高 T2WI 信号影,抑脂序列呈高信号影,在骨折后数月逐渐消退。

#### 4.7.3 胸腰段椎体骨折的鉴别

鉴别方法为:

a) 单纯压缩骨折多属过度屈曲及轴向外力作用所致,暴力作用于椎体前上部致椎体呈楔形变。CT 轴位扫描显示椎体前份骨质被挤压向周边移位,椎体上部骨皮质不完整,骨松质因压缩而增密,骨小梁排列紊乱,但骨折线一般仅限于累及脊柱前柱。

b) 胸、腰椎椎体骨折压缩 1/3 的判断标准:通常根据椎体前缘压缩程度或者压缩最明显处判定;压缩程度应以同一椎体前缘与后缘比较,或与相邻椎体比较,但应依据胸椎与相邻胸椎比较、腰椎与相邻腰椎比较的原则。

c) 爆裂骨折多系遭受纵向暴力作用所致,CT 轴位扫描可显示 X 线平片与 MRI 不易发现的骨折线和碎骨片,骨折线累及脊柱中、后柱,或因碎骨块向后突入椎管内致椎管结构不完整,可伴有硬膜囊、脊髓或脊神经根受压。

d) 粉碎骨折系指椎体两处或两处以上骨折。骨折线累及脊柱中、后柱,和/或椎体后缘有碎骨块突入椎管致椎管狭窄者,可视为椎体粉碎性骨折。

### 4.8 脊柱椎间盘突出

#### 4.8.1 影像学检验方法

外伤性椎间盘突出多与特殊类型的外力作用(纵向旋转暴力)有关,单纯过度屈曲或过度伸展很少能直接引起椎间盘纤维环破裂而致髓核突出。绝大多数不伴有脊椎骨折或脱位的椎间盘突出多系由于椎间盘退变或在长期慢性劳损的基础上,因脊柱受到外力作用后诱发(或促进)椎间盘突出的症状与体征显现(或加重)。

影像学检查推荐 CT 及 MRI。

4.8.2 影像学认定标准
4.8.2.1 直接征象
椎管前缘于椎间盘层面可见超出椎体边缘的呈均匀光滑的软组织密度影。
4.8.2.2 间接征象
间接征象有：
a) 硬脊膜囊外脂肪间隙移位、变窄或消失；
b) 硬脊膜囊前缘或侧方及神经根受压移位；
c) 无相应椎体骨质增生硬化、髓核压迹及椎间盘钙化等。
4.8.3 影像学认定原则
影像学认定原则为：
a) 必须有脊柱外伤史；
b) 椎小关节相应影像学检查证据，MRI检查存在脊柱周围软组织挫伤或椎体骨挫伤有助于支持认定；
c) 相应椎体无明显退行性改变；
d) 多个运动节段椎间盘突出常见于脊柱退行性改变。

4.9 脊椎滑脱
4.9.1 影像学检验方法
脊椎滑脱指上面一个椎体及其整个节段向前滑动。先天发育异常、退行性改变及外伤等均可致脊椎滑脱。因脊椎先天发育异常而发生的谓椎弓崩裂；因退行性变引发的称脊柱不稳；由于外伤所造成的多为椎弓和/或椎小关节突骨折、脱位所致。
影像学检查推荐X线摄片（包括椎体正侧位、双斜位及功能性侧位）及CT扫描，也可选择MRI检查。
4.9.2 X线平片认定标准
斜位X线平片能显示"苏格兰狗颈断裂征"的椎弓骨折征；"苏格兰狗颈断裂征"系指在椎弓崩裂时，峡部可出现一带状裂隙征象。功能性侧位片以判断椎体滑脱程度。椎体不稳滑脱的X线诊断标准有过伸、过屈位片上向前或向后位移>3 mm，或终板角度变化>15°；正位片上侧方移位>3 mm；椎间盘楔形变（>5°）。
4.9.3 CT认定标准
椎弓和/或椎小关节突骨折征象，并CT软组织窗显示为偏心的"椎间盘膨隆"，即同一椎间盘在某个层面向某一方向"膨隆"，而在其相邻的上一个或下一个层面却向相反的方向"膨隆"。这种"膨隆"呈新月状。该征象是由于椎间盘与相邻的上下椎体均不在同轴向上所致；椎小关节"双关节面征"均为脊柱滑脱的征象。
4.9.4 MRI认定标准
矢状面成像类似X线侧位片的影像观，可显示硬脊膜囊、脊髓受压的征象。

4.10 骨盆畸形
4.10.1 影像学检验方法
骨盆正位X线摄片。
4.10.2 骨盆畸形愈合影像学判定标准
符合下列条件之一的，可视为骨盆畸形愈合：

a) 两侧闭孔形态不对称；
b) 耻骨联合分离（包括内固定术后）；
c) 骶髂关节分离（包括内固定术后）；
d) 髋臼骨折术后；
e) 其他各种类型骨折后的骨盆环明显偏斜或形态破坏，双侧坐骨结节、髂嵴或者髋臼不等高，并排除体位因素所致。

4.10.3 骨盆严重畸形愈合影像学判定标准

一般需同时满足：
a) 通常至少应包括两处以上骨盆构成骨的骨折；
b) 遗留骨盆环状结构的完整性和对称性破坏；
c) 伴有骨盆倾斜、髋关节运动受限，或者坐、立、行走不适等功能影响。

4.10.4 骨盆严重畸形愈合影响骨产道的影像学判定标准

判定标准为：
a) 骨产道破坏常见于骨盆多处骨折，尤其骨盆环多处骨折；
b) 骨盆环正常结构破坏，形状明显不规则，前后径或左右径等显著短缩；
c) 骨盆环内缘不光滑，有骨痂向小骨盆腔内突出生长，影响胎头入盆；
d) 尾骨、坐骨、耻骨下支等骨折畸形愈合，骨痂向骨盆出口突出生长致女性骨产道出口狭窄。

4.11 足弓破坏

4.11.1 影像学检验方法

足损伤致跗、跖骨骨折愈合后足弓X线测量值背离临床医学足弓正常参考值和/或维持足弓功能作用的肌肉、韧带严重损伤（挛缩、毁损、缺失），谓足弓破坏。包括足损伤致扁平足、高弓足等，需注意与先天性变异、畸形相鉴别。

影像学检查推荐足弓X线摄片。摄取站立（生理负重）下双侧足部X线水平侧位片，投照方法是站立位（双足平立）水平侧向投照，中心线对准外弓顶点，球管距胶片90～180 cm（改良横仓氏法）。

4.11.2 足弓测量

4.11.2.1 以距骨头最低点为原点，分别向跟骨与水平面接触最低点及第1跖骨头与水平面接触最低点各作一直线，测量两直线相交形成的夹角，为内侧纵弓角。

4.11.2.2 以跟骰关节最低点为原点，分别向跟骨与水平面接触最低点及第5跖骨头与水平面接触最低点各作一直线，测量两直线相交形成的夹角，为外侧纵弓角。

4.11.2.3 以第1跖骨头与水平面接触最低点为原点，分别向第1跗跖关节最低点及跟骨与水平面接触最低点各作一直线，测量两直线相交形成的夹角，为前弓角。

4.11.2.4 以跟骨与水平面接触最低点为原点，分别向跟骰关节最低点及第5跖骨头与水平面接触最低点各作一直线，测量两直线相交形成的夹角，为后弓角。

4.11.3 影像学认定原则

足弓测量及足弓破坏的认定应行双侧足弓对照摄片。当一侧足部损伤时，与健侧比对结合相关文献所载正常参考值，判定伤侧足弓破坏程度；当双足损伤时，比较正常参考值，判定足弓破坏程度。

### 4.12 外伤性肩袖损伤

#### 4.12.1 影像学检验方法

肩袖损伤是各种原因引起的肩袖水肿、部分撕裂和完全撕裂,其中肩关节撞击综合征是肩关节结构反复撞击形成,属于慢性肩袖损伤。肩袖损伤多见于冈上肌肌腱,其余肌腱单独损伤少见。由于冈上肌肌腱穿过肩峰下和肱骨头上的狭小间隙,所以很容易受到挤压、摩擦而损伤,产生无菌性炎症或肌腱断裂,其余的冈下肌、肩胛下肌及小圆肌也可同时受到损伤,但以冈上肌肌腱的症状比较突出。这些肌腱的损伤及无菌性炎症或冈上肌肌腱的断裂即为肩袖损伤。

肩袖损伤与多种原因有关,年轻人多在肩关节不稳、内撞击综合征或外伤的基础上发生,而老年人多在退变、缺血以及长期肩峰下撞击综合征的基础上发生。鉴定时需注意区别由于退行性变造成的肩袖损伤。

影像学检查首选 MRI,但肩袖损伤诊断的金标准为关节镜检查。

#### 4.12.2 肩袖损伤 MRI 表现

部分撕裂表现为肌腱信号增高,肌腱连续性部分中断,肩袖变薄、形态不规则,分为关节囊面部分撕裂和滑囊面的部分撕裂;完全撕裂表现为肌腱连续性完全中断,撕裂断端毛糙、退缩或不退缩。部分撕裂和完全撕裂可见患侧肩峰—三角肌下滑囊、关节腔内有 T1WI 低信号、T2WI 高信号等液体信号影。

#### 4.12.3 外伤性肩袖损伤的影像学认定原则

同时符合下列条件者,方可认定为外伤性肩袖损伤。

a) 必须有肩关节外伤史(如跌倒时手外展着地);

b) 有相应影像学检查证据,MRI 检查存在肩关节周围软组织挫伤或肱骨头骨挫伤有助于支持认定;

c) 无明显肩关节退行性改变(存在明显退变的肩关节在遭遇外伤后更易发生肩袖损伤,外伤很可能是肩袖损伤的诱发因素)。

### 4.13 膝关节半月板/韧带损伤

#### 4.13.1 影像学检验方法

膝关节附属结构主要包括关节囊,髌韧带,胫侧副韧带,腓侧副韧带,前、后交叉韧带及内、外侧半月板等。

影像学检查首选 MRI。

#### 4.13.2 膝关节损伤的 MRI 观察

正常的半月板在 MRI 图像上呈均匀、类三角形的低信号影,半月板损伤后在低信号半月板内出现 T2WI 高信号影。

#### 4.13.3 膝关节半月板损伤的 MRI 分度

I 度损伤在 MRI 的 T2WI 上表现为半月板内点片状或类圆形高信号影,未达到半月板的关节面缘。II 度损伤为 I 度损伤的续化。在 MRI 的 T2WI 上表现为水平或斜行条状高信号影,未达到半月板关节面缘可达到关节囊缘。III 度损伤即为半月板部分撕裂,在 MRI 的 T2WI 上表现为半月板内的高信号影达到关节面缘。

#### 4.13.4 膝关节半月板损伤的 MRI 表现

半月板内出现 III 度损伤信号改变,半月板形态变小或截断,半月板组织移位;常合并膝关节组成骨的骨挫伤,伴关节腔(多处)积液。

#### 4.13.5 膝关节交叉韧带损伤的MRI表现

前交叉韧带撕裂多于单独的后交叉韧带,显示韧带部分增粗,连续性部分或完全中断,部分撕裂表现为全段或局部信号增高、韧带边缘毛糙、韧带松弛扭曲,完全撕裂表现为韧带连续性中断,断端毛糙,呈"拖把"状。

#### 4.13.6 外伤性膝关节半月板损伤的影像学认定原则

半月板Ⅰ度、Ⅱ度损伤多为退行性改变造成,Ⅲ度损伤多与急性外伤有关。

### 4.14 股骨头坏死

#### 4.14.1 影像学检验方法

股骨头坏死又称股骨头缺血性坏死,是由股骨颈骨折或髋关节脱位等外伤后造成,或因某些内科疾患与激素类药物应用等非创伤性因素造成。

影像学检查推荐X线、CT、MRI或同位素骨扫描等。

#### 4.14.2 X线认定标准

股骨头坏死早期X线平片只显示骨矿物质影像,无特殊骨坏死表现,当缺血修复开始才出现特征性改变,故X线平片对早期诊断股骨头坏死的敏感性较低。早期股骨头坏死无特异性征象。修复期新生骨在死骨表面沉积引起骨小梁增粗,X线平片表现为骨质硬化;死骨部分吸收后被纤维肉芽组织替代,X线平片表现为囊状透光区;再后出现"新月征",说明软骨下骨折、塌陷;伴随病情进展出现股骨头变扁、关节间隙狭窄及继发性髋关节骨关节炎。

#### 4.14.3 CT认定标准

正常股骨头承重骨小梁呈星状放射,即"星状征"。骨关节早期股骨头坏死可出现"星状征"簇集和局灶硬化,多数只显示较晚期骨结构改变。CT对早期股骨头坏死的诊断敏感性低于MRI和核素扫描;而对较晚期股骨头坏死可显示轻度软骨下骨塌陷,利于评估骨质内囊状透光区大小、部位及范围。

#### 4.14.4 MRI认定标准

成人正常股骨头MRI表现如光滑球形,内侧有头窝形成的小凹。骨髓腔在T1WI为高信号,T2WI为中等信号,这种信号由骨髓内的脂肪含量决定。横跨股骨头的半弧形低信号带代表融合的骺线,皮质骨为高信号骨髓腔外围的低信号带,关节软骨为中等信号。股骨头坏死的典型MRI表现是股骨头前上区(即股骨头载荷区)软骨下的局灶性低信号改变,边界清楚,呈楔型、节段型、带状或环状。一般认为"双线征"是股骨头坏死较特异征象,"双线征"即在SE序列T2WI,包绕骨坏死灶的低信号带内侧出现高信号带。

### 4.15 骨骺骨折

#### 4.15.1 影像学检查方法

软骨内成骨的骨骼在其发育过程中,其骨干两端的软骨内出现次级骨化中心,即骨骺。在骨骺与骨干的干骺端之间保留一层软骨,称为骺板。在成年以前,骺板的软骨细胞不断增殖,与骨骨组织的形成保持平衡,使骨不断加长。到青春期末(18～20岁),骺板失去增殖能力,而全部被骨组织代替,长骨因骺板闭合而停止生长。在长骨骨干和骨骺之间,可见一条骨化的骺板痕迹,称为骺线。

可选择X线摄片、CT扫描、MRI检查等,必要时对双侧关节进行摄片以便对比。

#### 4.15.2 X线判定标准

损伤后早期主要根据骨骺移位、骺板增宽、骨骺与干骺端间隙变化及骨折线累及骺板等间接征象作为判断骺板骨折的依据。骨折线延伸至长骨干骺端端面,可以判定骨折线累积骺板。后期主要以骺板早闭、骨桥形成作为诊断依据。

#### 4.15.3 CT 判定标准

CT 可清晰显示骨骺部位骨折线的走行,特别是利用薄层容积扫描后进行冠状面、矢状面图像重组,可以精确地显示骨折的位置和范围,如骨折线累及骺板即可认为骺板以上骨折。

#### 4.15.4 MRI 判定标准

骺板在 MRI 的 T1WI 图像呈均匀中等偏低信号,T2WI 图像呈均匀高信号,STIR(抑脂序列图像)去除了脂肪信号的影响,图像比 T2WI 更为清楚。急性期的骺板损伤在 MRI 的 T2WI 上为软骨均匀高信号背景下的低信号影,骨桥形成后可在有细线状或条片状低信号连接骺板两端。

#### 4.15.5 认定原则

a) 该损伤诊断仅适用于儿童或者四肢长骨骨骺尚未完全闭合的青少年。
b) 骨折线必须累及到骺板。

### 4.16 常见损伤影像学分级(分期)标准

附录 A 给出了常见损伤影像学分级(分期)标准。

## 附录 A(规范性附录) 常见损伤影像学分级(分期)标准

### A.1 肩锁关节脱位分度

A.1.1 Ⅰ度(轻度):肩锁关节韧带未断裂,关节稳定无移位。

A.1.2 Ⅱ度(中度):肩锁关节半脱位,关节囊韧带及关节纤维软骨韧带破裂,肩锁韧带断裂,喙突韧带尚完整,关节不稳定,可能为向前上或后上半脱位。

A.1.3 Ⅲ度(重度):肩锁关节完全脱位,关节囊韧带与关节纤维软骨盘破裂,肩锁韧带及喙锁韧带断裂,可能为前脱位或后脱位。

A.1.4 轻度者一般需悬吊制动 3~7 日。中至重度者可行手法复位,并外固定制动 4~6 周;复位后关节不稳定者,需行切开复位内固定术。

### A.2 脊椎压缩分度

A.2.1 Ⅰ度:椎体单纯压缩性骨折,且压缩程度小于椎体高度的 1/3。

A.2.2 Ⅱ度:(1) 椎体压缩超过 1/3,但小于 1/2;(2) 椎体压缩不超过 1/3,但伴有棘间韧带断裂、附件骨折。

A.2.3 Ⅲ度:(1) 椎体压缩超过 1/2;(2) 椎小关节突骨折伴椎体脱位;(3) 椎体粉碎性骨折;

A.2.4 Ⅳ度:椎体骨折伴有脊髓损伤,出现肢体或泌尿生殖系统功能障碍。

A.2.5 Ⅰ度为稳定型骨折,一般无需特殊治疗。Ⅱ~Ⅲ度为不稳定型骨折,可考虑行手术治疗,恢复期稳定性;若治疗不当,可能发展为Ⅳ度。

### A.3 脊柱滑脱分度

常用 Meyerding 分度,即:将下位椎体上缘划为 4 等份,根据上位椎体相对下位椎体向前滑移的程度分为 Ⅰ—Ⅳ 度。

A.3.1 Ⅰ度:椎体向前滑动不超过椎体中部矢状径的 1/4 者。

A.3.2 Ⅱ度:超过 1/4,但不超过 2/4 者。

A.3.3 Ⅲ度:超过 2/4,但不超过 3/4 者。

A.3.4 Ⅳ度:超过椎体矢状径的 3/4 者。

A.4 椎间盘突出分度

A.4.1 Ⅰ度(凸起型):纤维环内部断裂,外层因髓核压力而凸起,常呈半球形或弧形孤立凸起于椎间盘的后外侧,居神经根外前或内下方。

A.4.2 Ⅱ度(破裂型):纤维环全层破裂或几乎全层破裂,已破裂纤维环的髓核或破裂的纤维环甚至部分软骨终板向后进入椎管,突出范围较Ⅰ度者广泛,与神经根可有粘连,可压迫神经根或影响马尾神经功能。

A.4.3 Ⅲ度(游离型):突出物游离至椎管内,甚至破入硬膜囊内,压迫硬膜或刺激神经根,属退行性变。

A.4.4 Ⅰ度者临床症状轻微,适宜非手术治疗;Ⅱ~Ⅲ度者若神经根压迫症状严重,非手术治疗效果欠佳,可考虑手术治疗。

A.5 股骨头坏死分期(国际骨循环协会推荐的 ARCO 分期)

A.5.1 0 期:骨活检结果与缺血性坏死一致,但其他所有检查都正常。

A.5.2 Ⅰ期:同位素骨扫描阳性或 MRI 阳性或均呈阳性,依据股骨头受累位置,再分为内侧、中央及外侧。ⅠA:股骨头受累<15%;ⅠB:股骨头受累 15%~30%;ⅠC:股骨头受累>30%。

A.5.3 Ⅱ期:X 线异常(股骨头斑点状表现,骨硬化,囊腔形成及骨质稀疏),在 X 线片及 CT 上无股骨头塌陷,骨扫描及 MRI 呈阳性,髋臼无改变,依据股骨头受累位置,再分为内侧、中央及外侧。ⅡA:股骨头受累<15%;ⅡB:股骨头受累 15%~30%;ⅡC:股骨头受累>30%。

A.5.4 Ⅲ期:新月征,依据股骨头受累位置,再分为内侧、中央及外侧。ⅢA:新月征<15%或股骨头塌陷为 2 mm;ⅢB:新月征 15%~30%或股骨头塌陷为 2~4 mm;ⅢC:新月征>30%或股骨头塌陷>4 mm。

A.5.5 Ⅳ期:X 线片示股骨头变扁,关节间隙变窄,髋臼出现硬化、囊性变及边缘骨赘形成。

A.6 骨盆骨折的类型

A.6.1 第 1 型:骨盆边缘孤立性骨折,多为外力骤然作用导致局部肌肉猛烈收缩或直接暴力作用所致,骨折发生在骨盆边缘部位,盆环未受累,骨折移位一般不明显。

A.6.2 第 2 型:骨盆环单处骨折,多为直接暴力所引起的前后冲撞或侧方挤压所致,常无明显的移位,较稳定。

A.6.3 第 3 型:骶尾骨骨折,常见于滑跌坐地时,可能引起马尾神经终端的损伤,一般移位不显著。

A.6.4 第 4 型:骨盆环双处骨折伴骨盆环破裂,多为交通事故强大暴力所造成,属不稳定型骨盆骨折,常伴盆腔器官受损。此类骨盆骨折通常为:双侧耻骨上、下支骨折,一侧耻骨上支骨折合并耻骨联合分离;耻骨上、下支骨折合并骶髂关节脱位,耻骨上支、下支骨折合并髂骨骨折,髂骨骨折合并骶髂关节脱位,耻骨联合分离合并骶髂关节脱位。

A.7 足弓测量正常值

A.7.1 内侧纵弓正常参考值:113°~130°。

A.7.2 外侧纵弓正常参考值:130°~150°。

A.7.3 前弓角正常参考值:13°以上。

A.7.4 后弓角正常参考值:16°以上。

A.8 胸腔积液量的影像学观察与分级(以 X 线胸片为依据)

A.8.1 Ⅰ级(少量):第 5 前肋以下。

A.8.2 Ⅱ级(中量):第 5 至第 2 前肋之间。

A.8.3 Ⅲ级(大量):第 2 前肋以上。

A.9 半月板损伤分度

A.9.1 Ⅰ度损伤在 MRI 的 T2WI 上表现为半月板内点片状或类圆形高信号影,未达到半月板的关节面缘,为膝关节附属结构退行性变征象。

A.9.2 Ⅱ度损伤即严重变性,是Ⅰ度损伤的续化。在 MRI 的 T2WI 上表现为水平或斜行条状高信号影,未达到半月板关节面缘可达到关节囊缘,为膝关节附属结构退行性变加重征象。

A.9.3 Ⅲ度损伤即撕裂,在 MRI 的 T2WI 上表现为半月板内的高信号影达到关节面缘,为膝关节附属结构撕裂征象。

# 周围神经损伤鉴定实施规范

## 前　　言

本技术规范按照 GB/T1.1-2009 给出的规则起草。
本技术规范由司法部司法鉴定科学技术研究所提出。
本技术规范由司法部司法鉴定管理局归口。
本技术规范起草单位：司法部司法鉴定科学技术研究所。
本技术规范主要起草人：范利华、朱广友、高东、夏文涛、夏晴、田东。
本技术规范为首次发布。

### 1　范围

本技术规范规定了周围神经损伤法医学鉴定的检验和分析。本技术规范适用于人体损伤程度鉴定、伤残等级鉴定中涉及周围神经损伤的法医学鉴定，其他相关法律规定涉及周围神经损伤的法医学鉴定也可参照使用。

### 2　规范性引用文件

下列文件对于本文件的应用是必不可少的。凡是注日期的引用文件，仅注日期的版本适用于本文件。凡是不注日期的引用文件，其最新版本（包括所有的修改单）适用于本文件。
SF/ZJD0103003 法医临床检验规范

### 3　术语与定义

下列术语和定义适用于本文件。

#### 3.1　周围神经 peripheral nerves

周围神经包括脑神经、脊神经和植物神经，本规范涉及的是法医学鉴定中常见的臂丛及其重要分支（包括肩胛上神经、腋神经、肌皮神经、桡神经、正中神经、尺神经等）和腰骶丛及其重要分支（包括股神经、坐骨神经、腓总神经、胫神经等），以及脑神经中的面神经。

#### 3.2　肌电图 electromyography，EMG

记录肌肉静息、随意收缩及周围神经受刺激时各种电特性的一门专门技术。狭义肌电图通常指运用常规同芯圆针电极，记录肌肉静息和随意收缩的各种电特性。广义的肌电图除上述常规肌电图外，还包括神经传导检测、重复神经电刺激、F 波、H 反射、瞬目反射、单纤维肌电图、运动单位计数、巨肌电图等。

3.3 复合肌肉动作电位 compound muscle action potential，CMAP

支配一块肌肉的神经直接或间接受到刺激后从这块肌肉上记录到的几乎同步发生的肌纤维动作电位的总和。

3.4 感觉神经动作电位 sensory nerve action potential，SNAP

记录电极只在感觉神经或者混合神经感觉分支上检测到的动作电位,实际上是复合感觉神经动作电位。

3.5 神经传导速度 nerve conduction velocity，NCV

动作电位沿神经或肌肉纤维的扩布速度,分为运动神经传导速度（motor nerve condution velocity，MNCV）、感觉神经传导速度（sensory nerve conduction velocity，SNCV）、自主神经传导速度（autonomic nerve conduction velocity）。

## 4 总则

### 4.1 鉴定原则

4.1.1 对于因损伤引起周围神经功能障碍的法医学鉴定,应以被鉴定人原发性损伤,以及与原发性损伤有直接联系的并发症或后遗症为基础,根据临床表现,结合现有的神经电生理学技术和方法,尽可能采用肌电图多种测试项目组合,多种分析指标互相印证,全面分析,综合鉴定。

4.1.2 对于周围神经损伤与疾病（或既往损伤）并存时,应根据损伤或疾病（或既往损伤）对神经功能障碍后果原因力的大小,分析判断损伤在神经功能障碍后果中的作用。

4.1.3 对于周围神经损伤的法医学鉴定应该包括神经损伤的部位、性质和程度。

### 4.2 鉴定时机

周围神经损伤后遗功能障碍的鉴定应待医疗终结后,神经损伤后遗功能障碍相对稳定时进行。

### 4.3 鉴定方法

4.3.1 收集及审核与损伤相关的信息

4.3.1.1 接受委托前详细了解案情,关注致伤原因、致伤方式。收集与周围神经损伤有关的病历资料、诊疗过程、肌电图检查报告等资料。鉴定人应当注意肌电图的检测时机是否恰当,判断肌电图检查内容是否齐全（见 4.3.2）以及肌电图检查中各项指标与损伤部位、临床表现是否吻合,并进行必要的复查。

4.3.1.2 根据损伤部位进行详细、全面的神经系统检查。根据神经损伤的症状和体征,初步判断神经损伤部位,并进行详细记录。体格检查方法按 SF/ZJD0103003《法医临床检验规范》的要求进行。

4.3.2 电生理检验项目选择

可选择的电生理检验项目：

a) 对于有周围神经损伤基础的,并有神经损伤症状和体征的,应进行神经电生理检查；

b) 常规进行针极肌电图和神经传导检测；

c) 针极肌电图检测取得肌肉放松状态下和不同收缩状态下的电活动；神经传导检测包括运动和（或）感觉传导检测；

d) 检测应双侧对比,必要时进行 F 波、H 反射、体感和运动诱发电位检测。

**5 周围神经损伤判定基准**

5.1 臂丛损伤

5.1.1 臂丛损伤主要体征

臂丛损伤是指：

出现上肢6根神经(正中、尺、桡、肌皮、腋及前臂内侧皮神经)中任何两根神经联合损伤(非切割伤)即可诊断为臂丛损伤。臂丛以锁骨为界，将臂丛分为上、下两部，锁骨上部主要为臂丛根干部，锁骨下部主要为臂丛束支部。累及胸大肌及背阔肌为锁骨上部臂丛根干部损伤，不累及为锁骨下部臂丛束支部受损。

5.1.1.1 根性撕脱伤(节前损伤)

根性撕脱伤(节前损伤)主要表现为：

b) 神经根在脊髓部位的丝状结构断裂，主要表现为撕脱神经根所对应外周神经分支的功能障碍。

c) 全臂丛神经撕脱伤，主要表现为上肢呈全肌瘫；

d) 非全臂丛神经撕脱伤，既可表现为单独某一神经根撕脱伤，亦可为某几个神经根撕脱伤；

e) 颈5神经根损伤，主要表现为腋神经和正中神经损伤功能障碍(各主要神经分支功能障碍具体见下文)，另外，颈5神经根的分支肩胛背神经支配的提肩胛肌功能障碍；

f) 颈6神经根损伤，主要表现为肌皮神经和桡神经功能障碍；

g) 颈8神经根损伤，主要表现为桡神经和正中神经功能障碍，且可有Horner综合征表现(如瞳孔缩小、眼睑变窄、眼球内陷、半脸无汗等)；

h) 胸1神经根损伤，主要表现为桡神经和尺神经功能障碍，且可有Horner综合征表现。

5.1.1.2 臂丛神经干损伤

臂丛神经干损伤主要表现为：

a) 上干损伤(颈5—颈6)，主要表现为腋神经、肩胛上神经麻痹，致使肩关节不能外展、上举及外旋；肌皮神经麻痹，致使肘关节不能屈曲；三角肌表面、上臂和前臂外侧的感觉异常；

b) 下干损伤(颈8—胸1)，主要表现为正中神经麻痹，致使手指不能屈曲、拇指不能对掌；尺神经麻痹致使小指处于外展位，手指不能内收与外展，指间关节不能伸直；感觉异常发生在上臂、前臂及手部内侧面与第4、5指；下干分支支配的胸大肌胸肋部功能障碍。

5.1.1.3 臂丛神经束损伤

臂丛神经束损伤主要表现为：

a) 后束损伤，主要表现为桡神经和腋神经功能障碍，同时伴有后束支配的背阔肌功能障碍；

b) 外侧束损伤，主要表现为肌皮神经和正中神经功能障碍，同时伴有外侧束支配的胸大肌锁骨部功能障碍；

c) 内侧束损伤，主要表现为正中神经和尺神经功能障碍，同时伴有内侧束支配的胸大肌胸肋部功能障碍。

5.1.1.4 全臂丛根性损伤

主要表现为上干与下干损伤的联合症状，并出现中干损伤的主要症状—桡神经损伤，上肢呈全肌瘫。除上臂内侧外，感觉均丧失。

5.1.2 臂丛损伤电生理特征

臂丛损伤电生理特征为：

a) EMG：根性撕脱伤(节前损伤)与节后损伤的 EMG 特征相同,相应神经根及其分支支配肌肉表现为异常针极肌电图特征,完全损伤时无运动单位电位；

b) NCV：1. 根性撕脱伤(节前损伤)的体感诱发电位有异常,完全损伤时体感诱发电位消失,但可以引出感觉神经动作电位。节后损伤既有体感诱发电位异常,亦有感觉神经传导异常,完全损伤时体感诱发电位和感觉神经动作电位均消失。2. 干或束完全损伤时,相应神经干或束及其分支支配肌肉电刺激时无 cmAP,感觉神经电刺激时无 SNAP。干或束不完全损伤时,相应分支 MNCV 减慢,cmAP 波幅下降,SNCV 减慢,SNAP 波幅降低。

5.2 肩胛上神经损伤

5.2.1 肩胛上神经损伤主要体征

肩胛部肌肉萎缩,外展起动困难,肌力明显下降,肩外展、上举、外旋受限。

5.2.2 肩胛上神经损伤电生理特征

肩胛上神经损伤电生理特征为：

a) EMG：支配肌(冈上肌、冈下肌)见异常针极肌电图特征,完全损伤则无运动单位电位；

b) NCV：1. 完全损伤时,电刺激不能引出 cmAP。2. 不完全损伤时,cmAP 潜伏期延长,波幅降低,且波形可离散。

5.3 腋神经损伤

5.3.1 腋神经损伤主要体征

感觉功能检查不可靠,小圆肌麻痹又不易单独查清,通过检查三角肌麻痹明确诊断。三角肌萎缩,呈方肩畸形,肩关节下垂半脱位,肩外展功能障碍。三角肌区表面皮肤感觉障碍。

5.3.2 腋神经损伤电生理特征

腋神经损伤电生理特征为：

a) EMG：支配肌(三角肌)见异常针极肌电图特征,完全损伤则无运动单位电位,在神经修复过程中可见新生、再生电位。

b) NCV 1. 完全损伤时,电刺激不能引出 cmAP。2. 不完全损伤时,cmAP 潜伏期延长,波幅降低,且波形可离散。

5.4 肌皮神经

5.4.1 肌皮神经损伤主要体征

上臂屈肌萎缩,主动屈肘功能障碍。前臂桡侧一狭长区皮肤感觉障碍。

5.4.2 肌皮神经损伤电生理特征

腋神经损伤电生理特征为：

a) EMG：支配肌(肱二头肌、肱肌、喙肱肌)见异常针极肌电图特征,完全损伤则无运动单位电位；

b) NCV：1. 完全损伤时,电刺激不能引出 cmAP,感觉支(前臂外侧皮神经)SNCV 消失。2. 不完全损伤时,cmAP 潜伏期延长,波幅降低,且波形可离散,感觉支(前臂外侧皮神经)SNCV 减慢,SNAP 波幅降低。

5.5 桡神经损伤

5.5.1 桡神经损伤主要体征

桡神经损伤主要体征为：

a) 腋部损伤:上臂、前臂的伸肌群和唯一支配的屈肌(肱桡肌)萎缩,伸肘、伸腕、伸指(包括拇指桡侧外展)和前臂旋后功能障碍,呈垂腕畸形。上臂外侧和前臂背侧皮肤、手背桡侧感觉功能障碍;

b) 上臂段损伤:伸肘功能可,伸腕、伸指和前臂旋后功能障碍。臂外侧和前臂背侧皮肤、手背桡侧感觉减退;

c) 前臂段损伤:伸腕功能基本正常,拇指桡侧外展功能受限,各指关节掌指伸直功能受限;手背虎口区麻木。

5.5.2 桡神经损伤电生理特征

5.5.2.1 腋部损伤

腋部损伤电生理特征为:

a) EMG:上臂、前臂的伸肌群和唯一支配的屈肌(肱桡肌)可见异常针极肌电图特征,完全损伤时无运动单位电位;

b) NCV:1. 完全损伤时,所有支配肌均不能诱发出 cmAP,感觉支(桡浅神经)的 SNAP 引不出。2. 不完全损伤时,上肢分段测定的 MNCV 减慢,各支配肌 cmAP 波幅降低,SNCV 减慢,SNAP 波幅下降。

5.5.2.2 上臂段损伤

上臂段损伤电生理特征为:

a) EMG:含肱桡肌以下所有伸肌群可见异常针极肌电图特征,而肱三头肌针极肌电图检查正常;b) NCV:1. 完全损伤时,前臂伸肌不能诱发 cmAP,前臂桡浅神经 SNCV 引不出。2. 不完全损伤时,前臂、上臂 MNCV 均减慢,相应波幅下降,前臂桡浅神经之 SNCV 减慢,SNAP 波幅降低。

5.5.2.3 前臂段损伤

前臂段损伤电生理特征为:

a) EMG:前臂伸肌群(如桡侧伸腕肌、尺侧伸腕肌、伸指总肌、示指固有伸肌)可见异常针极肌电图特征,而肱桡肌针极肌电图检查正常;

b) MNCV:1. 完全损伤时,前臂伸肌的 cmAP 不能引出。2. 不完全损伤时,前臂 MNCV 减慢,波幅下降;

c) SNCV:桡浅神经 SNCV 可正常,亦可减慢或缺失。

5.6 正中神经损伤

5.6.1 正中神经损伤主要体征

正中神经损伤主要体征为:

a) 腋部损伤:拇指、示指、中指屈曲功能障碍,前臂屈肌萎缩,拇指不能外展、对掌和对指,大鱼际肌萎缩,手掌面的桡侧 3 指半皮肤感觉障碍;

b) 肘部损伤:同腋部损伤特征;

c) 腕部损伤:拇指不能外展、对掌和对指,大鱼际肌萎缩,拇、示指捏物功能障碍,手掌面的桡侧 3 指半皮肤感觉障碍;

d) 返支损伤:拇指运动功能障碍同腕部损伤,但无感觉功能障碍。

5.6.2 正中神经损伤电生理特征

5.6.2.1 腋部损伤

腋部损伤电生理特征为:

b) EMG:正中神经前臂及手部支配肌(如桡侧屈腕肌、屈拇长肌、拇短展肌等)可见异常针极肌电图特征(如插入电位延长、出现自发电位等),募集反应减弱或运动单位电位减少,完全损伤时无运动单位电位;

c) NCV:1. 完全损伤时,腋部以下 cmAP、SNAP 消失。2. 不完全损伤时,腋部以下各段 MNCV、SNCV 减慢,相应 cmAP、SNAP 波幅下降。

5.6.2.2　肘部损伤

肘部损伤电生理特征为:

a) EMG:同腋部损伤特征;

b) NCV:同腋部损伤特征。

5.6.2.3　腕部损伤

腕部损伤电生理特征为:

a) EMG:拇短展肌呈异常针极肌电图特征,完全损伤时无运动单位电位;

b) NCV:1. 完全损伤时,拇短展肌记录不到 cmAP,示(中)指的 SNAP 消失。2. 不完全损伤时,拇短展肌 cmAP 潜伏期延长,波幅下降;示(中)指至腕的 SNCV 减慢,SNAP 波幅下降。

5.6.2.4　返支损伤

返支损伤电生理特征为:

a) EMG:正中神经返支唯一支配的拇短展肌呈异常针极肌电图特征,完全损伤时无运动单位电位;

b) MNCV:1. 完全损伤时,拇短展肌记录不到 cmAP。2. 不完全损伤时,拇短展肌 cmAP 潜伏期延长,波幅下降;

c) SNCV:示(中)指至腕的 SNCV 正常,SNAP 波幅正常。

5.7　尺神经损伤

5.7.1　尺神经损伤主要体征

尺神经损伤主要体征为:

a) 腋部损伤:前臂支配肌(尺侧腕屈肌和环、小指指深屈肌)和手内在肌(包括所有的骨间肌、小指展肌和拇收肌)均存在功能障碍,表现为腕关节屈曲不能,环、小指末节屈曲功能障碍,小鱼际肌、骨间肌和第3、4蚓状肌萎缩,存在爪形手畸形、Froment征(+),手指内收、外展功能障碍;手部尺侧半和尺侧1个半手指的感觉功能障碍;

b) 肘部损伤:同腋部损伤特征;

c) 腕部损伤:尺侧腕屈肌和环、小指指深屈肌功能保存,小鱼际肌、骨间肌和第3、4蚓状肌萎缩,存在爪形手畸形、Froment征(+),手指内收、外展功能障碍;手部尺侧半和尺侧1个半手指的感觉功能障碍。

5.7.2　尺神经损伤电生理特征

5.7.2.1　腋部损伤

腋部损伤电生理特征为:

a) EMG:同肘部损伤特征;

b) NCV:① 完全损伤时,腋部以下 cmAP、SNAP 消失。② 不完全损伤时,腋部以下各段 MNCV、SNCV 减慢,相应 cmAP、SNAP 波幅下降。

#### 5.7.2.2 肘部损伤

肘部损伤电生理特征为：

a) EMG：肘以下尺神经支配肌(小指展肌、第一骨间肌、尺侧屈腕肌)可见异常针极肌电图特征，完全损伤时无运动单位电位；

b) NCV：① 完全损伤时，肘部以下 cmAP、SNAP 消失。② 不完全损伤时，肘以下各段 MNCV、SNCV 减慢，相应 cmAP、SNAP 波幅下降。

#### 5.7.2.3 腕部损伤

腕部损伤电生理特征为：

a) EMG：骨间肌、小指展肌可见异常针极肌电图特征，完全损伤时无运动单位电位；

b) NCV：① 完全损伤时，小指展肌不能记录到 cmAP；小指刺激，腕部不能记录到 SNAP。② 不完全损伤时，所获 cmAP 之潜伏期延迟，波幅下降；小指—腕之 SNCV 速度减慢，SNAP 波幅下降。

### 5.8 坐骨神经损伤

#### 5.8.1 坐骨神经损伤主要体征

坐骨神经损伤主要体征为：

a) 高位损伤时，小腿后外侧和足部的感觉功能障碍，膝关节不能屈曲、踝关节与足趾运动功能完全丧失、足下垂等，股后部肌肉及小腿和足部肌肉萎缩；

b) 股后中、下部损伤时，膝关节屈曲功能保存。

#### 5.8.2 坐骨神经损伤电生理特征

坐骨神经损伤电生理特征为：

a) 损伤部位在臀部以下：股二头肌(长、短头)及腓总神经、胫神经靶肌群都可见异常针极肌电图特征，完全损伤时无运动单位电位，但臀肌无异常；

b) 损伤部位在股部：股二头肌(短头)是特征性的定位指标；小腿部的腓总神经和胫神经有神经源性的损害表现；

c) H 反射：对高位坐骨神经损伤，意义较大。

### 5.9 腓总神经损伤

#### 5.9.1 腓总神经损伤主要体征

腓总神经损伤主要体征为：

b) 小腿前外侧和足背前、内侧感觉功能障碍；

c) 足内翻下垂畸形，足伸趾功能障碍；

d) 背屈和外翻功能障碍；胫前肌及小腿前外侧肌肉萎缩。

#### 5.9.2 腓总神经损伤电生理特征

腓总神经损伤电生理特征为：

a) EMG：腓总神经支配的胫前肌、腓骨长肌、伸拇长肌，趾短伸肌可见异常针极肌电图特征，完全损伤时无运动单位电位；如损伤平面在腘窝以上，股二头肌短头可见异常针极肌电图特征；

b) NCV：① 完全损伤时，膝以下腓总神经 cmAP 引不出，感觉神经传导引不出。② 不完全损伤时，膝以下 MNCV、SNCV 减慢，相应 cmAP、SNAP 波幅下降。

## 5.10 胫神经损伤

### 5.10.1 胫神经损伤主要体征

胫神经损伤主要体征为：

b) 小腿后侧、足背外侧和足底感觉功能障碍；

c) 踝关节跖屈、内收、内翻功能障碍；

d) 足趾跖屈、外展、内收障碍，小腿后侧屈肌群及足底内在肌萎缩。

### 5.10.2 胫神经损伤电生理特征

胫神经损伤电生理特征为：

a) EMG：小腿后侧肌（腓肠肌、比目鱼肌）及足肌（趾短展肌）可见异常针极肌电图特征，完全损伤时运动单位电位消失；

b) NCV：① 完全损伤时，小腿胫神经（腘窝—内踝段）的 cmAP 引不出，采用顺向或逆向法测量，感觉神经传导引不出。2. 不完全损伤时，小腿胫神经（腘窝—内踝段）的 MNCV 减慢，cmAP 波幅下降，SNCV 减慢，SNAP 波幅降低。

## 5.11 股神经损伤

### 5.11.1 股神经损伤主要体征

股神经损伤主要体征为：

a) 髂窝部损伤：大腿前面及小腿内侧的感觉功能障碍；

b) 腹股沟处损伤：大腿内收及屈髋正常，但股四头肌萎缩，伸膝无力；大腿前面及小腿内侧皮肤感觉障碍；膝反射减弱或消失；腹股沟局部 Tinel 征阳性。

### 5.11.2 股神经损伤电生理特征

#### 5.11.2.1 髂窝部损伤

髂窝部损伤电生理特征为：

a) EMG：髂腰肌、股内收肌群、股四头肌可见异常针极肌电图特征，完全损伤时运动单位电位消失；

b) NCV：① 完全损伤时，股神经支配肌 cmAP 引不出，隐神经 SNAP 引不出。② 不完全损伤时，大腿部股神经 MNCV 减慢，波幅降低，隐神经 SNAP 波幅降低。

#### 5.11.2.2 腹股沟处损伤

腹股沟处损伤电生理特征为：

a) EMG：髂腰肌、股内收肌群无异常针极肌电图特征，股四头肌可见异常针极肌电图特征，完全损伤时运动单位电位消失；

b) NCV：① 完全损伤时，股神经支配肌之 cmAP 引不出，隐神经 SNAP 引不出。② 不完全损伤时，大腿部股神经 MNCV 减慢，波幅降低，隐神经 SNAP 波幅降低。

## 5.12 面神经损伤

### 5.12.1 面神经损伤主要体征

面神经损伤主要体征为：

a) 完全损伤，静态表现为前额纹消失、眼裂扩大、鼻唇沟变浅、口角下垂；动态表现为伤侧不能作皱额、蹙眉、闭目、露齿、鼓气和吹口哨的动作，露齿时口角歪向健侧；

b) 不完全损伤，则相应损伤分支所支配肌肉发生麻痹。如面神经颞支损伤，则其支配的额肌麻痹，表现为伤侧额纹消失或变浅，皱额不能或较健侧差；如颧支损伤，则其支配的眼轮匝肌麻痹，表现为伤侧眼裂增大,闭目较健侧差;如颊支损伤,则其支配的颊肌、口裂周围肌肉(如口轮匝肌)等麻痹,表现为伤侧鼻唇沟变浅,露齿、鼓气和吹口哨动作完成较健侧差;

c) 可有不同程度的(舌前 2/3)味觉障碍。

5.12.2 面神经损伤电生理特征

面神经损伤电生理特征为:

a) 完全损伤:面神经支配肌(额肌、眼轮匝肌、颊肌、口轮匝肌)可见异常针极肌电图特征,运动单位电位消失;

b) 不完全损伤:乳突予电极刺激时,面神经支配肌的复合肌肉动作电位波幅降低,潜伏期延长。

6. 常见周围神经系统疾病的鉴别

6.1 颈椎病(颈神经根病变)

6.1.1 神经根型颈椎病主要体征

神经根型颈椎病主要体征为:

a) 颈、肩部疼痛,并沿神经根分布区向上肢放射,伴麻木,正中多为单侧,有时可伴有头痛、头晕、耳鸣等症状;

b) 颈椎棘突、棘旁可有压痛点,神经根牵拉试验、压颈试验多阳性,受累神经根支配区皮肤感觉减退,受累神经根支配肌肉肌力减退,严重者可出现肌肉萎缩;

c) 上肢腱反射迟钝,严重者甚至难以引出。

6.1.2 神经根型颈椎病电生理特征

神经根型颈椎病电生理特征为:

a) NCV:MNCV 一般正常。可出现 cmAP 波幅降低或 MNCV 轻度减慢,取决于受损的严重性。SNCV 和 SNAP 波幅正常;

b) EMG:可见自发电位,在受损早期大力收缩时,可出现混合相或单纯相;由于神经修复可出现高波幅、长时限的运动单位电位;

c) 判断神经根性病变要同时辨别出受累神经根的上界和下界。如怀疑颈 6 神经根病变,则需同时检测颈 5 和颈 7 支配肌肉以确定是否受累。同时在同一节段选择不同周围神经分布区的肌肉,更能证明根性受损。如怀疑颈 8 受累,同时选择小指展肌和拇短展肌,这样排除了尺神经或正中神经周围性损害所见的肌肉神经源性损害。

6.1.3 脊髓型颈椎病主要体征

脊髓型颈椎病主要体征为:

a) 四肢麻木,无力,僵硬,胸腹部有束带感,行走不稳甚至不能行走,下肢有踩棉花感;

b) 四肢感觉障碍,痛觉减退多见,少数下肢本体觉、振动觉消失;

c) 四肢肌张力增高,腱反射亢进,可引出病理反射,如踝阵挛、髌阵挛、霍夫曼征和巴彬斯基征。

6.1.4 脊髓型颈椎病电生理特征

脊髓型颈椎病电生理特征为:

a) 除上述神经根型的电生理特征外,尚需结合运动诱发电位(MEP)和感觉诱发电位(SEP)检测以做出全面评估;

b) 上肢 MEP 特征:诱发电位波幅降低,波形离散,潜伏期延长或左右两侧差值超过正常

范围;

c) 下肢 MEP 特征:MEP 反应缺失或潜伏期延长,且下肢比上肢更为敏感,是发现脊髓功能性受压的早期电生理依据;

d) 下肢 SEP 特征:SEP 的潜伏期延长,波形异常。

### 6.2 腰椎病(骶神经根病变)

#### 6.2.1 腰椎病主要体征

腰椎病主要体征为:

a) 主要表现为腰4、腰5和骶1神经根受累,可有反复发作的腰腿痛,并可沿坐骨神经或股神经向下肢放射痛,伴相应神经支配区的皮肤感觉减退、麻木;

b) 腰椎棘突、棘旁区压痛;

c) 患肢直腿抬高试验多为阳性;

d) 受累神经支配肌无力,严重者可萎缩,膝反射、跟腱反射可减弱甚至消失。

#### 6.2.2 腰椎病电生理特征

腰椎病电生理特征为:

a) NCV:MNCV 一般正常。也可出现 cmAP 波幅降低,取决于病变的程度。SNCV 和 SNAP 波幅正常;

b) EMG:在受损早期,大力收缩时可出现混合相或单纯相;以后出现自发电位,由于神经修复出现高波幅、长时限的运动单位电位;

c) 最常累及的是腰4、腰5和骶1。腰4选择股四头肌,腰5选择胫前肌,骶1选择腓肠肌。同样要确定神经根受累的上下界。棘旁肌的纤颤电位说明是后支分出以前的损害,可以与周围神经和神经丛病鉴别。

### 6.3 肘管综合症

#### 6.3.1 肘管综合症主要体征

肘管综合症主要体征为:

a) 手的精细动作不灵活,尺神经支配手部肌肉不同程度萎缩、无力,小指外展、内收不同程度受限,尺神经卡压严重者可出现爪形手畸形;

b) 尺神经支配区感觉异常,如手掌、手背尺侧半和小指、环指尺侧半感觉减退、麻木等;

c) 屈肘试验阳性,肘部 Tinel 征阳性。

#### 6.3.2 肘管综合症电生理特征

##### 6.3.2.1 神经传导检测

神经传导检测特征为:

a) 神经选择:尺神经,跨肘进行分段传导检测,一般间隔2~3厘米逐段测试;

b) 常见结果:在受损严重时,尺神经支配的相应肌肉 cmAP 波幅可降低,尺神经远端运动电位潜伏期可轻度延长。如发现2厘米距离的传导时间≥0.8毫秒,或波幅骤降者,可确定该处卡压。SNCV 和 MNCV 在卡压处减慢,传导速度必须较上下段慢10米/秒以上才能确诊。

##### 6.3.2.2 针电极肌电图

针电极肌电图特征为:

a) 肌肉选择:第一骨间肌和小指展肌,可同时选择拇短展肌作为与颈神经根病的鉴别诊断;

b) 常见结果:相应肌肉表现为自发电位增多,以后随病程进展可出现高波幅、宽时限的神经源性损害。

6.4 腕管综合症

6.4.1 腕管综合症主要体征

腕管综合症主要体征为：

a) 大鱼际肌有不同程度萎缩，拇指对掌功能不同程度受限；

b) 手部麻痛，以拇指、示指、中指为主，但常伴有夜间麻醒史，活动后可缓解；

c) 腕掌屈试验及腕部正中神经 Tinel 征阳性。

6.4.2 腕管综合症电生理特征

6.4.2.1 神经传导检测

神经传导检测特征为：

a) 神经选择：正中神经和(或)尺神经，同时选择尺神经是作为鉴别诊断的依据；

b) 常见结果：正中神经远端运动电位潜伏期延长，cMAP 波幅通常正常。SNCV 减慢（或）SNAP 降低。同侧的尺神经远端运动电位潜伏期和感觉传导正常。

6.4.2.2 针电极肌电图

针电极肌电图特征为：

a) 肌肉选择：通常通过 NCV 的检测就可诊断。小指展肌的检测有助于和尺神经受累进行鉴别诊断；

b) 常见结果：早期可表现为自发电位增多，募集相显示运动单位丢失现象，随病程进展可出现 MUP 时限增宽，波幅增高。

6.5 腓总神经麻痹

6.5.1 腓总神经麻痹主要体征

腓总神经麻痹主要体征为：

a) 踝背伸足趾背伸无力，卡压严重者不能背伸和足外翻；

b) 小腿前外侧和足背感觉减退；

c) 腓骨小头处 Tinel 征阳性。

6.5.2 腓总神经麻痹电生理特征

6.5.2.1 神经传导检测

神经传导检测特征为：

a) 神经选择：腓总神经、胫神经，跨膝进行分段传导检测，一般间隔 2～3 厘米逐段测试；

b) 常见结果：以腓骨小头处嵌压性病变最为常见。腓总神经测定时常见腓骨小头上、下节段 SNCV、MNCV 减慢，也可见传导阻滞或异常波形离散。远端运动电位潜伏期和远端感觉传导速度和波幅可以正常，根据病变情况和严重程度也可有异常。胫神经感觉运动传导测定正常。

6.5.2.2 针电极肌电图

针电极肌电图特征为：

a) 肌肉选择：胫前肌、腓肠肌，需要鉴别时根据情况可以选择股二头肌短头和股四头肌；

b) 常见结果：胫前肌可见神经源性损害表现，腓肠肌正常。有时坐骨神经损害时也可出现类似腓总神经麻痹表现，股二头肌短头测定有助于鉴别。

**7　附则**

**7.1**　本技术规范主要涉及与法医鉴定有关的周围神经损伤类型,若在鉴定中遇到本技术规范未涉及的周围神经损伤或疾病,可以比照本技术规范第 5 章、第 6 章相应部位或相同病因的类型,按照本技术规范鉴定方法进行鉴定。

**7.2**　本技术规范涉及的周围神经损伤电生理检测应符合附录 A 要求并参考附录 B 测试方法。

**7.3**　为司法鉴定提供神经肌电图检测的实验室应符合附录 A 的要求。

## 附录 A(规范性附录)　神经肌电图实验室规范

**A.1　人员要求**

**A.1.1　技术人员**

技术人员应具备以下资格条件:

a) 医学(或者法医学)大专以上学历背景,熟悉神经解剖知识。

b) 临床神经电生理学方面的专业技能培训累计 6 个月以上,熟悉神经电生理检测的原理和方法。

**A.1.2　鉴定报告人员**

鉴定报告人员应具备以下资格条件:

a) 医学或法医学大学本科以上学历背景,熟悉神经解剖知识。

b) 临床神经电生理学方面的专业培训累计 1 年以上,具有临床神经科或者神经电生理检测工作经验 3 年以上,熟悉周围神经电生理检测的原理和方法,并能对电生理检测结果做出正确解释,对检测报告结论负责。

c) 同时还应满足《司法鉴定程序通则》关于司法鉴定人资格的要求,或者卫生部关于执业医师的要求。

**A.2　环境要求**

检测环境应符合以下要求:

a) 检测的环境无外源性高磁场的干扰;

b) 检测环境应安静,以免检测时受嘈杂环境的影响。

c) 检测环境应保持常温,以免皮肤温度过低而影响检测结果。

**A.3　设备要求**

**A.3.1　电生理仪基本要求**

电生理仪基本要求为:

a) 进行周围神经损伤电生理检测的实验室应至少具备一台电生理仪,可以进行针极肌电图、运动和感觉神经传导检测、运动诱发电位检测和体感诱发电位检测等项目。

b) 电生理仪应包括刺激器、放大器、平均叠加器、显示器、监听器及储存各种数据图像的电脑硬件以及报告打印装置。肌电图神经诱发电位仪自身前置放大器应具备电磁辐射隔离技术,保证良好的抗干扰能力。

A.3.2 电生理仪器的主要技术指标

电生理仪器的主要技术指标为：

a) 放大器：必须满足具有高输入阻抗、低噪声和宽大动力范围的特点。一般输入阻抗应在100千欧以上，内部噪声应小于3微伏，共模抑制比应大于100分贝。

b) 刺激器：刺激方式应包括重复、单次、序列等方式，刺激频率、脉冲宽度、刺激强度均连续可测。

c) 监听器：可监听肌电声音的外置扬声器或耳机。

A.4 检测方法要求

A.4.1 针极肌电图检查

A.4.1.1 检测前准备

检测前应做好以下准备：

a) 询问详细损伤史，根据损伤部位做全面的神经系统检查，做出初步诊断后，评估操作此项目的必要性；

b) 排除肌电图检查禁忌症，包括易出血倾向，如血液疾病、抗凝血或抗血小板药物使用等，防止因针极肌电图造成出血，引发并发症；

c) 向被检查者及家属解释肌电图检查的目的、操作过程，以及可能的并发症。

A.4.1.2 针极肌电图检测实施

针极肌电图检测实施步骤为：

a) 根据损伤或疾病部位，结合体格检查结果，选择被检神经的支配肌肉，确定要下针的部位。具体方法详见附录B；

b) 检查者开始检查前洗手、戴手套，予以下针部位皮肤以医用酒精棉球消毒，并待其干燥；

c) 下针时，请被检者放松肌肉，检查中，要被检者肌肉用力收缩时，应特别小心，当肌肉开始收缩前，针尖置于皮下，而每当肌肉收缩或放松时，都应将针尖移至皮下，待肌肉保持固定力量再插入；

d) 插入时的肌电活动：以同心圆针针电极快速插入肌腹，扫描速度为50～100毫秒/厘米，灵敏度为100微伏/厘米，观察针极插入时电活动的特点及有无肌强直、肌强直样放电或插入电活动延长；

e) 肌肉松弛时的电活动：扫描速度为5～10毫秒/厘米，灵敏度为100微伏/厘米，观察有无自发电位，如纤颤电位、正锐波和束颤电位。

f) 小力收缩（轻收缩）时的肌电活动：肌肉轻度收缩时，测定20个运动单元电位的平均时限与平均电压，及多相电位的百分数。为测定运动单位平均时限，必要时应在同一肌肉选择2～3个不同位置进行检查。为避免误差，每个波要同时出现2～3次，方能计算在内。时限是从基线最初的偏斜处起到最后偏斜回基线为止。运动单位的位相以波峰越过基线者为准；

g) 大力收缩时的肌电活动：扫描速度50～100毫秒/厘米，灵敏度为500微伏/厘米～1毫伏/厘米。被检者以最大力量收缩受检肌肉时，观察募集反应类型（包括干扰相、混合相、单纯—混合相、单纯相、少量MUP、无MUP），必要时测量其波幅峰值。

A.4.1.3 针极肌电图结果判断

A.4.1.3.1 正常针极肌电图

正常针极肌电图特征为：

a) 静息电位：当肌肉完全放松时，不应出现任何失神经电位（纤颤电位、正锐波），即示波屏上一般应呈现一条直线。但少数人的正常肌肉可于一个部位出现偶发的自发电位；

b) 插入电位：是针电极插入肌肉纤维或神经末梢的机械刺激产生的成簇的、伴有清脆声音、持续时间 300 毫秒左右的电位，针电极一旦停止移动，插入电位即消失；

c) 终板区的电活动：包括终板噪音和终板电位，系针极插在终板区或肌肉神经纤维引起，被检者诉进针处疼痛。前者波幅为 10～50 微伏，时限为 1～2 毫秒；后者波幅为 100～200 微伏，时限为 3～4 毫秒。终板区电活动的声音似贝壳摩擦的杂音；

d) 运动单位动作电位（MUAP）：面部肌肉较短（2～9 毫秒），四肢肌肉较长（7～15 毫秒）。低温、缺氧和年龄增加均可使时限延长。肌肉多相波一般不会超过 20%，三角肌不超过 25%，胫骨前肌不超过 35%；

e) 募集电位：应为干扰相，波幅通常为 2～4 毫伏。

A.4.1.3.2　异常针极肌电图

异常针极肌电图特征为：

a) 插入电位增多或减少，或者时限延长；

b) 出现自发电位：包括正锐波、纤颤电位、束颤电位、复合重复放电、肌颤搐放电、肌强直放电等。在一块肌肉 2～3 个部位出现自发电位（纤颤电位、正锐波）是神经源性损害的可靠表现；

c) 运动单位电位异常：神经源性损害表现为时限增宽、波幅升高及多相波百分比增多；若需定量，则计算 20 个运动单位电位的平均时限，较正常值延长 20% 以上提示异常；多相电位的百分数明显增多，亦提示异常。肌源性损害表现为时限缩短、波幅降低和多相波百分比增多；

d) 募集电位异常：神经源性损害表现为高波幅的单纯相或混合相；而肌源性损害表现为低波幅的干扰相即病理干扰相。在神经源性疾病的早期，可仅出现自发电位和募集电位的异常，无运动单位电位的改变。募集电位是肌电图重要的指标，不能遗漏，但检测者需注意，募集电位受被检者主观配合程度的影响，检测时应注意重复检查和判断该检测结果的可靠性，必要时可在报告中注明；

e) 以上 4 项中必须具备 a)、b)2 项之一，尤其以 b) 项最为可靠，然后参考其他两项，方可认定存在神经源性损害。

A.4.2　神经传导速度检查

A.4.2.1　检测前准备

检测前应做好以下准备：

a) 温度：实验室环境温度应保持在常温。被检者皮肤温度是影响神经传导速度的重要因素，应不低于 29 摄氏度，重复测试应控制温度一致性；

b) 刺激强度和时限：给予电刺激时，必须注意安全，刺激强度应逐步升高，达到超强刺激（即波幅不再升高）后再增加 10%～30% 电量即可；刺激时限一般为 0.1 毫秒或 0.2 毫秒；

c) 接地电极有助于消除干扰，应置于刺激电极与记录电极之间，并确保与皮肤接触良好；

d) 对于安装有心脏起搏器的患者，不应进行神经传导检测；对于体内植入了心律转复设备或除颤器时，应咨询心脏专科医师，刺激器要远离植入设备 15 厘米以上，必须接好地线，并且刺激电流的时限不应超过 0.2 毫秒；

e) 不要将刺激电极置于心脏区域，刺激电极、记录电极和地线应置于肢体同一侧，以减少通过躯体的泄露电流；

f) 表面电极和环状电极与肢体皮肤接触点用75%酒精去除皮肤表面油渍。

**A.4.2.2 运动神经传导检测**

**A.4.2.2.1 电极放置**

电极放置的一般方法为：

a) 刺激电极使用表面电极（如马鞍桥电极、贴片电极等），置于神经干在体表的投影上，阴极置于远端，阳极置于近端；阴极和阳极之间的距离一般为2厘米；

b) 记录电极置于被测神经支配肌肉的肌腹上，参考电极置于肌肉附近的肌腱或其附着点上，通常使用表面电极（贴片电极等）做记录电极，但当检测支配肢体近端肌肉的神经时（如肩胛上神经、腋神经、肌皮神经、桡神经、股神经、坐骨神经等）或使用表面电极所引出的复合肌肉动作电位波幅不够理想时，通常使用同芯圆针电极，即将针电极刺入被检神经支配肌肉的肌腹中（如腋神经支配的三角肌，肌皮神经支配的肱二头肌，桡神经支配的肱三头肌，股神经支配的股直肌，坐骨神经支配的股二头肌等）。

**A.4.2.2.2 表面电极放置**

表面电极放置方法为：

a) 正中神经：近端刺激点置于肱骨内上髁上方，远端刺激点在腕横纹中点（掌长屈肌腱与指浅屈肌腱之间），记录电极置于手拇短展肌；

b) 尺神经：近端刺激点置于肱骨内上髁与尺骨鹰嘴窝之间，远端刺激点在腕横纹尺侧缘，记录电极置于手小指展肌；

c) 腓总神经：近端刺激点放置于腓骨小头外下方，远端刺激点在外踝横纹处，记录电极置于拇趾短伸肌；

d) 胫神经：近端刺激点置于腘窝中央，远端刺激点在内踝后部，记录电极置于拇展肌。

**A.4.2.2.3 测试方法**

测试方法为：

a) 给予单脉冲方形波刺激，频率1～1.5次/秒，每次0.1～0.2毫秒，刺激强度达超强刺激后可适当再增加一定强度；

b) 运动神经传导检测的主要指标包括近端、远端潜伏期，近端、远端复合肌肉动作电位波幅，以及神经传导速度（两刺激点之间）；

c) 测量从刺激到诱发电位波形开始出现的时间，称潜伏期（单位为毫秒），分别测定近端刺激点和远端刺激点的潜伏期，两者之差即为该段神经两刺激点之间的传导时间（单位为毫秒）。复合肌肉动作电位波幅为测量诱发电位波形的峰—峰间最大高度（单位为毫伏）；

d) 用皮尺或卷尺精确测量近端刺激点与远端刺激点间的距离，即为该段神经内刺激点间的长度（单位为毫米）。

**A.4.2.2.4 异常结果判断**

异常结果为：

a) 运动神经传导速度减慢（较健侧检测结果减慢20%以上或小于正常平均值－2个标准差）或远端运动潜伏期延长（超过健侧检测结果20%以上或超过正常平均值＋2个标准差）；

b) 运动诱发电位波幅明显下降（较健侧检测结果降低20%以上或低于1毫伏）或波形明显复杂者（超过4相者）；

c) 运动神经传导速度（米/秒）＝距离（毫米）÷传导时间（毫秒）。

A.4.2.3　感觉神经传导检测
A.4.2.3.1　测试前准备
测试前应做好以下准备：

a) 除检测上肢的正中神经、尺神经需使用环状电极绕于相应的手指上，其他一般均采用表面电极置于神经干在体表的投影上；

b) 顺行性感觉神经传导检测，刺激电极（使用表面电极时）置于神经干在体表的投影上，而刺激电极（使用环状电极时）绕于相应的手指或足趾上，阴极置于近端，阳极置于远端，阴极和阳极之间的距离一般为2厘米左右。记录电极和参考电极均置于神经干在体表的投影上，参考电极置于近端；

c) 逆行性感觉神经传导检测，刺激电极即为顺行法的记录、参考电极位置，而记录、参考电极为顺行法的刺激电极位置。

A.4.2.3.2　表面电极放置
表面电极放置方法为：

a) 正中神经：刺激电极（环状电极）一般置于示指、中指，记录电极置于腕横纹中点（掌长屈肌腱与指浅屈肌腱之间），接地电极置于手背面；

b) 尺神经：刺激电极（环状电极）一般置于小指，记录电极置于腕横纹尺侧缘（尺侧腕屈肌腱），接地电极置于手背面；

c) 桡浅神经：刺激电极（表面电极）一般置于前臂中段，记录电极置于虎口区，接地电极置于手背面；

d) 腓浅神经：刺激电极（表面电极）一般置于腓骨中段旁，记录电极置于足背上（内、外踝连线中点处），接地电极置于刺激电极和记录电极之间；

e) 腓肠神经：刺激电极（表面电极）一般置于足跟上12厘米处，记录电极置于外踝下方，接地电极置于刺激电极和记录电极之间；

f) 足底内外侧皮神经：刺激电极（表面电极）一般置于内踝下，记录电极置于趾短展肌或小趾展肌处。

A.4.2.3.3　测试方法
测试方法为：

a) 给予单脉冲方形波电刺激，1～1.5次/秒，每次0.1～0.2毫秒，增大刺激强度至被检者感觉指或趾明显发麻（恒流刺激器的刺激量一般用30～40毫安，最大不超过50毫安）。需用叠加装置，叠加次数可根据图形的清晰度来定，一般叠加10～20次；

b) 感觉神经传导检测的主要指标包括潜伏期、感觉神经动作电位（SNAP）波幅，神经传导速度（刺激点至记录点之间）；

c) 测量从刺激开始到诱发电位波形开始出现的时间，称潜伏期（单位为毫秒）。感觉神经动作电位波幅为测量诱发电位波形的峰—峰间的最大高度（单位为微伏）；

d) 用皮尺或卷尺精确测量刺激点与记录点间的距离，即为该段神经两点间的长度（单位为毫米）。

A.4.2.3.4　异常结果判断
异常结果有：

a) 感觉神经传导速度减慢（较健侧检测结果减慢20%以上或小于正常平均值－2个标准差）；

b) 感觉动作电位波幅下降(较健侧检测结果降低20%以上或小于正常平均值-2个标准差);
c) 传导速度(米/秒)=距离(毫米)÷传导时间(毫秒)。

**A.4.2.4　F波测定**

F波测定方法为:

a) F波的检测方法同运动神经传导检测,不同的是刺激电极的阴极置于近端;
b) 观察指标:最短潜伏期、最长潜伏期和平均潜伏期;F波出现率;F波传导速度;
c) F波异常的判断标准:潜伏期延长或速度减慢、出现率降低或波形消失。

**A.4.2.5　H反射**

H反射测定方法为:

a) H反射的检测方法:记录电极置于刺激神经支配的肌肉肌腹,阴极朝向近端,阳极在远端。与F波不同,刺激强度为低强度,通常出现F波后降低刺激强度直至出现稳定的H波;
b) 观察指标为H反射的潜伏期、波幅和波形等;
c) H反射异常的判断标准:H反射潜伏期延长,两侧差值大于均值2.5倍或3倍标准差;H反射未引出;
d) H反射潜伏期与年龄、身高有关,建议采用公式计算。H反射潜伏期(毫秒)=-1.10+0.16×身高(厘米)+0.06×年龄(岁)+2.8。

**A.5　神经源性损害电生理检测结果判定原则**

神经源性损害电生理检测结果判定原则为:

a) 周围神经损伤的电生理判断一般情况下不能仅单纯依靠某一单项检测技术做出,应通过多项检测技术综合判断;
b) 对于混合性周围神经,必须至少进行针极肌电图和运动/感觉神经传导检测;
c) 对于单纯运动性周围神经,必须至少进行针极肌电图和运动神经传导检测;
d) 对于单纯感觉性周围神经,若不需要排除运动神经的损伤,则可仅进行感觉神经传导检测;
e) 需注意与周围神经系统相关疾病、既往陈旧损伤以及中枢神经系统的损伤或病变进行鉴别;
f) 运动/感觉神经传导检测正常参考值的选择,推荐首先选择与自身健侧(非损伤侧)检测值进行对照,然后可与实验室的正常参考值进行比较;
g) 若不能与健侧(非损伤侧)进行比较时,则推荐与实验室正常参考值进行对照;
h) 实验室应建立正常参考值基础数据,对于尚未建立的,可参考国内较为标准的实验室的正常参考值(本技术规范推荐参照北京协和医院神经科肌电图实验室/复旦大学附属华山医院手外科肌电图实验室公布的数据);
i) 对于针极肌电图检测而言,目前其主要观测指标为定性指标,一般不需与正常参考值进行比较;对于部分可定量指标,如运动单位电位和募集电位的波幅,由于影响因素较多,不推荐与其他实验室参考值进行比较,若确有比较的需要,建议与自身健侧同组肌肉检测结果进行对照。

**A.6　检测报告**

报告内容应当能够全面、准确、真实地反映检测过程,提供判断结果的信息。

**A.6.1　报告基本信息**

应包括检测单位名称、设备名称及型号、被检测人姓名、年龄、性别、检测编号、检测时室内温度(有条件者可包括被检测人体表温度)、检测项目名称、检测结果(表格或图形均可)、检测意见、检测者姓名和检测日期。

A.6.2　针极肌电图报告

应包括检测肌肉名称,左侧和(或)右侧,不同状态下的肌电活动变化,包括插入电位、完全放松(静息)、随意(主动)轻收缩、大力收缩时的波形、相位、波幅等。

A.6.3　神经传导检测报告

应包括检测神经名称,刺激和记录的部位,刺激强度,距离,潜伏期,速度,波幅,波形等,注明是否进行双侧对比。

A.6.4　其他

F波:应包括潜伏期、速度和出现率等。H反射:应包括潜伏期、波幅和波形等。

A.6.5　报告诊断意见

应对各检测项目的阳性和阴性发现予以详细和客观的描述,提示性意见应包括对周围神经损伤的定性、定位和定量的诊断,必要时可比较与既往电生理检测结果的动态改变出具提示性意见。

## 附录 B(资料性附录)　周围神经支配主要肌肉的针极肌电图检查方法

B.1　面肌

B.1.1　额肌

检查方法为:

——神经支配:面神经颞支支配;

——进针部位:眉中点上约两指宽处水平进针,深0.5～1厘米;

——完成动作:眉毛上抬,目上视。

B.1.2　眼轮匝肌

检查方法为:

——神经支配:面神经颧支、颊支支配;

——进针部位:目外眦处水平向内进针,深为0.5～1厘米;

——完成动作:用力闭目;

——注意事项:嘱患者闭目同时轻轻张口,放松下颌,以免记录到咬肌或颞肌的电位。

B.1.3　口轮匝肌

检查方法为:

——神经支配:面神经颊支、下颌支支配;

——进针部位:口角处水平向内进针,深0.5～1厘米;

——完成动作:用力鼓腮吹气;

——注意事项:口轮匝肌含有从一侧至另一侧交叉的肌纤维,故单侧失神经时有可能在患侧记录到正常侧的肌纤维活动,应予鉴别。

B.2　躯干肌

B.2.1　颈棘旁肌

检查方法为:

——神经支配:各节段脊神经后支支配;

——进针部位:患者取坐位,放松肩部,含胸低头,于所检颈段棘突旁约2.0厘米处垂直进

针;——意义:颈椎旁肌有损伤表现常提示神经根性损伤,但不能提示神经根序数;

——注意事项:患者低头使下颌靠近前胸,尽量放松,以避免肌电干扰。部分患者肺组织可延伸至锁骨上,距皮肤表面较近,故检测颈胸段棘旁肌时,进针轻轻向上,深度约2毫米,以尽可能减少气胸发生的可能。

B.2.2 腰椎旁肌

检查方法为:

——神经支配:各节段相应脊神经后支支配;

——进针部位。患者俯卧放松,于所检腰椎棘突旁2厘米左右垂直进针;

——意义:椎旁肌有损伤表现常提示神经根性损伤,但不能提示神经根序数;

——注意事项:为使腰椎旁肌完全放松,可置一小枕头于腹下,并嘱患者轻轻抬髋。

B.3 上肢主要肌肉

B.3.1 第1背侧骨间肌

检查方法为:

——神经支配:尺神经—内侧束—下干—颈8、胸1根;

——进针部位:从第一掌指关节处,经各掌骨作一条垂直于手长轴的水平线。针在此线上紧沿着第二掌骨桡侧插入;

——完成动作:手掌中立位,拇、示指伸直并拢,示指偏向桡侧;

——意义:尺神经深支运动传导检测时,可于该肌记录;

——注意事项:进针不宜过深,可能进入拇收肌。

B.3.2 小指展肌

检查方法为:

——神经支配:尺神经—内侧束—下干—颈8、胸1根;

——进针部位:于小指掌指关节尺侧和豌豆骨尺侧之间连线的中点进针,进针深0.6~1.3厘米;

——完成动作:外展小指;

——意义:在尺神经运动传导检测中,常以该肌作为记录肌肉;

——注意事项:进针过深可能进入小指对掌肌或蚓状肌。

B.3.3 拇短展肌

检查方法为:

——神经支配:正中神经(内侧头)—内侧束—下干—颈8、胸1根根;

——进针部位:第一掌指关节掌侧和腕掌关节之间连线的中点。进针深度0.6~1.3厘米;

——完成动作:拇指向掌侧外展;

——意义:在正中神经运动传导检测中,常以该肌作为记录肌肉;

——注意事项:进针过深可能进入拇对掌肌,过于偏内侧会进入拇短屈肌。

B.3.4 旋前方肌

检查方法为:

——神经支配:前骨间神经—正中神经—外、内侧束—中、下干—颈7、颈8、胸1根;

——进针部位:于腕背侧尺、桡骨茎突连线中点上方三指宽处进针,针针穿透骨间膜,深度约1.9厘米;或于腕掌侧桡动脉桡侧斜向进针;

——完成动作:嘱患者前臂旋前;
——意义:前骨间神经卡压综合征患者常规检测该肌;
——注意事项:方法1进针过深会进入指浅屈肌,方法2进针时注意避开桡动脉。

B.3.5 屈拇长肌

检查方法为:
——神经支配:前骨间神经—正中神经—外、内侧束—中、下干—颈7、颈8、胸1根;
——进针部位:于桡骨掌侧、桡侧缘,前臂中1/2进针,深至桡骨稍退出即可;
——完成动作:屈曲拇指指间关节;
——意义:前骨间神经卡压综合征患者常规检测该肌;
——注意事项:进针过浅,过于偏尺侧可能进入屈指浅肌。

B.3.6 屈指深(浅)肌

检查方法为:
——神经支配:正中神经—外、内侧束—中、下干—颈7、颈8、胸1根;
——进针部位:前臂掌侧中1/2偏尺侧进针;
——完成动作:屈曲手指指间关节;
——注意事项:进针偏浅,偏近端可能进入浅层屈肌。

B.3.7 桡侧屈腕肌

检查方法为:
——神经支配:正中神经—外侧束—上、中干—颈5、6、7根;
——进针部位:肱骨内上髁与肱二头肌腱连线以远3、4指宽处进针;
——完成动作:屈曲腕关节并向桡侧偏斜;
——注意事项:进针过深可能进入指浅屈肌、屈拇长肌。太偏桡侧可能进入旋前圆肌,太偏尺侧会进入掌长肌。

B.3.8 尺侧屈腕肌

检查方法为:
——神经支配:尺神经—内侧束—下干—颈7、8根;
——进针部位:前臂中上1/3交接处,于尺骨掌侧缘向桡侧约两指宽处进针;
——完成动作:屈曲腕关节并向尺侧偏斜;
——注意事项:进针偏深可能进入屈指深肌。

B.3.9 旋前圆肌

检查方法为:
——神经支配:正中神经—外侧束—上干—颈5、6根;
——进针部位:肱骨内上髁与肱二头肌腱连线以远约两指宽处进针;
——完成动作:前臂旋前;
——注意事项:进针过深可能进入指浅屈肌,太偏尺侧可能会进入桡侧屈腕肌。

B.3.10 示指固有伸肌

检查方法为:
——神经支配:后骨间神经—桡神经—后束—中下干—颈7、8,胸1根;
——进针部位:尺骨茎突上约两指宽处,靠尺骨桡侧进针。深约1.3厘米;

——完成动作:背伸示指并同时屈曲其余几个手指;
——意义:在桡神经运动传导检测中,常以该肌作为记录肌肉;
——注意事项:进针过于偏桡侧可能进入拇长伸肌,过于偏近端会进入伸指总肌。

B.3.11 伸拇长肌

检查方法为:
——神经支配:后骨间神经—桡神经—后束—中、下干—颈7、8根;
——进针部位:前臂背侧中点沿尺骨桡侧缘进针;
——完成动作:伸拇指指间关节;
——注意事项:进针过浅可能进入尺侧伸腕肌,进针太靠近端可能进入拇长展肌。

B.3.12 尺侧伸腕肌

检查方法为:
——神经支配:后骨间神经—桡神经—后束—中、下干—颈7、8根;
——进针部位:前臂背侧尺骨中段,从尺骨正上方进针;
——完成动作:伸腕关节并向尺侧偏斜;
——注意事项:进针过深,太靠桡侧可能进入拇长伸肌,太靠近端会进入肘后肌。

B.3.13 伸指总肌

检查方法为:
——神经支配:后骨间神经—桡神经—后束—中、下干—颈7、8根;
——进针部位:前臂背侧中、上1/3,肱骨外上髁以远约4指宽,尺、桡骨之间进针,深度一般不宜超过1.3厘米;
——完成动作:背伸掌指关节;
——意义:在桡神经运动传导检测中,常以该肌作为记录肌肉;
——注意事项:进针太靠桡侧可能进入桡侧伸腕肌,太靠尺侧会进入尺侧伸腕肌。

B.3.14 桡侧伸腕肌

检查方法为:
——神经支配:桡神经—后束—上、中干—颈6、7根;
——进针部位:肱骨外上髁以远两指宽处,偏桡侧进针;
——完成动作:伸腕关节并向桡侧偏斜;
——注意事项:进针过于靠桡侧可能进入肱桡肌,太靠尺侧会进入伸指总肌。

B.3.15 旋后肌

检查方法为:
——神经支配:后骨间神经—桡神经—后束—上干—颈5、6根;
——进针部位:旋转前臂扪及桡骨小头,于桡骨头下约两指宽处进针,深至桡骨稍退出即可;——完成动作:前臂旋后;
——注意事项:进针过浅可能进入肱桡肌,桡侧伸腕肌。

B.3.16 肱桡肌

检查方法为:
——神经支配:桡神经—后束—上干—颈5、6根;
——进针部位:肱二头肌腱与肱骨外上髁连线中点以远3指处进针;

——完成动作:患肢中立位,屈曲肘关节;
——注意事项:进针过于靠后可能进入桡侧伸腕肌。

B.3.17 肱三头肌

检查方法为:

——神经支配:桡神经—后束—上、中、下干—颈5、6、7、8,胸1根;
——进针部位:外侧头—紧靠三角肌止点或沿三角肌粗隆后进针;长头—腋后皱襞以远约4指宽处进针;
——完成动作:伸直肘关节;
——注意事项:外侧头进针太靠近端可能会进入三角肌。

B.3.18 肱二头肌

检查方法为:

——神经支配:肌皮神经—外侧束—上干—颈5、6根;
——进针部位:上臂中1/2处肱二头肌肌腹正中进针;
——完成动作:前臂旋后,屈曲肘关节;
——意义:颈6神经根的代表肌;
——注意事项:进针太靠远端,进针太深可能进入肱肌。

B.3.19 三角肌

检查方法为:

——神经支配:腋神经—后束—上干—颈5、6根;
——进针部位:肩峰与三角肌粗隆连线中点处进针;
——完成动作:外展上臂;

B.3.20 冈下肌

检查方法为:

——神经支配:肩胛上神经—上干—颈5、6根。
——进针部位:肩胛冈下方两指宽处(冈下窝)进针。深至肩胛骨稍退出即可。
——完成动作:前臂旋后位屈肘90度,上臂紧贴躯干,外旋肩关节。
——意义:颈C5神经根的代表肌。
——注意事项:进针太浅可能进入斜方肌,太靠外侧会进入三角肌。

B.3.21 冈上肌

检查方法为:

——神经支配:肩胛上神经—上干—颈5、6根。
——进针部位:紧挨肩胛冈中点上方的冈上窝处进针。
——完成动作:外展上臂。
——注意事项:进针过浅可能进入斜方肌。

B.3.22 背阔肌

检查方法为:

——神经支配:胸背神经—后束—上、中、下干—颈6、7、8根。
——进针部位:沿腋后皱襞向下约3指宽处进针。
——完成动作:上臂内旋、内收并后伸。

——意义:为颈 7 神经根的代表肌。——注意事项:进针太靠上可能进入大圆肌。

B.3.23 前锯肌

检查方法为:

——神经支配:胸长神经—颈 5、6、7 根。

——进针部位:紧挨肩胛下角内侧缘斜向进针。

——完成动作:肩关节向前(后)活动。

——意义:前锯肌有损伤表现一般提示颈 5、6、7 神经根性损伤。

——注意事项:进针过浅可能进入背阔肌、肩胛下肌。

B.3.24 胸大肌

检查方法为:

——神经支配:锁骨部:胸前外侧神经—外侧束—上、中干—颈 5、6、7 根。胸肋部:胸前内侧神经—内侧束—中、下干—颈 7、8,胸 1 根。

——进针部位:锁骨部:锁骨中点下一指宽处水平进针。胸肋部:腋前皱褶处旁开两指进针。

——完成动作:锁骨部:肩关节前屈位内收上臂。胸肋部:内收上臂。

——意义:胸大肌胸肋部为颈 8、胸腰神经根的代表肌。

——注意事项:进针过深可能进入喙肱肌,靠外会进入肱二头肌。

B.3.25 斜方肌

检查方法为:

——神经支配:副神经脊支和来自颈 3、4 神经根的分支。

——进针部位:方法 1,沿颈部与肩部形成的夹角处进针;方法 2,斜方肌上、中、下三点记录部位,上点:颈 7 棘突旁开 4 厘米;中点:上、下点连线中分;下点:肩胛骨侧缘中点,棘突旁开 3 厘米。

——完成动作:耸肩。

——注意事项:进针过深可能进入提肩胛肌。

B.3.26 肩胛提肌

检查方法为:

——神经支配:肩胛背神经—颈 5 根,并有颈 3、4 根分支参与。

——进针部位:肩胛上角上方两指宽,偏内侧—指宽处进针。

——完成动作:耸肩。

——注意事项:进针过浅可能进入斜方肌。

B.3.27 胸锁乳突肌

检查方法为:

——神经支配:副神经脊支和来自颈 3、4 神经根的分支。

——进针部位:耳后乳突与胸锁关节连线中点处进针。

——完成动作:收下颌,头转向对侧。

——意义:该肌的检测可用于鉴别运动神经元病与颈椎病。

B.4 下肢主要肌肉

B.4.1 臀大肌

检查方法为:

——神经支配:臀下神经—骶丛—腰 5,骶 1、2 根。

——进针部位:于股骨大转子和尾骨之间连线的中点处进针。
——完成动作:伸髋,屈膝。
——意义:该肌可鉴别坐骨神经损伤或是骶丛、神经根性损伤。
——注意事项:注意避开坐骨神经。

B.4.2　臀中肌

检查方法为:

——神经支配:臀上神经—骶丛—腰4、5,骶1根。
——进针部位:于髂嵴中点以远两指宽处进针。
——完成动作:外展大腿。
——注意事项:进针太靠后可能进入臀大肌,太靠前会进入阔筋膜张肌,进针太深会进入臀小肌。

B.4.3　股直肌

检查方法为:

——神经支配:股神经—腰丛—腰2、3、4根。
——进针部位:大腿前面,髌骨上缘与髂前上嵴连线中点进针。
——完成动作:伸膝、屈髋上抬下肢。
——意义:在股神经运动传导检测中,常以该肌作为记录肌肉。
——注意事项:进针过深可能进入股中间肌,太靠内侧远端会进入股内肌,太偏外侧会进入股外侧肌。

B.4.4　股内肌

检查方法为:

——神经支配:股神经—腰丛—腰2、3、4根。
——进针部位:大腿前面,髌骨内上角上方4指宽处进针。
——完成动作:伸膝、屈髋上抬下肢。
——注意事项:进针太靠后可能进入缝匠肌、股薄肌。太靠前会进入股直肌。

B.4.5　股外侧肌

检查方法为:

——神经支配:股神经—腰丛—腰2、3、4根。
——进针部位:大腿外侧面,髌骨上方一手宽处进针。
——完成动作:伸膝、屈髋上抬下肢。
——注意事项:进针太靠后可能进入股二头肌,太靠前会进入股直肌。

B.4.6　大收肌(股内收肌群)

检查方法为:

——神经支配:闭孔神经—腰、骶丛—腰2、3、4、5根。
——进针部位:股骨内侧髁与耻骨结节连线中点处进针。
——完成动作:内收大腿。
——注意事项:进针太靠前可能进入缝匠肌。

B.4.7　股二头肌

检查方法为:

——神经支配:长头:坐骨神经(胫神经)—骶丛—腰5、骶1根。短头:坐骨神经(腓总神经)骶丛—腰5、骶1、2根。

——进针部位:长头:沿腓骨头和坐骨结节连线的三分之一至中间进针;短头:在腘窝触摸股二头肌长头肌腱,在肌腱内侧进针。

——完成动作:屈膝、外旋小腿。

——意义:股二头肌的检测可用来鉴别坐骨神经损伤与单纯腓总、胫神经损伤。股二头肌短头的检测可用来鉴别腓总神经损伤是在腓骨小头上还是在腓骨下。

——注意事项:进针太靠内侧会进入半膜肌。

B.4.8　胫前肌

检查方法为:

——神经支配:腓深神经—腓总神经—坐骨神经—骶丛—腰4、5根。

——进针部位:于胫骨结节下方四指宽、胫骨嵴外侧一指宽处进针。

——完成动作:伸膝、足背伸。

——注意事项:进针太靠后可能进入腓骨长肌,太深会进入趾长伸肌。

B.4.9　腓骨长肌

检查方法为:

——神经支配:腓浅神经—腓总神经—坐骨神经—骶丛—腰5,骶1、2根。

——进针部位:小腿外侧面、腓骨头下方3指宽处进针。

——完成动作:伸膝、足外翻背伸。

——注意事项:进针太靠后可能进入腓肠肌、比目鱼肌。进针太靠前、太深会进入趾长伸肌。

B.4.10　拇长伸肌(足)

检查方法为:

——神经支配:腓深神经—腓总神经—坐骨神经—骶丛—腰5、骶1根。

——进针部位:于内、外踝连线上方三指宽紧挨胫骨嵴外侧进针。

——完成动作:伸拇趾。

——注意事项:进针太浅、太靠近端会进入胫前肌,太偏外侧会进入第三腓骨肌。

B.4.11　趾短伸肌

检查方法为:

——神经支配:腓深神经—腓总神经—坐骨神经—骶丛—腰5、骶1根。

——进针部位:于外踝以远3指宽处进针。

——完成动作:背伸足趾。

——意义:在腓总神经运动传导检测中,常以该肌作为记录肌肉。

B.4.12　腓肠肌

检查方法为:

——神经支配:胫神经—坐骨神经—骶丛—腰1、2根。

——进针部位:外侧头:于腘窝皱褶下约一手宽,小腿偏外侧部进针;内侧头:于腘窝皱褶下约一手宽,小腿偏内侧部进针。

——完成动作:伸膝,足跖屈。

——注意事项:进针过深会进入比目鱼肌、趾长屈肌。

B.4.13 比目鱼肌

检查方法为：

——神经支配：胫神经—坐骨神经—骶丛—腰5，骶1、2根。

——进针部位：于腓肠肌肌腹下方凹陷处，跟腱内侧进针。

——完成动作：伸膝，足跖屈。

——注意事项：进针过浅，太靠近端会进入腓肠肌。

B.4.14 趾短展肌

检查方法为：

——神经支配：足底内侧神经—胫神经—坐骨神经—骶丛—骶1、2根。

——进针部位：于足外缘第五跖骨头以近约两指宽处进针。

——完成动作：屈曲和外展足趾。

——意义：在胫神经运动传导检测中，常以该肌作为记录肌肉。

# 道路交通事故涉案者交通行为方式鉴定规范

## 第1部分 综合判断

**1 范围**

1.1 本部分规定了道路交通事故涉案者交通行为方式鉴定标准中的综合判断方法。

1.2 本部分适用于在各类鉴定机构中执业的鉴定人推断或认定道路交通事故涉案者的交通行为方式。

1.3 文中的注是对正文的说明、举例,它们既不包含要求,也不构成标准的主体部分。

**2 规范性引用文件**

下列文件中的条款通过本标准的引用而成为本标准的条款。凡是注日期的引用文件,其随后所有的修改单(不包括勘误的内容)或修订版均不适用于本标准,然而,鼓励根据本标准达成协议的各方研究是否可使用这些文件的最新版本。凡是不注日期的引用文件,其最新版本适用于本标准。

GA/41　道路交通事故痕迹物证勘验

GA/50　道路交通事故勘验照相

GA/268　道路交通事故尸体检验

GA/T147　法医学尸体解剖

GA/T148　法医病理学检材的提取、固定、包装及送检方法

GA/T149　法医学尸表检验

GA/T150　机械性窒息尸体检验

GA/T168　机械性损伤尸体检验

GA/T169　法医学物证检材的提取、保存与送检

**3 术语和定义**

本标准采用下列术语和定义:

3.1 道路交通事故 road traffic accidents

是指单方、双方或多方当事人利用交通工具(机动车或非机动车)在道路行驶过程中发生的人员伤亡或者财产损失的事件。

3.2 交通行为方式 manner of action in road traffic accidents

是指道路交通事故发生时交通事故涉案者所处的行为状态。

注:涉案者所处的行为状态,如驾驶、乘坐、骑行车辆或在道路上行走、蹲踞、躺卧等。

## 4 交通行为方式判断的原则与依据

### 4.1 总则

4.1.1 交通行为方式鉴定是根据案情,对与事故相关的现场、车辆、伤亡人员进行勘验后,依据勘查结果进行综合分析,并做出涉案者在事故发生时所处状态书面结论的过程。

4.1.2 交通行为方式鉴定是对交通事故涉案者在事故发生时的状态进行分析判断的技术行为,如对汽车驾车人或乘员的判断,对自行车(摩托车)骑车人或乘坐人的判断,对非机动车持有人骑行或推行的判断,对行人行走、蹲踞或躺卧状态的判断等。

4.1.3 交通行为方式鉴定的全过程应符合相关法律、法规。

4.1.4 从事交通行为方式鉴定的人员,应具有相应鉴定人资格,并能掌握和运用交通工程学、车辆工程学、法医学、痕迹物证学等相关专业知识。

4.1.5 鉴定的实施应不少于2名鉴定人参与。

### 4.2 行为方式的分析判断原则

#### 4.2.1 成立原则

有关证据可以互相印证,能确立存在逻辑链关系的原则。

#### 4.2.2 排除原则

有关证据不能互相印证,不能确立存在关系的原则。

#### 4.2.3 对比原则

通过对涉案者之间交通行为方式的诸多认定依据,进行能不能确立关系的比较,得出更具倾向性的意见。

#### 4.2.4 典型证据优先原则

交通行为方式鉴定依据最有典型特征的证据为判断支撑点,有时以损伤典型特征推断,有时以碰撞后运动轨迹典型特征推断,有时运用生物检材、指纹进行个体识别。交通行为方式鉴定还可运用计算机仿真事故再现等技术进行辅助分析。

### 4.3 交通行为方式判断的依据

4.3.1 根据事故所涉人、车、道路及周围环境等的痕迹物证勘验,客观分析出交通事故现象及处在不同交通事故现象中涉案各方的行为状态。

4.3.2 根据分析得出的碰撞形态,结合有关信息,推断事故所涉人、车的运动过程及事发前后所处的位置。

4.3.3 根据人体(活体或尸体)体表痕迹及损伤形态特征,结合有关信息,分析致伤物和致伤方式,汇总分析重建交通事故过程,推断处于不同事故现象中所涉人、车的交通行为方式。

## 5 常见几类交通事故的交通行为方式判断

### 5.1 汽车驾车人/乘坐人的判断

5.1.1 根据不同事故的碰撞形态,车内人员会形成不同的碰撞结果,其在车内驾驶座位置或驾驶座以外位置所形成的碰撞现象因周边环境不同而形成的损伤及体表痕迹也会有所不同。

5.1.2 根据车辆前后风窗玻璃及左右车门玻璃的损坏情况,分析是与硬物碰撞形成还是与软性物体(如人体)碰撞形成,并结合人员体表痕迹及损伤进行判断。

5.1.3 根据各座位上安全带及气囊的情况,分析各座位上的当事人是否使用了安全带,气囊是否起爆,并结合车内人员的不同体表痕迹及损伤进行判断。

5.1.4 根据驾驶座周边部件(如方向盘等)及其他座位周边部件是否异常损坏和留有撞击印痕,结合车内人员的不同体表痕迹及损伤进行判断。

5.1.5 根据勘验到的各座位周边附着的血迹、毛发和人体组织物,结合车内人员不同部位的痕迹及损伤形态特征进行判断,必要时与当事人进行DNA检验比对。

5.1.6 根据在第一现场查找到的各座位周边的遗留物(手机、鞋等个人用品),确认其所有人。

5.1.7 根据各车门的变形、锁闭情况,分析车内人员的撤离、抛甩条件。

5.1.8 对于已经被抛甩出车外的人员,应再结合原始现场人、车的相对位置进行判断。

5.2 摩托车驾车人/乘坐人的判断

5.2.1 根据摩托车正面碰撞事故的碰撞对象及碰撞形态,分析碰撞时的减速度或加速度,会造成摩托车车上人员不同的运动轨迹;依据被碰撞车、物上的痕迹和各人不同的着地位置,结合人体表痕迹及损伤判断其事发时在车上所处的位置。

5.2.2 摩托车正面碰撞事故中,应根据碰撞对其前后座人员所形成的不同损伤形态进行分析。前座人员除头面部(或头盔)直接在碰撞中形成损伤外,其胸腹部和顶枕部、腰背部往往又会与所驾车辆的驾驶操纵部件以及和后座人员身体碰撞形成特征性损伤;此时后座人员的损伤程度则一般较轻。

5.2.3 对于摩托车侧面被其他车辆碰撞的事故,应在确认两车具体碰撞部位的基础上,区分摩托车车上人员是否应受到直接碰撞和可能形成的不同受伤情况。对于摩托车前后座踏脚高度不同的情况,可根据受伤人员下肢损伤位置距地高来判断。

5.2.4 对于踏板式摩托车,可根据前后座人员下肢、会阴区所处的位置及其接触物的不同,分析不同的损伤机理。其前座驾车人两腿间无异物,且处于相对隐蔽位置;后座骑跨式座位的乘坐人的腿部则比较暴露,碰撞或倒地时下肢和会阴部的内外侧往往都会形成骑跨式损伤痕迹。

5.2.5 应注意摩托车驾车人在事故碰撞、倒地中,其上肢和手容易受到的特征性损伤(如大鱼际擦挫伤、腕关节脱位或尺、桡骨下段骨折等)。

5.2.6 应注意摩托车车上人员衣裤的损坏和车辆表面附着物特征来区分事发时摩托车上人员所处的位置。

5.3 自行车驾驶/乘坐人员的判定

5.3.1 根据自行车正面碰撞事故的碰撞对象及碰撞形态,分析方法类似于5.2.1,但自行车由于缺乏动力,所发生的交通事故现象与摩托车亦有所区别,进行分析时应充分考虑到车速、动力、自身重量等因素。

5.3.2 自行车正面碰撞事故中,应根据其前后座人员的不同损伤进行分析。前座人员的损伤特征以正面直接撞击伤,特别是头面部及四肢前侧为主,后座乘坐人员的损伤则以随自行车倒地摔跌形成的损伤为主。

5.3.3 对于自行车侧面被其他车辆碰撞的事故,应在确认两车具体碰撞部位的基础上,区分自行车车上人员是否应受到直接碰撞和可能形成的不同受伤情况。对于自行车前后座踏脚高度不同的情况,可根据受伤人员下肢损伤位置距地高来判断。

5.3.4 应注意自行车驾车人在事故碰撞、倒地中,其上肢和手容易受到的特征性损伤(如大鱼际擦挫伤、腕关节脱位或尺、桡骨下段骨折等)。

5.4 自行车骑行/推行状态的判定

5.4.1 当事人是否具有骑跨伤的特征:双下肢内外侧均有损伤或体表痕迹,其中外侧呈现一侧为直接撞击伤、另一侧为摔跌伤,而内侧通常为在摔跌中与自行车部件接触形成的擦、挫伤。

5.4.2 可根据绝大多数自行车当事人的推车习惯位于自行车的左侧的情况(特殊情况例外)及与其他车辆的碰撞形态,分析两车间是否存在站立行走的当事人,如自行车同侧前后部均有碰擦痕迹,则说明当事人呈骑跨状态的可能性比较大。

5.4.3 当事人下肢直接撞击形成的损伤位置偏低,与造成其损伤的汽车保险杠距地高度有偏差,可以考虑碰撞时其脚位于自行车踏板上的可能性。

5.4.4 当事人处于推行状态时可与推行的车辆相碰撞产生相应的损伤、痕迹。

5.5 行人的行走、蹲踞、躺卧状态的判定

5.5.1 根据肇事车辆的痕迹高度来判断被撞人体的高度,以判定其是行走、蹲踞还是躺卧。

5.5.2 根据当事人的损伤结合碰撞或摔跌来判定其是行走、蹲踞还是躺卧。

5.5.3 根据事故现场人、血迹和车的相对位置来判定其是行走、蹲踞还是躺卧。

## 6 附则

6.1 非道路交通事故涉案者行为方式鉴定参照本标准执行。

6.2 本标准未规定的交通事故涉案者交通行为方式,可根据案情、依照法律、法规,应用现代科学手段,作出科学合理的鉴定。

6.3 对于农用运输车、叉车等带有驾驶舱类其他机动车和电动自行车、燃气助动车或人力三轮车等非机动车的当事人交通行为方式鉴定可以参照本标准执行。

# 人身保险伤残评定标准

## 前　　言

根据保险行业业务发展要求,制订本标准。

本标准制定过程中参照世界卫生组织《国际功能、残疾和健康分类》(以下简称"ICF")的理论与方法,建立新的残疾标准的理论架构、术语体系和分类方法。

本标准制定过程中参考了国内重要的伤残评定标准,如《劳动能力鉴定,职工工伤与职业病致残等级》《道路交通事故受伤人员伤残评定》等,符合国内相关的残疾政策,同时参考了国际上其他国家地区的伤残分级原则和标准。

本标准建立了保险行业人身保险伤残评定和保险金给付比例的基础,各保险公司应根据自身的业务特点,根据本标准的方法、内容和结构,开发保险产品,提供保险服务。

本标准负责起草单位:中国保险行业协会。

本标准规定了人身保险伤残程度的评定等级以及保险金给付比例的原则和方法,人身保险伤残程度分为一至十级,保险金给付比例分为100%至10%。

### 1　适用范围

本标准适用于意外险产品或包括意外责任的保险产品中的伤残保障,用于评定由于意外伤害因素引起的伤残程度。

### 2　术语和定义

下列术语和定义适用于本标准。

2.1　伤残:因意外伤害损伤所致的人体残疾。

2.2　身体结构:指身体的解剖部位,如器官、肢体及其组成部分。

2.3　身体功能:指身体各系统的生理功能。

### 3　标准的内容和结构

本标准参照ICF有关功能和残疾的分类理论与方法,建立"神经系统的结构和精神功能""眼,耳和有关的结构和功能""发声和言语的结构和功能""心血管,免疫和呼吸系统的结构和功能""消化、代谢和内分泌系统有关的结构和功能""泌尿和生殖系统有关的结构和功能""神经肌肉骨骼和运动有关的结构和功能"和"皮肤和有关的结构和功能"8大类,共281项人身保险伤残条目。

本标准对功能和残疾进行了分类和分级,将人身保险伤残程度划分为一至十级,最重为第一级,最轻为第十级。

与人身保险伤残程度等级相对应的保险金给付比例分为十档,伤残程度第一级对应的保险金给付比例为100%,伤残程度第十级对应的保险金给付比例为10%,每级相差10%。

### 4　伤残的评定原则

4.1　确定伤残类别:评定伤残时,应根据人体的身体结构与功能损伤情况确定所涉及的伤残类别。

4.2 确定伤残等级:应根据伤残情况,在同类别伤残下,确定伤残等级。

4.3 确定保险金给付比例:应根据伤残等级对应的百分比,确定保险金给付比例。

4.4 多处伤残的评定原则:当同一保险事故造成两处或两处以上伤残时,应首先对各处伤残程度分别进行评定,如果几处伤残等级不同,以最重的伤残等级作为最终的评定结论;如果两处或两处以上伤残等级相同,伤残等级在原评定基础上最多晋升一级,最高晋升至第一级。同一部位和性质的伤残,不应采用本标准条文两条以上或者同一条文两次以上进行评定。

5 说明

本标准中"以上"均包括本数值或本部位。

说明:本标准对功能和残疾进行了分类和分级,将人身保险伤残程度划分为一至十级,最重为第一级,最轻为第十级。与人身保险伤残程度等级相对应的保险金给付比例分为十档,伤残程度第一级对应的保险金给付比例为100%,伤残程度第十级对应的保险金给付比例为10%,每级相差10%。

## 1 神经系统的结构和精神功能

### 1.1 脑膜的结构损伤

| 外伤性脑脊液鼻漏或耳漏 | 10级 |

### 1.2 脑的结构损伤,智力功能障碍

| 颅脑损伤导致极度智力缺损(智商小于等于20),日常生活完全不能自理,处于完全护理依赖状态 | 1级 |
| 颅脑损伤导致重度智力缺损(智商小于等于34),日常生活需随时有人帮助才能完成,处于完全护理依赖状态 | 2级 |
| 颅脑损伤导致重度智力缺损(智商小于等于34),不能完全独立生活,需经常有人监护,处于大部分护理依赖状态 | 3级 |
| 颅脑损伤导致中度智力缺损(智商小于等于49),日常生活能力严重受限,间或需要帮助,处于大部分护理依赖状态 | 4级 |

注:1) 护理依赖:应用"基本日常生活活动能力"的丧失程度来判断护理依赖程度。

2) 基本日常生活活动是指:(1) 穿衣:自己能够穿衣及脱衣;(2) 移动:自己从一个房间到另一个房间;(3) 行动:自己上下床或上下轮椅;(4) 如厕:自己控制进行大小便;(5) 进食:自己从已准备好的碗或碟中取食物放入口中;(6) 洗澡:自己进行淋浴或盆浴。

3) 护理依赖的程度分三级:(1) 完全护理依赖指生活完全不能自理,上述六项基本日常生活活动均需护理者;(2) 大部分护理依赖指生活大部不能自理,上述六项基本日常生活活动中三项或三项以上需护理者;(3) 部分护理依赖指部分生活不能自理,上述六项基本日常生活活动中一项或一项以上需护理者。

### 1.3 意识功能障碍

意识功能是指意识和警觉状态下的一般精神功能,包括清醒和持续的觉醒状态。本标准中的意识功能障碍是指颅脑损伤导致植物状态。

| 颅脑损伤导致植物状态 | 1级 |

注:植物状态指由于严重颅脑损伤造成认知功能丧失,无意识活动,不能执行命令,保持自主呼吸和血压,有睡眠—醒觉周期,不能理解和表达语言,能自动睁眼或刺激下睁眼,可有无目的性眼球跟踪运动,丘脑下部及脑干功能基本保存。

## 2 眼,耳和有关的结构和功能

### 2.1 眼球损伤或视功能障碍

视功能是指与感受存在的光线和感受视觉刺激的形式、大小、形状和颜色等有关的感觉功能。本标准中的视功能障碍是指眼盲目或低视力。

| 双侧眼球缺失 | 1级 |
|---|---|
| 一侧眼球缺失,且另一侧眼盲目5级 | 1级 |
| 一侧眼球缺失,且另一侧眼盲目4级 | 2级 |
| 一侧眼球缺失,且另一侧眼盲目3级 | 3级 |
| 一侧眼球缺失,且另一侧眼低视力2级 | 4级 |
| 一侧眼球缺失,且另一侧眼低视力1级 | 5级 |
| 一侧眼球缺失 | 7级 |

### 2.2 视功能障碍

除眼盲目和低视力外,本标准中的视功能障碍还包括视野缺损。

| 双眼盲目5级 | 2级 |
|---|---|
| 双眼视野缺损,直径小于5° | 2级 |
| 双眼盲目大于等于4级 | 3级 |
| 双眼视野缺损,直径小于10° | 3级 |
| 双眼盲目大于等于3级 | 4级 |
| 双眼视野缺损,直径小于20° | 4级 |
| 双眼低视力大于等于2级 | 5级 |
| 双眼低视力大于等于1级 | 6级 |
| 双眼视野缺损,直径小于60° | 6级 |
| 一眼盲目5级 | 7级 |
| 一眼视野缺损,直径小于5° | 7级 |
| 一眼盲目大于等于4级 | 8级 |
| 一眼视野缺损,直径小于10° | 8级 |
| 一眼盲目大于等于3级 | 9级 |
| 一眼视野缺损,直径小于20° | 9级 |
| 一眼低视力大于等于1级 | 10级 |
| 一眼视野缺损,直径小于60° | 10级 |

注:1) 视力和视野

| 级别 | | 低视力及盲目分级标准 | |
|---|---|---|---|
| | | 最好矫正视力 | |
| | | 最好矫正视力低于 | 最低矫正视力等于或优于 |
| 低视力 | 1 | 0.3 | 0.1 |
| | 2 | 0.1 | 0.05(三米指数) |
| 盲目 | 3 | 0.05 | 0.02(一米指数) |
| | 4 | 0.02 | 光感 |
| | 5 | 无光感 | |

2) 如果中心视力好而视野缩小,以中央注视点为中心,视野直径小于20°而大于10°者为盲目3级;如直径小于10°者为盲目4级。

本标准视力以矫正视力为准,经治疗而无法恢复者。

视野缺损指因损伤导致眼球注视前方而不转动所能看到的空间范围缩窄,以致难以从事正常工作、学习或其他活动。

### 2.3 眼球的晶状体结构损伤

| 外伤性白内障 | 10级 |
|---|---|

注:外伤性白内障:凡未做手术者,均适用本条;外伤性白内障术后遗留相关视功能障碍,参照有关条款评定伤残等级。

### 2.4 眼睑结构损伤

| 双侧眼睑显著缺损 | 8级 |
|---|---|
| 双侧眼睑外翻 | 8级 |
| 双侧眼睑闭合不全 | 8级 |
| 一侧眼睑显著缺损 | 9级 |
| 一侧眼睑外翻 | 9级 |
| 一侧眼睑闭合不全 | 9级 |

注:眼睑显著缺损指闭眼时眼睑不能完全覆盖角膜。

### 2.5 耳廓结构损伤或听功能障碍

听功能是指与感受存在的声音和辨别方位、音调、音量和音质有关的感觉功能。

| 双耳听力损失大于等于91 dB,且双侧耳廓缺失 | 2级 |
|---|---|
| 双耳听力损失大于等于91 dB,且一侧耳廓缺失 | 3级 |
| 一耳听力损失大于等于91 dB,另一耳听力损失大于等于71 dB,且一侧耳廓缺失,另一侧耳廓缺失大于等于50% | 3级 |
| 双耳听力损失大于等于71 dB,且双侧耳廓缺失 | 3级 |
| 双耳听力损失大于等于71 dB,且一侧耳廓缺失 | 4级 |
| 双耳听力损失大于等于56 dB,且双侧耳廓缺失 | 4级 |
| 一耳听力损失大于等于91 dB,另一耳听力损失大于等于71 dB,且一侧耳廓缺失大于等于50% | 4级 |
| 双耳听力损失大于等于71 dB,且一侧耳廓缺失大于等于50% | 5级 |
| 双耳听力损失大于等于56 dB,且一侧耳廓缺失 | 5级 |
| 双侧耳廓缺失 | 5级 |
| 一侧耳廓缺失,且另一侧耳廓缺失大于等于50% | 6级 |
| 一侧耳廓缺失 | 8级 |
| 一侧耳廓缺失大于等于50% | 9级 |

## 2.6 听功能障碍

| | |
|---|---|
| 双耳听力损失大于等于 91 dB | 4 级 |
| 双耳听力损失大于等于 81 dB | 5 级 |
| 一耳听力损失大于等于 91 dB,且另一耳听力损失大于等于 71 dB | 5 级 |
| 双耳听力损失大于等于 71 dB | 6 级 |
| 一耳听力损失大于等于 91 dB,且另一耳听力损失大于等于 56 dB | 6 级 |
| 一耳听力损失大于等于 91 dB,且另一耳听力损失大于等于 41 dB | 7 级 |
| 一耳听力损失大于等于 71 dB,且另一耳听力损失大于等于 56 dB | 7 级 |
| 一耳听力损失大于等于 71 dB,且另一耳听力损失大于等于 41 dB | 8 级 |
| 一耳听力损失大于等于 91 dB | 8 级 |
| 一耳听力损失大于等于 56 dB,且另一耳听力损失大于等于 41 dB | 9 级 |
| 一耳听力损失大于等于 71 dB | 9 级 |
| 双耳听力损失大于等于 26 dB | 10 级 |
| 一耳听力损失大于等于 56 dB | 10 级 |

## 3 发声和言语的结构和功能

### 3.1 鼻的结构损伤

| | |
|---|---|
| 外鼻部完全缺失 | 5 级 |
| 外鼻部大部分缺损 | 7 级 |
| 鼻尖及一侧鼻翼缺损 | 8 级 |
| 双侧鼻腔或鼻咽部闭锁 | 8 级 |
| 一侧鼻翼缺损 | 9 级 |
| 单侧鼻腔或鼻孔闭锁 | 10 级 |

### 3.2 口腔的结构损伤

| | |
|---|---|
| 舌缺损大于全舌的 2/3 | 3 级 |
| 舌缺损大于全舌的 1/3 | 6 级 |
| 口腔损伤导致牙齿脱落大于等于 16 枚 | 9 级 |
| 口腔损伤导致牙齿脱落大于等于 8 枚 | 10 级 |

### 3.3 发声和言语的功能障碍

本标准中的发声和言语的功能障碍是指语言功能丧失。

| | |
|---|---|
| 语言功能完全丧失 | 8 级 |

注:语言功能完全丧失指构成语言的口唇音、齿舌音、口盖音和喉头音的四种语言功能中,有三种以上不能构声,或声带全部切除,或因大脑语言中枢受伤害而患失语症,并须有资格的耳鼻喉科医师出具医疗诊断证明,但不包括任何心理障碍引致的失语。

## 4 心血管,免疫和呼吸系统的结构和功能

### 4.1 心脏的结构损伤或功能障碍

| 胸部损伤导致心肺联合移植 | 1级 |
|---|---|
| 胸部损伤导致心脏贯通伤修补术后,心电图有明显改变 | 3级 |
| 胸部损伤导致心肌破裂修补 | 8级 |

### 4.2 脾结构损伤

| 腹部损伤导致脾切除 | 8级 |
|---|---|
| 腹部损伤导致脾部分切除 | 9级 |
| 腹部损伤导致脾破裂修补 | 10级 |

### 4.3 肺的结构损伤

| 胸部损伤导致一侧全肺切除 | 4级 |
|---|---|
| 胸部损伤导致双侧肺叶切除 | 4级 |
| 胸部损伤导致同侧双肺叶切除 | 5级 |
| 胸部损伤导致肺叶切除 | |

### 4.4 胸廓的结构损伤

本标准中的胸廓的结构损伤是指肋骨骨折或缺失。

| 胸部损伤导致大于等于12根肋骨骨折 | 8级 |
|---|---|
| 胸部损伤导致大于等于8根肋骨骨折 | 9级 |
| 胸部损伤导致大于等于4根肋骨缺失 | 9级 |
| 胸部损伤导致大于等于4根肋骨骨折 | 10级 |
| 胸部损伤导致大于等于2根肋骨缺失 | 10级 |

## 5 消化、代谢和内分泌系统有关的结构和功能

### 5.1 咀嚼和吞咽功能障碍

咀嚼是指用后牙(如磨牙)碾、磨或咀嚼食物的功能。吞咽是指通过口腔、咽和食道把食物和饮料以适宜的频率和速度送入胃中的功能。

| 咀嚼、吞咽功能完全丧失 | 1级 |
|---|---|

注:咀嚼、吞咽功能丧失指由于牙齿以外的原因引起器质障碍或机能障碍,以致不能作咀嚼、吞咽运动,除流质食物外不能摄取或吞咽的状态。

### 5.2 肠的结构损伤

| 腹部损伤导致小肠切除大于等于90% | 1级 |
|---|---|
| 腹部损伤导致小肠切除大于等于75%,合并短肠综合症 | 2级 |
| 腹部损伤导致小肠切除大于等于75% | 4级 |
| 腹部或骨盆部损伤导致全结肠、直肠、肛门结构切除,回肠造瘘 | 4级 |
| 腹部或骨盆部损伤导致直肠、肛门切除,且结肠部分切除,结肠造瘘 | 5级 |

(续表)

| 腹部损伤导致小肠切除大于等于50%,且包括回盲部切除 | 6级 |
|---|---|
| 腹部损伤导致小肠切除大于等于50% | 7级 |
| 腹部损伤导致结肠切除大于等于50% | 7级 |
| 腹部损伤导致结肠部分切除 | 8级 |
| 骨盆部损伤导致直肠、肛门损伤,且遗留永久性乙状结肠造口 | 9级 |
| 骨盆部损伤导致直肠、肛门损伤,且瘢痕形成 | 10级 |

### 5.3 胃结构损伤

| 腹部损伤导致全胃切除 | 4级 |
|---|---|
| 腹部损伤导致胃切除大于等于50% | 7级 |

### 5.4 胰结构损伤或代谢功能障碍

本标准中的代谢功能障碍是指胰岛素依赖。

| 腹部损伤导致胰完全切除 | 1级 |
|---|---|
| 腹部损伤导致胰切除大于等于50%,且伴有胰岛素依赖 | 3级 |
| 腹部损伤导致胰头、十二指肠切除 | 4级 |
| 腹部损伤导致胰切除大于等于50% | 6级 |
| 腹部损伤导致胰部分切除 | 8级 |

### 5.5 肝结构损伤

| 腹部损伤导致肝切除大于等于75% | 2级 |
|---|---|
| 腹部损伤导致肝切除大于等于50% | 5级 |
| 腹部损伤导致肝部分切除 | 8级 |

## 6 泌尿和生殖系统有关的结构和功能

### 6.1 泌尿系统的结构损伤

| 腹部损伤导致双侧肾切除 | 1级 |
|---|---|
| 腹部损伤导致孤肾切除 | 1级 |
| 骨盆部损伤导致双侧输尿管缺失 | 5级 |
| 骨盆部损伤导致双侧输尿管闭锁 | 5级 |
| 骨盆部损伤导致一侧输尿管缺失,另一侧输尿管闭锁 | 5级 |
| 骨盆部损伤导致膀胱切除 | 5级 |
| 骨盆部损伤导致尿道闭锁 | 5级 |
| 骨盆部损伤导致一侧输尿管缺失,另一侧输尿管严重狭窄 | 7级 |
| 骨盆部损伤导致一侧输尿管闭锁,另一侧输尿管严重狭窄 | 7级 |
| 腹部损伤导致一侧肾切除 | 8级 |
| 骨盆部损伤导致双侧输尿管严重狭窄 | 8级 |
| 骨盆部损伤导致一侧输尿管缺失,另一侧输尿管狭窄 | 8级 |
| 骨盆部损伤导致一侧输尿管闭锁,另一侧输尿管狭窄 | 8级 |
| 腹部损伤导致一侧肾部分切除 | 9级 |

(续表)

| | |
|---|---|
| 骨盆部损伤导致一侧输尿管缺失 | 9级 |
| 骨盆部损伤导致一侧输尿管闭锁 | 9级 |
| 骨盆部损伤导致尿道狭窄 | 9级 |
| 骨盆部损伤导致膀胱部分切除 | 9级 |
| 腹部损伤导致肾破裂修补 | 10级 |
| 骨盆部损伤导致一侧输尿管严重狭窄 | 10级 |
| 骨盆部损伤导致膀胱破裂修补 | 10级 |

### 6.2 生殖系统的结构损伤

| | |
|---|---|
| 会阴部损伤导致双侧睾丸缺失 | 3级 |
| 会阴部损伤导致双侧睾丸完全萎缩 | 3级 |
| 会阴部损伤导致一侧睾丸缺失,另一侧睾丸完全萎缩 | 3级 |
| 会阴部损伤导致阴茎体完全缺失 | 4级 |
| 会阴部损伤导致阴道闭锁 | 5级 |
| 会阴部损伤导致阴茎体缺失大于50% | 5级 |
| 会阴部损伤导致双侧输精管缺失 | 6级 |
| 会阴部损伤导致双侧输精管闭锁 | 6级 |
| 会阴部损伤导致一侧输精管缺失,另一侧输精管闭锁 | 6级 |
| 胸部损伤致女性双侧乳房缺失 | 7级 |
| 骨盆部损伤导致子宫切除 | 7级 |
| 胸部损伤致女性一侧乳房缺失,另一侧乳房部分缺失 | 8级 |
| 胸部损伤致女性一侧乳房缺失 | 9级 |
| 骨盆部损伤导致子宫部分切除 | 9级 |
| 骨盆部损伤导致子宫破裂修补 | 10级 |
| 会阴部损伤导致一侧睾丸缺失 | 10级 |
| 会阴部损伤导致一侧睾丸完全萎缩 | 10级 |
| 会阴部损伤导致一侧输精管缺失 | 10级 |
| 会阴部损伤导致一侧输精管闭锁 | |

## 7 神经肌肉骨骼和运动有关的结构和功能

### 7.1 头颈部的结构损伤

| | |
|---|---|
| 双侧上颌骨完全缺失 | 2级 |
| 双侧下颌骨完全缺失 | 2级 |
| 一侧上颌骨及对侧下颌骨完全缺失 | 2级 |
| 同侧上、下颌骨完全缺失 | 3级 |
| 上颌骨、下颌骨缺损,且牙齿脱落大于等于24枚 | 3级 |
| 一侧上颌骨完全缺失 | 3级 |
| 一侧下颌骨完全缺失 | 3级 |
| 一侧上颌骨缺损大于等于50%,且口腔、颜面部软组织缺损大于20 cm² | 4级 |
| 一侧下颌骨缺损大于等于6 cm,且口腔、颜面部软组织缺损大于20 cm² | 4级 |
| 面颊部洞穿性缺损大于20 cm² | 4级 |

(续表)

| | |
|---|---|
| 上颌骨、下颌骨缺损,且牙齿脱落大于等于20枚 | 5级 |
| 一侧上颌骨缺损大于25%,小于50%,且口腔、颜面部软组织缺损大于10 cm² | 5级 |
| 一侧下颌骨缺损大于等于4 cm,且口腔、颜面部软组织缺损大于10 cm² | 5级 |
| 一侧上颌骨缺损等于25%,且口腔、颜面部软组织缺损大于10 cm² | 6级 |
| 面部软组织缺损大于20 cm²,且伴发涎瘘 | 6级 |
| 上颌骨、下颌骨缺损,且牙齿脱落大于等于16枚 | 7级 |
| 上颌骨、下颌骨缺损,且牙齿脱落大于等于12枚 | 8级 |
| 上颌骨、下颌骨缺损,且牙齿脱落大于等于8枚 | 9级 |
| 上颌骨、下颌骨缺损,且牙齿脱落大于等于4枚 | 10级 |
| 颅骨缺损大于等于6 cm² | 10级 |

### 7.2 头颈部关节功能障碍

| | |
|---|---|
| 单侧颞下颌关节强直,张口困难Ⅲ度 | 6级 |
| 双侧颞下颌关节强直,张口困难Ⅲ度 | 6级 |
| 双侧颞下颌关节强直,张口困难Ⅱ度 | 8级 |
| 一侧颞下颌关节强直,张口困难Ⅰ度 | 10级 |

注:张口困难判定及测量方法是以患者自身的食指、中指、无名指并列垂直置入上、下中切牙切缘间测量。正常张口度指张口时上述三指可垂直置入上、下切牙切缘间(相当于4.5 cm左右);张口困难Ⅰ度指大张口时,只能垂直置入食指和中指(相当于3 cm左右);张口困难Ⅱ度指大张口时,只能垂直置入食指(相当于1.7 cm左右);张口困难Ⅲ度指大张口时,上、下切牙间距小于食指之横径。

### 7.3 上肢的结构损伤,手功能或关节功能障碍

| | |
|---|---|
| 双手完全缺失 | 4级 |
| 双手完全丧失功能 | 4级 |
| 一手完全缺失,另一手完全丧失功能 | 4级 |
| 双手缺失(或丧失功能)大于等于90% | 5级 |
| 双手缺失(或丧失功能)大于等于70% | 6级 |
| 双手缺失(或丧失功能)大于等于50% | 7级 |
| 一上肢三大关节中,有两个关节完全丧失功能 | 7级 |
| 一上肢三大关节中,有一个关节完全丧失功能 | 8级 |
| 双手缺失(或丧失功能)大于等于30% | 8级 |
| 双手缺失(或丧失功能)大于等于10% | 9级 |
| 双上肢长度相差大于等于10 cm | 9级 |
| 双上肢长度相差大于等于4 cm | 10级 |
| 一上肢三大关节中,因骨折累及关节面导致一个关节功能部分丧失 | 10级 |

注:手缺失和丧失功能的计算:一手拇指占一手功能的36%,其中末节和近节指节各占18%;食指、中指各占一手功能的18%,其中末节指节占8%,中节指节占7%,近节指节占3%;无名指和小指各占一手功能的9%,其中末节指节占4%,中节指节占3%,近节指节占2%。一手掌占一手功能的10%,其中第一掌骨占4%,第二、第三掌骨各占2%,第四、第五掌骨各占1%。本标准中,双手缺失或丧失功能的程度是按前面方式累加计算的结果。

### 7.4 骨盆部的结构损伤

| | |
|---|---|
| 骨盆环骨折,且两下肢相对长度相差大于等于8 cm | 7级 |
| 髋臼骨折,且两下肢相对长度相差大于等于8 cm | 7级 |
| 骨盆环骨折,且两下肢相对长度相差大于等于6 cm | 8级 |
| 髋臼骨折,且两下肢相对长度相差大于等于6 cm | 8级 |
| 骨盆环骨折,且两下肢相对长度相差大于等于4 cm | 9级 |
| 髋臼骨折,且两下肢相对长度相差大于等于4 cm | 9级 |
| 骨盆环骨折,且两下肢相对长度相差大于等于2 cm | 10级 |
| 髋臼骨折,且两下肢相对长度相差大于等于2 cm | 10级 |

### 7.5 下肢的结构损伤,足功能或关节功能障碍

| | |
|---|---|
| 双足跗跖关节以上缺失 | 6级 |
| 双下肢长度相差大于等于8 cm | 7级 |
| 一下肢三大关节中,有两个关节完全丧失功能 | 7级 |
| 双足足弓结构完全破坏 | 7级 |
| 一足跗跖关节以上缺失 | 7级 |
| 双下肢长度相差大于等于6 cm | 8级 |
| 一足足弓结构完全破坏,另一足足弓结构破坏大于等于1/3 | 8级 |
| 双足十趾完全缺失 | 8级 |
| 一下肢三大关节中,有一个关节完全丧失功能 | 8级 |
| 双足十趾完全丧失功能 | 8级 |
| 双下肢长度相差大于等于4 cm | 9级 |
| 一足足弓结构完全破坏 | 9级 |
| 双足十趾中,大于等于五趾缺失 | 9级 |
| 一足五趾完全丧失功能 | 9级 |
| 一足足弓结构破坏大于等于1/3 | 10级 |
| 双足十趾中,大于等于两趾缺失 | 10级 |
| 双下肢长度相差大于等于2 cm | 10级 |
| 一下肢三大关节中,因骨折累及关节面导致一个关节功能部分丧失 | 10级 |

注:1)足弓结构破坏:指意外损伤导致的足弓缺失或丧失功能。

2)足弓结构完全破坏指足的内、外侧纵弓和横弓结构完全破坏,包括缺失和丧失功能;足弓1/3结构破坏指足三弓的任一弓的结构破坏。

3)足趾缺失:指自趾关节以上完全切断。

### 7.6 四肢的结构损伤,肢体功能或关节功能障碍

| | |
|---|---|
| 三肢以上缺失(上肢在腕关节以上,下肢在踝关节以上) | 1级 |
| 三肢以上完全丧失功能 | 1级 |
| 二肢缺失(上肢在腕关节以上,下肢在踝关节以上),且第三肢完全丧失功能 | 1级 |
| 一肢缺失(上肢在腕关节以上,下肢在踝关节以上),且另二肢完全丧失功能 | 1级 |
| 二肢缺失(上肢在肘关节以上,下肢在膝关节以上) | 2级 |
| 一肢缺失(上肢在肘关节以上,下肢在膝关节以上),且另一肢完全丧失功能 | 2级 |
| 二肢完全丧失功能 | 2级 |
| 一肢缺失(上肢在腕关节以上,下肢在踝关节以上),且另一肢完全丧失功能 | 3级 |

(续表)

| | |
|---|---|
| 二肢缺失(上肢在腕关节以上,下肢在踝关节以上) | 3 级 |
| 两上肢,或两下肢,或一上肢及一下肢,各有三大关节中的两个关节完全丧失功能 | 4 级 |
| 一肢缺失(上肢在肘关节以上,下肢在膝关节以上) | 5 级 |
| 一肢完全丧失功能 | 5 级 |
| 一肢缺失(上肢在腕关节以上,下肢在踝关节以上) | 6 级 |
| 四肢长骨一骺板以上粉碎性骨折 | 9 级 |

注:1) 骺板:骺板的定义只适用于儿童,四肢长骨骺板骨折可能影响肢体发育,如果存在肢体发育障碍的,应当另行评定伤残等级。

2) 肢体丧失功能指意外损伤导致肢体三大关节(上肢腕关节、肘关节、肩关节或下肢踝关节、膝关节、髋关节)功能的丧失。

3) 关节功能的丧失指关节永久完全僵硬,或麻痹,或关节不能随意识活动。

### 7.7 脊柱结构损伤和关节活动功能障碍

本标准中的脊柱结构损伤是指颈椎或腰椎的骨折脱位,本标准中的关节活动功能障碍是指颈部或腰部活动度丧失。

| | |
|---|---|
| 脊柱骨折脱位导致颈椎或腰椎畸形愈合,且颈部或腰部活动度丧失大于等于75% | 7 级 |
| 脊柱骨折脱位导致颈椎或腰椎畸形愈合,且颈部或腰部活动度丧失大于等于50% | 8 级 |
| 脊柱骨折脱位导致颈椎或腰椎畸形愈合,且颈部或腰部活动度丧失大于等于25% | 9 级 |

### 7.8 肌肉力量功能障碍

肌肉力量功能是指与肌肉或肌群收缩产生力量有关的功能。本标准中的肌肉力量功能障碍是指四肢瘫、偏瘫、截瘫或单瘫。

| | |
|---|---|
| 四肢瘫(三肢以上肌力小于等于3级) | 1 级 |
| 截瘫(肌力小于等于2级)且大便和小便失禁 | 1 级 |
| 四肢瘫(二肢以上肌力小于等于2级) | 2 级 |
| 偏瘫(肌力小于等于2级) | 2 级 |
| 截瘫(肌力小于等于2级) | 2 级 |
| 四肢瘫(二肢以上肌力小于等于3级) | 3 级 |
| 偏瘫(肌力小于等于3级) | 3 级 |
| 截瘫(肌力小于等于3级) | 3 级 |
| 四肢瘫(二肢以上肌力小于等于4级) | 4 级 |
| 偏瘫(一肢肌力小于等于2级) | 5 级 |
| 截瘫(一肢肌力小于等于2级) | 5 级 |
| 单瘫(肌力小于等于2级) | 5 级 |
| 偏瘫(一肢肌力小于等于3级) | 6 级 |
| 截瘫(一肢肌力小于等于3级) | 6 级 |
| 单瘫(肌力小于等于3级) | 6 级 |
| 偏瘫(一肢肌力小于等于4级) | 7 级 |
| 截瘫(一肢肌力小于等于4级) | 7 级 |
| 单瘫(肌力小于等于4级) | 8 级 |

注:1) 偏瘫指一侧上下肢的瘫痪。

2) 截瘫指脊髓损伤后,受伤平面以下双侧肢体感觉、运动、反射等消失和膀胱、肛门括约肌功能丧失的病症。

3) 单瘫指一个肢体或肢体的某一部分瘫痪。

4)肌力:为判断肢体瘫痪程度,将肌力分级划分为0—5级。
0级:肌肉完全瘫痪,毫无收缩。
1级:可看到或触及肌肉轻微收缩,但不能产生动作。
2级:肌肉在不受重力影响下,可进行运动,即肢体能在床面上移动,但不能抬高。
3级:在和地心引力相反的方向中尚能完成其动作,但不能对抗外加的阻力。
4级:能对抗一定的阻力,但较正常人为低。
5级:正常肌力。

## 8 皮肤和有关的结构和功能

### 8.1 头颈部皮肤结构损伤和修复功能障碍

皮肤的修复功能是指修复皮肤破损和其他损伤的功能。本标准中的皮肤修复功能障碍是指瘢痕形成。

| | |
|---|---|
| 头颈部Ⅲ度烧伤,面积大于等于全身体表面积的8% | 2级 |
| 面部皮肤损伤导致瘢痕形成,且瘢痕面积大于等于面部皮肤面积的90% | 2级 |
| 颈部皮肤损伤导致瘢痕形成,颈部活动度完全丧失 | 3级 |
| 面部皮肤损伤导致瘢痕形成,且瘢痕面积大于等于面部皮肤面积的80% | 3级 |
| 颈部皮肤损伤导致瘢痕形成,颈部活动度丧失大于等于75% | 4级 |
| 面部皮肤损伤导致瘢痕形成,且瘢痕面积大于等于面部皮肤面积的60% | 4级 |
| 头颈部Ⅲ度烧伤,面积大于等于全身体表面积的5%,且小于8% | 5级 |
| 颈部皮肤损伤导致瘢痕形成,颈部活动度丧失大于等于50% | 5级 |
| 面部皮肤损伤导致瘢痕形成,且瘢痕面积大于等于面部皮肤面积的40% | 5级 |
| 面部皮肤损伤导致瘢痕形成,且瘢痕面积大于等于面部皮肤面积的20% | 6级 |
| 头部撕脱伤后导致头皮缺失,面积大于等于头皮面积的20% | 6级 |
| 颈部皮肤损伤导致颈前三角区瘢痕形成,且瘢痕面积大于等于颈前三角区面积的75% | 7级 |
| 面部皮肤损伤导致瘢痕形成,且瘢痕面积大于等于24 cm² | 7级 |
| 头颈部Ⅲ度烧伤,面积大于等于全身体表面积的2%,且小于5% | 8级 |
| 颈部皮肤损伤导致颈前三角区瘢痕形成,且瘢痕面积大于等于颈前三角区面积的50% | 8级 |
| 面部皮肤损伤导致瘢痕形成,且瘢痕面积大于等于18 cm² | 8级 |
| 面部皮肤损伤导致瘢痕形成,且瘢痕面积大于等于12 cm² 或面部线条状瘢痕大于等于20 cm | 9级 |
| 面部皮肤损伤导致瘢痕形成,且瘢痕面积大于等于6 cm² 或面部线条状瘢痕大于等于10 cm | 10级 |

注:1)瘢痕:指创面愈合后的增生性瘢痕,不包括皮肤平整、无明显质地改变的萎缩性瘢痕或疤痕。
2)面部的范围和瘢痕面积的计算:面部的范围指上至发际、下至下颌下缘、两侧至下颌支后缘之间的区域,包括额部、眼部、眶部、鼻部、口唇部、颏部、颧部、颊部和腮腺咬肌部。面部瘢痕面积的计算采用全面部和5等分面部以及实测瘢痕面积的方法,分别计算瘢痕面积。面部多处瘢痕,其面积可以累加计算。
3)颈前三角区:两边为胸锁乳突肌前缘,底为舌骨体上缘及下颌骨下缘。

### 8.2 各部位皮肤结构损伤和修复功能障碍

| | |
|---|---|
| 皮肤损伤导致瘢痕形成,且瘢痕大于等于全身体表面积的90% | 1级 |
| 躯干及四肢Ⅲ度烧伤,面积大于等于全身皮肤面积的60% | 1级 |
| 皮肤损伤导致瘢痕形成,且瘢痕大于等于全身体表面积的80% | 2级 |
| 皮肤损伤导致瘢痕形成,且瘢痕大于等于全身体表面积的70% | 3级 |
| 躯干及四肢Ⅲ度烧伤,面积大于等于全身皮肤面积的40% | 3级 |
| 皮肤损伤导致瘢痕形成,且瘢痕大于等于全身体表面积的60% | 4级 |

(续表)

| | |
|---|---|
| 皮肤损伤导致瘢痕形成,且瘢痕面积大于等于全身体表面积的50% | 5级 |
| 躯干及四肢III度烧伤,面积大于等于全身皮肤面积的20% | 5级 |
| 皮肤损伤导致瘢痕形成,且瘢痕面积大于等于全身体表面积的40% | 6级 |
| 腹部损伤导致腹壁缺损面积大于等于腹壁面积的25% | 6级 |
| 皮肤损伤导致瘢痕形成,且瘢痕面积大于等于全身体表面积的30% | 7级 |
| 躯干及四肢III度烧伤,面积大于等于全身皮肤面积的10% | 7级 |
| 皮肤损伤导致瘢痕形成,且瘢痕面积大于等于全身体表面积的20% | 8级 |
| 皮肤损伤导致瘢痕形成,且瘢痕面积大于等于全身体表面积的5% | 9级 |

注:1) 全身皮肤瘢痕面积的计算:按皮肤瘢痕面积占全身体表面积的百分数来计算,即中国新九分法:在100%的体表总面积中:头颈部占9%(9×1)(头部、面部、颈部各占3%);双上肢占18%(9×2)(双上臂7%,双前臂6%,双手5%);躯干前后包括会阴占27%(9×3)(前躯13%,后躯13%,会阴1%);双下肢(含臀部)占46%(双臀5%,双大腿21%,双小腿13%,双足7%)(9×5+1)(女性双足和臀各占6%)。

2) 烧伤面积和烧伤深度:烧伤面积的计算按中国新九分法,烧伤深度按三度四分法。III度烧伤指烧伤深达皮肤全层甚至达到皮下、肌肉和骨骼。烧伤事故不包括冻伤、吸入性损伤(又称呼吸道烧伤)和电击伤。烧伤后按烧伤面积、深度评定伤残等级,待医疗终结后,可以依据造成的功能障碍程度、皮肤瘢痕面积大小评定伤残等级,最终的伤残等级以严重者为准。

# 性侵害案件法医临床学检查指南

## 1 范围

本标准规定了性侵害案件法医临床学检查的原则、方法和内容。

本标准适用于公安机关、司法鉴定机构和医疗机构对性侵害案件的被侵害人和侵害人进行法医临床学检查。

## 2 规范性引用文件

下列文件对于本文件的应用是必不可少的。凡是注日期的引用文件,仅注日期的版本适用于本文件。凡是不注习期的弓|用文件,其最耘版本(包括所有的修改单)适用于本文件。

GA/T 169 法医学物证检材的提取、保存与送检

GA/T 193 中毒案件采取检材规则

GA/T 194 中毒案件检材包装、贮存、运送及送检规则

## 3 术语和定义

下列术语和定义适用于本文件。

### 3.1 性侵害 sexual assault

未获得当事人合法有效之"同意"而与之发生的性接触。

注:包括非自愿的接触、抚摸或触摸性器官。侵害人通常采用威胁或武力等方式实施侵害行为,有时被侵害人不能行使其性自主权和支配权,如意识障碍(如严重损伤、中毒昏迷)、年幼、精神疾病影响其民事行为能力等。

### 3.2 知情同意 informed consent

向被侵害人或监护人告知法医临床学检查的目的、意义、内容、操作步骤,需要提取的物证以及相关信息的保密原则后,被侵害人或监护人自愿同意接受检查,并予签名确认。

注1:在法医临床学检查之前取得当事人书面签署的知情同意书。当事人有下列情形时,由其监护人、直系亲属签字确认:

a) 醉酒状态或意识障碍者;

b) 无民事行为能力或限定民事行为能力的被侵害人;

c) 精神疾病患者;

d) 严重颅脑损伤的被侵害人。

注2:整个检查过程中每一项内容都要获得被侵害人或监护人的知情同意,主要包括法医学检查及证据收集。应向受检者或败护人及其亲属作如下方面的说明:

a) 法医学证据的重要性,可能在对侵害人认定、起诉、审判阶段具有重要证据价值。

b) 证据宜尽早采集,按照规范程序贮存和送检。随着时间推移,证据的价值可能削弱,可能是因为标本的受污染或损坏,也可能因为机体损伤愈合。

c) 法医学检查的内容过程和证据采集步骤。

d) 保密性说明,承诺相关信息仅对司法机关或相关检验部门提供。

e) 被侵害人或监护人在检查前甚至检查过程中,有权随时要求中止检查,或者拒绝进行某项检查。但告知被侵害人及监护人拒绝某个检查内容的后果,如可能导致案件不能顺利侦破和诉讼,且应在相应的文书上签字确认。

3.3 法医临床学检查 forensic clinical examination

从被侵害人和侵害人身上发现、固定并收集各种相关的法医学证据的过程。

注1:通过全面检查,获得性侵害的有关伤病史,准确的记录和描述身体损伤情形,识别并收集诉讼用的必要证据,并就检查结果给出正确、客观的解释。包括:

a) 初步评估,并获得被侵害人的知情同意;

b) 采集伤病史,包括对性侵犯过程的描述;

c) 提取、保存相关物证检材;

d) 系统全面地身体检查,有针对性地对生殖器~肛门区域进行检查并提取相应物证检材;

e) 记录发现的损伤;

f) 制作法医学检查报告。

注2:检查过程中要注意以下原则:

a) 法医学检验的记录包括有关伤病史、本次检查发现、治疗措施及后续护理等作为证据用于案件的侦查及诉讼。本标准采用填写表单的方式记录相关信息,以免遗留一些重要信息和细节,详见A.2;

b) 检查过程中用图表、书面文字、照相等方式记录各类阳性发现;

c) 检查时要注意以下预防措施:接触血液或体液时要戴手套;为防止交叉感染,接触任何体液、脱下手套或变换检查对象时须重新洗手。

## 4 总则

### 4.1 目的

性侵害案件法医临床学检查是指鉴定人经相关司法机关指派、聘请并取得被侵害人或监护人知情同意,通过发现并固定、收集和记录各种相关的法医学证据的检查。此类检查的目的在于搜集以下证据:

a) 被侵害人曾遭受暴力的证据;

b) 性侵害案件中双方的生殖器直接接触的证据;

c) 被侵害人未曾给出有效同意的证据。

通过规范的检查,获取遭受性侵害的有关伤病史,记录身体损伤特征,识别并收集必要各类证据,并就损伤和检验结果给出客观、科学的解释和出具鉴定意见文书。

### 4.2 检查原则

尊重其知情同意的权利、尊重其隐私权,在获取被侵害人或监护人知情同意前提下,如实准确地进行观察发现、固定和记录,并留取相关物证和影像资料。

### 4.3 检查者

具备相关法医学知识,接受过相应理论知识与技能培训的法医学鉴定人或执业医师。对未成年人检查,其监护人应在场。

注:检查人员宜接受专业培训,并具备相应知识和技能。在检查过程中做到:

a) 有良好的沟通能力,检查全过程言语要轻柔、流利;肢体语言、手势及面部表情要得当;

b) 了解与性侵害相关的法律法规和工作流程;

c) 如果可能,在最初接触被侵害人之前,可先联系相关医疗机构,以便能够在治疗前中后给被侵害人提供危机干预及治疗指导,并了解其相关生殖和性健康医疗问题(怀孕检查、紧急避孕、怀孕预防、流产服务、性相关疾病检查与预防、创伤的治疗和心理咨询等);

d) 熟悉知情同意的重要性;

e) 熟悉性侵犯被侵害人的生理反应和可能对健康造成的危害,掌握生殖器~肛门解剖结构及生理知识;

f) 了解检查中常规用的设备、器械、药物等;

g) 清楚损伤、病史及其他记录等的重要性,并规范地记录和照相;

h) 能够正确地观察、收集和保存证据;

i) 在疑有饮酒/服药后实施的性侵害案件中,收集并保存毒物分析样本。

### 4.4 检查时机

被侵害人急症状况稳定后应及早进行检查。

注:一经报案,宜尽快实施检查。否则会造成丧失诊疗的机会(如紧急避孕的提供);躯体创伤证据的改变(如躯体损伤的愈合、处女膜损伤愈合);相关生物学证据的灭失等(与侵害人有关的证据包括血液和精液等)。

### 4.5 设备、材料

#### 4.5.1 文字表单

检查记录图表、法医物证清单等。

#### 4.5.2 器械和设备

常规检查设备(检查床、窥阴器、阴道镜、肛门镜、直肠镜等)、证据提取和保存物器(白大褂、帽子、口罩、手套、比例尺、手术镊、棉签、蒸馏水、试管、载玻片、镊子、剪刀、细齿梳、证据封袋等)、照相及摄像设备,上述检查设备及器物均符合医院妇产科检查室清洁消毒的要求。

### 4.6 见证人

见证人是在检查场所目睹检查过程并可以作证的人员。见证人与案件无利害关系,在场观察和监督行为的实施,并签名或盖章。检查现场见证人不宜过多,1~2名即可。见证人需要被告知有陈述作证检查过程的义务。

## 5 伤病史采集

### 5.1 性侵害案情

5.1.1 性侵害的情形:遭受侵害的日期和具体时间。若被侵害人不能确定细节,则需进一步核实受检者是否有记忆缺失、意识障碍或精神疾病等情形。

5.1.2 侵害人的信息:性别、身高、体貌特征、纹身、毛发、衣着服饰、人数等。

5.1.3 躯体受侵害的性质:有关性侵害发生的周围环境信息(如室内、室外、车内、巷内、路边、地毯、菜地、泥地或草地)和侵害人采用暴力或胁迫的方式(如是否使用器具的束缚、有无抓挠、踢打、咬、烧烫,有无服用酒精或药物等)。衣服是否被脱下及程度。

5.1.4 性侵害的过程:采集并核实以下信息:是否接触到女性被侵害人的外阴、处女膜、阴道和(或)肛门;接触方式包括阴茎、手指或其他物体置入;口唇部接触生殖器;其他部位接触生殖器;口唇部接触肛门;是否有非生殖器接触性行为(如舔、亲吻、吸吮或咬)等。

侵害人是否有射精,精液可能粘附的部位(如口腔、阴道、生殖器、肛门/直肠、体表、衣服上或床上等);是否使用避孕套等。

5.1.5 遭受性侵害后被侵害人采取的卫生清洁措施:是否排尿、排便,是否擦拭或冲洗生殖器或全身,是否取出或置入止血棉球、卫生垫等,是否漱口、刷牙,是否进食或饮酒、吸烟等,是否使用药物,是否更换衣物等。

5.1.6 被侵害人的不适症状和(或)体征等:如阴道流血或分泌物,感觉疼痛和(或)有触痛;尿道刺激症状;腹部疼痛等;躯体部位的损伤、疼痛和(或)出血;肛门损伤、疼痛和(或)出血等。

5.2 月经史、性生活史

5.2.1 初潮时间、月经周期、月经期、末次月经时间、近期性生活史、既往妊娠史。

5.2.2 受侵害前的身体状况:如过敏史、新近的肛门及生殖器损伤、手术等其他有关诊疗史。近期服用药物或酒精情况。

**6 物证提取**

6.1 衣物检查

衣物上任何可见的有价值的检材和斑渍,如干湿污物、植物、纤维、毛发以及印迹,包括衣物毁损情况,如衣裤撕坏、纽扣脱落,均应仔细观察、收集并记录照相。衣物吹干后用纸袋分装,以免斑渍与衣物的其他部位和包装材料相互沾染。在包装袋上应注明检材名称及可疑斑渍的部位。

6.2 重点部位生物源性物证/痕迹物证的提取

6.2.1 皮肤

此处不涉及生殖器和肛周区域的皮肤。检查皮肤附着的干湿性污渍、斑迹(如唾液、精液、血痕)等。

发现异常应描述其性状、位置、面积大小,并记录表面特征。重要阴性结果也应记录。

体表粘附的异物如草、沙子、毛发、污渍、干或湿分泌物等。收集任何可见的异物,如污渍、树叶、纤维及毛发等。

6.2.2 毛发

寻找混杂的来自侵害人的毛发或黏附的微量物证及生物源性物证检材。

6.2.3 指甲

被侵害人用手抓挠侵害人,或侵害人在实施性侵害过程中用手直接触摸女性生殖器或曾抓挠被侵害人会在甲缝、指甲表面及甲根甲沟处存留交叉转移的异物及微量检材。

6.2.4 口腔

性侵害过程中可有特殊性活动,如口交可损伤口腔中的组织器官,并在口腔存留生物源性物证。

6.2.5 男性生殖器检查

指控有肛交时,检测阴茎拭子中的排泄物成分,如应用尿胆素原检测或在显微镜下观察有无粪便中残存的植物细胞、纤维等。同时对阴茎拭子进行 DNA 分析,可提供阴茎接触被害人的证据。

6.2.6 肛周和肛管

在男性被侵害人的肛门或肛管内发现精子等生物源性物证,是指控肛交的确证证据。女性被侵害人直肠内检出精液成分有可能是由阴道内精液流至,也可能是肛交后遗留。

注 1:相关物证收集、贮存及送检注意以下事项:

a) 减少证据受污染的机会。检查中采取防护措施,以防止证据沾染病原微生物或其他环境中可能造成污染的物质。如洗手、采用洁净消毒器具,尽量减少液体的飞溅、喷洒、滴落等。

b) 收集的证据包括生物学物证和痕迹物证。由于生物源性物证可能含量甚微,如脱落上皮细胞等,对于乳房、口腔、颜面、外生殖器部位以及被检查者陈述的双方发生躯体直接接触区域,即使肉眼观察未发现明显的生物源性物证存在,仍常规提取检材,进行遗传标志检测。

注 2:法医学物证收集顺序:

a) 衣物及卫生垫。指导被侵害人在痕迹单(通常是洁净大纸单)上逐件脱掉衣服。提取的衣物分别放置在纸袋中。注明所收集衣服的件数。卫生垫待自然干燥,纸袋单独封装。合拢折叠痕迹单,纸袋单独封装。

b) 指甲。用尖细棒剔刮甲缝收集嵌入的组织碎屑及痕量物证标本,剔出物质和使用的小棒同时送检,或剪下指甲送检。用擦拭的方法提取指甲表面可能存在的斑迹类检材。

c) 毛发。剪下粘附斑迹的毛发,或用擦拭法提取粘附在毛发上的斑迹。梳理毛发,提取粘附、混杂在毛发中的痕迹物证。拔取约 20 根有代表性的毛发用于比对,放在清洁纸单上,合拢折叠、密封和装袋。

d) 口腔。口腔内的精子易存留在下牙龈缘和舌下处。口交后 12 h～24 h 内尽早收集口腔拭样。也可以让被侵害人服含 20 mL～30 mL 蒸馏水,用容器收集漱口水。

e) 皮肤。皮肤上的斑迹用无菌水浸湿的棉签擦拭取样;同时提取邻近皮肤拭子比对。双重擦拭方法可用于疑存皮肤上干燥的精液斑,分别用第一支湿棉签和第二支干燥棉签擦拭,将收集的拭子制作涂片。

f) 男性外生殖器。侵害过程中若曾有口交时,提取侵害人的阴茎拭子做脱落上皮细胞的相关检验。阴道性交或肛交的案例,提取侵害人的阴茎拭子检查有无脱落上皮细胞、纤维、血液或润滑剂等。

g) 血液。提取被侵害人和侵害人的血样,分别用于早孕试验、性传播疾病检测、遗传标志检测、酒精或其他药物检测等。

h) 尿液。指导被检查者留全程尿于无菌容器内。提取被侵害人和侵害人的尿样,分别用于酒精及其他药物检测、被侵害人早孕试验。

6.3 物证收集、贮存及送检

任何与性侵害案件有关的生物源性和非生物源性的证据都应进行收集。证据的提取、保存及送检按照 GA/T 169、GA/T 193 及 GA/T 194 进行操作并按附录 A 中 A.1 进行法医学物证取样说明。

注:性侵害案件物证采集宜及时开展。尽可能在性侵害发生 24 h 之内收集标本;在 72 h 之后进行采样,证据价值会大大降低。

**7 身体检查**

**7.1 一般状况检查**

观察其外貌、表情、神态是否自然,行走姿势、步态,有无痛苦表情、异常举止行动、精神状态是否正常,情绪激动或忧郁,在陈述其受害经过时有无害羞表情,有无恐惧、抑郁或气愤表现。第二性征发育状况、营养状态、体位及衣着等情况。

**7.2 体表检查**

**7.2.1 头面部检查**

头发有无脱落,有无沾染污渍。依次检查颊部、眶周、口周、口腔粘膜、舌体、舌系带、牙齿、耳廓及耳后区的机械性损伤。记录损伤的位置、分布、大小。

注:口交可造成软硬颚处的点状出血。扼颈可造成球睑结膜出血点或瘀斑。上述损伤可在短时间内消散。

**7.2.2 颈部**

检查颈部的机械性损伤等。

**7.2.3 胸腹部和躯干**

性侵害的被侵害人体表皮肤可有擦伤、挫伤,纹身,瘢痕。

记录皮肤变红区域、擦伤、挫伤、裂伤、骨折、咬伤、烫伤等损伤的位置、分布、大小。

检查肩背的擦挫伤,胸部、乳房的咬痕、吸吮痕,腹部的擦伤、挫伤、裂伤。

注:注重搜集被侵害人是否同意与侵害人发生性接触的证据。暴力和胁迫(有无暴力性损伤、强迫性服药、挣扎迹象等)造成被侵害人损伤的类型和分布特征,一定程度上反映侵害人的企图。

**7.2.4 四肢**

检查位于肢体的机械性损伤的形态、分布。检查有无注射针孔痕。

注:强行扯拉被害人衣服,会造成其上臂内面和腋窝对应皮肤条状挫伤带。腕部的勒痕或捆绑痕、大腿内侧擦挫伤支持相应行为违反被侵害人意愿。前臂的损伤可在被侵害人的自卫、抵抗过程中形成。臀部检查重点有无咬伤、吸吮痕。

**7.3 女性生殖器检查**

女性生殖器的检查过程中应同时提取相关物证,检查按照下述步骤进行:

a)法医学检验被侵害人取膀胱截石位,观察外阴的一般情况,如阴阜、大小阴唇发育情况,大阴唇是否覆盖小阴唇。观察阴唇后联合、阴道前庭、小阴唇、处女膜部位的挫伤及裂伤等。用干棉签依次擦拭大阴唇内侧面、小阴唇和阴道前庭进行取样。

b)检查者以拇指、食指或食、中指分开受检者的双侧大小阴唇,并向下后方牵引,使处女膜完全暴露,重点观察处女膜的形态、大小、色泽、宽度、厚度、弹性,处女膜有无红肿、有无黏膜下斑点状出血、有无触痛等。若有处女膜破裂,应详细描述其位置、深度、数量、破裂缘特征;描述处女膜游离缘的特征,如色泽、宽度、厚度及平整情况。必要时可用放大镜观察。并测量处女膜孔的大小,如为圆形则测直径,如为椭圆形则测纵径与横径。按时钟标志法记录并绘图处女膜破裂状况,并照相留证。检查过程中注意不能损伤处女膜。

剖分开阴唇,如有新鲜血液,用棉签取样,以便判定血液来源。窥阴器置入阴道下 2/3 段,打开窥阴器,取出阴道内可能发现的任何异物,如棉球、避孕套等,留存送检。然后用棉签提取阴道上 1/3 段拭子(阴道壁、后穹窿)。仔细检查阴道有无裂伤、挫伤、擦伤。

d) 暴露宫颈,提取宫颈管拭子。

e) 取出窥阴器过程中,用于棉签擦拭下 2/3 段阴道壁进行取样。并检查下段阴道壁有无损伤。

注1:若处女膜比较紧,可轻柔地使用湿润的棉签来观察处女膜边缘。如不能完全暴露处女膜,可用钝头玻璃棒紧贴处女膜内面,向外轻挑起观察处女膜游离缘,并注意观察游离缘是否有破裂及状况,并与自然切迹、陈旧性损伤相鉴别。

注2:女性外生殖器(阴唇、阴道前庭、处女膜、阴道)损伤局部的水肿、充血、渗出、出血为新鲜损伤征象。处女膜损伤常在 5~7 天愈合。愈合后的陈旧性不全裂伤与生理切迹的鉴别困难。且无法准确判断处女膜破裂的时间。性交造成的处女膜裂伤多位于下半区域,以 5~7 点位置居多。

注3:检查过程中,可用无菌水润滑窥阴器,不宜使用其他润滑剂。细微损伤可用阴道镜放大观察,同时用阴道镜照相记录生殖器损伤。

### 7.4 男性生殖器检查

检查男性生殖器,记录个体特征。详细描述任何可能与性活动有关的损伤。

注:被鉴定人的个体特征和损伤特征可协助识别罪犯。包括:

a) 描述阴毛的质地、分布及颜色,有无被拔出(有血染的毛我)、被削剪、被剪断或被染色;

b) 记录先天性异常,如小阴茎、隐睾等;

c) 记录后天异常,如包皮环切、包茎、输精管结扎手术切口瘢痕等;

d) 感染征象,如疣、流脓、红肿等;

e) 阴茎根部周围的异物;

f) 检查并记录损伤。侵害者可有包皮、系带裂伤、阴茎水肿,甚至阴茎断裂等。

### 7.5 肛周和肛管

直肠指检或使用直肠镜或肛镜检查肛周皮肤、肛管粘膜和直肠下段的形态及损伤特征,检查过程中提取检材。

注1:肛交常见的损伤有肛门龟裂、裂伤和撕裂,后期可遗留肛门松弛。

注2:在男性被侵害人的肛门或肛管内发现精子等生物源性物证,通常是指控肛交的确证证据。女性被侵害人直肠内检出精液成分有可能是由阴道内精液流至,也可能是肛交后遗留。

# 附录 A（规范性附录） 性侵害检查记录表单

## A.1 法医学物证取样说明

法医物证取样说明见表 A.1

**表 A.1 法医学物证取样说明**

| 位置 | 物质 | 器具 | 取样说明 | 备注 |
|---|---|---|---|---|
| 肛门、肛管 | 精液/精液斑<br>润滑剂 | 棉签和载玻片<br>棉签 | 用棉签、玻片收集和制作涂片，用水润滑器具。收集之后干燥棉签 | |
| 血液 | 酒精、药物<br>DNA（被侵害人） | 试管<br>试管 | 采集 10 mL 静脉血<br>采集 10 mL 静脉血 | |
| 衣服 | 粘附的外来物质（如精液、血、头、发、纤维） | 纸袋 | 衣服应该放置于纸袋中。潮湿物品待阴干后单独放入袋中 | |
| 生殖器 | 精液/精液斑 | 棉签和载玻片 | 分别使用棉签、玻片收集取自外生殖器、阴道穹窿和子宫颈口的检材；用水润滑扩张器，或盲法提取阴道试子 | |
| 头发 | 与在现场发现的头发相比对 | 无菌容器 | 剪下约 20 根头发，封装纸袋中 | |
| 口腔 | 精液/脱落细胞 | 棉签，无菌容器（盛漱口标准） | 用一个或多个棉签在口腔内擦拭多处部位采样；获取一份漱口标本，用 10 mL 清水漱口收集于无菌容器中。 | |
| 指甲 | 皮肤、血、纤维等（来自侵害人） | 无菌牙签或类似物或剪刀 | 用牙签收集指甲下的物质，或剪指下甲并收集于无菌容器中 | |
| 卫生巾 | 外来物质（如精液、血、头发） | 无菌容器 | 如果在性交或口交时或其后使用过，则收集于容器中 | |
| 皮肤 | 精液/精液<br>唾液（如接吻、咬伤或舔过的部位）<br>外来物质（如草木、结缠一起的或外来的头发） | 棉签<br>棉签<br>棉签或镊子 | 在可能存在精液的部位取拭子<br>提取拭子和比对<br>放置于无菌容器中（如封袋或瓶子） | |
| 尿 | 酒精、药物 | 无菌容器 | 收集尿液 100 mL | |

## A.2 性侵害法医临床学检查记录

**表 A.2 性侵害法医临床学检查记录**

| 检查机构名称： | | 检查地点： | | 编号： | |
|---|---|---|---|---|---|
| 被告侵害人姓名： | | | 身份证号： | | |
| 地址： | | | 电话： | 邮箱： | |
| 年龄 | 出生日期 | 性别 男 女 | 民族 | 到达时间 | 离开时间 |
| 联系警察姓名：<br>身份证号：<br>电话： | | 工作证号（警官证号）： | | | 接案日期：<br>接案时间： |
| 被告侵害人应知道的信息： | | | | | |

(续表)

| 我已经了解根据相关法律法规的规定要求检查机构将会记录被告害人的姓名、住址及损伤类型、程度等。 |
| --- |
| _____（签名） |
| 被侵害人同意 |
| 1. 理解并经我本人/监护人同意后,由专业人员来进行法医学检查,以发现、收集与性侵害有关的证据。<br>   我知晓如果我做了检查,检查结果和所收集的任何证据可能会呈送给有关司法机关。<br>   我理解检查包括在检查过程中以后收集样品,我可以在检查的任何阶段入时间要求中止检查。<br>2. 完全理解收集证据要对损伤、衣物处要进行照相,包括生殖器部位、肛门。<br>3. 我同意进行法医学检查以收集证据,并知晓其整过检查过程,包括生殖器检查。<br>4. 我同意检查中的信息以匿名方式用于医学、法医学研究。 |
| 签名_____ 日期_____ |
| 被侵害人　　　父母　　　监护人 |

| 一、被侵人伤病史 | | 案发场所: |
|---|---|---|
| 1. 提供伤病史的人的姓名: | 与被侵害人的关系 | 私人场所(□被侵害人住所□侵害人住所□被侵害人住所或侵害人亲友住所□汽车□旅馆房间□他人住所□不详) |
| 2. 有关的医学史: <br> a) 上次月经时间 | | □非私人场所(□空屋□地下室□顶楼阳台□电梯□工地□停车场□出租车□马路边　娱乐场所□荒野□大众运输工具□学校/教室□宿舍□公共厕所□办公场所□工厂□河/海边□其他□不详)□不详 |
| b) 最近(60天内)肛门—生殖器部位有无影响目前身体检查的损伤、手术或医学治疗?　　否　　是<br>如果是,详细描述:<br>_____ | | 被侵害史 |
|  | | 1. 日期 　　　　　　　　时间 |
|  | | 2. 被侵害有关的外界环境: |
| c) 任何影响目前身体检查结果的其他有关病史?<br>如果是,详细描述:　　否　　是 | | 3. 被告控嫌疑犯的姓名 / 年龄 / 性别 / 民族 / 认识 / 不认识 |
|  | | #1. |
|  | | #2. |
|  | | #3. |
|  | | #4. |
| 3. 受侵害前后有关病史:<br>　　　　　　　否　　是　不确定<br>过去5天内有无性交?<br>如果是,<br>肛交(过去5天内)? 时间_____<br>阴道性交(过去5天内)时间_____<br>口交(过去24小时内)? 时间_____<br>如果是,射精发生了吗?<br>如果是,在什么地方? _____<br>如果是,使用避孕套等吗?<br>被侵害前12小时,是否饮酒或饮料? | | 4. 侵害者使用的方式:<br>　　　　　　　　　　否　　是<br>如果是,详细描述:<br>a) 凶器　　　　　　　□　□_____<br>　　威胁?　　　　　　□　□_____<br>　　引起损伤?　　　　□　□_____<br>　　凶器类型?<br>b) 殴打身体　　　　　□　□_____<br>　　　　　　　　　　　　　_____<br>c) 掐/捏/捆　　　　 □　□_____<br>　　　　　　　　　　　　　_____ |

(续表)

| | |
|---|---|
| 被侵害前72小时,是否服用药物?<br>被侵害后法医学检查之前是否服用药物或饮酒?<br>_____<br>如果是,要根据相关采集毒物分析样品<br>　　　　　　　　　　　　　血液　　尿液<br>_____<br>4. 被告侵害生卫生情况:<br>如果超过72小时,则无用<br>　　　　　　　　　　　　　　　冲　　洗<br>a) 排尿<br>b) 排便<br>c) 擦拭生殖器或身体<br>如果是,详细描述:_____<br>d) 冲洗<br>如果是,用什么冲洗:_____<br>e) 取走/使用　　　　　　　卫生巾　　护垫<br>f) 口腔漱口/喷雾<br>g) 盆浴/淋浴/洗澡<br>h) 刷牙<br>i) 进食或饮酒<br>j) 更换衣服<br>如果是,详细描述:_____<br>5. 性侵害有关伤病史:　　　　　否　　　是<br>a) 丧失记忆?如果是,详细描述:<br>_____<br>b) 是否有短暂意识障碍?如果是,详细描述:<br>_____<br>如果是,根据有关规定收集毒物分析样品<br>　　　　　　　　　　　　　血液　　尿液<br>_____<br>c) 是否有呕吐?如果是,详细描述:<br>_____<br>d) 是否有非生殖器损伤,疼痛或流血?<br>如果是,详细描述:<br>_____<br>e) 是否有肛门—生殖器损伤,疼痛或流血?<br>如果是,详细描述:<br>_____ | d) 身体限制　　　　　　　□　□_____<br>　　　　　　　　　　　　　　　_____<br>e) 捂口/勒颈　　　　　　　□　□_____<br>　　　　　　　　　　　　　　　_____<br>f) 烧伤　　　　　　　　　　□　□_____<br>(热和或化学烧伤)_____<br>g) 伤害威胁　　　　　　　　□　□_____<br>　　　　　　　　　　　　　　　_____<br>h) 利诱欺骗　　　　　　　　□　□_____<br>　　　　　　　　　　　　　　　_____<br>i) 其他方法　　　　　　　　□　□_____<br>　　　　　　　　　　　　　　　_____<br>j) 非自愿服用药物/饮酒/毒品<br>　　　　　　　　　　□否　　　□是<br>如果是,□饮酒　　□药物　　□毒品<br>如果是,□强迫　　□逼迫　　□可疑<br>如果是,采集毒物分析样本:<br>　　　　□血液　　□尿液　　□无<br>5. 被侵害过程中,是否对侵害人造成损伤?<br>　　　　□否　　　□是<br>如果是,描述可能的部位及如何引起。 |
| 二、被侵害人描述的性行为<br>• 即使是最轻微的接触生殖器或肛门,即是性侵害。<br>• 口交只需要接触,即可认定。<br>• 如果有多名侵害人,要用数字标记。 | |
| 1. 阴道置入物:<br>　　　　　　　　　否　　是　　企图　　不确定<br>阴茎　　　　　　　□　　□　　□　　　□<br>手指　　　　　　　□　　□　　□　　　□<br>物体　　　　　　　□　　□　　□　　　□<br>如果是,具体描述: | 详细描述: |

(续表)

| | | | | | |
|---|---|---|---|---|---|
| 2. 肛门置入物： | 否 | 是 | 企图 | 不确定 | 详细描述： |
| 阴茎 | □ | □ | □ | □ | |
| 手指 | □ | □ | □ | □ | |
| 物体 | □ | □ | □ | □ | |
| 如果是，具体描述： | | | | | |
| 3. 生殖器口交： | 否 | 是 | 企图 | 不确定 | 详细描述： |
| 被侵害人口腔接触侵害人生殖 | □ | □ | □ | □ | |
| 侵害人口腔接触被侵害人生殖器 | □ | □ | □ | □ | |
| 4. 肛门口交： | 否 | 是 | 企图 | 不确定 | 详细描述： |
| 被侵害人口腔接触侵害人生殖 | □ | □ | □ | □ | |
| 侵害人口腔接触被侵害人生殖器 | □ | □ | □ | □ | |
| 5. 非生殖器性行为： | 否 | 是 | 企图 | 不确定 | 详细描述： |
| 舔 | □ | □ | □ | □ | |
| 亲吻 | □ | □ | □ | □ | |
| 吸吮 | □ | □ | □ | □ | |
| 咬 | □ | □ | □ | □ | |
| 6. 其他行为： | 否 | 是 | 企图 | 不确定 | 详细描述： |
| | □ | □ | □ | □ | |
| 7. 有无射精？ | 否 | 是 | | 不确定 | 详细描述： |
| | □ | □ | | □ | |
| 如果是，注明部位： | | | | | |
| □口腔 | | | | | |
| □阴道 | | | | | |
| □肛门/直肠 | | | | | |
| □体表 | | | | | |
| □衣服上 | | | | | |
| □床上 | | | | | |
| □其他 | | | | | |
| 8. 使用避孕套或润滑剂： | 否 | 是 | | 不确定 | 如果知道，描述类型/特征： |
| | □ | □ | | □ | |
| 是否使用避孕套？ | □ | □ | | □ | |
| 是否使用其他物质？ | □ | □ | | □ | |

三、全身体检查
用图示、文字和照相记录所有的发现

| 1. 血压 | 脉搏 | 呼吸 | 体温 | 2. 检查日期/时间 | |
|---|---|---|---|---|---|
| | | | | 开始 | 结束 |
| 3. 一般身体状况描述 | | | | 4. 精神状况描述 | |
| | | | | | |

(续表)

| | | | |
|---|---|---|---|
| 5. 到达的服饰情况描述 | | | |
| 6. 如果必需收集外衣和内衣 | | | □不必要 |
| 7. 进行身体检查 | | □发现 | □未发现 |
| 8. 全身检查,从身体上收集干湿分泌物、污渍和异物等 | | □发现 | □未发现 |

文字描述：

四、头、颈和口腔检查
用图示、文字和照相记录所有的发现

1. 检查面部、头部、头皮和颈部有无损伤和异物
　　　　　　　　　　　　　　　　　　　□发现　　□未发现
2. 头部、头皮和颈部收集干湿性分泌物、污渍和异物
　　　　　　　　　　　　　　　　　　　□发现　　□未发现
3. 检查口腔有无损伤和异物（根据病史情况）
收集样品
所做检查：　　□未检查　　□发现　　□未发现

文字描述：

五、生殖器检查—女性
用图示、文字和照相记录所有的发现

1. 检查大腿内侧、外生殖器和会阴部
检查下列标注是否有性侵害相关的发现：
□未发现
□大腿内侧　　　　　□尿道口
□会阴　　　　　　　□阴道前庭
□大阴唇　　　　　　□处女膜
□小阴唇　　　　　　□阴道前庭窝
□阴蒂/周围区域　　　□阴唇后联合

(续表)

| | |
|---|---|
| 2. 全面检查，收集干湿分泌物、污渍和异物　　□发现　　□未发现<br>3. 收集梳理或刷过的阴毛　　　　　　　　　　□发现　　□未发现 | |
| 4. 检查阴道和宫颈<br>检查下列标注是否有性侵犯相关的发现：<br>□未发现　　　□阴道　　　□宫颈<br>5. 从阴道中收集棉签样品<br><br>6. 从宫颈收集棉签样品（如果侵害超过48小时） | |
| 7. 检查臀部、肛门和直肠（根据伤病史）<br>所做检查：　　□是　　　□不必要<br>检查下列标注是否有性侵害相关的发现：<br>□未发现<br>□臀部　　　　　□肛缘<br>□肛周皮肤　　　□直肠<br>8. 收集干湿分泌物、污渍和异物<br>□发现　　　　　□未发现<br>9. 从肛门和/或直肠收集棉签样品<br>10. 若疑有直肠损伤或有直肠出血征象时做肛镜检查<br>　　　　　　　　　□不必要<br>直肠出血　　□否　　□是<br>如果是，详细描述：_____ | |
| 11. 使用的检查体位<br>□截石位　　　　□其他　　描述： | |
| 文字描述：<br><br><br><br> | |
| 六、生殖器检查—男性<br>用图示、文字和照相记录所有的发现 | |
| 1. 检查大腿内侧、外生殖器和会阴部<br>检查下列标注是否有性侵害相关的发现：<br>□未发现<br>□大腿内侧　　　　□阴茎龟头　　　　□阴囊<br>□会阴　　　　　　□阴茎体　　　　　□睾丸<br>□包皮　　　　　　□尿道口<br>2. 包皮环切　　　　□否　　　　　　　□是<br>3. 检查全身，收集干湿分泌物、污渍和异物　　□发现　　□未发现<br>4. 收集梳理或刷过的阴毛<br>5. 根据规定收集对照阴毛<br>6. 根据伤病史，如果必要从阴茎上收集棉签样品　□不必要<br>7. 根据伤病史，如果必要从阴囊上收集棉签样品　□不必要 | |

（续表）

8. 检查臀部、肛门和直肠（根据伤病史）
所做检查： □是 □不必要
检查下列标注是否有性侵害相关的发现：
□未发现
□臀部　　　　　　　□肛缘
□肛周皮肤　　　　　□直肠
9. 收集干湿分泌物、污渍和异物
□发现　　　　　　　□未发现
10. 从肛门和/或直肠收集棉签样品
11. 若怀疑直肠损伤或有直肠出血征象时做肛镜检查　□不必要
直肠出血　　　　　　　　　　　□否　　　□是
如果是，详细描述：_____
12. 使用的检查体位：
□膀胱截石位　　　□其他　　描述：

文字描述：

七、采集的相关生物证据和痕迹标准

| 1. 盛放于容器中衣物 | 放于纸袋中的衣物 | |
|---|---|---|

检查记录方式

| 2. 收集的异物物证 | | | | |
|---|---|---|---|---|
| | 否 | 是 | 采集者 | |
| 棉签/可疑血迹 | □ | □ | _____ | |
| 干分泌物 | □ | □ | _____ | |
| 纤维/毛发 | □ | □ | _____ | |
| 植物 | □ | □ | _____ | |
| 土壤/碎屑 | □ | □ | _____ | |
| 棉签/可疑精液 | □ | □ | _____ | |
| 棉签/可疑唾液 | □ | □ | _____ | |
| 比对棉签 | □ | □ | _____ | |
| 指甲刮痕/剪下的指甲 | □ | □ | _____ | |
| 零乱的毛发 | □ | □ | _____ | |
| 梳理或刷过的阴毛 | □ | □ | _____ | |
| 阴道内异物 | □ | □ | _____ | |

如果是，详细描述：_____
其他类型　　　　　　　　　□　□　_____
如果是，详细描述：_____

| | 否 | 是 | | 否 | 是 |
|---|---|---|---|---|---|
| 仅直接观察 | □ | □ | 肛门镜检查 | □ | □ |
| 阴道镜 | □ | □ | 直肠镜检查 | □ | □ |
| 其他放大装置 | □ | □ | | | |
| 其他 | □ | □ | | □ | □ |

如果是，详细描述：_____

记录身体检查结果
□身体发现　　　　□无身体发现
检查结果的评估
□检查与伤病史一致
□检查与伤病史不一致
检查发现小结

(续表)

| 3. 口腔/生殖器/肛门/直肠样品 | | | | | | | |
|---|---|---|---|---|---|---|---|
| | ♯棉签 | ♯涂片 | 收集时间 | 采集者 | | | |
| 口腔 | | | | | | | |
| 阴道 | | | | | | | |
| 宫颈 | | | | | | | |
| 肛门 | | | | | | | |
| 直肠 | | | | | | | |
| 阴茎 | | | | | | | |
| 睾丸 | | | | | | | |
| 洗涤 □否 □是 | | | | | | | |
| 4. 阴道湿涂片 | | | | | | | |
| | 否 | 是 | 时间 | 检查者 | | | |
| 准备的图片 | | | | | | | |
| 观察到的活动精子 | | | | | | | |
| 观察到的非活动精子 | | | | | | | |
| 5. 对照样品 | | | | | 相关人员签名： | | |
| | 否 | 是 | 时间 | 检查者 | 伤病史采集者： | | 电话： |
| 血液酒精/毒物/毒品 | | | | | 检查者： | | |
| 尿液毒理学 | | | | | 样本标记及封装者： | | |
| 6. 比对样本 | | | | | 协助者： | | |
| | 否 | 是 | | 采集者 | 见证人： | | |
| 精液 | | | | | 相关生物证据和痕迹标本 | | 见附件清单 |
| 血液 | | | | | 标本 | | □ |
| 血液 | | | | | 躯体证据 | | □ |
| 颊侧棉签 | | | | | 生殖器—肛门证据 | | □ |
| 尿液棉签 | | | | | 比对标本 | | □ |
| 头发 | | | | | 其他 | | □ |
| 阴毛 | | | | | 签名：_____ | | |
| 7. 照相记录方法 | | | | | 身份证号：_____ | | |
| 否 是 | 阴道镜/35 mm | 视频照相阴道镜/ | 其他选择 | | 部门：_____ | | |
| □ □ | □ | □ | □ | | 日期：_____ | | |
| 生殖器□ □ | □ | □ | □ | | 电话：_____ | | |

A.3 法医标本清单

法医标本清单示例见表 A.3

表 A.3 法医标本清单

| 标本 | |
|---|---|
| 衣服(袋) | □ |
| 痕迹单 | □ |
| 卫生垫 | □ |

(续表)

| | |
|---|---|
| **躯体证据** | |
| 口腔内拭样和玻片 | ☐ |
| 身体上的外来物质 | ☐ |
| 身体上疑似精液的污渍 | ☐ |
| 头发上的疑似精液物质 | ☐ |
| 阴毛上的疑似精液物质 | ☐ |
| 阴毛上的梳理物 | ☐ |
| 指甲上的物质 | ☐ |
| 身体拭子(为唾液)(注明位置) | ☐ |
| 其他(详细说明) | ☐ |
| **生殖器—肛门证据** | |
| 外来物质 | ☐ |
| 深部阴道拭子和玻片 | ☐ |
| 子宫颈口拭子和玻片 | ☐ |
| 肛门拭子和玻片 | ☐ |
| 直肠拭子和玻片 | ☐ |
| 其他(详细说明) | ☐ |
| **对照标本** | |
| 阴毛 | ☐ |
| 头发 | ☐ |
| 血液,查酒精和药物 | ☐ |
| 尿,查药物 | ☐ |
| 其他 | ☐ |
| 其他标本(清单) | ☐ |
| **密封袋的总数** | ☐ |

标本清单呈交给：
姓名：　　　　　　编号：
检查机构：
日期和时间：
签名：

# 保外就医严重疾病范围

罪犯有下列严重疾病之一,久治不愈,严重影响其身心健康的,属于适用保外就医的疾病范围:

一、严重传染病

1. 肺结核伴空洞并反复咯血;肺结核合并多脏器并发症;结核性脑膜炎。
2. 急性、亚急性或慢性重型病毒性肝炎。
3. 艾滋病病毒感染者和病人伴有需要住院治疗的机会性感染。
4. 其他传染病,如Ⅲ期梅毒并发主要脏器病变的,流行性出血热,狂犬病,流行性脑脊髓膜炎及新发传染病等监狱医院不具备治疗条件的。

二、反复发作的,无服刑能力的各种精神病,如脑器质性精神障碍、精神分裂症、心境障碍、偏执性精神障碍等,但有严重暴力行为或倾向,对社会安全构成潜在威胁的除外。

三、严重器质性心血管疾病

1. 心脏功能不全:心脏功能在NYHA三级以上,经规范治疗未见好转。(可由冠状动脉粥样硬化性心脏病、高血压性心脏病、风湿性心脏病、肺源性心脏病、先天性心脏病、心肌病、重度心肌炎、心包炎等引起。)
2. 严重心律失常:如频发多源室性期前收缩或有RonT表现、导致血流动力学改变的心房纤颤、二度以上房室传导阻滞、阵发性室性心动过速、病态窦房结综合征等。
3. 急性冠状动脉综合征(急性心肌梗死及重度不稳定型心绞痛),冠状动脉粥样硬化性心脏病有严重心绞痛反复发作,经规范治疗仍有严重冠状动脉供血不足表现。
4. 高血压病达到很高危程度的,合并靶器官受损。具体参见注释中靶器官受损相应条款。
5. 主动脉瘤、主动脉夹层动脉瘤等需要手术的心血管动脉瘤和粘液瘤等需要手术的心脏肿瘤;或者不需要、难以手术治疗,但病情严重危及生命或者存在严重并发症,且监狱医院不具备治疗条件的心血管疾病。
6. 急性肺栓塞。

四、严重呼吸系统疾病

1. 严重呼吸功能障碍:由支气管、肺、胸膜疾病引起的中度以上呼吸功能障碍,经规范治疗未见好转。
2. 支气管扩张反复咯血,经规范治疗未见好转。
3. 支气管哮喘持续状态,反复发作,动脉血氧分压低于60 mmHg,经规范治疗未见好转。

五、严重消化系统疾病

1. 肝硬化失代偿期(肝硬化合并上消化道出血、腹水、肝性脑病、肝肾综合征等)。
2. 急性出血性坏死性胰腺炎。
3. 急性及亚急性肝衰竭、慢性肝衰竭加急性发作或慢性肝衰竭。

4. 消化道反复出血,经规范治疗未见好转且持续重度贫血。

5. 急性梗阻性化脓性胆管炎,经规范治疗未见好转。

6. 肠道疾病:如克隆病、肠伤寒合并肠穿孔、出血坏死性小肠炎、全结肠切除、小肠切除四分之三等危及生命的。

六、各种急、慢性肾脏疾病引起的肾功能不全失代偿期,如急性肾衰竭、慢性肾小球肾炎、慢性肾盂肾炎、肾结核、肾小动脉硬化、免疫性肾病等。

七、严重神经系统疾病及损伤

1. 严重脑血管疾病、颅内器质性疾病并有昏睡以上意识障碍、肢体瘫痪、视力障碍等经规范治疗未见好转。如脑出血、蛛网膜下腔出血、脑血栓形成、脑栓塞、脑脓肿、乙型脑炎、结核性脑膜炎、化脓性脑膜炎及严重的脑外伤等。

2. 各种脊髓疾病及周围神经疾病与损伤所致的肢体瘫痪、大小便失禁经规范治疗未见好转,生活难以自理。如脊髓炎、高位脊髓空洞症、脊髓压迫症、运动神经元疾病(包括肌萎缩侧索硬化、进行性脊肌萎缩症、原发性侧索硬化和进行性延髓麻痹)等;周围神经疾病,如多发性神经炎、周围神经损伤等;急性炎症性脱髓鞘性多发性神经病;慢性炎症性脱髓鞘性多发性神经病。

3. 癫痫大发作,经规范治疗未见好转,每月发作仍多于两次。

4. 重症肌无力或进行性肌营养不良等疾病,严重影响呼吸和吞咽功能。

5. 锥体外系疾病所致的肌张力障碍(肌张力过高或过低)和运动障碍(包括震颤、手足徐动、舞蹈样动作、扭转痉挛等出现生活难以自理)。如帕金森病及各类帕金森综合症、小舞蹈病、慢性进行性舞蹈病、肌紧张异常、秽语抽动综合症、迟发性运动障碍、投掷样舞动、阵发性手足徐动症、阵发性运动源性舞蹈手足徐动症、扭转痉挛等。

八、严重内分泌代谢性疾病合并重要脏器功能障碍,经规范治疗未见好转。如脑垂体瘤需要手术治疗、肢端肥大症、尿崩症、柯兴氏综合征、原发性醛固酮增多症、嗜铬细胞瘤、甲状腺机能亢进危象、甲状腺机能减退症出现严重心脏损害或出现粘液性水肿昏迷,甲状旁腺机能亢进及甲状旁腺机能减退症出现高钙危象或低钙血症。

糖尿病合并严重并发症:糖尿病并发心、脑、肾、眼等严重并发症或伴发症,或合并难以控制的严重继发感染、严重酮症酸中毒或高渗性昏迷,经规范治疗未见好转。

心:诊断明确的冠状动脉粥样硬化性心脏,并出现以下情形之一的:1. 有心绞痛反复发作,经规范治疗未见好转仍有明显的冠状动脉供血不足的表现;2. 心功能三级;3. 心律失常(频发或多型性室早、新发束支传导阻滞、交界性心动过速、心房纤颤、心房扑动、二度及以上房室传导阻滞、阵发性室性心动过速、窦性停搏等)。

脑:诊断明确的脑血管疾病,出现痴呆、失语、肢体肌力达IV级以下。

肾:诊断明确的糖尿病肾病,肌酐达到 177 mmol/L 以上水平。

眼:诊断明确的糖尿病视网膜病变,达到增殖以上。

九、严重血液系统疾病

1. 再生障碍性贫血。

2. 严重贫血并有贫血性心脏病、溶血危象、脾功能亢进其中一项,经规范治疗未见好转。

3. 白血病、骨髓增生异常综合征。

4. 恶性组织细胞病、嗜血细胞综合征。

5. 淋巴瘤、多发性骨髓瘤。

6. 严重出血性疾病,有重要器官、体腔出血的,如原发性血小板减少性紫癜、血友病等,经规范治疗未见好转。

十、严重脏器损伤和术后并发症,遗有严重功能障碍,经规范治疗未见好转

1. 脑、脊髓损伤治疗后遗有中度以上智能障碍,截瘫或偏瘫,大小便失禁,功能难以恢复。

2. 胸、腹腔重要脏器及气管损伤或手术后,遗有严重功能障碍,胸腹腔内慢性感染、重度粘连性梗阻,肠瘘、胰瘘、胆瘘、肛瘘等内外瘘形成反复发作;严重循环或呼吸功能障碍,如外伤性湿肺不易控制。

3. 肺、肾、肾上腺等器官一侧切除,对侧仍有病变或有明显功能障碍。

十一、各种严重骨、关节疾病及损伤

1. 双上肢,双下肢,一侧上肢和一侧下肢因伤、病在腕或踝关节以上截肢或失去功能不能恢复。双手完全失去功能或伤、病致手指缺损6个以上,且6个缺损的手指中有半数以上在掌指关节处离断,且必须包括两个拇指缺失。

2. 脊柱并一个主要关节或两个以上主要关节(肩、膝、髋、肘)因伤、病发生强直畸形,经规范治疗未见好转,脊柱伸屈功能完全丧失。

3. 严重骨盆骨折合并尿道损伤,经治疗后遗有运动功能障碍或遗有尿道狭窄、闭塞或感染,经规范治疗未见好转。

4. 主要长骨的慢性化脓性骨髓炎,反复急性发作,病灶内出现大块死骨或合并病理性骨折,经规范治疗未见好转。

十二、五官伤、病后,出现严重的功能障碍,经规范治疗未见好转

1. 伤、病后双眼矫正视力<0.1,经影像检查证实患有白内障、眼外伤、视网膜剥离等需要手术治疗。内耳伤、病所致的严重前庭功能障碍、平衡失调,经规范治疗未见好转。

2. 咽、喉损伤后遗有严重疤痕挛缩,造成呼吸道梗阻受阻,严重影响呼吸功能和吞咽功能。

3. 上下颌伤、病经治疗后二度张口困难、严重咀嚼功能障碍。

十三、周围血管病经规范治疗未见好转,患肢有严重肌肉萎缩或干、湿性坏疽,如进展性脉管炎,高位深静脉栓塞等。

十四、非临床治愈期的各种恶性肿瘤。

十五、暂时难以确定性质的肿瘤,有下列情形之一的:

1. 严重影响机体功能而不能进行彻底治疗。

2. 身体状况进行性恶化。

3. 有严重后遗症,如偏瘫、截瘫、胃瘘、支气管食管瘘等。

十六、结缔组织疾病及其他风湿性疾病造成两个以上脏器严重功能障碍或单个脏器功能障碍失代偿,经规范治疗未见好转,如系统性红斑狼疮、硬皮病、皮肌炎、结节性多动脉炎等。

十七、寄生虫侵犯脑、肝、肺等重要器官或组织,造成继发性损害,伴有严重功能障碍者,经规范治疗未见好转。

十八、经职业病诊断机构确诊的以下职业病:

1. 尘肺病伴严重呼吸功能障碍,经规范治疗未见好转。

2. 职业中毒,伴有重要脏器功能障碍,经规范治疗未见好转。

3. 其他职业病并有瘫痪、中度智能障碍、双眼矫正视力<0.1、严重血液系统疾病、严重精神障碍等其中一项,经规范治疗未见好转。

十九、年龄在六十五周岁以上同时患有两种以上严重疾病,其中一种病情必须接近上述一项或几项疾病程度。

注释:

1. 本范围所列严重疾病诊断标准应符合省级以上卫生行政部门、中华医学会制定并下发的医学诊疗常规、诊断标准、规范和指南。

2. 凡是确定诊断和确定脏器、肢体功能障碍必须具有诊疗常规所明确规定的相应临床症状、体征和客观医技检查依据。

3. 本范围所称"经规范治疗未见好转",是指临床上经常规治疗至少半年后病情恶化或未见好转。

4. 本范围所称"反复发作",是指发作间隔时间小于一个月,且至少发作三次及以上。

5. 本范围所称"严重心律失常",是指临床上可引起严重血流动力学障碍,预示危及生命的心律失常。一般出现成对室性期前收缩、多形性室性期前收缩、阵发性室性心动过速、室性期前收缩有 RonT 现象、病态窦房结综合征、心室扑动或心室颤动等。

6. 本范围所称"意识障碍",是指各种原因导致的迁延性昏迷 1 个月以上和植物人状态。

7. 本范围所称"视力障碍",是指各种原因导致的患眼低视力 2 级。

8. 艾滋病和艾滋病机会性感染诊断依据应符合《艾滋病和艾滋病病毒感染诊断标准》(WS293-2008)、《艾滋病诊疗指南》(中华医学会感染病分会,2011 年)等技术规范。其中,艾滋病合并肺孢子菌肺炎、活动性结核病、巨细胞病毒视网膜炎、马尼菲青霉菌病、细菌性肺炎、新型隐球菌脑膜炎等六种艾滋病机会性感染的住院标准应符合《卫生部办公厅关于印发艾滋病合并肺孢子菌肺炎等六个艾滋病机会感染病种临床路径的通知》(卫办医政发[2012]107 号)。上述六种以外的艾滋病机会性感染住院标准可参考《艾滋病诊疗指南》(中华医学会感染病分会,2011 年)及《实用内科学》(第 13 版)等。

9. 精神病的危险性按照《卫生部关于印发〈重性精神疾病管理治疗工作规范(2012 年版)〉的通知》(卫疾控发[2012]20 号)进行评估。

10. 心功能判定:心功能不全,表现出心悸、心律失常、低血压、休克,甚至发生心搏骤停。按发生部位和发病过程分为左侧心功能不全(急性、慢性)、右侧心功能不全(急性、慢性)和全心功能不全(急性、慢性)。出现心功能不全症状后,其心功能可分为四级。

Ⅰ级:体力活动不受限制。

Ⅱ级:静息时无不适,但稍重于日常生活活动量即致乏力、心悸、气促或者心绞痛。

Ⅲ级:体力活动明显受限,静息时无不适,但低于日常活动量即致乏力、心悸、气促或心绞痛。

Ⅳ级:任何体力活动均引起症状,静息时亦可有心力衰竭或者心绞痛。

11. 高血压判定:按照《中国高血压防治指南 2010》执行。

12.

**血压水平分类和定义(mmHg)**

| 分级 | 收缩压(SBP) | 舒张压(DBP) |
| --- | --- | --- |
| 正常血压 | <120 | 和<80 |
| 正常高值血压 | 120~139 | 和/或 80~89 |
| 高血压 1 级(轻度) | 140~159 | 和/或 90~99 |

(续表)

| 分级 | 收缩压(SBP) | 舒张压(DBP) |
|---|---|---|
| 高血压 2 级(中度) | 160～179 | 和/或 100～109 |
| 高血压 3 级(重度) | ≥180 | 和/或≥110 |
| 单纯性收缩期高血压 | ≥140 | 和<90 |

**高血压危险分层**

| 其他危险因素和病史 | 血压(mmHg) | | |
|---|---|---|---|
| | 1 级 SBP140—159 或 DBP90—99 | 2 级 SBP160—179 或 DBP100—109 | 3 级 SBP≥180 或 DBP≥110 |
| 无其他 CVD 危险因素 | 低危 | 中危 | 高危 |
| 1—2 个 CVD 危险因素 | 中危 | 中危 | 很高危 |
| ≥3 个 CVD 危险因素或靶器官损伤 | 高危 | 高危 | 很高危 |
| 临床并发症或合并糖尿病 | 很高危 | 很高危 | 很高危 |

注:* CVD 为心血管危险因素

**影响高血压患者心血管预后的重要因素**

| 心血管危险因素 | 靶器官损害 | 伴临床疾患 |
|---|---|---|
| • 高血压(1—3 级)<br>• 男性>55 岁;女性>65 岁<br>• 吸烟<br>• 糖耐量受损(餐后 2 h 血糖 7.8—11.0 mmol/L)和(或)空腹血糖受损(6.1—6.9 mmol/L)<br>• 血脂异常 TC≥5.7 mmol/L(220 mg/dl)或 LDL_C>3.3 mmol/L(130 mg/dl)或 HDL_C<1.0 mmol/L(4 mg/dl)<br>• 早发心血管病家族史(一般亲属发病年龄男性<55 岁;女性<65 岁)<br>• 腹型肥胖(腰围:男性≥90 cm,女性≥85 cm)或肥胖(BMI≥28 kg/m²)<br>• 血同型半胱氨酸升高(≥10 μmol/L) | • 左心室肥厚<br>心电图:Sokolow_Lyon>38 mm 或 Cornell>2440 mm·ms;超声心动图 LVMI:男≥125 g/m²,女≥120 g/m²<br>• 颈动脉超声 IMT≥0.9 mm 或动脉粥样斑块<br>• 颈—股动脉脉搏波速度≥12 m/s<br>• 踝/臂血压指数<0.9<br>• eGFR 降低(eGFR<60 ml·min⁻¹·1.73 m⁻²)或血清肌酐轻度升高:男性 115—133 μmol/L(1.3—1.5 mg/dl),女性 107—124 μmol/L(1.2—1.4 mg/dl)<br>• 微量白蛋白尿:30—300 mg/24h 或蛋白/肌酐比:≥30 mg/g(3.5 mg/mmol) | • 脑血管病:脑出血,缺血性脑卒中短暂性脑缺血发作<br>• 心脏疾病:心肌梗死史,心绞痛,冠状动脉血动重建史,慢性心力衰竭<br>• 肾脏疾病:糖尿病肾病,肾功能受损,血肌酐:男性≥133 μmol/L(1.5 mg/dl),女性≥124 μmol/L(1.4 mg/dl),蛋白尿(≥300 mg/24h)<br>• 外周血管疾病<br>• 视网膜病变:出血或渗出,视乳头水肿<br>• 糖尿病:<br>空腹血糖≥7.0 mmol/L(126 mg/dl),餐后 2 h 血糖≥11.1 mmol/L(200 mg/dl),糖化血红蛋白≥6.5% |

注:TC:总胆固醇;LDL_C:低密度脂蛋白胆固醇;HDL_C:高密度脂蛋白胆固醇;BMI:体质指数;LVMI:左心室质量指数;IMT:颈动脉内中膜厚度;eGFR:估算的肾小球滤过率

12. 呼吸功能障碍判定:参照《道路交通事故受伤人员伤残评定》(GB18667-2002)和《劳动能力鉴定——职工工伤与职业病致残程度鉴定标准》(GBT16180-2006),结合医学实践执行。症状:自觉气短、胸闷不适、呼吸费力。体征:呼吸频率增快,幅度加深或者变浅,或者伴周期节律异常,鼻翼扇动,紫绀等。实验室检查提示肺功能损害。在保外就医诊断实践中,判定呼吸功能障碍必须综合产生呼吸功能障碍的病理基础、临床表现和相关医技检查结果如血气分析,全面分析。

**呼吸困难分级**

Ⅰ级(轻度):平路快步行走、登山或上楼梯时气短明显。
Ⅱ级(中度):一般速度平路步行 100 米即有气短,体力活动大部分受限。
Ⅲ级(重度):稍活动如穿衣、谈话即有气短,体力活动完全受限。
Ⅳ级(极重度):静息时亦有气短。

**肺功能损伤分级**

|  | FVC | FEV1 | MVV | FEV1/FVC | RV/TLC | DLco |
| --- | --- | --- | --- | --- | --- | --- |
| 正常 | >80 | >80 | >80 | >70 | <35 | >80% |
| 轻度损伤 | 60—79 | 60—79 | 60—79 | 55—69 | 36—45 | 60—79 |
| 中度损伤 | 40—59 | 40—59 | 40—59 | 35—54 | 46—55 | 45—59 |
| 重度损伤 | <40 | <40 | <40 | <35 | >55 | <45 |

注:FVC、FEV1、MVV、DLco 均为占预计值百分数,单位为%。
FVC:用力肺活量;FEV1:1秒钟用力呼气容积;MVV:分钟最大通气量;RV/TLC:残气量/肺总量;DLco:一氧化碳弥散量。

**低氧血症分级**

正常:$Po_2$ 为 13.3 kPa～10.6 kPa(100 mmHg～80 mmHg);
轻度:$Po_2$ 为 10.5 kPa～8.0 kPa(79 mmHg～60 mmHg);
中度:$Po_2$ 为 7.9 kPa～5.3 kPa(59 mmHg～40 mmHg);
重度:$Po_2$<5.3 kPa(<40 mmHg)。

13. 肝功能损害程度判定
   A. 肝功能损害分度

| 分度 | 中毒症状 | 血浆白蛋白 | 血内胆红质 | 腹水 | 脑症 | 凝血酶原时间 | 谷丙转氨酶 |
| --- | --- | --- | --- | --- | --- | --- | --- |
| 重度 | 重度 | <2.5g% | >10mg% | 顽固性 | 明显 | 明显延长 | 供参考 |
| 中度 | 中度 | 2.5—3.0g% | 5—10mg% | 无或者少量,治疗后消失 | 无或者轻度 | 延长 | 供参考 |
| 轻度 | 轻度 | 3.0—3.5g% | 1.5—5mg% | 无 | 无 | 稍延长(较对照组>3s) | 供参考 |

B. 肝衰竭:肝衰竭的临床诊断需要依据病史、临床表现和辅助检查等综合分析而确定,参照中华医学会《肝衰竭诊治指南(2012 年版)》执行。

(1) 急性肝衰竭(急性重型肝炎):急性起病,2 周内出现Ⅱ度及以上肝性脑病并有以下表现:① 极度乏力,并有明显厌食、腹胀、恶心、呕吐等严重消化道症状。② 短期内黄疸进行性加深。③ 出血倾向明显,PTA≤40%,且排除其他原因。④ 肝脏进行性缩小。

(2) 亚急性肝衰竭(亚急性重型肝炎):起病较急,15 天—26 周出现以下表现者:① 极度乏力,有明显的消化道症状。② 黄疸迅速加深,血清总胆红素大于正常值上限 10 倍或每日上升≥17.1μmol/L。③ 凝血酶原时间明显延长,PTA≤40%并排除其他原因者。

(3) 慢加急性(亚急性)肝衰竭(慢性重型肝炎):在慢性肝病基础上,短期内发生急性肝功能失代偿的主要临床表现。

(4) 慢性肝衰竭:在肝硬化基础上,肝功能进行性减退和失代偿。诊断要点为:① 有腹水或其他门静脉高压表现。② 可有肝性脑病。③ 血清总胆红素升高,白蛋白明显降低。④ 有凝血功能障碍,PTA≤40%。

C. 肝性脑病

**肝性脑病 West-Haven 分级标准**

| 肝性脑病分级 | 临床要点 |
| --- | --- |
| 0级 | 没有能觉察的人格或行为变化 |
|  | 无扑翼样震颤 |
| 1级 | 轻度认知障碍 |
|  | 欣快或抑郁 |
|  | 注意时间缩短 |
|  | 加法计算能力降低 |
|  | 可引出扑翼样震颤 |
| 2级 | 倦怠或淡漠 |
|  | 轻度定向异常(时间和空间定向) |
|  | 轻微人格改变 |
|  | 行为错乱,语言不清 |
|  | 减法计算能力异常 |
|  | 容易引出扑翼样震颤 |
| 3级 | 嗜睡到半昏迷*,但是对语言刺激有反应 |
|  | 意识模糊 |
|  | 明显的定向障碍 |
|  | 扑翼样震颤可能无法引出 |
| 4级 | 昏迷**(对语言和强刺激无反应) |

注:1—4级即Ⅰ—Ⅳ度。
按照意识障碍以觉醒度改变为主分类,*半昏迷即中度昏迷,**昏迷即深昏迷。

14. 急、慢性肾功能损害程度判定:参照《实用内科学》(第十三版)和《内科学》(第七版)进行综合判定。急性肾损伤的原因有肾前性、肾实质性及肾后性三类。每类又有少尿型和非少尿型两种。慢性肾脏病患者肾功能损害分期与病因、病变进展程度、部位、转归以及诊断时间有关。分期:

**慢性肾脏病肾功能损害程度分期**

| CKD分期 | 肾小球滤过率(GFR)或eGFR | 主要临床症状 |
| --- | --- | --- |
| Ⅰ期 | ≥90 毫升/分 | 无症状 |
| Ⅱ期 | 60—89 毫升/分 | 基本无症状 |
| Ⅲ期 | 30—59 毫升/分 | 乏力;轻度贫血;食欲减退 |
| Ⅳ期 | 15—29 毫升/分 | 贫血;代谢性酸中毒;水电解质紊乱 |
| Ⅴ期 | <15 毫升/分 | 严重酸中毒和全身各系统症状 |

注:eGFR:基于血肌酐估计的肾小球滤过率。

15. 肢体瘫痪的判定:参照《神经病学》(第2版)判定。肢体瘫,以肌力测定判断肢体瘫痪程度。在保外就医诊断实践中,判定肢体瘫痪须具备疾病的解剖(病理)基础,0级、1级、2级肌力可认定为肢体瘫痪。

0%;0级:肌肉完全瘫痪,毫无收缩。

10%;1级:可看到或者触及肌肉轻微收缩,但不能产生动作。

25%;2级:肌肉在不受重力影响下,可进行运动,即肢体能在床面上移动,但不能抬高。

50%;3级:在和地心引力相反的方向中尚能完成其动作,但不能对抗外加的阻力。

75%;4级:能对抗一定的阻力,但较正常人为低。

100%;5级:正常肌力。

16. 生活难以自理的判定:参照《劳动能力鉴定——职工工伤与职业病致残程度鉴定标准》(GBT16180-2006),结合医学实践执行。

17. 视力障碍判定:眼伤残鉴定依据为眼球或视神经器质性损伤所致的视力、视野、立体视功能障碍及其他解剖结构和功能的损伤或破坏。

(1) 主观检查:凡损伤眼裸视或者加用矫正镜片(包括接触镜、针孔镜等)远视力<0.3为视力障碍。

(2) 客观检查:眼底照相、视觉电生理、眼底血管造影,眼科影像学检查如相干光断层成像(OCT)等以明确视力残疾实际情况,并确定对应的具体疾病状态。

视力障碍标准:

低视力:1级:矫正视力<0.3;2级:矫正视力<0.1。

盲:矫正视力<0.05。

# 医疗事故分级标准(试行)

2002年7月19日经卫生部部务会讨论通过,现予发布,自2002年9月1日起施行。

为了科学划分医疗事故等级,正确处理医疗事故争议,保护患者和医疗机构及其医务人员的合法权益,根据《医疗事故处理条例》,制定本标准。

专家鉴定组在进行医疗事故技术鉴定、卫生行政部门在判定重大医疗过失行为是否为医疗事故或医疗事故争议双方当事人在协商解决医疗事故争议时,应当按照本标准确定的基本原则和实际情况具体判定医疗事故的等级。

本标准列举的情形是医疗事故中常见的造成患者人身损害的后果。

本标准中医疗事故一级乙等至三级戊等对应伤残等级一至十级。

## 一、一级医疗事故

系指造成患者死亡、重度残疾。

(一)一级甲等医疗事故:死亡。

(二)一级乙等医疗事故:重要器官缺失或功能完全丧失,其他器官不能代偿,存在特殊医疗依赖,生活完全不能自理。例如造成患者下列情形之一的:

1. 植物人状态;
2. 极重度智能障碍;
3. 临床判定不能恢复的昏迷;
4. 临床判定自主呼吸功能完全丧失,不能恢复,靠呼吸机维持;
5. 四肢瘫,肌力0级,临床判定不能恢复。

## 二、二级医疗事故

系指造成患者中度残疾、器官组织损伤导致严重功能障碍。

(一)二级甲等医疗事故:器官缺失或功能完全丧失,其他器官不能代偿,可能存在特殊医疗依赖,或生活大部分不能自理。例如造成患者下列情形之一的:

1. 双眼球摘除或双眼经客观检查证实无光感;
2. 小肠缺失90%以上,功能完全丧失;
3. 双侧有功能肾脏缺失或孤立有功能肾缺失,用透析替代治疗;
4. 四肢肌力Ⅱ级(二级)以下(含Ⅱ级),临床判定不能恢复;
5. 上肢一侧腕上缺失或一侧手功能完全丧失,不能装配假肢,伴下肢双膝以上缺失。

(二)二级乙等医疗事故:存在器官缺失、严重缺损、严重畸形情形之一,有严重功能障碍,可能存在特殊医疗依赖,或生活大部分不能自理。例如造成患者下列情形之一的:

1. 重度智能障碍;
2. 单眼球摘除或经客观检查证实无光感,另眼球结构损伤,闪光视觉诱发电位(VEP)P100波潜时延长>160 ms(毫秒),矫正视力<0.02,视野半径<5°;
3. 双侧上颌骨或双侧下颌骨完全缺失;

4. 一侧上颌骨及对侧下颌骨完全缺失,并伴有颜面软组织缺损大于 30 cm²;

5. 一侧全肺缺失并需胸改术;

6. 肺功能持续重度损害;

7. 持续性心功能不全,心功能四级;

8. 持续性心功能不全,心功能三级伴有不能控制的严重心律失常;

9. 食管闭锁,摄食依赖造瘘;

10. 肝缺损 3/4,并有肝功能重度损害;

11. 胆道损伤致肝功能重度损害;

12. 全胰缺失;

13. 小肠缺损大于 3/4,普通膳食不能维持营养;

14. 肾功能部分损害不全失代偿;

15. 两侧睾丸、副睾丸缺损;

16. 阴茎缺损或性功能严重障碍;

17. 双侧卵巢缺失;

18. 未育妇女子宫全部缺失或大部分缺损;

19. 四肢瘫,肌力Ⅲ级(三级)或截瘫、偏瘫,肌力Ⅲ级以下,临床判定不能恢复;

20. 双上肢腕关节以上缺失、双侧前臂缺失或双手功能完全丧失,不能装配假肢;

21. 肩、肘、髋、膝关节中有四个以上(含四个)关节功能完全丧失;

22. 重型再生障碍性贫血(Ⅰ型)。

(三) 二级丙等医疗事故:存在器官缺失、严重缺损、明显畸形情形之一,有严重功能障碍,可能存在特殊医疗依赖,或生活部分不能自理。例如造成患者下列情形之一的:

1. 面部重度毁容;

2. 单眼球摘除或客观检查无光感,另眼球结构损伤,闪光视觉诱发电位(VEP)>155 ms(毫秒),矫正视力<0.05,视野半径<10°;

3. 一侧上颌骨或下颌骨完全缺失,伴颜面部软组织缺损大于 30 cm²;

4. 同侧上下颌骨完全性缺失;

5. 双侧甲状腺或孤立甲状腺全缺失;

6. 双侧甲状旁腺全缺失;

7. 持续性心功能不全,心功能三级;

8. 持续性心功能不全,心功能二级伴有不能控制的严重心律失常;

9. 全胃缺失;

10. 肝缺损 2/3,并肝功能重度损害;

11. 一侧有功能肾缺失或肾功能完全丧失,对侧肾功能不全代偿;

12. 永久性输尿管腹壁造瘘;

13. 膀胱全缺失;

14. 两侧输精管缺损不能修复;

15. 双上肢肌力Ⅳ级(四级),双下肢肌力 0 级,临床判定不能恢复;

16. 单肢两个大关节(肩、肘、腕、髋、膝、踝)功能完全丧失,不能行关节置换;

17. 一侧上肢肘上缺失或肘、腕、手功能完全丧失,不能手术重建功能或装配假肢;

18. 一手缺失或功能完全丧失,另一手功能丧失50%以上,不能手术重建功能或装配假肢;
19. 一手腕上缺失,另一手拇指缺失,不能手术重建功能或装配假肢;
20. 双手拇、食指均缺失或功能完全丧失无法矫正;
21. 双侧膝关节或者髋关节功能完全丧失,不能行关节置换;
22. 一下肢膝上缺失,无法装配假肢;
23. 重型再生障碍性贫血(Ⅱ型)。

(四)二级丁等医疗事故:存在器官缺失、大部分缺损、畸形情形之一,有严重功能障碍,可能存在一般医疗依赖,生活能自理。例如造成患者下列情形之一的:

1. 中度智能障碍;
2. 难治性癫痫;
3. 完全性失语,伴有神经系统客观检查阳性所见;
4. 双侧重度周围性面瘫;
5. 面部中度毁容或全身瘢痕面积大于70%;
6. 双眼球结构损伤,较好眼闪光视觉诱发电位(VEP)>155 ms(毫秒),矫正视力<0.05,视野半径<10°;
7. 双耳经客观检查证实听力在原有基础上损失大于91 dB HL(分贝);
8. 舌缺损大于全舌2/3;
9. 一侧上颌骨缺损1/2,颜面部软组织缺损大于20 cm²;
10. 下颌骨缺损长6 cm以上的区段,口腔、颜面软组织缺损大于20 cm²;
11. 甲状旁腺功能重度损害;
12. 食管狭窄只能进流食;
13. 吞咽功能严重损伤,依赖鼻饲管进食;
14. 肝缺损2/3,功能中度损害;
15. 肝缺损1/2伴有胆道损伤致严重肝功能损害;
16. 胰缺损,胰岛素依赖;
17. 小肠缺损2/3,包括回盲部缺损;
18. 全结肠、直肠、肛门缺失,回肠造瘘;
19. 肾上腺功能明显减退;
20. 大、小便失禁,临床判定不能恢复;
21. 女性双侧乳腺缺失;
22. 单肢肌力Ⅱ级(二级),临床判定不能恢复;
23. 双前臂缺失;
24. 双下肢瘫;
25. 一手缺失或功能完全丧失,另一手功能正常,不能手术重建功能或装配假肢;
26. 双拇指完全缺失或无功能;
27. 双膝以下缺失或无功能,不能手术重建功能或装配假肢;
28. 一侧下肢膝上缺失,不能手术重建功能或装配假肢;
29. 一侧膝以下缺失,另一侧前足缺失,不能手术重建功能或装配假肢;
30. 双足全肌瘫,肌力Ⅱ级(二级),临床判定不能恢复。

### 三、三级医疗事故

系指造成患者轻度残疾、器官组织损伤导致一般功能障碍。

(一)三级甲等医疗事故:存在器官缺失、大部分缺损、畸形情形之一,有较重功能障碍,可能存在一般医疗依赖,生活能自理。例如造成患者下列情形之一的:

1. 不完全失语并伴有失用、失写、失读、失认之一者,同时有神经系统客观检查阳性所见;
2. 不能修补的脑脊液瘘;
3. 尿崩,有严重离子紊乱,需要长期依赖药物治疗;
4. 面部轻度毁容;
5. 面颊部洞穿性缺损大于 20 $cm^2$;
6. 单侧眼球摘除或客观检查无光感,另眼球结构损伤,闪光视觉诱发电位(VEP)>150 ms(毫秒),矫正视力 0.05—0.1,视野半径<15°;
7. 双耳经客观检查证实听力在原有基础上损失大于 81 dB HL(分贝);
8. 鼻缺损 1/3 以上;
9. 上唇或下唇缺损大于 1/2;
10. 一侧上颌骨缺损 1/4 或下颌骨缺损长 4 cm 以上区段,伴口腔、颜面软组织缺损大于 10 $cm^2$;
11. 肺功能中度持续损伤;
12. 胃缺损 3/4;
13. 肝缺损 1/2 伴较重功能障碍;
14. 慢性中毒性肝病伴较重功能障碍;
15. 脾缺失;
16. 胰缺损 2/3 造成内、外分泌腺功能障碍;
17. 小肠缺损 2/3,保留回盲部;
18. 尿道狭窄,需定期行尿道扩张术;
19. 直肠、肛门、结肠部分缺损,结肠造瘘;
20. 肛门损伤致排便障碍;
21. 一侧肾缺失或输尿管狭窄,肾功能不全代偿;
22. 不能修复的尿道瘘;
23. 膀胱大部分缺损;
24. 双侧输卵管缺失;
25. 阴道闭锁丧失性功能;
26. 不能修复的Ⅲ度(三度)会阴裂伤;
27. 四肢瘫,肌力Ⅳ级(四级),临床判定不能恢复;
28. 单肢瘫,肌力Ⅲ级(三级),临床判定不能恢复;
29. 肩、肘、腕关节之一功能完全丧失;
30. 利手全肌瘫,肌力Ⅲ级(三级),临床判定不能恢复;
31. 一手拇指缺失,另一手拇指功能丧失 50% 以上;
32. 一手拇指缺失或无功能,另一手除拇指外三指缺失或无功能,不能手术重建功能;
33. 双下肢肌力Ⅲ级(三级)以下,临床判定不能恢复。大、小便失禁;

34. 下肢双膝以上缺失伴一侧腕上缺失或手功能部分丧失,能装配假肢;

35. 一髋或一膝关节功能完全丧失,不能手术重建功能;

36. 双足全肌瘫,肌力Ⅲ级(三级),临床判定不能恢复;

37. 双前足缺失;

38. 慢性再生障碍性贫血。

(二) 三级乙等医疗事故:器官大部分缺损或畸形,有中度功能障碍,可能存在一般医疗依赖,生活能自理。例如造成患者下列情形之一的:

1. 轻度智能减退;

2. 癫痫中度;

3. 不完全性失语,伴有神经系统客观检查阳性所见;

4. 头皮、眉毛完全缺损;

5. 一侧完全性面瘫,对侧不完全性面瘫;

6. 面部重度异常色素沉着或全身瘢痕面积达 60%—69%;

7. 面部软组织缺损大于 $20~\mathrm{cm}^2$;

8. 双眼球结构损伤,较好眼闪光视觉诱发电位(VEP)>150ms(毫秒),矫正视力 0.05—0.1,视野半径<15°;

9. 双耳经客观检查证实听力损失大于 71 dB HL(分贝);

10. 双侧前庭功能丧失,睁眼行走困难,不能并足站立;

11. 甲状腺功能严重损害,依赖药物治疗;

12. 不能控制的严重器质性心律失常;

13. 胃缺损 2/3 伴轻度功能障碍;

14. 肝缺损 1/3 伴轻度功能障碍;

15. 胆道损伤伴轻度肝功能障碍;

16. 胰缺损 1/2;

17. 小肠缺损 1/2(包括回盲部);

18. 腹壁缺损大于腹壁 1/4;

19. 肾上腺皮质功能轻度减退;

20. 双侧睾丸萎缩,血清睾丸酮水平低于正常范围;

21. 非利手全肌瘫,肌力Ⅳ级(四级),临床判定不能恢复,不能手术重建功能;

22. 一拇指完全缺失;

23. 双下肢肌力Ⅳ级(四级),临床判定不能恢复。大、小便失禁;

24. 一髋或一膝关节功能不全;

25. 一侧踝以下缺失或一侧踝关节畸形,功能完全丧失,不能手术重建功能;

26. 双足部分肌瘫,肌力Ⅳ级(四级),临床判定不能恢复,不能手术重建功能;

27. 单足全肌瘫,肌力Ⅳ级,临床判定不能恢复,不能手术重建功能。

(三) 三级丙等医疗事故:器官大部分缺损或畸形,有轻度功能障碍,可能存在一般医疗依赖,生活能自理。例如造成患者下列情形之一的:

1. 不完全性失用、失写、失读、失认之一者,伴有神经系统客观检查阳性所见;

2. 全身瘢痕面积 50%—59%;

3. 双侧中度周围性面瘫,临床判定不能恢复;

4. 双眼球结构损伤,较好眼闪光视觉诱发电位(VEP)>140 ms(毫秒),矫正视力 0.01—0.3,视野半径<20°;

5. 双耳经客观检查证实听力损失大于 56 dB HL(分贝);

6. 喉保护功能丧失,饮食时呛咳并易发生误吸,临床判定不能恢复;

7. 颈颏粘连,影响部分活动;

8. 肺叶缺失伴轻度功能障碍;

9. 持续性心功能不全,心功能二级;

10. 胃缺损 1/2 伴轻度功能障碍;

11. 肝缺损 1/4 伴轻度功能障碍;

12. 慢性轻度中毒性肝病伴轻度功能障碍;

13. 胆道损伤,需行胆肠吻合术;

14. 胰缺损 1/3 伴轻度功能障碍;

15. 小肠缺损 1/2 伴轻度功能障碍;

16. 结肠大部分缺损;

17. 永久性膀胱造瘘;

18. 未育妇女单侧乳腺缺失。

19. 未育妇女单侧卵巢缺失;

20. 育龄已育妇女双侧输卵管缺失;

21. 育龄已育妇女子宫缺失或部分缺损;

22. 阴道狭窄不能通过二横指;

23. 颈部或腰部活动度丧失 50% 以上;

24. 腕、肘、肩、踝、膝、髋关节之一丧失功能 50% 以上;

25. 截瘫或偏瘫,肌力Ⅳ级(四级),临床判定不能恢复;

26. 单肢两个大关节(肩、肘、腕、髋、膝、踝)功能部分丧失,能行关节置换;

27. 一侧肘上缺失或肘、腕、手功能部分丧失,可以手术重建功能或装配假肢;

28. 一手缺失或功能部分丧失,另一手功能丧失 50% 以上,可以手术重建功能或装配假肢;

29. 一手腕上缺失,另一手拇指缺失,可以手术重建功能或装配假肢;

30. 利手全肌瘫,肌力Ⅳ级(四级),临床判定不能恢复;

31. 单手部分肌瘫,肌力Ⅲ级(三级),临床判定不能恢复;

32. 除拇指外 3 指缺失或功能完全丧失;

33. 双下肢长度相差 4 cm 以上;

34. 双侧膝关节或者髋关节功能部分丧失,可以行关节置换;

35. 单侧下肢膝上缺失,可以装配假肢;

36. 双足部分肌瘫,肌力Ⅲ级(三级),临床判定不能恢复;

37. 单足全肌瘫,肌力Ⅲ级(三级),临床判定不能恢复。

(四)三级丁等医疗事故:器官部分缺损或畸形,有轻度功能障碍,无医疗依赖,生活能自理。例如造成患者下列情形之一的:

1. 边缘智能;

2. 发声及言语困难；

3. 双眼结构损伤,较好眼闪光视觉诱发电位(VEP)＞130 ms(毫秒),矫正视力 0.3—0.5,视野半径＜30°；

4. 双耳经客观检查证实听力损失大于 41 dB HL(分贝)或单耳大于 91 dB HL(分贝)；

5. 耳郭缺损 2/3 以上；

6. 器械或异物误入呼吸道需行肺段切除术；

7. 甲状旁腺功能轻度损害；

8. 肺段缺损,轻度持续肺功能障碍；

9. 腹壁缺损小于 1/4；

10. 一侧肾上腺缺失伴轻度功能障碍；

11. 一侧睾丸、附睾缺失伴轻度功能障碍；

12. 一侧输精管缺损,不能修复；

13. 一侧卵巢缺失,一侧输卵管缺失；

14. 一手缺失或功能完全丧失,另一手功能正常,可以手术重建功能及装配假肢；

15. 双大腿肌力近 V 级(五级),双小腿肌力 III 级(三级)以下,临床判定不能恢复。大、小便轻度失禁；

16. 双膝以下缺失或无功能,可以手术重建功能或装配假肢；

17. 单侧下肢膝上缺失,可以手术重建功能或装配假肢；

18. 一侧膝以下缺失,另一侧前足缺失,可以手术重建功能或装配假肢。

(五) 三级戊等医疗事故:器官部分缺损或畸形,有轻微功能障碍,无医疗依赖,生活能自理。例如造成患者下列情形之一的:

1. 脑叶缺失后轻度智力障碍；

2. 发声或言语不畅；

3. 双眼结构损伤,较好眼闪光视觉诱发电位(VEP)＞120 ms(毫秒),矫正视力＜0.6,视野半径＜50°；

4. 泪器损伤,手术无法改进溢泪；

5. 双耳经客观检查证实听力在原有基础上损失大于 31 dB HL(分贝)或一耳听力在原有基础上损失大于 71 dB HL(分贝)；

6. 耳郭缺损大于 1/3 而小于 2/3；

7. 甲状腺功能低下；

8. 支气管损伤需行手术治疗；

9. 器械或异物误入消化道,需开腹取出；

10. 一拇指指关节功能不全；

11. 双小腿肌力 IV 级(四级),临床判定不能恢复。大、小便轻度失禁；

12. 手术后当时引起脊柱侧弯 30 度以上；

13. 手术后当时引起脊柱后凸成角(胸段大于 60 度,胸腰段大于 30 度,腰段大于 20 度以上)；

14. 原有脊柱、躯干或肢体畸形又严重加重；

15. 损伤重要脏器,修补后功能有轻微障碍。

### 四、四级医疗事故

系指造成患者明显人身损害的其他后果的医疗事故。例如造成患者下列情形之一的:

1. 双侧轻度不完全性面瘫,无功能障碍;
2. 面部轻度色素沉着或脱失;
3. 一侧眼睑有明显缺损或外翻;
4. 拔除健康恒牙;
5. 器械或异物误入呼吸道或消化道,需全麻后内窥镜下取出;
6. 口周及颜面软组织轻度损伤;
7. 非解剖变异等因素,拔除上颌后牙时牙根或异物进入上颌窦需手术取出;
8. 组织、器官轻度损伤,行修补术后无功能障碍;
9. 一拇指末节 1/2 缺损;
10. 一手除拇指、食指外,有两指近侧指间关节无功能;
11. 一足拇趾末节缺失;
12. 软组织内异物滞留;
13. 体腔遗留异物已包裹,无需手术取出,无功能障碍;
14. 局部注射造成组织坏死,成人大于体表面积 2%,儿童大于体表面积 5%;
15. 剖宫产术引起胎儿损伤;
16. 产后胎盘残留引起大出血,无其他并发症。

# 附表索引

| 编号 | 名称 | 页码 |
|---|---|---|
| 2-1 | 肌肉瘫痪与肌力分级表 | 045 |
| 2-2 | 肛门失禁分级表 | 045 |
| 2-3 | 排尿障碍分级表 | 045 |
| 2-4 | （张力性）尿失禁分级（度）表 | 045 |
| 2-5 | 智能障碍（减退）/智力缺陷分度表 | 045 |
| 2-6 | 纯音气导阈值的年龄修正值（GB 7582-87） | 046 |
| 2-7 | 盲及视力损害分级表 | 046 |
| 2-8 | 视野有效值与半径的换算表 | 046 |
| 2-9 | 视力小数记录结果换算表 | 047 |
| 2-10 | 视野有效值与残存视野半径、直径对照表 | 047 |
| 2-11 | 视野缺损的程度分级表 | 047 |
| 2-12 | 视力障碍与视野缺损相应关系对照表 | 048 |
| 2-13 | 眼睑外翻分度表 | 048 |
| 2-14 | 眼睑闭合不全分度表 | 048 |
| 2-15 | 外伤性白内障分类表 | 048 |
| 2-16 | 外伤性低眼压分类表 | 048 |
| 2-17 | 容貌重度毁损表 | 049 |
| 2-18 | 容貌显著变形评定表 | 049 |
| 2-19 | 瘢痕分类表 | 049 |
| 2-20 | 面部条状瘢痕损伤程度分级表 | 050 |
| 2-21 | 面部块状瘢痕损伤程度分级表 | 050 |
| 2-22 | 面部细小瘢痕损伤程度分级表 | 050 |
| 2-23 | 外周性面瘫分级与症状体征表 | 051 |
| 2-24 | 张口困难分度表 | 051 |
| 2-25 | 外伤性鼓膜穿孔与病理性鼓膜穿孔鉴别表 | 051 |
| 2-26 | 眼球缺失认定表 | 052 |
| 2-27 | 眼球萎缩认定表 | 052 |
| 2-28 | 前房出血分度表 | 052 |
| 2-29 | 心功能分度表 | 052 |
| 2-30 | 肝功能损害分度表 | 052 |

(续表)

| 编号 | 名称 | 页码 |
|---|---|---|
| 2-31 | 肾功能障碍分期分级表 | 053 |
| 2-32 | 急性呼吸窘迫综合征分度表 | 053 |
| 2-33 | 呼吸困难分级表 | 053 |
| 2-34 | 休克分度表 | 053 |
| 2-35 | 烧伤深度分度表 | 054 |
| 2-36 | 电击伤分度表 | 054 |
| 2-37 | 溺水分度表 | 054 |
| 2-38 | 挤压综合征分级表 | 054 |
| 2-39 | 脂肪栓塞分型表 | 055 |
| 2-40 | 人体表面积的九分法表 | 055 |
| 2-41 | 器质性阴茎勃起障碍分度表 | 055 |
| 2-42 | 营养不良分度表 | 055 |
| 2-43 | 肩锁关节脱位分型表 | 056 |
| 2-44 | 慢性脓胸分型表 | 056 |
| 2-45 | 肾脏损伤分类分级表 | 056 |
| 2-46 | 会阴撕裂伤（创）分级表 | 056 |
| 2-47 | 阴道狭窄分级表 | 056 |
| 2-48 | 骨盆骨折分型表 | 057 |
| 2-49 | 关节活动检测方法汇总表 | 057 |
| 2-50 | 肩关节功能丧失程度表(%) | 063 |
| 2-51 | 肘关节功能丧失程度表(%) | 065 |
| 2-52 | 腕关节功能丧失程度表(%) | 065 |
| 2-53 | 髋关节功能丧失程度表(%) | 066 |
| 2-54 | 膝关节功能丧失程度表(%) | 067 |
| 2-55 | 踝关节功能丧失程度表(%) | 068 |
| 2-56 | 手部功能的占比表(%) | 068 |
| 2-57 | 呼吸道烧伤分度表 | 069 |
| 2-58 | 休克分度表 | 069 |
| 2-59 | 急性呼吸窘迫综合征分度表 | 069 |
| 2-60 | 人体非致命伤损伤程度等级划分原则表 | 069 |
| 2-61 | 尿道狭窄分度表 | 070 |
| 3-1 | 脑神经的分布及功能表 | 097 |
| 3-2 | 智力缺损分级表 | 098 |
| 3-3 | 失语征分类表 | 098 |
| 3-4 | 中枢性与周围性面瘫鉴别表 | 098 |
| 3-5 | 面瘫分类表 | 099 |
| 3-6 | 失用症分类表 | 099 |
| 3-7 | 失认症分类表 | 099 |
| 3-8 | 构音障碍分类表 | 100 |
| 3-9 | WHO低视力及盲目分级标准(1973年) | 100 |

(续表)

| 编号 | 名称 | 页码 |
| --- | --- | --- |
| 3-10 | 不自主运动检查方法表 | 100 |
| 3-11 | 共济失调检查方法表 | 101 |
| 3-12-1 | 听力检查方法分类表 | 101 |
| 3-12-2 | 听力检查方法汇总表 | 101 |
| 3-13 | WHO 听力损失分级表(1980 年) | 102 |
| 3-14 | 视野有效值与视野缩小度数(半径)对照表 | 102 |
| 3-15 | 张口困难分度表 | 103 |
| 3-16 | 动脉血气分析对照表 | 103 |
| 3-17 | 呼吸困难分级表 | 103 |
| 3-18 | 肠道运动功能检查方法表 | 103 |
| 3-19 | 肝功能损伤程度分度表 | 104 |
| 3-20 | 肝性脑病分期表 | 104 |
| 3-21 | 肾功能障碍分度表 | 104 |
| 3-22 | 中等体型理想体重的正常人尿肌酐值对照表 | 105 |
| 3-23 | 营养不良分度表 | 105 |
| 4-1 | 手、足功能缺失分值定级区间参考表 | 143 |
| 4-2 | 手、腕部功能障碍评估参考表 | 143 |
| 4-3 | 骨折后 F、J、In、R 评估标准说明 | 143 |